民法典与刑法
关联实务对照分析

陈　勇◎主编

COMPARATIVE ANALYSIS
OF RELATED PRACTICE BETWEEN
CIVIL CODE AND CRIMINAL LAW

法律出版社 LAW PRESS · CHINA
北京

图书在版编目(CIP)数据

民法典与刑法关联实务对照分析 / 陈勇主编. -- 北京 : 法律出版社, 2021
ISBN 978-7-5197-6106-6

Ⅰ. ①民… Ⅱ. ①陈… Ⅲ. ①民法-法典-影响-刑法-研究-中国 Ⅳ. ①D924.110.4

中国版本图书馆 CIP 数据核字(2021)第 224805 号

民法典与刑法关联实务对照分析
MINFADIAN YU XINGFA GUANLIAN SHIWU DUIZHAO FENXI

陈 勇 主编

策划编辑 许 睿
责任编辑 许 睿 朱颖超
装帧设计 汪奇峰

出版发行 法律出版社
编辑统筹 司法实务出版分社
责任校对 朱轶佳
责任印制 胡晓雅
经　　销 新华书店

开本 710 毫米×1000 毫米 1/16
印张 41.25 **字数** 695 千
版本 2021 年 10 月第 1 版
印次 2021 年 10 月第 1 次印刷
印刷 中煤(北京)印务有限公司

地址:北京市丰台区莲花池西里 7 号(100073)
网址:www.lawpress.com.cn
投稿邮箱:info@lawpress.com.cn
举报盗版邮箱:jbwq@lawpress.com.cn
销售电话:010-83938349
客服电话:010-83938350
咨询电话:010-63939796

书号:ISBN 978-7-5197-6106-6 **定价**:168.00 元

凡购买本社图书,如有印装错误,我社负责退换。电话:010-83938349

《民法典与刑法关联实务对照分析》
编　委　会

主　编　陈　勇

副主编　丁西超　时　方

编　委　李金强　牛金臣　张海霞　李慧泉
　　　　刘　健　赵国栋　王艳彦　崔晓军

序

陈兴良

随着《中华人民共和国民法典》(以下简称民法典)的实施,民法对刑法适用带来的影响引起我国法学界和司法实务界的高度关注。因为民法与刑法之间存在前置法与后置法之间的密切关联性。尤其是人身犯罪和财产犯罪中所涉及的人身关系和财产关系,都是民法调整的对象,当这些法律关系受到侵害时,首先应当由民法进行调整,只有当这种侵害行为达到犯罪程度时,才受到刑法的调整。因此,民法对刑法具有一定的制约性,这是在刑法实施中必须格外重视的。不可否认,以往我国从事刑事司法活动的人员对于民法是不太熟悉的,尤其是在刑民交叉案件中,如何正确区分民事违法与刑事犯罪之间的界限,还存在认知上的差距。民法典的颁布与实施对刑事司法人员带来挑战,要求他们不仅要娴熟地掌握刑事法律知识,而且要深度地了解民事法律知识,尤其是要掌握民事法律关系的分析方法。只有这样,才能适应民法典实施以后的刑事司法活动的需求。在这个背景下,山东省东营市人民检察院在丁西超检察长的主持下,编写了《民法典与刑法关联实务对照分析》一书,在即将出版之际邀我写序,对此我感到十分高兴。

《民法典与刑法关联实务对照分析》一书并不是简单地将民法典条文与刑法条文罗列成书,而是以民法典与刑法条文的对照为线索,提炼出相关问题,结合案例进行分析,因而内容较为丰富,为检察官掌握与刑法相关的民法知识提供了一条快捷通道,这是值得肯定的。本书在体例上分为要点解析、关联条文、条文要义、典型案例、解读评析和延伸阅读这六部分,每一部分都各具特色。

1. 要点解析

本书的要点解析是对相关章节的共性理论问题的解说,以便读者对该部分内容事先形成整体性的观念,对进一步理解该部分内容具有帮助作用。例如,本书第一编专题一,作者将要点概括为“民法与刑法关于保障人权的规定”。这个概括十分准确,它概括了民法和刑法的共同性质。民法是公民的权利宣言,对公民权利做了全面而系统的规定;而刑法则是犯罪嫌疑人、犯罪人的大宪章,它具有人权保障机能。正是在权利保护这一点上,民法与刑法具有相通之处。在要点解析中,本书指出:"民法与刑法都对公民权利保护作出首要关注,作为核心理念统领法条"。这一命题可以说揭示了民法和刑法的根本特征,对于理解民法和刑法都具有指导意义。

2. 关联条文

本书的关联条文虽然只是对法条的罗列,但其中的条文选择还是反映了作者的功力。因为民法典条文多达1000多条,而刑法条文也达500条之多,数量巨大。民法典和刑法的这些条文并非都有对应关系,因而如何选择具有对应关系的法条,实际上关系到本书的内容安排,同时也关系到本书框架结构的安排,因而十分重要。值得指出的是,本书不仅列举了民法典和刑法条文,而且还列举了刑事诉讼法条文,从实体法和程序法两个方面提供规范根据,增加了本书内容的实用性。

3. 条文要义

条文要义是本书的重点内容,它为读者提供了相关法条的基本知识,对理解法条的精神实质具有重要参考价值。尤其是在民法和刑法中存在某些相关的内容,如何对两者加以辨析是一个具有一定难度的问题。例如,我国刑法中存在正当防卫制度,刑法第20条第1款明确规定:"为了使国家、公共利益、本人或者他人的人身、财产和其他权利免受正在进行的不法侵害,而采取的制止不法侵害的行为,对不法侵害人造成损害的,属于正当防卫,不负刑事责任。"此外,刑法第20条第2款规定了防卫过当及其刑事责任,第3款规定了特殊防卫。我国民法典第181条规定:"因正当防卫造成损害的,不承担民事责任。正当防卫超过必要的限度,造成不应有的损害的,正当防卫人应当承担适当的民事责任。"那么,刑法中的正当防卫与民法中的正当防卫如何区分呢?这是一个值得研究的问题。虽然从法条表述来看,刑法关于正当防卫的规定与民法典关于正当防卫的规定是十分相似的,但两者无论在内容和作用上都是完全不同的。刑法中的正当防卫是违法阻却事由,它具有排除犯罪的性质;而民法典中的正当防卫是免除民事责任的事由,因而规定在民事责任一章。刑法中的正当防卫是对正在进行的不法侵害的反击,防卫行为所造成的结果涉及不法侵害人的人身伤亡和重大财产损失,因而符合了侵犯人身犯罪和侵犯财产犯罪的构成要件,如果不具有正当防卫这一情节,则应当承担刑事责任。如果成立正当防卫,则不负刑事责任。因而,刑法中的正当防卫具有出罪功能。而民法典中的正当防卫是对民事侵权行为的反击,如果不具有正当防卫这一情节,则应当承担民事责任。如果成立正当防卫,则不负民事责任。因此,民法典中的正当防卫具有免除民事责任的功能。值得注意的是,民法典第1177条还规定了自助行为,指出:“合法权益受到侵害,情况紧迫且不能及时获得国家机关保护,不立即采取措施将使其合法权益受到难以弥补的损害的,受害人可以在保护自己合法权益的必要范围内采取扣留侵权人的财物等合理措施;但是,应当立即请求有关国家机关处理。受害人采取的措施不当造成他人损害的,应当承担侵权责任。”在民法中,正当防卫与自助行为是两种不同的制度,正当防卫是免除民事责任,而自助行为是免除侵权责任。当然,侵权责任也是民事责任的一种特殊行为。民法中的正当防卫会涉及不法侵害人的人身损害,而自助行为则只是涉及侵权人的财产损失。值得注意的是,民法中的自助行为并不是与刑法中的正当防卫相对应的,而是与刑法中的自救行为相对应。刑法中的违法阻却事由分为法定的违法阻却事由和非法定的违法阻却事由。在我国刑法中,正当防卫和紧急避险是法定的违法阻却事由。除此以外,还存在其他非法定的违法阻却事由,包括自救行为。我国刑法理论认为,自救行为是指在本人的权利受到他人侵害的情况下,通过公力救济难以恢复权利,而采取的自力救济行为。刑法上的自救行为与民法上的自助行为是较为相似的,它们分别区别于刑法上的正当防卫和民法上的自助行为。相对来说,本人进行刑法上的自救时所受到的权利侵害是较轻的,而进行正当防卫时受到的不法侵害是较重的。而且,两者有时是交错的,区分起来具有一定的困难。例如,在财物被盗窃的情况下,在现场或者从现场追赶盗窃犯,将财物从盗窃犯手中抢回,这是正当防卫。但财物被盗窃以后,当时并没有遭遇盗窃犯,而是隔日在街上遇到盗窃犯,认出被窃财物,为保护自己的财产权利,当场将财物抢回,这就是自救行为。自救行为也是一种违法阻却事由,因为在自救的情况下,具备了抢夺罪的构成要件,因为这是抢回自己失窃的财物,因而可以阻却违法,不承担刑事责任。刑法中的自救行为与民法中的自助行为的区分在于:前者具有犯罪的外观,而后者不具有犯罪的外观,而只是具有侵权的外观。因此,民法典规定自助行为的措施只能是扣留侵权人的财物等。应当指出,本书在此没有引用民法典第181条关于正当防卫的规定,这是存在遗憾的。

4. 典型案例

典型案例是本书具有特色的内容。典型案例是适用法律的结果,对于理解法条具有一定的示范性。尤其是我国建立了案例指导制度,最高人民法院、最高人民检察院分别颁布了一定数量的指导案例,对于司法机关办理同类案件起到了参考作用。本书收录了不少的典型案例,例如,民法与刑法人身自由保护的异同的专题中,不仅收入了刑事案件,而且还收入了民事案件,由此可以为民法与刑法人身自由保护的异同比较提供了实际案例素材。其中,刑事案件是黄某非法拘禁案,在该案中被告人为索要参加传销活动的款项而将他人予以拘禁,其行为侵害了他人的行动自由权,构成了非法拘禁罪。而民事案件孙某与苏州金螳螂建筑装饰股份有限公司生命权、健康权、身体权纠纷案,则是因为发生民事纠纷而将他人扣留,但因时间较短没有达到非法拘禁罪的定罪标准,因而属于侵害他人身体健康权的刑事案件。通过这两个案件,可以非常直观地对民事侵权行为与犯罪行为进行区分。

5. 解读评析

本书中的解读评析是指对典型案件的分析,可以说是典型案例部分的一种延续。案例部分主要叙述案情,在解读评析部分则对案例进行法理解读,帮助读者解决典型案例中的法律疑难问题。例如,本书关于民法上的数据、虚拟财产与刑法上财产概念的扩展的内容,涉及虚拟财产法律保护问题。本书收录的孟某某、何某某网络盗窃一审案,就是一个曾经在最高人民法院刑事审判庭编辑的《刑事审判参考》中刊出的一个具有较大影响的案例。本案被告人孟某某、何某某窃取Q币和游戏点卡后在网上低价抛售。这一行为属于秘密窃取这是没有问题的,但Q币和游戏点卡属于虚拟财产,不同于现实空间具有物理外观的传统意义上的财物。因此,对于这种盗窃虚拟财产的行为如何在刑法上定罪处罚就是一个值得研究的问题。对于本案,审判机关认定为盗窃罪,这对于此后处理同类案件起到了示范作用。在本书的解读评析中得出结论:"民法典与刑法都对数据、网络虚拟财产作为法律保护对象作出肯定回答,民法典对数据、网络虚拟财产的保护规定不详,在肯定其作为财产性利益基础上寻求其他法律保护。刑法打击侵犯公民私有财产的行为,虽未明确以条文形式规定具体罪名,但是司法实践中,因网络虚拟财产具有现实价值并为公民可支配,对这部分财产犯罪按照盗窃罪论处。"其实问题并非如此简单,在孟某某、何某某网络盗窃案刊出以后,我国司法机关对虚拟财产确实是按照财物进行保护的,根据侵犯虚拟财产的手段分别认定为盗窃罪、诈骗罪、侵占罪等。但在《刑法修正案(七)》设立刑法第285条第2款非法获取计算机信息系统数据罪以后,2010年最高人民法院研究室《关于利用计算机窃取他人游戏币非法销售获利如何定性问题的研究意见》(以下简称《意见》)明确规定:"利用计算机窃取他人游戏币非法销售获利行为目前宜以非法获取计算机信息系统数据罪定罪处罚。”该《意见》的缘起是一个案件,即周某盗窃网络游戏的游戏币案。被告人周某于2008年从网上购买了Pschare软件(一种木马软件,其作用是用于远程操纵他人的计算机信息系统,获取该计算机信息系统中存储、处理或者传输的数据),通过向聊天对象的计算机发送该软件,对他人的计算机进行远程操纵,获取对方游戏账号和密码,然后采取直接窃取或者修改密码的方式,盗窃他人“面对面365”网络游戏的游戏币,将对方的游戏币转移到其注册的账号中。之后,周某按照游戏币兑换人民币的比率,将盗窃的游戏币放到以其父亲的名字在淘宝网注册的网店销售牟利。自2009年3月起至8月,周某作案200余次。案发后,周某退回赃款20 816.3元,公安机关追回赃款4700元。对本案的定罪存在两种意见:多数意见认为被告人周某的行为构成盗窃罪;少数意见认为被告人周某的行为构成非法获取计算机信息系统罪。2010年10月,有关部门就利用计算机窃取他人游戏币非法销售获利如何定罪问题征求最高人民法院研究室意见,最高人民法院研究室遂做出上述《意见》。该《意见》完全改变了原先对盗窃虚拟财产行为以盗窃罪论处,即将网络虚拟财产按照财物予以保护的司法路径,改而将虚拟财产认定为网络数据,按照数据进行保护。此后,我国司法实践中对此类盗窃虚拟财产的案件开始以非法获取计算机信息系统数据罪论处。在刑法理论上对于这个问题存在较大争议,较为有力的观点认为,虚拟财产应当认定为刑法中的财物,对于侵犯虚拟财产的行为应当按照财产犯罪处理。当然,此次在民法典中并没有明确规定虚拟财产的法律属性,这是令人遗憾的。本书未能客观叙述这段司法规则的变更过程,因而有所不足。

6. 延伸阅读

本书的延伸阅读虽然篇幅不大,但对于加深对相关法律规定和理论的理解还是有不可或缺的作用,并且能够提升本书的学术水平。例如,在本书关于表见代理与合同诈骗的内容中,对民商事纠纷与刑事犯罪交叉时是否存在表见代理问题通过延伸阅读的方式进行了说明。对于这个问题,在司法实务界和法学界存在否定说与肯定说两种意见,本书对两种不同意见以及理由做了介绍。在此,本书虽然没有进行评论,但这些资料对于读者来说具有扩展理论视野的功能,因而值得称道。

民法典的实施会对检察业务带来重大影响。为此,最高人民检察院张军检察长提出了“以学习贯彻民法典为契机,全面提升‘四大检察’‘十大业务’品质”的要求。检察机关在学习贯彻民法典中,需要具有针对性的民法典学习资料。东营市人民检察院编写的《民法典与刑法关联实务对照分析》一书,出自检察机关,是由具有丰富的检察业务经验的检察官完成的,可以成为全国检察官学习民法典的重要参考资料。而且,对于从事刑事审判和刑事辩护业务的人员也具有参考价值,值得向读者推荐。

是为序。

谨识于北京海淀锦秋知春寓所

2021 年 4 月 17 日

目　　录

第二编 物权中关涉刑法的问题

第三编 合同中关涉刑法的问题

第四编　人格权中关涉刑法的问题

第五编　婚姻家庭中关涉刑法的问题

第六编　继承中关涉刑法的问题

第七编　侵权责任中关涉刑法的问题

总　论

2020年5月28日，万众瞩目的《中华人民共和国民法典》（以下简称民法典）经过第十三届全国人民代表大会第三次会议表决通过，自2021年1月1日起施行，从而结束了中华人民共和国没有民法典的历史。

民法典是"社会生活百科全书"，是民事权利的宣言书和保障书，它建立了完整而又系统的民事权利体系，规定了民事主体行使民事权利的方式及其效果，并规定了民事权利受到侵害的救济措施。如果说《中华人民共和国宪法》（以下简称宪法）重在限制公权力，那么民法典就重在保护私权利，是以保护民事主体的私益为己任的法律。

在19世纪中后期的欧洲，民法典在法律体系中具有实质上的"宪法性"地位，这在欧洲学术界基本上得到公认。[①] 20世纪前期有学者认为"根本法有二：一为宪法，一为民法，其他非宪法的附属法，即民法的附属法"。[②] 当代有学者说："民法是与宪法并列的法律，宪法规定的是国家的基本理念和构造，而民法规定的是社会的基本理念和构造。"[③]由于社会和法律的发展，虽然这些观点已经过时或者不是主流，但是不可否认，民法在法律体系中仍然居于很重要的地位。在我国，宪法是根本法，民法是重要的法律部门之一，是调整社会生活关系的基本法。[④] 民法原名叫"市民法"，最早产生于古罗马时期，在古罗马简单的商品经济基础之上产生了罗马法。罗马法是公元前8世纪至公元6世纪查士丁尼皇帝在位时期的罗马奴隶制国家全部法律规范的总称。公元6世纪，罗马进行了大规模的法律编纂工作，在查士丁尼皇帝的主持下，先后编纂了《查士丁尼法典》《查士丁尼新律》

---

① 薛军：《"民法—宪法"关系的演变与民法的转型——以欧洲近现代民法的发展轨迹为中心》，载《中国法学》2010年第1期。

② 黄右昌：《民法诠解——总则编》（上），商务印书馆1947年上海增订第3版，第1页。

③ ［日］星野英一：《日本民法的100年》，渠涛译，载《环球法律评论》2001年第3期。

④ 魏振瀛主编：《民法》（第5版），北京大学出版社、高等教育出版社2013年版，第1页。

《学说汇纂》《法学阶梯》，其内容十分庞杂，其中最完备、对后世影响最大的是罗马私法，这部分体系完备、严谨，立法技巧高超。恩格斯对此有很高的评价：罗马法"是商品生产者社会的第一个世界性法律""是纯粹私有制占统治的社会的生活条件和冲突的十分经典性的法律表现，以致后来一切法律都不能对它做出任何实质性的修改"。罗马法尤其是民法部分影响了整个世界，以至于后来许多国家的民法典都是依照罗马法进行编纂的，比如法国在1804年出台的《法国民法典》是依照罗马法的《法学阶梯》进行制定的，1896年颁布的《德国民法典》是依照《学说汇纂》进行编纂的。作为调整平等主体之间人身关系和财产关系的民法是一切市场经济国家必备的法律，从实证的角度看，世界上比较发达的市场经济国家，其民事法律就比较健全和完善。

民法是市场经济的基本法，它不但保护私权利，更是市场交易的基本形式和手段，在我国法律体系中，民法占有极其重要的地位。当然，对市场经济的保护不能仅仅依靠民法，还需要其他法律部门的共同作用，尤其是《中华人民共和国刑法》（以下简称刑法）作为保护社会秩序和社会整体利益最严苛的法律，以其特有的严厉手段成为"法律调整的最后界限"。诚如美国学者彼得·斯坦所指出的，"权利的存在和得到保护的程度，只有诉诸民法和刑法的一般规则才能得到保障。"①民法与刑法是我国以宪法为母法统辖下的法律体系中至关重要的两大法律部门。民法以其基本概念和基本理论为其他法律奠基，被誉为"万法之源"，这两大法律部门相辅相成，为维护国家秩序稳定、维护市场经济繁荣发挥重要作用。当然，民法与刑法对市场经济作用的重点不一样，两者具有十分明显的界限。

一、民法与刑法的界限

（一）两者在法律性质方面有根本区别

从法律性质上看，民法与刑法是两部界限明显的法律，民法属于调整型的实体法，它重在调整、规范、保护民事主体的民事权利及其他民事权益。民法奉行"个人权利本位"，其首要任务是确立个人主体资格，尊重个人自由意志，保护个人合法权利，在此基础上，兼顾维护国家利益、社会利益。在整个的民法理论和民法典中，规定了民事主体应享有的物权、债权、知识产权、人身权、继承权等权利，在

① ［英］彼得·斯坦、约翰·香德：《西方社会的法律价值》，王献平译，中国人民公安大学出版社1990年版，第41页。

民事权利受到侵害或者妨碍时，以承担民事责任的方式进行救济。

刑法是规定犯罪、刑事责任和刑罚的法律，是掌握政权的统治阶极为了维护本阶级政治上的统治和经济上的利益，根据其阶级意志，规定哪些行为是犯罪并应当负刑事责任，给予犯罪人何种刑事处罚的法律，其目的在于通过惩罚犯罪保护被破坏的社会秩序。刑法第 13 条规定："一切危害国家主权、领土完整和安全，分裂国家、颠覆人民民主专政的政权和推翻社会主义制度，破坏社会秩序和经济秩序，侵犯国有财产或者劳动群众集体所有的财产，侵犯公民私人所有的财产，侵犯公民的人身权利、民主权利和其他权利，以及其他危害社会的行为，依照法律应当受刑罚处罚的，都是犯罪，但是情节显著轻微危害不大的，不认为是犯罪。"根据该条规定，犯罪具有社会危害性、刑事违法性、应受惩罚性三个特征：第一，犯罪是危害社会的行为，具有一定的社会危害性；第二，犯罪是触犯刑律的行为，具有刑事违法性；第三，犯罪是应当受到刑罚惩罚的行为，具有应受惩罚性。犯罪的三个特征是紧密联系的。犯罪的社会危害性是犯罪的最基本的特征，它揭示了犯罪的本质，是刑事违法性和应受惩罚性的基础。行为没有社会危害性，该行为不但不会在刑法上规定为犯罪，而且一般也无需对此种行为在刑法上作出评价，更不会受到刑罚的处罚；但社会危害性不能脱离刑事违法性、应受惩罚性而孤立存在。作为社会危害性在法律上的体现的刑事违法性，揭示了犯罪的法律属性；应受惩罚性反映了犯罪与刑法的联系，揭示了犯罪的法律后果。因此，这三个特征在任何犯罪中都是融为一体的。可见，刑法对犯罪的认定是着眼于整体社会利益的，目的是保护整体的社会秩序。刑法第 2 条规定："中华人民共和国刑法的任务，是用刑罚同一切犯罪行为作斗争，以保卫国家安全，保卫人民民主专政的政权和社会主义制度，保护国有财产和劳动群众集体所有的财产，保护公民私人所有的财产，保护公民的人身权利、民主权利和其他权利，维护社会秩序、经济秩序，保障社会主义建设事业的顺利进行。"刑法作为保护型的实体法，将危害社会并应受惩罚的行为定性为犯罪，其目的就是维护整体的社会秩序、经济秩序，以保障社会主义建设事业顺利进行。因此，刑法奉行"犯罪者义务本位""国家利益本位"，对侵害他人权利，危及国家利益、社会利益的犯罪者追究刑事责任。

（二）两者在调整对象方面有根本不同

民法的调整对象是平等主体的自然人、法人和非法人组织之间的人身关系和财产关系。民法典第 2 条规定："民法调整平等主体的自然人、法人和非法人组织之间的人身关系和财产关系。”作为调整平等民事主体的自然人、法人、非法人组织之间人身关系和财产关系的法律规范的总称，民法调整的社会关系极其广泛，涉及每个自然人、法人和非法人组织在社会生活中的各个方面，财产所有、智力成果、财产买卖、融资借贷、财产租赁、人身利益、婚姻家庭、财产继承等，小至悬赏广告，大至卫星火箭，都属于民法的调整范围。总之，民法调整的社会关系有一个最基本的特性，就是横向的平等关系。

刑法调整对象的主体是具有特定性的两方主体，即犯罪者和国家。犯罪者是实施犯罪行为的极少数敌对分子或敌对阶层，具有相对特定性，刑法的另一方是国家，国家代表全体人民惩罚犯罪，维护社会、经济秩序。因此，刑法主体之间是纵向管理关系。刑法所调整和保护的社会关系具有极其广泛性，仅包含人身关系、财产关系，还包含政治、经济、环境、军事、行政管理、社会秩序等各类社会关系，可以说，一般部门法所调整和保护的社会关系，刑法都要进行调整和保护。正如卢梭所言“刑法是一切法律的法律。”同时，刑法也有自己特有的、其他部门法不能调整的范围，比如规制杀人、抢劫、强奸等犯罪者。值得注意的是，并不能把刑法调整对象的范围无限扩大，甚至等同于“所有社会关系”，毕竟作为部门法之一的刑法有其特定主体，即犯罪者和国家。各种社会关系的主体行为只有构成犯罪时，才受刑法直接调整；若不构成犯罪，则由其他部门法进行相应地调整。[①] 如在故意伤害他人身体时，如果伤害后果达不到轻伤的标准，则难以构成刑法上的故意伤害罪，刑法不予保护，而交由民法调整。

再如民事欺诈与诈骗罪的认定方面，两者分属不同的法律，民事诈骗属于民法的调整对象，而诈骗罪由刑法予以追究。民事欺诈是一方当事人为了促成交易而采取了欺诈的手段，诱使对方陷入认识错误并与其订立合同，通过履行约定的民事行为，以达到谋取一定经济利益的目的；而刑事诈骗是一方当事人为了无对价或者代价极低的方式占有对方财物而采取了欺诈的手段，双方之间根本不存在交易，形象点说是“空手套白狼”。因此，诈骗罪的主观目的是“骗钱”，民事欺诈则是“赚钱”。二者出发点及目的皆是不同的。对于民事欺诈的受害人，可以通过民事协商、调解、退货退款、民事起诉等方式来解决，但不能通过刑事手段插手经济纠纷来解决。

---

① 王美丽：《论我国民法与刑法的界限——以传统法学理念为视角》，载《河北青年管理干部学院学报》2016 年第 5 期。

（三）两者在法律责任方面的不同

民事责任是指因违反民事义务所应承担的不利的法律后果，包括违约责任、缔约过失责任和侵权责任三类。民事责任具有任意性的特点，民事责任的任意性体现在受害人有权利放弃对责任人的追究，同时责任人也可以与受害人通过协商的方式确定民事责任的承担，当事人可以在法律规定的范围内对合同责任作出事先的安排。民事责任在确定以后，受害人可以与行为人达成和解协议处分其权利。民事责任也与其他法律责任一样具有强制性，民事责任的强制性主要体现在当事人无法进行自力救济时，可以寻求国家公立机关提供公力救济。国家机关依据法律所做出的法律文书对民事主体当事人具有强制约束力。因此，民事责任体现强制性与任意性兼具的特点。

刑事责任是对刑事犯罪人课以处罚的责任，其目的是保护国家、社会及个人利益不受侵犯，以维护社会、经济、政治秩序的稳定与和谐，其以强制性为核心，排除任意性，要求犯罪者无条件承受这种否定性法律后果，因此，刑事责任仅体现单一的强制性。

刑事责任的承担以行为具有社会危害性作为判断基准的，这也是刑事违法与民事违法的本质区别。从社会危害性来看，一般来说，凡是违法，都有社会危害性。但是，违反民法与违反刑法相比较，违反民法的社会危害性较小，违反刑法的社会危害性较大。这危害大小的区别，包括客观方面的量的区别、质的区别。比如在侵占罪的认定方面，根据刑法第 270 条规定："将代为保管的他人财物非法占为己有，数额较大，拒不退还的，处二年以下有期徒刑、拘役或者罚金；数额巨大或者有其他严重情节的，处二年以上五年以下有期徒刑，并处罚金。将他人的遗忘物或者埋藏物非法占为己有，数额较大，拒不交出的，依照前款的规定处罚。本条罪，告诉的才处理。"该条规定表明了，侵占他人财产数额较大，拒不退还的，才可以追究刑事责任，这就构成了刑法所强调的社会危害性，而如果数额不大或者虽然数额较大，但是返还给他人的，就不会追究刑事责任，这意味着社会危害性较小，完全可以民事责任进行调整。当然，对社会危害性的判断还必须借助行为人的主观恶性进行综合考量。在刑事违法中，犯罪者的主观恶性比较大、个人犯意深、社会影响大，而在民事责任中的主观恶性相对较小，比如在交通事故中，通常的主观心理状态都是过失，只要没有严重后果，属于民事责任调整的范围。再比如，侮辱诽谤他人造成他人名誉权的损害，虽然是故意的行为，只要没有造成严重后果,刑法也是不介入的。

此外,刑事责任的承担还必须要求当事人的行为具有“刑事违法性”,这也是刑事责任与民事责任的重大区别。由于“刑事违法性”要求罪刑法定,刑事立法的时候要对各种危害社会的违法行为进行筛选,对于社会危害性较大的行为,通过立法,确定为具有“刑事违法性”,行为未达到“刑事违法性”的可以放进民事责任里面进行规定。比如,关于盗窃罪的判定,根据刑法第 264 条规定:“盗窃公私财物,数额较大的,或者多次盗窃、入户盗窃、携带凶器盗窃、扒窃的,处三年以下有期徒刑、拘役或者管制,并处或者单处罚金;数额巨大或者有其他严重情节的,处三年以上十年以下有期徒刑,并处罚金;数额特别巨大或者有其他特别严重情节的,处十年以上有期徒刑或者无期徒刑,并处罚金或者没收财产。”该条要求必须盗窃公私财物数额较大,或者多次盗窃的才可以入刑。依据最高人民法院、最高人民检察院《关于办理盗窃刑事案件适用法律若干问题的解释》规定,对于盗窃数额较大的应以“盗窃公私财物价值一千元至三千元以上”作为判断标准,达到该数额的要承担盗窃罪的刑事责任。相反,达不到数额的可以通过民事侵权责任,要求行为人负担返还原物、恢复原状及赔偿损失的民事责任。

在民事责任与刑事责任的区分中还需要考虑“情节”的问题,刑法第 13 条规定了“显著轻微不算犯罪”。比如,故意伤害,造成轻伤的,就追究故意伤害罪,要负刑事责任。但是没有造成轻伤的故意伤害,不是犯罪,可以民事侵权责任承担。

最后,在责任认定方面,民事责任与刑事责任在因果关系方面是不同的。在刑事责任领域,结果犯、间接故意犯罪、过失犯罪的成立,必须以因果关系的存在为条件;而在民事责任领域,违约损害赔偿责任和侵权责任的成立,也会以因果关系的存在为条件。但是,在对某一案件的因果关系认定方面就必须合理区分刑法和民法的因果关系。两者不同的表现是:一是价值取向不同。刑法上的因果关系是以保护被告人为中心,强调不株连无辜,倾向于限制刑事责任的范围;民法上的因果关系是以保护受害人为中心,主要为归责条款,强调损害的填补,更注重使加害人承担责任。二是地位不同。因果关系并非刑事犯罪构成的必要要件,它只是结果犯、间接故意犯罪、过失犯罪的成立要件,而民法上的因果关系是侵权责任和违约损害赔偿责任成立的必备要件。两种因果关系之所以会出现这种地位上的差异,主要因为刑法中的犯罪构成是封闭的,刑法分则条文中又对每一个罪名作出了详尽的规定,而民事侵权行为、违约行为属于开放性的构成,法律常常采用类型化的归纳方法,因果关系是搜寻侵权行为、违约行为的手段。三是精确程度不同。刑法上的因果关系常常要求精确地确定因果关系,更加注重原因和结果之间的逻辑性和准确的关联性,这是因为刑事责任非常严厉,其认定和适用必须审慎。民法上的因果关系常常并不要求十分精确,经常委托法官依据社会的通常观念进行判断,法官具有较大的自由裁量权,在确定因果关系的过程中,法官的主观因素会更多地掺杂进来。这是由于民事责任主要是一种补偿责任的特点所决定的。四是举证责任不同。刑法中的因果关系在任何情况下都应当由控诉方承担举证责任,被告人无须就其行为与损害结果之间不存在因果关系承担举证责任,这是刑事诉讼中强化对被告人权利保护的要求,也是对国家公权力行使的限制。民法上的因果关系原则上由原告举证证明,但是为了加强对受害人的保护,在环境污染致人损害、共同危险行为致人损害等案件中,实行举证责任的倒置,被告应当就不存在因果关系负举证责任。

需要说明的是,随着社会的发展,会不断出现新的具有社会危害性的事例,某些事例在某个时期,可能社会危害性较大,但由于刑法实行罪刑法定原则,对该行为不能以刑事责任进行追究,只能交由民法进行调整。民法可以依据平等、公平等基本原则,对于“法无明文规定”的事情进行处理。当然,这种在刑法上的暂时“漏网”现象,从动态角度来说是极其个别的,待未来条件成熟时,刑法就会将该具有社会危害性的行为纳入惩罚的范围之内。

总之,民法与刑法作为两大部门法,各具不同的规范对象及调整范围,共同作用于社会秩序及市场经济的发展。

二、民法与刑法的交叉

民法与刑法虽然是两大不同的法律部门,但是两者的界限并非泾渭分明,依据刑法第36条规定:“由于犯罪行为而使被害人遭受经济损失的,对犯罪分子除依法给予刑事处罚外,并应根据情况判处赔偿经济损失。”同时,《中华人民共和国刑事诉讼法》(以下简称刑事诉讼法)在第7章第101条至第104条专门规定了刑事附带民事诉讼程序以解决刑事诉讼中的民事赔偿问题。可见,同一个事实同时承担民事责任和刑事责任是很常见的现象,况且,随着市场经济的深入发展,两大部门法不可避免地出现交融趋势,“出民入刑”的现象日益增多,甚至给实务界和理论界造成了困扰,这也是近年来“民法与刑法的界限”课题逐渐成为两大部门法专家与学者研究的热点与难点的原因。其中,具有代表性的研究是日本刑法学者佐伯仁志教授与民法学者道垣内弘人教授关于此课题长达两年的对话专辑——

《刑法与民法的对话》,该书深刻探讨了刑法与民法的界限及其交融,反映了两大部门法之间的关系存在大量的认识难题。

刑法在整个法律体系中处于一个十分特殊的地位,它作为一种极其严厉的制裁力量,保护其他法律得到顺利地实施,也同时跟其他法律尤其是民法发生着不可分割的联系,如财产犯罪与民法的联系就是一个例证。刑法对财产权的保护是以民法的规定为基础的,民法首先确认民事主体享有的财产权类型,并规定财产权行使的规则,然后,当民事主体的财产权受到侵犯时,如果仅仅是民事主体之间违约产生的财产争议,或是侵犯财产权造成一般的损失,刑法并不介入,但是,一旦达到刑法规定的"度",通常说具有一定的社会危害性。刑法就不可能袖手旁观了。如刑法第270条规定的侵占罪指出,当将代为保管的他人财物非法占为己有,数额较大,拒不退还的,就要追究刑事责任了。该条不但规定了非法占为己有,而且规定了数额较大,拒不退还的,才适用刑法的规定。其要件构成缺一不可,否则,就属于纯粹的民法问题。当然,对于如何理解侵占罪也有争议,比如,借款不还的是否可以按照侵占罪追究刑事责任?我国著名刑法专家陈兴良教授在《倾听刑法与民法的对话》中对该问题进行了分析,对于侵占罪有一种观点,认为欠债不还的行为可以按照侵占罪定罪处罚,因为所欠债务系他人财物,拒不归还就是非法地据为己有,因而符合侵占罪的特征,这种认识是不准确的,因为欠债不还只是侵犯债权的行为,而侵占应当是侵犯物权的行为。只有借用他人的特定物而非法据为己有的行为才能构成侵占罪,而货币系种类物,其特性是占有与所有权合一,即占有就享有了所有权,与被占有人形成的是金钱之债的法律关系,并不是所有物返还法律关系,因而不能构成侵占罪。当然,这也不是绝对的,如果金钱作为一种特定物如"特户""封金"等对待,就会构成该罪,对此应当具体问题具体分析。

具体来说,刑法与民法之间的交叉首先表现在调整对象层面的交叉。法律作为社会关系的调节手段,任何部门法都有其调整对象,具备调整对象是该部门法存在的基础。民法调整的对象是平等主体之间的人身关系与财产关系;刑法的调整对象即所保护的全部社会关系。实践中,并非全部的社会关系都由刑法来调整,但是刑法作为保护社会关系之法,其调整范围涉及社会生产生活中的各领域。如果将刑法调整对象与民法调整对象对比分析,则二者之间必然会有相互交错之处。比如,刑法中的侵犯人身权利、破坏市场经济秩序以及侵犯民主权利罪,与民法所保护的各种社会关系相互交错。这种调整对象上的交错也契合了刑法是保障法的属性。对社会关系的保护,大多数国家都采取多层次、系统的规范与非规范进行。卢梭曾言,刑法是法律之法律,在该种属性下,刑法、民法所调整的对象相互交错;随着社会经济的快速发展,法律所调控的范围不断扩展,这些法律保障法的刑法也随之扩张,二者之间的相互交错面更加广泛。①

其次,刑法与民法之间的交叉主要表现在法律责任层面的交叉。所谓法律责任,即人们对各种违法行为需承担的强制性法律后果。前已述及,民事责任是指因违反民事义务所应承担的不利的法律后果,而刑事责任是因犯罪者实施犯罪行为而受到的处罚。两者虽然责任形式与责任后果不同,但是在责任的认定方面却有重合。司法实践中,常见的是刑事责任、侵权责任的重合。在此过程中,行为人的侵权行为,一方面构成民法上的民事侵权,另一方面也触犯了刑法,因此产生了刑事责任和民事责任的相互重合。比如,严重侵害人格权的行为,即是民事侵权,同时,对于轻伤以上的又要承担刑事责任,出现民事责任与刑事责任的重合;在合同签订与履行过程中,因失职而被骗时,会出现刑事责任、缔约过失责任的重合。在行为人的刑事责任承担过程中,又要承担民事责任,并不违反禁止重复评价、双重危险的原则;刑事责任追求的目的是更大程度的基于社会整体发展考虑,有效满足社会整体评价需求。对于民事责任而言,其主要是从受害人的个体视角来考虑,所平复、补偿的是受害人的实际损失。由此可见,上述责任是刑、民两种法律从不同保护视角出发对某个行为进行的不同评价结果;由于考虑问题的视角、功能等方面的差异,决定了刑、民责任并用的可能性。

三、刑法与民法交叉的处理

刑法与民法的相互交叉是一种正常的法律现象,也是司法实践中无法避免的,如何有效处理和应对刑法与民法交叉问题,是一个重要的研究课题。刑民交叉案件涉及程序和实体两个维度。从诉讼法的角度来说,刑民交叉案件的处理主要是指案件的管辖问题。刑民交叉案件的实体问题涉及罪与非罪的区分,直接关系到当事人的各种权利,因而更为重要也更为复杂。目前来看,司法实践中主要有三种处理方式,具体分析如下:

(一)先刑后民的案件处理方式

传统上,司法实践中对刑事与民事案件出现交错时,一般采取先刑后民的处

---

① 朱铁军:《刑法与民法之间的交错》,载《北方法学》2011 年第 2 期。

理原则。该原则的确立依据是最高人民法院、最高人民检察院、公安部于 1985 年 8 月 19 日联合发出的《关于及时查处在经济纠纷案件中发现的经济犯罪的通知》,该通知指出:“各级人民法院在审理经济纠纷案件中,如发现有经济犯罪,应按照一九七九年十二月十五日最高人民法院、最高人民检察院、公安部《关于执行刑事诉讼法规定的案件管辖范围的通知》,将经济犯罪的有关材料分别移送给有管辖权的公安机关或检察机关侦查、起诉,公安机关或检察机关均应及时予以受理。”这个规定确立了所谓先刑后民原则,对于解决刑民交叉案件的管辖问题具有指导意义。

实体法上,先刑后民主要发生于刑民竞合的情形,即因同一行为或者同一原因引起的刑、民交叉案件,此类案件通常是法律关系主体相同、法律事实相同。比如交通事故导致的交通肇事罪及民事赔偿责任的承担。该纠纷中的一方当事人本身就是刑事犯罪的嫌疑人,而所谓的“纠纷”,实质上就是犯罪。为节约司法资源,更有效地维护当事人利益,避免民刑判决发生冲突,采取“先刑后民”的处理方式,将案件移送公安、检察机关处理,是妥当的做法。再如个人实施的诈骗行为,被害人先以涉嫌民事欺诈起诉的,民事审判部门发现其实质上是诈骗犯罪而非单纯的民事欺诈时,可以驳回起诉,将案件移送公安机关。因为此时如果继续审理,有可能导致民事判决与随后的刑事判决相冲突,造成民事判决确认合同有效成立,刑事判决却认定构成合同诈骗的尴尬情形。因此,在民事纠纷与刑事犯罪属于“同一事实”的情况下,适用“先刑后民”是可行的。从被害人一方来说,他们也愿意这样做,因为案件作为刑事案件处理,有司法机关的公权力介入,对被告采取强制措施,更能迅速查清事实,追究被告的责任,所遭受的经济损失也可由公安、检察机关予以追缴,这样比民事诉讼要简便的多,更能有效维护当事人的权益。需要注意的一个问题是,在采取“先刑后民”对案件进行具体处理时,不能一概采用驳回起诉的方法。因为由民事审判部门来判断“刑事犯罪嫌疑”,并作出驳回起诉的裁定,也可能造成“以刑阻民”的情况。因为民事纠纷案件只是有犯罪嫌疑,而某一案件是否构成犯罪最终取决于刑事部分的处理结果,所以民事部分应等待刑事部分的处理结果,不宜简单地予以裁驳;另外,刑事部分的处理结果不能绝对地排斥民事救济手段,在刑事救济手段不充分时,民事救济手段是必要的,只不过二者应有先后之别。对于刑事附带民事的案件,程序中赋予刑事案件中的被害人选择权,其有两种选择,即刑事附带民事诉讼、单独提起民事诉讼。在附带民事诉讼提起时间上,对被害人没有特别的限制,可随时提起诉讼,无须等刑事判决生效再提出。在该种情况下,即便是被告人已经潜逃,而造成刑事诉讼难以继续进行,刑事案件中的被害人权利也可通过民事诉讼缺席审判制度得到有效的救济。在此过程中,可适当扩大附带民事诉讼受案范围,通过适当地增加赔偿项目、提高赔偿标准等方式,对刑事案件中的被害人合法权益给予有效保护;对于附带民事诉讼的案件而言,受案范围包括所有因犯罪分子的不法行为而造成的损失情形,并且在附带民事诉讼赔偿项目中加上精神赔偿,以此来保护刑事案件中的被害人合法权益、弥补附带民事诉讼制度原有的缺陷与不足。

(二)刑民并行的案件处理方式

在我国,受传统法律文化的影响,基于公权优先理念的指导,一切从国家本位出发,体现在民刑交叉案件中,就是以刑事案件为主导,民事案件服从于刑事案件。这种先刑后民往往存在如下问题,即在刑事追究迟迟不能发动、公权无法行使时,私权也无法请求救济。例如在犯罪嫌疑人潜逃、长期不能归案时,此时即使有充分的证据证明其有犯罪事实,但基于刑事追究无法启动,民事诉讼也无从提起。这种处理方式过于强调公共利益的维护,忽视了社会利益的多元性和矛盾性,忽视了被害人的利益要求,同时也阻断了对被害人民事权利进行司法救济的正当渠道,阻碍或延后了民事诉讼的正常进行。民事部分的不受理或中止审理,必然导致案件的久拖不决,使被害人的民事利益长期处于搁置状态。由于合法权益得不到及时保护,容易造成被害人的第二次伤害,使被害人产生不满的情绪,甚至向犯罪人的角色转换。而且,从法理角度分析,经济犯罪并不必然导致民事法律行为的无效,最高人民法院曾于 1998 年制定出台了《关于审理经济纠纷案件中涉及经济犯罪嫌疑若干问题的规定》,其第 1 条规定:“同一公民、法人或其他经济组织因不同的法律事实,分别涉及经济纠纷和经济犯罪嫌疑的,经济纠纷案件和经济犯罪嫌疑案件应当分开审理。”该规定非常明确,对于经济犯罪与经济纠纷分开审理,不能混淆。此后,最高人民法院又分别以指导案例的形式发布了处理民刑交叉案件的指引,有效指导了人民法院审理涉及刑事、民事相互交叉的案件。二十多年来,我国市场经济不断发展,各类商事交易活动中涉及刑民交叉纠纷案件大幅增加,出现了许多新情况、新问题,所涉及刑事附带民事赔偿范围、民事合同效力的确认、追缴退赔程序等诸多问题成为司法审判中的热点、难点,尤其是利用刑事手段干预民商事纠纷的问题突出,广受社会关注。对此,不要一味地遵循先刑后民的传统思路,当刑、民交叉案件造成的诉讼处理结果没有矛盾,而且先后顺序对两种责任承担不产生影响时，司法实践中应当采取刑民并行的原则，对刑事、民事诉讼进行分别审理。该种情形通常是因不同法律事实或法律关系分别涉及刑事法律关系和民事法律关系，但法律事实之间具有一定的牵连关系而造成的民刑交叉，可以称为刑民牵连。刑事、民事案件牵连是指产生刑事的或民事的后法律关系的法律事实与先民事的或刑事的法律事实存在一定的牵连关系，而导致公安机关、检察机关、审判机关及其系统内部根据法定职权范围行使主管时而产生的交叉关系。比如，某银行业务员向储户揽储，并且向储户们提供了真实存单，然而事实上该业务员并没有将该款存入银行，而是挪作他用或者私自给他人使用，由此引发了储户起诉银行业务员所在银行的案件，要求后者承担相应的责任。对于该案，银行业务员侵占财产的法律事实发生前，银行与储户之间已经存在一基于储蓄合同的法律关系，这两个法律关系并不同时产生，如果这两个实体法律关系都进入了诉讼程序，那么两个案件就形成了两个主管。由于这两个案件法律关系间具有关联并会在诉讼程序上有所体现，因而两个案件主管间形成了一种事实的牵连关系，也就是刑事、民事案件的主管牵连。此时，虽然银行业务员已经构成了刑事犯罪，然而案件的事实、银行还款责任的确定均无须刑事案件的结果作为定论参考依据，刑事诉讼、民事诉讼即可同时进行。

需要说明的是，刑民牵连与刑民竞合是不同的，在刑事、民事法律关系的竞合下，同一个法律事实产生两个法律关系，两个法律关系同时产生，而刑事、民事法律关系牵连中，产生两个法律关系的法律事实是不同的，而且存在先后的顺序，因而两个法律关系是先后产生的。对于刑民竞合案件来说，一般适用的是先刑后民的处理方式，而对于刑民牵连案件来说，由于待处理的两个法律关系是相互独立的，且这种情形下国家利益与民事主体利益不存在有条件的比较，故不能适用先刑后民的处理方式，而应采取刑民并行的方式。司法实践中，绝大多数的刑法、民法相互交错案件，均存在牵连关系，对此应当通过刑事、民事两种诉讼方式并行处理，刑民并行的方式，更有利于解决刑法与民法相互交错的案件。

（三）先民后刑的案件处理方式

除了先刑后民以及民刑并行的方式之外，司法实践中，亦存在先民后刑的案件处理方式。

当刑法和民法交叉案件所引起的刑事诉讼结果需要以民事诉讼结果为前提时，就应当遵循先民后刑的原则，即先对民事诉讼部分进行审理，待确定民事处理结果以后，再对刑事诉讼部分进行审理。其中，最为典型的案件就是知识产权纠纷案件、产权犯罪案件，二者之间相互交错。知识产权案件中，最为重要的就是知识产权归属以及案件中的侵权行为成立与否，这是处理上述案件的基础和前提。权利归属、侵权行为的判断，需在民事诉讼中确定；知识产权类的刑、民交叉案件中，一定要先进行民事诉讼，待民事诉讼权行为、产权归属作出最终判断以后，刑事诉讼方可根据民事诉讼的处理结果进行判定。此外，凡是涉及股权、产权确认的刑法与民法交错案件，也可基于先民后刑的原则进行处理。应当先进行民事诉讼，待产权权属最终确认以后，再根据民事诉讼程序的处理结果启动刑事诉讼程序，判断被告人的行为是否已经构成了犯罪。

总之，刑民交叉是一种较为重要、非常普遍的法现象，相应的法律冲突是现代理论法学、部门法学研究的重要课题。对此，要紧紧围绕刑法中关于犯罪的构成要件进行把握，以具有“社会危害性”要件作为核心，同时考虑“刑事违法性”和“应受惩罚性”，对行为人的行为是否构成犯罪进行判断；在对民事责任承担的判断方面也应该紧扣民事责任的构成要件，对刑民牵连与刑民竞合进行准确判断，决不能将两种责任混淆在一起，以免得出不当、不合理的结论。司法实践中应当正视刑、民交叉，对刑法、民法交叉案件进行整体思考，切忌过度滥用刑事责任，扩大打击面，为插手经济纠纷找借口，最终损害社会经济的发展。

PART

1

第一编

◇

总则中关涉刑法的问题

专题一　民法与刑法关于保障人权的规定

要点解析

民法与刑法都对公民权利保护作出首要关注，作为核心理念统领法条。民法以“私利神圣”的原则强调对民事主体权利的合法权益绝对保护，任何组织或者个人不得侵犯。保护对象和权利类型具有普遍性。刑法在立法宗旨和任务中明确强调保护公民权利，尤其是对犯罪嫌疑人或罪犯等特殊人群的权利保护作出更多规定。在保护对象的范围上进一步解释和延伸，体现出我国法治的进步。

关联条文

民法典

第三条　【民事权利及其他合法权益受法律保护】[①]民事主体的人身权利、财产权利以及其他合法权益受法律保护，任何组织或者个人不得侵犯。

刑　法

第一条　【立法目的和根据】为了惩罚犯罪，保护人民，根据宪法，结合我国同犯罪作斗争的具体经验及实际情况，制定本法。

第二条　【任务】中华人民共和国刑法的任务，是用刑罚同一切犯罪行为作斗争，以保卫国家安全，保卫人民民主专政的政权和社会主义制度，保护国有财产和劳动群众集体所有的财产，保护公民私人所有的财产，保护公民的人身权利、民主权利和其他权利，维护社会秩序、经济秩序，保障社会主义建设事业的顺利进行。

---

① 条文主旨为编者所加，全书同。

条文要义

在人权的法治保障方面,我国已经建立起以宪法为总章程的人权法治保障体系。我国宪法中列举的权利内容之全面可与世界上任何国家相比,并于 2004 年将"国家尊重和保障人权"的原则郑重载入宪法。各部门法也采取各自方式保障人权。

民法典通过对社会生活中基本人权的保护,维护人民的自由和权利,是私权保障的最基本法典。民法总则的制定,确立了科学系统的民事权利体系,拓展了民事权利内容,创新了民事权利保护方式。民法的所有条款都以权利作为基础,这是典型的权利本位法,应当体现尊重和保障人权。民事主体的人身权利和财产权利以及其他合法权益受法律保护,任何组织和个人不得侵犯。

一是普遍保护性。民事主体所有的民事权利都受到民法的保护。民事权利包括人身权利和财产权利。不仅民事主体的民事权利受到保护,而且合法的民事利益也受到保护,那些尚未上升到民事权利的民事利益,尽管不能以民事权利的形式进行保护,但法律以利益的方式进行保护,如胎儿的利益、死者的利益等,任何人、任何组织都不得侵犯。

二是内容丰富性。民法典紧紧围绕私权体系和人权需求进行结构安排,从财产、人格、婚姻家庭和继承中的人权保障,到新时代高科技发展带来的人体基因和人体胚胎医学科研、网络化时代信息保护与个人隐私权保护、网络虚拟财产、生态环境损害修复;再到社会反响热烈的离婚冷静期、高空抛物、高铁"霸座"等社会关切问题,都作出了明确而具体的法律回应,充分体现了"以人民为中心""以人民为本位"的要求,充分体现了社会主义人权保障的法治价值观。

三是侵害补偿性。民事主体享有民事权益,是保障其行使民事权益的前提,地位极其重要。禁止任何组织或者个人侵害民事主体的民事权益。任何组织或者个人侵害他人的民事权益,都要承担民事责任。民事主体的民事权益受到侵害,民事主体可以行使请求权予以保护。民事主体保护自己的民事权益,既享有民事权利所包含的请求权,也会因侵权行为而产生侵权请求权。行使这些请求权,可以就自己的损害,保护自己的民事权益。

刑法的目的是惩治犯罪和保护人民。惩治犯罪是为保护人民服务的,是达到保护人民这一目的的手段,保护人民是惩治犯罪的目的。惩治犯罪是保护人民的手段。可以说,前者是刑法的直接目的,后者是刑法的根本目的。二者是不可分割的关系。保护人民即刑法人权保障机能，其包括两个方面：保障犯罪嫌疑人和被告人的权利，保障被害人及其家属的权利。人权保障是刑法的应然要求，刑法保障是人权的最后防线。

刑法是严厉的，也应该是文明的，这是刑事法治的应有之义。在过去司法实践强调打击犯罪，尤其是贯彻“严打”的刑事政策，人权保障受到了忽视，法治遭到破坏，甚至践踏。现在，刑法理念向人权保障倾斜，首要强调人权保障，不应以牺牲人权保障来追求打击犯罪的目标。

检察机关在刑事诉讼活动中承担主导责任，刑事诉讼活动中的人权保障，从广义上讲指在刑事诉讼的过程中充分地保障当事人及其他诉讼参与人的诉讼权利得到正确且有效行使，从狭义上讲指在刑事诉讼的过程中充分保障犯罪嫌疑人和被告人的合法权利。

非羁押诉讼是全面贯彻宽严相济刑事政策，践行“少捕慎诉”司法理念的重要路径，在尊重和保障人权、节约司法成本、提高诉讼效率、促进社会和谐稳定等方面具有重要意义。非羁押诉讼制度的设计实现了从“构罪即捕”“以捕代侦”的观念向“无罪推定”“因案制宜”司法理念的转变，从“刑本位”向“人本位”司法理念的转变，从“慎捕”到“慎不捕”司法理念的转变。非羁押诉讼摒弃“重实体、轻程序，重打击、轻人权”错误思想，推动实体公正与程序公正并重，实现司法本身所具有的价值和意义。

从各地检察机关实践来看，积极转变逮捕理念，全面扩大非羁押强制措施适用。从 2017 年起，山东省检察机关就在全省全面推开非羁押诉讼工作，提出强化侦检沟通协商、轻微刑事案件捕前过滤、严格把握社会危险性条件证据标准、轻微刑事案件赔偿保证金提存、“电子手表”监控保障、轻微刑事案件快速办理等七项措施，尽量减少审前羁押，逐步实现逮捕措施由普遍适用到必要适用、合乎比例转变。以山东省东营市为例，审前羁押率 2017 年下降至 39.6%，2019 年降至 33.5%。

山东省人民检察院加强与公安、法院的协作配合，与省法院、省公安厅会签《关于办理轻伤害刑事案件有关问题的意见》，明确对轻伤害案件，公安机关原则上不提请逮捕，鼓励采用“电子手表”等非羁押措施，与省公安厅会签《关于贯彻实施〈最高人民检察院、公安部关于逮捕社会危险性条件若干问题的规定（试行）〉的意见》，增加提捕书对社会危险性的说理论证要求，规范提捕程序和材料移送标准，将一部分无社会危险性的轻罪案件过滤出逮捕环节。

为强化取保候审的诉讼保障功能，防止因取保脱逃不能保障诉讼程序顺利进行的风险，自 2012 年起，东营市检察机关就开始研发了“电子手表”智能监控平台系统，通过北斗卫星、基站等多种定位模式，对佩戴智能手表的人员进行实时定位和轨迹查询。东营区人民检察院在此基础上，研发刑事执行 AI 智慧监督系统，将取保候审、监视居住的犯罪嫌疑人全部纳入刑事执行 AI 智慧监督系统管理，通过配备人脸识别机，利用人脸识别、定位追踪手段，对其进行监督、管理。

加大非羁押强制措施适用，公检法机关协作、社会各界的支持不可或缺。2012 年起，东营市河口区人民检察院针对在本地无固定住所、无经济来源的人员，创建黄河中途驿站作为无羁押必要人员帮教基地。2014 年起，依托刑事智能监督平台整合取保候审、监视居住、社区矫正等动能，升级为黄河驿站。2016 年起，由公安、检察、司法行政机关以及企业、社区志愿者共同参与，在黄河驿站基础上构建“刑事执行人权保障中心”。一是构建以非羁押强制措施和案件快速处理并行的非羁押诉讼模式。二是强化法律监督，实现从立案到刑罚执行全过程的监督。三是通过对非羁押人员各项诉讼权利保障，解决实际困难，进行心理疏导，消除对抗情绪，化解社会矛盾，加速认罪服判。四是整合社会力量，通过提供技能培训、就业安置等通道，构建非羁押诉讼的社会支持体系。2014 年以来，在当地因非羁押被执行非监禁刑的 39 人，全部实现了再就业。

针对交通肇事，轻伤害等轻罪案件中经常出现的因被害人诉求不合理造成无法达成和解，或者和解后犯罪嫌疑人不积极履行等情况，探索犯罪嫌疑人可以申请向公证部门等第三方缴纳一定数额赔偿保证金，检察机关审查后可以对其作出不捕决定，而案件经审判机关判决确定赔偿数额后，由被害人持生效裁判文书至第三方申请取得赔偿金，该制度可以促成刑事和解，有效降低轻罪案件逮捕率，比如德州市检察机关自 2018 年以来，适用保证金提存制度 56 件 62 人，缴纳保证金 203.5 万元，所办案件均作出不捕决定。

专题二　民法与刑法关于平等的规定

要点解析

法律规范的普遍性使平等适用法律成为可能，也使平等适用法律成为其前提。民法典属于私法，调整平等主体的自然人、法人和非法人组织之间的人身关系和财产关系。刑法属于公法，规范犯罪及其法律后果，具有二次规范性。

关联条文

民法典

第一条　【立法目的】为了保护民事主体的合法权益，调整民事关系，维护社会和经济秩序，适应中国特色社会主义发展要求，弘扬社会主义核心价值观，根据宪法，制定本法。

第二条　【调整范围】民法调整平等主体的自然人、法人和非法人组织之间的人身关系和财产关系。

第一百三十三条　【民事法律行为的定义】民事法律行为是民事主体通过意思表示设立、变更、终止民事法律关系的行为。

刑　法

第二条　【任务】中华人民共和国刑法的任务，是用刑罚同一切犯罪行为作斗争，以保卫国家安全，保卫人民民主专政的政权和社会主义制度，保护国有财产和劳动群众集体所有的财产，保护公民私人所有的财产，保护公民的人身权利、民主权利和其他权利，维护社会秩序、经济秩序，保障社会建设事业的顺利进行。

第四条　【法律面前人人平等原则】对任何人犯罪，在适用法律上一律平等。不允许任何人有超越法律的特权。

第十三条　【犯罪概念】一切危害国家主权、领土完整和安全，分裂国家、颠覆人民民主专政的政权和推翻社会主义制度，破坏社会秩序和经济秩序，侵犯国有财产或者劳动群众集体所有的财产,侵犯公民私人所有的财产,侵犯公民的人身权利、民主权利和其他权利,以及其他危害社会的行为,依照法律应当受刑罚处罚的,都是犯罪,但是情节显著轻微危害不大的,不认为是犯罪。

刑事诉讼法

第六条　人民法院、人民检察院和公安机关进行刑事诉讼,必须依靠群众,必须以事实为依据,以法律为准绳。对于一切公民,在适用法律上一律平等,在法律面前,不允许有任何特权。

条文要义

民法典的立法目的,就是保护民事主体的合法权益。民法典保护民法权益,是通过调整民事法律关系实现的,通过调整民事权利和民事义务构成的各种民事法律关系,督促民事义务的履行,保护民事权益的实现。民法典的调整对象就是民事法律关系,包括民事法律关系的主体、客体和内容。我国民事法律关系的主体为自然人、法人和非法人组织。三种民事主体的地位平等,民法典不调整非平等主体之间的法律关系,例如行政关系。民法典调整的民事法律关系包括人身关系和财产关系。

平等保护是民法典要义之一。贯彻平等保护理念,就要在履行法律监督职责过程中,坚持平等保护自然人、法人、非法人组织、内资外资、国企民企及大中小微企业等各类民事主体,坚持依法保障企业权益与促进守法合规经营并重;平等保护民事主体的生命健康、财产安全、交易便利、生活幸福、人格尊严等各方面的权利,促进民法典赋予民事主体的各项权利得到切实保障。

刑法和刑事诉讼法规定的"法律面前人人平等"是刑法规定的一项基本原则。该项原则的具体内容包括几个方面:一是法益平等,即对刑法保护的合法权益予以平等的保护。法益平等并不意味着刑法不能根据性别、年龄、身体完整性等具体情况作出差别规定。例如对于未成年人应当从轻、减轻处罚;对于怀孕的妇女、未满 18 周岁的人不适用死刑;对年满 75 周岁的人,一般不适用死刑等。二是定罪平等,即任何人犯罪都应受到刑事追究,相同的犯罪适用相同的定罪标准。量刑平等并不意味着司法不能根据不同地区经济发展水平和社会治安状况的不同情况作出差别量刑。例如盗窃罪,在最高人民法院确定的定罪数额幅度内,各省、直辖市、自治区适用的具体定罪量刑标准可能有所不同。三是量刑平等,即对违法性与有责性程度相同以及预防必要性相同的犯罪判处相同的刑罚。量刑平等并不意味着法院对犯罪的事实、性质、情节、社会危害程度相同的案件,不能根据量刑情节的刑罚含量的大小不同和人身危险性的大小不同作出差别处罚。例如,同样持刀抢劫一人500元,李某是为筹集学费,杨某是为获取赌资。在法定的量刑幅度内,李某被判处的刑罚即应轻于杨某。四是行刑平等,即对于服刑的罪犯,严格按照刑法规定平等地执行。行刑平等并不意味着监狱不能根据罪犯的犯罪类型、刑罚种类、刑期、改造表现等情况采取分别关押、采取不同管理方式等予以区别对待。例如将未成年人与成年人予以分别关押,根据老弱病残的不同情况采取不同管理方式等。

典型案例

案例一

从某某与威海市文登区天福街道办事处小五里头社区居民委员会房屋拆迁安置补偿合同纠纷案

原告丛某某系被告小五里头居委会居民,原告在被告居委会有房产一宗。2010年被告小五里头居委会整村拆迁改造。2010年5月20日,原告丛某某与被告小五里头居委会就原告丛某某房屋及院落中双方没有争议的部分签署了房屋拆迁产权调换补偿安置协议书并实际履行。拆迁后原告发现被告在计算原告房屋拆迁面积时遗漏87平方米。按当时拆迁补偿价每平方米2400元计算,被告尚欠原告补偿款208 800元,同时被告还应向原告支付该87平方米的拆迁费21 924元。就原告丛某某房屋中涉及水井部分院落面积是否属于拆迁补偿范围,双方发生争议,未就争议部分达成拆迁补偿协议。上述款项经原告多次催要,被告拒不支付。请求判令被告支付原告拆迁补偿款208 800元及利息并支付拆迁费21 924元。

一审法院经审查,认定原被告之间没有发生民事权利义务关系,不应作为民事案件受理。驳回原告丛某某的起诉。

案例二

陈某某抢劫罪案

2017 年 8 月 20 日 10 时许，冯某（已判刑）在手机微信中假扮女子与被害人李某聊天，约定以 600 元的价格进行性交易，并让被害人李某先找酒店开房。当日 22 时许，被害人李某在文昌市文城镇×××酒店登记入住×××室，将酒店位置通过手机微信定位发给对方。至次日 0 时许，纪某某（已判刑）、冯某安排程某（已判刑）来到×××室与被害人李某发生性行为，程某趁被害人李某不备打开酒店房门，纪某某、冯某、赵某某、丁某某（均已判决）与被告人陈某某冲进房内对被害人李某拳打脚踢，丁某某拿出一把砍刀刀套砸在被害人李某身上，丁某某、赵某某、冯某又将被害人李某绑起来，以砍手指、砍大腿等威胁言语，逼迫被害人李某说出银行卡密码，因密码不对使银行卡被锁定，冯某又在被害人李某手机中下载 App 软件，利用被害人李某身份信息及人脸识别系统在网上办理贷款，总共转账劫取 22 316 元，造成被害人李某脸部、嘴唇、左侧肩膀、左侧腰间以及背部等多处淤青破皮流血。2018 年 12 月 12 日，被害人李某与被告人陈某某的亲属一同来到法院，申请法院对赔偿事宜进行调解，双方达成赔偿协议，并当场履行全部的赔偿义务(22 316 元)，被害人李某出具书面谅解书，对被告人陈某某的犯罪行为表示谅解。

一审法院认定被告人陈某某犯抢劫罪，判处有期徒刑 2 年 6 个月，缓刑 4 年，并处罚金 8000 元。后检察院以原判认定被告人陈某某犯罪情节较轻，宣告对被告人陈某某适用缓刑，属于适用法律错误，导致量刑畸轻提出抗诉。

二审法院认定，原审被告人陈某某行为已构成抢劫罪。在对原审被告人陈某某量刑时没有充分考虑到原审被告人陈某某与本案同案人的作案动机、情节及各被告人之间的量刑平衡问题，对原审被告人陈某某适用缓刑不当，应予纠正。撤销一审判决，判处原审被告人陈某某犯抢劫罪，判处有期徒刑 2 年 6 个月，并处罚金 8000 元。

解读评析

民法典规定，调整平等主体的公民之间、法人之间、公民和法人之间的财产关系和人身关系。平等主体是指在民事活动中法律地位平等的当事人，平等主体之间没有隶属关系和领导关系。当事人之间签署了拆迁补偿合同，合同对支付拆迁补偿的数额有明确的约定，被拆迁人请求拆迁人履行补偿合同的，属于平等主体之间的民事权益争议，应当作为民事案件受理。但还有一种情形，当事人之间没有签订书面补偿合同，被拆迁人请求拆迁人支付补偿费用或者增加补偿数额的，被拆迁人与拆迁人之间没有发生民事权利义务关系，不应作为民事案件受理。案例一中，就原告丛某某房屋中涉及水井部分院落面积是否属于拆迁补偿范围，原、被告双方发生争议，未就争议部分达成拆迁补偿协议，属于上述第二种情形。

案例二中，检察院对一审判决提出抗诉，理由比较明确，一是同案不同判，导致量刑失衡，不能体现平等适用刑法的原则和罪刑相适应的原则。本案原审被告人陈某某与郭某某、程某均参与抢劫一次，陈某某认定为从犯，赔偿了被害人李某的全部损失 22 316 元，并取得了被害人李某的谅解，量刑是以抢劫罪判处有期徒刑 2 年 6 个月，缓刑 4 年，并处罚金 8000 元；郭某某认定为从犯且犯罪未遂，量刑是以抢劫罪判处有期徒刑 2 年，并处罚金 2000 元；罪犯程某认定为胁从犯，量刑是以抢劫罪判处有期徒刑 2 年 6 个月，并处罚金 3000 元。3 人的量刑情节基本一致，唯一区别的是，被告人陈某某的家属赔偿了被害人的经济损失并取得了被害人的谅解，但该谅解情节只是酌定情节，原审法院把酌定量刑情节作为主要量刑因素来考虑，容易使公众认为“花钱可以买刑”，只要赔偿到位，就可以不被羁押，这与我国的刑事司法政策是严重背离的，同案的其他被告人也是不能信服的。二是本案情节恶劣，不属于情节较轻，不能适用缓刑。本案属于使用凶器抢劫，抢劫地点在酒店宾馆的房间，仍然属于相对私密、安全的场所，严重影响社会秩序，应当严厉打击。

通过上述案例可以看出，民法典对平等重点强调主体平等，平等主体之间才具有使用民法典调整关系的资格。刑法对平等更注重适用平等，即在肯定主体平等的前提下，一律平等。刑法是对民法典规定的更进一步，强调承担法律责任的平等。

延伸阅读

浙大开除努某某学籍 9 名女大学生被其侵害

7 月 31 日深夜，“浙大发布”官方微信号发布通报称，浙大校务会议决定，给予2016级本科学生努某某开除学籍处分。

努某某为浙江大学某学院2016级本科生，今年4月17日，被杭州市西湖区人民法院以强奸罪为名判处有期徒刑1年6个月，缓刑1年6个月。

时隔3个月，7月17日，浙大学工部发文，对努某某仅做留校察看处分。

文件一出，其内容迅速在各大社交平台上引起轩然大波。很多网友纷纷表示，浙大这一波操作让人心寒，念及初犯就不加以处罚，那女生的人身安全如何保障？百年浙大的校风何在？是否是背景强硬……

随着事情在网上不断发酵，努某某的个人生活也被扒出。网友发现，努某某并不是像浙大对外声称的品学兼优的寒门学子；相反，他抽烟酗酒玩摄影，经常购买摄影器材，日常经常出入酒吧，夜不归宿，大三开始就在外租房，生活优渥。学习上更是经常挂科，一度排在年级倒数。

而就在努某某已经获刑且被处分后，其依然在朋友圈晒自拍，发布旅游动态等；网友认为努某某根本毫无悔改之意，浙大的留校察看决定一时被推到舆论风口。

更有甚者，努某某涉强奸获刑后，新京报记者先后接到9名女生爆料称，自己此前曾遭受到努某某的猥亵和侵害！

……

越来越多的内容曝光，让这起案件的关注度居高不下。浙大再次启动后续调查，并在深夜发文，对努某某做出开除处理。

专题三　公序良俗原则在民法与刑法中的应用

要点解析

公序良俗具有与合法、公平、平等等法律原则相通的功能，它描述了一幅人类所有行为均应符合社会共同利益与善良风俗的价值理念与理想蓝图。公序良俗原则作为民法典基本原则在民法典适用中具有重要意义，体现了民法典引导、规范社会行为的使命任务，承载了民法典对价值导向、民族特色和文化传统的法律思考。刑法中没有规定公序良俗作为基本原则，刑法的适用是以罪刑法定作为帝王原则，但在当下民法典时代，基于公私法一体化视野，以及公序良俗原则天然具有的贯通各部门法之间尤其是“促进公私法价值融合”的属性，公序良俗原则在刑法中的成分逐渐增加，对公序良俗原则的刑法适用展开分析具有重要的时代价值。

关联条文

民法典

第八条　【守法与公序良俗原则】民事主体从事民事活动，不得违反法律，不得违背公序良俗。

第十条　【法律适用】处理民事纠纷，应当依照法律；法律没有规定的，可以适用习惯，但是不得违背公序良俗。

第一百四十三条　【民事法律行为有效的条件】具备下列条件的民事法律行为有效：

（一）行为人具有相应的民事行为能力；

（二）意思表示真实；

（三）不违反法律、行政法规的强制性规定，不违背公序良俗。

刑　法

第二条　【任务】中华人民共和国刑法的任务，是用刑罚同一切犯罪行为作斗争，以保卫国家安全，保卫人民民主专政的政权和社会主义制度，保护国有财产和劳动群众集体所有的财产，保护公民私人所有的财产，保护公民的人身权利、民主权利和其他权利，维护社会秩序、经济秩序，保障社会主义建设事业的顺利进行。

第三条　【罪刑法定原则】法律明文规定为犯罪行为的，依照法律定罪处刑；法律没有明文规定为犯罪行为的，不得定罪处刑。

条文要义

公序良俗是指公共秩序和善良习俗。公共秩序，是指政治、经济、文化等领域的基本秩序和根本理念，是与国家和社会整体利益相关的基础性原则、价值和秩序，在以往的民商事立法中被称作社会公共利益。善良习俗是指基于社会主流道德观念的习俗，也被称作社会公共道德，是全体社会成员普遍认可、遵循的道德准则。善良习俗具有一定的时代性和地域性，随着社会成员的普遍道德观念的改变而改变。公共秩序强调的是国家和社会层面的价值理念，善良习俗突出的则是民间的道德观念，二者相辅相成，互为补充。在民法法源适用中，强调适用习惯时不得违背公序良俗，体现了公序良俗原则对法源适用的限制，如果适用习惯与公序良俗相违背，将极大损害法律秩序，破坏法律的权威性，司法机关应当审查判断习惯是否符合公序良俗原则。公序良俗原则是现代民法一项重要的基本原则，在现代市场经济条件下，有维护国家利益、社会公共利益及一般道德观念的功能。因立法当时无法预见一切损害国家利益、社会公共利益和道德秩序的行为而做出详尽的禁止性规定，故设立公序良俗原则，以弥补禁止性规定之不足。公序良俗原则性质上为授权性规定，目的在于，遇有损害国家利益、社会公共利益和社会道德秩序的行为，而又缺乏相应的禁止性法律规定时，法院可以违反公序良俗为由判决该行为无效。

刑法帝王原则是罪刑法定原则，罪刑法定原则基本含义是“法无明文规定不为罪”“法无明文规定不处罚”，它要求高度明文性、确定性以及规范性、客观性，它是一个特定性高与开放性低的概念。罪刑法定要求法律主义、禁止事后法、禁止类推解释、禁止不定刑，要求刑罚法规的明确性和刑罚法规内容的适当性。民法公序良俗与刑法罪刑法定在概念的特定性、开放性以及价值理念和具体内容等方面均相抵牾,二者之间具有天然违和性。

公序良俗原则具有高度抽象性、不确定性以及强烈的伦理性、主观性,它是一个特定性低与开放性高的概念。

公序良俗原则在刑法上的适用与罪刑法定原则存在两个矛盾之处。一是公序良俗原则内容高度抽象性和不确定性与罪刑法定原则的明文性和安定性相抵牾。公序良俗原则内容具有高度抽象性与不确定性,难以用客观、明确的法规予以表述,与罪刑法定原则的明文性和安定性相抵牾;二是公序良俗强烈的伦理性、主观性与罪刑法定突出的规范性、客观性相抵牾。公序良俗具有强烈的伦理性。公序良俗由公共秩序和善良风俗所组成,这极易被误解为其中的善良风俗才具有伦理性而公共秩序不具备。刑法罪刑法定原则要求规范性和客观性,排斥习惯法的运用,规范性的条文而非伦理道德才是刑法法源。

虽然存在上述问题,但是在实然层面,公序良俗已打通了进入刑事实证法的通道。在刑事立法中,有许多涉及公序良俗的犯罪。刑事立法对侵犯集体法益犯罪的规制等于将公序良俗上升为了刑法保护法益,侵犯个人法益的某些犯罪因其涉及人格尊严与名誉或者家庭权等,它们所侵害的利益也涉及公序良俗。公序良俗的刑事立法化体现程度甚高。刑法中妨害社会管理秩序罪保护的是"国家对社会各个方面会进行管理而形成的稳定有序的社会状态",这种秩序属于集体法益中的典型内容。尤其是该类犯罪中的扰乱公共秩序犯罪、性犯罪和淫秽物品犯罪等,均为"对风俗的犯罪"。刑法第6章就是公序良俗的刑事立法化之体现。有些具体罪名直接将公序良俗作为其保护法益。比如,出版歧视、侮辱少数民族作品罪、非法剥夺公民宗教信仰自由罪、侵犯少数民族风俗习惯罪等与少数民族风俗习惯相关的罪名。有些具体罪名间接将公序良俗作为保护法益。如刑法第305条规定的伪证罪。我国刑法通说认为该条款保护的法益是"司法机关正常的刑事诉讼司法活动"。然而,该条款实则保护的并不完全是司法制度,还间接保护了信守诺言的社会诚信。

典型案例

案例一

"北雁云依"诉济南市公安局历下区分局燕山派出所公安行政登记案

原告"北雁云依"法定代理人吕某某诉称：其妻张某某在医院产下一女取名"北雁云依"，并办理了出生证明和计划生育服务手册新生儿落户备查登记。为女儿办理户口登记时，被告济南市公安局历下区分局燕山派出所（以下简称燕山派出所）不予上户口。理由是孩子姓氏必须随父姓或母姓，即姓"吕"或姓"张"。根据《中华人民共和国婚姻法》（以下简称婚姻法）和《中华人民共和国民法通则》（以下简称民法通则）关于姓名权的规定，请求法院判令确认被告拒绝以"北雁云依"为姓名办理户口登记的行为违法。

被告燕山派出所辩称：依据法律和上级文件的规定不按"北雁云依"进行户口登记的行为是正确的。民法通则规定公民享有姓名权，但没有具体规定。而2009年12月23日最高人民法院举行新闻发布会，关于夫妻离异后子女更改姓氏问题的答复中称，婚姻法第22条是我国法律对子女姓氏问题作出的专门规定，该条规定子女可以随父姓，可以随母姓，没有规定可以随第三姓。行政机关应当依法行政，法律没有明确规定的行为，行政机关就不能实施，原告和行政机关都无权对法律作出扩大化解释，这就意味着子女只有随父姓或者随母姓两种选择。从另一个角度讲，法律确认姓名权是为了使公民能以文字符号即姓名明确区别于他人，实现自己的人格和权利。姓名权和其他权利一样，受到法律的限制而不可滥用。新生婴儿随父姓、随母姓是中华民族的传统习俗，这种习俗标志着血缘关系，随父姓或者随母姓，都是有血缘关系的，可以在很大程度上避免近亲结婚，但是姓第三姓，则与这种传统习俗、与姓的本意相违背。全国各地公安机关在执行婚姻法第22条关于子女姓氏的问题上，标准都是一致的，即子女应当随父姓或者随母姓。综上所述，拒绝原告法定代理人以"北雁云依"的姓名为原告申报户口登记的行为正确，恳请人民法院依法驳回原告的诉讼请求。

法院经审理查明：原告"北雁云依"出生于2009年1月25日，其父亲名为吕某某，母亲名为张某某。因酷爱诗词歌赋和中国传统文化，吕某某、张某某夫妇二人决定给爱女起名为“北雁云依”，并以“北雁云依”为名办理了新生儿出生证明和计划生育服务手册新生儿落户备查登记。2009 年 2 月，吕某某前往燕山派出所为女儿申请办理户口登记，被民警告知拟被登记人员的姓氏应当随父姓或者母姓，即姓“吕”或者“张”，否则不符合办理出生登记条件。因吕晓峰坚持以“北雁云依”为姓名为女儿申请户口登记，被告燕山派出所遂依照婚姻法第 22 条之规定，于当日作出拒绝办理户口登记的具体行政行为。

该案经过两次公开开庭审理，原告“北雁云依”法定代理人吕晓峰在庭审中称：其为女儿选取的“北雁云依”之姓名，“北雁”是姓，“云依”是名。因案件涉及法律适用问题，需送请有权机关作出解释或者确认，该案于 2010 年 3 月 11 日裁定中止审理，中止事由消除后，该案于 2015 年 4 月 21 日恢复审理。济南市历下区人民法院于 2015 年 4 月 25 日作出（2010）历行初字第 4 号行政判决：驳回原告“北雁云依”要求确认被告燕山派出所拒绝以“北雁云依”为姓名办理户口登记行为违法的诉讼请求。一审宣判并送达后，原被告双方均未提出上诉，本判决已发生法律效力。

案例二

金某会侮辱骨灰罪案

公诉机关江苏省镇江市润州区人民检察院。被告人金某会，男，小学文化，无业，住江苏省淮安市楚州区。1989 年 1 月因犯盗窃罪被判处有期徒刑 2 年。2000 年 12 月因犯盗窃罪被判处无期徒刑，2012 年 12 月 19 日假释，2016 年 7 月 22 日假释考验期满。2016 年 10 月 19 日因涉嫌犯侮辱骨灰罪被刑事拘留，同年 11 月 1 日被逮捕。

江苏省镇江市润州区人民检察院指控被告人金某会犯侮辱骨灰罪，于 2017 年 3 月 13 日向法院提起公诉。法院受理后，依法适用简易程序，组成合议庭公开开庭审理了本案。镇江市润州区人民检察院指派检察员刘某某出庭支持公诉，被告人金某会到庭参加诉讼。现已审理终结。

经审理查明，2016 年 10 月 18 日 13 时许，被告人金某会携带榔头至镇江市润州区某公墓，撬开死者的墓穴，将死者的骨灰盒从墓穴中搬出，并将盒盖打开，后使用榔头将盒盖砸坏，使死者骨灰露天放置。案发后，被告人金某会电话告知死者的家属，并在接公安机关电话后主动到案，如实供述了上述事实。上述事实，有经当庭举证、质证，查证属实的榔头照片，到案经过、金某会手机通话记录、死者骨灰盒寄存照片、骨灰安放证、公墓墓穴申请单，刑事判决书、假释证明书，行政处罚决定书、常住人口基本信息等书证，证人汪某的证言，被害人沈某1、沈某2、陈某的陈述，被告人金某会的供述和辩解，现场勘验笔录及照片，辨认笔录等证据证实，足以认定。

法院认为，被告人金某会违反公序良俗，侮辱骨灰，其行为已构成侮辱骨灰罪，依法应予惩处。被告人金某会曾因故意犯罪被判处无期徒刑，刑罚执行完毕后，在5年内再犯应当判处有期徒刑以上刑罚之罪，是累犯，依法应当从重处罚。被告人金某会自动投案，如实供述自己的罪行，是自首，依法可以从轻处罚。据此，依照刑法第302条、第65条、第67条第1款之规定，判决如下：被告人金某会犯侮辱骨灰罪，判处有期徒刑1年。

解读评析

案例一是一起姓名登记引发的行政案件，该案争议的焦点是自然人姓名权与公序良俗之间的关系，即自然人姓氏的选取是否存在不违背公序良俗的正当理由。2014年11月1日，第十二届全国人民代表大会常务委员会第十一次会议通过了《全国人民代表大会常务委员会关于〈中华人民共和国民法通则〉第九十九条第一款、〈中华人民共和国婚姻法〉第二十二条的解释》。该立法解释规定，公民依法享有姓名权。公民行使姓名权，还应当尊重社会公德，不得损害社会公共利益。公民原则上应当随父姓或者母姓。有下列情形之一的，可以在父姓和母姓之外选取姓氏：（一）选取其他直系长辈血亲的姓氏；（二）因由法定扶养人以外的人扶养而选取扶养人姓氏；（三）有不违反公序良俗的其他正当理由。少数民族公民的姓氏可以从本民族的文化传统和风俗习惯。民法典第1012条和第1015条规定自然人的姓名权和姓氏的选取，沿袭了上述有关规定。本案不存在选取其他直系长辈血亲姓氏或者选取法定扶养人以外的扶养人姓氏的情形，案件的焦点就在于原告法定代理人吕某某提出的理由是否符合上述立法解释第2款第3项规定的“有不违反公序良俗的其他正当理由”。首先，从社会管理和发展的角度，子女承袭父母姓氏有利于提高社会管理效率，便于管理机关和其他社会成员对姓氏使用人的主要社会关系进行初步判断。倘若允许随意选取姓氏甚至恣意创造姓氏，则会增加社会管理成本,不利于社会和他人,不利于维护社会秩序和实现社会的良性管控,而且极易使社会管理出现混乱,增加社会管理的风险性和不确定性。其次,公民选取姓氏涉及公序良俗。在中华传统文化中,“姓名”中的“姓”,即姓氏,主要来源于客观上的承袭,系先祖所传,承载了对先祖的敬重、对家庭的热爱等,体现着血缘传承、伦理秩序和文化传统。而“名”则源于主观创造,为父母所授,承载了个人喜好、人格特征、长辈愿望等。公民对姓氏传承的重视和尊崇,不仅体现了血缘关系、亲属关系,更承载着丰富的文化传统、伦理观念、人文情怀,符合主流价值观念,是中华民族向心力、凝聚力的载体和镜像。公民原则上随父姓或者母姓,符合中华传统文化和伦理观念,符合绝大多数公民的意愿和实际做法。反之,如果任由公民仅凭个人意愿喜好,随意选取姓氏甚至自创姓氏,则会造成对文化传统和伦理观念的冲击,违背社会善良风俗和一般道德要求。最后,公民依法享有姓名权,公民行使姓名权属于民事活动,既应当依照民法典第1012条和第1015条的规定,还应当遵守民法典第8条公序良俗原则的规定。通常情况下,在父姓和母姓之外选取姓氏的行为,主要存在于实际抚养关系发生变动、有利于未成年人身心健康、维护个人人格尊严等情形。本案中,原告“北雁云依”的父母自创“北雁”为姓氏、选取“北雁云依”为姓名给女儿办理户口登记的理由是“我女儿姓名‘北雁云依’四字,取自四首著名的中国古典诗词,寓意父母对女儿的美好祝愿”。此理由仅凭个人喜好愿望并创设姓氏,具有明显的随意性,不符合民法典第1015条第1款第3项的情形,不应给予支持。

案例二是一起侮辱骨灰罪案。侮辱骨灰罪,是指侮辱骨灰的行为,在刑法第六章妨害社会管理秩序罪第一节扰乱公共秩序罪之中。本罪在《刑法修正案(九)》增加了部分内容,体现了刑法对公序良俗的特殊保护。1997年刑法规定了盗窃、侮辱尸体罪,一段时间以来,有些地方出现了盗窃尸骨、骨灰的行为,不仅对死者亲属的感情造成严重伤害,而且损害了公序良俗。但对于上述行为很难界定为盗窃、侮辱尸体罪,亟需通过刑法修正案予以完善。

《刑法修正案(九)》对原先的盗窃、侮辱尸体罪进行了修改,增加了行为方式,在“盗窃、侮辱”的基础上增加“故意毁坏”,扩大了对象范围,将原规定的“尸体”扩展为“尸体、尸骨、骨灰”,弥补了1997年刑法的漏洞,完善了有关葬礼的公序良俗的保护。侮辱骨灰罪的保护法益是公众对尸体、尸骨、骨灰的虔敬感情和有关葬礼和死者尊严的公序良俗。是公序良俗在刑法立法中的具体体现。该案中,金某会掀开死者的墓穴,将死者的骨灰盒从墓穴中搬出,并将盒盖打开,后使用榔头将盒盖砸坏,使死者骨灰露天放置。这一行为违背了中国传统文化死者为大、入土为安等与葬礼和死者尊严有关的公序良俗,不仅亵渎死者人格尊严、对死者家属的感情造成巨大伤害,更损害了关于葬礼文化和风俗的民俗习惯和民族传统,具有巨大的危害性。

延伸阅读

四川泸州赠与案①

发生在2001年的张某某诉蒋某某拒绝交付遗赠财产纠纷案(有关报道和研究者称之为"二奶"争遗产案)引发了社会舆论界和法学界持续不断的关注和讨论。

事实陈述:原告张某某是受遗赠人。遗赠人是被告蒋某某之夫黄某1。被告蒋某某与遗赠人黄某1于1963年5月自愿登记结婚,未生育,于1970年收养一子黄某2。黄某2结婚后与养父母分居。1996年,张某某与遗赠人黄某1相识,两人随即在当地农村租房同居,共同生活至2001年2月。蒋某某则在泸天化(集团)有限责任公司职工宿舍独居。2000年9月,蒋某某将其在1990年继承父母遗产所得的一套住宅房出卖,获款80 000元。2001年1月,蒋某某和黄某1拿出30 000元赠与其养子黄某2购买商品住宅房。2001年2月,遗赠人黄某1患晚期肝癌住医院治疗,蒋某某始终予以护理,张某某未参与护理。2001年4月18日,原告张某某的诉讼代理人韩某某在医院为黄某1代书遗嘱:"我决定,将依法所得的住房补贴金、公积金、抚恤金和卖泸州市江阳区一套住房售价的一半(即4万元),以及手机一部遗留给我的朋友张某某壹人所有。我去世后骨灰盒由张某某负责安葬。"4月20日,四川省泸州市纳溪区公证处对该遗嘱出具了(2001)泸纳证字第148号公证书,证明:黄某1于2001年4月18日在公证员面前,在代书遗嘱上签名、按手印。4月22日,遗赠人黄某1逝世。4月25日上午,被告蒋某某在泸州市殡仪馆火化遗赠人黄某1的尸体时,遗嘱执行人易念华突然向蒋某某和黄某2宣读了遗赠人黄某1的公证遗嘱,要求蒋某某和黄某2执行该公证遗嘱。蒋某某

① 《张某某诉蒋某某拒绝交付遗赠遗产案》,载https://wenku.baidu.com/view/e35394be988fcc22bcd126fff705cc1755275f94.html。

和黄某2当即表示不执行该遗嘱。当日下午，张某某即向四川省泸州市纳溪区人民法院提起诉讼。

原告张某某诉称：原告张某某与被告蒋某某之夫、遗赠人黄某1是朋友关系。遗赠人黄某1于2001年4月18日立下遗嘱，将自己所有的价值约60 000元的财产遗赠给原告。该遗嘱于2001年4月20日经公证机关公证。2001年4月22日，遗赠人黄某1因病死亡，该公证遗嘱生效，应当执行。但被告蒋某某控制了全部遗产，拒不向原告交付受赠遗产。诉讼请求法院依法判令被告蒋某某将遗赠人黄某1的价值约60 000元的遗产交付给原告，承担原告为实现遗赠财产产生的费用。

被告蒋某某辩称：遗赠人黄某1遗赠的抚恤金，是遗赠人黄某1的单位按规定给予被告的经济补偿费，属被告专享，不是遗赠人黄某1生前的财产，不属遗赠人黄某1的遗产范围；住房公积金和补贴金属夫妻共同财产，不是遗赠人黄某1一个人的财产，遗赠人黄某1无权单独处理；遗赠涉及的卖房所得80 000元，在缴纳房屋买卖交易税费5000元、拿给养子黄某2 30 000元购买商品房、遗赠人黄某1拿走35 000元给原告张某某用于解除非法同居关系以及用于其他开支后，已经花光；为遗赠人黄某1治病和丧葬借款11 000元没有偿还。原告张某某及其诉讼代理人韩某某和"好朋友"易某某，在遗赠人黄某1病危和债务未清偿时，瞒着遗赠人黄某1的妻子，让遗赠人黄某1立遗嘱，将夫妻共同财产以及应属被告的合法财产全部遗赠给原告，违反了法律的规定，侵犯了被告的合法权益；遗赠人黄某1生前有配偶而与原告张某某长期非法同居，临终前立遗嘱将其遗产全部赠给与其婚外同居的张某某的行为，有违社会公共道德。遗赠人黄某1订立的遗嘱，侵犯了被告的合法权益，违反了法律规定和社会公德，不是合法有效的民事行为，应属无效遗嘱。公证机关对违法违德的遗嘱所作的公证不具有证明能力。原告张某某以无效遗嘱索要遗赠财产，被告有权拒绝。请求法院依法判决驳回原告的诉讼请求。

诉讼中，应被告蒋某某申请，四川省泸州市纳溪区公证处于2001年5月17日作出(2001)泸纳撤证字第02号《关于部分撤销公证书的决定书》，决定：撤销(2001)泸纳证字第148号公证书中的抚恤金和住房补贴金、公积金中属于被告蒋某某的部分，维持其余部分内容。

判决精要：四川省泸州市纳溪区人民法院审理后认为：(1)原告所举黄某1于2001年4月18日所立的遗嘱虽经过公证，但因该遗嘱的内容不符合客观事实，违背了有关政策、法律规定，侵犯了被告的合法权益，本院依法不予采信。公证机关关于2001年5月17日作出的（2001）泸纳撤证字第02号《关于部分撤销公证书的决定》公证书，在遗赠人死亡后变更遗赠人的真实意思表示，无法律依据，侵犯了遗赠权利，本院不予采信。（2）遗赠属一种民事法律行为，民事行为是当事人实现自己权利，处分自己的权益的意思自治行为。当事人的意思表示一旦作出就成立，但遗赠人行使遗赠权不得违背法律的规定。且根据民法通则第7条的规定，民事行为不得违反公共秩序和社会公德，违反者其行为无效。本案中遗赠人黄某1与被告蒋某某系结婚多年的夫妻，无论从社会道德角度，还是从婚姻法的规定来讲，均应相互扶助、互相忠实、互相尊重。但在本案中遗赠人自1996年认识原告张某某以后，长期与其非法同居，其行为违反了婚姻法第2条规定的一夫一妻的婚姻制度和第3条禁止有配偶者与他人同居以及第4条夫妻应当互相忠实、互相尊重的法律规定。遗赠人黄某1基于与原告张某某有非法同居关系而立下遗嘱，将其遗产和属被告所有的财产赠与原告张某某，是一种违反公共秩序、社会公德和违反法律的行为。而本案被告蒋某某忠实于夫妻感情，且在遗赠人黄某1患肝癌晚期住院直至去世期间，一直对其护理照顾，履行了夫妻扶助的义务，遗赠人黄某1却无视法律规定，违反社会公德，漠视其结发夫妻的忠实与扶助，侵犯了蒋某某的合法权益，对蒋某某造成精神上的损害，在分割处理夫妻共同财产时，本应对蒋某某进行损害赔偿，但将财产赠与其非法同居的原告张某某，实质上损害了被告蒋某某依法享有的合法的财产继承权，违反了公序良俗，破坏了社会风气。原告张某某明知黄某1有配偶而与其长期同居生活，其行为法律禁止，是社会公德和伦理道德所不允许的，侵犯了蒋某某的合法权益，于法于理不符，本院不予支持。综上所述，遗赠人黄某1的遗赠行为违反了法律规定和公序良俗，损害了社会公德，破坏了公共秩序，应属无效行为，原告张某某要求被告蒋某某给付受遗赠财产的主张本院不予支持。被告蒋某某要求确认该遗嘱无效的理由成立，本院予以支持。据此，依照民法通则第7条的规定，判决驳回原告张某某的诉讼请求，案件受理费2300元由原告张某某负担。

法庭当庭宣判时，近1500名旁听公民鼓掌拥护判决结果。

张某某不服一审判决，向四川省泸州市中级人民法院提起上诉称：（1）遗赠人黄某1所立遗嘱是其真实意思表示，且符合《中华人民共和国继承法》（以下简称继承法）规定，属有效遗嘱，人民法院应依法保护。（2）遗嘱中涉及"抚恤金"和夫妻共有的"住房补贴金、公积金"，根据继承法第27条第4项规定，也只能说将这一小部分确认无效，将无效部分所涉及的遗产按法定继承办理，黄某1所立遗嘱所处分的个人财产应属有效遗嘱，依法应当得到保护。(3)本案属遗嘱继承案件，当然适用继承法，特别法优于普通法，这是适用法律的原则，也为《中华人民共和国立法法》(以下简称立法法)所确认。请求二审法院依法撤销一审判决，改判上诉人的受遗赠权受法律保护。

蒋某某的答辩理由是：(1)原审经多次开庭审理查明：公证程序违法，公证的内容不真实、不合法，该公证遗嘱无效，原审判决驳回被答辩人基于无效遗嘱提起的诉讼请求，是完全正确的。(2)被答辩人是基于与遗赠人长期非法同居关系，完全是以侵犯答辩人的婚姻家庭、财产等合法权益，而获取非法遗赠。因此，对被答辩人所谓受遗赠权，不予保护，既合法，也合乎社会公理。(3)被答辩人明知遗赠人黄某1是有妻之人，却长达数年与之非法同居，这不仅仅是感情道德问题，也不仅仅是民事上的婚姻侵权赔偿问题，而是触犯刑法涉嫌重婚罪的问题。对此，答辩人保留进一步依法追诉的权利。故请求二审法院判决驳回上诉，维持原判。

四川省泸州市中级人民法院审理后认为：(1)本案属遗赠纠纷，首先应当确定遗赠人黄某1临终前立下书面遗嘱将其财产赠与上诉人张某某这一遗赠行为本身是否具有合法性和有效性。遗赠是公民以遗嘱的方式将个人合法的财产的一部分或全部赠给国家、集体或法定继承人以外的其他人，并于死后发生效力的法律行为。遗赠行为成立的前提是遗嘱，而遗嘱是立遗嘱人生前在法律允许的范围内，按照法律规定的方式处分自己的财产及其他财物，并于死后生效的法律行为。一个合法的遗嘱成立必须具备其构成要件。本案中遗赠人黄某1立遗嘱时虽具完全行为能力，遗嘱系其真实意思表示，形式上也合法，但遗嘱的内容却违反法律和社会公共利益。遗赠人黄某1对售房款的处理违背客观事实。泸州市江阳区新马路6—2—8—2号住房一套，系遗赠人黄某1与被上诉人蒋某某婚姻关系存续期间蒋某某继承父母遗产所得。根据婚姻法第17条的规定，该住房为夫妻共同财产。但该房以8万元的价格卖给陈某，黄某1生前是明知的，且该8万元售房款还缴纳了有关税费，并在2001年春节，黄某1与蒋某某共同又将该售房款中的3万元赠与其子黄某2用于购买商品房，对部分售房款已作处理，实际上并没有8万元。遗赠人黄某1在立遗嘱时，仍以不存在的8万元的一半进行遗赠，显然违背了客观事实，系虚假行为。并且，遗赠人黄某1的遗赠行为，违反法律规定，剥夺了蒋某某依法享有的合法财产继承权。黄某1与蒋某某系合法夫妻，他们的婚姻关系受法律保护。我国婚姻法第24条规定，“夫妻有相互继承遗产的权利”。

夫妻间的继承权,是婚姻效力的一种具体表现,蒋某某本应享有继承黄某1遗产的权利,但因黄某1与上诉人张某某长期非法同居,黄某1在病重住院期间,所立的遗嘱违反法律规定,将财产赠与与其非法同居的上诉人张某某,实质上剥夺了其妻蒋某某依法享有的合法财产继承权。因此,遗赠人黄某1所立书面遗嘱,因其内容和目的违反法律和社会公共利益,不符合遗嘱成立要件,该遗嘱应属无效遗嘱。遗嘱无效,其遗赠行为自然无效。(2)《公证暂行条例》第2条规定,"公证是国家公证机关根据当事人的申请,依法证明法律行为、有法律意义的文书和事实的真实性、合法性,以保护公共财产,保护公民身份上、财产上权利和合法利益"。公证机关作为行使国家证明权的机关,应当按照法定程序对所要证明的法律行为、文书和事实的真实性、合法性进行认真审查。《司法部公证程序规则》(试行)第32条明确规定,"法律行为公证应符合下列条件……(三)行为的内容和形式不违反法律、法规、规章或者社会公共利益"。遗嘱行为属民事法律行为,因此,法律行为公证的条件就必须与民法上规定的民事法律行为成立的要件相符合。《遗嘱公证细则》第17条也规定,遗嘱内容不得违反法律规定和社会公共利益,对不符合前款规定条件的,应当拒绝公证。《公证暂行条例》第25条、《四川省公证条例》第22条规定,公证机构对不真实、不合法的行为、事实和文书应拒绝公证。因此,遗赠人黄某1所订立的将其死后遗产赠与上诉人张某某的遗嘱虽然经过公证机关办理了公证手续,但因该遗赠行为本身违反了法律,损害了社会公共利益,属无效民事行为。《中华人民共和国民事诉讼法》(以下简称民事诉讼法)第67条规定:"经过法定程序公证证明的法律行为、法律事实和文书,人民法院应当作为认定事实的根据。但有相反证据足以推翻公证证明的除外。"故泸州市纳溪区公证处所作出的(2001)泸纳证字第148号公证书依法不能产生法律效力,本院不予采信。(3)本案涉及的法律、法规中继承法婚姻法为一般法律;《公证暂行条例》,系国务院制定,为行政法规;《四川省公证条例》,系四川省人大常委会制定,为地方性法规;《公证程序规则》《遗嘱公证细则》,系司法部制定,为部门规章;皆为民事审判之依据,而民法通则为基本法律,依立法法第5章之规定,上位法效力高于下位法效力。民法通则的效力等级在法律体系中仅次于宪法,高于一般法律、法规和规章;后者若与民法通则规定不一致,应适用民法通则。加之民法通则是对我国民事法律基本制度的规定。故在审理民事案件中,在适用各法律、法规和规章时,应结合适用民法通则相关规定,遗赠行为作为民事法律行为的一种,除应当具备继承法所规定的有关构成要件外,还必须符合民法通则对民事法律行为的一般规定。民法通则第7条明确规定“民事活动应当尊重社会公德,不得损害社会公共利益”。此即民法的“公序良俗”原则。作为现代民法的一项基本原则,“公序良俗”原则充分体现了国家、民族、社会的基本利益要求,反映了当代社会中居于统治地位的一般道德标准,就其本质而言,是社会道德规范的法律化,在现代市场经济条件下,起着使社会道德观念取得对民事主体之民事行为进行内容控制的重要功能,在法律适用上有高于法律具体规则适用之效力。“公序良俗”原则所包括的“社会公德”与“社会公共利益”,又可称作“公共秩序”和“善良风俗”,两者的概念基本一致,相辅相成。在确定“公序良俗”原则中“社会公德”或“社会公共利益”的法律内涵进行具体法律适用时,必须也只能通过不同历史时期法律具体规定所体现的基本社会道德观念和价值取向加以确定。因此,并非一切违反伦理道德的行为都是违反社会公德或社会公共利益的行为,但违反已从道德要求上升为具体法律禁止性规定所体现的维持现行社会秩序所必须的社会基本道德观念的行为则必然属于违反社会公德或社会公共利益的行为,依法应为无效民事行为。在本案中,遗赠人黄某1与被上诉人蒋某某系结婚多年的夫妻,本应按照婚姻法第4条的规定互相忠实、互相尊重,但黄某1却无视夫妻感情和道德规范,与上诉人张某某长期非法同居,其行为既违背了我国现行社会道德标准,又违反了婚姻法第3条“禁止有配偶者与他人同居”的法律规定,属违法行为。黄某1基于其与上诉人张某某的非法同居关系而订立遗嘱将其遗产和属于被上诉人的财产赠与上诉人张某某,以合法形式变相剥夺了被上诉人蒋某某的合法财产继承权,使上诉人实质上因其与黄某1之间的非法同居关系而谋取了不正当利益。我国民法通则第58条规定民事行为违反法律和社会公共利益的无效,因此,遗赠人黄某1的遗赠行为,应属无效民事行为,无效的民事行为,从行为开始就没有法律约束力。综上所述,遗赠人黄某1的遗赠行为虽系黄某1的真实意思表示,但其内容和目的违反了法律规定和公序良俗,损害了社会公德,破坏了公共秩序,应属无效民事行为。上诉人张某某要求被上诉人蒋某某给付受遗赠财产的主张,本院不予支持。被上诉人蒋某某要求确认该遗嘱无效的理由成立,本院予以支持。原审判决认定事实清楚,适用法律正确,依法应予维持。据此,依照民事诉讼法第153条第1款第(1)项之规定,判决如下:驳回上诉,维持原判。上诉案件受理费1150元由上诉人张某某负担。

广西两男子被提起公诉:先挖领导家祖坟盗尸骨,再出面寻回立功①

2020 年 4 月,百色市田阳区发生一起奇葩的尸骨盗窃案。两名当地村民竟然为了获得单位领导的赞赏,多次偷偷藏匿了该领导家族的祖先尸骨,打算等到领导找不到后再去找到并立功。而后,田阳区人民检察院以涉嫌盗窃尸骨,将王某和韦某铁送交百色市田阳区人民法院起诉。

据悉,田阳村民王某自学风水,地理,法术等,是韦某铁的姐夫。韦氏家族中的韦某是百色市某单位领导,王某曾恳求韦某帮忙办事没有成功。为了获得韦某的重用和赞赏,他便灵机一动,想从韦氏家族祖先的坟墓里偷走骨头,然后让韦某和其他人请他寻求帮助,以此来邀功。因此,王某鼓励韦某铁窃取家族祖奶奶的尸骨。

在 2018 年 10 月的某一天,王某和韦某铁开了一辆摩托车去韦家的家族祖奶奶祖坟安葬地。王某用锄头挖开坟墓,掏出了装有骨头的金色骨灰盒。而韦某铁把装有尸骨的骨灰盒移到山脚下,藏在一块石头下面。十多天后,王某又把骨灰盒搬到了另一座山上的一块大石头上,把它藏起来。在偷走了韦氏家族祖奶奶的尸骨后,王某没有看到韦某和其他人来找他帮助。于是两人于 2019 年 9 月的某天凌晨 2 时左右偷走了韦某一家的祖父的骨灰盒,并将其转移到仓库中。在王某连续偷走韦某一家的两个祖先坟墓的尸骨后,他仍然没有看到韦某和其他人来找他求救,他犯下了另一项罪行。2020 年 2 月 4 日中午 12 时,王某独自去到韦氏家族韦某岳父的坟地并再次藏匿尸骨。

2020 年 3 月,韦某家族人到墓地查看时发现异样,于是向当地派出所报案。4 月 10 日,公安机关传唤王某和韦某铁进行讯问,但二人均否认。同月 13 日,韦某铁带族人找回了韦氏家族祖爷爷的尸骨后,主动向公安部门自首并如实供认了他的罪行。当天,在公安人员将王某召集到案后,他如实供认了自己的罪行。在对该案进行调查后,被盗的尸骨已被追回。

---

① 《广西两男子被提起公诉:先挖领导家祖坟盗尸骨,再出面寻回立功》,载 https://baijiahao.baidu. com/s? id = 1676701051659867775&wfr = spider&for = pc,引用时编者有删改。

专题四　民法与刑法在环境保护中的异同

要点解析

民法典对生态环境的保护是一般指导性规定，注重理念引领和行为规范，在侵权责任篇明确环境污染和生态破坏应承担侵权责任，并对造成的损害赔偿损失和费用。刑法对生态环境保护规定更为彻底和细致，污染环境达到严重程度的构成犯罪，承担刑事责任。

关联条文

民法典

第九条　【绿色原则】民事主体从事民事活动，应当有利于节约资源、保护生态环境。

第一千二百二十九条　【污染环境、破坏生态致损的侵权责任】因污染环境、破坏生态造成他人损害的，侵权人应当承担侵权责任。

第一千二百三十二条　【环境污染、生态破坏侵权的惩罚性赔偿】侵权人违反法律规定故意污染环境、破坏生态造成严重后果的，被侵权人有权请求相应的惩罚性赔偿。

第一千二百三十四条　【生态环境修复责任】违反国家规定造成生态环境损害，生态环境能够修复的，国家规定的机关或者法律规定的组织有权请求侵权人在合理期限内承担修复责任。侵权人在期限内未修复的，国家规定的机关或者法律规定的组织可以自行或者委托他人进行修复，所需费用由侵权人负担。

第一千二百三十五条　【公益诉讼的赔偿范围】违反国家规定造成生态环境损害的，国家规定的机关或者法律规定的组织有权请求侵权人赔偿下列损失和费用：

（一）生态环境受到损害至修复完成期间服务功能丧失导致的损失；

（二）生态环境功能永久性损害造成的损失；

（三）生态环境损害调查、鉴定评估等费用；

（四）清除污染、修复生态环境费用；

（五）防止损害的发生和扩大所支出的合理费用。

刑　法

第三百三十八条　【污染环境罪】违反国家规定，排放、倾倒或者处置有放射性的废物、含传染病病原体的废物、有毒物质或者其他有害物质，严重污染环境的，处三年以下有期徒刑或者拘役，并处或者单处罚金；情节严重的，处三年以上七年以下有期徒刑，并处罚金。

有下列情形之一的，处七年以上有期徒刑，并处罚金：

（一）在饮用水水源保护区、自然保护地核心保护区等依法确定的重点保护区域排放、倾倒、处置有放射性的废物、含传染病病原体的废物、有毒物质，情节特别严重的；

（二）向国家确定的重要江河、湖泊水域排放、倾倒、处置有放射性的废物、含传染病病原体的废物、有毒物质，情节特别严重的；

（三）致使大量永久基本农田基本功能丧失或者遭受永久性破坏的；

（四）致使多人重伤、严重疾病，或者致人严重残疾、死亡的。

有前款行为，同时构成其他犯罪的，依照处罚较重的规定定罪处罚

条文要义

民法典第9条为绿色原则，即民事主体在从事民事活动过程中，应当有利于节约资源，保护生态环境，实现人与自然和谐共处。

民法典确立绿色原则，意味着为民事活动规定了普遍限制。绿色原则调整范围从人与人之间延伸至人与自然之间。绿色原则对民事主体通过行动节约资源、保护生态环境起到了引导、鼓励的作用。民事主体应遵循该条款规定，在各类民事活动中履行节约资源、保护生态环境的义务。

绿色原则的立法目的是以体现节约资源、保护环境为理念的出发点，来对民事主体行为进行限制性规定。这与当今社会坚持的可持续发展和人与自然和谐发展理念相呼应，为提高公民环境保护意识奠定法律基础。同时，民法作为基本法律制度，在一定程度上可以弥补环境法在调整社会关系方面的不足，更好实现

保护环境的功能。民事主体可以根据绿色原则在自身环境权益受到侵害的时候，寻求法律保护。

对于违反绿色原则的民事行为，应当具体问题具体分析：若民事主体主观过错较严重，行为在客观上对环境产生非常不利的影响，则应当认定其行为无效；若民事行为尚未达到前述的严重程度，则法官不宜认定其无效，而应尽量保全该民事行为的效力，并采用停止侵害、恢复原状、赔偿损失等责任形式加以补救。

民法典第 1229 ~ 1235 条规定了环境污染和生态破坏责任，“谁保护，谁受益，谁污染，谁付费”的生态补偿责任方式。明确污染环境、破坏生态承担的侵权责任，民事主体受害人可以请求赔偿权益损失。侵权人应对造成破坏的生态环境进行修复，承担修复费用。

刑法第 338 条规定的污染环境罪，是指个人或单位违反国家规定，排放、倾倒或者处置有放射性的废物、含传染病病原体的废物、有毒物质或者其他有害物质，严重污染环境的行为。明知他人无经营许可证或者超出经营许可范围，向其提供或者委托其收集、贮存、利用、处置危险废物，严重污染环境的，以污染环境罪的共同犯罪论处。

根据刑法第 96 条，违反国家规定是指违反全国人民代表大会及其常务委员会制定的法律和决定，国务院制定的行政法规、规定的行政措施、发布的决定和命令。此处主要是指违反《大气污染防治法》《中华人民共和国环境保护法》（以下简称环境保护法）、《海洋环境保护法》《水污染防治法》等。

根据最高人民法院、最高人民检察院 2016 年 12 月 23 日发布的《关于办理环境污染刑事案件适用法律若干问题的解释》，界定构成“严重污染环境”应符合该解释第 1 条的 18 种情形之一。司法实践中不应做扩大解释，把对环境有影响的行为皆认定为严重污染环境。

刑法第 338 条规定犯本罪的，处 3 年以下有期徒刑或者拘役，并处或者单处罚金；情节严重的，处 3 年以上 7 年以下有期徒刑，并处罚金。上述解释第 3 条规定了后果特别严重的 13 种情形。

典型案例

安徽省池州市贵池区人民检察院诉原前江工业园固废污染刑事附带民事公益诉讼案

2016年以来，位于池州市贵池区原前江工业园区内的安徽某物流园公司，在未采取地面硬化、防渗漏、防流失等措施的情况下，为多家公司提供水泥原料堆放场地（该水泥原料来自上海、江苏、池州三家公司的工业固废）。后经生态环境部南京环境科学研究所鉴定，该批水泥原料总量达2.4万吨，属含有毒有害的可利用固体废物，因未采取“三防”措施已严重污染土壤和地下水，造成包括应急处置费用、污染处理技术服务费等公私财产损失共计1614.0941万元，生态环境恢复费用约1613.923万元。经查，刘某某等6名自然人将有毒有害水泥原料堆放在位于长江边的安徽某物流园公司场地，对长江生态环境造成了严重污染，损害了国家和社会公共利益。涉案的6家单位和3名自然人应承担共同侵权责任。

池州市贵池区人民检察院指控5家被告单位、6名被告人构成污染环境罪，同时以公益诉讼起诉人身份请求法院判令6家单位、3名被告自然人就非法堆置固废造成环境污染所产生的应急处置费用、污染处理技术服务费、生态环境恢复费用等共计3228万余元，分别承担连带赔偿责任，并在安徽省省级新闻媒体上向社会公开赔礼道歉。

池州市贵池区人民法院经公开审理，于2018年12月29日作出一审判决：以污染环境罪判处被告单位20万至100万元不等的罚金，判处被告自然人1年3个月至4年不等的有期徒刑，对检察机关提出的公益诉讼请求全部予以支持。部分被告不服，向安徽省池州市中级人民法院提出上诉，经调解，在满足检察机关公益诉讼请求后，该院遂对刑事部分作出部分改判，对刑事附带民事公益诉讼维持原判。

解读评析

刑事附带民事公益诉讼对于提高办案效率、节约司法资源有积极意义。生态环境民事公益诉讼，是指人民检察院、有关行政机关和社会组织为了保护社会公共利益，对污染环境、破坏生态造成实际损害或者存在重大损害风险的行为，向人民法院提起的民事诉讼。生态环境民事公益诉讼着力点不仅在于打击犯罪,而且注重保护公益需要、恢复生态。

本案中,5 家被告单位、6 名被告人无危险废物经营许可证,为单位利益违反国家规定,非法堆放有毒有害的水泥原料,严重污染土壤和地下水,符合刑法第 338 条的相关规定,行为构成污染环境罪。

同时,根据民法典第 9 条和第 1235 条的规定,对造成污染存在过错的多家企业应承担共同侵权责任,赔偿生态环境受到损害至修复完成期间服务功能丧失导致的损失;生态环境功能永久性损害造成的损失;生态环境损害调查、鉴定评估等费用;清除污染、修复生态环境费用;防止损害的发生和扩大所支出的合理费用。通过实施生态环境损害赔偿制度,将进一步破解"企业污染、群众受害、政府买单"的不合理局面,让违法者为恢复生态环境买单,解决破坏环境"违法成本低,守法成本高"的问题,促进企业自觉主动治污,提高依法治理能力和水平。

综上,民法典的绿色原则,强调对民事主体从事民事活动,应当有利于节约资源、保护生态环境,并据此明确侵权责任和赔偿义务。刑法打击严重污染环境行为,明确承担刑事责任。

延伸阅读

草根 NGO 环境公益诉讼第一案

2011 年,中国第一起由民间环保组织提起的环境民事公益诉讼"曲靖铬渣案"正式立案,开启了中国环境公益诉讼的破冰之旅,一时间众人欢呼,全国媒体接踵而至。

然而,随着九年诉讼拉锯战的进行,掌声和关注逐渐退场,留给自然之友和案件当事人的是无尽无休的煎熬。对案子的无力感,对环境诉讼的困惑以及法律环境的制约,都成了自然之友这个民间环保组织的"不能承受之重",其间,每个参与者都付出巨大,并且经历了从激情满腔到拧成心结的过程。只是,九年,无人放弃……

2020 年,这个故事走到第十年,终于迎来了一个让所有当事人都长长呼了一口气的结局——8 月 3 日,原被告双方在法院组织下签署的调解协议正式生效;调解书主要内容为:"被告云南省陆良化工实业有限公司承担环境侵权责任,承诺在已完成的场地污染治理基础上继续消除危险、恢复生态功能,进行补偿性恢复;就补偿性恢复项目和原告因参与各项目验收的必要费用支付人民币 308 万元;并承担原告因本案诉讼发生的合理费用及案件受理费用。”

这起案件是中国以民间草根组织为原告的公益诉讼典型案例,对于推动中国公益诉讼制度有着不可替代的关键作用;与此同时,由之还可见出以自然之友为代表的中国民间草根组织的专业、韧性和永不妥协的坚持。

专题五　民法与刑法在地域适用范围上的区别与联系

要点解析

民法典和刑法对地域适用范围的规定采用概括主义，凡是在中华人民共和国领域内的行为都可以进行调整评价。相较而言，民法典的特殊情形主要是涉外民事关系，刑法的特殊情形主要是外交豁免、港澳台地区等。根据犯罪行为的特点，刑法规定更为细致明确。

关联条文

民法典

第十二条　【民法的地域效力】中华人民共和国领域内的民事活动，适用中华人民共和国法律。法律另有规定的，依照其规定。

刑　法

第六条　【属地管辖权】凡在中华人民共和国领域内犯罪的，除法律有特别规定的以外，都适用本法。

凡在中华人民共和国船舶或者航空器内犯罪的，也适用本法。

犯罪的行为或者结果有一项发生在中华人民共和国领域内的，就认为是在中华人民共和国领域内犯罪。

条文要义

民法适用范围，是指民事法律规范在何时、何地、对何人发生法律效力。民法典第 12 条是对民法的空间适用范围的规定，也就是民法的空间效力范围，即在哪些地方发生法律效力。该条中“中华人民共和国领域”是指我国领土、领空、领海，还包括根据国际法、国际惯例应当视为我国领域的一切领域，例如我国驻外使领馆，在我国领域外航行的我国船舶和飞行于我国领空以外的我国飞行器等。

由于民事法律规范制定的机关不同，其适用的领域也不同，大体有以下几种情形：一是适用于我国全部领域的民事法律、法规。全国人民代表大会及其常务委员会制定的民事法律，国务院制定的民事法规，适用于我国全部领域，但法律、法规中明确规定仅适用于某一地区的除外。二是适用于局部地区的地方性民事法规。地方性民事法规适用于制定者所管辖的区域之内。三是适用于特别行政区的法律。香港特别行政区和澳门特别行政区法规中的民事规范，只适用于各该特别行政区。

本条没有规定民法典的域外效力，即民法在其制定国管辖领域以下的效力。后段规定的“法律另有规定的，依照其规定”，主要指的是《涉外民事关系法律适用法》的规定，以及其他法律的规定，主要涉及的是国家司法问题，依照具体的法律规定处理。

刑法第6条规定属地管辖原则，即一个国家对其领域内的人，不论国籍，都有进行规制以维护本国法秩序的权力。第1款规定的领域是指我国领域内全部区域，包括领土、领水和领空。这与民法典规定的范围基本相同。值得注意，“法律有特别规定的以外”。例外情形指的是，不适用该法的情形，包括港、澳、台地区、外交豁免等情况。

船舶和航空器适用属地管辖原则，凡是挂有中华人民共和国国旗、国徽等表明中华人民共和国标志的船舶和航空器，都是中国领土。根据刑法第6条第2款规定，凡是在上述区域内犯罪的，适用本法。

犯罪包括行为和结果两个方面。根据第3款规定，只要犯罪行为或者犯罪结果有一项在中华人民共和国领域，都适用本法。此条款体现对国家主权和国民利益的保护。

典型案例

案例一

嘉宏国际运输代理有限公司与无锡宏瑞服饰有限公司运输合同纠纷一案

2010 年 1 月,原告无锡宏瑞服饰有限公司(以下简称宏瑞公司)将一批 100%棉针织婴儿服装出售给美国 B 公司,货物总价 FOB 上海 33 660 美元。2009 年 9 月 11 日,S 银行应 B 公司申请开立可转账信用证,第一受益人为中间商 P,金额为 500 000 美元,中转行汇丰银行台北分行,第二受益人宏瑞公司,转账金额为 158 160 美元。宏瑞公司委托被告嘉宏国际运输代理有限公司(以下简称嘉宏公司)承运上述出口货物。嘉宏公司签发并向宏瑞服公司交付一式三份正本提单载明,托运人宏瑞公司,收货人凭 S 银行指示,通知人 B 公司,装货港中国上海,卸货港美国长滩,交付地美国洛杉矶,2010 年 1 月 16 日装船,18 日在上海签发。上述集装箱于 2010 年 1 月 27 日到达卸货港,29 日重箱提取出场,2 月 1 日空箱返回进场,之后投入其他航次的使用。2010 年 7 月 13 日,汇丰银行(台湾)有限公司致函 IPO 公司,称其自开证行收到信用证项下退回的单证。嘉宏公司承诺于 2010 年 11 月 9 日之前就货物的状态、是否放行、是否处于承运人掌控之下等情况予以明确,并提供相应证据,否则同意承担相应的责任。但至今没有说明货物的下落,也没有提供相应的证据,现宏瑞公司持有上述全套正本提单。宏瑞公司要求嘉宏公司承担相应的损失。被告嘉宏公司一审判决后提出,涉案提单载明适用香港特别行政区法律,原判违反双方当事人关于准据法适用的约定,其适用法律有误。经二审,该案适用中华人民共和国法律,维持原判。

案例二

艾娃盗窃案

被告人艾娃(外国籍)于 2017 年 7 月受雇在被害人祁某位于苏州市吴江区×幢 2102 室的家中做住家保姆。2017 年 8 月 10 日下午,被告人艾娃在打扫整理时,趁被害人祁某家人外出之机,从卧室的柜子抽屉里和儿童房电脑桌上方的储物里共窃取现金人民币 105 000 元,随即收拾行李并携带赃款逃走。

一审法院判处被告人艾娃犯盗窃罪,判处有期徒刑 3 年 3 个月,并处罚金人民币 1 万元。

解读评析

上述案例都涉及是否适用民法典或者刑法的问题,法院的判决也是基于我国法律适用范围规定作出的。

根据民法典第 12 条规定,中华人民共和国领域内的民事活动,适用中华人民共和国法律。法律另有规定的,依照其规定。案例一中,被告提出应适用香港法律,但是双方当事人均是在中国内地注册成立且营运的公司,嘉宏公司和宏瑞公司均非涉外合同当事人,且涉案运输合同的签订地和货物出运港均在中国上海,故解决双方当事人的合同争议应当适用中华人民共和国法律。

案例二中,艾娃虽系外国籍,但在中华人民共和国领域内工作和生活,应当遵守中华人民共和国的法律。艾娃窃取他人财物的行为发生在中国领域内,根据刑法第 6 条第 1 款规定,凡是在中华人民共和国领域内犯罪的,除法律有特别规定的以外,都适用本法。故,对艾娃的行为应用我国刑法进行评价。根据刑法第 264 条规定,艾娃以非法占有为目的,秘密窃取他人财物,数额巨大,其行为已构成盗窃罪。

可见,案例一和案例二体现了在中华人民共和国领域内应适用民法典或者刑法进行调整评价,不受国籍等其他因素限制。

延伸阅读

国籍不是逃避刑罚的理由

近日,两份通报让吃瓜群众过足了瘾。2021 年 7 月 31 日晚,平安北京朝阳通报:针对网络举报的“吴某凡多次诱骗年轻女性发生性关系”等有关情况,经警方调查,吴某凡(男,加拿大籍)因涉嫌强奸罪,目前已被朝阳公安分局依法刑事拘留,案件侦办工作正在进一步开展。2021 年 8 月 16 日,北京朝阳区人民检察院经依法审查,对犯罪嫌疑人吴某凡以涉嫌强奸罪批准逮捕。通报发出后,网友除了感叹法律从来不会缺席外,还关注吴某凡的加拿大国籍是否会对他的定罪量刑有所阻碍？按照刑法属地管辖原则,即我国刑法第 6 条规定“凡在中华人民共和国领域内犯罪的,除法律有特别规定的以外,都适用本法。”根据现有的警方通报情况看,吴某凡涉嫌的强奸行为发生在我国境内,应当受到我国法律管辖。而且我国与加拿大尚未签订任何引渡条约,朝阳公安已经刑事拘留了吴某凡,即已进入了刑事诉讼程序,即便第三方国家请求引渡,我国仍可以拒绝引渡。即便我国同意引渡,也会要求引渡请求国对吴某凡的罪名、量刑等作出承诺。换句话说,就算被引渡了,还是得接受法律的制裁。

专题六　民事行为能力与刑事责任能力

要点解析

民事行为能力着眼于民事权利与民事责任，刑事责任能力着眼于主体承担刑事责任的能力，是作为犯罪评价的一个重要方面。刑事责任年龄的设定与民事行为能力年龄的设定，具有完全不同的规范保护目的。民事行为能力是刑事责任能力的前提。民法典第 19 条规定，八周岁以上的未成年人为限制民事行为能力人，与刑法第 17 条关于刑事责任年龄的规定并无冲突或嫌隙。限制民事行为能力人与限制刑事责任能力人，二者既有联系但又区别适用不同部门法的规定，本质上是部门法及其规定适用的问题。

关联条文

民法典

第十七条　【成年时间】十八周岁以上的自然人为成年人。不满十八周岁的自然人为未成年人。

第十八条　【完全民事行为能力人】成年人为完全民事行为能力人，可以独立实施民事法律行为。

十六周岁以上的未成年人，以自己的劳动收入为主要生活来源的，视为完全民事行为能力人。

第二十条　【无民事行为能力人的年龄标准及能力限制】不满八周岁的未成年人为无民事行为能力人，由其法定代理人代理实施法律行为。

第二十一条　【无民事行为能力人的意思能力标准及能力限制】不能辨认自己行为的成年人为无民事行为能力人，由其法定代理人代理实施民事法律行为。

八周岁以上的未成年人不能辨认自己行为的，适用前款规定。

第二十二条　【成年限制民事行为能力人的意思能力标准及能力限制】不能

完全辨认自己行为的成年人为限制民事行为能力人，实施民事法律行为由其法定代理人代理或者经其法定代理人同意、追认；但是，可以独立实施纯获利益的民事法律行为或者与其智力、精神健康状况相适应的民事法律行为。

刑　法

第十七条　【刑事责任年龄】已满十六周岁的人犯罪，应当负刑事责任。

已满十四周岁不满十六周岁的人，犯故意杀人、故意伤害致人重伤或者死亡、强奸、抢劫、贩卖毒品、放火、爆炸、投放危险物质罪的，应当负刑事责任。

已满十二周岁不满十四周岁的人，犯故意杀人、故意伤害罪，致人死亡或者以特别残忍手段致人重伤造成严重残疾，情节恶劣，经最高人民检察院核准追诉的，应当负刑事责任。

对依照前三款规定追究刑事责任的不满十八周岁的人，应当从轻或者减轻处罚。

因不满十六周岁不予刑事处罚的，责令其父母或者其他监护人加以管教；在必要的时候，依法进行专门矫治教育。

第十八条　【精神病人与醉酒的人的刑事责任能力】精神病人在不能辨认或者不能控制自己行为的时候造成危害结果，经法定程序鉴定确认的，不负刑事责任，但是应当责令他的家属或者监护人严加看管和医疗；在必要的时候，由政府强制医疗。

间歇性的精神病人在精神正常的时候犯罪，应当负刑事责任。

尚未完全丧失辨认或者控制自己行为能力的精神病人犯罪的，应当负刑事责任，但是可以从轻或者减轻处罚。

醉酒的人犯罪，应当负刑事责任。

条文要义

我国民法对自然人是否成年界定年龄为18周岁。18周岁以上为成年人，18周岁以下为未成年人。年龄界定意义在于区分是否具有完全民事行为能力。民事行为能力，是指民事主体以其行为参与民事法律关系，取得民事权利，履行民事义务和承担民事责任的资格。民法典规定，18周岁以上的成年人具备完全民事行为能力，可以独立实施民事行为，同样应该对自己独立行使的民事行为承担相应后果。

同时,民法典第 18 条第 2 款作出例外规定,16 周岁以上的未成年人,以自己劳动收入为主要生活来源的视为完全民事行为能力人。这与《中华人民共和国劳动法》(以下简称劳动法)第 15 条禁止用人单位招用未满十六周岁的未成年人对于年龄的限制相呼应。年满 16 周岁,具有一定劳动收入,能够维持自身生活,即为法律意义的完全民事行为能力人,可以实施民事法律行为,取得民事权利,承担民事义务和责任。

民法典第 20 条至第 22 条,规定了绝对无民事行为能力和相对无民事行为能力的情形。其一,八周岁以下的未成年人和不能辨认自己行为的成年人均为无民事行为能力人,即完全不具有独立进行有效法律行为,取得民事权利、承担民事责任的资格。其二,不能完全辨认自己行为的成年人为限制民事行为能力人,可以独立实施纯获利益的行为或者与其智力、健康状况相适应的民事法律行为。同时,民法典也对这部分群体作出补充规定,并不意味着不能或者无法实施民事行为,而是由法定代理人实施法律行为,或者进行同意、追认。

刑事责任年龄是行为人对自己所实施的刑法禁止行为承担刑事责任所必须达到的最低年龄。刑法第 17 条规定,已满 16 周岁的自然人实施了违反刑法规定的犯罪行为,需要承担刑事责任,即为绝对刑事责任年龄;不满 16 周岁已满 14 周岁的自然人实施故意杀人、故意伤害致人重伤或者死亡、强奸、抢劫、贩卖毒品、放火、爆炸、投放危险物质罪的,应当负刑事责任,即为相对刑事责任年龄。

《刑法修正案(十一)》中将故意伤人、故意伤害罪,致人死亡或者以特别残忍手段致人重伤造成严重残疾,情节恶劣的情形,这就意味着最低刑事责任年龄从 14 周岁降低为 12 周岁。

刑法第 18 条对精神病人犯罪作出部分免责规定,即不能辨认或者不能控制的情形造成危害,不承担刑事责任;间歇性在正常时犯罪,应承担刑事责任;部分不能辨认或者控制情形犯罪,应承担刑事责任,可以从轻或减轻处罚。结合司法实践,刑法对醉酒作出明确规定,醉酒的人犯罪,应当负刑事责任,不能因其醉酒成为免责理由。

典型案例

案例一

赵某某与姜某生命权、健康权、身体权纠纷案

原告赵某某(1998 年出生)、被告姜某(2000 年出生)系同事关系,2017 年 6 月 29 日在二人公司宿舍因琐事发生争执继而动手,致原告受伤到医院治疗,被告亲戚报警。经鉴定,原告损伤程度鉴定为轻微伤。原告支付鉴定费 600 元。纠纷发生后,原告到云南省公安边防总队医院检查支付门诊医疗费 260 元,2017 年 6 月 29 日至 2017 年 7 月 12 日在云南省公安边防总队医院住院治疗 13 天,支付医疗费 10 993.65 元。后原告多次要求被告支付医药费,被告一直不予理睬。原告诉讼请求被告赔偿因侵害身体健康权给原告造成的经济损失。

法院认定,本案中原告和被告因琐事发生争执继而引发打架并导致原告受伤,原告自身也有过错,结合本案实际情况,本院认为对原告的损害,被告承担 80% 的责任较为适宜。被告姜某于本判决生效之日起十日内赔偿原告赵某某经济损失人民币 15 235.13 元。

案例二

王某某、刘某某等抢劫案

被告人王某某、刘某某经事先预谋,于 2014 年 10 月 16 日 14 时许,携带事先准备的作案工具,跟随李某某进入历城区某区 31 号楼 5 单元电梯内,刘某某负责电梯,王某某采取用伸缩棍殴打肩膀、脚踹大腿及言语威胁等暴力手段,抢劫李某某现金 500 元。

2014 年 9 月以来,被告人王某某个人或与刘某某、张某、王某、杜某某、宋某某(以上 5 人作案时未满 16 周岁)交叉结伙,在济阳县、商河县、济南市历城区、槐荫区等地,采用翻窗、撬门等手段,多次进入商户及住宅内盗窃现金 14 起,涉案价值 37 400 元。

被告人王某某犯抢劫罪、盗窃罪,判处有期徒刑 5 年 11 个月,并处罚金 4000 元;被告人刘某犯抢劫罪,判处有期徒刑 2 年,缓刑 3 年。

解读评析

案例一中，根据民法典第 18 条第 2 款的规定，“十六周岁以上的未成年人，以自己的劳动收入为主要生活来源的，视为完全民事行为能力人”。结合本案，事发时被告已年满十六周岁不满十八周岁，原、被告是同事且是在公司宿舍发生争执，被告以自己的劳动收入为主要生活来源，视为完全民事行为能力人，应承担民事责任。同时，结合民法典第 1165 条第 1 款、《中华人民共和国侵权责任法》（以下简称侵权责任法）第 6 条规定，行为人因过错侵害他人民事权益，应当承担侵权责任。民法典第 1173 条规定：被侵权人对损害的发生也有过错的，可以减轻侵权人的责任。故，一审法院作出被告承担 80% 损失的判决。

案例二中，被告人王某某、刘某某经事先预谋，抢劫未成年人受害人李某某，系共同犯罪。其携带伸缩棍采用暴力手段实施抢劫，在共同犯罪中起主要作用，系主犯；其多次组织盗窃，入户盗窃，盗窃数额较大。被告人王某某犯罪时系已满 16 周岁不满 18 周岁的未成年人，根据刑法第 17 条第 1 款规定，“已满十六周岁的人犯罪，应当负刑事责任。”王某某应承担刑事责任。被告刘某某犯罪时系不满 16 周岁的未成年人，根据刑法第 17 条第 2 款规定，“已满十四周岁不满十六周岁的人，犯故意杀人、故意伤害致人重伤或者死亡、强奸、抢劫、贩卖毒品、放火、爆炸、投放危险物质罪的，应当负刑事责任”。刘某某已满 14 岁，实施抢劫犯罪，应当承担刑事责任。其余被告年龄未满 16 周岁，未实施刑法第 17 条第 2 款规定的八种犯罪，不承担刑事责任，应由父母或监护人加以教养。

民法典强调 18 周岁以上具备民事行为能力，刑法规定 16 周岁以上承担刑事责任，都以年龄作为能力和责任的划分。同样，二者结合司法实践，对年龄作出适当妥协规定，对辨认自己行为的自然人作出特殊规定。

延伸阅读

2019 年 10 月 20 日，13 岁男孩蔡某某将在同小区内居住的 10 岁女孩杀害，并抛尸灌木丛。当天女孩上完课后的美术班，回家时碰上同小区的 13 岁的蔡某某，两人并不熟悉，只是小时候上过同一家托管班，算是点头之交，蔡某某让女孩去自己家里帮忙，两人去家里后，蔡某某有意实施侵犯，女孩马上反抗，蔡某某开始殴打，并用家中的菜刀捅了七下，将其拖至离家不远的灌木丛。

蔡某某事后还去查看，围观时说“真死了啊”，回家后在同学群还调侃此事，案发后小区内有 3 名成年女子向警方反映，13 岁的蔡某某多次尾随自己，有一次甚至跟着一名女孩进了家门，幸亏因为家中有大狗，被吓退后离开，有一次他甚至在路上拍女子的肩膀，面对这种情况，有一名女子直接向蔡某某的父母诉说了这些情况，没想到他的父母反而认为女方小题大做，还骂女方想碰瓷。其实身高 170 的蔡某某有早熟的迹象，已经对异性有很多表现出来的冲动，但他的父母一直没有正视，而他本人也有些心理不平衡，蔡某某案发后多次强调自己不满 14 周岁，说明他已经有一些法律的概念，甚至作案时他已经想好了退路。

因蔡某某未达到法定刑事责任年龄，警方依法不予追究刑事责任，对其进行 3 年收容教养。2019 年 8 月 10 日，法院判决男孩方赔偿原告 128 万余元，并公开赔礼道歉。但女孩母亲贺女士表示，案发至今，男孩家人始终没有露面。行凶的 13 岁男孩家属始终不向受害者家属道歉。9 月 7 日，大连 10 岁遇害女孩的母亲向法院递交了强制执行申请，法院已受理该案。

专题七　民法与刑法对胎儿利益的保护

要点解析

自然人作为民事主体,出生是获得民事权利能力的开始。民法上的出生有特定的概念,也有不同的标准。对于胎儿利益的保护,民法典中对胎儿利益做出了与实践结合紧密的特殊规定,对保护胎儿出生后的利益具有重大意义。刑法上对胎儿利益的保护与民法典不同,未明确规定胎儿利益具体保护的问题,以故意伤害罪等罪名形式来实现对胎儿利益的间接保护。

关联条文

民法典

第十三条　【民事权利能力的起止时间】自然人从出生时起到死亡时止,具有民事权利能力,依法享有民事权利,承担民事义务。

第十六条　【胎儿的部分民事权利能力】涉及遗产继承、接受赠与等胎儿利益保护的,胎儿视为具有民事权利能力。但是,胎儿娩出时为死体的,其民事权利能力自始不存在。

刑　法

第二百三十四条　【故意伤害罪】故意伤害他人身体的,处三年以下有期徒刑、拘役或者管制。

犯前款罪,致人重伤的,处三年以上十年以下有期徒刑;致人死亡或者以特别残忍手段致人重伤造成严重残疾的,处十年以上有期徒刑、无期徒刑或者死刑。本法另有规定的,依照规定。

条文要义

民法典第 13 条规定，自然人的民事权利能力始于出生，终于死亡。这是对自然人民事权利和义务的一般规定。自然人的民事权利能力始于出生，胎儿尚未出生，不具有民事权利能力，但又有必要在一定情形下对胎儿的利益进行保护，赋予胎儿民事权利能力，故民法典第 16 条是对胎儿及其享有的部分民事权利作出的特殊规定。

承认胎儿民事权利能力的目的主要是为了解决在继承、赠与和侵权中如何保护胎儿利益的问题。本条将胎儿利益保护的范围规定为"涉及遗产继承、接受赠与等胎儿利益保护的"，在这些情形下，胎儿视为具有民事权利能力。此处的"遗产继承"包括法定继承、遗嘱继承和遗赠。"接受赠与"指赠与人可以将财产赠与胎儿，胎儿此时视为具有民事权利能力，享有接受赠与的权利。除了遗产继承和接受赠与，实践中还有其他涉及胎儿利益保护的情况，因此本条用了一个"等"字，没有限定具体范围，为今后进行这方面立法留下空间。

胎儿是自然人尚未出生、在母体孕育过程中的状态。胎儿成为自然人，根据现行医学标准，采用"独立呼吸说"，即胎儿脱离母体后，能够自主呼吸，不论生命保持时间长短，即认定为活体。胎儿取得部分民事权利是以"娩出时为活体"为前提条件，胎儿出生时为死体的，其民事权利能力则自始不存在。胎儿享有的部分民事权利能力，但是他们在母体中并不能具体行使，需要待其出生后具有完全民事权利能力后方可行使。

刑法中未有对胎儿利益保护的明确立法罪名。在刑法学说上，关于侵害胎儿的行为能否成立杀人罪、伤害罪，也存在否定说、肯定说以及对母亲侵害说三种观点。笔者认为，从罪刑设置的合理性上讲，暂无必要将此类行为犯罪化，否则会导致刑法规制范围的不当扩大。但是，也有学者从刑法中"隔离犯"的理论入手，探讨将侵害胎儿，导致其出生后畸形、残疾的行为入罪可能性。如张明楷教授认为，当行为人实施伤害胎儿行为时，胎儿作为"人"的危险并不紧迫，当其出生时，随之导致对"人"伤害的结果。事实上，对于侵害胎儿利益的行为，我国刑法并非没有制约，而是没有以直接的形式表现出来，根据司法实践，涉及胎儿利益保护的案件大多从保护母体利益出发。胎儿的伤害行为可以分为通过伤害母体导致对胎儿产生间接伤害和不对母体产生伤害而直接对胎儿造成伤害的行为。两种行为方式的结果为胎儿死亡、胎儿未死亡两种状态，如果胎儿死亡，按照《人体损伤程度鉴定标准》规定，系重伤二级，可以评价为对母体的故意伤害罪；如果胎儿受伤害、未死亡，不能按照对母体伤害的同等标准进行类推解释，伤害行为仅能够以母体为对象进行评价，是否以故意伤害罪或者故意杀人罪处理需要更明确的立法解释。

典型案例

案例一

李某某、郭某阳诉郭某和、童某某继承纠纷案

1998 年 3 月 3 日，原告李某某与郭某顺登记结婚。2002 年，郭某顺以自己的名义购买了涉案建筑面积为 45.08 平方米的 306 室房屋，并办理了房屋产权登记。2004 年 1 月 30 日，李某某和郭某顺共同与南京总医院生殖遗传中心签订了人工授精协议书，对李某某实施了人工授精，后李某某怀孕。2004 年 4 月，郭某顺因病住院，其在得知自己患了癌症后，向李某某表示不要这个孩子，但李某某不同意人工流产，坚持要生下孩子。5 月 20 日，郭某顺在医院立下自书遗嘱，在遗嘱中声明他不要这个人工授精生下的孩子，并将 306 室房屋赠与其父母郭某和、童某某。郭某顺于 5 月 23 日病故。李某某于当年 10 月 22 日产下一子，取名郭某阳。原告李某某无业，每月领取最低生活保障金，另有不固定的打工收入，并持有夫妻关系存续期间的共同存款 18 705.4 元。被告郭某和、童某某系郭某顺的父母，居住在同一个住宅小区的 305 室，均有退休工资。2001 年 3 月，郭某顺为开店，曾向童某某借款 8500 元。

原告李某某诉称：位于江苏省南京市某住宅小区的 306 室房屋，是其与被继承人郭某顺的夫妻共同财产。郭某顺因病死亡后，其儿子郭某阳出生。郭某顺的遗产，应当由妻子李某某、儿子郭某阳与郭某顺的父母即被告郭某和、童某某等法定继承人共同继承。请求法院在析产继承时，考虑郭某和、童某某有自己房产和退休工资，而李某某无固定收入还要抚养幼子的情况，对李某某和郭某阳给予照顾。经鉴定，涉案房产价值为 19.3 万元。

江苏省南京市秦淮区人民法院于 2006 年 4 月 20 日作出一审判决：涉案的 306 室房屋归原告李某某所有；李某某于本判决生效之日起 30 日内，给付原告郭某阳 33 442.4 元，该款由郭某阳的法定代理人李某某保管；李某某于本判决生效

之日起30日内,给付被告郭某和33 442.4元、给付被告童某某41 942.4元。一审宣判后,双方当事人均未提出上诉。

案例二

李某某故意伤害案

2016年9月13日中午,李某某同家人一起吃饭期间谈到其侄女和对象栾某1闹矛盾的问题,几人在酒后相约找栾某1理论。当天下午5时许,一行人到达东营市第二人民医院找栾某1。当时栾某1因其父亲生病正在该院陪床。李某某等人在医院一楼大厅处对栾某1进行殴打,栾某1的姐姐栾某2遂上前制止李某某等人对栾某1的殴打,拉扯李某某,李某某直接回身一脚踢中栾某2的下腹部,栾某2当即坐在地上,之后又起来上前护住栾某1,并跑到医院大楼里找医生抢救栾某1,在栾某1被医生抬走后,众人散去。2016年9月15日,栾某2突感身体不适,被急送东营市第二人民医院救治。经诊断,案发时栾某2已怀孕27周左右,系腹部受伤致胎儿流产。经鉴定,栾某2受伤程度为重伤二级。当地人民检察院以故意伤害罪起诉被告人李某某。

一审法院认为,李某某故意踢中栾某2下腹部,导致栾某2腹部受伤致胎儿流产,系重伤二级,应认定其为故意伤害罪。案发后,被告人李某某经电话传唤到案并如实供述犯罪事实,系自首。其已赔偿被害人栾某2的损失并取得其谅解。最终判处被告人李某某犯故意伤害罪,判处有期徒刑3年。

解读评析

案例一中存在两个争议点:一是郭某阳是否为郭某顺和李某某的婚生子女?二是在郭某顺留有遗嘱的情况下,对306室房屋应如何析产继承?在此不对争议点1作出过多解释,根据法院判决可以认定夫妻关系存续期间,双方一致同意利用他人的精子进行人工授精并使女方受孕后,男方反悔,而女方坚持生出该子女的,无论该子女是否在夫妻关系存续期间出生,都应视为夫妻双方的婚生子女。重点分析与民法典胎儿继承权益相关的争议点2。根据民法典第1123条、继承法第5条规定:“继承开始后,按照法定继承办理;有遗嘱的,按照遗嘱继承或者遗赠办理;有遗赠扶养协议的,按照协议办理。”被继承人郭某顺死亡后,继承开始。鉴于郭某顺留有遗嘱,本案应当按照遗嘱继承办理。民法典第1153条、继承法第26条规定:“夫妻在婚姻关系存续期间所得的共同所有的财产,除有约定的以外,如果分割遗产,应当先将共同所有的财产的一半分出为配偶所有,其余的为被继承人的遗产。”最高人民法院《关于贯彻执行〈中华人民共和国继承法〉若干问题的意见》第38条规定:“遗嘱人以遗嘱处分了属于国家、集体或他人所有的财产,遗嘱的这部分,应认定无效。”登记在被继承人郭某顺名下的306室房屋,已查明是郭某顺与原告李某某夫妻关系存续期间取得的夫妻共同财产。郭某顺死亡后,该房屋的一半应归李某某所有,另一半才能作为郭某顺的遗产。郭某顺在遗嘱中,将306室全部房产处分归其父母,侵害了李某某的房产权,遗嘱的这部分应属无效。根据民法典第16条规定,“涉及遗产继承、接受赠与等胎儿利益保护的,胎儿视为具有民事权利能力”。民法典第1155条、继承法第28条规定遗产分割时,应当保留胎儿的继承份额。因此,在分割遗产时,应当为该胎儿保留继承份额。结合本案,郭某顺遗产应在扣除应当归李某某所有的财产和应当为胎儿保留的继承份额之后的剩余部分才可以按遗嘱确定的分配原则处理。

案例二中,根据医院的诊断栾某2系腹部受伤致胎儿流产,而栾某2下腹部受伤与李某某“踢”的行为存在因果关系,故李某某的行为系导致栾某2流产的直接原因。根据《人体损伤程度鉴定标准》关于“盆部及会阴损伤”的规定,损伤致早产或者死胎;损伤致胎盘早期剥离或者流产,合并轻度休克可以评价为重伤二级。根据刑法第234条的规定,故意伤害他人身体的,致人重伤的,处3年以上10年以下有期徒刑。故,一审法院认定李某某犯故意伤害罪。这也贴合司法实践中对胎儿利益受损的一般做法。

因刑法条文未明确规定胎儿个人权益如何保护,故司法实践中多从对孕妇身体健康安全法益的保护间接保护胎儿利益。比如刑法第49条规定,审判的时候怀孕的妇女,不适用死刑。这条法条的出发点不是为了保护怀孕的犯罪妇女,而是为了保护胎儿,因为胎儿是无辜的,不能同母亲一起连带遭受死刑处置。

民法典与刑法都含有对胎儿利益保护的规定,体现了法律对人身权利保护的重视。由于民法与刑法理论、概念及调整社会关系的不同,两者保护胎儿利益的方式不同。民法典在胎儿利益保护上更加直接具体,在继承、赠与上直接视为具有民事权利能力,在其他方面则可以通过合同、侵权等不同手段予以救济;刑法在胎儿利益保护的理论研究上存在不同观点,但在实践中,由于刑法事关犯罪与否,其实践操作仍倾向保守,更多的是通过既有罪名间接保护胎儿利益。

延伸阅读

国外对胎儿利益保护不尽相同,主要有以下几类:

一是总括保护主义,即承认胎儿具有民事权利能力,总括地保护胎儿的利益。如,《瑞士民法典》第31条第2项规定:“子女,只要其出生时尚生存,出生前即具有权利能力。”《匈牙利民法典》规定:“人,如活着出生,其权利能力应从受孕时算起,出生前300天作为受孕时间,但是允许证明受孕时间早于或者迟于300天,出生日包括在300天之内。”我国台湾地区有的相关规定是胎儿以将来非死产者为限,关于其个人利益之保护,视为既已出生。从以上条文可以看出,胎儿分娩后必须是存活的。

二是个别保护主义,即原则上不承认胎儿具有民事权利能力,只在涉及赠与、遗产继承、损害赔偿等某些事项上对胎儿的利益进行保护。如《法国民法典》第906条规定:“胎儿在赠与时已存在者,即有承受生前赠与的能力。胎儿在遗嘱人死亡时已存在者,即有受遗赠的能力,但赠与或者遗赠仅对于婴儿出生时能生存者,发生效力。”《德国民法典》第884条规定:“在受害人被害当时,第三人尚未出生的胎儿,亦发生损害赔偿义务。”《德国民法典》第1923条规定:“在继承开始时尚未出生但已孕育的胎儿,视为在继承开始之前出生。”《日本民法典》第721条规定:“胎儿,就损害赔偿请求权,视为已出生。”《日本民法典》第886条规定:“1.胎儿就继承,视为已出生。2.前款规定,不适用于胎儿以死体出生情形。”《日本民法典》第965条还规定,胎儿继承能力的规定准用于受遗赠人。

三是绝对否认主义,即不承认胎儿具有民事权利能力,主要在《苏联民法典》中有相关内容。《苏联民法典》第10条规定,“公民的权利能力自出生之时产生,因死亡而终止。”

专题八　民法与刑法关于监护制度的异同

要点解析

民法典与刑法对监护内容都有涉及，民法典规定较为细致，监护对象分为未成年人和成年人，从监护设立、变更、撤销等环节进行法律约束；刑法规定主要是遗弃、虐待等罪名，对犯罪主体的规定建立在民法典监护人分类基础之上，同时对犯罪行为要求达到情节恶劣程度，依照犯罪处理，承担刑事责任。

关联条文

民法典

第二十六条　【父母子女之间的法律义务】父母对未成年子女负有抚养、教育和保护的义务。

成年子女对父母负有赡养、扶助和保护的义务。

第二十七条　【未成年人的监护人】父母是未成年子女的监护人。

未成年人的父母已经死亡或者没有监护能力的，由下列有监护能力的人按顺序担任监护人：

（一）祖父母、外祖父母；

（二）兄、姐；

（三）其他愿意担任监护人的个人或者组织，但是须经未成年人住所地的居民委员会、村民委员会或者民政部门同意。

第二十八条　【无、限制民事行为能力的成年人的监护人】无民事行为能力或者限制民事行为能力的成年人，由下列有监护能力的人按顺序担任监护人：

（一）配偶；

（二）父母、子女；

（三）其他近亲属；

（四）其他愿意担任监护人的个人或者组织，但是须经被监护人住所地的居民委员会、村民委员会或者民政部门同意。

第二十九条 【遗嘱指定监护人】被监护人的父母担任监护人的，可以通过遗嘱指定监护人。

第三十条 【协议确定监护人】依法具有监护资格的人之间可以协议确定监护人。协议确定监护人应当尊重被监护人的真实意愿。

第三十一条 【监护争议解决程序】对监护人的确定有争议的，由被监护人住所地的居民委员会、村民委员会或者民政部门指定监护人，有关当事人对指定不服的，可以向人民法院申请指定监护人；有关当事人也可以直接向人民法院申请指定监护人。

居民委员会、村民委员会、民政部门或者人民法院应当尊重被监护人的真实意愿，按照最有利于被监护人的原则在依法具有监护资格的人中指定监护人。

依据本条第一款规定指定监护人前，被监护人的人身权利、财产权利以及其他合法权益处于无人保护状态的，由被监护人住所地的居民委员会、村民委员会、法律规定的有关组织或者民政部门担任临时监护人。

监护人被指定后，不得擅自变更；擅自变更的，不免除被指定的监护人的责任。

第三十二条 【公职监护人】没有依法具有监护资格的人的，监护人由民政部门担任，也可以由具备履行监护职责条件的被监护人住所地的居民委员会、村民委员会担任。

第三十三条 【意定监护】具有完全民事行为能力的成年人，可以与其近亲属、其他愿意担任监护人的个人或者组织事先协商，以书面形式确定自己的监护人，在自己丧失或者部分丧失民事行为能力时，由该监护人履行监护职责。

第三十四条 【监护人的职责与权利及临时生活照料措施】监护人的职责是代理被监护人实施民事法律行为，保护被监护人的人身权利、财产权利以及其他合法权益等。

监护人依法履行监护职责产生的权利，受法律保护。

监护人不履行监护职责或者侵害被监护人合法权益的，应当承担法律责任。

因发生突发事件等紧急情况，监护人暂时无法履行监护职责，被监护人的生活处于无人照料状态的，被监护人住所地的居民委员会、村民委员会或者民政部门应当为被监护人安排必要的临时生活照料措施。

第三十五条 【监护人履行职责的原则与要求】监护人应当按照最有利于被监护人的原则履行监护职责。监护人除为维护被监护人利益外,不得处分被监护人的财产。

未成年人的监护人履行监护职责,在作出与被监护人利益有关的决定时,应当根据被监护人的年龄和智力状况,尊重被监护人的真实意愿。

成年人的监护人履行监护职责,应当最大程度地尊重被监护人的真实意愿,保障并协助被监护人实施与其智力、精神健康状况相适应的民事法律行为。对被监护人有能力独立处理的事务,监护人不得干涉。

第三十六条 【撤销监护人资格】监护人有下列情形之一的,人民法院根据有关个人或者组织的申请,撤销其监护人资格,安排必要的临时监护措施,并按照最有利于被监护人的原则依法指定监护人:

(一)实施严重损害被监护人身心健康的行为;

(二)怠于履行监护职责,或者无法履行监护职责且拒绝将监护职责部分或者全部委托给他人,导致被监护人处于危困状态;

(三)实施严重侵害被监护人合法权益的其他行为。

本条规定的有关个人、组织包括:其他依法具有监护资格的人,居民委员会、村民委员会、学校、医疗机构、妇女联合会、残疾人联合会、未成年人保护组织、依法设立的老年人组织、民政部门等。

前款规定的个人和民政部门以外的组织未及时向人民法院申请撤销监护人资格的,民政部门应当向人民法院申请。

第三十七条 【监护人资格被撤销后负担义务不免除】依法负担被监护人抚养费、赡养费、扶养费的父母、子女、配偶等,被人民法院撤销监护人资格后,应当继续履行负担的义务。

第三十八条 【恢复监护人资格】被监护人的父母或者子女被人民法院撤销监护人资格后,除对被监护人实施故意犯罪的外,确有悔改表现的,经其申请,人民法院可以在尊重被监护人真实意愿的前提下,视情况恢复其监护人资格,人民法院指定的监护人与被监护人的监护关系同时终止。

第三十九条 【监护关系终止的情形】有下列情形之一的,监护关系终止:

(一)被监护人取得或者恢复完全民事行为能力;

(二)监护人丧失监护能力;

(三)被监护人或者监护人死亡;

（四）人民法院认定监护关系终止的其他情形。

监护关系终止后，被监护人仍然需要监护的，应当依法另行确定监护人。

刑　法

第二百六十条　【虐待罪】虐待家庭成员，情节恶劣的，处二年以下有期徒刑、拘役或者管制。

犯前款罪，致使被害人重伤、死亡的，处二年以上七年以下有期徒刑。

第一款罪，告诉的才处理，但被害人没有能力告诉，或者因受到强制、威吓无法告诉的除外。

第二百六十条之一　【虐待被监护、看护人罪】对未成年人、老年人、患病的人、残疾人等负有监护、看护职责的人虐待被监护、看护的人，情节恶劣的，处三年以下有期徒刑或者拘役。

单位犯前款罪的，对单位判处罚金，并对其直接负责的主管人员和其他直接责任人员，依照前款的规定处罚。

有第一款行为，同时构成其他犯罪的，依照处罚较重的规定定罪处罚。

第二百六十一条　【遗弃罪】对于年老、年幼、患病或者其他没有独立生活能力的人，负有扶养义务而拒绝扶养，情节恶劣的，处五年以下有期徒刑、拘役或者管制。

条文要义

监护是保护无民事行为能力人或者限制民事行为能力人的合法权益，弥补民事行为能力不足，协助其通过民事法律行为实现自身利益的法律制度。民法典第2章第2节第26条至第39条对监护作出明确规定，将监护对象分为未成年人和成年人，包括法定监护人范围、顺位、指定监护、遗嘱监护、协议监护、监护争议解决程序、监护人的职责、监护人履行监护职责应遵循的原则、撤销监护人的资格、恢复监护人的资格、国家监护等内容。

遗弃罪，是指对于年老、年幼、患病或者其他没有独立生活能力的人，负有抚养义务而拒绝扶养，情节恶劣的行为。行为主体是对于年老、年幼、患病或者其他没有独立生活能力的人，负有抚养义务的人；行为对象是年老、年幼、患病或者其他没有独立生活能力的人；行为内容是拒绝抚养；行为结果需达到情节恶劣。经被害人有效承诺的遗弃行为，一般阻却违法性。犯遗弃罪的，处五年以下有期徒刑、拘役或者管制。刑法没有规定遗弃罪的结果加重犯,遗弃行为造成重伤或者死亡的,与过失致人重伤罪、过失致人死亡罪竞合,择一重罪处罚。

结合最高人民法院、最高人民检察院、公安部、司法部2015年3月2日联合制发的《关于依法办理家庭暴力犯罪案件的意见》可知,虐待罪是指以打骂、冻饿、强迫过度劳动、有病不予治疗、限制自由、凌辱人格等手段,对共同生活的家庭成员从肉体上和精神上进行摧残、折磨,情节恶劣的行为。行为主体是基于亲属关系或收养关系共同生活的家庭成员,行为结果需要达到情节恶劣。情节是否恶劣,根据司法实践,具有虐待持续时间较长、次数较多;虐待手段残忍;虐待造成被害人轻微伤或者患较严重疾病;对未成年人、老年人、残疾人、孕妇、哺乳期妇女、重型患者实施较为严重的虐待行为等情形的视为情节恶劣。犯虐待罪的,处二年以下有期徒刑、拘役或者管制;致使被害人重伤、死亡的,处二年以上七年以下有期徒刑。本罪属于自诉罪,告诉才处理,被害人没有能力或者因受到强制、威吓无法告诉的除外。

虐待被监护、看护人罪,是指对未成年人、老年人、患病的人、残疾人等负有监护、看护职责的人虐待被监护、看护的人,情节恶劣的行为。此罪的行为对象仅限于未成年人、老年人、患病的人、残疾人等没有独立生活能力或者独立生活能力低下的人。行为主体是对上述人员负有监护、看护职责的人。行为结果需达到情节恶劣。本罪行为同时构成家庭犯罪的,依照处罚较重的规定定罪处罚。本罪与遗弃罪存在想象竞合。犯本罪的,处3年以下有期徒刑或者拘役。单位犯本罪的,对单位判处罚金,并对其直接负责的主管人员和其他直接责任人员,依照上述的规定处罚。

典型案例

案例一

张某诉镇江市A村村民委员会撤销监护人资格纠纷案

2010年11月4日张某林与徐某登记结婚。婚后,于2013年11月12日生育一子,取名张某鑫。近年来,因张某鑫的抚育产生矛盾,致夫妻关系不睦,张某林起诉要求离婚。离婚后,张某鑫由张某林领带抚养。张某林是视力一级残疾人,无固定的生活收入来源。张某林目前与母亲张某芳一起生活,张某芳也是视力一级残疾人。张某林于2014年8月12日向住所地村民委员会,即被申请人A村村委会提出另行指定张某鑫监护人的申请。被申请人A村村委会作出了“关于指定张某鑫监护人的决定书”,指定申请人张某(系张某鑫的姑姑)为张某鑫的监护人。

申请人张某诉称:被申请人A村村委会于2014年8月14日指定本人担任张某鑫的监护人。但本人是视力一级残疾人,无固定的生活收入来源,被申请人A村村委会的指定不妥。申请人请求法院依法撤销被申请人A村村委会指定本人担任张某鑫监护人的指定。

镇江经济开发区人民法院于2014年8月22日作出判决:撤销被申请人A村村委会关于指定申请人张某为张某鑫监护人的指定。指定镇江市民政局为张某鑫的监护人。

案例二

于某虐待案

2017年11月22日,网络披露11岁女童小田被继母虐待的信息,引起舆论关注。某市某区人民检察院得知信息后,会同公安机关和心理咨询机构的人员对被害人小田进行询问和心理疏导。通过调查发现,2015年9月,小田的亲生父母因感情不和协议离婚,约定其随父亲生活。小田的父亲丁某于2015年12月再婚。2016年9月以来,因父母离婚,父亲丁某常年在外地工作,被害人小田(女,11岁)一直与继母于某共同生活。于某以小田学习及生活习惯有问题为由,长期、多次对其实施殴打。2017年11月21日,于某又因小田咬手指甲等问题,用衣服撑、挠痒工具等对其实施殴打,致小田离家出走。小田被爷爷找回后,经鉴定,其头部、四肢等多处软组织挫伤,身体损伤程度达到轻微伤等级。

丁某长期在外地工作,没有能力亲自抚养被害人。检察人员征求小田生母武某的意见,武某愿意抚养小田。检察人员支持武某到人民法院起诉变更抚养权。2018年1月15日,小田生母武某向某市某区人民法院提出变更抚养权诉讼。法庭经过调解,裁定变更小田的抚养权,改由生母武某抚养,生父丁某给付抚养费至其独立生活为止。

本案被害人系未成年人,没有向人民法院告诉的能力,也没有近亲属代为告诉。检察机关建议公安机关对于某以涉嫌虐待罪立案侦查。2018 年 4 月 26 日,公安机关以于某涉嫌虐待罪向检察机关移送审查起诉。2018 年 5 月 16 日,某区人民检察院以于某犯虐待罪对其提起公诉。5 月 31 日,该区人民法院适用简易程序开庭审理本案。法庭经审理作出一审判决,认定被告人于某犯虐待罪,判处有期徒刑 6 个月,缓刑 1 年。禁止被告人于某再次对被害人实施家庭暴力。

解读评析

根据民法典第 26、27 条规定,未成年人的父母是其法定监护人,但张某鑫的父亲张某林是视力一级残疾人,无固定工作和生活收入来源,不具有担任张某鑫监护人的能力;张某鑫的母亲徐某是智力二级残疾人,不能完全辨认自身的行为,也不具备担任张某鑫监护人的能力。根据监护顺序,应由其祖父母、外祖父母监护,张某鑫的祖母张某芳和外祖父母李某洪、徐某娥,是法律规定的应当担任张某鑫的监护人的"近亲属",但也均因身体和经济原因,不具有担任张某鑫监护人的能力。本案中,申请人张某作为张某鑫的姑姑,是张某鑫关系较密切的亲属,其担任张某鑫的监护人,应以自愿为前提。但是因申请人张某明确提出不愿意担任张某鑫的监护人,申请符合法律规定,应予支持。

同时,根据民法典第 32 条规定,根据法律规定应当由张某鑫的父、母的所在单位或者未成年人住所地的居民委员会、村民委员会或者民政部门担任监护人。由于张某鑫的父母均无业,没有工作单位,只能由张某鑫住所地的村民委员会或民政部门担任监护人。考虑张某鑫成长实际情况,法院作出确定镇江市民政局担任张某鑫的监护人,由镇江市儿童福利院代为抚养的判决。在同一顺位的监护人选择上,可以根据被监护人实际需要做出决定。

刑法第 260 条规定,虐待家庭成员,情节恶劣的,告诉的才处理,但被害人没有能力告诉,或者因受到强制、威吓无法告诉的除外。虐待未成年人犯罪案件中,未成年人往往没有能力告诉,应按照公诉案件处理,由检察机关提起公诉,维护未成年被害人的合法权利。本案中,小田年仅 11 岁,长期受到继母殴打,没有能力提出诉讼,遂由当地检察机关依法提起公诉。

夫妻离婚后,与未成年子女共同生活的一方不尽抚养义务,对未成年人实施虐待或者其他严重侵害合法权益的行为,不适宜继续担任抚养人的,根据民事诉讼法第15条的规定,检察机关可以支持未成年人或者其他监护人向人民法院提起变更抚养权诉讼,切实维护未成年人合法权益。本案中,小田的生父长期在外地,没有能力亲自抚养被害人,其生母武某愿意抚养小田,遂检察机关支持其到当地法院提起诉讼。

综合案例一、案例二可看出,民法典与刑法对监护的规定都是基于亲权或亲属权产生的,二者规定程度存在差异,民法典的规定主要是对监护义务性规定,刑法是对破坏这种义务关系、情节恶劣的行为依据犯罪处理。

延伸阅读

15岁女儿拿来换彩礼

2018年开学季,在安康市石泉县某中学读书的15岁女孩小青(化名)开学没有到校报到,原因竟是父母趁春节期间将她"许配"给了同村男子杨某。小青父母称,因为家里实在困难,想让小青早点出嫁换取彩礼钱让家庭渡过难关。当地政府工作人员介入后,小青父母退还了彩礼。经工作人员多次劝导,小青才终于前往学校报到。小青父母口口声声"家里困难",就连小青都表示"情愿为家庭分忧"。小青父母为她找到的"另一半"杨某已经25岁,这个年龄在农村已属大龄青年,或许存在择偶困难的情形。这起荒唐的订婚,实质就是买卖婚姻,通俗地说就是"卖女儿"。

据知情群众反映,小青父母已经不止一次为小青找婆家了,而且小青父母正在闹离婚,都想甩掉小青这个包袱顺便再捞上一笔。看来这对父母把小青视为"共同财产"了。哪怕孩子自己表示"情愿",也不能为这对父母减轻任何责任,因为其中或许存在外界难以察知的胁迫、欺骗,而且一个15岁的孩子心智尚未成熟。

子女是受法律保护的独立个体,而非父母的私产,这是最普通不过的常识。但要维护这样的常识,需要法律的威严。在这起事件中,为了拯救小青,当地政府可谓用心良多,多次派工作人员上门进行批评、劝导。这种持续关注的态度值得肯定,但我们也看到了法律的无力。

根据法律规定,实施严重侵害被监护人合法权益的行为的父母,可以被依法撤销监护权。15岁女孩被订婚,应该属于严重侵害未成年人权益的事项。但我们看到的却不是干脆、有力的惩戒,而是反复进行的口头劝说。听劝便见好就收,不听劝再劝一遍。我们或许可以想象当地政府的无奈,如果撤销了小青父母的监护权,谁来接手是一个难题。但只有劝说没有惩戒,明显不利于未成年人保护工作的落实。

专题九　民法宣告死亡制度与刑法对失踪事实的认定

要点解析

死亡是一个重要事件，在法律上具有重要意义。实践中，经常出现自然人失踪后无法查明的情况，此种状态具有非常大的不稳定性。民法上，为了规范和保护相关的利益方，规定了宣告失踪和宣告死亡制度。刑事案件中，也会出现被害人失踪后无法查明的情况，此种情况如何进行判断，需要结合案件证据进行分析认定。民法上的宣告死亡制度与刑法上对失踪事实的认定，一方面有重要关联，都是对缺乏直接证据的情况下进行的司法认定；另一方面也具有不同的逻辑构造，两者在目的、方法和程序上存在差异。

关联条文

民法典

第四十六条　【宣告死亡的条件】自然人有下列情形之一的，利害关系人可以向人民法院申请宣告该自然人死亡：

（一）下落不明满四年；

（二）因意外事件，下落不明满二年。

因意外事件下落不明，经有关机关证明该自然人不可能生存的，申请宣告死亡不受二年时间的限制。

第四十七条　【宣告死亡的优先适用】对同一自然人，有的利害关系人申请宣告死亡，有的利害关系人申请宣告失踪，符合本法规定的宣告死亡条件的，人民法院应当宣告死亡。

第四十八条　【被宣告死亡的人死亡日期的确定】被宣告死亡的人，人民法院宣告死亡的判决作出之日视为其死亡的日期;因意外事件下落不明宣告死亡的,意外事件发生之日视为其死亡的日期。

第四十九条 【被宣告死亡期间的民事法律行为效力】自然人被宣告死亡但是并未死亡的,不影响该自然人在被宣告死亡期间实施的民事法律行为的效力。

第五十条 【死亡宣告的撤销】被宣告死亡的人重新出现,经本人或者利害关系人申请,人民法院应当撤销死亡宣告。

第五十一条 【宣告死亡、撤销死亡宣告对婚姻关系的影响】被宣告死亡的人的婚姻关系,自死亡宣告之日起消除。死亡宣告被撤销的,婚姻关系自撤销死亡宣告之日起自行恢复。但是,其配偶再婚或者向婚姻登记机关书面声明不愿意恢复的除外。

第五十二条 【撤销死亡宣告对收养关系的影响】被宣告死亡的人在被宣告死亡期间,其子女被他人依法收养的,在死亡宣告被撤销后,不得以未经本人同意为由主张收养行为无效。

第五十三条 【死亡宣告撤销后的财产返还】被撤销死亡宣告的人有权请求依照本法第六编取得其财产的民事主体返还财产;无法返还的,应当给予适当补偿。

利害关系人隐瞒真实情况,致使他人被宣告死亡而取得其财产的,除应当返还财产外,还应当对由此造成的损失承担赔偿责任。

刑　法

第一百三十三条 【交通肇事罪】违反交通运输管理法规,因而发生重大事故,致人重伤、死亡或者使公私财产遭受重大损失的,处三年以下有期徒刑或者拘役;交通运输肇事后逃逸或者有其他特别恶劣情节的,处三年以上七年以下有期徒刑;因逃逸致人死亡的,处七年以上有期徒刑。

最高人民法院关于审理交通肇事刑事案件具体应用法律若干问题的解释

第二条 交通肇事具有下列情形之一的,处三年以下有期徒刑或者拘役:

(一)死亡一人或者重伤三人以上,负事故全部或者主要责任的;

(二)死亡三人以上,负事故同等责任的;

(三)造成公共财产或者他人财产直接损失,负事故全部或者主要责任,无能力赔偿数额在三十万元以上的。

交通肇事致一人以上重伤,负事故全部或者主要责任,并具有下列情形之一的,以交通肇事罪定罪处罚:

（一）酒后、吸食毒品后驾驶机动车辆的；

（二）无驾驶资格驾驶机动车辆的；

（三）明知是安全装置不全或者安全机件失灵的机动车辆而驾驶的；

（四）明知是无牌证或者已报废的机动车辆而驾驶的；

（五）严重超载驾驶的；

（六）为逃避法律追究逃离事故现场的。

条文要义

宣告死亡是自然人下落不明达到法定期限，经利害关系人申请，人民法院经过法定程序在法律上推定失踪人死亡的一项民事制度。宣告死亡是对自然人死亡的法律推定，这种推定将产生与生理死亡基本一样的法律效果，因此，宣告死亡必须具备法律规定的条件：一是自然人下落不明的时间要达到法定的长度，一般下落不明要满 4 年，因意外事件，下落不明要满两年，因意外事件下落不明，经有关机关证明该自然人不可能生存的，申请宣告死亡不受二年时间的限制。二是必须有利害关系人提出申请。三是只能由法院经过法定程序宣告才能认定宣告死亡。宣告死亡是人民法院经过法定程序作出的，具有宣示性和公信力，产生相应的法律后果。即使被宣告人事实上没有死亡，也不能在重新出现后使得与其相关的民事法律关系当然的恢复到原来的状态，而必须经过本人或者利害关系人申请，同样由人民法院通过法定程序，作出新判决，撤销原判决。

刑法上，交通肇事案件中经常涉及被害人失踪后对其性质和后果的判断，特别是在交通肇事致人落水失踪的情况下，我国法律对于落水导致被害人失踪如何认定缺乏明确规定。刑法交通肇事罪和最高人民法院《关于审理交通肇事刑事案件具体应用法律若干问题的解释》对交通肇事后果的判断是以重伤、死亡为标准的，被害人失踪后如何来判定交通肇事的后果，需要结合案件证据和实际情况作出判断。

典型案例

案例一

王某宣告死亡案

王某是聋哑人,和小琴是父女关系,1992 年王某离婚后,就一直同小琴共同生活。俩人原居住在上海市闵行区某处的房屋内。当时这套房子是动迁得来的安置房,承租人是王某,

小琴是同住人。2000 年年初,王某因生意失败及债权债务纠纷等原因,丢下 20 出头的女儿小琴,从此杳无音信。其后,女儿小琴向法院申请宣告王某死亡,法院经审查依法宣告其死亡。王某被宣告死亡后,小琴将漕宝路房屋买为产权房再将该房出售,然后,小琴再购入普陀区达丰新村的房屋,将户口迁入该房屋。

2010 年 10 月,外出近十年的王某回到了上海,发现自己被宣告死亡,曾居住的房屋已被卖掉。经王某的申请,2010 年 10 月,法院作出撤销宣告王某死亡的判决。在撤销宣告死亡判决后,王某遂起诉要求女儿小琴对自己进行补偿。上海市普陀区人民法院判决小琴补偿父亲王某 40 万元。

案例二

水上交通肇事案

2012 年 4 月 2 日约 15 时,“浙普渔 75185”船在浙江舟山东福山两兄弟屿偏南海域与从上海洋山开往宁波的新加坡籍集装箱船“KOTANEBULA”发生碰撞,事故造成“浙普渔 75185”船沉没、7 人失踪。

2013 年 5 月 7 日,这起国内首例涉外海上交通肇事案在浙江舟山宣判,经法院审理查明:2012 年 4 月 2 日下午,被告人信奈应驾驶新加坡籍“KOTANEBULA”号集装箱轮途经浙江舟山市东福山两兄弟屿附近海域时,在海面起雾能见度极差、周边作业渔船密集且通航环境复杂的情况下,违反国际海上避碰撞规则的相关规定,瞭望疏忽,没有及时判断碰撞危险,未使用安全航速驾驶船舶,避让措施不当,导致该轮与浙江舟山普陀籍“浙普渔 75185”渔船发生碰撞。被告人特伟

(HTAYWIN)接到报告后来到驾驶台,在碰撞事实明确且不危及自身安全的情况下,未采取措施及时施救,也未按规定向相关主管机关报告,擅自指令信奈应(THEINNATNGOO)驶离事故海域,最终造成"浙普渔75185"渔船沉没、7名船员失踪的重大事故。经舟山海事局认定,"KOTANEBULA"号轮对本起事故负有主要责任,二副信奈应是主要责任人,船长特伟负有管理过失的责任,且两人系肇事逃逸的责任人,7名船员基本无生存可能。

法院审理认为:被告人信奈应、特伟违反海上交通运输管理法规,造成7人死亡的重大事故,情节特别恶劣,且在肇事后逃逸,均构成交通肇事罪。两被告人有一定悔罪表现,且得到了被害方的谅解,可予以酌情从轻处罚,遂作出以上判决。

解读评析

案例一是一起因宣告死亡而导致出现纠纷的案件,该案例充分诠释了民法上宣告死亡制度的特点。宣告死亡制度旨在解决失踪所引起的民事法律关系不确定的问题。依法将失踪人宣告死亡,发生与事实死亡同样的法律效力,即以被宣告死亡人原住所地为中心的一切财产关系和身份关系,均归于消灭。一切享有以该人死亡为条件的财产权利人,即可以因此获得权利,如继承人开始继承,受遗赠人取得遗赠,婚姻关系消灭,其配偶可以再婚。但如果被宣告死亡人实际上还生存于他方,其在当地的法律关系,并不受死亡宣告的影响。尚生存的被宣告死亡人,法律上称为"再出现人",当其回到原住所地,可以申请撤销死亡宣告。撤销死亡宣告后,再出现人可以请求返还其所有的财产,原物不存在的可以给予适当补偿,婚姻关系自撤销死亡宣告之日起自行恢复。但是,其配偶再婚或者向婚姻登记机关书面声明不愿意恢复的除外,其子女被他人依法收养的,在死亡宣告被撤销后,不得以未经本人同意为由主张收养行为无效。案例一中王某失踪,导致其民事法律关系处于不确定状态,利害关系人小琴申请王某宣告死亡,其财产被小琴继承处分,后来王某再出现,申请撤销宣告死亡,并起诉要求小琴对其财产进行补偿,法院最后支持了王某的请求,撤销宣告死亡后,判决小琴补偿父亲王某40万元。

案例二是一起因水上交通事故导致被害人失踪的刑事案件。本案中,事故造成了7人失踪的后果,法院根据证据和事实将该情形认定为死亡并予以刑事处罚。对于本案的处理涉及失踪人的死亡认定问题。交通肇事罪司法解释以重伤、死亡为认定标准,当出现被害人失踪的情况下就需要进行证据和事实的认定,即在此种情况下的失踪是否可以被认定为死亡。以刑事推论方法对失踪人是否死亡做出认定,只要根据证据规则和逻辑法则能够得出该情形下失踪人不能生还的结论,即可做出死亡事实认定,然后根据刑法规定予以定罪处罚。本案中,"浙普渔75185"船沉没、7人失踪,肇事船舶未实施救助而是逃逸离场,海上风浪巨大,经长时间搜救无果,在这种情况下可以根据证据和事实进行推论,将失踪事实认定为死亡,符合司法认知规律。

上述案例一与案例二相比较,可以凸显民法上宣告死亡制度与刑法上失踪事实认定的不同。虽然两者都会产生在法律上死亡的效果,但其目的、方式和后果都有重大区别,不能以民法上的死亡宣告来作为刑法上失踪事实认定的标准。民法上宣告死亡制度旨在解决失踪所引起的民事法律关系不确定的问题,具有法律拟制的特点,其宣告死亡、撤销以及后续的效力都有民法上的制度予以规范,目的是宣告结束其生前住所地为中心的民事法律关系,保障整个社会生活稳定和连续,其认定的方式是依照民事诉讼法的程序进行申请和公告,由法院根据民事案件标准予以判断,宣告死亡的要求较低,客观上存在被宣告死亡人重新出现的可能性。宣告死亡会产生民事上的一系列法律效果,以此来解决利害关系人的民事权益问题,使社会生活不因特殊事件而停顿,同时规定"再出现人"回归后的修补机制,以完善宣告死亡效力的规范。刑法上的失踪事实认定更多的是一种事实判断,其主要目的是根据现有的证据和事实对失踪人员进行生还可能性的评判,以此来作为进行犯罪评价和刑罚衡量的标准。其对证据和事实的判断标准是刑事诉讼法上的"事实清楚、证据确实、充分",并且达到"排除合理怀疑"的程度。其证明目的是解决犯罪人的刑事责任问题,如果犯罪事实成立,就会涉及对他人重大人身权益的限制或者剥夺。所以一旦事实认定错误,就会导致无法挽回的后果发生。这就要求对失踪人已经死亡的事实认定必须是确定无疑的,不能是一种可能性。显然,宣告死亡制度难以符合刑事证明要求,其固然是认定死亡的一种法定方式,但"宣告公民死亡的法律意义只能锁定在民事法律关系和民事法律领域,而不能逾越这一界限援用到其他法律领域中"。

延伸阅读

艾伦涉外海上交通肇事案[①]

艾伦(外国籍)系某国“卡塔利娜”(Catalina)轮二副。2016 年 5 月,“卡塔利娜”轮从中国连云港空载驶往印度尼西亚。艾伦值班驾驶“卡塔利娜”轮途经浙江象山沿海水域时,在海面起雾、能见度不良、渔区航行的情况下,艾伦违反海上交通安全的相关规定,未保持正规瞭望、采取有效的雾航措施、使用安全航速行驶,未能对当时局面和碰撞危险作出充分估计并及早采取有效的避让行为,导致“卡塔利娜”轮与“鲁荣渔 58398”轮发生碰撞,造成“鲁荣渔 58398”轮扣翻、沉没,船员张某等十四人死亡,船员王某某等五人失踪的重大交通事故,宁波海事局认定“卡塔利娜”轮应承担本起事故的主要责任。“卡塔利娜”轮所有人波尔萨利船运有限公司(Borsari Shipping Company Ltd)共赔偿死亡和失踪人员近亲属人民币 2245 万元,被害人姜某某等的近亲属出具了谅解书。

宁波海事法院一审认为,艾伦在驾驶船舶过程中,违反海上交通运输管理法规,与捕捞渔船发生碰撞,致使渔船扣翻、沉没,造成 14 名船员死亡、5 名船员失踪,应负事故的主要责任,其行为已构成交通肇事罪,情节特别恶劣,应当依法惩处。公诉机关指控的犯罪事实清楚,证据确实、充分,指控罪名成立。鉴于艾伦案发后自首,真诚认罪、悔罪,“卡塔利娜”轮船舶所有人积极赔偿被害人近亲属经济损失,部分被害人近亲属表示谅解等,依法可对其从轻处罚。判决艾伦犯交通肇事罪,判处有期徒刑 3 年 6 个月。一审宣判后,被告人艾伦服从判决,没有提出上诉。

被宣告死亡后“复活”,婚姻关系能够自动恢复吗?[②]

还记得金庸老爷子的神雕侠侣中杨过与小龙女约定断肠崖边 18 年后再相见,杨过苦苦等了 18 年,最终有情人终成眷属。可是现实生活中别说恋人了就是

---

① 参见中国法院网,https://www.chinacourt.org/article/detail/2018/08/id/3447632.shtml。

② 《被宣告死亡后“复活”,婚姻关系能够自动恢复吗?》,载 https://baijiahao.baidu.com/s?id=1617752084548807645&wfr=spider&for=pc。

夫妻一方消失 18 年会是什么样呢?

这就有一个活生生的案例:黄某于 4 年前突然失踪。其妻子费某依法向人民法院申请宣告其死亡,后回娘家居住,一直未再嫁人。突然有一天黄某回到家中并来到费某娘家找费某让她跟他回家,被费某拒绝。黄某认为费某依然是自己的合法妻子,而费某则认为黄某被宣告死亡后两人的夫妻关系就不存在不同意跟黄某回去。那么黄某的要求合法吗? 黄某的要求符合法律规定。我国法律规定失踪人被宣告死亡后,与其配偶的婚姻关系自死亡宣告之日起消灭。但是同时又规定在原配偶尚未再婚的情况下,被宣告人被撤销死亡宣告后,两者的婚姻关系自行恢复。因此该案件中只要黄某向人民法院申请撤销死亡宣告,那么他与原配偶费某的婚姻关系就自动恢复,所以费某不能简单地以黄某被宣告死亡,夫妻关系就自动消灭为由拒绝与黄某的婚姻关系。但是如果黄某被宣告死亡后费某再改嫁,在再婚后离婚或者再婚后配偶又死亡的,则黄某与费某的婚姻关系就不能自行恢复了。

人在社会中不仅具有社会自然属性还具有社会属性,当你消失一定时间后,与他人法律关系会依据法律程序被宣告消灭,而且很多法律关系一旦消灭就不能再恢复。所以呀,现实生活不是电视剧小说,不能说走就走,否则当你再回来的时候就是物是人非了。

专题十　民法上的法人制度与刑法上的单位犯罪

要点解析

刑法与民法，属于不同的部门法，基于各自分工、目的的差异，一个类似的现象，民法世界与刑法世界中的语言描述未必一致，民法典法人制度的设计与刑法中单位犯罪的规定即是如此。民法上的法人是法律规定具有民事权利能力的人合组织体和财合组织体，其本质是法律上的组织体，是为了适应社会经济活动而构建的法律组织；刑法上的单位犯罪是公司、企业、事业单位、机关、团体实施的危害社会的行为，法律规定为单位犯罪的行为。两者构建的目的和方式分别内嵌于民法和刑法的体系之中，其功能和界定也存在不同。但刑法与民法并不是截然区隔而互不往来的，民法典法人制度与刑法中单位犯罪之间也存在着密切联系，单位犯罪的一些规范也需要通过法人制度才能获得明确和合理解释。

关联条文

民法典

第五十七条　【法人的定义】法人是具有民事权利能力和民事行为能力，依法独立享有民事权利和承担民事义务的组织。

第五十八条　【法人成立的条件】法人应当依法成立。

法人应当有自己的名称、组织机构、住所、财产或者经费。法人成立的具体条件和程序，依照法律、行政法规的规定。

设立法人，法律、行政法规规定须经有关机关批准的，依照其规定。

第五十九条　【法人民事权利能力和民事行为能力的起止】法人的民事权利能力和民事行为能力，从法人成立时产生，到法人终止时消灭。

第六十条 【法人民事责任承担】法人以其全部财产独立承担民事责任。

第六十一条 【法定代表人的定义及行为的法律后果】依照法律或者法人章程的规定,代表法人从事民事活动的负责人,为法人的法定代表人。

法定代表人以法人名义从事的民事活动,其法律后果由法人承受。

法人章程或者法人权力机构对法定代表人代表权的限制,不得对抗善意相对人。

第六十二条 【法定代表人职务侵权行为的责任承担】法定代表人因执行职务造成他人损害的,由法人承担民事责任。

法人承担民事责任后,依照法律或者法人章程的规定,可以向有过错的法定代表人追偿。

第七十六条 【营利法人的定义及类型】以取得利润并分配给股东等出资人为目的成立的法人,为营利法人。

营利法人包括有限责任公司、股份有限公司和其他企业法人等。

第八十七条 【非营利法人的定义及类型】为公益目的或者其他非营利目的成立,不向出资人、设立人或者会员分配所取得利润的法人,为非营利法人。

非营利法人包括事业单位、社会团体、基金会、社会服务机构等。

第九十六条 【特别法人的类型】本节规定的机关法人、农村集体经济组织法人、城镇农村的合作经济组织法人、基层群众性自治组织法人,为特别法人。

刑 法

第三十条 【单位负刑事责任的范围】公司、企业、事业单位、机关、团体实施的危害社会的行为,法律规定为单位犯罪的,应当负刑事责任。

第三十一条 【单位犯罪的处罚原则】单位犯罪的,对单位判处罚金,并对其直接负责的主管人员和其他直接责任人员判处刑罚。本法分则和其他法律另有规定的,依照规定。

条文要义

法人是世界各国规范经济秩序以及整个社会秩序的一项重要法律制度。民法典从中国实际出发,创造性地规定了法人分类及特别法人等制度,具有鲜明的中国特色,而且吸收了商事特别法的规定,体现了民商合一的原则。法人是具有民事权利能力和民事行为能力,依法独立享有民事权利和承担民事义务的组织。

在民事活动中与自然人、非法人组织具有同等的法律地位。

法人的界定包括以下三个要素:一是其为一种社会组织;二是具有民事权利能力和民事行为能力;三是依法独立享有民事权利和承担民事义务。关于法人本质的理解有拟制说、法人否定说及法人实在说三种观点。法人本质的各种学说反映不同时代的社会背景和法学思潮,有助于从不同的层面和角度理解法人制度的历史发展和现行规定。法人实际上是一种目的性的创造物,一定的人或财产成为权利义务归属的主体,经由其机关从事民事法律行为,在社会实际生活中有其自我活动的领域,通过法律技术及形式上赋予"人"的人格,类推自然人的民事行为能力和民事权利能力,使其成为权利义务主体,满足社会经济发展和人们社会生活的需要。

法人制度包括法人的分类、成立、机关、消灭、责任等。民法典沿袭《民法总则》的分类方法,以法人的本质属性即经济属性来作基本划分,再辅以特别法人进行完善,最终将法人的分类定位于营利法人、非营利法人和特别法人,比民法通则的法人分类体例更加科学、结构更加严谨、规范更加合理、内容更加协调一致。法人的成立是指法人取得法人资格,相当于自然人的出生。法人的民事权利能力和民事行为能力,从法人成立时产生,到法人终止时消灭。法人的机关是法人组织体的组成部分,与代理关系不同,同时又因法人种类不同法人机关也不同,如公司法人有股东会、董事会和监事会等机关。法人的消灭是法人丧失作为民事主体的资格,其意义与自然人死亡相同,但法人的消灭须经一定的法律程序,即解散与清算。法人的责任主要可以从以下三个方面来进行把握:一是法人独立承担责任是法人的本质属性。法人具有主体地位,最核心的理由是其权利能力具有独立性。二是法人独立承担的责任,原则上必须是其自身的民事责任。三是法人独立承担责任并不意味着其他主体不得为其承担责任。

刑法上与法人制度相关联的是单位犯罪。我国民法典将法人定义为具有民事权利能力和民事行为能力,依法独立享有民事权利和承担民事义务的组织。我国刑法没有采用民法这一概念,而是采用了"单位"的概念,其基本考虑是:法人是民法上的一个特定概念,在现实生活中,除法人犯罪以外还存在非法人团体的犯罪。法人犯罪的名称过于狭窄,不能把不具有法人资格的合法的社会组织包括在内,因而,采用了单位犯罪的概念。单位犯罪是公司、企业、事业单位、机关、团体为本单位谋取非法利益或以单位名义为单位全体成员或多数成员谋取非法利益,由单位的决策机构按照单位的决策程序决定,由单位直接责任人具体实施,且刑法明文规定单位应受到刑事处分的犯罪。单位犯罪的特点如下:(1)单位犯罪是公司、企业、事业单位、机关、团体犯罪,是单位本身的犯罪,而不是单位各个成员的犯罪之集合;(2)由单位的决策机构按照单位的决策程序决定,由单位直接责任人具体实施;(3)一般表现为本单位谋取非法利益或以单位名义为单位全体成员或多数成员谋取非法利益;(4)单位犯罪以刑法明文规定为前提;(5)单位犯罪的法律后果具有特殊性。

对于刑法中采用单位犯罪这一概念,主要批评意见有以下三点:一是单位概念模糊,是一个非法律用语;二是单位这一用语与民法不协调;三是单位犯罪与国际上通行的法人犯罪的概念不衔接。我们认为,在刑法中,是采用单位犯罪的概念还是采用法人犯罪的概念,不是简单的词藻之争,其实质涉及与民法规定以及民法相关理论的衔接问题,但是仅仅将单位犯罪修改为法人犯罪是不能解决这一问题的,我们必须从法人在民法中以及单位在刑法中的性质和特点的比较分析中,来探究组织团体在不同领域中的共通性和特殊性,以期对刑法中的单位作合理的解释和界定。第一,法人主体地位的实在性与单位主体地位的实在性。在民法中,法人具有独立的主体地位,最核心的理由应是其权利能力具有独立性,法人的权利能力以及通过运用这种能力承受的权利和义务,皆与成员的利益有关,但是并非可以转化为成员自身的权利能力或权利和义务,而是独立于成员之外,归属于法人自身。但是,在刑法中单位作为主体的独立性,我们无法从权利能力的概念中去寻求,单位之所以能成为独立主体,其原因在于"责任能力"的存在,正如自然人因具有责任能力,所以要对自己的行为负责,单位也因其具有责任能力,而对其实施的行为负责。第二,法人责任能力的限制与单位犯罪的范围。在民法上,法人的责任能力受到性质限制,法人机关所为的不法行为与法人的性质无关时,应排除法人责任,而由法人机关成员自行负责;法人的责任能力也受到法令限制,法人机关超出法律强行性规定的不法行为,其成员应自负责任。我国刑法第30条规定法律规定为单位犯罪的,应当负刑事责任。可见,我国刑法通过明文规定的方式确认了单位犯罪的范围,从刑法分则的规定来看,单位的刑事责任能力是受到性质限制的,这一点与民法相同,对于那些如强奸罪、伪证罪、重婚罪等由于犯罪本身的性质不可能有单位实施的,不能追究单位的刑事责任;只有符合刑法规定,依逻辑可以由单位实施的行为才被认定为单位犯罪。第三,单位犯罪中单位的范围与法人的关系。民法是基于营利性和治理结构进行分类,进而实现民事行为认定类型化之立法目的,法人应在民法中进行界定;而刑法是基于意识能力进行分类,进而实现刑事责任归属类型化之立法目的,单位犯罪中的单位应在刑法中进行界定。这种表面上的歧义完全可以通过法律解释予以解决,由于我国刑法明确规定单位犯罪的具体罪名,并有具体的罪状与法定刑,而且统一规定单位犯罪实行双罚制,这在一定程度上避免了概念的混淆。从逻辑关系上讲,单位并不限于法人,非法人组织中符合单位范围的,也能够被界定为单位犯罪,但在司法实践中,是否具备法人资格仍是判断单位犯罪的重要因素。

典型案例

案例一

徐工集团工程机械股份有限公司诉成都川交工贸有限责任公司等买卖合同纠纷案

原告徐工集团工程机械股份有限公司(以下简称徐工机械公司)诉称:成都川交工贸有限责任公司(以下简称川交工贸公司)拖欠其货款未付,而成都川交工程机械有限责任公司(以下简称川交机械公司)、四川瑞路建设工程有限公司(以下简称瑞路公司)与川交工贸公司人格混同,3个公司实际控制人王某某以及川交工贸公司股东等人的个人资产与公司资产混同,均应承担连带清偿责任。请求判令:川交工贸公司支付所欠货款10 916 405.71元及利息;川交机械公司、瑞路公司及王某某等个人对上述债务承担连带清偿责任。

被告川交工贸公司、川交机械公司、瑞路公司辩称:3个公司虽有关联,但并不混同,川交机械公司、瑞路公司不应对川交工贸公司的债务承担清偿责任。王某某等人辩称:王某某等人的个人财产与川交工贸公司的财产并不混同,不应为川交工贸公司的债务承担清偿责任。

法院经审理查明:川交机械公司成立于1999年,股东为四川省公路桥梁工程总公司二公司、王某某、倪某、杨某某等。2001年,股东变更为王某某、李某、倪某。2008年,股东再次变更为王某某、倪某。瑞路公司成立于2004年,股东为王某某、李某、倪某。2007年,股东变更为王某某、倪某。川交工贸公司成立于2005年,股东为吴某、张1、凌某、过某某、汤某某、武某、郭某,何某某2007年入股。2008年,股东变更为张1(占90%股份)、吴某(占10%股份),其中张1系王某某之妻。在公司人员方面,3个公司经理均为王某某,财务负责人均为凌某,出纳会计均为卢某,工商手续经办人均为张2;3个公司的管理人员存在交叉任职的情形,如过某某兼任川交工贸公司副总经理和川交机械公司销售部经理的职务,且免去过某某川交工贸公司副总经理职务的决定系由川交机械公司作出;吴某既是川交工贸公司的法定代表人,又是川交机械公司的综合部行政经理。在公司业务方面,3个公司在工商行政管理部门登记的经营范围均涉及工程机械且部分重合,其中川交工贸公司的经营范围被川交机械公司的经营范围完全覆盖;川交机械公司系徐工机械公司在四川地区(攀枝花除外)的唯一经销商,但3个公司均从事相关业务,且相互之间存在共用统一格式的《销售部业务手册》《二级经销协议》、结算账户的情形;三个公司在对外宣传中区分不明,2008年12月4日重庆市公证处出具的《公证书》记载:通过因特网查询,川交工贸公司、瑞路公司在相关网站上共同招聘员工,所留电话号码、传真号码等联系方式相同;川交工贸公司、瑞路公司的招聘信息,包括大量关于川交机械公司的发展历程、主营业务、企业精神的宣传内容;部分川交工贸公司的招聘信息中,公司简介全部为对瑞路公司的介绍。在公司财务方面,3个公司共用结算账户,凌某、卢某、汤某某、过某某的银行卡中曾发生高达亿元的往来,资金的来源包括3个公司的款项,对外支付的依据仅为王某某的签字;在川交工贸公司向其客户开具的收据中,有的加盖其财务专用章,有的则加盖瑞路公司财务专用章;在与徐工机械公司均签订合同、均有业务往来的情况下,3个公司于2005年8月共同向徐工机械公司出具《说明》,称因川交机械公司业务扩张而注册了另外两个公司,要求所有债权债务、销售量均计算在川交工贸公司名下,并表示今后尽量以川交工贸公司名义进行业务往来;2006年12月,川交工贸公司、瑞路公司共同向徐工机械公司出具《申请》,以统一核算为由要求将2006年度的业绩、账务均计算至川交工贸公司名下。另查明,2009年5月26日,卢某在徐州市公安局经侦支队对其进行询问时陈述:川交工贸公司目前已经垮了,但未注销。又查明徐工机械公司未得到清偿的货款实为10 511 710.71元。

江苏省徐州市中级人民法院于2011年4月10日作出(2009)徐民二初字第0065号民事判决:(1)川交工贸公司于判决生效后10日内向徐工机械公司支付货款10 511 710.71元及逾期付款利息;(2)川交机械公司、瑞路公司对川交工贸公司的上述债务承担连带清偿责任;(3)驳回徐工机械公司对王某某、吴某、张1、凌某、过某某、汤某某、郭某、何某某、卢某的诉讼请求。宣判后,川交机械公司、瑞路公司提起上诉,认为一审判决认定3个公司人格混同,属认定事实不清;认定川交机械公司、瑞路公司对川交工贸公司的债务承担连带责任,缺乏法律依据。徐工机械公司答辩请求维持一审判决。江苏省高级人民法院于2011年10月19日作出(2011)苏商终字第0107号民事判决:驳回上诉,维持原判。

案例二

上海新客派信息技术有限公司、王某某虚开增值税专用发票案

徐汇区人民检察院以被告单位新客派公司、王某某犯虚开增值税专用发票罪,向法院提起公诉。被告单位新客派公司及其辩护人、被告人王某某及其辩护人对公诉机关指控的事实及罪名均无异议,但辩护人提出被告单位、被告人均系初犯,到案后认罪态度较好,积极退赔全部税款,建议对被告单位及被告人从轻处罚。

法院经审理查明:2008年1月8日,被告人王某某注册成立以其一人为股东的新客派公司,王某某系法定代表人。2008年9月23日、10月28日,王某某以支付开票费的方式,通过他人让英迈(中国)投资有限公司(以下简称英迈公司)先后为新客派公司虚开增值税专用发票各一份,价税合计分别为人民币(以下币种均为人民币)221 000元、350 000元,其中税款分别为32 111.11元、50 854.70元,并分别于开票当月向税务局申报抵扣,骗取税款共计82 965.81元。2010年3月15日,王某某被传唤到案。案发后,被骗税款已全部追缴。

法院认为,被告单位新客派公司让他人为自己虚开增值税专用发票,致使国家税款被骗82 000余元,被告人王某某系直接负责的主管人员,其与单位均构成虚开增值税专用发票罪,应予处罚,公诉机关指控的罪名成立。鉴于新客派公司、王某某自愿认罪,并已退回了全部税款,可以酌情从轻处罚。根据本案的事实、性质、情节、社会危害性及被告单位、被告人的认罪态度等,依照我国刑法第205条,第72条第1款,第73条第2款、第3款,第64条之规定,判决如下:被告单位上海新客派信息技术有限公司犯虚开增值税专用发票罪,判处罚金3万元;被告人王某某犯虚开增值税专用发票罪,判处有期徒刑1年,缓刑1年。一审判决后,被告单位、被告人没有上诉,检察机关亦没有抗诉,判决已经发生法律效力。

解读评析

案例一是一起因法人人格混同导致关联公司承担连带责任的案件,该案例充分阐释了法人人格混同导致的人格否认原理,关联公司的人员、业务、财务等方面交叉或混同,导致各自财产无法区分,丧失独立人格的,构成人格混同。关联公司人格混同,严重损害债权人利益的,关联公司相互之间对外部债务承担连带责任。

民法典第60条规定法人以其全部财产独立承担民事责任,但法人的有限责任也并非绝对,当其有限责任被滥用时,民法典也规定了滥用权利应当承担的民事责任。民法典第83条规定,营利法人的出资人不得滥用出资人权利损害法人或者其他出资人的利益;滥用出资人权利造成法人或者其他出资人损失的,应当依法承担民事责任。营利法人的出资人不得滥用法人独立地位和出资人有限责任损害法人债权人的利益;滥用法人独立地位和出资人有限责任,逃避债务,严重损害法人债权人的利益的,应当对法人债务承担连带责任。本案中,川交工贸公司与川交机械公司、瑞路公司人格混同。一是3个公司人员混同。3个公司的经理、财务负责人、出纳会计、工商手续经办人均相同,其他管理人员亦存在交叉任职的情形,川交工贸公司的人事任免存在由川交机械公司决定的情形。二是3个公司业务混同。3个公司实际经营中均涉及工程机械相关业务,经销过程中存在共用销售手册、经销协议的情形;对外进行宣传时信息混同。三是3个公司财务混同。3个公司使用共同账户,以王某某的签字作为具体用款依据,对其中的资金及支配无法证明已作区分;3个公司与徐工机械公司之间的债权债务、业绩、账务及返利均计算在川交工贸公司名下。因此,3个公司之间表征人格的因素(人员、业务、财务等)高度混同,导致各自财产无法区分,已丧失独立人格,构成人格混同。

川交机械公司、瑞路公司应当对川交工贸公司的债务承担连带清偿责任。公司人格独立是其作为法人独立承担责任的前提。本案中,3个公司虽在工商登记部门登记为彼此独立的企业法人,但实际上相互之间界线模糊、人格混同,其中川交工贸公司承担所有关联公司的债务却无力清偿,又使其他关联公司逃避巨额债务,严重损害了债权人的利益。上述行为违背了法人制度设立的宗旨,违背了诚实信用原则,其行为本质和危害结果与《公司法》第20条第3款规定的情形相当,故参照《公司法》第20条第3款的规定,川交机械公司、瑞路公司对川交工贸公司的债务应当承担连带清偿责任。

案例二是一起一人公司进行的虚开增值税专用发票案件,案件焦点是依法成立的一人公司能否成为单位犯罪的主体。对这一问题,目前理论界和实务界均存在不同观点,我们认为,依法成立的一人公司包括股东是法人的一人公司和股东是自然人的一人公司均可以成为单位犯罪的主体。首先,一人公司作为单位犯罪主体具有法律依据。公司法明确赋予了一人公司法人地位。刑法第 30 条规定:"公司、企业、事业单位、机关、团体实施的危害社会的行为,法律规定为单位犯罪的,应当负刑事责任。"最高人民法院《关于审理单位犯罪案件具体应用法律有关问题的解释》规定,具有法人资格的独资、私营公司、企业可以成为单位犯罪的主体。其次,承认一人公司单位犯罪主体资格符合经济社会发展大潮流。目前,包括英美法系和大陆法系在内的世界各主要发达国家的法律均通过立法或者修订法律确立了一人公司制度。从经济学的角度分析,一人公司的出现及其得到越来越普遍的承认有其必然性和合理性,是经济发展对投资主体多元化、灵活性的必然选择,是鼓励投资、创新的必然要求。刑法作为部门法的保障及最后制裁手段,应当和部门法的立法宗旨及法律精神保持一致,否则就不能发挥刑法应有的功能和作用。既然公司法已经明确赋予了一人公司的法人地位,刑法应当与之相衔接。再次,承认一人公司单位犯罪的主体资格,也是我国刑法平等保护的要求。既然一人公司依法成立,并作为经济活动主体和其他公司、企业一样从事经营活动,就理应受到刑法的平等对待。否则,无法维持一个公平竞争的环境,不利于一人公司的经营发展,不利于鼓励投资和创新。最后,一人公司成为单位犯罪主体符合刑法设立单位犯罪的目的要求。刑法设立单位犯罪的目的主要有以下几点:第一,贯彻罪责自负原则,对单位本身的犯罪行为进行否定性评价和制裁。第二,通过对单位犯罪行为的否定性评价和制裁促使单位在业务活动中履行应有的注意义务,避免业务中的过失犯罪。同时,也告诫单位不得为了自身利益故意实施犯罪行为。第三,为了贯彻罪责刑相适应原则。单位犯罪的利益归属于单位,如果单位实施的犯罪行为完全按自然人犯罪定罪量刑,则处罚会过于严厉,不能达到罪责刑相适应。第四,为了平衡惩治犯罪与促进经济社会发展这一对矛盾统一体。刑法之所以对单位犯罪设置比自然人犯罪较轻的法定刑或者较高的入罪门槛,还有一个重要考量因素是单位的社会正向功能,即不管是国家机关、企业,还是事业单位、社会团体,从其成立的主观目的和客观效果看,主要是行使一定的社会管理和服务职能,承担一定的社会责任,促进社会的发展与进步。刑法对单位犯罪的处罚,正是考虑到单位从事合法经营管理活动的常态性、从事犯罪活动的偶然性这一特征,如果对单位犯罪处罚过于严苛,给单位增添难以承受的负担,则会导致其社会正向功能的极大削弱甚至丧失。从以上单位犯罪设立的四个目的看,一人公司同样应当具有单位犯罪的主体资格:第一,一人公司实施的犯罪如果不认定为单位犯罪,有违罪责自负原则。第二,不利于促使一人公司履行自己的注意义务,减少犯罪行为的发生。第三,虽然一人公司只有一个股东,但并不意味着一人公司的规模就小于股东为二人以上的有限责任公司。第四,一人公司也和其他公司、企业一样,履行社会管理和服务功能。对一人公司犯罪如果处罚过于苛严,不利于一人公司的经营与发展。

并不是所有的一人公司都可以成为单位犯罪的主体,从刑法的实质合理性标准来考察,只有依法成立,取得法人地位,具有独立人格的一人公司,才有可能成为单位犯罪的主体。首先,一人公司必须严格依法成立,经过工商登记注册,取得法人地位,按照公司法而不是按照个人独资企业法注册登记。其次,一人公司必须具有独立的人格。公司的独立人格主要体现在财产的独立和意志独立上。再次,一人公司必须具有公司法所要求的法人治理结构。比如,一人公司应当有自己的章程,股东行使公司法所规定的职权时必须以书面形式作出,并置于公司备案。最后,一人公司成立的目的必须是依法从事经营活动,且客观上确实从事了一定的合法经营活动。如果一人公司是以从事非法甚至犯罪活动为目的而成立,或者成立后主要是从事非法或犯罪活动的,不能成为单位犯罪的主体。从本案来看,被告单位新客派公司系按照我国公司法关于一人公司的规定依法注册登记成立,具有独立的人格和法人治理结构,客观上也确实从事了一定的合法经营活动,故其实施的犯罪应当按照单位犯罪而不是个人犯罪处理。

通过上述两个案例可以看出,民法典法人制度的设计与刑法中单位犯罪的规定既存在差异也存在关联,其差异源于民法和刑法各自体系,其关联则来自法秩序与法原理的统一性。一人公司在民法上作为独立承担责任的法人,但股东存在公司财产独立的证明责任,在刑法上是否能够作为单位犯罪处理,则需要结合其独立性依照刑法单位犯罪规定予以判断。

延伸阅读

轻易答应做"挂名"法定代表人？这些法律风险你知不知道！①

朋友跟你说："帮我做法定代表人，承诺不用担责，不参与经营，每个月还有收入。"你会答应吗？SAY NO！！！千万不要。挂名相当于在一张空白的合同或者卖身契上签字啊！

一家需要找人挂名当法人的公司，估计这个公司做些违法的事或者打法律擦边球的事，至少开公司的那个人觉得不靠谱，需要有个人将来背锅。

挂名当法人，虽然口头上说是挂名，但是法律上是谁登记谁负责，就好比说一辆汽车，行驶证上登记谁的名字，谁就要对这辆车子负责。撞死了人，人家警察和受害者亲属第一个要找的就是登记的车主。如果真要赔两百万，或者坐牢3年，你看看那个拍胸脯保证只用你顶名不用你负责的人还敢认账不，他百分百会说，我不是车主，谁是车主你们找谁。

一、刑事风险

在我国刑法中，有一种犯罪叫单位犯罪。

单位犯罪的，对单位判处罚金，并对其直接负责的主管人员和其他直接责任人员判处刑罚。在刑法中检索"单位犯罪……并对其直接负责的主管人员和其他直接责任人员"出现了83次。比较常见的罪名有工程重大安全事故罪、生产销售伪劣产品罪、侵犯著作权罪、虚报注册资本罪、职务侵占罪、挪用资金罪、非法吸收公众存款罪、集资诈骗罪、偷税罪、虚开增值税专用发票罪、非法经营罪等。

法人是主管人员和直接负责人员中非常重要的一个，单位一旦犯罪，那么法人肯定牵涉其中。当然如果法人确实只是纯粹挂名，没有参与任何犯罪行为，不属于主管人员和直接负责人员，不会受到刑事处罚。但是作为法人，难免要签一些字，或者明知、放任实际控制人实施犯罪行为，则挂名法人也可能要承担相应的责任。

二、行政风险

公司有下列情形的，对法定代表人可以给予行政处分、罚款，构成犯罪的，依

---

① 《轻易答应做"挂名"法定代表人？这些法律风险你知不知道！》，载 https://baijiahao.baidu.com/s?id=1625788409552487505&wfr=spider&for=pc。

法追究刑事责任:

(1)超出登记机关核准登记的经营范围从事非法经营的;

(2)向登记机关、税务机关隐瞒真实情况、弄虚作假的;

(3)抽逃资金、隐匿财产逃避债务的;

(4)解散、被撤销、被宣告破产后,擅自处理财产的;

(5)变更、终止时不及时申请办理登记和公告,使利害关系人遭受重大损失的;

(6)从事法律禁止的其他活动,损害国家利益或者社会公共利益的。

三、民事风险

法定代表人故意或者过失给公司造成损失的,法定代表人需对公司赔偿该损失。

如果公司涉诉不履行生效判决文书的义务,公司会进入失信被执行人名单(即我们平常说的黑名单),法定代表人也会被限制以下消费行为:

(1)乘坐交通工具时,选择飞机、列车软卧、轮船二等以上舱位;

(2)在星级以上宾馆、酒店、夜总会、高尔夫球场等场所进行高消费;

(3)购买不动产或者新建、扩建、高档装修房屋;

(4)租赁高档写字楼、宾馆、公寓等场所办公;

(5)购买非经营必需车辆;

(6)旅游、度假;

(7)子女就读高收费私立学校;

(8)支付高额保费购买保险理财产品;

(9)乘坐G字头动车组列车全部座位、其他动车组列车一等以上座位等其他非生活和工作必需的消费行为。

此外,如公司欠缴税款,税务机关可以对法定代表人限制出境;如公司进入破产程序,法定代表人还要根据法院、管理人的要求协助工作,如妥善保管公司的财产、印章和账簿、文书,列席债权人会议回答债权人的质询,无法在其他公司担任法人、董事、监事、高管等。

专题十一　民法与刑法人身自由保护的异同

要点解析

民法典对人身自由的论述在总则编第五章和分则第四编人格编，总则编把人身自由作为一般人格权确定下来，此处的人身自由包含身体自由和精神自由。人格权编多从身体自由权，即狭义的人身自由规定，侵害人身自由承担侵权责任。刑法保护人身自由的罪名较多，侵犯的法益多是狭义的身体自由基础上的延伸。侵害人身自由构成犯罪的，承担刑事责任。

关联条文

民法典

第一百零九条　【一般人格权】自然人的人身自由、人格尊严受法律保护。

第一千零三条　【身体权】自然人享有身体权。自然人的身体完整和行动自由受法律保护。任何组织或者个人不得侵害他人的身体权。

第一千零一十一条　【侵害行动自由和非法搜查身体】以非法拘禁等方式剥夺、限制他人的行动自由，或者非法搜查他人身体的，受害人有权依法请求行为人承担民事责任。

刑　法

第二百三十八条　【非法拘禁罪】非法拘禁他人或者以其他方法非法剥夺他人人身自由的，处三年以下有期徒刑、拘役、管制或者剥夺政治权利。具有殴打、侮辱情节的，从重处罚。

犯前款罪，致人重伤的，处三年以上十年以下有期徒刑；致人死亡的，处十年以上有期徒刑。使用暴力致人伤残、死亡的，依照本法第二百三十四条、第二百三十二条的规定定罪处罚。

为索取债务非法扣押、拘禁他人的，依照前两款的规定处罚。

国家机关工作人员利用职权犯前三款罪的,依照前三款的规定从重处罚。

第二百三十九条 【绑架罪】以勒索财物为目的绑架他人的,或者绑架他人作为人质的,处十年以上有期徒刑或者无期徒刑,并处罚金或者没收财产;情节较轻的,处五年以上十年以下有期徒刑,并处罚金。

犯前款罪,杀害被绑架人的,或者故意伤害被绑架人,致人重伤、死亡的,处无期徒刑或者死刑,并处没收财产。

以勒索财物为目的偷盗婴幼儿的,依照前两款的规定处罚。

条文要义

民法典第 2 章是对人格权的规定。人格权是民事主体的基本权利,与民事主体的财产权共同构成民法的两大支柱。按照权利可以和作用的不同,人格权被划分为一般人格权和具体人格权。一般人格权是权利主体依法所享有的人格利益的抽象概括,客体是一般人格利益;具体人格权是权利主体所享有的具体民事权利。一般人格权决定具体人格权,一般人格权优于具体人格权。

民法典第 109 条是对自然人一般人格权的界定,包括人格尊严和人身自由。人格尊严是自然人基于自己所处的社会环境、地位、声望、工作环境、家庭关系等各种客观条件而对自己或他人的人格价值或社会价值的认识和尊重。人身自由是自然人在法律规定的范围内,按照自己的意志进行行动和思维,人身不受约束、控制或妨碍的权利。人身自由包括身体自由和精神自由,对应的人身自由权亦包括身体自由权和精神自由权。身体自由权是指公民按照自己的意思和利益,在法律规定的范围内作为和不作为的权利。身体自由权所包含的是公民自由支配自己外在身体运动的权利,非法限制或剥夺公民的身体自由,就是侵权行为。精神自由权是公民按照自己的意志和利益,在法律规定的范围内自由思维的权利,是公民自由支配自己内在思维活动的权利。非法限制、妨碍公民的精神自由,即为侵权行为。民法典第 1003 条为具体人格权中的身体权,其中固定自然人的行动自由受法律保护;民法典第 1011 条规定,以非法拘禁等方式剥夺、限制他人的行动自由的,承担民事责任。这两条是对狭义人身自由,即身体自由的规定。

法律限制公民在行使自由权的时候,不得违反社会的公共利益,不得妨碍他人自由的行使。只有在法律规定的范围内行使人身自由权,才能受到法律的保护。

刑法第238条非法拘禁罪,是指故意非法拘禁他人或者以其他方法剥夺他人人身自由的行为。本罪的法益是人的身体活动自由,即场所移动自由、场所离开自由等。行为对象是可以自由行动的自然人,不以有无民事行为能力或者刑事责任能力区分。非法拘禁的方式不受限制,只要客观上约束他人身体或者间接约束,剥夺离开自由都构成拘禁。根据法律立案标准,情节轻微的非法拘禁不宜做犯罪处理。非法拘禁需要达到以下标准:(1)非法剥夺他人人身自由24小时以上的;(2)非法剥夺他人人身自由,并使用械具或者捆绑等恶劣手段,或者实施殴打、侮辱、虐待行为的;(3)非法拘禁,造成被拘禁人轻伤、重伤、死亡的;(4)非法拘禁,情节严重,导致被拘禁人自杀、自残造成重伤、死亡,或者精神失常的;(5)非法拘禁3人次以上的;(6)司法工作人员对明知是没有违法犯罪事实的人而非法拘禁的;(7)其他非法拘禁应予追究刑事责任的情形。

刑法第239条绑架罪,是指利用绑架人的近亲属或者他人对被绑架者的担心,以勒索财物或满足其他不法要求为目的,使用暴力、胁迫方法控制他人的行为。本罪的法益是被绑架人在本来生活状态下的行动自由及身体安全。

刑法其他条款中涉及人身自由的罪名还有很多,比如强迫劳动罪、非法搜查罪、暴力干涉婚姻自由罪、拐卖妇女儿童罪等,包括上述非法拘禁和绑架罪,这些罪名涉及的人身自由都是狭义的人身自由,即身体自由。

典型案例

案例一

孙某与苏州金螳螂建筑装饰股份有限公司生命权、健康权、身体权纠纷案

2016年10月24日13时左右,原告在位于上海市青浦区沪青平公路青湖东路的泰禾红桥楼盘建筑施工时,因工地总包要求浇灌两个临时道闸基础,原告就近至道闸基础附近的黄沙场扒了小半车黄沙(不超过100斤,市场价5元左右)。被告公司人员发现后,将原告以及小推车扣押,将原告带至被告公司位于14号楼东单元2楼办公室进行非法拘禁,私自对原告进行笔录制作、拍照。被告公司在对原告长达4个多小时的私自拘禁过程中,对原告进行各种恐吓、威吓,并一直禁

止原告去卫生间。原告在下午14时30分要求去卫生间,被告不同意。原告提出由其公司领导替换原告一段时间以便原告去卫生间或由被告公司派人陪同原告去卫生间,被告均予以拒绝。16时20分,原告实在忍不住想去阳台方便,被告公司人员拿了电线要将原告捆起来绑在阳台栏杆上过夜,原告情急之下跳楼。同日,原告至医院急救并住院治疗,入院诊断为双跟骨骨折。原告诉求被告赔偿全部损失,共计花费医疗费10 526.81元。一审法院最终判被告对原告的损害承担20%的赔偿责任。

案例二

黄某非法拘禁案

2000年1月31日,被告人黄某在向上线蒋某娥交纳3900元后,加入了以“加盟连锁”“网络营销”为名的非法传销组织,与其他加入传销组织的人员聚集在海口市白沙门中村一带接受传销培训。同年4月2日晚,黄某与其他传销人员参加“成功人士分享会”听课时,传销人员王某、陈某突然走进会场,称传销是一场骗局,若想回家就去找上线把本钱拿回来。当晚8时许,黄某与携带凶器的陈某、王某等人一起到海甸岛海景花园G栋304房,向传销人员邹某星(系蒋某娥的堂妹之夫)索要6万元,并带邹某星离开海景花园,在海景花园围墙外的草地,邹某星被迫给其妻打电话,要立即筹集6万元现金来赎人。随后,黄某和陈某等6人押着邹某星前往交钱的地点,后公安人员赶来,于是四散逃跑。被害人邹某星也乘乱跑开,黑暗中背部被人用菜刀砍破,致轻伤。公安人员解救了邹某星后,于次日在黄某的租住处将其抓获,其他犯罪嫌疑人均在逃。

解读评析

案例一中,原告因偷取被告公司的黄沙,被被告公司人员带至办公室,在长达数小时的时间内,原告并未离开,即使原告公司的负责人到场后,原告也未能正常离开被告公司办公室。被告方工作人员陈述可证明被告工作人员当时确实存在不允许原告离开的行为。故法院认定被告采取限制原告人身自由的措施具有高度的盖然性。

虽然原告偷取被告公司黄沙行为在前,但被告限制原告人身自由的行为显超过自力救济的合理范围,应属于违法行为。被告长时间限制原告人身自由,应会导致原告精神紧张、恐惧,产生急于摆脱人身自由被限制的冲动,原告以跳楼的方式离开被告公司办公室应与被告限制原告人身自由存在一定的因果关系,被告的加害行为具有引起原告损害结果的相当性,被告应承担赔偿责任。被告在限制原告人身自由期间,并未对原告进行人身伤害,原告并非处于十分危险的境地,原告公司的负责人也到场进行了协商,原告有机会有条件选择更为合理的自救方式,但原告采取跳楼的方式避免人身自由被限制,明显超过了必要的限度。原告作为成年人,其应能预见跳楼可能产生的损害结果,对于原告损害,其自身存在重大过错。被告认为原告公司负责人有教唆原告跳楼的行为,但被告方提供的证据难以证明该事实。故结合原、被告的过错程度,法院酌定原告对其损害承担 80% 的过错责任,被告对原告的损害承担 20% 的赔偿责任。

由上可知,行为人因过错侵害他人民事权益,应当承担侵权责任。如前文所叙述,身体自由权所包含的是公民自由支配自己外在身体运动的权利,非法限制或剥夺公民的身体自由,就是侵权行为。民法典第 1003 条为具体人格权中的身体权,其中固定自然人的行动自由受法律保护;民法典第 1011 条规定,以非法拘禁等方式剥夺、限制他人的行动自由的,承担民事责任。

案例二中,身体自由权、健康权是公民人格权的重要组成部分。被告人黄某与携带凶器的陈某等人一起挟持并控制邹某星,严重侵害了邹某星的人身权利,依法应当受刑罚处罚。争论的焦点是,黄某的行为究竟构成绑架罪还是非法拘禁罪。刑法第 239 条绑架罪,侵犯的客体是他人的生命权、健康权、人身自由权,侵害的对象为任何有生命的自然人;犯罪的客观方面表现为违背被害人的意志,以暴力、胁迫或者其他方法,在被害人不能、不敢或不知反抗的情况下,把被害人劫离原地并加以控制的行为;犯罪的主观方面表现为直接故意,且以勒索财物为目的,或者将被害人作为人质。刑法第 238 条规定非法拘禁罪,侵犯的客体是他人的身体自由权,即公民按照自己的意志和利益,在法律规定的范围内作为和不作为的权利;侵害的对象是依法享有人身权利的任何自然人;犯罪的客观方面表现为没有法律根据,不依法定程序而非法拘留、逮捕、监禁或者以其他方法剥夺他人人身自由的行为。根据本条第 3 款的规定,以索取欠债为目的而非法剥夺债务人或者债务人亲属的人身自由的行为,构成非法拘禁罪。

二罪的区别在于:以取得财物为目的的绑架罪勒索的财物为他人所有,通常为被害人及其亲属所有;犯罪人在实施犯罪行为前,一般与被害人或者其亲属不存在财物往来的关系。非法拘禁罪索取的债务,则是被害人或者其亲属所欠犯罪人的债务;犯罪人在实施犯罪行为前,与被害人或者其亲属存在着债权债务关系。案例二中,黄某受其上线、被害人邹某星的亲属蒋某娥的欺骗宣传,为参与传销活动,曾向蒋某娥交纳过 3900 元。根据黄某的供述、邹某星陈述,要债是黄某参与挟持邹某星的唯一目的,不具有勒索的因素。被告人黄某等人为索要传销出资款而挟持了被害人邹某星。传销是非法的,参与非法活动所形成的债权债务,当然也是非法的,不受法律保护,但是,不能因债务是非法的,就否定挟持邹某星的目的是索要债务。最高人民法院在《关于对为索取法律不予保护的债务非法拘禁他人行为如何定罪问题的解释》(法释〔2000〕19 号)中规定,行为人为索取高利贷、赌债等法律不予保护的债务,非法扣押、拘禁他人的,依照刑法第 238 条规定的非法拘禁罪定罪处罚。

综上,民法典对人身自由的规定,总则编从一般人格权角度做出概括规定,从生命权角度做出具体阐述,侵犯人身自由的承担侵权责任。如果程度构成刑事立案标准,承担刑事责任。

延伸阅读

《国家赔偿法》第 33 条规定,侵犯公民人身自由的,每日赔偿金按照国家上年度职工日平均工资计算。最高人民法院要求,各级人民法院要按照最高人民法院、最高人民检察院《关于办理刑事赔偿案件适用法律若干问题的解释》第 21 条第 2 款的规定,自 2020 年 5 月 18 日起审理国家赔偿案件时按照上述标准执行。

国家统计局 2020 年 5 月 15 日公布,2019 年全国城镇非私营单位就业人员年平均工资数额为 90 501 元;日平均工资为 346.75 元。

最高人民法院于 2020 年 5 月 18 日下发通知,公布了自 2020 年 5 月 18 日起作出的国家赔偿决定涉及侵犯公民人身自由权的赔偿金标准为每日 346.75 元。

专题十二　民法与刑法对个人信息的保护

要点解析

民法典保护自然人个人信息。任何组织或者个人获取他人信息,应依法取得并确保信息安全。刑法对单位或者个人违反国家规定的出售、提供、窃取、非法获取个人信息,情节严重的,以侵犯公民个人信息罪论处。民法典和刑法在立法价值取向保持一致,即更加全面具体的保护人权,在民事法律体系和刑事法律体系中分别规定保护个人信息条款,一般的侵犯个人信息权的行为可以由民法典调整,情节严重的,则由刑法予以保护,从而构建完善具体、层次递进的个人信息保护法律体系。

关联条文

民法典

第一百一十一条　【个人信息权】自然人的个人信息受法律保护。任何组织或者个人需要获取他人个人信息的,应当依法取得并确保信息安全,不得非法收集、使用、加工、传输他人个人信息,不得非法买卖、提供或者公开他人个人信息。

刑　法

第二百五十三条之一　【侵犯公民个人信息罪】违反国家有关规定,向他人出售或者提供公民个人信息,情节严重的,处三年以下有期徒刑或者拘役,并处或者单处罚金;情节特别严重的,处三年以上七年以下有期徒刑,并处罚金。

违反国家有关规定,将在履行职责或者提供服务过程中获得的公民个人信息,出售或者提供给他人的,依照前款的规定从重处罚。

窃取或者以其他方法非法获取公民个人信息的,依照第一款的规定处罚。

单位犯前三款罪的,对单位判处罚金,并对其直接负责的主管人员和其他直接责任人员,依照各该款的规定处罚。

条文要义

民法典条文规定,自然人的个人信息受法律保护。根据民法典第 1034 条的规定,个人信息是以电子或者其他方式记录的能够单独或者与其他信息结合识别特定自然人的各种信息,包括自然人的姓名、出生日期、身份证件号码、生物识别信息、住址、电话号码、电子邮箱、健康信息、行踪信息等。条文所指个人信息权,是指自然人依法对其本人资料信息所享有的支配并排除他人侵害的人格权。根据民法典第 990 条第 2 款规定:“除前款规定的人格权外,自然人享有基于人身自由、人格尊严产生的其他人格权益。”因此,可以认定个人信息权是自然人基于人身自由、人格尊严产生的其他人格权益。其特征是:(1)个人信息权是具体人格权;(2)个人信息权的主体是自然人,不是单位或者法人;(3)个人信息权客体是自然人的各种信息;(4)个人信息权是一种信息决定权,自我支配权,具有独占性和排他性。民法典第 111 条规定组织或个人应该依法获取个人信息,承担确保信息安全的义务,对非法收集、使用、加工、传输他人个人信息,非法买卖、提供或者公开他人个人信息的按照民法典侵权责任编规定,应承担侵权责任。

刑法规定的侵犯公民个人信息罪,前提条件是“违反国家规定”,根据刑法第 96 条规定,“本法所称违反国家规定,是指违反全国人民代表大会及其常务委员会制定的法律和决定,国务院制定的行政法规、规定的行政措施、发布的决定和命令。”可以明确,一是这里的“国家规定”不包括地方性法规等非国家层面的规定,二是必须违反上述规定中个人信息保护的内容。侵犯行为主要为出售、提供、窃取或者非法获取等。值得注意的是,刑法第 253 条之一第 4 款规定单位犯此罪的处罚,与民法典条文中的“组织”主体相呼应,明确了侵犯个人信息的主体范围。民法典第 111 条规定是基于个人权利体系的保护路径,刑法第 253 条之一侵犯公民个人信息罪保护法益则对之予以了刑法确认。

典型案例

案例一

黄某诉腾讯公司侵犯个人信息权益案

原告黄某主张,其在使用“微信读书 3.3.0 版本”(以下简称微信读书)时发现,在其不知情的情况下,该软件自动关注微信好友、默认开放读书记录,黄某认为侵害了其个人信息权益及隐私权,于2019年将微信读书软件、微信软件的开发者、运营者腾讯科技(深圳)有限公司、腾讯科技(北京)有限公司、深圳市腾讯计算机系统有限公司诉至法院。2020年7月30日北京互联网法院一审宣判认定,在微信读书中,微信好友之间的读书信息默认开放,构成对原告个人信息权益的侵害,但未侵害其隐私权。

北京互联网法院认为,微信读书中的信息组合与人格利益较为密切,微信读书迁移微信好友关系、默认向未关注的微信好友公开读书信息等,存在较高的侵害用户隐私的风险,应就信息处理方式向用户显著告知并征得同意。而该案中微信读书没有征得原告有效的同意,构成对原告个人信息权益的侵害。同时,法院认为,用户对于其读书信息可能存在不愿被他人知晓的期待,也可能存在知识共享、文化交流等积极利用的期待,不同用户对于读书信息的隐私期待有所不同;原告阅读的两本涉案书籍不具有"不愿为他人知晓"的"私密性",故该案中对原告主张腾讯公司侵害其隐私权,法院不予支持。

判决结果:腾讯计算机公司停止微信读书软件收集、使用原告微信好友列表信息的行为,并删除微信读书软件中留存的原告的微信好友列表信息;解除原告在微信读书中对其微信好友的关注;解除原告微信好友在微信读书中对原告的关注;停止将原告使用微信读书软件生成的信息(包括读书时长、书架、正在阅读的读物)向原告的微信好友展示的行为;腾讯深圳公司、腾讯计算机公司向原告书面赔礼道歉;3被告连带赔偿原告公证费6600元;驳回原告的其他诉讼请求。

案例二

杭某某、陈某某侵犯个人信息案

2018年4月,被告人杭某某从被告人陈某某处购买38 434条股民的个人信息(包括电话号码、身份证号码等信息),并通过其表弟王某某的支付宝账号支付给被告人陈某某11 000元。后将这38 434条公民个人信息贩卖给杨某1,杨某1通过本人支付宝账号、本人微信号、其堂弟杨某2微信号支付给被告人陈某某共计38 000元。一审法院认为,被告人杭某某、陈某某违反国家有关规定,向他人出售公民个人信息,情节严重,其行为均构成侵犯公民个人信息罪,判处被告人杭某某犯侵犯公民个人信息罪，判处有期徒刑1年2个月缓刑2年，并处罚金人民币2万元；被告人陈某某犯侵犯公民个人信息罪，判处有期徒刑1年2个月缓刑2年，并处罚金人民币2万元。

解读评析

将个人信息保护纳入民法典总则编中加以规定，无疑是立法的亮点与进步，具有重要的宣誓意义和指导作用。案例一，微信读书在用户协议中并没有就应对好友列表、读书信息的处理方式等重要事项进行充分告知，自动获取微信好友关系、默认向未关注微信好友公开读书信息的处理方式存在较高侵害用户隐私风险，已经违反了民法典第111条个人信息权的关于信息保护的规定，构成对原告黄某个人信息权益的侵害。本条规定的积极意义在于，将自然人的个人信息作为派生于人格权益的一种权利进行立法保护，明确对于社会现存的各种形式的非法收集、使用、加工、传输个人信息以及非法买卖、提供或公开他人个人信息作出否定性评价。将个人信息公之于众，极易被滥用，公民个人信息将无安全可言，故本案所体现的基本价值取向是保护个人信息，对个人信息的获取与公开应当谨慎且符合法律规定。同时，这与全国人民代表大会常务委员会《关于加强网络信息保护的决定》第2条规定相互衔接，即"网络服务提供者和其他企业事业单位在业务活动中收集、使用公民个人电子信息，应当遵循合法、正当、必要的原则，明示收集、使用信息的目的、方式和范围，并经被收集者同意，不得违反法律、法规的规定和双方的约定收集、使用信息。"

值得注意的是，案例一中北京互联网法院并未支持原告侵犯隐私权的诉求，理由是原告阅读的涉案书籍不具有"不愿为他人知晓"的"私密性"。根据民法典第1032条第1款规定："自然人享有隐私权。任何组织或者个人不得以刺探、侵扰、泄露、公开等方式侵害他人的隐私权。"隐私权保护的是自然人的隐私。从隐私这个词的本身就可以看出，有两方面的特点：一是"隐"，即并非公开的状态，如果已经被自然人自行公开或者合法公开的，就不是隐私；二是"私"，即私人的事情，与他人权益、公共利益等无关。正是从这两方面出发，民法典第1032条第2款将隐私界定为："自然人的私人生活安宁和不愿为他人知晓的私密空间、私密活动、私密信息。"判断是否构成隐私，需要符合社会一般理性标准，强调其"不愿为他人知晓"的"私密性"。对于读书信息，用户可能存在不愿为他人知晓的期待，也可能存在知识共享、文化交流甚至商业回报等积极利用的期待，不同用户对于读书信息的隐私期待有所不同。因此，判断是否侵害隐私权，需要结合具体场景。就本案来看，原告的读书信息呈现方式尚不至构成一般理性标准下的“私密性”标准，对原告主张腾讯公司侵害其隐私权，不予支持。值得注意，姓名、手机号码、身份证号码此类信息多用于社会交往过程，不具备条文中的隐私性。

最高人民法院、最高人民检察院《关于办理侵犯公民个人信息刑事案件适用法律若干问题的解释》中第 1 条规定，“公民个人信息”，是指以电子或者其他方式记录的能够单独或者与其他信息结合识别特定自然人身份或者反映特定自然人活动情况的各种信息，包括姓名、身份证件号码、通信通讯联系方式、住址、账号密码、财产状况、行踪轨迹等。第 5 条规定，“非法获取、出售或者提供公民个人信息，具有下列情形之一的，应当认定为刑法第二百五十三条之一规定的‘情节严重’……（五）非法获取、出售或者提供第三项、第四项规定以外的公民个人信息五千条以上的……（七）违法所得五千元以上的……”案例二，被告人杭某某、陈某某非法获取、出售股民电话号码、身份证号码等，属于刑法意义上的公民个人信息；信息数量达到 38 434 条，且获利金额 38 000 元，符合上述解释的相关规定，属于情节严重，构成侵犯公民个人信息罪。需要明确，本案中被告人杭某某从被告人陈某某处购买个人信息，有观点对此购买行为是否类似于非法获取存在争议。刑法第 253 条第 1 款并未排除购买这种处理方式，非法获取多以非法购买作为外在表现形式。而且，根据上述解释第四条，违反国家有关规定，通过购买、收受、交换等方式获取公民个人信息，或者在履行职责、提供服务过程中收集公民个人信息的，属于刑法第 253 条之一第 3 款规定的“以其他方法非法获取公民个人信息”。故，购买方式属于侵犯公民个人信息犯罪行为之一。

综合上述两个案例可以看出，民法典与刑法在个人信息内涵规定上基本一致，区别在于保护程度和意义不同。民法典对个人信息的保护具有普遍意义，即凡是侵犯公民个人信息的即属于民法典调整范畴；在刑法中，违反国家规定，出售、提供、窃取、非法获取个人信息达到情节严重程度的，以侵犯公民个人信息罪论处。

延伸阅读

徐某某被电信诈骗案

2015年11月至2016年8月，被告人陈某某等通过网络购买学生信息和公民购房信息，分别在海南省海口市、江西省新余市等地，冒充教育局、财政局、房产局工作人员，以发放贫困学生助学金、购房补贴为名，以高考学生为主要诈骗对象，拨打电话，骗取他人钱款，金额共计人民币56万余元，通话次数共计2.3万余次。2016年6月至8月，被告人陈某某通过腾讯QQ、支付宝等工具从杜某某(另案处理)处购买非法获取的山东省高考学生信息10万余条，并使用上述信息实施电信诈骗活动，造成山东省临沂市高考录取新生徐某某死亡。

2017年7月19日，临沂市中级人民法院以诈骗罪、侵犯公民个人信息罪等罪名，对诈骗团伙七被告人分别判处无期徒刑和有期徒刑。山东高院二审裁定驳回陈某某等上诉，维持原判。

信息泄露、电信诈骗严重侵害了人民群众的财产安全和其他合法权益，严重影响人民群众的安全感和社会和谐稳定。本案犯罪性质恶劣，社会影响极大。本案的判决，对于打击电信网络诈骗，依法严厉惩处类似犯罪具有重要意义。

专题十三　民法对财产权利的平等保护与刑法“供犯罪所用的本人财物”的认定

要点解析

民法典规定民事主体的财产权利受法律平等保护。民事主体的财产权利不受民事主体身份影响，法律对上述财产权利平等对待，无论民事主体的所有制性质、社会地位如何或犯罪与否，其民法上的财产权利平等的受法律的保护。刑法规定了“供犯罪所用的本人财物”的刑事处理程序，只要被认定为供犯罪所用的本人财物就应当被依法没收。实践中，如何理解刑法上的“供犯罪所用的本人财物”，对权利主体的财产保护具有重要影响。

关联条文

民法典

第一百一十三条　【财产权利平等保护】民事主体的财产权利受法律的平等保护。

第二百六十六条　【私有财产的范围】私人对其合法的收入、房屋、生活用品、生产工具、原材料等不动产和动产享有所有权。

第二百六十七条　【私人合法财产的保护】私人的合法财产受法律保护，禁止任何组织或者个人侵占、哄抢、破坏。

刑　法

第六十四条　【犯罪物品的处理】犯罪分子违法所得的一切财物，应当予以追缴或者责令退赔；对被害人的合法财产，应当及时返还；违禁品和供犯罪所用的本人财物，应当予以没收。没收的财物和罚金，一律上缴国库，不得挪用和自行处理。

条文要义

民法典中的条文是关于财产权利平等保护、私人财产范围和保护的规定。财产权利平等保护是指不同的民事主体对其所享有的财产权利享有平等地位,适用规则平等和法律保护平等的民法原则。与民法典第3条“民事主体的人身权利、财产权利以及其他合法权益受法律保护,任何组织或者个人不得侵犯”的规定相呼应,特别强调法律对财产权利予以平等保护。财产权利的平等保护原则,是指不同的民事主体对其所享有的财产权利享有平等地位,适用规则平等和法律保护平等的民法原则,其内容是:(1)财产权利的地位一律平等,最主要的含义是强调自然人和其他权利人的财产权利受到平等保护。(2)适用规则平等,对财产权利的取得、设定、转移和消灭,都适用共同规则,体现法律规则适用的平等性。(3)保护的平等,在财产权利出现争议时,平等保护所有受到侵害的财产权利,不受任何歧视。私人财产范围和保护的规定对私人所有权进行了规定。

刑法第64条是关于犯罪物品的处理,是刑事涉案财物处置的基本规范,规定犯罪违法所得,应当予以追缴或者责令退赔;对被害人的合法财产,应当及时返还;违禁品和供犯罪所用的本人财物应当予以没收。没收的财物和罚金,一律上缴国库,不得挪用和自行处理。刑法关于犯罪物品的认定需十分慎重,根据刑法第64条规定,如果认定为是“供犯罪所用的本人财物”,则应予以没收。

民法上对民事主体的财产权利的保护,需要与刑法涉案财物的处置相协调。对于“供犯罪所用的本人财物”的认定应考虑刑法的谦抑性、民法合法财产权利保护和打击犯罪等多方因素,综合判断。

典型案例

供犯罪所用的本人财物的认定案

被告人孙某2012年购买了一辆长城越野车,用于家庭生活和生意运营。2014年10月初,被告人孙某与被害人王某通过微信聊天认识,10月5日19时许,孙某通过微信将王某约至其停放在和谐广场东侧自己所有的长城越野车车内,拟暴力强行与王某发生性关系,因王某反抗未遂。法院判决孙某犯强奸罪,因被害人反抗未遂,判处有期徒刑2年6个月,作案所用越野车辆予以没收。

孙某不服一审判决上诉，认为越野车非作案所用，不是“供犯罪所用的本人财物”。二审法院认为，孙某的越野车主要用于家庭生活和生意运营。虽然孙某利用其车辆在车上实施了强奸行为（未遂），可以在一般意义上称为“供犯罪所用的本人财物”，但这种解释与刑法规范的价值体系不符，有违刑法解释方法与思路。越野车是案件发生的地点，虽然对案件的发生起到了一定的作用，但其与强奸犯罪之间的联系具有偶然性。同时，车辆主要用于家庭生活和生意运营，本身也没有社会危害性，缺乏特殊预防的必要。车辆不属于没收范围，应返还车辆所有权人。

解读评析

刑法解释是刑法方法论的主要组成部分，对刑法中概念的解释需要符合刑法自身的规律与特点。“原则上，刑法中的概念天然就是自立性的，在做刑法解释时应当依照刑法负担的保护功能，而不是寻求相关的构成要件特征在刑法之外有何意义”。[①] 即刑法解释的关键不在于刑法概念的字面含义，而在于追寻其在刑法体系和实践中的意义。我们认为，对刑法概念的解释需要把握两个关键点：一是不能超出国民预测范围，即“将可能的口语词义作为解释界限”。[②] 二是需符合刑法自身的特点与规律，以保护法益为指导，不能仅停留在法条的字面含义上。[③] 对“供犯罪所用的本人财物”的解释也应注意上述两个方面，既不能超越字面含义也不能停留在字面含义，而应结合刑法自身的特点与规律来进行界定。特别是民法典规定了财产权利的平等保护原则，对私人财产权利进行平等保护，在对“供犯罪所用的本人财物”的解释中应结合刑法谦抑性、财产权利保护、刑法条文设置与理论观点等多方因素，综合判断。

首先，需要考虑刑法谦抑性的总体特征。刑法的谦抑性是指刑法应依据一定的规制来控制处罚的范围与程度，凡以较轻制裁方法足以抑制违法行为的，就不要适用较重的处罚方法。[④] 刑法的这种特征需要对刑法具体条文的解释予以体现，刑法第 64 条规定“供犯罪所用的本人财物”应予以没收，按照字面意思解释，

---

① ［德］约翰内斯·维塞尔斯：《德国刑法总论》，李昌珂译，法律出版社 2008 年版，第 26 页。

② ［德］克劳斯·罗克辛：《德国刑法学总论》（第一卷），王世洲译，法律出版社 2005 年版，第 84 页。

③ 张明楷：《实质解释论的再提倡》，载《中国法学》2010 年第 4 期。

④ 张明楷：《论刑法的谦抑性》，载《法商研究》1995 年第 4 期。

只要本人的财物与犯罪产生关联，为犯罪提供了条件，即成为“供犯罪所用的本人财物”，就应予以没收。这种解释虽然没有超出字面含义的解释范围，但缺少刑法所要求的歉抑性和明确性要求，容易导致侵犯当事人合法的财产权利，导致处罚范围的扩大化。因此，仅按照字面意思进行解释与刑法的谦抑性特征不符，仍需要按照刑法规则来进行限制，控制字面解释的范围，明确“供犯罪所用的本人财物”的刑法含义。

其次，考虑刑法条文设置的目的和内部结构。刑法第 64 条中规定“违禁品和供犯罪所用的本人财物，应当予以没收”，该条款主要目的是通过没收违禁品和作案工具来减少再犯风险，预防犯罪。因此，“供犯罪所用的本人财物”的解释需要符合上述条文的目的，如果其没收与预防犯罪之间缺少密切联系，则该条文中的概念解释不符合条文设置的目的。“供犯罪所用的本人财物”的解释需要受到该条文目的的限制，强调其与预防犯罪之间的内部联系，而不仅仅是停留在条款字面意思上。同时，在该条文中“违禁品”与“供犯罪所用的本人财物”处于并列位置，处置结果都是“应当予以没收”，因此，可以判断“违禁品”与“供犯罪所用的本人财物”在社会危险性方面至少具有相近的作用。违禁品不具有一般意义上的生活用途，专门用于违法犯罪行为，具有较大社会危险性，对其进行没收的目的是减少再犯风险、预防犯罪，因此，“供犯罪所用的本人财物”如果“应当予以没收”，则至少也要具有与“违禁品”相当的地位，可以界定为：基本上没有生活用途、一般犯罪人实施违法犯罪通常使用的、具有危险性的物品，如非家庭所用的长刀、铁棒等，或者是虽然具有生活用途，但行为人长期或者多次用于犯罪的财物。上述对“供犯罪所用的本人财物”的界定与违禁品含义在社会危险性上相当，应当予以没收。

最后，考虑刑法理论上的观点。刑法理论是刑法实践的深层次提升，对于“供犯罪所用的本人财物”的界定，我国刑法理论界许多观点主张限制性解释，提高其与防止再犯、预防犯罪之间的内在联系，如王飞跃教授提出的关联理论，主张区分实行工具与非实行工具来考察关联点与关联强度，张明楷教授提出的与违禁品相当理论等。我国台湾地区，对犯罪工具认定的理论通说为“直接专门论”，所谓“直接”是指与犯罪有直接关联，所谓“专门”则排除将平常有其他合法用途偶尔用于犯罪的物品作为犯罪工具对待。美国刑法理论中存在“促进理论”，强调犯罪工具与犯罪活动的足够联系与密切关系。上述理论都没有停留在字面意思上，而是结合不同的价值目标对“供犯罪所用的本人财物”做出了刑法意义上的解释，可以作为我们理解上述概念的一种参考。

延伸阅读

司法解释中对概念解释的限制性规定可以作为理解上述内容的参考。刑法的规范、简洁容易与复杂多变的现实生活相脱节，因此需要通过司法解释在司法实践中不断细化、明确刑法条文中的一些概念。对“供犯罪所用的本人财物”的认定，虽然没有专门的司法解释，但个别案件中对犯罪工具的解释，对理解上述概念具有参考价值。

最高人民法院、最高人民检察院《关于办理赌博刑事案件具体应用法律若干问题的解释》(法释〔2005〕3 号)第 8 条第 2 款中规定：赌博用具、赌博违法所得以及赌博犯罪分子所有的专门用于赌博的资金、交通工具、通讯工具等，应当依法予以没收。此款规定适用于办理赌博犯罪中“供犯罪所用的本人财物”的认定，将应当没收的“供犯罪所用的本人财物”限定为“专门用于赌博的资金、交通工具、通讯工具等”。此处对赌博犯罪中“供犯罪所用的本人财物”的限定可以作为上述概念解释的参考，来明确界定概念的内涵。这种限制与界定与民法典对财产权利的平等保护相协调，既能够实现打击犯罪的刑事目标，又能防止涉案财产认定的扩大化，保护合法的财产权利。

专题十四　民法与刑法对知识产权的保护

要点解析

“知识产权犯罪”是指侵犯他人知识产权、违反国家有关知识产权法律法规、破坏和影响正常的社会主义市场经济秩序的违法犯罪行为。民事保护是知识产权最基本的保护手段，也是运用的最普遍的一种方式。当侵犯知识产权的行为情节严重、数额巨大，刑法作为最后的保护手段对该行为进行惩罚，在知识产权保护体系中具有重要地位。

关联条文

民法典

第一百二十三条　【知识产权的定义】民事主体依法享有知识产权。知识产权是权利人依法就下列客体享有的专有的权利：

（一）作品；

（二）发明、实用新型、外观设计；

（三）商标；

（四）地理标志；

（五）商业秘密；

（六）集成电路布图设计；

（七）植物新品种；

（八）法律规定的其他客体。

刑　法

该类犯罪主要规定在刑法分则第三章第七节，包括七个具体罪名：假冒注册商标罪，销售假冒注册商标的商品罪，非法制造、销售非法制造的注册商标标识罪，假冒专利罪，侵犯著作权罪，销售侵权复制品罪，侵犯商业秘密罪。

条文要义

民法典第123条是民法典对知识产权设立的宣示性、一般性规定，表明了民事权利的体系建构和知识产权的私法归属。这个条款以“列举式”规定加“兜底”规定的方式，从客体的角度对什么是知识产权进行了定义性描述。该条款规定民事主体享有知识产权，强调了著作权人、专利权人等私人主体属性，将知识产权定性为“专有权利”，以区别于所有权和债权，表明了无形财产权的独有品性。

知识产权是民事主体基于创造性的智力成果和经营性标记、信誉所享有的权利。知识产权从本质上说是一种无形财产权，它的客体是智力成果或是知识产品，是一种无形财产或者一种没有形体的精神财富，是创造性的智力劳动所创造的劳动成果。它与房屋、汽车等有形财产一样，都受到国家法律的保护，都具有价值和使用价值。

知识产权具有五个特征：(1)知识产权系由法律直接创设；(2)知识产权的内容是对智力成果的直接支配性；(3)知识产权依附于无形的智力成果；(4)在有的情形下，可以由多个主体同时对同一智力成果享有知识产权；(5)知识产权可以由多人同时行使。

民法典第123条指出，知识产权保护的客体是“(一)作品；(二)发明、实用新型、外观设计；(三)商标；(四)地理标志；(五)商业秘密；(六)集成电路布图设计；(七)植物新品种；(八)法律规定的其他客体”。知识产权客体的无形性、以及损害无法恢复等特点，构成了在知识产权侵权中适用惩罚性赔偿的正当性基础。民法典第1185条规定：“故意侵害他人的知识产权，情节严重的，被侵权人有权请求相应的惩罚性赔偿。”如此直接的惩罚性赔偿制度，体现了我国对知识产权保护加大力度的决心和趋势。民法典对恶意知识产权侵权行为施行惩罚性赔偿的规定既是我国知识产权立法的重大“攻坚克难”，也是我国知识产权制度的又一“画龙点睛”，有助于避免有关知识产权单行法律规定的遗漏，对于打击知识产权恶意侵权行为大有裨益。

刑法第3章第7节规定的是侵犯知识产权犯罪，保护范围有商标权、专利权、著作权和商业秘密四种类型知识产权，保护范围偏窄。侵害此项权利犯罪行为规定的主观要件是故意侵害此项权利，从另一个方面来看，其故意的内涵包含：侵权人需要对侵害对象的性质有足够的认知，即要是明知是已注册的商标，明知是他人的专利及专利产品，明知是他人注册商标的标识；或者明知是假冒他人注册商标的商品以及明知是他人的著作权和专有技术，同时，侵权人还必须对自身行为的性质有必要的认知，如对假冒行为、销售行为、非法复制行为有相对清晰的认知。因此，若非故意，则无法构成加害此项权利的犯罪行为。

典型案例

案例一

成都马路边餐饮管理有限公司与延吉市马路边边麻辣烫饭店侵害商标权纠纷案

2017年10月28日，经中华人民共和国国家工商行政管理总局商标局（以下简称商标局）核准，案外人郭某注册了第21125511号注册商标，该商标由图案、汉字“马路边边”及汉语拼音“MALUBIANBIAN”构成，核定使用商品/服务项目为国际分类第43类，包括备办宴席、餐厅、饭店、自助餐馆、流动饮食供应、茶馆、酒吧服务、提供野营场地设施、快餐馆、咖啡馆（截止）。注册有效期为2017年10月28日至2027年10月27日。2018年12月20日，商标局核准前述第21125511号注册商标由成都马路边公司受让。

原告成都马路边公司成立于2017年1月17日，注册经营范围为餐饮企业管理、酒店管理、餐饮服务、销售、酒店用品、批发兼零售预包装兼散装食品。成立后，成都马路边公司在经营中使用“马路边边”商标作为其麻辣烫餐饮服务的特有标识，经过一段时期的使用和宣传行为，成都马路边公司经营的“马路边边”麻辣烫饭店在餐饮行业获得了一定的知名度和美誉度，被“新浪四川”“新浪微博”、成都商报社、川报新媒体中心等多家媒体及四川省烹饪协会等单位授予多项荣誉称号。

被告延吉马路边边饭店成立于2019年3月4日，企业类型为个体工商户，注册经营范围包括正餐、饮料、餐饮服务。2019年4月12日，成都马路边公司申请黑龙江省哈尔滨国信公证处对其取证行为进行保全公证。成都马路边公司委托代理人刘某某与公证人员来到延吉马路边边饭店进行消费取证并拍照。取证时所拍摄的照片显示，延吉马路边边饭店在店铺牌匾、店内装潢、菜单、订餐卡、宣传海报、火锅炉具、代金券、赠送顾客的打火机等上均突出使用了“马路边边”字样。

成都马路边公司提出诉讼请求判令延吉马路边边饭店立即停止侵犯成都马路边公司第21125511号注册商标的行为、更改企业名称、赔偿成都马路边公司经济损失12万元。

经审查，法院认定延吉市马路边边麻辣烫饭店行为构成侵权，立即停止实施侵犯第21125511号"马路边边"注册商标专用权的行为，包括停止使用"马路边边"一词作为其字号组成部分，拆除店招、门头与店内带有"马路边边"的标志，停止使用"马路边边"进行宣传和销售；赔偿成都马路边餐饮管理有限公司经济损失(包含合理费用)20 000元。

案例二

被告人王某甲杨某甲贾某某假冒注册商标案

2012年5月左右，被告人杨某甲为销售假冒名牌花生油从被告人王某甲处购买一套灌装食用油设备和一宗假冒"胡姬花"商标。后王某甲传授给杨某甲制作假冒花生油的方法并提供勾兑用的棉籽色拉油及花生油，并与杨某甲、贾某某共同参与灌装假冒花生油，其间王某甲还安排贾某某运输罐装好的假冒花生油至青州、淄博等地销售，杨某甲也多次销售假冒花生油，被告人杨某甲涉案数额94 451元，被告人王某甲涉案数额116 875元，被告人贾某某涉案数额116 875元。法院认定3名被告人均构成假冒注册商标罪，判处3名被告人有期徒刑6个月至1年不等，适用缓刑2年，判处罚金3万至6万元。

解读评析

案例一，根据民法典第123条之规定，民事主体依法享有知识产权。知识产权是权利人依法就"商标"等客体享有专有权利。本案原告成都马路边公司为民事主体，享有对注册商标的专用权。本案的争议焦点有以下两点：

一是案涉注册商标中所含"马路边边"是否为餐饮行业惯用词汇，该词汇是否具备商标识别功能的"显著性"特征。从"马路边边"的字面含义来看，并不具有某种特定餐饮服务惯用名称的功能。依照普通消费者的一般认知，在"马路边边"一词成为商标或者企业字号、名称使用之前，并不会将该词汇与具体某种饮食或者餐饮服务联系在一起。"马路边边"作为成都马路边公司注册商标的主要元素，具有显著性特征，能够起到区分商品或服务来源的识别性作用。

二是延吉马路边边饭店经营中使用“马路边边”是否构成对成都马路边公司注册商标专用权的侵害。依照《中华人民共和国商标法》（以下简称商标法）第57条及最高人民法院《关于审理商标民事纠纷案件适用法律若干问题的解释》第1条的规定，将与他人注册商标相同或者相近似的文字作为企业的字号在相同或者类似商品上突出使用，容易使相关公众产生误认的，构成侵犯注册商标专用权的行为。本案中，成都马路边公司与延吉市马路边边饭店均经营餐饮服务。尽管延吉马路边边饭店并未完整使用成都马路边公司注册商标，但在延吉马路边边饭店成立之时，成都马路边公司经营的“马路边边”麻辣烫餐饮服务已经具备了一定的知名度和美誉度，延吉马路边边饭店在其字号中使用“马路边边”这一案涉注册商标的主要元素，并且在其经营活动中突出使用“马路边边”一词，足以导致消费者产生混淆，可见延吉马路边边饭店具有攀附成都马路边公司的第21125511号“马路边边”注册商标的故意。

案例二，根据刑法第213条之规定，未经注册商标所有人许可，在同一种商品、服务上使用与其注册商标相同的商标，情节严重的构成假冒注册商标罪。根据《关于办理侵犯知识产权刑事案件具体应用法律若干问题的解释》第1条的规定，非法经营数额在5万元以上或者违法所得数额在3万元以上的达到情节严重，处3年以下有期徒刑或者拘役，并处或者单处罚金。本案中，被告人王某甲为杨某甲提供造假用的生产设备、造假原料、假冒的注册商标并传授生产方法、销售产品，被告人贾某某为王某甲、杨某甲运输生产设备、造假原料、假冒的注册商标及假冒注册商标的商品。根据有关法律规定，明知他人实施侵犯知识产权犯罪，而为其提供生产、制造侵权产品的主要原材料、辅助材料、半成品、包装材料、机械设备、标签标识、生产技术、配方等帮助的，以侵犯知识产权犯罪的共犯论处，本案中王某甲为杨某甲提供生产设备、造假原料、假冒的注册商标并传授生产方法、销售产品，贾某某为王某甲、杨某甲运输生产设备、造假原料、假冒的注册商标及假冒注册商标的商品，均属于假冒注册商标犯罪的共犯，应当对直接和间接参与的全部犯罪行为负责，3人涉案数额均超过5万元，情节严重。

民法典和刑法对知识产权的保护力度不同，民法典作为私力救济，吸纳知识产权条款体现出进步，但是保护程度不如具体部门法。刑法保护力度更大，但只规制达到犯罪程度的侵犯知识产权行为。

延伸阅读

2012 年，灿星与荷兰 Talpa 签署了协定书，将旗下“Voice of China”这档全球综艺类节目引进中国，即“中国好声音”。

自此之后，转椅子竟然成为一种潮流。并且，在灿星制作之下，庾澄庆、那英、汪峰、周杰伦等导师轮番上阵，《中国好声音》竟然成为一档家喻户晓的综艺节目。

知名度上升、广阔的中国市场……成为灿星向荷兰 Talpa 公司商议商标使用权的砝码，但似乎 Talpa 公司并不买账，反而转身与国内另一家公司唐德影视合作，将《中国好声音》第 5 期至第 8 期的商标使用权交由唐德影视使用。

尝到甜头的灿星自然不甘于就范，依然按期播出《中国好声音》第五期，从而出现了商标版权之争。

随后，北京知识产权法院责令灿星停止使用“中国好声音”名称与商标。第五期《中国好声音》半道受阻，无奈之下，《中国新歌声》正式接档。

在此次事件中，“中国好声音”侵权已是板上钉钉，灿星制作自然也心知肚明。只能转而曲线救国：利用“中国好声音”的名称进行宣传，并将观众的关注方向转移至后续的《中国新歌声》，维持其歌曲类综艺类节目的霸主地位。

并且，与浙江卫视深度绑定，有了背后“国家队”为其背书，并利用“中国”的名字被外国人滥用大做文章……通过种种努力，唤醒民众对灿星制作“中国好声音”的同情。

而另一方唐德影视，则握有主动权，利用自己掌握的优势，频频发起诉讼，将商标之争诉诸法律。并且，向外界展示为拿下商标及筹备、制作节目花费的数亿开支，以此为筹码，要求获得巨额赔偿。

在双方这场舆论争斗中，没有失败者。因“中国好声音”版权之争，双方都达到了自己的战略目的：连番上头条，曝光率提升，灿星令观众得知《中国新歌声》的由来，而唐德则省下了大量的宣传费用。

在娱乐圈内，没有知名度，也就意味着只能“混吃等死”，关于这点，无论是灿星还是唐德，这些“老油条”们都心如明镜。

专题十五　民法上的数据、虚拟财产与刑法上财产概念的扩展

要点解析

民法典强调对民事主体财产权利进行法律保护，数据、网络虚拟财产作为新兴的财产性权利，民法典对其作出明确转致性条款保护，是对公民财产权利内涵的丰富，也是顺应时代法律需求的主动变化。刑法中并未明确把数据、网络虚拟财产纳入保护范畴，设置具体罪名对其规定，但是根据司法实践，多以盗窃侵财类罪名对此类行为进行调整。

关联条文

民法典

第一百二十七条　【对数据和网络虚拟财产的保护】法律对数据、网络虚拟财产的保护有规定的，依照其规定。

刑　法

第二百六十四条　【盗窃罪】盗窃公私财物，数额较大的，或者多次盗窃、入户盗窃、携带凶器盗窃、扒窃的，处三年以下有期徒刑、拘役或者管制，并处或者单处罚金；数额巨大或者有其他严重情节的，处三年以上十年以下有期徒刑，并处罚金；数额特别巨大或者有其他特别严重情节的，处十年以上有期徒刑或者无期徒刑，并处罚金或者没收财产。

条文要义

民法典总则编第127条这一条文规定了数据和网络虚拟财产是民事权利的客体，本条与民法典第3条关于"民事主体的人身权利、财产权利以及其他合法权

益受法律保护，任何组织或者个人不得侵犯”、第 113 条关于“民事主体的财产权利受法律平等保护”相呼应，是为了满足互联网时代保护个人数据与网络虚拟财产的需求而新增的条款，是对公民个体财产权利内容的丰富与完善。

数据可以分为原生数据和衍生数据。原生数据是指不依赖于现有数据而产生的数据；衍生数据是指原生数据被记录、存储后，经过算法加工、计算、聚合而成的系统的、可读取、有使用价值的数据，例如购物偏好数据、信用记录数据等。能够建成为知识产权客体的数据是衍生数据。衍生数据的性质属于智力成果，与一般数据不同。在数据市场交易和需要民法规制的数据是衍生数据。以衍生数据为客体建立的权利是数据专有权。数据专有权是一种财产权，性质属于一种新型的知识产权。数据专有权与传统的知识产权有明显不同，在权利的主体、客体以及保护等方面，都存在明显的差别。作为数据权利客体的衍生数据，在业务实践中并不要求具备这些门槛。数据专有权具备传统知识产权无形性、专有性、可复制性的特点，但不具备传统知识产权的地域性、时间性的特点，因此是一个新型的权利类型。因此此条将数据法律保护转引到其他相关法律的规定中。但由于目前其他法律关于数据信息的保护路径和机制，并未形成一个明确的法律框架，因此可以说仍然是一个有待明确的法律领域。

网络虚拟财产是指以电磁形式存在于网络空间中的，因具有使用价值和交换价值的、能产生可人为控制的财产性利益。网络虚拟财产是一种数字化、非物化的、无形的资产。从法律对财产的定义来看，虚拟财产也应得到保护，网络虚拟财产的获得往往经过持有者的个人劳动（练级）、真实财物付出（购买游戏卡）、市场交易（买卖装备），网络虚拟财产已经具备了真实财产的基本特性。网络虚拟财产属于特殊物，具有以下意义：第一，把网络虚拟财产归入特殊物，顺应了物权法的发展趋势。第二，特殊物准确反映出了网络虚拟财产的特性，是对网络虚拟财产的客观界定和准确描述。

刑法所指的犯罪行为，是发生在现实生活中的行为，刑法所要保护的财产，也是现实生活中的财产。网络环境是对现实生活的虚拟，网络中充斥着大量凶杀、打斗、抢劫、盗窃等在现实生活中被法律禁止的虚拟行为。如果网络环境中的虚拟行为没有危害现实生活中刑法所保护的客体，则不是需要刑法来规范的行为。但是，如果虚拟行为对现实生活中刑法所保护的客体造成危害构成犯罪，就应当受刑罚惩罚。

2000 年 5 月 12 日，最高人民法院《关于审理扰乱电信市场管理秩序案件具体应用法律若干问题的解释》第 8 条也将盗用他人公共信息网络上网账号、密码上网,造成他人电信资费损失数额较大的行为以盗窃罪定罪处罚。在审判实践领域,已有针对盗窃网络虚拟财产 Q 币和游戏点卡等犯罪的判例,将网络虚拟财产纳入到了盗窃罪犯罪对象的财物范畴内。由上可见,代表或可代表一定数额的财产权益、有别于传统财物形式的诸如账号、密码、虚拟货币等也可成为盗窃罪的犯罪对象。刑法第 264 条盗窃罪规定,侵犯的客体是公私财物,如果把网络虚拟财产、数据纳入公私财物范畴,需要具有以下几个特点:(1)具有一定经济价值。盗窃罪属于侵犯财产犯罪,所盗财物价值须达到较大才构成犯罪,因此,不具有任何经济价值的物品,也就不可能成为盗窃罪的犯罪对象。经济价值既包括可公开的法律认可的价值,也包括非公开交易不为法律所认可甚至为法律所禁止的价值,如违禁品。(2)可支配。行为人窃取他人财物的目的是为占有、使用、处分该财物,从而获取经济利益。因此,财物必须具有可支配性。若不能被人支配,行为人就不可能实际占有、使用进而处分该财物,其非法占有目的就不可能实现。同时,如果财物不能支配,也难以体现出财物的所有权属,进而也就难以判断行为是否侵犯了财产权益。

典型案例

案例一

石某某与黄某某网络购物合同纠纷案

2018 年 10 月 31 日,石某某以 69 100 元人民币把游戏账号(破军道神网游)和 7 件游戏装备、34 700 个游戏元宝卖给了黄某某。交易完成后,黄某某把钱打到了石某某的工商银行账号上,当时因为游戏账号内的装备是绑定的(有 16 件装备,其中 9 件是石某某的,解绑需要 7 天),无法分开交易,石某某就把该账号及 16 件装备、34 700 个游戏元宝全部交易给了黄某某,待装备解绑后黄某某归还石某某的 9 件装备。11 月 2 日,黄某某又要求用 18 700 元购买上述 9 件装备,自此,合计 87 800 元人民币。完成交易后,黄某某以手中钱不够为由,分多次向石某某转账,其中微信转账 8 次共计 38 700 元,银行卡转账 3 次共计 34 100 元。后石某某多次找黄某某催要剩下的 15 000 元,黄某某一直以各种借口拒不支付剩余款项。原告石某某向本院提出诉讼请求:(1)依法判令被告黄某某支付原告 15 000 元款项;(2)诉讼费用由被告负担。

一审法院认定原、被告所交易的游戏账号、游戏装备和游戏元宝属于网络虚拟财产。原告的诉讼请求合法有据,本院予以支持。本判决生效之日起10日内,被告黄某某支付原告石某某15 000元。案件受理费175元,减半收取88元,由被告黄某某负担。

案例二

孟某某、何某某网络盗窃一审案

2005年6—7月间,被告人孟某某通过互联网,在广州市利用黑客程序窃得茂立公司登录腾讯、网易在线充值系统使用的账号和密码。同年7月22日下午,孟某某通过网上聊天方式与被告人何某某取得联系,向何某某提供了上述所窃账号和密码,二人预谋入侵茂立公司的在线充值系统,窃取Q币和游戏点卡后在网上低价抛售。

2005年7月22日18时许,被告人孟某某先让被告人何某某为自己的QQ号试充1只Q币。确认试充成功后,孟某某即在找到买家并谈妥价格后,通知何某某为买家的QQ号充入Q币,要求买家向其中国工商银行牡丹灵通卡(卡号955882360200191××××,以下简称770号牡丹卡)内划款。自2005年7月22日18时32分至次日10时52分,何某某陆续从茂立公司的账户内窃取价值人民币24 869.46元的Q币32 298只,除按照孟某某的指令为买家充入Q币外,还先后为自己及朋友的QQ号充入数量不等的Q币。自2005年7月23日0时25分至4时07分,何某某还陆续从茂立公司的账户内窃取价值人民币1079.5元的游戏点卡50点134张、100点60张。以上二被告盗窃的Q币、游戏点卡,共计价值人民币25 948.96元。

2006年6月26日,上海市黄浦区人民法院判决如下:(1)被告人孟某某犯盗窃罪,判处有期徒刑3年,缓刑3年,并处罚金人民币3000元;(2)被告人何某某犯盗窃罪,判处有期徒刑1年6个月,缓刑1年6个月,并处罚金人民币2000元;(3)扣押在案的被告人孟某某犯罪所用的电脑硬盘两块和770号牡丹卡,予以没收。一审宣判后,被告人孟某某、何某某在法定期限内未提出上诉,公诉机关也未抗诉,一审判决发生法律效力。

解读评析

网络虚拟财产一般是指网民、游戏玩家在网络游戏中的账号积累的“装备”“货币”“宠物”等“财产”，这些所谓的“装备”和“武器”以及如腾讯Q币、新浪u币等虚拟货币实际是特定形式表现出来的一组数据，虽然以数据形式存在于特定空间，但由于其具有一定价值，满足人们的需求，具有合法性，能够为人所掌控，属于在一定条件下可以交易的特殊财产，故而其具有财产性质的属性。网络虚拟财产具有虚拟性、技术性、稀缺性和合法性的特征。它是游戏玩家投入了一定时间、金钱、精力积累取得的，在某种程度上，应算是一种劳动所得。而对玩家来说具有使用价值，这种价值看似无形，但它可以转让，转让时具有一定的市场价格。因此，它还具有交换价值，能够体现为现实中的一定财产价值。所以虚拟财产已经具备了商品的一般属性，寻求法律保护是合理的。

根据民法典第127条的规定：“法律对数据、网络虚拟财产的保护有规定的，依照其规定。”而对于法律没有明确规定的，应依照现有的法律制度和规范来确定双方的权利和义务。案例一中，原、被告通过微信聊天达成的交易协议，是双方当事人的真实意思表示，并不违反法律、行政法规的强制性规定，应为有效协议。被告购买原告的游戏账号、游戏装备和游戏元宝后，应当按照诚实信用原则支付约定的价款。

案例二中，争议点有以下几个：

一是网络环境中的虚拟财产应否受刑法保护。Q币和游戏点卡是腾讯公司、网易公司在网上发行的虚拟货币和票证，是网络环境中的虚拟财产。用户以支付真实货币的方式购买Q币和游戏点卡后，就能得到发行Q币和游戏点卡的网络公司提供的等值网上服务，因此Q币和游戏点卡体现着网络公司提供网络服务的劳动价值。被害单位茂立公司是Q币和游戏点卡的代理销售商，按照合同约定的折扣，通过支付真实货币，从腾讯公司、网易公司得到Q币和游戏点卡。茂立公司付出对价后得到的Q币和游戏点卡，不仅是网络环境中的虚拟财产，也代表着茂立公司在现实生活中实际享有的财产，应当受刑法保护。

二是如何认定网络环境中的盗窃数额。数额是盗窃罪定罪量刑的关键情节。如何计算网上秘密窃取Q币和游戏点卡的盗窃数额，目前没有明确规定。网络用户取得Q币和游戏点卡的方式，除了支付现实货币购买外，还可以通过网络游戏中的不断“修炼”而获得。这后一取得方式使Q币和游戏点卡的价格变得模糊。

网络公司在网上发行Q币和游戏点卡,目的是回收网络用户对其提供的网上服务支付的报酬,Q币和游戏点卡体现着网络公司提供网络服务的劳动价值。因此,Q币和游戏点卡在现实生活中对应的财产数额,可以通过其在现实生活中的实际交易价格来确定。至于网络用户在网络游戏中通过不断“修炼”而获得的Q币和游戏点卡,只是网络公司吸引客户用的一种手段。这部分Q币和游戏点卡由于不参加网络公司与网络用户之间的交换,因此不影响Q币和游戏点卡的交易价格。

Q币和游戏点卡在现实生活中的交易价格有多种:(1)网络公司在网上标出的销售价格;(2)网络用户在网外互相交易形成的价格;(3)网络公司与代理商之间交易的价格;等等。具体到本案说,应当以网络公司与代理商之间的实际交易价格来确定被盗Q币和游戏点卡在现实生活中对应的财产数额。因为行为人实施盗窃行为,被害人的财产一般就会受到相应的损失,盗窃数额与被害人受到的财产损失密切相关。毕竟只有现实生活中受犯罪行为侵害的公私财产,才是刑法要保护的客体。本案中,用被害单位茂立公司与腾讯公司、网易公司在合同中约定的交换价格来计算被盗Q币和游戏点卡在现实生活中代表的财产数额,能准确反映茂立公司遭受的财产损失。在目前对Q币和游戏点卡的盗窃数额如何计算没有明确规定的情形下,起诉书没有按网上公认的Q币和游戏点卡销价计算,而是按照茂立公司购进时实际支付的价格认定盗窃数额,不仅有其合理性,而且也有充分的证据,应予认定。对本案被盗Q币和游戏点卡在现实生活中对应的财产数额,无需经权威机构进行价格鉴定。

三是如何认定网络环境中的盗窃犯罪形态。刑法第23条规定:“已经着手实行犯罪,由于犯罪分子意志以外的原因而未得逞的,是犯罪未遂。”盗窃罪未遂的认定标准,理论界历来有接触说、转移说、藏匿说、损失说、失控说、控制说等多种观点。这是因为盗窃罪的犯罪对象是种类繁多的公私财物,盗窃公私财物的种类不同,认定盗窃既遂、未遂的方法就会不同。审判实践中,具体盗窃案件不存在唯一的盗窃未遂认定标准,只能根据法律规定的“着手实行犯罪”“犯罪未得逞”“犯罪未得逞是由于犯罪分子意志以外的原因”等三个条件,结合盗窃财物种类,认定犯罪既遂或者未遂。被害单位茂立公司控制的Q币,对应着该公司在现实生活中享有的财产。被告人孟某某、何某某通过互联网窃取茂立公司的Q币,是想非法占有这部分Q币所对应的茂立公司在现实生活中享有的财产。本案事实证明,何某某着手实施秘密窃取行为后,Q币瞬间即脱离了茂立公司的控制,到了孟某某指定的买家账户,孟某某在770号牡丹卡上收到了买家汇款。此时二人的盗窃行为已经完成,实施该行为要达到的非法占有目的也已经达到,理当认定犯罪既遂。

综合案例一、案例二可以看出,民法典与刑法都对数据、网络虚拟财产作为法律保护对象作出肯定回答,民法典对数据、网络虚拟财产的保护规定不详,在肯定其作为财产性利益基础上寻求其他法律保护。刑法打击侵犯公民私有财产的行为,虽未明确以条文形式规定具体罪名,但是司法实践中,因网络虚拟财产具有现实价值并为公民可支配,对这部分财产犯罪按照盗窃罪论处。

延伸阅读

"暖男"利用 App 软件漏洞结交女子套现虚拟财产被抓

2020 年 1 月初,北京市公安局大兴分局天华路派出所接到报警,报警人称有人用黑客技术盗取自己公司虚拟财产。公安接到一家聊天交友平台报警,犯罪嫌疑人通过一款手机的软件,截获这家公司虚拟币成功交易的订单信息,然后再复制发给该公司。这样犯罪嫌疑人可以不花钱购买大量的虚拟币。然后通过网络把这些虚拟币变现。犯罪嫌疑人前后通过这样的方式赚取 1 万余元。民警根据报案公司所提供的资金流,锁定了证据链,将河北邢台的男子刘某进行拘捕。原来犯罪嫌疑人刘某以"暖男"形象示人,不仅经常嘘寒问暖,还给女用户刷礼物。之后,就有一些女用户"慕名而来",他也直言不讳,为自己的礼物打上了价码,通过转赠礼物进行套现。警方提示:在网络世界中,广大网络软件运营商要及时发现、修复后台漏洞,不让违法者有机可乘。普通用户则要牢记网络世界不是法外之地,盗取虚拟物品,同样会受到法律的制裁。

专题十六　表见代理与合同诈骗

要点解析

民法典规定了表见代理制度，这项制度是民商事交易活动中十分重要的制度设计。表见代理制度以民商法所承袭的权利外观主义和保护交易理念为基础，在价值权衡中对交易第三人进行特殊保护，以促进交易安全、提升经济效率。刑事实践中，与表见代理相关的一般是诈骗类案件，特别是合同诈骗类案件。合同诈骗犯罪一般是基于合同进行的，其表面上与一般商事交易合同差别不大，实际上却不以合同履行为目的，而是以非法占有对方财产为目标。上述合同诈骗犯罪中的合同，许多存在民法典“表见代理”中缺乏代理权限的情况。此时，依合同诈骗罪被判处刑罚与被害人依表见代理主张权益，就存在民事与刑事处理程序的交叉。

关联条文

民法典

第一百六十一条　【代理适用范围】民事主体可以通过代理人实施民事法律行为。

依照法律规定、当事人约定或者民事法律行为的性质，应当由本人亲自实施的民事法律行为，不得代理。

第一百六十二条　【代理的效力】代理人在代理权限内，以被代理人名义实施的民事法律行为，对被代理人发生效力。

第一百七十二条　【表见代理】行为人没有代理权、超越代理权或者代理权终止后，仍然实施代理行为，相对人有理由相信行为人有代理权的，代理行为有效。

刑　法

第六十四条　【犯罪物品的处理】犯罪分子违法所得的一切财物，应当予以追缴或者责令退赔；对被害人的合法财产，应当及时返还；违禁品和供犯罪所用的本人财物，应当予以没收。没收的财物和罚金，一律上缴国库，不得挪用和自行处理。

第二百二十四条 【合同诈骗罪】有下列情形之一，以非法占有为目的，在签订、履行合同过程中，骗取对方当事人财物，数额较大的，处三年以下有期徒刑或者拘役，并处或者单处罚金；数额巨大或者有其他严重情节的，处三年以上十年以下有期徒刑，并处罚金；数额特别巨大或者有其他特别严重情节的，处十年以上有期徒刑或者无期徒刑，并处罚金或者没收财产：

（一）以虚构的单位或者冒用他人名义签订合同的；

（二）以伪造、变造、作废的票据或者其他虚假的产权证明作担保的；

（三）没有实际履行能力，以先履行小额合同或者部分履行合同的方法，诱骗对方当事人继续签订和履行合同的；

（四）收受对方当事人给付的货物、货款、预付款或者担保财产后逃匿的；

（五）以其他方法骗取对方当事人财物的。

条文要义

表见代理是指行为人虽无代理权而实施代理行为，如果相对人有理由相信其有代理权，该代理行为有效。构成表见代理需要满足以下条件：一是代理人无代理权；二是该无权代理人有被授予代理权之外表或假象，即所谓的“外表授权”；三是相对人有正当理由信赖该无权代理人有代理权，四是相对人基于此信赖而与该无权代理人成立法律行为。

合同诈骗罪，是指以非法占有为目的，在签订、履行合同中，使用欺骗手段，骗取对方当事人财物，数额较大的行为。合同诈骗罪是诈骗罪的一种特殊形式，刑法规定本罪是为了保护市场秩序与对方当事人财产。刑法第 64 条是关于犯罪物品的处理，是刑事涉案财物处置的基本规范，规定犯罪违法所得，应当予以追缴或者责令退赔；对被害人的合法财产，应当及时返还；违禁品和供犯罪所用的本人财物应当予以没收。没收的财物和罚金，一律上缴国库，不得挪用和自行处理。合同诈骗犯罪所得，属于违法所得，应按照刑法规定追缴或责令退赔。

典型案例

魏某利用公司诈骗案

2008年1月至2009年6月，中国人寿保险公司东营分公司(以下简称人寿东营分公司)员工魏某以高额回报为诱饵，利用伪造的“中国人寿保险股份有限公司东营分公司个险一部”印章与客户签订保险合同，先后骗取孙某等25名客户资金共计人民币149.16万元。山东省东营市人民检察院指控被告人魏某犯合同诈骗罪，于2010年4月8日向东营市中级人民法院提起公诉。东营市中级人民法院认为，魏某以非法占有为目的，通过签订虚假保险合同的形式诈骗被害人钱款，其行为已构成合同诈骗罪，且数额特别巨大，诈骗赃款未能追回，给被害人造成巨大损失，应予严惩。公诉机关指控罪名成立，予以支持。判决被告人魏某犯合同诈骗罪，判处有期徒刑12年，并处罚金10万元，所骗赃款继续予以追缴返还给被害人。后魏某不服，提出上诉。2010年8月23日，山东省高级人民法院作出(2010)鲁刑二终字第104号刑事裁定，驳回上诉，维持原判。

2011年，孙某向东营市东营区人民法院起诉人寿东营分公司称，魏某系人寿东营分公司的保险代理人，从1998年3月始长达10多年时间内多次与孙某签订保险合同。在2007年3月至2008年10月期间，魏某多次劝说并与孙某签订“国寿永泰年金终身保险合同”，合同加盖人寿东营分公司个险一部印章，并收取其34.6万元保险费，同时约定了相应的利息。合同到期后，人寿东营分公司以魏某伪造公章，魏某与客户签订的保险合同是虚假的为由，对上述合同不予认可，拒付保险费本金及利息。孙某认为，魏某作为人寿东营分公司的保险代理人，十几年来长期为包括孙某在内的周围邻居办理了大量保险业务，孙某对人寿东营分公司也非常信任，人寿东营分公司对魏某前期办理的保险合同也完全认可并全部理赔到位，孙某作为善意投保人，有理由相信魏某具有代理权，而魏某在办理上述保险合同时仍然是人寿东营分公司的保险代理人，人寿东营分公司至今仍在办理此类储蓄性保险业务，因此其应对该保单承担理赔义务，请求依法判令人寿东营分公司支付保险费及利息并承担本案诉讼费用。人寿东营分公司辩称，孙某向魏某交纳的本金是魏某虚构事实实施的诈骗犯罪行为，魏某的犯罪行为已被法院生效文书确认，魏某的行为不属职务行为，故孙某与人寿东营分公司不存在民事法律关系。根据一事不再理原则，孙某的款项已被刑事判决确认依法追缴，故孙某的诉求不属人民法院受理民事案件的受案范围,其诉求应依法驳回。

东营市东营区人民法院一审法院查明,魏某从1997年开始在东营市范围内从事中国人寿保险代理业务。2008年10月16日、2009年2月10日、2009年3月2日、2009年4月20日、2009年6月20日,魏某以人寿东营分公司内设机构名义,利用伪造的“中国人寿保险股份有限公司东营分公司个险一部”印章与孙某签订“国寿永泰年金终身保险”合同5份,保费总金额为346 000元。东营市中级人民法院刑事判决认定魏某骗取孙某保费340 000元。2010年5月13日,东营市中级人民法院作出(2010)东刑二初字第7号刑事判决,认定被告人魏某诈骗受害人孙某财产340 000元及他人财产共计149.16万元,犯合同诈骗罪,判处有期徒刑12年,并处罚金10万元;所骗赃款继续予以追缴返还给被害人。后魏某不服,提出上诉。2010年8月23日,山东省高级人民法院作出(2010)鲁刑二终字第104号刑事裁定,驳回上诉,维持原判。同时,魏某合同诈骗案涉案受害人孙某等22人,以魏某、中国人寿保险股份有限公司东营分公司为被告提起刑事附带民事诉讼,2010年4月14日,东营市中级人民法院作出(2010)东刑二初字第7-1号刑事附带民事裁定,以附带民事诉讼原告人所提出的赔偿请求不属于刑事附带民事诉讼的受案范围为由,裁定驳回起诉。一审法院认为,魏某利用伪造的印章以人寿东营分公司内设机构的名义与孙某之间订立“国寿永泰年金终身保险合同”的行为已被东营市中级人民法院(2010)东刑二初字第7号刑事判决、山东省高级人民法院(2010)鲁刑二终字第104号刑事裁定认定为犯罪行为,所骗赃款继续予以追缴返还给被害人。孙某的起诉款项属于依法追缴予以返还的范围,双方之间不存在合同关系。孙某要求人寿东营分公司返还保费及利息的理由是其认为人寿东营分公司在开展保险业务的过程中存在明显过错,且与孙某的损失之间有因果关系。但从孙某提交的证据分析,不能证实人寿东营分公司在魏某诈骗的过程中存在明显过错,也不能认定与孙某的损失之间有因果关系,故孙某的诉讼请求,证据不足,不予支持。故,一审法院于2011年12月1日作出(2011)东商初字第854号民事判决:驳回孙某的诉讼请求。

孙某不服一审判决,向东营市中级人民法院上诉称,一审判决认定事实错误,适用法律不当,应当依法予以纠正。二审经审理查明,2007年7月1日,人寿东营分公司与魏某签订《保险营销员保险代理合同》,授权魏某在东营行政区域从事保险代理业务:(1)代销人寿东营分公司指定的人身保险产品;以人寿东营分公司保险营销员的身份与客户接洽;全面、准确地向客户解释、说明人寿东营分公司保险产品的内容和保险条款。(2)向客户收取保险费,同时出具加盖人寿东营分公司印鉴的收据。(3)按照人寿东营分公司有关管理规定,为客户提供售后服务;以人寿东营分公司代为收取到续期保费等保险业务。合同期限3年。2008年1月至2009年6月,魏某利用高息回报为诱饵,伪造"中国人寿保险股份有限公司东营分公司个险一部"印章及保险单,以给客户办理"国寿永泰年金终身保险"和"国寿永泰年金保险"的名义,与客户签订虚假的保险合同,所骗取的资金被魏某个人挥霍。魏某伪造保险单所用纸张,均是私自从人寿东营分公司处取得并自行打印,保单用纸上印有"中国人寿保险股份有限公司"字样及公司标志。人寿东营分公司开办"国寿永泰年金A保险"业务,加盖"中国人寿保险股份有限公司东营分公司城区个险销售一部"印章,出具"国寿永泰年金A保险投保证明"。2012年2月20日,中国保险监督管理委员会山东监管局办公室信访投诉答复书鲁保监信(2011)第333号答复称:人保东营分公司存在团险个做和承诺给予被保险人保险合同约定以外利益的问题。对查实的违规问题,将依据有关规定进行处理。2012年2月21日,中国保险监督管理委员会山东监管局办公室咨询答复书鲁保监询(2011)第1号答复称:国寿永泰团体年金保险(A款)(分红型)(2007)版已于2007年由中国人寿保险股份有限公司向中国保险监督管理委员会履行了备案手续。经核查,人保东营分公司城区个险销售一部出具的"国寿永泰年金A保险投保证明"系虚假团体业务、部分改变了保险监管部门备案的合同条款内容,已违反了《中华人民共和国保险法》(以下简称保险法)的规定。出单权属公司内部授权,根据中国人寿保险股份有限公司内部规定,人保东营分公司城区个险销售一部无权出具保险单。"国寿永泰年金A保险投保证明"应属保险凭证,不是保险单。"国寿永泰年金A保险投保证明"项下的保费已于2008年2月7日进入保险公司保险收入账户。东营市中级人民法院二审查明的其他事实与一审查明的一致。

东营市中级人民法院二审认为,本案争议的焦点问题为:人寿东营分公司在魏某实施犯罪过程中是否存在过错,应否根据其过错程度承担相应赔偿责任。法院认为,人寿东营分公司在魏某犯罪过程中存在过错,与孙某损失的发生有因果关系,应承担相应赔偿责任。根据过错程度,人寿东营分公司应承担孙某被骗本金340 000元20%的责任为宜。东营市中级人民法院经院审判委员会研究决定,于2012年5月14日作出(2012)东商终字第42号民事判决:(1)撤销东营市东营区人民法院(2011)东商初字第854号民事判决;(2)中国人寿保险股份有限公司东营分公司于判决生效之日起10日内赔偿孙某损失68 000元;(3)驳回孙某的其他诉讼请求。

孙某不服二审判决,向东营市人民检察院申请监督。东营市人民检察院认为原审判决认定基本事实缺乏证据证实,适用法律错误。其一,原审认定人寿东营分公司存在过错,但魏某的犯罪行为是损害发生的主要原因,人寿东营分公司承担20%的责任,适用法律错误。本案应适用最高人民法院《关于在审理经济纠纷案件中涉及经济犯罪嫌疑若干问题的规定》(法释〔1998〕7号)第5条第2款之规定,孙某在办理涉案保险过程中是善意的,不存在过错。且人寿东营分公司存在严重过错。其二,魏某的行为是职务行为,其损害后果应由人寿东营分公司承担。其三,原审认定孙某选择侵权责任为请求权基础无依据。孙某在原一、二审中均是要求人寿东营分公司根据保险合同支付保险费及利息,并未要求赔偿损失。原审改判孙某的诉求以侵权赔偿裁判本案依据不足。其四,魏某的行为构成表见代理。魏某长期以人寿东营分公司保险营销员的身份从事保险业务,并形成了部分有效保险合同,其后又与孙某等人形成涉案合同,孙某有充分理由相信魏某的行为是代表人寿东营分公司的,故魏某的行为构成表见代理,人寿东营分公司应承担相应的民事责任。东营市人民检察院提请山东省人民检察院向山东省高级人民法院提出抗诉。

山东省高级人民法院再审认为,人寿东营分公司关于本案不属民事案件受理范围应驳回起诉的主张于法无据,在刑事追赃未果的情况下,受理本案并无不当。法院综合双方当事人举证、质证情况,认为人寿东营分公司应对魏某利用公司诈骗孙某行为造成的损失承担全部责任。抗诉机关的抗诉符合法律规定,法院予以支持。根据民事诉讼法第170条第1款第(2)项、最高人民法院《关于在审理经济纠纷案件中涉及经济犯罪嫌疑若干问题的规定》第5条第2款之规定,判决人寿东营分公司赔偿孙某损失340 000元。

解读评析

虽然民法与刑法分属不同的法律部门,但是现实生活中人的行为往往会将民法与刑法牵连起来形成民刑交叉案件。刑法、民法作为法律体系内的不同部门法,因其不同的考察角度,不同的规制方式,乃至不同的价值位阶追求,导致少部分案件中出现表象的矛盾。民法上的表见代理是一项重要的法律制度设计,但是在具体的案件中表见代理的成立与否往往直接影响到对所涉犯罪行为性质的判断。为此,我们需要综合运用刑法和民法的基本理论,对案件作出符合法律规范的判断。本案中,公司职员已经被认定为合同诈骗犯罪,追赃未果的情况下,被害人以表见代理提起对公司的诉讼,来维护合法权益,本案涉及的关键问题是合同诈骗与表见代理如何协调,既需要在刑法理论下完成对合同诈骗犯罪的认定,又要在民法理论下判断表见代理的成立,同时还需要刑法与民法同时在统一的法治思维下协调共存。我们认为,本案中,合同诈骗犯罪已经在刑法理论下得以论证,魏某通过合同诈骗非法占有了孙某等被害人的财产;在追赃未果的情形下,孙某以表见代理起诉公司,是民法制度下维护自身合法权益的方式,可以按照民法思维予以认定,其通过表见代理让公司承担责任是符合民法典权利保护理念的,与刑法上认定合同诈骗犯罪并不矛盾。

魏某的行为在民法上构成表见代理。魏某长期以来以人寿东营分公司保险营销员的身份向孙某推销保险产品,并形成了部分有效保险合同,其后又与孙某签订五份涉案保险合同,孙某有理由相信魏某的行为系代表人寿东营分公司,该行为构成表见代理。在法院没有履行释法义务的情况下,孙某仍有权按照表见代理要求人寿东营分公司承担责任。根据民法典第 172 条规定,行为人没有代理权、超越代理权或者代理权终止后以被代理人名义订立合同,相对人有理由相信行为人有代理权的,该代理行为有效。根据中国保险监督管理委员会发布的《保险营销员管理规定》第 44 条规定,保险营销员根据保险公司的授权从事保险营销活动的行为,由保险公司承担责任。魏某以人寿东营分公司保险营销员的身份与孙某签订涉案保险合同,孙某有理由相信魏某的行为系代表人寿东营分公司,该行为构成表见代理。

首先,孙某有足够理由相信魏某的行为系代表人寿东营分公司。涉案保险发生在魏某在人寿东营分公司的工作期间。魏某是人寿东营分公司的保险营销员,自 1997 年开始直至案发的 2009 年 9 月 9 日一直在人寿东营分公司工作,即魏某出具涉案保险凭证的行为发生在人寿东营分公司工作期间,魏某有代理人寿东营分公司签订保险合同、收取保险费和出具保险凭证的职权。其次,人寿东营分公司在印章使用上和在涉案保险业务中的过错,增加了孙某辨明真伪的难度,使得孙某更进一步增加了对魏某行为系有权代理的确信。最后,孙某在涉案保险办理中是善意的。涉案保险凭证中载明的固定利率与同期银行贷款利率持平,孙某并没有轻信高额利息回报的过错。

本案中,通过表见代理让公司承担责任与刑法上认定合同诈骗犯罪并不矛盾。魏某在涉案保险合同中的诈骗行为,不影响民事上表见代理行为的成立。民法典第172条规定了表见代理制度。表见代理制度是一种民事上对交易秩序和风险承担进行合理分配的制度设计,通过拟制代理行为的有效,侧重保护善意第三人的利益,以达到保护交易安全的目的。表见代理构成要件有四:(1)以本人名义实施代理行为;(2)行为人没有代理权;(3)相对人善意,不知道行为人无代理权;(4)行为人与相对人的民事行为本身不存在无效内容。此处表见代理所否定的无效行为,指的是民事行为本身的内容违反强行法规定而导致无效,不是指欠缺形式生效要件的行为。本案中,魏某办理涉案保险合同的行为,在刑事上属于犯罪行为,同时,该行为在民事上也属于无权代理行为。表见代理制度属于民事上的法律制度,因此,判断该行为是否构成表见代理,应以民事法律为准,将魏某的合同诈骗行为置于民事法律中予以判断,以民事法律思维解析合同诈骗行为,当行为符合表见代理构成要件时,表见代理成立,应由被代理人承担责任。魏某在涉案保险合同中的诈骗行为,在刑事上属于犯罪行为,在民事上应视为签订合同方式和手段违法,表见代理制度存在的意义本身就在于使本来不具备形式意义上有效要件的民事行为拟制为有效,行为人签订合同的欺诈故意不仅不是构成表见代理的障碍,相反正是表见代理所要求和具备的条件。对于人寿东营分公司保险营销员魏某实施的合同诈骗来讲,其与孙某订立的是保险合同,虽然采取了欺诈的方式,但该涉案保险合同的条款与人寿东营分公司以前所做保险类似,内容不存在无效情形,不应被法律所否定,而应按照民事上表见代理的构成要件进行判断,由人寿东营分公司承担民事责任。根据《关于在审理经济纠纷案件中涉及经济犯罪若干问题的规定》(法释〔1998〕7号)第3条规定,单位直接负责的主管人员和其他直接责任人员,以该单位的名义对外签订经济合同,将取得的财物部分或全部占为己有构成犯罪的,除依法追究行为人的刑事责任外,该单位对行为人因签订、履行该经济合同造成的后果,依法应当承担民事责任。该法律条文规定了行为人构成犯罪时表见代理的构成,同时印证了合同签订中的犯罪行为,不影响民事上表见代理行为的成立,不影响单位的责任承担。

延伸阅读

民商事纠纷与刑事犯罪交叉时是否存在表见代理问题,目前学界和实务界有不同的观点。一种观点(否定说)认为,表见代理制度排斥涉及刑事犯罪的所谓表见代理行为。表见代理是一种法定的代理行为。但法律只承认明文规定的行为为代理行为,由于犯罪行为侵犯了人民生命财产安全等重大利益而为法律所禁止和否定,故法律不可能承认涉及刑事犯罪的行为为表见代理行为。尽管从民法典关于表见代理的规定中,看不出有相关的排斥性规定,但仍有理由相信其潜在地包含了相应的规定,而这种规定是不需要有关民事法律再作赘述的。另一种观点(肯定说)认为,表见代理制度并不当然排斥犯罪行为,相反,表见代理的前提是行为人(无权代理人)从事了无权代理行为,而无权代理人的无权代理行为在绝大多数情况下都是一种不正常的行为,都包含着行为人的恶意,这种恶意支配下的行为完全可能成为犯罪的故意。也就是说,无论行为人的行为是否构成犯罪,只要行为人没有代理权、超越代理权或者代理权终止后以被代理人名义订立合同,相对人有理由相信行为人有代理权的,该代理行为有效,亦即构成表见代理。当然,如果相对人自身有过错的,则不能构成表见代理。

专题十七　民法与刑法上的正当防卫

要点解析

民法与刑法上的正当防卫均为阻却违法的私力救济。民法中的正当防卫存在于民事侵权案件中，而刑法中的正当防卫则存在于刑事犯罪案件中。民法中规定正当防卫超过必要的限度，造成不应有的损害的，应当承担适当的民事责任，民事责任一般多以经济赔偿的形式为准。刑法中防卫过当也需要根据法律规定承担刑事责任。

关联条文

民法典

第一百八十一条　【正当防卫】因正当防卫造成损害的，不承担民事责任。

正当防卫超过必要的限度，造成不应有的损害的，正当防卫人应当承担适当的民事责任。

刑　法

第二十条　【正当防卫】为了使国家、公共利益、本人或者他人的人身、财产和其他权利免受正在进行的不法侵害，而采取的制止不法侵害的行为，对不法侵害人造成损害的，属于正当防卫，不负刑事责任。

正当防卫明显超过必要限度造成重大损害的，应当负刑事责任，但是应当减轻或者免除处罚。

对正在进行行凶、杀人、抢劫、强奸、绑架以及其他严重危及人身安全的暴力犯罪，采取防卫行为，造成不法侵害人伤亡的，不属于防卫过当，不负刑事责任。

条文要义

民法典第181条规定正当防卫,指向的是民事侵权行为。构成正当防卫需具备的条件的是:须有侵害事实;侵害行为不法;须以合法防卫为目的;防卫须对加害人本人实行;防卫不能超过必要的限度。本条要义有两条,构成正当防卫的,防卫人不承担侵犯责任;正当防卫超过必要限度,造成不应有损害的,是防卫过当。

对防卫过当的把握,关键在于对正当防卫必要限度的判断,民法上的正当防卫应与不法侵害相适应,一般不应超过不法侵害的强度。正当防卫超过必要限度造成不应有的损害的,应当承担适当的民事责任:防卫过当不能免除民事责任;对防卫过当造成的损害,一般应当减轻民事责任。

刑法第20条对正当防卫有3款规定,结合2020年9月3日最高人民法院、最高人民检察院、公安部联合发布的《关于依法适用正当防卫制度的指导意见》,作如下理解:

1. 指向对象。一是正当防卫针对的是不法侵害。不法侵害既包括故意杀人、故意伤害、强奸等,也包括非法侵入住宅、非法拘禁,甚至包括财产犯罪比如盗窃、诈骗。二是不法侵害包括针对自己的,也包括针对他人的。三是可以防卫未成年人。新规这样规定,成年人应当劝阻、制止;劝阻、制止无效的,可以实行防卫。四是可以防卫精神疾病患者。应当尽量使用其他方式避免或者制止侵害;没有其他方式,或严重危及人身安全的,可以进行反击。五是可以防卫实施不法侵害者的现场同伙。

2. 防卫时间。一是开始,不法侵害已经形成现实、紧迫危险。二是过程,侵害虽然中止、暂停,但不法侵害人仍有继续实施侵害的现实可能性的,应当认定为仍在进行;在财产犯罪中,通过追赶、阻击等措施能够追回财物的,可以视为不法侵害仍在进行。三是结束,不法侵害人确已失去侵害能力或者确已放弃侵害的。

3. 防卫限度。防卫是否"明显超过必要限度",应当综合不法侵害的性质、手段、强度、危害程度和防卫的时机、手段、强度、损害后果等情节综合考虑。通过综合考量,对于防卫行为与不法侵害相差悬殊、明显过激的,应当认定防卫明显超过必要限度。"造成重大损害"是指造成不法侵害人重伤、死亡。造成轻伤及以下损害的,不属于重大损害。防卫行为虽然明显超过必要限度但没有造成重大损害的,不应认定为防卫过当。

4. 特殊防卫。刑法第3款规定了正当防卫特殊情形,是对防卫过当的豁免解释。在不法侵害过程中,使用致命性武器或其他手段严重危及他人人身安全的;存在杀人、抢劫、强奸、绑架等严重危及人身安全的暴力犯罪行为的,如以暴力手段抢劫枪支、弹药、爆炸物或者以绑架手段拐卖妇女、儿童的,可以实行特殊防卫。

典型案例

案例一

石某某、李某某健康权纠纷案

石某某、李某某系同村前后邻居,原告石某某居前,被告李某某居后。2017 年 5 月 29 日 20 时左右,原告因对到被告家为母猪配种的案外人高某某的三轮车的气味不满,持刀进入被告家中,在被告家院内猪栏门口用刀将高某某下腹部划伤,后持刀又追逐被告,原告被李某某用铁钩将手中的尖刀打掉后,又持竹竿与被告互殴,被被告打伤头部。原告伤后到蒙阴县人民医院住院治疗 9 天,花医疗费 11 688.9 元,伤情经鉴定为轻伤二级。后原告以寻衅滋事罪,被蒙阴县人民法院判处有期徒刑 1 年 2 个月。同时查明,蒙阴县公安局以被告涉嫌故意伤害罪侦查终结后,向蒙阴县人民检察院移送审查起诉,蒙阴县人民检察院两次退回蒙阴县公安局的补充侦查后决定对李某某不起诉。

原告向一审法院诉求被告赔偿医疗费等经济损失 13 683.9 元。一审法院认为,被告系正当防卫,在此次纠纷中并无过错。原告应当对自己的伤情承担责任,驳回原告石某某的诉讼请求。后原告上诉,二审维持原判。

案例二

李某某正当防卫案

被告人李某某与汪某某系邻居,双方曾因汪某某家建房产生矛盾,后经调解解决。2017 年 8 月 6 日晚 8 时许,汪某某的女婿燕某某驾车与赵某、杨某某来到李某某家北门口,准备质问李某某。下车后,燕某某与赵某敲李某某家北门,李某某因不认识燕某某和赵某,遂询问二人有什么事,但燕某某等始终未表明身份,李某某拒绝开门。燕某某、赵某踹开纱门,闯入李某某家过道屋。李某某被突然开启的纱门打伤右脸,从过道屋西侧橱柜上拿起一铁质摩托车减震器,与燕某某、赵某厮打。李某某用摩托车减震器先后将燕某某和赵某头部打伤,致赵某轻伤一级、燕某某轻微伤。其间,李某某的妻子电话报警。

河北省昌黎县人民法院判决认为:被害人燕某某、赵某等人于天黑时,未经允许,强行踹开纱门闯入被告人李某某家过道屋。在本人和家人的人身、财产安全受到不法侵害的情况下,李某某为制止不法侵害,将燕某某、赵某打伤,致一人轻伤一级、一人轻微伤的行为属于正当防卫,不负刑事责任。

解读评析

正当防卫民事主体为防止自身或他人的民事权益遭受现实的侵害或者威胁,所采取的必要行为,是法律赋予公民个人的一项重要的私力救济权利。构成正当防卫应当符合下列条件:(1)必须是针对实际存在的、正在进行的不法侵害;(2)具有必要性和紧迫性;(3)必须针对不法侵害者本人实施;(4)具有保护合法权益的目的性;(5)不得超过必要限度。司法适用中,要准确把握正当防卫的起因条件,既要防止对不法侵害作不当限缩,又要防止将以防卫为名行不法侵害之实的违法犯罪行为错误认定为防卫行为。

案例一中,石某某持刀进入李某某家中,用刀将李某某左下腹部划伤的事实,持刀追逐李某某的行为,属于实际存在的、正在进行的不法侵害,具有正当防卫的必要性和紧迫性,李某某为保护自己、家庭及高某某合法权益不受非法侵害,持铁钩与石某某打斗,其行为具有正当性,一审法院据此认定李某某的行为具有正当防卫性质符合法律规定;石某某寻衅滋事的故意犯罪行为在先,且在其手中尖刀被打掉后,不但未停止攻击行为,反而又持竹竿继续其不法行为,李某某虽然在正当防卫中导致石某某受伤,但根据民法典第181条的规定,因正当防卫造成损害的,不承担民事责任。故二审法院维持原判,有理有据。

案例二中,燕某某、赵某与李某某并不相识,且不表明身份,天黑时强行踹开纱门闯入李某某家,该非法侵入住宅的行为不仅侵害了他人的居住安宁,而且已对他人的人身、财产造成严重威胁,应当认定为“不法侵害”,可以进行防卫。不法侵害既包括侵犯生命、健康权利的行为,也包括侵犯人身自由、公私财产等权利的行为;既包括针对本人的不法侵害,也包括危害国家、公共利益或者针对他人的不法侵害。要防止将不法侵害限缩为暴力侵害或者犯罪行为,进而排除对轻微暴力侵害或者非暴力侵害以及违法行为实行正当防卫。对于非法侵入他人住宅等不法侵害,可以实行防卫。因此,李某某为制止不法侵害,随手拿起摩托车减震器,在双方厮打过程中将燕某某、赵某打伤,致一人轻伤一级、一人轻微伤的行为属于正当防卫。

民法是私法,是公民之间进行私力救济、维护自身权利的秩序规范,民法中的正当防卫更具有私力救济的特征。刑法是公法,是国家对公民行为进行约束、评价的秩序规范,刑法中的正当防卫更具有价值评判和政策倾向的特征。

延伸阅读

“4·14”聊城于某案①

2016年4月13日,吴学占在苏某某已抵押的房子里,指使手下拉屎,将苏某某按进马桶里,要求其还钱。当日下午,苏某某四次拨打110和市长热线,但并没有得到帮助。2016年4月14日,由社会闲散人员组成的10多人催债队伍多次骚扰女企业家苏某某的工厂,催债的手段升级,苏某某和儿子于某,连同一名职工,被带到公司接待室限制人身自由,11名催债人员围堵并控制了他们三人。其间,催债人员用不堪入耳的羞辱性话语辱骂苏某某,并脱下于某的鞋子捂在他母亲嘴上,甚至故意将烟灰弹到苏某某的胸口。催债人员杜某某甚至脱下裤子,露出下体,侮辱苏某某,令于某濒临崩溃。外面路过的工人看到这一幕,让于某的姑妈于某某报警。

警察接警后到接待室,说了一句“要账可以,但是不能动手打人”,随即离开。看到警察要离开,报警的于某某拉住一名女警,并试图拦住警车。“警察这时候走了,他娘俩只有死路一条。”于某某在后来接受记者采访时说。被催债人员控制的于某看到警察要走,情绪崩溃,站起来试图冲到屋外唤回警察,被催债人员拦住。混乱中,于某从接待室的桌子上摸到一把水果刀乱捅,致使杜某某等四名催债人员被捅伤。其中,杜某某因未及时就医导致失血性休克死亡,另两人重伤,一人

---

① 《4·14聊城于某案》,载 https://baike.baidu.com/item/4%C2%B714%E8%81%8A%E5%9F%8E%E4%BA%8E%E6%AC%A2%E6%A1%88/20583854?fr=aladdin,引用时编者有删改。

轻伤。

2017年2月17日,山东省聊城市中级人民法院一审以故意伤害罪判处于某无期徒刑。原告人杜某某、许某某、李某某等人和被告人于某不服一审判决,分别提出上诉,山东省高级人民法院于2017年3月24日立案受理。

专题十八　民法与刑法上的紧急避险

要点解析

刑法与民法上都有紧急避险的规定，刑法上的紧急避险概念与民法上的概念相似，其性质都是违法性的阻却事由，是法益衡量学说在法律制度中的体现。但紧急避险在不同的法律体系中的侧重点不同，刑法上的紧急避险其意义在于排除犯罪的构成，免除刑事责任，民法上的紧急避险更加侧重于民事责任的分担，紧急避险人不承担责任，由引起险情发生的人承担民事责任，除此之外还规定自然原因引起危险下的补偿责任。

关联条文

民法典

第一百八十二条　【紧急避险】因紧急避险造成损害的，由引起险情发生的人承担民事责任。

危险由自然原因引起的，紧急避险人不承担民事责任，可以给予适当补偿。

紧急避险采取措施不当或者超过必要的限度，造成不应有的损害的，紧急避险人应当承担适当的民事责任。

刑　法

第二十一条　【紧急避险】为了使国家、公共利益、本人或者他人的人身、财产和其他权利免受正在发生的危险，不得已采取的紧急避险行为，造成损害的，不负刑事责任。

紧急避险超过必要限度造成不应有的损害的，应当负刑事责任，但是应当减轻或者免除处罚。

第一款中关于避免本人危险的规定，不适用于职务上、业务上负有特定责任的人。

条文要义

民法上,所谓紧急避险,是指为了社会公共利益、自身或者他人的合法利益免受更大的损害,在不得已的情况下采取的造成他人少量损失的紧急措施,称为紧急避险。紧急避险是一种合法行为,是在两种合法利益不可能同时都得到保护的情况下,不得已而采用牺牲其中较轻的利益,保全较重大的利益的行为。危险有时来自人的行为,有时来自自然原因。不管危险来源于哪儿,紧急避险人避让风险、排除危险的行为都有其正当性、合法性,因此各国通行做法都是将紧急避险作为免责的情形之一。我国刑法也明确规定了紧急避险的内容。我国民法理论和实务也都借鉴上述内容,对紧急避险的构成要件形成了较为成熟的做法。具体而言,紧急避险行为须满足的构成要件有:(1)必须是为了使本人、他人的人身、财产权利免受危险的损害。这是对紧急避险的"险"所提的要求。也就是说紧急避险应是使本人或者他人的人身、财产和其他权利免受正在发生的危险,不得已采取的避险行为。(2)必须是对正在发生的危险,采取的紧急避险行为。如果危险尚未发生或者已经消除,或者虽然已经发生但不会对合法权益造成损害,则不能采取避险措施。某人基于对危险状况的错误认识甚至臆想而采取避险措施,造成他人利益损害的,当然要构成侵权行为,应当承担民事责任。(3)必须是在不得已情况下采取避险措施。即该避险行为具有现实紧迫性,如果面对突然而遇的危险,不采取紧急避险措施,就会造成更大的损失,这时就要采取紧急避险行为。(4)不能超过必要限度,这是对避险行为的要求。也就是说,在面临紧急危险时,实施紧急避险行为的人应采取适当的措施,以尽可能小的损害来保全更大的合法利益。概言之,紧急避险行为所引起的损害应轻于该危险所可能带来的损害。

满足上述四个要件,即可构成本条第1款规定的紧急避险。这时实施避险行为的人对因此造成的损害免于承担民事责任。关于紧急避险的认识,一定要注意其与正当防卫的异同。紧急避险和正当防卫都是阻却违法行为,行为目的都是保护公共利益、公民和本人的合法利益,二者成立的前提条件都是合法权利受到严重危险,两者都造成了一定的损害但都在符合各自构成要件的情况下免于承担民事责任。但紧急避险与正当防卫有明显的区别,主要包括:(1)紧急避险的危险来源多种多样,正当防卫的危险来源只是不法侵害人的非法侵害;(2)紧急避险造成的损害是排除危险的唯一方法,而正当防卫则不在此限;(3)紧急避险所造成的损害必须小于危险造成的损害,正当防卫造成的损害,允许等于或者大于不法侵害行为所可能造成的损害;(4)正当防卫只能对不法侵害的本人实施,而紧急避险可以对第三者实施。例如,就狗咬伤人而言,如果这只狗是被主人故意放出咬人的,则是行为人的不法侵害,狗成为行为人不法侵害的工具,是行为人的财产,打死狗的防卫反击,行为是指向行为人的,是正当防卫。如果是狗本身的侵袭,打死这只狗构成紧急避险,因为狗是直接的危险来源。

紧急避险在刑法理论上是作为违法阻却事由与正当防卫一并列出的。违法阻却事由是对不法予以阻却的事项,当某种行为客观行为产生危害,但实质上并不认为是违法,就产生违法阻却事由。刑法上的紧急避险概念与民法上的概念相似,是为了使国家、公共利益、本人或者他人的人身、财产和其他权利免受正在发生的危险,不得已损害另一较小或者同等法益的行为。我国刑法规定的紧急避险的法定条件有以下几点:(1)起因条件。紧急避险只发生在合法权利遭受损害危险的时候。危险主要是紧迫客观事实状态。(2)时间条件。紧急避险的时间条件,是指危险正在进行或者情况紧急,具有紧迫性和直接性。紧急避险只能在危险已经出现,合法权益正在直接面临危险时所实施,不能在危险发生之前或之后,否则避险不适时。(3)对象条件。紧急避险的对象,针对第三人之权利,一般为不得已侵害第三人之正当权利,保护另一权利。即损害较小合法权利保护较大合法权利,但此处第三者合法权利一般不包括生命健康权。(4)主观条件。即行为人有合法的避险意思。主要从避险人主观心理状态判断。在面对紧急危险时,避险人对于紧急状况有基本明确认识,以较小合法权利的侵害维护较大合法权利。(5)限制条件。紧急避险只能是出于迫不得已。当有其他方法可以实施,行为人因主观心理不采取,而造成第三者合法权益受损,则不构成紧急避险,行为人依法承担法律责任。

刑法上的紧急避险概念与民法上的概念相似,构成要件基本相同,其性质都是违法性的阻却事由,是法益衡量学说在法律制度中的体现。但紧急避险在不同的法律体系中的侧重点不同,刑法上的紧急避险作为阻却犯罪的事由,其意义在于排除犯罪的构成,免除刑事责任;民法上的紧急避险作为阻却违法的事由,一方面阻却违法行为,另一方面则更加侧重于责任的分担,如民法上的紧急避险又根据引发危险的原因(人或自然)不同,在损害赔偿的民事责任分担方式上予以区分,刑法则没有这种区分,只强调避险过当的刑事责任。

典型案例

案例一

为送亲属就医醉驾构成紧急避险

2018年12月7日晚，被告人陈某某为庆祝妻子生日，邀请朋友到住处吃晚饭，被告人陈某某喝了一杯多红酒。当日23时许，陈某某妻子欲上楼休息时突然倒地昏迷不醒，陈某某随即让女儿拨打120求救。120回复附近没有急救车辆，要从别处调车，具体到达时间不能确定。陈某某得知后即驾驶小型轿车，将妻子送至医院抢救。后因与他人发生冲突，被当场查获。经鉴定，被告人陈某某血液中检出乙醇成分，其含量为223mg乙醇/100ml血液。

江阴市人民检察院认为，被告人陈某某醉酒后在道路上驾驶机动车，其行为已经构成危险驾驶罪，诉请法院依照刑法第133条之一第1款第(2)项之规定，对被告人予以处罚。

被告人陈某某对公诉机关指控的事实及罪名均无异议。其辩护人提出，本案事出有因，陈某某因妻子昏倒、120急救车不能及时赶到，才开车送妻子就医；案发时已近深夜，路上行人较少，驾驶路途较近，未发生事故，社会危害性较小；陈某某归案后如实供述，悔罪态度较好，无前科劣迹，请求对其从轻处罚。

江阴市人民法院认为，被告人陈某某在道路上醉酒驾驶机动车，对公共安全造成一定的危害，其行为确已构成危险驾驶罪。在审理过程中，江阴市人民法院就被告人陈某某犯危险驾驶罪能否适用缓刑向江苏省无锡市中级人民法院请示。无锡市中级人民法院经审查认为，案发时陈某某认识到其妻子正在面临生命危险，出于不得已而醉酒驾驶损害另一法益，在必要限度内实施避险行为，符合紧急避险的各项条件，遂作出批复，认为被告人陈某某的行为构成紧急避险，不负刑事责任。江阴市人民检察院于2019年12月23日决定对被告人陈某某撤回起诉，江阴市人民法院于同月30日裁定准许江阴市人民检察院撤回起诉。

案例二

浙江天龙养殖公司诉龙溪水力发电站损害赔偿案

原告:天台县天龙养殖有限公司(以下简称养殖公司)。

被告:天台县龙溪水力发电站(以下简称水电站)。

原告养殖公司专业从事欧洲鳗的养殖。被告水电站系龙溪水库的管理人,利用龙溪水库的水力发电。原告的养殖场位于被告办公场所的大门口东北方向距龙溪水库的行洪道约100米。根据台州市水利电力局台水管(1997)24号《台州市1997年度中型水库控制运行计划表》,被告所管理的龙溪水库历史最高水位是399.31米,梅汛期(梅雨季节)与台汛期(台风季节)的限制水位均为398米;该水库的洪水调度方式为:库水位398.77米以下开一孔(闸),库水位399.77米以上开三孔。1997年8月18日夜,11号台风影响天台县,降雨量较大,造成龙溪水库水位不断上升。被告具体泄洪时的情况如下:8月18日夜23时水位396米;8月19日凌晨1:00时水位398.30米,超过限制水位0.3米;1:30时水位398.70米;1:55时水位398.90米,此时被告开中闸(一个孔)泄洪;2:00时水位399.35米;2:30时水位399.80米;2:50时水位400米,被告直接开三闸泄洪。由于被告直接开三闸泄洪没有通知下游,加上泄洪水量过大、过急,致水从行洪道漫至被告办公场所并从其大门冲出,冲走了原告养殖场中的价值3 442 388.2元的鳗苗。此外另查明,被告在台风前曾擅自在行洪道中加高了二级电站小拱坝1米,导致行洪不畅。

原告向台州市中级人民法院起诉称:由于被告对台风及洪水危害程度估计不足,在台风到达之前为谋取水电站最大发电没有提前泄洪,在水库水位急剧上升时,又未尽通知义务,直接打开三闸泄洪,致洪水无法正常排泄,冲出电站大门直接淹没原告所有的鳗池,造成原告重大损失,依据民法通则第106条第2款的规定,被告应当承担全部过错责任。请求判令被告赔偿原告鳗苗损失3 442 388.20元及自1997年9月1日至实际赔偿之日的利息损失。

被告发电站答辩称:11号台风系不可抗力的自然灾害。被告泄洪是按照《台州市1997年度中型水库控制运行计划表》执行的,被告不存在过错。原告擅自在河道边上建造养殖场,应当预见到汛期到来河水会危害鳗场而没有预见,且其亦未建防洪自保工程,原告自己的过错是明显的。被告的行为是具体行政行为,本案不属民事诉讼范围。请求驳回原告不合理的诉讼请求。

台州市中级人民法院认为:1997 年 11 号台风影响天台县,由于雨量较大致被告所管理的龙溪水库水位迅速上升并超过限制水位,威胁水库的安全,被告采取开闸泄洪的措施,因为水量过大淹没原告养殖场并给原告造成损失的事实清楚。因水库水位上升威胁着水库的安全,被告为避免造成更大的损害而开闸泄洪,属于紧急避险。因被告的泄洪行为是体现被告意志的行为,不符合不可抗力的构成要件,被告辩称淹没原告养殖场系不可抗力所致缺乏法律依据。被告辩称其泄洪行为是具体行政行为,因而本案不属民事诉讼范围。但被告并非行政机关,亦非受行政机关委托、授权的行政组织,因此其并不符合具体行政行为的主体要件,本案应属民事诉讼的范围,被告应根据紧急避险的有关规定为承担民事责任。由于被告在台汛期违反《防洪法》的有关规定,在水库水位超限制水位且仍在继续上升的长达一个多小时里,一直未采取开闸泄洪的措施,直至水位已超限制水位近 1 米时才开中闸泄洪,由于开闸过迟,水位一直上涨到超过限制水位 2 米,因此被告的过错行为是引起险情发生的原因之一。在发生险情后,被告又未按照《台州市 1997 年度中型水库控制运行计划表》规定的调度方式进行泄洪,在开一闸后直接开三闸,又未尽通知下游的义务,致使行洪道上水流过急、水量过大,并冲出电站大门淹没了原告的养殖场,被告采取的避险措施明显不当。被告辩称自己是按规定的洪水调度方式进行泄洪,且该计划表没有规定可开二闸的情形,这与计划表的规定不符。因为水库水位在 398.77 米以上 399.77 米以下时均不符合不开闸、开一闸或开三闸的情形,故被告辩称自己泄洪措施得当的理由不能成立。被告辩称原告未经河道管理部门批准而在河道边上建造养殖场,以及原告选址在水库下游建养殖场而未建必要的防洪自保工程,因而其自身存在过错的理由缺乏事实与法律依据。因为原告的养殖场所在地不是被告行洪河道的管理范围,故原告建造养殖场无须经河道管理部门批准。同时,由于原告的养殖场所在地也不属于受洪水威胁地区,被告主张原告在水库下游选址建造养殖场必须建防洪自保工程缺乏法律依据。因此,原告对此事故的发生没有过错。鉴于本案属紧急避险且险情的引起含有自然因素,故被告应当依照民法通则第 129 条的规定对原告的损失承担适当的民事责任。结合本案发生的实际情况,被告赔偿原告全部损失额的 50% 较为妥当。原告主张被告应赔偿其全部损失,本院无法支持。该院于 2001 年 7 月 26 日判决:被告发电站在本判决生效之日起 2 个月内赔偿给原告养殖公司人民币

1 721 194.10 元。

宣判后,原、被告双方均不服,提起上诉。原告上诉称:其起诉主张适用民法通则第 106 条第 2 款即过错责任,要求被告承担全部赔偿责任,而原判却适用紧急避险的条款。即使适用紧急避险条款,本案的全部责任也应由被告承担,因为被告未提供自然因素导致险情发生的任何证据,其采取措施存在明显不当之处,又未尽通知下游的义务,一审判决其承担 50% 责任依据不足。请求撤销原判,依法改判被告承担全部责任。被告上诉称:在水库水位上涨的情况下,其开闸泄洪是执行政府的行政命令,而不是自主行为,且开闸泄洪中并无不当。一审认为其开闸泄洪时未履行通知下游有关单位的义务,脱离现实,缺乏法律依据。其开闸放水行为与原告的损失没有必然因果关系,一审判决其承担赔偿责任的理由不能成立。请求改判驳回原告的诉讼请求。

浙江省高级人民法院经审理认为:1997 年 8 月 18 日夜间至 19 日凌晨,由于 11 号台风进入天台县境内,降雨量过大,导致水电站管理的龙溪水库水位不断上升,有一定的自然灾害因素,确系事实。但水电站事先未及时泄洪,直至水位超过限制警戒线 1 米左右时才开启中闸泄洪;在水位超过警戒线 2 米时,又在未及时通知下游有关单位的情况下,采取直接开 3 闸泄洪措施。由于洪水流量过大过急,加上水电站的二级电站小拱坝加高 1 米,造成行洪受阻,水位上涨,冲入养殖公司的养殖场,造成养殖公司重大经济损失,水电站有过错,依法应承担相应的民事责任。水电站上诉称其开闸泄洪是执行政府的行政命令,不是自主行为,由此造成的经济损失不应由其承担及其不可能尽通知义务的上诉理由不能成立,本院不予支持。养殖公司上诉称应由水电站承担全部责任的理由也不能成立,因为本案的发生确有自然因素,原判适用紧急避险的有关法律及司法解释正确,但判令水电站赔偿养殖公司 50% 的损失额,显然不足,应予纠正。该院于 2001 年 12 月 27 日判决:(1)撤销一审法院民事判决;(2)龙溪水力发电站赔偿养殖公司人民币 2 347 992 元。此款应在本判决生效之日起 10 日内履行完毕。

解读评析

案例一是一起因紧急避险阻却违法进而不构成犯罪的案例,该案例充分诠释了刑法上紧急避险在犯罪构成认定中的作用。关于紧急避险的性质,我国刑法传统理论普遍认可违法阻却事由说,认为紧急避险之所以不成立犯罪,是因为其客观上不具有违法性即社会危害性，没有侵害社会的整体利益。其理论基础是优越利益原理，即双方利益发生冲突，不能两全之时，利益小者不得不为利益大者牺牲，以保全较大的利益，从而求得社会整体利益的维持。本案被告人的行为符合紧急避险的各项条件：首先，被告人亲属面临生命危险，应当认定正在发生现实危险。发生了现实危险，是指法益处于客观存在的危险的威胁之中，或者说法益处于可能遭受具体损害的危险之中。这里的法益，指的是国家、公共利益、本人或者他人的人身、财产和其他权利。有现实危险发生，是紧急避险最基本的前提条件。而危险正在发生，是指危险已经出现而又尚未结束的状态。具体到本案，案发当时被告人陈某某的妻子突然摔倒，昏迷不醒，口吐白沫，生命权益正处于疾病危险的威胁之中。其一直处于昏迷状态，生命权益的危险非常紧迫，急需得到救治，刻不容缓，故可以认定当时正在发生现实危险。其次，被告人的现实处境表明其醉酒驾车系不得已而为之。

从行为的客观方面来看，紧急避险行为必须具有行为的不得已。所谓不得已，即除了以牺牲一种合法权益为代价来保护另一种合法权益的办法之外，别无他法。如果还有其他办法保护一种合法利益，就不能采取牺牲另一合法利益的办法。本案被告人陈某某让女儿拨打120急救电话，得知其所在的乡镇附近无急救车辆，从他处调车无法确定到达时间。其住处偏僻，无邻居可以帮忙开车；其他家人为老人、小孩，均无驾驶证，故其醉酒驾驶行为本质是为了使妻子及时得到医治而采取的一种迫不得已手段。再次，被告人救治面临生命危险妻子的动机系避险。避险意识系主观的正当化要素。要求行为人主观上知晓危险正在发生，出于保护法益免受正在发生的危险目的而实施损害另一法益的行为。行为人对危险尚不知情或者蓄意制造危险后以紧急避险为由侵犯他人法益的，均不能成立紧急避险。本案被告人看到妻子倒地昏迷，口吐白沫，认识到妻子的生命面临着正在发生的危险。从主观上看，被告人实施醉酒驾驶的行为没有危害社会的故意，具有使处于生命危险的妻子及时得到医治的良好动机。最后，被告人醉酒驾驶的行为没有超过必要限度造成不应有的损害。紧急避险由于针对的是合法权益，存在一个利益权衡与取舍的问题。一般来说，保护的利益大于被损害的利益，避险行为才具有实益，因此紧急避险行为的限度要依被保护利益与被损害利益的对比关系而定。这就需要对法益进行衡量与比较。本案被告人妻子的生命权大于抽象的公共安全。一方面，抽象的公共安全在刑法中的地位相对低于自然人的生命权。另一方面，从对法益的危险程度来看，妻子的生命权危险是真实的，即刻面临危险的;而抽象的公共安全危险是潜在的,具有发生侵害结果的可能性。伦理道德这一特殊因素在判断损害大小时应当考虑在内。在无法得到120救援,无人可以替代或帮忙驾车的情况下,被告人醉酒驾车将妻子送往医院,符合人之常情。综上,被告人陈某某醉酒驾驶机动车,将面临生命危险且医疗救护资源无法及时到达的妻子,深夜从偏僻乡村送至医院的行为,客观上保护的生命权法益重于危险驾驶罪所保护的一般公共安全,没有超过必要限度造成不应有的损害,符合刑法中紧急避险的构成要件,应当认定为紧急避险。

案例二是一起因紧急避险导致损害引发纠纷的案例,该案例充分诠释了民法上紧急避险在民事责任分配中的作用。在本案中,被告水电站为了水库的安全,在开闸过程中损害了原告的利益,原告受损的利益显然是远远小于被告所要保护的利益。本案的关键是如何认定引起险情发生的原因及避险人所采取的避险措施是否得当两个问题。一、二审法院均认为引起险情发生的原因有二:一是自然因素;二是被告在限制水位以上蓄水且在水位持续上涨情况下不及时泄洪。根据民法理论,紧急避险中的险情必须是急迫且是现时的危险,如果危险不属于现时的,则不足以形成急迫的危险状态,不属急迫的危险状态时当然无须采取以损害他人利益的方法加以避免。这样,本案的险情应当界定为被告所管理的水库已超过限制水位且水位持续上升,给水库安全造成危险状态。虽然从表面上看,形成这一危险状态含有自然因素即台风雨,但是台风雨本身并不是形成这一危险状态的原因,台风雨只有在被告在汛期不提前泄洪,台风雨来临后水位已超过限制水位情况下仍不及时泄洪的这一不作为行为的作用下,才会引起危险状态的发生。在引起险情发生后,被告为了避免危险给水库带来的损害,采取开闸泄洪的避险措施,但正如一、二审判决所指出,其开闸泄洪又未按规定的运行方式,因此被告在实施避险措施过程中存在着过错。此外,又存在被告在行洪道上加高二级电站的小拱坝,导致行洪不畅的事实。这样,从过错角度讲,被告要承担紧急避险的民事责任是毋庸置疑的。

上述案例一与案例二相比较,可以凸显紧急避险在刑法与民法上的联系与区别。在刑法与民法上,紧急避险都是解决权利冲突问题的制度安排,都需要对不同的法益进行衡量,都需要对紧急避险的适当性进行合理判断。不同的是,刑法上的紧急避险作为阻却犯罪的事由,其意义在于排除犯罪的构成,免除刑事责任;民法上的紧急避险作为阻却违法的事由,更侧重于责任的分担。

延伸阅读

洞 穴 奇 案

五名洞穴探险人受困山洞，水尽粮绝无法在短期内获救。为了维生以待救援，大家约定抽签吃掉其中一人，牺牲他以救活其余四人。威特摩尔是这一方案的最初提议人，但在抽签前又收回了意见。其他四人仍执意抽签，并恰好选中了威特摩尔做牺牲者。获救后，这四人以杀人罪被起诉并被初审法庭判处绞刑。

这是美国20世纪法理学大家富勒1949年在《哈佛法学评论》上发表的假想公案，富勒还进一步虚构了最高法院上诉法庭五位大法官对此案的判决书。这一著名的公案成了以后西方法学院学生必读的文本，并在此基础上演绎出了更多的公案，1998年法学家萨伯延续了富勒的游戏，假设五十年后这个案子有机会翻案，另外九位大法官又针对这个案子各自发表了判决意见，他们真的有罪吗，请看十四位法官的判决书。这些判决书，实际上反映了20世纪各个流派的法哲学思想，犹如一桌法哲学盛宴，让读者得以品味精彩动人的深邃思辨。培养适应法治社会的法学素质。本书既是法哲学专业领域寓言式的经典文献，又是大学跨学科通识教育的理想读本。本书适合的读者是那些不热衷于给观点贴标签或猎寻虚幻，反之，对严肃而有意义的论证充满兴趣的人。

专题十九　民法上的诉讼时效与刑法上的追诉时效

要点解析

时间期限作为生活中重要的事实，在法律上具有重要意义，时效制度是时间期限在法律上的具体表现。时效是一定事实状态下法定期间持续存在，从而产生与该事实状态相适应的法律效力的制度。民法上称诉讼时效，刑法上称追诉时效，诉讼时效与追诉时效都是时效制度的组成部分，具有时效的一般特点，但两者分别属于不同的法律领域，其性质、目的和价值都体现了不同法律领域的特殊属性，具有较大差异。

关联条文

民法典

第一百八十八条　【普通诉讼时效、最长权利保护期间】向人民法院请求保护民事权利的诉讼时效期间为三年。法律另有规定的，依照其规定。

诉讼时效期间自权利人知道或者应当知道权利受到损害以及义务人之日起计算。法律另有规定的，依照其规定。但是，自权利受到损害之日起超过二十年的，人民法院不予保护，有特殊情况的，人民法院可以根据权利人的申请决定延长。

第一百八十九条　【分期履行债务的诉讼时效】当事人约定同一债务分期履行的，诉讼时效期间自最后一期履行期限届满之日起计算。

第一百九十条　【对法定代理人请求权的诉讼时效】无民事行为能力人或者限制民事行为能力人对其法定代理人的请求权的诉讼时效期间，自该法定代理终止之日起计算。

第一百九十一条　【受性侵未成年人赔偿请求权的诉讼时效】未成年人遭受

性侵害的损害赔偿请求权的诉讼时效期间，自受害人年满十八周岁之日起计算。

第一百九十二条　【诉讼时效期间届满的法律效果】诉讼时效期间届满的，义务人可以提出不履行义务的抗辩。

诉讼时效期间届满后，义务人同意履行的，不得以诉讼时效期间届满为由抗辩；义务人已经自愿履行的，不得请求返还。

第一百九十三条　【诉讼时效援引】人民法院不得主动适用诉讼时效的规定。

第一百九十四条　【诉讼时效中止的情形】在诉讼时效期间的最后六个月内，因下列障碍，不能行使请求权的，诉讼时效中止：

（一）不可抗力；

（二）无民事行为能力人或者限制民事行为能力人没有法定代理人，或者法定代理人死亡、丧失民事行为能力、丧失代理权；

（三）继承开始后未确定继承人或者遗产管理人；

（四）权利人被义务人或者其他人控制；

（五）其他导致权利人不能行使请求权的障碍。

自中止时效的原因消除之日起满六个月，诉讼时效期间届满。

第一百九十五条　【诉讼时效中断的情形】有下列情形之一的，诉讼时效中断，从中断、有关程序终结时起，诉讼时效期间重新计算：

（一）权利人向义务人提出履行请求；

（二）义务人同意履行义务；

（三）权利人提起诉讼或者申请仲裁；

（四）与提起诉讼或者申请仲裁具有同等效力的其他情形。

第一百九十六条　【不适用诉讼时效的情形】下列请求权不适用诉讼时效的规定：

（一）请求停止侵害、排除妨碍、消除危险；

（二）不动产物权和登记的动产物权的权利人请求返还财产；

（三）请求支付抚养费、赡养费或者扶养费；

（四）依法不适用诉讼时效的其他请求权。

第一百九十七条　【诉讼时效法定、时效利益预先放弃无效】诉讼时效的期间、计算方法以及中止、中断的事由由法律规定，当事人约定无效。

当事人对诉讼时效利益的预先放弃无效。

第一百九十八条　【仲裁时效】法律对仲裁时效有规定的，依照其规定；没有规定的,适用诉讼时效的规定。

第一百九十九条 【除斥期间】法律规定或者当事人约定的撤销权、解除权等权利的存续期间,除法律另有规定外,自权利人知道或者应当知道权利产生之日起计算,不适用有关诉讼时效中止、中断和延长的规定。存续期间届满,撤销权、解除权等权利消灭。

刑 法

第八十七条 【追诉时效期限】犯罪经过下列期限不再追诉:

(一)法定最高刑为不满五年有期徒刑的,经过五年;

(二)法定最高刑为五年以上不满十年有期徒刑的,经过十年;

(三)法定最高刑为十年以上有期徒刑的,经过十五年;

(四)法定最高刑为无期徒刑、死刑的,经过二十年。如果二十年以后认为必须追诉的,须报请最高人民检察院核准。

第八十八条 【追诉期限的延长】在人民检察院、公安机关、国家安全机关立案侦查或者在人民法院受理案件以后,逃避侦查或者审判的,不受追诉期限的限制。

被害人在追诉期限内提出控告,人民法院、人民检察院、公安机关应当立案而不予立案的,不受追诉期限的限制。

第八十九条 【追诉期限的计算】追诉期限从犯罪之日起计算;犯罪行为有连续或者继续状态的,从犯罪行为终了之日起计算。

在追诉期限以内又犯罪的,前罪追诉的期限从犯后罪之日起计算。

条文要义

诉讼时效是权利人在法定期间内不行使权利,该期间届满之后,发生义务人可以拒绝履行其给付义务效果的法律制度。该制度有利于促使权利人及时行使权利,维护交易安全和执行。民法典将原来民法通则规定的普通诉讼时效期间从2年延长为3年,自权利人知道或者应当知道权利受到损害以及义务人之日起计算。民法上的诉讼时效制度作为一个制度体系,对诉讼时效的效力、客体、期间都做了规定,成为民法典总则编的重要组成部分。民法典中诉讼时效的效力是义务人取得拒绝履行的抗辩权,即诉讼时效期间届满的,义务人可以提出不履行义务的抗辩。但如果诉讼时效期间届满后,义务人同意履行的,不得以诉讼时效期间届满为由抗辩；义务人已经自愿履行的，不得请求返还。实践中需要关注的是，如果当事人未提出诉讼时效抗辩，法院不应对诉讼时效问题进行释明及主动适用诉讼时效进行裁判。诉讼时效的客体为请求权，请求权之外的权利，如物权、人格权，因其性质为支配权，故不适用诉讼时效制度。诉讼时效的期间包括起算、中止、中断和延长，诉讼时效期间自权利人知道或者应当知道权利受到损害以及义务人之日起计算；在诉讼时效期间的最后 6 个月内，因法定障碍，不能行使请求权的，诉讼时效中止。中止时效的原因消除之日起满 6 个月，诉讼时效期间届满。权利人向义务人提出履行请求等法定事由的情形下，诉讼时效中断，从中断、有关程序终结时起，诉讼时效期间重新计算。

追诉时效是刑法规定的对犯罪人进行刑事追诉的有效期间，在此期限内，司法机关有权追诉，超过了此期限，司法机关就不能再行追诉。超过追诉时效意味着不能行使求刑权、量刑权和行刑权，也不能适用非刑罚的法律后果，因而导致法律后果消灭。追诉时效也有起算、中断和延长，追诉期限从犯罪之日起计算，犯罪行为有连续或者继续状态的，从犯罪行为终了之日起计算；在追诉期限以内又犯罪的，前罪追诉的期限从犯后罪之日起计算；在人民检察院、公安机关、国家安全机关立案侦查或者在人民法院受理案件以后，逃避侦查或者审判的，不受追诉期限的限制，被害人在追诉期限内提出控告，人民法院、人民检察院、公安机关应当立案而不予立案的，不受追诉期限的限制。追诉时效的期限分为 5 年、10 年、15 年和 20 年，如果 20 年以后认为必须追诉的，须报请最高人民检察院核准。

诉讼时效与追诉时效都是时效制度的组成部分，具有时效制度的一般特征：两者存在的目的都是维护社会秩序，承认现有状态对社会秩序的价值而对权利进行限制，同时也促使权利人、司法机关及时行使权利和职权，促进社会经济、生活正常流转；两者都具有法定的事由和期限，不能以当事人之间的约定而排除适用；两者都产生对权利人不利的法律后果，等等。但两者分属于民法与刑法，其目的、范围、程序、后果上的差异性更大。诉讼时效着眼于维护社会公共利益，因时效届满而发生与原权利人利益相反的法律效果，诉讼时效的实质在于对民事权利的限制，约束私权利，追诉时效是为了有效实现刑法的目的，体现宽严相济的刑事司法政策，利于司法机关集中精力追诉现行犯罪，限制公权力；诉讼时效的范围一般为请求权，请求权之外的权利，如物权、人格权，因其性质为支配权，故不适用诉讼时效制度，追诉时效则适用于所有的犯罪行为；诉讼时效期限较短，一般为 3 年，追诉时效则根据罪行轻重期限长短不等，两者中断、延长的事由也不同；诉讼时效超过后，义务人取得拒绝履行的抗辩权，追诉时效超过后，司法机关不再追诉，但罪行严重的，如果20年以后认为必须追诉的，须报请最高人民检察院核准。

典型案例

案例一

业主大会诉业主共有权纠纷案

2004年3月，被告上海环亚实业总公司（以下简称环亚公司）取得上海市虹口区久乐大厦底层、二层房屋的产权，底层建筑面积691.36平方米、二层建筑面积910.39平方米。环亚公司未支付过上述房屋的专项维修资金。2010年9月，原告久乐大厦小区业主大会（以下简称久乐业主大会）经征求业主表决意见，决定由久乐业主大会代表业主提起追讨维修资金的诉讼。久乐业主大会向法院起诉，要求环亚公司就其所有的久乐大厦底层、二层的房屋向原告缴纳专项维修资金57 566.9元。被告环亚公司辩称，其于2004年获得房地产权证，至本案诉讼有6年之久，原告从未主张过维修资金，该请求已超过诉讼时效，不同意原告诉请。

上海市虹口区人民法院于2011年7月21日作出（2011）虹民三（民）初字第833号民事判决：被告环亚公司应向原告久乐业主大会缴纳久乐大厦底层、二层房屋的维修资金57 566.9元。宣判后，环亚公司向上海市第二中级人民法院提起上诉。上海市第二中级人民法院于2011年9月21日作出（2011）沪二中民二（民）终字第1908号民事判决：驳回上诉，维持原判。

法院生效裁判认为：《中华人民共和国物权法》（以下简称物权法）第79条规定，“建筑物及其附属设施的维修资金，属于业主共有。经业主共同决定，可以用于电梯、水箱等共有部分的维修。”《物业管理条例》第54条第2款规定，“专项维修资金属于业主所有，专项用于物业保修期满后物业共用部位、共用设施设备的维修和更新、改造，不得挪作他用”。《住宅专项维修资金管理办法》第2条第2款规定，“本办法所称住宅专项维修资金，是指专项用于住宅共用部位、共用设施设备保修期满后的维修和更新、改造的资金。”依据上述规定，维修资金性质上属于专项基金，系为特定目的，即为住宅共用部位、共用设施设备保修期满后的维修和更新、改造而专设的资金。它在购房款、税费、物业费之外，单独筹集、专户存储、单独核算。由其专用性所决定，专项维修资金的缴纳并非源于特别的交易或法律关系，而是为了准备应急性地维修、更新或改造区分所有建筑物的共有部分。由于共有部分的维护关乎全体业主的共同或公共利益，所以维修资金具有公共性、公益性。《物业管理条例》第7条第4项规定，业主在物业管理活动中，应当履行按照国家有关规定交纳专项维修资金的义务。第54条第1款规定，“住宅物业、住宅小区内的非住宅物业或者与单幢住宅楼结构相连的非住宅物业的业主，应当按照国家有关规定交纳专项维修资金。”依据上述规定，缴纳专项维修资金是为特定范围的公共利益，即建筑物的全体业主共同利益而特别确立的一项法定义务，这种义务的产生与存在仅仅取决于义务人是否属于区分所有建筑物范围内的住宅或非住宅所有权人。因此，缴纳专项维修资金的义务是一种旨在维护共同或公共利益的法定义务，其只存在补缴问题，不存在因时间经过而可以不缴的问题。业主大会要求补缴维修资金的权利，是业主大会代表全体业主行使维护小区共同或公共利益之职责的管理权。如果允许某些业主不缴纳维修资金而可享有以其他业主的维修资金维护共有部分而带来的利益，其他业主就有可能在维护共有部分上支付超出自己份额的金钱，这违背了公平原则，并将对建筑物的长期安全使用，对全体业主的共有或公共利益造成损害。基于专项维修资金的性质和业主缴纳专项维修资金义务的性质，被告环亚公司作为久乐大厦的业主，不依法自觉缴纳专项维修资金，并以业主大会起诉追讨专项维修资金已超过诉讼时效进行抗辩，该抗辩理由不能成立。原告根据被告所有的物业面积，按照同期其他业主缴纳专项维修资金的计算标准算出的被告应缴纳的数额合理，据此判决被告应当按照原告诉请支付专项维修资金。

案例二

姜某受贿、贪污案

山东省新泰市人民检察院指控原审被告人姜某犯贪污罪、受贿罪一案，山东省新泰市人民法院于2016年12月23日作出（2016）鲁0982刑初168号刑事判决。法院认为，被告人姜某身为国家工作人员，利用职务之便，非法收受他人财物，为他人谋取利益，其行为构成受贿罪；被告人姜某身为国家工作人员，利用职务上的便利，非法占有公共财物，其行为构成贪污罪。侦查机关自2012年对姜某受贿案件进行初查,2015 年 7 月立案受理,对姜某的犯罪事实已经追诉,故姜某犯受贿罪不应受追诉期限的限制。姜某如实供述受贿犯罪事实,具有坦白情节,可从轻处罚;积极退赃,具有悔罪表现,可酌情从轻处罚。关于贪污罪,姜某贪污数额应为 100 000 元。姜某归案后如实供述犯罪事实,具有坦白情节,可从轻处罚,案发后已将贪污款项上缴,确有悔罪表现,对其可酌情从轻处罚。姜某受贿赃款应予以没收,上缴国库,贪污赃款应予以追缴,退还某煤矿。姜某犯有数罪,应实行数罪并罚。综上,姜某确有悔罪表现,对其可适用缓刑处罚。以被告人姜某犯受贿罪,判处有期徒刑 1 年 6 个月,罚金人民币 10 万元;犯贪污罪,判处有期徒刑 1 年,罚金人民币 10 万元,数罪并罚,决定执行有期徒刑 1 年 6 个月,缓刑 2 年,罚金人民币 20 万元;被告人姜某受贿赃款人民币 161 400 元予以没收,由新泰市人民检察院上缴国库;贪污赃款人民币 100 000 元予以追缴,由新泰市人民检察院退还原山东某某煤矿(集团)。

宣判后,被告人姜某以"上诉人的行为虽然构成受贿罪,但是已经过追诉时效,不应再继续追究刑事责任;上诉人的行为不构成贪污罪,对该 10 万元没有非法占有的故意,不存在侵吞、窃取、占为己有的行为,购买的字画赠送给了银行相关人员,即便是上诉人的行为构成贪污罪,依法也已经超过追诉时效"为主要理由,提出上诉。辩护人提出与上诉理由基本相同的辩护意见。

经二审审理查明的事实、认定证据与一审相同。对于姜某及辩护人提出"上诉人的行为虽然构成受贿罪,但是已经过追诉时效,不应再继续追究刑事责任"的上诉理由、辩护意见以及姜某提出对 2012 年 12 月 10 日新泰市人民检察院受理案件登记表上戴某某、邹某某、单某某签字形成时间进行鉴定的申请问题,经审理认为,追诉时效是依照法律规定对犯罪分子追究刑事责任的期限,在追诉时效期限内,司法机关应当依法追究犯罪分子刑事责任。对于法院正在审理的贪污贿赂案件,应当依据司法机关立案侦查时的法律规定认定追诉时效。依据立案侦查时的法律规定未过时效,且已经进入诉讼程序的案件,在新的法律规定生效后应当继续审理。本案认定姜某自 2005 年 9 月至 2006 年 9 月间共计收受他人贿赂 16.14 万元。按照 2015 年 7 月本案立案侦查时的法律规定,个人受贿数额在 10 万元以上的,应当判处 10 年以上有期徒刑或者无期徒刑,可以并处没收财产;依照刑法关于追诉时效的规定,法定最高刑为 10 年以上有期徒刑的,经过 15 年不再追诉。因此,本案的追诉时效期限应当为 15 年,自 2006 年 9 月计算至 2015 年 7 月,没有超过追诉时效期限。姜某的上述上诉理由和辩护人的上述辩护意见不能成立,不予采纳。

对于姜某及辩护人提出"即便是上诉人的行为构成贪污罪,依法也已经超过追诉时效"的上诉理由和辩护意见,经查,姜某贪污数额为10万元,其实施贪污犯罪行为的终了之日应当认定为2005年12月,如前所述,本案贪污罪的追诉时效期限应当为15年,至2015年7月立案侦查时未满10年,本案没有超过追诉时效期限。上述上诉理由和辩护意见亦不能成立,不予采纳。

本院认为,上诉人姜某身为国家工作人员,利用职务上的便利,非法收受他人财物,为他人谋取利益,其行为构成受贿罪;姜某身为国家工作人员,利用职务上的便利,非法占有公共财物,其行为构成贪污罪。姜某犯数罪,应当依法并罚。归案后,姜某能够如实供述受贿犯罪事实,具有坦白情节,可以从轻处罚;积极退赃,具有悔罪表现,可以酌情从轻处罚。姜某归案后能够如实供述贪污犯罪事实,有坦白情节,可以从轻处罚,案发后已将贪污款项上缴,有悔罪表现,可以酌情从轻处罚。姜某受贿赃款应予以没收,上缴国库。贪污赃款应予以追缴,返还某煤矿。综上,原审判决认定事实清楚,定罪准确,量刑适当,审判程序合法,应予维持。

解读评析

案例一是一起缴纳专项维修资金的案件,该案争议的焦点是请求缴纳专项维修资金是否适用诉讼时效。诉讼时效的客体是请求权,请求权之外的权利,如物权、人格权,因其性质是支配权,故不适用诉讼时效。请求权是特定人得向特定人请求为一定行为的权利,以所由发生的法律关系为标准,可以分为:人格权保护请求权,债权请求权,物权请求权,上述是否均可为诉讼时效的客体,各国立法不一。最高人民法院《关于审理民事案件适用诉讼时效制度若干问题的规定》第1条规定:"当事人可以对债权请求权提出诉讼时效抗辩,但对下列债权请求权提出诉讼时效抗辩的,人民法院不予支持:(一)支付存款本金及利息请求权;(二)兑付国债、金融债券以及向不特定对象发行的企业债券本息请求权;(三)基于投资关系产生的缴付出资请求权;(四)其他依法不适用诉讼时效规定的债权请求权。"民法典第196条有关于特定请求权不适用诉讼时效的规定。本案中,缴纳专项维修资金是为特定范围的公共利益,即建筑物的全体业主共同利益而特别确立的一项法定义务,这种义务的产生与存在仅仅取决于义务人是否属于区分所有建筑物范围内的住宅或非住宅所有权人。因此,缴纳专项维修资金的义务是一种旨在维护共同或公共利益的法定义务，其只存在补缴问题，不存在因时间经过而可以不缴的问题，属于依法不适用诉讼时效的请求权。基于专项维修资金的性质和业主缴纳专项维修资金义务的性质，被告环亚公司作为久乐大厦的业主，以业主大会起诉追讨专项维修资金已超过诉讼时效进行抗辩，该抗辩理由不能成立。

案例二是一起涉及受贿、贪污犯罪的刑事案件，该案争议焦点是犯罪行为是否超过追诉时效。该案中，姜某辩称，行为虽然构成受贿、贪污罪，但是已经过追诉时效。2016 年 4 月 18 日出台的最高人民法院、最高人民检察院《关于办理贪污贿赂刑事案件适用法律若干问题的解释》与之前刑法中受贿、贪污犯罪的量刑出现差异，姜某认为其追诉时效应以解释中规定的幅度为准。法院认为，追诉时效是依照法律规定对犯罪分子追究刑事责任的期限，在追诉时效期限内，司法机关应当依法追究犯罪分子刑事责任。案件的关键是如何认定刑事追诉的时间节点，应以刑事立案作为追诉的起始点。该案在 2015 年 7 月立案侦查时未满 10 年，没有超过当时法律规定的追诉时效期限，对于法院正在审理的贪污贿赂案件，应当依据司法机关立案侦查时的法律规定认定追诉时效。

通过案例一与案例二的分析可见，时效制度在法律适用中具有重大意义。一方面，时效制度规范时间期限在法律上的认定，对超过时效的否定性评价直接影响当事人权益和犯罪与否；另一方面，时效制度的评判需要与其他法律制度的规定相结合，根据不同的实际情况予以分析判断。案例一中，需要结合请求权的性质来判断是否适用诉讼时效；案例二中，需要结合刑事追诉节点的认定来判断追诉时效是否超期。诉讼时效和追诉时效并不仅是简单的时间期限的规定，更是结合制度价值、目的和实际情况的一种综合判断。

延伸阅读

韩国华城连环杀人案①

韩国华城连环杀人案是 1986 年 9 月至 1991 年 4 月（2019 年警方更正为 1986

① 《韩国华城连环杀人案》，载 https://baike.baidu.com/item/%E9%9F%A9%E5%9B%BD%E5%8D%8E%E5%9F%8E%E8%BF%9E%E7%8E%AF%E6%9D%80%E4%BA%BA%E6%A1%88/847454?fr=aladdin，引用时编者有删改。

年9月至1991年11月)之间发生的10起案件(2019年警方更正为共14起案件),是韩国最严重的一起特大杀人案,受害人均为女性,年龄从十几岁到70多岁不等。案件被改编为电影《杀人回忆》。1986年至1991年间,韩国京畿道华城市太安镇一带,有10名女性依次被害,杀人犯直到2019年才被发现。1986年9月19日在京畿道华城市安宁里发现一位被勒死,裤子已滑落下来的71岁的老人,从此连环杀人事件开始。1986年发生4起杀人事件,1987发生3起事件,1989年发生1起事件,1990年和1991年各发生了1起事件(2019年警方更正为1991年发生3起事件),连接起这14件案件,没有固定的特征,被害的女性多数是被强奸随后被杀害。通过1996年首次经金光林导演拍摄成舞台剧'Come and See Me'并根据实际调查资料与采访记录等,2003年被正式拍摄成《杀人回忆》搬上银幕。2014年,该事件被作为电视剧《岬童夷》的参照原型,并以当时嫌疑犯的绰号"岬童夷"音译作为剧名。

2019年9月18日,韩媒报道称,华城连环杀人案凶手已被找到。警方称通过DNA技术确认嫌疑人为一服刑男囚。2020年7月2日,据韩联社报道,韩国华城李春宰连环杀人案历时一年调查结束,警方公布调查结果,认定李春宰作案23起,杀害14名女性,并强奸、抢劫9名女性。此时距离华城连环杀人案首起案件发生,已有34年。遗憾的是,由于"华城连环杀人案"最后一起案件的诉讼时效已于2006年4月2日到期,根据韩国法律的规定,即使被认定为凶手,也无法对其进行刑事处罚,该凶手的罪行已过追诉时效。

马某某(抢劫)核准追诉案①

1989年5月19日下午,犯罪嫌疑人马某某、许某某、曹某某(后二人另案处理,均已判刑)预谋到吉林省公主岭市苇子沟街獾子洞村李某某家抢劫,并准备了面罩、匕首等作案工具。5月20日0时许,三人蒙面持刀进入被害人李某某家大院,将屋门玻璃撬开后拉开门锁进入李某某卧室。马某某、许某某、曹某某分别持刀逼住李某某及其妻子王某,并强迫李某某及其妻子拿钱。李某某和妻子王某喊救命,曹某某、许某某随即逃离。马某某在逃离时被李某某拉住,遂持刀在李某某

① 《马某某(抢劫)核准追诉案》,载 http://www.sxtianzhen.jcy.gov.cn/yasf/201804/t20180412_2180182.shtml。

身上乱捅，随后逃脱。曹某某、许某某、马某某会合后将抢得的现金380余元分掉。李某某被送往医院抢救无效死亡。

案发后，马某某逃往黑龙江省七台河市打工。公安机关没有立案，也未对马某某采取强制措施。2014年3月10日，吉林省公主岭市公安局接到黑龙江省七台河市桃山区桃山街派出所移交案件：当地民警在对辖区内一名叫“李红”的居民进行盘查时，“李红”交代其真实姓名为马某某，1989年5月伙同他人闯入吉林省公主岭市苇子沟街獾子洞村李某某家抢劫，并将李某某用刀扎死后逃跑。当日，公主岭市公安局对马某某立案侦查，3月18日公主岭市人民检察院层报最高人民检察院核准追诉。公主岭市人民检察院、四平市人民检察院、吉林省人民检察院对案件进行审查并开展了必要的调查。2014年4月8日，吉林省人民检察院报最高人民检察院对马某某核准追诉。

另据查明：(1)被害人妻子王某和儿子因案发时受到惊吓患上精神病，靠捡破烂为生，生活非常困难，王某强烈要求追究马某某刑事责任。(2)案发地群众表示，李某某被抢劫杀害一案在当地造成很大恐慌，影响至今没有消除，对犯罪嫌疑人应当追究刑事责任。

最高人民检察院审查认为：犯罪嫌疑人马某某伙同他人入室抢劫，造成一人死亡的严重后果，依据刑法第12条、1979年刑法第150条的规定，应当适用的法定量刑幅度的最高刑为死刑。本案对被害人家庭和亲属造成严重伤害，在案发当地造成恶劣影响，虽然经过20年追诉期限，被害方以及案发地群众反映强烈，社会影响没有消失，不追诉可能严重影响社会稳定或者产生其他严重后果。综合上述情况，依据1979年刑法第76条第4项规定，决定对犯罪嫌疑人马某某核准追诉。2014年6月26日，最高人民检察院作出对马某某核准追诉决定。2014年11月5日，吉林省四平市中级人民法院以马某某犯抢劫罪，同时考虑其具有自首情节，判处其有期徒刑15年，并处罚金1000元。被告人马某某未上诉，检察机关未抗诉，一审判决生效。

PART

2

第二编

◇

物权中关涉刑法的问题

专题一　不动产登记制度与合同诈骗罪

要点解析

不动产尤其是房屋与民众的生活息息相关，任何一个房屋所有权人都相信自己的合法财产应受法律保护不被侵犯。在当前社会背景下，不动产所有权作为公民的一项基本财产权利并无争议，民法典通过登记生效制度、异议及预告登记、登记错误损害赔偿等制度对不动产物权予以保护。但在刑法体系中，如房屋、土地等不动产物权被诈骗或盗窃的情形能否进入刑事评判以及评判标准如何的问题却争论已久。民法将动产与不动产进行区分，实质上是将物与物区分开来的一种分类方式，目的是科学揭示物的内涵，其对于物权的保护是平等无差别的。刑法与民法的最终价值目的是相同的，对于公民财产的保护应当同民法协调一致，只要存在被骗、被盗甚至被抢的情形，不动产就可能成为侵犯财产罪的对象，同时基于不动产物权归属的相关规定，通过多种途径保障公民在遭受刑事不法侵害后得到有效的权益救济。

关联条文

民法典

第二百零九条　【不动产物权的登记生效原则及其例外】不动产物权的设立、变更、转让和消灭，经依法登记，发生效力；未经登记，不发生效力，但是法律另有规定的除外。

依法属于国家所有的自然资源，所有权可以不登记。

刑　法

第二百二十四条　【合同诈骗罪】有下列情形之一，以非法占有为目的，在签订、履行合同过程中，骗取对方当事人财物，数额较大的，处三年以下有期徒刑或者拘役，并处或者单处罚金；数额巨大或者有其他严重情节的，处三年以上十年以

下有期徒刑,并处罚金;数额特别巨大或者有其他特别严重情节的,处十年以上有期徒刑或者无期徒刑,并处罚金或者没收财产:

(一)以虚构的单位或者冒用他人名义签订合同的;

(二)以伪造、变造、作废的票据或者其他虚假的产权证明作担保的;

(三)没有实际履行能力,以先履行小额合同或者部分履行合同的方法,诱骗对方当事人继续签订和履行合同的;

(四)收受对方当事人给付的货物、货款、预付款或者担保财产后逃匿的;

(五)以其他方法骗取对方当事人财物的。

条文要义

从民法上来讲,不管是转移还是变更不动产所有权,都需要到相关行政机关进行登记,才能获得法律上的认可。民法典第209条的不动产登记制度是为了保障不动产物权的交易快捷和安全。不动产物权变动只能在登记时生效,自登记机构将不动产物权的有关事项记载于不动产登记簿时,始告完成,目的在于准确、清晰地显现不动产之上的物权状态,具有公示公信效力。[①] 行政法保护和约束的物权人享有的私法上的自由和权利也由登记制度体现。

在刑法规范体系中,不仅是保护权利人的所有权,更为重要的是保护权利人的所有权实现。从刑事立法来看,刑法总则第91条和第92条对财产作出了明确阐释,这两条虽未明确规定涵盖不动产,也并未作出动产与不动产的划分,但第92条中所规定的房屋显然属于不动产[②],而生产资料则一般包括土地、厂房、机器设备、工具、原料等,该条文的用词完全涵盖了不动产的相关概念。不动产毫无疑问属于财产,而我国公民在不动产之上所享有的权利也应当是我国刑法所保护的客体。实践中,违法侵害不动产物权的行为主要包括两种类型:一是强占他人不动产的行为;二是通过非法手段将他人不动产转卖的行为。即便是针对动产的犯罪行为,只要行为人是通过非法手段取得他人财物的就不可能"合法地"获取财产的所有权。在认定盗窃不动产是否构成盗窃罪时,不动产是否经过登记和变更不受

---

① 朱广新:《不动产登记制度探究——不动产登记簿为中心》,载《河南省政法管理干部学院学报》2010年第4期。

② 刑法第92条规定:"本法所称公民私人所有的财产,是指下列财产:(一)公民的合法收入、储蓄、房屋和其他生活资料;(二)依法归个人、家庭所有的生产资料;(三)个体户和私营企业的合法财产;(四)依法归个人所有的股份、股票、债券和其他财产。"

影响，关键是看行为人是否通过非法手段获取。[①] 同样，诈骗罪的适用对象也应包括不动产，目前我国刑法学界对此观点基本持相同态度，被害人基于错误认识或恐惧心理，主动向行为人交付了财物，这里的交付以处分行为的实施为充足要件，至于财物是否可以移动并不影响这种处分行为。

典型案例

龚某盗卖其父房产案[②]

龚某因赌博成性而欠下巨债无力偿还，经与丁某合谋决计变卖其父名下的一套房产以偿还赌债。某日，龚某前往当地的派出所补办其父的身份证，又用新的身份证到房产登记部门补办了新的房屋产权证书，户籍和房产登记部门的工作人员都未认真核对龚某的身份就为其办理了相关手续。随后，龚某乔装打扮成其父的样子，持龚父的身份证和新的产权证书到公证机关，委托丁某为其办理出售房屋的相关事宜。丁某即持龚父的身份证、房产证及相关委托书与买主王某洽谈买房事宜。王某在仔细核对了身份证、房产证以及公证文书后，认为出卖房屋是龚父的真实意思表示，于是与丁某签订了房屋买卖合同，后如约将购房款43万余元打到了龚某用其父的身份证在银行开设的账户上，丁某也与王某办理了房屋过户手续。几个月后，龚父发现房屋在自己浑然不知的情况下被卖与他人，马上向公安机关报案。经审判，人民法院最终判决龚某二人成立合同诈骗罪。刑事判决生效后龚父主张王某与丁某签订的房屋买卖合同无效，要求其退还房屋，王某则主张自己是善意第三人，已取得争议房屋的所有权。

解读评析

1. 盗卖房屋行为的刑事认定。

该案例曾引发法学界激烈讨论与观点冲突，主要是围绕“刑民交叉”案件中的刑事与民事认定之间的关系问题。最高人民法院出台的1997年《关于审理存单

① 伍秋妮：《盗卖房屋案的刑法解释适用》，载《刑法解释》（第1期第2卷），第265页。

② 吴加明：《合同诈骗罪与表见代理之共存及其释论——一起盗卖房屋案引发的刑民冲突及释论》，载《政治与法律》2011年第11期。

纠纷案件的若干规定》和1998年《关于在审理经济纠纷案件中涉及经济犯罪嫌疑若干问题的规定》,曾对“刑民交叉”案件中刑事和民事诉讼程序的先后顺序作出规定,人民法院正是在上述规定的指导下对该案首先进行了刑事审判。本案中,人民法院认为龚某与丁某为偿还赌债,通过骗取文书的方式虚构房屋产权人委托丁某出售房屋的事实,并将房屋转卖于王某,获得购房款,其行为符合合同诈骗罪的规定,遂以合同诈骗罪对龚某、丁某判处了刑罚。对此不少学者持反对观点,主张该案应以盗窃罪论处——龚某实际上是以秘密的、不为其父亲知晓的方法,非法占有其父房产并进行了转移,并将所获钱款挥霍一空,对此理应构成盗窃罪。

合同诈骗罪是指行为人以非法占有为目的,采取虚构事实、隐瞒真相等手段,在签订、履行合同的过程中骗取对方当事人数额较大钱财的行为。本案中,事实上购房的王某并没有遭受财产损失,其并非遭受犯罪侵害的法益主体,不属于刑法上的“被害人”。虽然龚某通过欺骗手段获取了身份证明材料,办理房屋过户手续并签订购房合同,表面上是实施了欺骗行为,但基于房产过户的真实有效性,不具备合同诈骗罪对相对人财产的“非法占有目的”,也没有造成相对方财产损失,其伪造材料等手段是为了非法占有龚父的财产,而龚父实际遭受了财产损失,应当认定为犯罪行为的被害人。

盗卖房屋行为违反了我国的不动产登记制度,侵犯了房主的所有权和受让人的知情权,严重影响了国家登记机关的公信力,应当受到我国现行刑法的约束。上述案例中,在被告人龚某、丁某无法退赃的情况下,房屋原产权人龚父和买受人王某中必有一人成为最终受损者,至于谁为该盗卖房屋行为“买单”,则是民法领域讨论的问题。

2. 民法上如何确定物权归属?

刑事判决虽然解决了违法犯罪问题,但对于不动产本身的权利归属问题仍未明晰,由此引发龚父与王某之间对于涉案不动产房屋的权利争议。根据民法典中的不动产物权登记生效原则,房屋所有权的变更依登记确定。房屋出卖人已为买受人办理了房屋所有权变更登记,此时合同已经履行完毕,该买受人依登记现实地取得房屋所有权。本案中,龚某与丁某并无处分权却持有真实的产权证明文件,受让人王某完全有理由相信其具有处分权,并且支付了合理的房款对价,按照约定完成了产权过户登记,从另一个角度来说,丁某虽然没有代理权,但他手持真实的证件和经公证的委托书与王某交易,使王某有理由相信其为具有代理权的合法代理人,虽然无权处分人签订的合同的确存在效力瑕疵,但在符合善意取得的情形下,物权已经发生变动,按照不动产登记制度的相关规定应当肯定王某对房屋享有所有权。因此,本案此种情形保护了善意第三人对物权的权利归属,但房屋原产权人却遭受了财产损失。

3. 如何维护原产权人的合法权益?

龚父的房屋虽然已经无法追回,但其所遭受的一切损失可主张由龚某与丁某进行赔偿。在无法向两被告人追赃、追索的情况下,有学者建议可以考虑如下两种途径:一是借鉴侵权法上的"公平责任"原则,在与买受人王某进行充分沟通并取得其理解的基础上,由王某对龚父的损失予以一定的补偿。根据"公平责任"原则,在双方均无过错时,可从公平处理的原则出发,分摊损失、共担责任。因此,法院在判决产权归属王某的同时,可基于"公平责任"原则判决王某对龚父予以一定数额的补偿;二是由龚父向有过错的第三方追偿。本案中,相关部门可能存在过错责任。公安机关、房管局对于冒名前来办理证件的行为没有审查到位,公证机关的疏于审查导致错误公证。根据 2009 年 1 月 7 日最高人民检察院《关于公证员出具公证书有重大失实行为如何适用法律问题的批复》,《公证法》施行以后,公证员在履行公证职责过程中,严重不负责任,出具的公证书有重大失实,造成严重后果的,依照刑法第 229 条第 3 款的规定,以出具证明文件重大失实罪追究刑事责任。因此,龚父可根据法院判决认定的事实,另行提起行政诉讼,确认上述行政行为违法,从而获得相应的赔偿以弥补自身损失。

延伸阅读

不动产登记公示公信制度的突破

——物权期待权排除强制执行权

甲与乙的借款合同纠纷经法院判决乙应归还甲 40 万元后,进入法院执行阶段,然而在法院准备拍卖乙名下的一套房屋时,丙突然主张其多年来一直是房屋的买受人且实际居住于涉案房屋,并提交买卖合同、房款转账明细,解释因乙尚未归还完贷款,因此乙丙协商房屋暂不过户。该案法院判决时认定买卖合同真实,丙有物权期待权并因此排除了甲的强制执行权。然而该案经检察机关审查后发现乙丙系恶意串通,捏造事实,遂抗诉至法院最终改判。本案中关于何种情形下物权期待权才能排除强制执行权,要严格适用最高人民法院《关于人民法院办理执行异议和复议案件若干问题的规定》第28条"金钱债权执行中,买受人对登记在被执行人名下的不动产提出异议,符合下列情形且其权利能够排除执行的,人民法院应予支持:(一)在人民法院查封之前已签订合法有效的书面买卖合同;(二)在人民法院查封之前已合法占有该不动产;(三)已支付全部价款,或者已按照合同约定支付部分价款且将剩余价款按照人民法院的要求交付执行;(四)非因买受人自身原因未办理过户登记。"依据上述规定,买受人的物权期待权在执行异议之诉中需要同时满足上述四个要件。上述规定设置的目的是保护正当买受人的合法权利,但实质上是以牺牲普通金钱执行债权人的正当权利为代价而确立的,突破了物权公示公信原则的适用。这种基于案件基本事实对不动产实际买受人的保护,在一定程度上增加了被执行人和案外人通过执行异议恶意串通逃避强制执行的风险。实践中,应注重物权公示公信原则的维护,对于无论是购房人未过户还是借名买房等情形,只要不符合第28条四个要件的要求,其合同债权就并不优先于申请执行人的债权。

专题二　法律文书导致的物权变动与虚假诉讼罪

要点解析

民法典第229条规定，因人民法院、仲裁机构的法律文书，导致物权变动的，自法律文书生效时发生效力。如何准确定义有效法律文书的范围在法学界一直处于无休止的辩论之中。在司法实践中，某些法院将仅确认一方当事人协助办理登记、移转不动产物权之债务的判决，视为本条所涉及的“法律文书”。这种误解不仅侵犯了权利人的物权，而且还危害了第三人交易的安全性①。更严重的是，如果双方当事人以捏造的事实提起民事诉讼并获得法院的生效裁判，从而导致物权变动，侵害他人的所有权，损害案外第三人的民事实体权益，则涉嫌虚假诉讼罪。

关联条文

民法典

第二百二十九条　【法律文书、征收决定导致物权变动的效力发生时间】因人民法院、仲裁机构的法律文书或者人民政府的征收决定等，导致物权设立、变更、转让或者消灭的，自法律文书或者征收决定等生效时发生效力。

刑　法

第三百零七条之一　【虚假诉讼罪】以捏造的事实提起民事诉讼，妨害司法秩序或者严重侵害他人合法权益的，处三年以下有期徒刑、拘役或者管制，并处或者单处罚金；情节严重的，处三年以上七年以下有期徒刑，并处罚金。

单位犯前款罪的，对单位判处罚金，并对其直接负责的主管人员和其他直接

① 赵振华、杨芳：《〈物权法〉第28条适用之思考——何种法律文书能直接变动物权》，载《社会科学》2012年第11期。

责任人员，依照前款的规定处罚。

有第一款行为，非法占有他人财产或者逃避合法债务，又构成其他犯罪的，依照处罚较重的规定定罪从重处罚。

司法工作人员利用职权，与他人共同实施前三款行为的，从重处罚；同时构成其他犯罪的，依照处罚较重的规定定罪从重处罚。

条文要义

对基于法律行为引起的物权变动，未经登记或交付，不发生物权变动的效力。而依照民法典第229条规定，因人民法院、仲裁委员会的法律文书、人民政府的征收决定等法律行为以外的原因引起的物权变动，不经登记或交付，可以直接生效。之所以作出这种区分，主要有两点考虑：一是因为由人民法院作出的法律文书和人民政府的征收决定引起的物权变动是基于公法的，由于公共权力的干预，物权变动的状态往往比较明确，物权变动本身已经具有很强的公示性，可以满足物权变动的排他性要求，因此无须登记或交付即可直接生效；二是因为不动产登记是涉及国家专门机关的行为，其组成和过程相对复杂，动产的交付通常需要一定的时间。作为公示手段，不动产登记和动产交付虽然使权利义务明晰，可以有效保护交易安全，但由于要求过于严格，也会给当事人带来不便，不能完全满足交易便捷性的要求。因此，在以登记和交付作为物权变动生效要件的同时，对于某些已经满足了公示性要求的物权变动，例外地承认不以登记和交付作为其生效要件，可以弥补公示要件主义过于严格的缺憾。①

然而，由于法律文书导致的物权变动不以登记或交付为生效要件，在司法实践中，物权侵害型虚假民事诉讼呈高发态势。当事人意图通过法院生效裁判侵害他人的所有权，这种虚假民事诉讼的行为，侵害第三人的物权，浪费司法资源，严重损害了司法公信力和判决权威性，导致无法及时审理真实民事诉讼。为了使民众树立正确的民事诉讼观，倡导社会诚信，刑法上规定了虚假诉讼罪，加大对虚假民事诉讼的打击力度。同时，为了保证法律适用上的统一，避免司法实践中出现不同的理解，保障法官依法履职，有必要明确民法典第229条中法律文书的范围。②

---

① 人民法院出版社编：《最高人民法院司法观点集成》，人民法院出版社2017年版，第1819页。

② 程啸：《因法律文书导致的物权变动》，载《法学》2013年第1期。

典型案例

案例一

黄乙、黄某丙诉黄甲所有权案[1]

黄某康与唐某泠是夫妻关系，共生养三个子女，长子黄甲、次子黄乙、女儿黄某丙。黄某康于2003年3月去世，唐某泠未再婚，黄某康的父母均先于其去世。黄某康去世后，遗留房屋一套，该房屋属黄某康与唐某泠共有，各占50%份额，黄某康的50%份额构成遗产。2017年4月12日，唐某泠与黄甲、黄乙、黄某丙经街道人民调解委员会调解达成协议：(1)黄某康的遗产由黄甲、黄乙、黄某丙均等继承，唐某泠放弃继承权；(2)唐某泠自愿将自己所有的50%份额赠与黄甲、黄乙、黄某丙均等继承；(3)争议房屋归黄乙、黄某丙所有，各占50%的份额，黄甲继承和受赠的份额作价12万元，由黄乙、黄某丙在领取法院裁定书时一次性支付；(4)此调解协议由双方当事人签字并捺印后，经人民法院确认后生效。4月18日，唐某泠、黄甲、黄乙、黄某丙共同申请一审法院确认，一审法院审查后，裁定确认双方达成的《人民调解协议》有效。4月19日，黄乙、黄某丙支付黄甲12万元，双方对房屋进行交接，但黄甲拒绝协助办理房屋产权转移登记。黄乙、黄某丙诉至法院，请求判令黄甲履行协助办理房屋产权过户手续的义务。

一审法院认为，当事人之间达成的《人民调解协议》经人民法院审查后确认有效，当事人应依协议履行各自的义务。黄乙、黄某丙已按协议付款，双方已对房屋进行交接，黄甲有义务协助办理房屋产权转移登记。黄甲不服一审判决，提起上诉。二审法院认为，《人民调解协议》经人民法院司法确认合法有效，与人民法院的调解书具有同等效力，属于直接变动物权的法律文书，具有形成力。因此，黄乙、黄某丙再次提起民事诉讼，要求黄甲履行协助办理产权过户手续，不符合民事诉讼的受理条件。

---

[1] 黄乙、黄某丙诉黄甲所有权案，重庆市第二中级人民法院(2017)渝民终字第2786号民事判决书。

案例二

曹某江虚假诉讼案①

2016年9月21日，被告人曹某江到丰台区人民法院立案起诉其子曹甲，要求将妻子齐某霞（已去世）名下的本市丰台区的一套房屋全部归其所有，案由为法定继承纠纷。9月28日上午，曹某江与一名年轻男子来到丰台区人民法院出庭应诉，该年轻男子持有名为“曹甲”的身份证，在法庭核实当事人身份以及开庭审理时，该年轻男子均自称是曹甲本人。曹某江明知该男子不是其子曹甲但未提出异议，认可被告答辩内容，与冒充曹甲的男子就齐某霞遗产问题达成调解协议，致使法院因此当庭做出民事调解书。经鉴定，曹某江作为该案原告提交给法院的证据材料中关于“齐某明（曹某江岳母）死亡时间和子女情况”的派出所证明系伪造。曹某江伪造证明材料，在明知原审被告并非曹甲本人的情况下进行虚假诉讼，造成原审遗漏当事人、实体处理错误，致使原审原告曹某江与原审被告曹甲法定继承纠纷一案提起再审，案件进入再审程序。

北京市丰台区人民法院认为，曹某江的虚假诉讼行为不仅侵犯了其他继承人的合法权益，亦造成原审案件实体处理错误，提起再审，严重损害司法秩序和司法公信力，造成不良社会影响，遂做出刑事判决：被告人曹某江犯虚假诉讼罪，判处有期徒刑9个月，并处罚金人民币5000元。

解读评析

1. 导致物权变动的法律文书类型。

人民法院作出的法律文书包括判决、裁定、决定、调解书以及各种命令、通知等，其中判决又可以分为给付判决、确认判决和形成判决。一般认为，只有人民法院的形成判决或仲裁委员会具有形成力的仲裁裁决书才能直接引起物权变动。形成判决，是指变更或者消灭当事人之间原来存在的没有争议的民事法律关系的判决，如分割共有财产的判决。给付判决、确认判决以及各种命令、通知等，都不能直接引起物权变动。民事裁定书一般只针对程序问题，不具有形成力，因此学界一般不赞成其能直接引起物权之变动的观点。从实务来看，能够直接引起物权

① 曹某江虚假诉讼案，北京市丰台区人民法院（2017）丰刑初字第1402号刑事判决书。

变动的裁定主要是执行程序中对不动产和有登记的特定动产拍卖时所作的拍卖成交裁定和以物抵债裁定。目前争议最大的是调解书是否能够直接引起物权变动。有学者认为，调解书虽然与判决具有同一效力，但就物权变动事项所作的调解，尚无形成与判决同一的形成力，因此不能直接引起物权变动。但也有学者认为，某些特殊的由法院制作的具有形成力的民事调解书具有直接引起物权变动的效力。根据我国民事诉讼法的规定，由人民法院作出的民事调解书，具有与民事判决书同等的法律效力，据此法院有关形成之诉的民事调解书，也能够直接产生不动产物权变动的效力，故而应属于法律文书之列。①

在第一个案例中，一、二审法院审理思路出现分歧，主要是因为对民法典第229条的理解不同。一审法院认为，既然《人民调解协议》中已经明确房屋归黄乙和黄某丙所有，黄甲确定放弃其继承的房屋权属份额并取得了一定对价，那么黄甲就负有义务协助办理房屋产权过户手续。但二审法院认为，黄乙、黄某甲、黄甲以及唐某泠在法定继承开始后，经人民调解委员会主持达成的《人民调解协议》，改变了对房屋的共有关系，具有在当事人之间变动物权的效果，同时经人民法院司法确认有效的人民调解协议，在法律效力上与人民法院的调解书等同，因此属于形成性法律文书，在确定之时就自动发生法律关系变动的效果。就当事人的实体权利义务而言，黄甲也明显有别于房屋出卖人，并无约定和法定义务协助办理产权过户手续。

2. 物权侵害型虚假诉讼的刑事认定。

虚假诉讼罪的罪状为“以捏造的事实提起民事诉讼，妨害司法秩序或者严重侵害他人合法权益的”。虚假诉讼罪的实行行为是“以捏造的事实提起民事诉讼”，其并未要求行为人“捏造事实”，而只要求“以捏造的事实”提起民事诉讼即可。被告人的虚假诉讼行为所造成的不良后果通常是双重的，既侵害了他人的合法权益，又妨害了司法秩序。

在第二个案例中，被告人曹某江明知原审被告是假冒的，相关身份材料是捏造的，其在民事诉讼中从未提出过异议且利用这种捏造的事实来达到自己的目的，其行为符合虚假诉讼罪的实行行为“以捏造的事实”提起民事诉讼。在曹某江所提起的法定继承纠纷诉讼中，法院审理后出具了民事调解书，当事人双方均当场签字，该民事调解书已生效。根据民法典第229条的规定，当事人双方在民事

① 尹田：物权法，北京大学出版社2013年版，第89页。

调解书签字时,关于此案的诉讼标的(房产)的物权变更已经发生效力,被告人曹某江已经严重侵害了其他继承人的合法权益。另外,由于被告人曹某江所提起的虚假民事诉讼已经审结,造成原审案件实体处理错误并提起再审,其当然的侵害了法院的司法秩序。①

延伸阅读

近年来,为突破各地的限购政策,一些购房者通过房产中介与公职人员利用虚假诉讼的方式,操作本地或者外省城市的房屋产权转移,多名公职人员和中介人员遭受刑罚。从2010年9月30日起,为帮助不符合“限购”政策的买卖双方过户,深圳一房地产中介和湖南一律师走起了歪门邪道,他们利用虚假诉讼,再通过强制过户手续,为购房者办理过户并从中牟利。数年中,这一团伙操作的虚假诉讼超过30起,涉案官员被处以两年半有期徒刑。

无独有偶,在国家出台“限购”政策后,当事人用同样手段,虚构债务“以车抵债”,通过法院的法律文书以低价获取当地车辆牌照。2012年5月3日,东海县人民法院受理了一起王某某诉韩某某民间借贷案。韩某某为美国籍,居住地在上海,韩某某欠王某某人民币1万元。该院当天立案,当天调解结案,调解内容为被告韩某某用其所有的沪A00622号桑塔纳轿车折抵欠款,并协助原告办理车辆过户手续。同一时期与此相同的案件有56起,被告虽不同,但均有共同特点:身份为台湾同胞或外国籍、居住地在上海、欠款金额9000元—10 000元人民币不等。法院的审理一律以简易程序、调解结案,调解方案是被告还钱并用上海车牌照抵债。经查,上述案件均为虚假诉讼。②

① 杨堃:《虚假诉讼罪的司法适用——基于北京首例虚假诉讼罪案件的展开》,载《法律适用》2018年第14期。

② 夏正芳、潘军锋:《以物抵债的性质及法律规制——兼论虚假诉讼的防范》,载《人民司法》2013年第21期。

专题三　农民集体所有财产保护及刑事犯罪责任认定

要点解析

集体财产是人民群众辛勤劳动积累的成果，是发展集体经济和实现共同富裕的重要物质基础。农民集体所有权包括集体财产集体所有、集体事务集体管理、集体利益集体分享。民法典第261条继承了物权法第59条的规定，对经农民集体成员决定的重大事项作出详细规定，符合中国国情，是独具特色的所有权制度。

《土地管理法实施条例》规定的土地补偿费归农村集体经济组织所有，该规定在现实施行中造成了许多误解和矛盾，其中一个主要的矛盾方面在于认为土地补偿费归集体经济组织所有，村委会是补偿费的所有权人，而村民无权插手补偿费的支配和使用，导致了大量的刑事犯罪。土地补偿费的所有权人应当是集体经济组织所有成员，集体经济组织可以代行集体所有权，但必须体现集体经济组织所有成员。[①] 村委会作为履行集体经济组织职能的代表，应当根据村民的"意志"，对支配征地补偿费履行代行职责，而非与村民的"意志"相对立，根据民法典规定，土地补偿费等费用的使用、分配办法应当依照法定程序经农村集体成员作出决定。根据《关于完善征地补偿安置制度的指导意见》规定，土地补偿费应按照主要用于被征地农户的原则，在农村集体经济组织内部合理分配。

关联条文

民法典

第二百六十条　【集体所有的不动产和动产的范围】集体所有的不动产和动

---

① 聂建刚：《土地补偿费的分配谁说了算》，载《湖南农业》2018年第4期。

产包括：

（一）法律规定属于集体所有的土地和森林、山岭、草原、荒地、滩涂；

（二）集体所有的建筑物、生产设施、农田水利设施；

（三）集体所有的教育、科学、文化、卫生、体育等设施；

（四）集体所有的其他不动产和动产。

第二百六十一条 【农民集体所有财产归属及重大事项集体决定】农民集体所有的不动产和动产，属于本集体成员集体所有。

下列事项应当依照法定程序经本集体成员决定：

（一）土地承包方案以及将土地发包给本集体以外的组织或者个人承包；

（二）个别土地承包经营权人之间承包地的调整；

（三）土地补偿费等费用的使用、分配办法；

（四）集体出资的企业的所有权变动等事项；

（五）法律规定的其他事项。

刑　法

第二百七十二条 【挪用资金罪】公司、企业或者其他单位的工作人员，利用职务上的便利，挪用本单位资金归个人使用或者借贷给他人，数额较大、超过三个月未还的，或者虽未超过三个月，但数额较大、进行营利活动的，或者进行非法活动的，处三年以下有期徒刑或者拘役；挪用本单位资金数额巨大的，处三年以上七年以下有期徒刑；数额特别巨大的，处七年以上有期徒刑。

【挪用公款罪】国有公司、企业或者其他国有单位中从事公务的人员和国有公司、企业或者其他国有单位委派到非国有公司、企业以及其他单位从事公务的人员有前款行为的，依照本法第三百八十四条的规定定罪处罚。

有第一款行为，在提起公诉前将挪用的资金退还的，可以从轻或者减轻处罚。其中，犯罪较轻的，可以减轻或者免除处罚。

第三百八十四条 【挪用公款罪】国家工作人员利用职务上的便利，挪用公款归个人使用，进行非法活动的，或者挪用公款数额较大、进行营利活动的，或者挪用公款数额较大、超过三个月未还的，是挪用公款罪，处五年以下有期徒刑或者拘役；情节严重的，处五年以上有期徒刑。

挪用公款数额巨大不退还的，处十年以上有期徒刑或者无期徒刑。挪用用于救灾、抢险、防汛、优抚、扶贫、移民、救济款物归个人使用的，从重处罚。

条文要义

集体所有权，是指劳动群众集体对集体所有财产的占有、使用、收益和处分的权利，是劳动群众集体所有制的法律表现。同国家所有权相似，集体所有权也是在生产资料公有制基础上建立的所有权制度。农民集体所有存在以下三个特点：(1)集体财产集体所有；(2)集体事务集体管理；(3)集体利益集体分享。农民集体财产集体所有的基本内容是，农民集体所有的动产和不动产属于本集体成员集体所有。集体所有权主体是农民集体，具体的组织形式依照民法典第 99 条规定，表现为农村集体经济组织。民法典第 101 条第 2 款规定，未设立村集体经济组织的，村民委员会可以依法代行村集体经济组织的职能。

由于村委会的特殊性，村委会构成成员的身份存在争议。一方面，村委会作为村民自治组织，其成员由村民选举产生，其决策代表村民"意志"，对村民负责。另一方面，村委会处于国家行政权力末端。新农村建设战略实施以来，村委会成员违法犯罪概率有上升的趋势，尤其在经济发达地区，这一现象更为明显，这可能与经济发达地区的村委会成员能够掌握更多的资源有关。在村委会成员进行违法犯罪时，其违法犯罪的性质和内容都与土地有关，因土地价值的不断上升，农民获得的土地补偿款增多，村委会成员的贪欲随之膨胀。2000 年时全国人大常委会出台对刑法第 93 条第 2 款的司法解释，以立法的形式将村委会成员的职务犯罪行为列入刑法的调整范围，将村委会成员在从事救灾、抢险、防汛、优抚、扶贫、移民、救济款物的管理等七项工作视为"其他依照法律从事公务的人员"。并规定了贪污罪、挪用公款罪、受贿罪等三罪的适用。并且在刑法条文中，挪用资金罪与挪用公款罪对犯罪主体都有明确说明，针对犯罪主体所从事的犯罪行为，在从事工作中侵犯集体组织所有权的行为，达到立案条件的就是犯罪。该立法解释对于刑法的正确运用具有重要的实践意义，一定程度上弥补了立法的漏洞。

典型案例

案例一

农村集体土地补偿费的执行案

2013年7月25日至2014年12月24日,某市国土资源局市中分局、南康村委会、某市国有资产运营有限公司、某市人力资源和社会保障局先后签订了九份土地征收补偿安置协议,约定:因南北康片区建设项目,征用南康村土地总面积约2171.38亩;土地及地上附着物补偿费:每亩20.2万元,补偿面积1808.48亩,共计36 531.296万元。南康村委会收到土地及地上附着物补偿费140 954 085元。某公司与南康村委会建设工程合同纠纷一案,法院于2014年12月20日作出民事判决书,判决南康村委会支付某公司工程款19 280 173.68元及相应利息。南康村委会23 995 479.11元土地补偿费被法院冻结。南康村村民向法院提出执行异议,主张土地征收费用应归包括其在内的全体村民所有,请求中止执行并解除对被执行人银行存款的冻结。负责执行的法院认为:土地补偿费归农村集体经济组织所有,但应主要用于被征地农民的生产生活安置和社会保障,土地补偿款中20%的比例可以用于偿还农村集体经济组织因集体公益对外所欠债务。

案例二

张某挪用资金案

张某,中共党员,某县元兴村六组小组长。2014年至2016年期间,该县规划建立生态园,某公司中标并负责项目融资及建设。元兴村六组土地在生态园规划范围内。根据相关协议,征地拆迁的评估、费用支付等相关工作由企业直接负责。为推进项目顺利进行,政府建立征地拆迁领导小组,张某也参与到六组村民征地拆迁协调工作,但不是拆迁领导小组成员。

2015年9月,元兴村六组的150万元征地补偿款原计划先打到村委会集体账户,再由村委会会计打到六组组长张某账户向村民兑付。但因六组村民对征地补偿款分配存在异议,经村集体研究决定,暂不发放。后张某私自挪用放在其账户的150万元用于个人借贷和银行理财，直至2016年8月需要向村民兑付时，张某才将150万元退还。

解读评析

案例一中争议的焦点为，农村集体经济组织作为被执行人，登记在其名下的农村集体土地补偿费，是否作为被执行人的财产被执行以及如何执行，是当前司法实践中的常遇问题，如果处理不当容易引起村民群体上访，对当地社会稳定和政府征地拆迁工作都会产生不良影响。若村委会作为法院被执行人，尚未分配给村民的土地补偿费用可以作为村委会的财产，用以清偿村委会对外所欠债务。但在现实中，若土地补偿费全部用于清偿村委会对外所欠债务，必然会损害村民基本权益，影响失地村民的生活和社会稳定，这也与谦抑执行的司法理念相违背。民法典规定农民集体是农村集体土地所有权的主体，代表农民集体行使此权利的是村委会。土地补偿费基于土地所有权产生，其在实质上也归农民集体所有，村委会仅代表农民集体管理其所有的包括土地补偿费在内的财产。所以村委会在代表农民集体行使权利时，因为农民集体争取利益而产生的债务，应当由农民集体偿还。最高人民法院《关于人民法院民事执行中查封、扣押、冻结财产的规定》第5条规定："人民法院对被执行人下列的财产不得查封、扣押、冻结：(一)被执行人及其所扶养家属生活所必需的衣服、家具、炊具、餐具及其他家庭生活必需的物品；(二)被执行人及其所扶养家属所必需的生活费用。当地有最低生活保障标准的，必需的生活费用依照该标准确定；(三)被执行人及其所扶养家属完成义务教育所必需的物品。"综上，即使法律规定土地补偿费归村委会所有，在执行被执行人为村委会的案件时，不能将土地补偿费作为村委会的财产，全部用于执行债务，应当给村民保留必要的生活必须费用。但对用于清偿村委会债务的土地补偿费所占比例的研究，目前现行法律没有明文规定，只能参照适用政府规章。《山东省土地征收管理办法》(山东省人民政府令第226号)第22条规定，农民集体所有的土地全部被征收或者征收土地后没有条件调整承包土地的，土地征收补偿安置费的80%支付给土地承包户，主要用于被征收土地农民的社会保障、生产生活安置，其余的20%支付给被征收土地的农村集体经济组织，用于兴办公益事业或者进行公共设施、基础设施建设。参照上述政府规章，土地补偿费主要(约80%)用于失地农民的生产生活和社会保障，少数部分(约20%)用于清偿村委会为村民集体公益所欠的债务。

案例二中,张某构成挪用资金罪还是挪用公款罪的争议焦点在于,案涉150万元的征地补偿款是否为公款以及张某是否是国家工作人员。根据2000年全国人大常委会《关于〈中华人民共和国刑法〉第九十三条第二款的解释(2009修正)》相关规定,村民委员会等村基层组织人员协助人民政府从事土地征用补偿费用的管理工作时,属于刑法第93条第2款规定的"其他依照法律从事公务的人员"。根据《村民委员会组织法》第3条、第28条规定,村民小组是村民自治的共同体内部的一种组织形式,是自治的一个基本层次和自治活动的最小单位,村民小组可以具有协助政府从事行政管理的职能,村民小组组长是由村民推选并代表村小组履行职责的,由此可以认为村民小组长属于村委会等基层组织人员。张某的身份需要从国家工作人员的本质属性,即"依照法律从事公务"这一关键点来分析判断,不能单纯地以法律规定的外在身份判断。村民小组长在履职时,既可能是管理村组集体事务,也可能协助政府的行政管理活动。案例二中的张某不是政府征地小组成员,不具有国家规定的从事公务的身份,其在征地拆迁工作中起到的是协助作用。依据民法典第261条、第262条,《土地管理法》第10条规定:"农民集体所有的土地依法属于村农民集体所有的,由村集体经济组织或者村民委员会经营、管理;已经分别属于村内两个以上农村集体经济组织的农民集体所有的,由村内各该农村集体经济组织或者村民小组经营、管理"。因此,作为村集体经济组织的村民小组,拥有土地使用权和所有权,并承担法律后果。其可以直接与某公司协商签订征地补偿协议,二者之间是民事法律关系。政府的征地拆迁小组虽然参与征地拆迁工作,但仅负责协调村民小组与某公司达成合理协议,并没有行政管理的性质,更不强制二者之间产生或变更法律关系。张某处理的事务是村小组集体事务,所以张某不作为国家工作人员。征地拆迁补偿费属于村民小组,一经支付到位即为村民小组集体所有。案例中村民六组的补偿费由某公司支付,而不是财政拨款,且该笔款项已经由村委会分发到村民六组,所以村民六组直接享有该笔补偿费的所有权。综上,张某挪用的不是公款,而是村民六组的集体资金。故根据刑法第272条规定,张某构成挪用资金罪。

延伸阅读

外嫁女是否可以获得娘家村征地补偿款①

随着城镇化进程的加快,娘家村里进行城镇化改造,房屋和土地面临着拆迁和征收,作为“外嫁女”是否可以获得娘家村征地补偿款的问题日益成为社会各界关注的焦点。

我国法律对于农村房屋和土地的安置补偿,“外嫁女”与普通村民并未有差别规定。

《妇女权益保障法》第 32 条规定:妇女在农村土地承包经营、集体经济组织收益分配、土地征收或者征用补偿费使用以及宅基地使用等方面,享有与男子平等的权利。第 33 条规定:任何组织和个人不得以妇女未婚、结婚、离婚、丧偶等为由,侵害妇女在农村集体经济组织中的各项权益。因结婚男方到女方住所落户的,男方和子女享有与所在地农村集体经济组织成员平等的权益。

《农村土地承包法》第 31 条规定:承包期内,妇女结婚,在新居住地未取得承包地的,发包方不得收回其原承包地;妇女离婚或者丧偶,仍在原居住地生活或者不在原居住地生活但在新居住地未取得承包地的,发包方不得收回其原承包地。

最高人民法院《关于审理涉及农村土地承包纠纷案件适用法律问题的解释》第 24 条规定:“农村集体经济组织或者村民委员会、村民小组,可以依照法律规定的民主议定程序,决定在本集体经济组织内部分配已经收到的土地补偿费。征地补偿安置方案确定时已经具有本案集体经济组织成员资格的人,请求支付相应份额的,应予支持”。

“外嫁女”是否能获得娘家的征地补偿款呢?实践中有以下参考因素:

(1)户籍所在地。作出安置补偿方案时,“外嫁女”户籍所在地是否在被征地的集体经济组织内是首要因素;

(2)补偿方案作出时在本集体经济组织实际居住和生活;

(3)通过使用本集体经济组织的土地作为基本生活收入的来源与保障;

(4)享有本集体经济组织的村民待遇且未在其他集体经济组织享有村民待

---

① 周雪飞:《“外嫁女”也可以获得娘家村征地补偿款》,载 https://mp. weixin. qq. com/s/dLMlyx-QXU21Vk_TgEXikFA。

遇。主要指“外嫁女”是否依然在本集体经济组织行使如选举权等村民权利，履行义务劳动等村民义务，村民代表会议是否认可其集体成员资格等。

总之，“外嫁女”是否有资格获得补偿，需要根据个案综合考量后得出。

专题四　国有自然资源中无线电频谱资源的利用和保护问题

要点解析

国家对自然资源享有的权利是对外的主权宣示和对内的管理利用，民法典确立国家所有权，主要为了利用物权机制实现对公共资源的有效和合法利用，使国家所有权的行使遵循民事权利行使的一般规则。①自然资源中的无线电频谱资源，由于其在信息社会中不可替代的战略性地位而越来越受到重视，其在管理上具有典型的国家所有属性，在解决民事争议中具有特殊性。随着科技的进步发展，云计算、大数据以及人工智能等信息技术应用的深度和广度大为增加，利用"黑广播""伪基站"等无线电技术手段进行的违法犯罪活动也日益增多，大量的网络安全犯罪最初都从破坏无线网络信道开始，通过抢占、劫持通信信道，进而实施诈骗、盗窃等不法行为。因此，通过综合分析民法典和刑法中对国家所有的无线电频谱资源的保护方式，有利于维护这一国有战略性资源的安全和有效利用，同时兼顾市场发展平衡和消费者的权益保护。

关联条文

民法典

第二百四十六条　【国家所有权】法律规定属于国家所有的财产，属于国家所有即全民所有。国有财产由国务院代表国家行使所有权。法律另有规定的，依照其规定。

第二百五十二条　【无线电频谱】无线电频谱资源属于国家所有。

---

① 郭晓虹、麻昌华：《论自然资源国家所有的实质》，载《南京社会科学》2019年第5期。

刑　法

第二百八十八条　【扰乱无线电通讯管理秩序罪】违反国家规定，擅自设置、使用无线电台（站），或者擅自使用无线电频率，干扰无线电通讯秩序，情节严重的，处三年以下有期徒刑、拘役或者管制，并处或者单处罚金；情节特别严重的，处三年以上七年以下有期徒刑，并处罚金。

单位犯前款罪的，对单位判处罚金，并对其直接负责的主管人员和其他直接责任人员，依照前款的规定处罚。

条文要义

无线电频谱资源是国家所有的自然资源，其所指向的无线电波属于“物”的范畴，在物理学意义上，根据国际上对无线电频谱的界定，通常认为无线电频谱是无线电频率排列的一个图形，一般是指 9KHz－3000GHz 频率范围内发射无线电波的无线电频率的总称。① 作为无线通信的载体，无线电波广泛应用于移动通信、广播电视、航空导航、空间探测、射电天文等领域，是信息社会中重要的、不可替代的战略性资源，包括我国在内的许多国家都规定了无线电频谱资源的国家所有制度。从权利的构成角度，无线电频谱资源与其他物权客体并无二异，皆由国家所有权和用益权构成。国家享有无线电频谱资源的所有权是国家安全和社会秩序的基本保障，用益权的充分行使则是无线电频谱资源得到最大化利用的重要前提。② 频谱资源的使用在我国由政府控制并进行统一规划，通过立法的形式对许可证的转让、租赁、出资、抵押进行了严格的限制，在引发民事纠纷时，需要贯彻无线电频谱资源的国有属性予以判断。

刑事上构成对无线电频谱资源的犯罪主要表现在侵犯了国家对无线电通讯的管理秩序，刑法第 288 条规定的扰乱无线电通讯管理秩序罪是指违反国家规定，擅自设置、使用无线电台（站），或者擅自使用无线电频率，干扰无线电通讯秩序，情节严重的行为，其在客观方面的构成要件包括三个要素：“违反国家规定”“擅自设置或使用无线电台（站）”或“擅自使用无线电频率”以及“情节严重”。

---

① 具体的定义可参见《俄罗斯联邦通信法》《新加坡无线电通信条例》、美国国会预算办公室《关于FCC 拍卖和未来无线电频谱管理的报告》《中国军事通信百科全书无线电管理分册》中无线电频谱的界定。参见祁锋：《无线电频谱资源纳入〈中华人民共和国物权法〉保障范围解读》，载《中国无线电》2007年第 4 期。

② 胡丽：《论无线电频谱资源用益权制度的构建》，载《河北法学》2017 年第 9 期。

2017年6月27日，最高人民法院和最高人民检察院发布了《关于办理扰乱无线电通讯管理秩序等刑事案件适用法律若干问题的解释》。该解释以更为宽广的视野明确规定擅自设置、使用无线电台(站)，或者擅自使用无线电频率，同时构成其他犯罪的，按照处罚较重的规定定罪处罚；明知他人实施诈骗等犯罪而使用伪基站等无线电设备为其发送信息或者提供其他帮助，同时构成其他犯罪的，按照处罚较重的规定定罪处罚。①

典型案例

案例一

张某与某网络通信有限公司天津市分公司电信服务合同纠纷案

张某2003年在某网络通信有限公司天津市分公司(以下简称通信公司)开通小灵通电信服务业务，2015年1月1日通信公司在报纸上向小灵通用户进行了公告，告知现小灵通网络基于国家政策将于2015年2月1日零时起停止服务及收费。为满足小灵通用户网络迁移需求，更好地为用户提供通信服务，公司将继续开展“灵通升级”活动，请小灵通客户持机主有效证件到指定营业厅办理。张某小灵通于2015年2月停机。张某认为通信公司单方面停网系违约，不同意通信公司提供的转网服务，由于小灵通的退网，导致转网后的电信资费提高了，这对小灵通用户造成了可得利益损失，故要求通信公司对给张某造成的经济损失进行赔偿。

法院审判认为，根据物权法第50条规定，无线电频谱资源属于国家所有。根据《电信条例》规定，国家对电信资源统一规划、集中管理、合理分配，国务院信息产业主管部门对全国电信业实施监督管理。本案中双方系电信服务合同关系，通信公司于2015年1月登报公告通知小灵通用户于2015年2月1日停止服务和收费，并开展“灵通升级”活动，该行为是基于国家政策，不存在主观过错，并不违反法律规定，不构成违约。故对张某的诉讼请求，法院不予支持。

① 吴沈括、谢君泽:《电信网络诈骗防治视野下伪基站犯罪治理》，载《国家检察官学院学报》2017年第6期。

案例二

张某某扰乱无线电通讯管理秩序案

2017 年 2 月至 4 月 20 日期间，被告人张某某根据雷某的安排，用电动车搭载短信群发器设备，在西安市内多次流动发送内容为代开发票的违法短信。4 月 20 日，当张某某再次在本市新城区自强东路一带发送违法短信时，被民警在本市新城区北关十字抓获，现场查获短信群发器 1 部及电动车、手机等作案工具。经检测，被扣押的短信群发器为无生产厂名、无生产厂址、无生产日期的“三无”产品；未取得《无线电发射设备型号核准证》，不符合《无线电管理条例》的相关规定；其发射频率与中国移动和中国联通使用的 2GGSM 业务同频，极易造成对中国移动和中国联通通信业务的干扰，属于非法设备；采用大功率无线信号发射，造成网路拥塞从而影响用户的正常通信，造成正常通信中断，危害后果严重。经电信部门说明，该设备当日累计发送短信 41 201 条，全部被用户接收。破案后，查获作案工具 vivo 手机 2 部，伪基站设备 1 套，电动车 1 辆。原审法院认为，被告人张某某擅自使用无线电发射设备发送违法短信，扰乱无线电通信管理秩序，情节严重，其行为已构成扰乱无线电通讯管理秩序罪。被告人张某某归案后能如实供述其犯罪事实，属坦白，可依法对其从轻处罚。遂依照刑法第 288 条第 1 款、第 76 条第 3 款、第 52 条、第 53 条、第 64 条及最高人民法院、最高人民检察院《关于办理扰乱无线电通讯管理秩序等刑事案件适用法律若干问题的解释》第 1 条第(2)项、第 2 条第(6)项之规定，以被告人张某某犯扰乱无线电通讯管理秩序罪，判处有期徒刑 1 年 6 个月，并处罚金人民币 2 万元，未随案扣押的作案工具 vivo 手机 2 部、伪基站设备 1 套、电动车 1 辆，由扣押机关依法予以没收。

解读评析

1. 无线电频谱资源在市场运营中引发纠纷的处理方式。

国家所有权纳入民法物权调整范畴中，那么在市场运营过程中要同时遵循法律规定、法定程序及产业政策目的，体现客户群体的民意，维护消费者的基本利益，实现客户与运营商之间的利益平衡。

小灵通无线市话业务是特殊时期的产物，在创建初期，以其收费低廉、携带轻便、绿色环保的特性,受到了广大消费者的青睐。但随着通信技术的发展,逐渐无法跟上时代发展的趋势,逐步被新的通信技术取代。民法典第252条吸收了物权法第50条的规定,即无线电频谱资源属于国家所有。根据《电信条例》规定,国家对电信资源统一规划、集中管理、合理分配,国务院信息产业主管部门对全国电信业实施监督管理。2009年1月9日,为配合国家对第三代公众移动通信的整体推进部署和安排,支持具有我国自主知识产权的TD-SCDMA技术的发展和应用,作为国务院信息产业主管部门的工业和信息化部发布11号文,通知各省、自治区、直辖市无线电管理办公室(局)、中国电信集团公司、中国联合网络通信集团有限公司,要求在2011年底前完成1900-1920MHz频段无线接入系统的清频退网工作,该系统所用频率无条件收回,1900-1920MHz频段即小灵通使用的频段。该通知的发布是出于社会经济整体发展的需要,符合社会公共利益。可以说,小灵通退市是国家行使宏观调控权的体现,也是电信产业政策调整与重组的结果。

案例一中张某与通信公司形成电信服务合同以后,客观情况发生了当事人在订立合同时无法预见的重大变化,继续履行合同已不能实现合同目的。通信公司在停止小灵通通讯服务之前,已通过多种方式向所有小灵通用户发送通知并通过其他公示方式通知客户办理转网手续,在转换过程中通信公司也充分考虑了尚在使用小灵通服务客户情况,相关转网资费与原小灵通服务内容及资费对接。业务对接后,原小灵通用户可自行选择2G或3G、4G通信服务,亦可终止与通信公司的电信服务合同,另选其他电信运营商提供服务,客户有充分选择的权利。因张某拒绝选择其他的通讯服务,法院最终判决双方电信服务合同解除,通信公司不构成违约。

国家行政学院教授杨小军认为,终止小灵通用户与运营商之间建立的合法商业法律关系,不能违背和忽视以下基本原则:一是终止他人之间的商业产品和服务关系,必须要有法律依据,而不仅仅是技术依据;二是理由的正当性不能代替程序的正当性和合法性,必须要经过合法的程序才能终止这种法律关系;三是终止他人之间的商业产品和服务关系,给他人合法权益造成损失的,必须给予相应的补偿,以弥补其损失。没有合理的补偿,不能剥夺他人权利。[①] 本案中,工信部政策依据的是国有资源的物权法定规定,通信公司在停止业务前履行提前告知及公

---

① 李建:《小灵通清频退网没那么简单》,载《中国消费者报》2012年8月20日,第A01版。

示义务，对于消费者权益受影响情况给予多种可供选择的方案，是通讯运营商的应尽义务。

2. 对扰乱无线电通讯管理秩序的刑事打击。

无线电已广泛应用于我国社会生产、生活各领域，维护无线电波秩序、减少无线电干扰、维护无线电安全成为我国无线电管理机关的重要任务。但实践中侵占国家频谱资源，非法出租、转让频率的现象时有发生，利用“黑广播”“伪基站”等无线电技术手段进行的违法犯罪活动是此类案件的典型。

“黑广播”是指未经广播电视管理部门和无线电管理机构批准，擅自设置的无线电广播电台。“伪基站”是指未取得电信设备进网许可和无线电发射设备型号核准的无线电通信设备及发射站点。“伪基站”具有收集手机用户信息，强行向不特定用户手机发送短信息等功能，会非法占用公众移动通信频率，局部阻断公众移动通信网络信号。① 违法犯罪分子往往通过人流密集的场所，例如街区、商场、车站等地，伪装成通信运营商、银行客服，甚至是司法、行政机关，强行向不特定人群发送短消息，助推了电信诈骗犯罪，有的甚至给航空飞行安全造成了严重威胁。

案例二是典型的使用“伪基站”非法无线电设备发送违法短信，扰乱无线电通信管理秩序的犯罪行为。此类案件在实践中容易出现的问题是与其他犯罪有着一定的交叉关系，刑法学通说认为，一个犯罪行为触犯数个罪名的犯罪形态成为想象竞合犯。例如非法使用“伪基站”设备干扰公用电信网络信号的行为，有时既触犯破坏公用电信设施罪，又触犯扰乱无线电通讯管理秩序罪，非法使用“伪基站”设备强行向不特定的人群发送短信息、非法经营广告业务等，同时构成虚假广告罪、非法获取公民个人信息罪、破坏计算机信息系统罪等。为有效维护无线电通讯秩序，2015 年 11 月 1 日生效的《刑法修正案（九）》对扰乱无线电通讯管理秩序罪作出修改，一是删去“经责令停止使用后拒不停止使用”；二是将该罪由结果犯修改为情节犯。为保证《刑法修正案（九）》顺利实施，加大对“黑广播”“伪基站”等犯罪的打击，2017 年 6 月 27 日，两高正式对外发布《关于办理扰乱无线电通讯管理秩序等刑事案件适用法律若干问题的解释》（以下简称《解释》），规定了关于“擅自设置、使用无线电台（站），或者擅自使用无线电频率，干扰无线电通讯秩序”的司法认定、“情节严重”“情节特别严重”的认定标准、定罪量刑、犯罪竞合等问题。《解释》第六条确立了竞合犯罪的处理规则，实践中，行为人实施扰乱无线

① 赵远、商浩文：《论扰乱无线电通讯管理秩序罪的立法修改》，载《法学杂志》2016 年第 8 期。

电通讯管理秩序犯罪可能与其他犯罪发生竞合，主要有两种情况：一是擅自设置、使用无线电台（站），或者擅自使用无线电频率，同时构成其他犯罪的。二是明知他人实施诈骗等犯罪，使用“黑广播”“伪基站”等无线电设备为其发送信息或者提供其他帮助，同时构成其他犯罪的。[①] 该条分两款规定了上述两种竞合的情形，并明确规定对这两种情形下的犯罪竞合，按照处罚较重的规定定罪处罚，有利于发挥司法打击扰乱无线电通讯管理秩序行为的力度和效果。

延伸阅读

“黑广播”“伪基站”如何铺设虚假陷阱

关于“黑广播”和“伪基站”的运作模式，主要表现在以下方面：“黑广播”系不法分子通过私自设置使用未经批准的广播电台，占用广播频率，使群众误以为是正规节目，进而上当受骗。“黑广播”设备覆盖半径能从数公里到上百公里之广，为躲避打击一般采用深夜等时段播放。“伪基站”的电信诈骗手法更隐蔽、危害更严重。“伪基站”具备接收和发送信号功能，利用自身功率优势诱骗覆盖范围内手机接受其服务，获取信号后，通过冒用公众服务号码，如10086或95588等，强行对手机发送广告、诈骗等短信。诈骗者利用获取到的手机号码登录账号，选择短信验证，可以在用户未察觉时盗走钱。

根据近几年来查处情况，作案设备逐步升级，往智能化、小型化、无人操作、隐蔽性强等方向发展，查处难度大。为打击扰乱无线电通讯管理秩序行为，有关部门开展联合执法，构建预警监管系统，对设备生产、销售、使用开展全链条打击整治，例如通过构建预警监管系统与移动运营商伪基站数据平台相结合的“伪基站”专用监测网络，提高监控能力。群众应该注意加强防范，提高警惕，不要贪图小便宜，警惕中奖、抽奖等信息，必要时应立即报警。[②]

---

① 续杰、卢宇蓉、杨建军：《〈关于办理扰乱无线电通讯管理秩序等刑事案件适用法律若干问题的解释〉理解与适用》，载《人民检察》2017年第18期。

② 韩鑫：《斩断“黑广播”“伪基站”利益链条》，载《人民日报》2019年6月17日，第11版。

专题五　国有财产管理及法律责任

要点解析

国有财产属于全民所有，是国家政治、经济、文化、社会发展的物质基础。加强对国有财产的保护，有效防止国有财产的流失，是巩固和发展公有制经济的重要组成部分。一方面要加强对国有财产的管理和监督，另一方面要明确规定造成国有财产流失的法律责任。保护国家所有的财产，是所有民事主体的职责，尤其是履行国有资产管理和监督职责的机构及其人员，应当依法加强对国有财产的管理和监督，促进国有财产保值增值，防止国有财产损失。有关机构或者工作人员如果滥用职权、玩忽职守，或者违反国有财产管理规定，在企业改制、合并分立、关联交易中，低价转让、合谋私分、擅自担保等造成国有财产损失的，应当依法承担法律责任，包括民事责任、行政责任和刑事责任，并且承担刑事责任和行政责任的，并不能因此而免除其民事责任。

关联条文

民法典

第二百五十七条　【国有企业出资人】国家出资的企业，由国务院、地方人民政府依照法律、行政法规规定分别代表国家履行出资人职责，享有出资人权益。

第二百五十八条　【国有财产的保护】国家所有的财产受法律保护，禁止任何组织或者个人侵占、哄抢、私分、截留、破坏。

第二百五十九条　【国有财产管理及责任】履行国有财产管理、监督职责的机构及其工作人员，应当依法加强对国有财产的管理、监督，促进国有财产保值增值，防止国有财产损失；滥用职权、玩忽职守，造成国有财产损失的，应当依法承担法律责任。

违反国有财产管理规定，在企业改制、合并分立、关联交易等过程中，低价转让、合谋私分、擅自担保或者以其他方式造成国有财产损失的，应当依法承担法律责任。

刑　法

第三百九十六条第一款　【私分国有资产罪】国家机关、国有公司、企业、事业单位、人民团体，违反国家规定，以单位名义将国有资产集体私分给个人，数额较大的，对其直接负责的主管人员和其他直接责任人员，处三年以下有期徒刑或者拘役，并处或者单处罚金；数额巨大的，处三年以上七年以下有期徒刑，并处罚金。

条文要义

国有企业是我国国民经济的支柱。在经济体制改革中，设立了国有出资的企业出资人制度，由国务院和地方人民政府分别代表国家履行出资人职责，享有出资人权益。国有资产监督管理机构经本级人民政府授权，代表本级人民政府对国家出资企业履行出资人职责。国务院和地方人民政府在必要时，也可以授权其他部门或机构代表本级人民政府对国家出资企业履行出资人职责。

国家所有的财产受法律保护，组织或者个人侵占、哄抢、私分、截留、破坏国有财产的，应当承担相应的法律责任，并依法追究有关组织的责任人的行政责任甚至是刑事责任。国有资产犯罪形式多样化，主要包括营利型犯罪、占有型犯罪和渎职型犯罪等。私分国有资产罪是典型的占有型犯罪。私分国有资产罪，是指国家机关、国有公司、企业、事业单位、人民团体，违反国家规定，以单位名义将国有资产集体私分给个人，数额较大的行为。所谓违反国家规定，指违反了国家对此类单位的国有资产分配管理规定。本罪是单位犯罪，但根据法律规定只处罚私分国有资产的直接负责的主管人员和其他直接责任人员。另外，根据《企业国有资产监督管理暂行条例》第 41 条的规定，对企业国有资产损失负有责任受到撤职以上纪律处分的国有及国有控股企业的企业负责人，5 年内不得担任任何国有及国有控股企业的企业负责人；造成企业国有资产重大损失或者被判处刑罚的，终身不得担任任何国有及国有控股企业的企业负责人。

典型案例

案例一

粮食集团万州公司与茨竹社区三组返还原物纠纷案

重庆市国有资产监督管理委员会向重庆市粮食集团有限责任公司作出批复载明"依据区政府的批复和你司与区政府签订的划转协议,同意将万州区政府所属的现有万州区新田粮站等26户国有粮食企业的资产、债权债务、人员组成建制整体无偿划转给你司,作为你司全资子公司管理,由你司依法履行出资人职责"。茨竹粮站原属万州区新田粮站分站,其资产属万州区新田粮站管理、支配。2010年11月15日,粮食集团万州公司取得坐落于茨竹社区三组处仓储用地的权属,该范围的土地使用权人为原茨竹粮站,仓库也属该粮站所有。2016年1月13日,茨竹社区三组在茨竹粮站处张贴《通知》载明"茨竹粮站占用茨竹社区三组土地,一直未得到占地补偿。茨竹社区三组居民会议决定:限期十天,请各位在粮站租房用户,自行搬出,到期后实施车拉卵石封路,未搬出的后果自负"。随后将茨竹粮站的大门用锁锁住,导致承租仓库的人无法正常使用承租的仓库及场地。法院判决茨竹社区三组立即停止对土地及仓库的侵害,解除对茨竹粮站大门的封锁,以排除对原告粮食集团万州公司行使物权的妨碍。

案例二

陈某新等私分国有资产案

中国建银投资有限责任公司(以下简称中建投)承继了建行对绍兴市建设开发公司的全部权利义务,后中建投委托评估公司对绍兴市建设开发公司进行改制评估。时任公司总经理的陈某新与时任财务部副经理的董某、时任副总经理的黄某合谋,由黄某负责接待评估人员,董某负责准备评估资料,以单位名义,采用隐匿资产、虚增债务等手段,致使评估咨询报告少计净资产价值13 267.25万元;陈某新、董某还故意隐瞒公司的账外资金,导致公司全部净资产仅被评估为5512.16万元。中建投以净资产值5512.16万元为起拍价对绍兴市建设开发公司100%股权进行公开拍卖。陈某新指使董某代表绍兴建景建材有限公司参加拍卖，指使黄某代表绍兴市建设开发公司职工技术协会以起拍价拍得100%股权，并指使董某拆借资金支付拍卖款。拍卖后，被告人陈某新、董某、黄某以公司名义，修改职工工资奖金考核办法，大幅提高职工工资奖金，并将公司改制变更为绍兴市建设开发有限公司，经济性质变更为一人有限责任公司，将被隐匿的国有资产集体私分给职工技术协会全体会员。法院判决陈某新、董某、黄某犯私分国有资产罪。

解读评析

1. 侵占国有财产的民事责任承担。

国家、集体、私人的物权和其他权利人的物权受法律保护，任何单位和个人不得侵犯。无权占有不动产或动产的，权利人可以请求返还原物，妨害物权或者可能妨害物权的，权利人可以请求排除妨害。所有权人对自己的不动产或动产依法享有占有、使用、收益和处分的权利。法律规定属于国家所有的财产，属于全民所有。国家所有的财产受法律保护，禁止任何单位和个人侵占、哄抢、私分、截留、破坏。履行国有财产管理、监督职责的机构及工作人员，应依法加强对国有资产的管理、监督，促进国有资产的保值增值。企业法人对其不动产和动产依据法律、行政法规以及章程享有占有、使用、收益和处分的权利。行为人因过错侵害他人民事权益的，应当承担侵权责任，承担侵权责任的方式包括停止侵害、排除妨碍、返还财产、恢复原状等。

案例一中，茨竹粮站原属万州区新田粮站的分支机构，茨竹粮站的土地使用权和仓库均属国有资产范畴，国有资产监督管理委员会是代表国家行使国有资产管理、划转、监督的职能机构。在机制改革中，重庆市国有资产监督管理委员会以批复的形式，将包括万州区新田粮站内的万州区26家粮食企业统一转给重庆粮食集团有限责任公司，并由作为全资子公司的粮食集团万州公司管理，粮食集团万州公司因此获得原茨竹粮站全部资产的支配收益权，取得位于万州区茨竹乡茨竹社区第三居民小组1956平方米仓储用地及相应仓库的物权，因此享有划拨土地和仓库的占有、使用、收益等排他性物权。被告以所谓的未得到占地补偿为由，通知承租户从承租的仓库内搬出，并采用锁粮站大门的方式阻止原告对权利的行使，应承担相应的侵权责任。原告主张被告停止侵权、排除妨碍于法有据。

2. 造成国有资产流失的刑事责任承担。

在国有企业改制、合并分立、关联交易的过程中,容易发生国有财产流失。造成国有资产损失的常见情形有:(1)低价转让。不按规定进行国有资产评估或者压低评估价格;不把国家划拨的土地计入国有股;对专利、商标等无形资产不作评估;将国有资产无偿转让或者低价折股、低价出售给非国有单位或者个人;在经营活动中高价进、低价出。(2)违反财务制度,合谋私分侵占国有资产。将应收账款做成呆账、坏账;私设"小金库"或者设立"寄生公司",以后再提取侵占私分。(3)擅自担保。不认真调查被担保人的资信情况,未经法定程序和公司章程规定,擅自向非国有单位或者个人担保,造成国有财产损失。针对上述现实中造成国有财产流失的主要情形,应当承担法律责任,构成犯罪的,依法追究刑事责任。

侵犯国有资产犯罪的形式具体为:其一,营利型犯罪。包括刑法第 165 条非法经营同类营业罪和第 166 条为亲友非法牟利罪等。侵犯国有资产犯罪中的营利型犯罪行为存在两种形式:一是行为人通过非法经营与所任职企业同类的营业获取非法利益;二是行为人通过将本企业的业务交由亲友经营或者采取违法、违规的经营形式为亲友谋取利益。其二,占有型犯罪。包括第 396 条私分国有资产罪、私分罚没财物罪等。私分国有资产罪是单位犯罪,其犯罪行为体现为以单位名义集体私分给个人。其三,渎职型犯罪。包括第 169 条徇私舞弊低价折股、出售国有资产罪,第 410 条非法低价出让国有土地使用权罪,第 404 条的徇私舞弊不征、少征税款罪,第 406 条的国家机关工作人员签订、履行合同失职被骗罪等。渎职型国有资产犯罪的行为特征关键是行为人的渎职背信行为。①

私分国有资产罪属于占有型犯罪。案例二中,绍兴市建设开发公司为国有企业,其资产属国有资产。被告人陈某新身为国有企业中直接负责的主管人员,被告人董某、黄某身为国有企业中其他直接责任人员,基于集体私分国有资产的主观故意,以单位名义,违反国家规定,在企业改制评估期间,隐匿国有资产,数额巨大,其行为均已构成私分国有资产罪,且系共同犯罪。

① 王弘宁、刘佩:《论国有资产犯罪与国有资产的刑法保护》,载《求索》2013 年第 11 期。

延伸阅读

拿什么保护国有资产这块“唐僧肉”?①

众所周知,国有资产是属于国家所有的经济资源,是我国经济基础的支柱。然而,在一些企业,姓“公”的国有资产竟然由于种种原因被瓜分成了姓“私”的“唐僧肉”。其中,有的股份制企业在组建过程中,对国有资产高值低估,有的将公有财产无偿量化给个人,有的国家工作人员乘企业关、停、并、转、包、租、合、卖等机会,利用职权进行贪污犯罪……国有资产流失现象非常严重。

目前,国有企业总体上已经同市场经济相融合,并已成为推进国家现代化、保障人民共同利益的重要力量。然而,距离改革目标还有相当大的距离,仍需攻坚克难。防止国有资产流失是国企攻坚克难、深化改革的前提和保障。相关部门必须抡起“金箍棒”保护国有资产这块“唐僧肉”。

一方面,要用法律的“金箍棒”加强对国有资产的保护。要继续健全国有资产保护的法律法规,完善对国有资产保护的法律环境,让一切保护国有资产的行为都有法可依;另一方面,要用监督的“金箍棒”加强对国有资产的监管。国家审计机关要充分发挥审计和监督的作用,进一步明确监督职责定位、突出监督工作重点、优化监督工作机制、改进报告制度、强化监督成果运用,切实增强监督的针对性和有效性,保证监督行为落实到位。同时,对于玩忽职守造成国有资产流失的集体和个人要进行严肃处理,并加大力度查处瓜分、侵吞国有资产的犯罪行为,增大其犯罪成本,让其不敢失职、不敢越权,让“金箍棒”更具威慑力和震慑力。从而,对国有资产这块“唐僧肉”进行全方位的保护。

---

① 费罗杰:《拿什么保护国有资产这块“唐僧肉”?》,载 https://www.sohu.com/a/244956728_784221。

专题六　业主的建筑物区分所有权保障

要点解析

民法典第271条沿袭了物权法第70条的规定，对建筑物区分所有权进行了明确规定，对于建筑中道路、其他公共场所、物业服务用房都规定为共有权所有。最高人民法院《关于审理建筑物区分所有权纠纷案件具体应用法律若干问题的解释》作为相关补充规定予以细化。业主在建筑物内专有所有权之外的建筑部分，无论是建筑中道路、其他公共场所还是物业服务用房等，拥有“共有和共同管理”的权利。在刑法中，这种“共有和共同管理”的财产属于公共财物，业主享有的是对公共财物的“共有”和“共同管理”的权利。[①] 与业主享有“专有所有权”的建筑部分不同的是，业主享有的这部分“公共权利”必须建立在承担相应义务的基础上。实践中容易发生矛盾纠纷的情形在于，业主因违反义务或禁止性规定，侵犯全体业主的共同利益，例如相邻权纠纷、私搭扩建、变更规划等问题。由于建筑物区分所有权的共有属性，使得具体负责管理、经营公共财物的人员，容易出现利用职务上的便利，侵吞、窃取、骗取或者以其他手段非法占有公共财物的情形，对于构成何种犯罪，其认定要件需要结合建筑物所有权特点予以分析。

关联条文

民法典

第二百七十一条　【建筑物区分所有权】业主对建筑物内的住宅、经营性用房等专有部分享有所有权，对专有部分以外的共有部分享有共有和共同管理的权利。

第二百七十二条　【业主对专有部分的专有权】业主对其建筑物专有部分享

① 龚文豪：《论刑法中的公共场所》，载《法制与社会》2020年第16期。

有占有、使用、收益和处分的权利。业主行使权利不得危及建筑物的安全，不得损害其他业主的合法权益。

刑　法

第三百八十二条　【贪污罪】国家工作人员利用职务上的便利，侵吞、窃取、骗取或者以其他手段非法占有公共财物的，是贪污罪。

受国家机关、国有公司、企业、事业单位、人民团体委托管理、经营国有财产的人员，利用职务上的便利，侵吞、窃取、骗取或者以其他手段非法占有国有财物的，以贪污论。

与前两款所列人员勾结，伙同贪污的，以共犯论处。

条文要义

本条明确了业主所拥有的权利事实上是综合性权利，即由“专有所有权”和“共有和共同管理的权利”组成的综合性的权利。业主行使私权利必须要建立在“不危及建筑物的安全”以及“不损害其他业主的合法权益”的两个前提基础上。这两个前提，是对业主行使专有权的限定，但却也是对所有业主共同权利的核心保障。任何一项合法权利的实现，都不应当建立在损害他人合法权益的基础上。为近现代各国家和地区立法所发展起来的建筑物区分所有权，究其实质，乃是一种复合形态的所有权，通常包括专有所有权、共用部分持分权以及因共同关系所生的成员权三部分。[①] 民法典对业主的建筑物区分所有权的认定为：专有部分的单独所有权、共有部分的共有权以及因共同关系而产生的成员权的结合。房地产物业管理由业主大会、业主委员会作为业主自治管理组织参与管理决策，但同时又有其特殊性，受住房建设部门的行政管理，同时又需要依靠当地街道社区。法律鼓励业主成立业主自治组织，并有意识地培养业主的自治能力，组织自治活动，以实现业主自治。业主大会和业主委员会通过业主形成共同意志，代表业主依法通过合法手段维护共有部分受到侵害后得以复原以及请求损害赔偿的权利。

① 陈华彬：《建筑物区分所有权研究》，法律出版社 2007 年版。

典型案例

案例一

韩某与蒋某等建筑物区分所有权纠纷上诉案

蒋某系合肥市某路1718号购物中心B1单元2603室业主，韩某系2504室业主。2017年10月22日上午10时许，韩某报警称有人打架，民警出警至2603室现场，了解到涉事方为贺某(工作单位某艺术传媒有限公司)，并无打架行为；韩某反映2603室被人租来作为舞蹈房，严重扰民；民警现场告知其到相关部门反映，如调解不成可到法院起诉。韩某将蒋某诉至法院，2018年7月10日安徽省合肥市中级人民法院作出判决：蒋某、合肥某信息科技有限公司于本判决生效之日起十日内停止经营活动，恢复2603室住宅用途。

案例二

邹某荣贪污案

2006年，乐安县林业工业公司(国有企业，2014年重组为乐安县森工林场)所属某采育林场进行改制。改制过程中，某采育林场将原办公楼房间卖给被告人邹某荣等13名职工并签订了协议。协议明确了职工所购买房间的四向界址及面积、价款。某采育林场在办公楼内有一间资料室，办公楼走廊、楼梯等公共面积未进行处理。

2016年，乐安县启动棚户区改造项目，某采育林场原办公楼属棚改范围。被告人邹某荣等住户陆续申请参与棚改。在棚改过程中，邹某荣伪造其购买办公楼资料室及走廊、楼梯等公共部分面积的协议两份，与某管护站站长周某商量后，利用其保管某管护站公章的便利，在伪造协议上加盖公章。之后，邹某荣用伪造的协议向乐安县城市棚户区改造领导小组办公室申请将协议所涉面积申报参与棚改并经审核通过。2017年5月26日、31日，乐安县城市棚户区改造领导小组办公室分两次将资料室及走廊、楼梯等公共部分面积棚改款共计563 361.5元转至邹某荣个人账户内。2017年8月21日，邹某荣将资料室部分棚改款59 348.4元转账至乐安县森工林场账户内，余款据为己有。

2018 年 3 月 16 日，乐安县林业局对被告人邹某荣有关问题进行调查。2018 年 3 月 19 日，邹某荣将资料室棚改奖励金 30 342.45 元退缴至县森工林场账户内。在知悉有关部门要对其进行调查时，被告人邹某荣于 2018 年 3 月 16 日、20 日分两次从其农业银行账户内取出人民币 24 万元，分发给办公楼其他 12 户住户。2018 年 3 月 29 日，乐安县纪委依法收缴邹某荣涉案款 253 670.65 元。

法院判决：邹某荣犯贪污罪，判处有期徒刑 3 年 5 个月，并处罚金人民币 35 万元；追缴赃款人民币 22 万元，由乐安县人民检察院予以没收，上缴国库。

解读评析

案例一中，蒋某作为业主，有权对 2603 室进行合理的使用或者出租给他人合理使用；韩某作为相邻业主有权适当监督 2603 室的使用情况，当发现自身合法权利受到不法侵害时，可以请求对方停止侵害、排除妨碍或者赔偿损失；当发现对方有违法犯罪行为时，可以依法举报或者控告。

民法典第 279 条规定，尽管业主拥有“专有所有权”，但是如果业主要改变住宅的性质，将“住宅”变成“经营性用房”，那么除了要主动遵守相应的法律、法规及社区实施的关于楼宇房屋的管理规约外，还必须要征得与其自有住宅有利害关系的业主的一致同意。最高人民法院《关于审理建筑物区分所有权纠纷案件具体应用法律若干问题的解释》第 11 条规定，业主将住宅改变为经营性用房，本栋建筑物内的其他业主，应当认定为民法典第 279 条所称“有利害关系的业主”。这里所指的“有利害关系的业主”主要是指可能因为业主改变住宅用途而导致自己的正常权益受到侵害的同一建筑内的业主，如果是其他建筑的业主因为某业主改变住宅性质的行为导致自己的权益受到侵害，必须要提供能够证明业主改变住宅性质的行为与其权益受损之间因果关系的直接证据。本案原审中韩某提交的物业证明可以证明其与蒋某系同一栋建筑物内的业主。按照常理，2603 室也应为住宅用途。蒋某在答辩中亦未否认 2603 室的住宅用途，故韩某属于有利害关系的业主。蒋某将 2603 室出租给某公司使用，该行为已改变了 2603 室的住宅用途，且未经有利害关系业主韩某的同意，韩某有权诉请要求判令蒋某、某公司立即停止经营活动、恢复房屋住宅用途。

在建筑物区分所有权纠纷中，不法侵害损害的是业主共同权益，一般情况下应该由受损害的全体业主共同提起司法保护请求，此由权利与救济对等性和民事权利补偿性决定。但是，基于主客观原因，确实难以形成业主共同意志、达成业主合意，而业主共同权益确实在遭受侵害或者存在被侵害的“紧迫性”，此时可以由单个或者部分业主提起司法保护请求。[①] 对于业主提起的建筑物区分所有权纠纷，一般以保护业主共益权为目的，部分案件存在着诉讼人数众多，积怨较深，社会影响大的特点。办案实践中应充分注重法律规范的审查和适用，妥善处理维护业主的共同权益。对于矛盾容易激化的部分案件，也可考虑通过行政调解等其他途径解决。

案例二中，公诉机关指控被告人邹某荣的行为构成贪污罪。辩护人的辩护意见认为被告人邹某荣将原某采育林场过道、走廊公共部分参与棚改获得棚改款465 078.6元的行为不构成贪污罪，应属于民法调整的范围。本案争议的焦点为被告人邹某荣骗取棚改资金的行为所侵犯的客体是否符合贪污罪构成。辩护人认为本案所涉办公楼过道、楼梯公共产权部分价值已经摊入各购房款中，其产权按照物权法第70条、第72条（现民法典第271条、第272条，内容不变）及最高人民法院《关于审理建筑物区分所有权纠纷案件具体应用法律若干问题的解释》第3条规定，属于全部住户共有，不属于原某采育林场的公共财产，被告人以个人名义进行棚改申报，仅侵害了住户的利益，并未侵害国有财产。其次，被告人虚造合同，将过道、楼梯进行棚改获得的465 078.60元，部分已经分发给各住户，其行为仅是侵害住户利益的民事侵权行为，不符合贪污犯罪客体要件。

原审法院认为，虽然辩护人从建筑物区分所有权的角度认为本案所涉办公楼过道、楼梯公共产权部分属于全部住户共有，但某采育林场原办公楼是国有企业乐安县林业工业公司的财产，属于国有财物。尽管企业经历了重组改革，建筑物内部的房间也已经销售给了个人所有，但是建筑物的性质并没有发生改变，这也就意味着某采育林场原办公楼的公共区域仍然是国有财物。具体来说，案涉资料室、办公楼过道、楼梯等公共面积并不在某采育林场和邹某荣等职工签订的房屋买卖协议当中，属于原某采育林场的公共财产。在棚改项目推进过程中，利用管理、使用公章便利和副站长的职务身份，伪造自己与乐安县森工林场某管护站签订的转让协议，按照刑法规定，侵害的是国有财物。根据刑法第382条的规定，受

① 谈词镇、何丽敏：《共同意志“难产”下的业主共益权个体保护》，载《长春教育学院学报》2017年第4期。

国家机关、国有公司、企业、事业单位、人民团体委托管理、经营国有财产的人员，利用职务上的便利，侵吞、窃取、骗取或者以其他手段非法占有国有财物的，以贪污论。

延伸阅读

人防车位所有权的归属争议多①

随着经济发展和人民生活水平的提高，私家车数量与日俱增，小区停车位越来越紧张，车位资源关系到开发商、物业公司和业主等多方的经济利益。

在现实生活中，业主可能会选择购买地下人防车位，作为人民防空工程，人防车位所有权归属于谁？业主与开发商之间的人防车位买卖合同是否有效？在此之前，我们先要清楚普通车位和人防车位的区别：

普通车位：具有产权车位，并且可以买卖交易。开发商出售车位，一般情况下均通过审批，这类车位可以办理产权证，车位年限与商品房使用权年限一致。

人防车位：开发项目根据《人民防空法》的要求，建设人民防空地下室，然后将之设计成平时使用的地下停车位，这类车位称之为“人防车位”，在战时或重大灾难时用于居民躲避。

由此可见，普通车位和人防车位最主要的区别就是所有权归属的问题。《人民防空法》作为规制人防工程的专门法律，在第5条明确了“谁投资，谁使用，谁收益”的原则，仅涉及使用权的内容，未提及所有权的归属。

关于人防车位的相关案件，部分裁判机构采纳的观点为：根据《人民防空法》，人民防空是国防的组成部分。人民防空工程包括为保障战时人员与物资掩蔽、人民防空指挥、医疗救护等而单独修建的地下防护建筑，以及结合地面建筑修建的战时可用于防空的地下室。国防资产属于国家所有，禁止任何组合或者个人破坏、侵占人民防空设施。由于涉案车位为人防车位、人防设施，不得进行买卖，因此当事人之间签订的车位买卖合同为无效合同。

---

① 广州仲裁委员会：《住宅小区人防车位的所有权归属问题探讨》，载 https://m.toutiao.com/i6810550891037327885/。

专题七　共有物处分的民事刑事责任承担

要点解析

共有权，是指两个以上的民事主体对同一项财产共同享有的所有权，包括按份共有和共同共有。国家、集体和个人的合法财产受法律保护不被侵犯，共有财产也是如此。在行使共有财产权利特别是共有财物的处分权时，必须经全体共有人协商，按照全体共有人的意志行事。任何共有人对共有财产的处分行为，不经其他共有人共同同意或事后追认，其处分行为无效，由此造成的损失由处分人承担。

在民法典中，如果共有人一方未经另一方同意，私自对共有财产进行处分，则侵害了另一方共有人的利益，此时涉及"无权处分"和"善意取得"的问题。当买受人不能根据善意取得制度获得保护时，无权处分所订立合同的效力问题关系到对买受人交易安全的保护。当私自处分的行为达到一定程度，这种侵害共有物的行为则可能涉及刑事犯罪，但并非所有擅自处分共有物的行为都构成犯罪，只有符合刑法规定的犯罪构成要件的行为才构成犯罪。

关联条文

民法典

第二百九十七条　【共有的界定及其类型】不动产或者动产可以由两个以上组织、个人共有。共有包括按份共有和共同共有。

第三百零一条　【共有人对于共有财产重大事项的表决权规则】处分共有的不动产或者动产以及对共有的不动产或者动产作重大修缮、变更性质或者用途的，应当经占份额三分之二以上的按份共有人或者全体共同共有人同意，但是共有人之间另有约定的除外。

刑　法

第二百六十四条　【盗窃罪】盗窃公私财物，数额较大的，或者多次盗窃、入户盗窃、携带凶器盗窃、扒窃的,处三年以下有期徒刑、拘役或者管制,并处或者单处罚金;数额巨大或者有其他严重情节的,处三年以上十年以下有期徒刑,并处罚金;数额特别巨大或者有其他特别严重情节的,处十年以上有期徒刑或者无期徒刑,并处罚金或者没收财产。

条文要义

共同共有以法律规定或者合同约定的共同关系为前提,在大多数情况下,共有关系的当事人之间具有一定的人身关系。家庭是社会的细胞,家庭成员之间除具有人身关系外,还具有一定的财产关系,而共同共有是家庭财产关系的一个常态。为了维护家庭关系的稳定,法律有必要明确规定家庭共有、夫妻共有等共有形式的共有人之间的权利义务,在保护每个共有人利益的同时,也有利于维持共有人之间的和睦。

盗窃是指违背财物占有者的意思,以非法手段秘密实施的,破坏原本占有并建立起新的占有关系的行为。以他人所有的财产作为犯罪对象是最为常见的一种盗窃形式,但司法实践中还有一类比较特殊的盗窃案件——行为人实施盗窃的犯罪对象是自己与他人共同享有所有权的财产。由于犯罪嫌疑人是财产的所有权人之一,其行为是否成立盗窃罪值得探讨。

典型案例

案例一

闫某与赵某房屋买卖合同纠纷案

2012 年 11 月 25 日,赵某与闫某经我爱我家公司居间签订房屋买卖合同,由赵某购买闫某名下涉诉房屋,合同约定成交价格 373 万元,后赵某支付定金 5 万元。12 月 3 日,赵某与我爱我家公司共同对涉诉房屋进行网签。网签之前,闫某即表示不再履行合同。12 月 20 日,赵某诉请闫某继续履行合同,闫某反诉要求撤销合同。该案依法追加闫某配偶李某作为第三人参加诉讼,李某在该案一审 2013 年 3 月 8 日庭审中明确表示不同意出售涉诉房屋。2014 年 5 月 20 日,该案生效判决认定合同有效,同时认定赵某在签订合同时对闫某有配偶的事实明知,而闫某因未取得其配偶同意即出售涉诉房屋,导致合同因李某不同意出售而无法继续履行,闫某的行为构成违约,驳回赵某诉讼请求和闫某的反诉请求。6月11日,赵某再次起诉闫某,请求判令解除房屋买卖合同,并要求赵某双倍返还定金10万元并赔偿预期利益损失93.3万元、中介费5.6万元。闫某反诉要求确认房屋买卖合同无效。一审期间,法院委托的评估公司确定涉诉房屋在2015年4月9日的估价结果为476.03万元。

一审法院判决解除赵某与闫某订立的房屋买卖合同关系,闫某协助赵某办理房屋的网签合同注销手续并向赵某退还定金5万元和赔偿中介费5.6万元、预期利益损失70万元。二审法院改判闫某赔偿赵某预期利益损失30万元。

案例二

王某牙盗窃自己与他人共有的耕牛案

被告人王某牙与本村黄某牙共有一头母水牛,各占一半份额,两人轮流管理、饲养该水牛,每人饲养一个月。2003年8月由黄某牙饲养该水牛。当月25日晚,王某牙到黄某牙家的牛栏内,将自家与黄某牙家共有的该头母水牛(价值1800元)盗出,然后又到兰某牙家的牛栏里,将其兄王某生与兰某牙家共有的母水牛一头(价值2000元)盗走,当晚将盗来的两头水牛藏于8华里之外的山沟里。第二天晚上8时许,王某牙将盗来的两头牛销赃途中,其与黄某牙家共有的水牛丢失。29日,被告人在销赃另一头水牛时被民警抓获,追缴该水牛退还失主。案发后被告人家属已赔偿黄某牙家1500元人民币。

法院认为,被告人王某牙以非法占有为目的,采取秘密窃取的手段,盗窃他人财物,数额较大,其行为已构成盗窃罪,盗窃的金额应认定为2900元,判决被告人王某牙犯盗窃罪,判处有期徒刑6个月,并处罚金人民币3000元。

解读评析

1.共有人私自处分共有物的行为分析。

案例一系夫妻一方未经另一方同意,擅自处分登记于一方名下的法定共有房屋,而另一方不同意出售所引发的房屋买卖合同纠纷。那么,此种行为是否属于

"无权处分"？有观点认为，由于出卖人是共有人之一，其行为不属无权处分，买卖合同有效；还有观点认为，共有人虽为财产所有人之一，但对共有财产的处分须经全体共有人同意，单个共有人无权处分共有物，因此应当属于无权处分。根据民法典第 301 条关于"共有人对于共有财产重大事项的表决权规则"的规定，关于擅自处分共有财产是否构成无权处分，应当分为以下三种情形：(1)部分共有人未经其他共有人同意处分共同共有财产的都构成无权处分；(2)占份额三分之二以上的部分共有人未经其他共有人同意处分按份共有财产时，不构成无权处分；(3)未达到三分之二以上份额的部分共有人未经其他共有人同意处分按份共有财产时，构成无权处分。由此可见，在夫妻一方未经另一方同意擅自处分共有房屋的情况下，构成无权处分。①

关于出卖人无权处分而订立的房屋买卖合同的效力，如果出卖人事后没有取得处分权或者得到另一方的追认，是否会导致合同无效呢？根据《买卖合同司法解释》第 3 条第 1 款之规定，出卖人处分权之欠缺不能导致合同无效，在合同不存在无效事由的情况下，无权处分的买卖合同应认定有效；但因无权处分合同的履行涉及其他共有人的权利，若其他共有人不同意处分，则该合同因法律上的原因不能继续履行，根据民法典第 597 条，买受人可以主张解除合同，并要求出卖人承担违约责任。

2. 无权处分共有物致买卖合同解除时的损害赔偿。

案例一中，闫某在未取得其配偶同意的情况下即出售房屋，且其配偶拒绝履行房屋买卖合同，最终导致合同无法履行，其行为已构成违约，应承担合同解除的违约责任；而守约方可主张的损害赔偿范围既包括实际损失，也包括可得利益损失。实际损失主要指守约方为履行合同所积极支出的费用，若合同因对方违约而解除，该费用支出即转化为守约方的实际损失。本案中介行为已经完成，赵某为此支付的中介费 5.6 万元即属于因合同解除导致的实际损失。可得利益损失是为了保护守约方的履行利益，在因出卖人一方的原因导致合同无法履行而解除时，一旦标的物价格上涨，该标的物涨价的预期利益不能为买受人所享有，其损失即属于可得利益损失。

在相关损害赔偿责任案件中，房屋价格的快速上涨和诉讼周期等因素往往导

---

① 刘贵祥：《论无权处分和善意取得的冲突和协调——以私卖夫妻共有房屋时买受人的保护为中心》，载《法学家》2011 年第 5 期。

致房屋差价损失等不断扩大,法院应当综合买受人主观上是否善意、买受人是否诚实等因素,综合判断、合理确定损害赔偿之时间节点,对买受人主张之损害赔偿予以限制。本案买受人赵某在明知或应知房屋买卖合同因共有产权人异议而无法继续履行的情况下,应及时采取措施防止损失扩大,否则不得就扩大的损失要求赔偿。在第一次诉一审开庭时,闫某的配偶到庭明确表示不同意履行合同,在法律明确规定当共有人拒绝转移房屋所有权时合同继续履行不能的情形下,赵某作为理性的购买人,应对合同无法履行的诉讼结果具有合理预期。在此情况下,赵某可以通过解除合同、主张定金罚则、要求违约赔偿并进行替代房屋购买的方式维护自己的合法权益。而赵某未在合理期间内购买替代性的房屋,其对于此后房价上升的风险与损失应自行承担。①

3. 盗窃自己与他人共有财产的刑事认定。

当前理论界与实务界对于盗窃罪侵害的法益或客体并不局限于对所有权的保护,还包括占有等其他本权,即包括自己所有但为他人合法持有的情形,如将自己质押、出借给他人的财物,物主具有所有权但私自取回则构成盗窃罪。对于窃取被国家机关扣押的物品,所有权没有转移,但同样会成立盗窃罪。因此,对于具有完整所有权的个人,在侵犯他人合法占有自身财物的情形下,应当认定构成盗窃罪。对于自己只是具有部分所有权的情形同样不存在认定问题,认定关键并非是是否具有所有权,实质在于财物是否在他人合法占有之下。

首先,行为人虽然是财务的所有权人之一,但共有的财物目前由他人占有,其以秘密手段破坏其他共有人对财物的占有并转由自己占有,其行为表现从客观上看与典型的盗窃行为没有区别。其次,行为人对财物仅享有部分所有权,其他所有人作为财物的保管者,负有妥善保管的责任,当共有财物发生损失时,其不仅要承受属于自己部分财产的损失,还要承担向其他财物所有人赔偿的责任,包括向行为人赔偿所损失的价额部分,所以行为人的行为在客观上侵犯了他人的财产所有权,当达到一定数额时可以成立盗窃罪;并且行为人从其他共有人的支配之下秘密窃取共有物,其主观上具有非法占有的目的,符合盗窃罪的构成要件。②

对于盗窃数额的认定,案例二中,被告人王某牙盗窃自己与黄某牙共有的耕牛,不能将整头耕牛的价值计算为盗窃金额。被告人与黄某牙虽然对该头耕牛共

① 李丹、张荣华:《闫某与赵某房屋买卖合同纠纷上诉案——无权处分共有房产致买卖合同解除时的损害赔偿》,载《人民司法·案例》2017 年第 20 期。

② 唐煜枫、李忠:《浅析盗窃共有财产之定性》,载《理论界》2006 年第 6 期。

同拥有所有权,但双方已经明确各占一半的份额,该牛的价值是1800元人民币,因此两人各有900元的所有权。虽然耕牛是不可分之物,但所有权的份额是可分的,因此被告人盗窃的金额应认定为2900元。

延伸阅读

夫妻相盗也为罪[①]

李某与丈夫感情不和,后李某搬出家中与王某分居并准备离婚。2001年8月20日,李某回到家中,将王某婚后创作的画卷拿走。次日,王某发现画卷不见了,便到所在地公安机关报案,公安机关经过分析认为是王某所为。公安机关找到李某后,李某承认画卷是自己拿走的,但拒绝说明去向。2002年8月24日,法院判决李某与王某离婚。经鉴定,上述画卷价值人民币200万元。

夫妻共同财产能否成为盗窃罪的犯罪对象一直存在较大争议,共同所有人对共同财产能否具有"非法占有"的目的是讨论的重点之一。最高人民法院《关于审理盗窃案件具体应用法律若干问题的解释》第1条第4项规定:偷拿自己家的财物或近亲属的财产,一般可不按犯罪处理;对确有追究刑事责任必要的,处罚时也应当与在社会上作案的有所区别。所谓"自己家的财物",不外乎家庭共有财产和夫妻共同财产,从司法解释的意思来看,夫妻共同财产可以成为盗窃罪的犯罪对象,只是处罚时与普通盗窃案件有区别而已。

① 杨欣:《夫妻相盗也为罪》,载《法制博览》2017年第11期(上)。

专题八　特许物权的依法保护

要点解析

资源的合理利用是实现可持续发展战略的一个重要方面，民法典中涉及的特许物权规定是有关资源利用的一项重要法律制度，是我国可持续发展战略的法律保障。民法典明确规定了探矿权、采矿权、取水权等权利的物权性质。特许物权兼具公法与私法属性，两者融合使物权法理论发展面临新的问题。特许物权本身来源于国家公物，其依法取得需要遵守行政法规范，但其经营权实现又要受到民法的调整，适应民法的交易规则，基于特许物权的这种特殊性，实践中既要保障国家所有权的行使，又要维护特许权人的特许经营权的实现。

自然资源经营性使用权在我们国家属于用益物权，由民法和部分自然资源法调整，并保障在交易市场中交易运营。采矿权是矿产资源法律制度的重要组成部分，在行政法、民法、刑法中对产权保护和矿产资源所有权具有多种手段保护。海洋资源现已成为人类发展不可或缺的重要组成部分，海域使用权是指依法经批准获得的持续使用特定海域三个月以上的排他性特许物权。① 海域使用权的流转能有助于海洋资源的充分有序利用，也是未来海洋经济发展的重要内容。特许物权的流转保护体现了私力救济、公力救济和社会救济的保护路径，反映正义的要求和现实的需要，共同建构出资源使用权流转制度的总体框架。

关联条文

民法典

第三百二十六条　【用益物权的行使规范】用益物权人行使权利，应当遵守法

① 杨立新主编：《〈中华人民共和国民法典〉条文精释与实案分析》，中国人民大学出版社 2020 年版，第 245 页。

律有关保护和合理开发利用资源、保护生态环境的规定。所有权人不得干涉用益物权人行使权利。

第三百二十八条　【海域使用权】依法取得的海域使用权受法律保护。

第三百二十九条　【特许物权依法保护】依法取得的探矿权、采矿权、取水权和使用水域、滩涂从事养殖、捕捞的权利受法律保护。

刑　法

第三百四十条　【非法捕捞水产品罪】违反保护水产资源法规，在禁渔区、禁渔期或者使用禁用的工具、方法捕捞水产品，情节严重的，处三年以下有期徒刑、拘役、管制或者罚金。

第三百四十三条　【非法采矿罪】违反矿产资源法的规定，未取得采矿许可证擅自采矿，擅自进入国家规划矿区、对国民经济具有重要价值的矿区和他人矿区范围采矿，或者擅自开采国家规定实行保护性开采的特定矿种，情节严重的，处三年以下有期徒刑、拘役或者管制，并处或者单处罚金；情节特别严重的，处三年以上七年以下有期徒刑，并处罚金。

【破坏性采矿罪】违反矿产资源法的规定，采取破坏性的开采方法开采矿产资源，造成矿产资源严重破坏的，处五年以下有期徒刑或者拘役，并处罚金。

条文要义

用益物权一般是通过合同设立，用益物权人的义务，是依法保护、合理开发利用自然资源以及保护生态环境。用益物权人依法取得用益物权后，在行使该权利时，必须依照法律规定，保护自然资源，合理利用，保护生态环境，不得滥用权利、破坏性使用自然资源，更不得毁坏自然资源。在特许物权中，权利人取得相关的特许物权的享有、使用和收益的权利后，其权能与用益物权是一致的，需要办理登记并进行公示，符合物权的公示的原则。特许物权在受到法律保护后，任何人不得侵害。

根据民法典第247条的规定，海域属于国家所有。国家是海域所有权的唯一主体，在有关单位和个人的使用海域的申请被批准或者通过招标、拍卖方式取得海域使用权后，海域使用权人应当办理登记手续。海域使用权作为一项重要的财产权利，可以依法转让、继承。按照用海方式的不同，海域使用权可以分为：养殖、旅游娱乐、盐业、港口建设工程等类型。我国的《海域使用管理法》对海域使用权的流转进行了规范,但更偏向于公法,立法目的是“为了加强国家对海域使用的管理,维护国家海域所有权和海域使用权人的合法权益,促进海域的合理开发和可持续利用”,主要是从国家的行政管理角度进行的规定。[①] 因为海域使用权本身具有的物权性质,相应规定需由民法予以规制。

特许物权中的矿产资源属于国家所有,国家对矿产资源的使用也是按照所有权和采矿权适当分离的原则,授予特定的组织或个人开采权,并实施监督管理,禁止无证开采和超矿区范围采矿。针对非法采矿的犯罪行为,予以严厉刑事打击。

典型案例

案例一

南通某渔业有限公司诉如东县某旅游投资开发有限公司海域使用权纠纷案

2012 年 10 月 26 日,原告南通某渔业有限公司与被告如东县某旅游投资开发有限公司草签了一份补偿协议书,称因建设沿海旅游经济开发区小洋口闸西侧围垦项目占用原告使用海域面积 1023.94 亩,为原告养殖用海,根据《标准基数和等级系数》规定,被告对原告进行补偿,补偿基数为 2880 元/亩,合计 2 948 947.20 元,地上附着物补偿金额为 4 985 628.26 元。2013 年 4 月 30 日,如东方圆房地产评估事务所出具评估结果报告,称受如东沿海旅游经济开发区的委托,于 2013 年 1 月 25 日对位于栟茶北滩涂原告所建的围堤土方、池塘土方、电力设施、进排水管道、房屋及附属设施设备进行评估。之后,原告又与被告签订了第二份补偿协议书,约定被告因沿海旅游经济开发区小洋口闸西侧围垦项目占用原告使用海域面积 980.94 亩,涉及海上附着物补偿费按照评估咨询结果,补偿金额为 7 029 461 元,在协议签订后 30 天内,向原告支付 40% 补偿款项,2013 年 12 月 31 日前再支付 30%,余款在 2014 年 6 月 30 日前一次性付清。同时约定,24 日,如东县沿海经济开发区财政局翟某某在该收据上签字:按合同约定,建议支付,此事终结。庭审中,双方均认可占用海域面积为 980.94 亩,被告确认双方第二份补偿协议书已于

① 曲妍、景华强:《海域使用权制度的物权性法律分析》,载《法制与社会》2016 年第 5 期。

2014 年 7 月全部履行完毕。

原告持有的海域使用权证书系由如东县海洋与渔业局于 2008 年 12 月 10 日签发,使用期至 2009 年 12 月 31 日,其后于 2009 年和 2010 年两次变更使用期至 2012 年 12 月 31 日。原告于 2016 年 8 月 16 日向上海海事法院提起诉讼,称被告拖欠海域占用补偿款人民币 2 825 100 元(按 2880 元/亩,计 980.94 亩),请求依法判令被告支付前述海域补偿款及利息,并承担案件诉讼费用。

被告辩称,被告已向原告支付地上附着物补偿款 7 029 401 元。补偿海域使用权的前提是原告享有海域使用权,在被告开工占用涉案海域时(2013 年 2 月 2 日)原告的海域使用权证已经到期,故被告无须对原告的海域使用权进行补偿。即使原告仍享有海域使用权,补偿标准也应按照养殖证和海域使用权证的剩余时间,按规定比例计算;且原告的诉讼已经超过诉讼时效,请求驳回原告诉请。

上海海事法院认为,本案系海域使用权纠纷,原告称因其拥有使用权的海域被被告占用且未获得补偿而提起诉讼。被告应对占用原告的海域使用权进行补偿。原、被告未就评估后的占用面积补偿重新商定达成一致,应根据当地政府颁发的标准依法补偿费用。

案例二

陈某某、霍某某、黄某某等 10 人非法捕捞案

2018 年 5 月至 6 月,陈某某、霍某某、黄某某等 10 人在广州市南沙区部分水域使用自制电鱼工具进行捕捞作业,被公安机关抓获,缴获作案工具和水产品五十余公斤。经渔政部门认定,其使用的电鱼工具和电鱼捕捞方法属于国家规定禁止使用的捕捞工具和捕捞方法,实施电鱼捕捞作业时间正值珠江流域禁渔期间,且捕捞作业位置位于禁渔区域范围。经中国水产科学研究院南海水产研究所评估,陈某某等人的非法捕捞行为造成生态损失数万元。后公安机关将该案移送检察机关审查起诉。南沙区人民检察院在履行审查起诉职责中发现该系列案线索,遂作为刑事附带民事公益诉讼案件立案。2019 年 2 月,根据民事诉讼法第 55 条第 2 款,最高人民法院、最高人民检察院《关于检察公益诉讼案件适用法律若干问题的解释》第 20 条的规定,南沙区人民检察院对该系列案中 8 名被告提起刑事附带民事公益诉讼(另 2 名刑事案件被告人诉前表示愿意承担责任,未被提起附带

民事公益诉讼)。诉讼请求是:(1)判令全体被告需增殖放流不低于2.5万余元的鱼苗和成鱼,用于修复被损害的生态环境;(2)全体被告需在省级以上媒体向社会公众进行公开赔礼道歉。2019年6月4日,南沙区人民法院作出判决全部支持检察机关诉讼请求,被告均表示服判。

2019年6月5日世界环境日,检察机关就该系列案组织增殖放流活动,在人大代表、法院执行人员见证下,10名被告人亲手将7.3万尾鱼苗投放入伶仃洋海域。

解读评析

案例一中,海域使用权是特许物权,经过行政许可,因此海域使用权利的取得、转让、使用收益等方面自带行政管理特点,要注意区别判断哪些海域使用权纠纷属于用益物权纠纷,哪些属于行政权审批方面的纠纷。

在海域使用权征收补偿过程中,行政征收由行政主体决定,属于行政机关的具体行政行为;行政补偿往往通过签订合同予以实现,两方为行政主体与行政相对人,属于行政合同的范畴。但有的补偿合同签订主体中没有行政机关,是由征收机关下属的企业与海域使用权证持有人签订。实践中一般认为此类补偿合同属于平等民事主体之间签订,性质上属于海域使用权占用补偿,不属于行政合同。

本案中,被告作为政府下属企业与原告海域使用权证书持有人,系因海域使用权补偿发生的纠纷。被告与原告就占用海域事宜达成协议,并已围垦占用相关海域,无论之前是否就补偿达成过一致,原告作为海域使用权人都有权获得补偿。涉案海域于2012年即遭被告围垦占用,此时原告的海域使用权证书仍未过期,故属于提前收回海域使用权的情形,需要对原告进行占用补偿。[①]

案例二中,非法捕捞水产品罪的客体应表述为水产资源和水域生态环境这一法益。无论是渔政执法部门还是司法机关均应牢固树立本罪的客体是保护水产资源和水域生态环境这一自然环境资源的观念。随着国家相关部门宣传力度的不断加大,司法机关对环境资源法益保护的重视程度日益提升,司法机关也及时转变观念,从保护水产资源和水域生态环境法益的高度加强对非法捕捞水产品行为的查处和打击,而不是仅仅考虑非法捕捞的数额和价值金额。

---

① 刘琼、朱元达:“海域使用权占用补偿问题探析——南通大刘渔业有限公司诉如东县沿海旅游投资开发有限公司海域使用权纠纷案”,载《航海》2017年第6期。

本案中，根据民事诉讼法第55条第2款，最高人民法院、最高人民检察院《关于检察公益诉讼案件适用法律若干问题的解释》第20条的规定，南沙区人民检察院对该系列案中8名被告提起刑事附带民事公益诉讼，南沙区人民法院作出判决全部支持检察机关诉讼请求，被告均表示服判。该起案件在调查过程中探索刑事、民事一站式取证模式，制定了《非法捕捞水产品案件证据清单》提供给公安机关和相关行政主管部门，以清单形式归纳非法捕捞水产品案件刑事侦查和民事调查的取证要点，引导公安机关在侦查中着重收集捕鱼工具的规格和功率、渔船航行的轨迹和时长、渔获物的种类和重量等11类证据。对于本系列案的民事责任承担方式，检察机关审查认为以增殖放流作为赔偿金的替代手段，可以更直接、更有效地补充海洋渔业资源，是较为合理有效的生态修复方案，并依据专业评估意见，确定了增殖放流的鱼苗种类和具体数量。检察机关就该系列案组织增殖放流活动，在人大代表、法院执行人员见证下，10名被告人亲手将7.3万尾鱼苗投放入伶仃洋海域。以增殖放流替代生态损害赔偿金，及时修复海洋渔业资源，展示了恢复性司法理念的实践成果，增强了公益诉讼的生态保护实效，提升了人民群众的生态保护意识，对非法捕捞违法行为人起到较强的震慑作用。

延伸阅读

在江滩水塘电鱼是否涉嫌非法捕捞[①]

听说即将填埋的水塘底下还有鱼，翁婿二人借来电捕鱼工具前往“捡漏”，不料被联合执法队员现场抓获，鱼没尝到，还差点惹上牢狱之灾。案件被移送至湖北省武汉市江汉区人民检察院审查批捕之后，承办检察官复核现场，认定涉案鱼塘不属于禁渔区，以不构成非法捕捞水产品罪不批准逮捕吕某和张某。原来，这个特殊的鱼塘位于长江与朱家河河口江滩，距离朱家河100米左右，且有一条水渠和朱家河连通。执法机关认为，朱家河作为府河分支，属于长江支流，应当适用禁渔期相关规定：根据武汉市《关于实施2019年长江禁渔期制度的通告》，2019年3月1日至6月30日，长江汉南区新河口以下至新洲区举水河口江段及通江支流

① 周晶晶、付静宜：《在江滩水塘电鱼是否涉嫌非法捕捞？检察官勘查现场后作出不批捕决定》，载《检察日报》2019年7月9日，第4版。

禁止所有捕捞作业。按照上述规定,涉案鱼塘因与禁渔水域连通,也被自然划归禁渔区。而吕、张二人违反保护水产资源法规,在禁渔期、禁渔区,使用法律禁用的工具捕鱼,涉嫌非法捕捞水产品罪。事实果真如此吗? 随着审查深入,更多关于涉案鱼塘的细节浮出水面。原承包人吴先生的证词表明,2006 年,他与堤防管理部门签订协议,承租谌家矶东堤的一处滩洲用于种菜。之后,他又在江滩几处低洼地投资修建塘埂,人工扩建 5 个鱼塘,在长江枯水期放苗养鱼,涉案鱼塘属于其中之一,面积约 10 亩左右。2014 年因政策原因,该滩洲不能再续租,但养殖活动仍未停止。直至今年 3 月认定鱼塘是否属于禁渔范围关系罪与非罪,而侦查机关提供的证据材料有限。实地调查有助于对案发地自然属性、空间方位、环境关系有更直观的认识。为了打消疑虑,弥补书面审查的局限性,承办检察官前往鱼塘现场勘查并拍照取证。"鱼塘形状规整,人工挖掘痕迹明显,可以排除自然形成;水渠边的泥土很新,一看就是新开掘的,证明鱼塘不是自然与朱家河相连。"承办检察官现场分析道,"案发现场情况及获取的证据印证了吴先生的说法,与收集到的童先生、吕某女儿证言及犯罪嫌疑人供述相互印证,证实了水塘系人工扩建而成、其中的水产品确系人工养殖,不属于长江渔业资源的事实。"综合全案证据,承办检察官审查认定涉案鱼塘系独立于长江江段及支流的人工挖掘池塘,不属于禁渔区,犯罪嫌疑人吕某、张某使用禁用的工具在人工养殖池塘非法捕捞水产品的行为不构成犯罪,依法不批准逮捕二人。

专题九　土地承包经营权流转中的民事刑事责任承担

要点解析

随着我国工业化、信息化、城镇化和农业现代化进程的发展，农村劳动力大量转移，农业物质技术装备水平不断提高，农户承包地流转明显加快。正是在这种背景下，党中央提出探索“三权分置”改革。“三权分置”改革的核心问题是家庭承包的承包户在经营方式上发生转变，即由农户自己经营，转变为将承包地流转给他人经营，实现土地承包经营权和土地经营权的分离。这对于放活农村土地经营权、增加农民收入、提高农业生产效率具有重要意义，是我国土地管理制度的重要组成部分。农村集体土地使用权的流转有着严格的程序要求，然而随着我国经济的快速发展，近年来非法转让土地使用权的案件时有发生。作为农村集体土地的管理者，村民委员会在土地流转过程中起着重要作用，但涉嫌非法转让土地使用权罪而被立案侦查的案件却逐年增长。

关联条文

民法典

第三百三十四条　【土地承包经营权的互换、转让】土地承包经营权人依照法律规定，有权将土地承包经营权互换、转让。未经依法批准，不得将承包地用于非农建设。

第三百三十九条　【土地承包经营权的流转方式】土地承包经营权人可以自主决定依法采取出租、入股或者其他方式向他人流转土地经营权。

刑　法

第二百二十八条　【非法转让、倒卖土地使用权罪】以牟利为目的，违反土地管理法规,非法转让、倒卖土地使用权,情节严重的,处三年以下有期徒刑或者拘役,并处或者单处非法转让、倒卖土地使用权价额百分之五以上百分之二十以下罚金;情节特别严重的,处三年以上七年以下有期徒刑,并处非法转让、倒卖土地使用权价额百分之五以上百分之二十以下罚金。

条文要义

土地承包经营权人有权将土地承包经营权互换、转让,但是必须依照法律规定,且不得将承包地用于非农建设。这里的依照法律规定,主要就是依照农村土地承包法的相关规定。土地承包经营权的转让,应当根据土地的原有用途使用土地,不得改变承包地的原有用途。承包地应当用于种植业等农业生产,不得改变农用土地的用途将其用于非农业建设,比如不得在承包地上建窑、建坟或者擅自在承包地上建房、挖砂、采石、取土等。

承包方取得土地承包经营权这种用益物权后,除自己经营外,还可以通过与他人签订合同,将土地经营权流转给他人,由他人经营。承包方采取出租、入股或者其他方式流转土地经营权后,受让方作为土地经营权人有权在合同约定的期限内占有农村土地,自主开展农业生产经营并取得利益。然而在实践中,农村集体土地使用权的流转曾一度严重失控,非法流转的现象时有发生。

非法转让土地使用权是指土地使用权人未按法律规定的条件和程序将土地使用权转移给受让方的行为,包括出售、交换和赠与。刑法将“以牟利为目的”规定为犯罪构成要件,要求行为人主观上具有明知的故意,具体就非法转让土地使用权罪而言,还应查清行为人转让土地使用权时的背景,其转让土地的次数、规模大小、土地类别及是否获利或将要获利的情况,以此来综合分析行为人是否“以牟利为目的”。①

---

① 黎军、杨文滔:《非法转让农村集体土地使用权刑事案件若干问题探析》,载《时代法学》2011 年第3 期。

典型案例

案例一

陈某洪与刘某富等土地承包经营权转让合同纠纷案

原告陈某洪系国家财政供养退休教师，被告刘某富、段某莲夫妇系农村居民。陈某洪与刘某富、段某莲协商，在二被告承包的该土地上修建生基坟墓。该土地系刘某富之父刘某（已死亡）为家庭承包户承包所得。二被告同意后，陈某洪按照修生基坟围岸的工时、材料费共计7000元的价格承包给被告杨某明。杨某明组织施工人员将生基坟围岸建好并经陈某洪验收后，陈某洪拿出事先打印好的《土地永久性使用权出让合同》，三方当事人各自签名捺指印。该合同载明，陈某洪一次性付清土地款，杨某明为此合同保证人。现陈某洪以双方签订的《土地永久性使用权出让合同》属无效合同为由，要求三被告返还其土地转让款及其他相关款项。法院认为：涉案合同当属无效合同，由被告刘某福、段某莲返还原告陈某洪土地转让款并将所占土地恢复原状，所需费用由原告陈某洪自行承担。二审法院维持原判。

案例二

王某新等非法转让、倒卖土地使用权案

2007年3月1日，时任济南市历城区王舍人街道某村党总支部书记王某新在村数次组织召开村党总支会议和全体党员、村民代表大会研究后，在未向国家土地主管部门办理完毕相关土地手续的情况下，以王舍人街道委员会的名义，与原济南市山松运输有限公司签订"意向书"，同年8月28日签订"联营合同"，双方约定将村以东、工业北路以南地域以"承包""联营"的形式有偿交付给山松公司使用，兴建汽车销售及配件市场。山松公司每年按合同约定支付土地使用费。后山松公司在未向国家土地主管部门办理相关土地转让、占用手续，未改变土地性质的情况下，占用上述土地建设汽车检测线项目、汽车综合市场、汽车维修车间和展厅、汽车4S专卖店并投入使用，造成涉案大部分土地硬化，无法复耕。法院判决

济南市历城区王舍人街道办事处某村民委员会、王某新犯非法转让土地使用权罪。

解读评析

1. 非法流转土地承包经营权的民事责任承担。

土地承包经营权可以通过互换、转让的方式进行流转。进行互换、转让的，当事人双方应当签订书面合同。土地承包经营权人还可以通过出租、入股或者其他方式向他人流转土地经营权。土地经营权的客体是农村土地，农村的建设用地如宅基地则不能成为土地经营权的客体。《土地管理法》第 37 条第 2 款规定："禁止占用耕地建窑、建坟或者擅自在耕地上建房、挖砂、采石、采矿、取土等。"《农村土地承包法》第 11 条规定："农村土地承包应当遵守法律、法规，保护土地资源的合理开发和可持续利用，未经依法批准不得将承包地用于非农建设。"第 33 条第(2)项规定："土地承包经营权流转应遵循以下原则：'不得改变土地所有权的性质和土地的农业用途'。"

案例一中，原告陈某洪在被告刘某富、段某莲承包经营的土地上修建永久性生基坟墓而签订《土地永久性使用权出让合同》，其已建成的生基坟围岸改变了土地的农业用途，不符合农村土地承包法和民法典规定的土地承包经营权可流转的情形。该合同违反了法律、行政法规的强制性规定，属无效合同，不受法律保护。原告陈某洪身为财政供养人员，明知国家法律、行政法规规定不准在耕地上修建坟墓，仍与被告签订合同，在二被告的承包耕地上修建了生基坟围岸；而被告刘某富、段某莲同样明知提供给原告修建生基坟围岸的土地系集体经济组织发包给其的承包地，未经依法批准，不得作为非农建设，仍与原告签订合同，让原告在其承包的土地上修建了生基坟围岸，造成土地转让合同无效，原告和被告均有过错，双方应各自承担相应的责任。

2. 非法流转土地承包经营权的刑事责任承担。

非法转让土地使用权是指未经国家土地主管部门批准，私自将土地使用权转让给他人使用的行为。非法转让土地使用权需承担的民事责任包括合同无效、恢复原状、赔偿损失等，如果当事人以牟利为目的，情节严重，则可能涉嫌非法转让土地使用权罪。

非法转让土地使用权罪侵犯的客体是国家的土地管理秩序和土地使用权，此罪中的"转让"是承包经营权的彻底流转，不包括出租、转包等形式，转让后原承包权人与该地无任何关系。在判断当事人双方签订的合同性质时，应缩小"转让"的范围，比如仅将部分权能"经营权"转让出去，而原有承包关系不变，则不宜定罪起诉，应当结合主观故意、造成的危害后果等因素进行综合分析。在农村实际经济生活中，当事人双方签订的合同往往存在用词模糊的情况，"转让""转租""转包"等词语混同使用，仅从合同文本来看，难以区分双方想要成立的是土地承包经营权的转让还是转租合同。此时判断合同的性质时，应抓住原有承包关系是否会发生变更这一核心，结合承包费用的缴纳主体、土地受让人的经营目的等因素综合分析判断。①

案例二中，某村委会在转让土地时主观上明知山松公司使用涉案土地的目的为非农业建设，其出租行为指向的是涉案土地的使用权，是将涉案土地的使用权交付山松公司进行有偿使用，该行为使土地使用权利发生了转移，且双方约定使用期限长达 30 年，行为实质就是转让土地使用权。故某村委会在意向书、联营合同、合同书中无论是以"承包"还是"联营"为名，或庭审中一再主张的"出租"，都改变不了其将土地使用权有偿转让给他人使用的事实。王某新作为被告单位直接负责的主管人员，代表本村具体组织实施了非法将本村集体土地转让给他人使用的行为，非法转让土地使用权罪成立。

延伸阅读

"土地承包经营权"能否作为遗产继承?②

近日，秦安县人民法院西川法庭审理了一起土地承包经营权继承纠纷。两被继承人王某甲（已故）、李某（已故），婚后育有王大某、王小某。王小某是一个精神分裂者，成年后娶妻蔡某，二人育有王某一、王某二。现王大某以享有对两被继承人的承包地的继承权为由，诉请法院要求二被告王小某、蔡某返还耕地。

1980 年第一轮土地承包时，王大某与两被继承人及王小某一起生活，王某甲

① 李存海、韩菲、王珑瑛:《违法转让承包地构成刑事犯罪吗?》，载《中国自然资源报》2018 年 5 月 12 日，第 7 版。

② 《"土地承包经营权"能否作为遗产继承?》，载 http://k. sina. com. cn/article_3177450665_bd640ca902000w3e3. html。

家庭4口人承包了所在村集体的土地。1995年王大某与两被继承人、王小某分家,将王大某分出,两被继承人与王小某一起共同生活,原有承包地也进行了分割;部分由王大某承包,部分由两被继承人及王小某继续承包。后王小某娶妻蔡某,生育王某一、王某二。第二轮土地承包时,秦安县人民政府于1999年1月1日给被告蔡某家颁发了《甘肃省农村土地承包经营权证书》,该证仅载明5人,承包地3.44亩,对地块等其他内容未详细记载,经原、被告所在地的村委会主任证实这5人是王某甲、李某、王小某、蔡某、王某一。被继承人王某甲生前与李某及二被告一起生活,王某甲于2017年11月亡故后,经原、被告双方协商由王大某照顾李某,两被告定期给付赡养费。2019年1月王大某将李某的户口转至自己户口上,2019年2月因家庭矛盾,王大某的妻子将被继承人李某用榔头打死(已另案处理)。经审理,法院驳回原告的全部诉讼请求。

以家庭方式获得的土地承包经营权不能作为遗产继承。根据《农村土地承包法》第16条的规定,家庭承包的承包方是本集体经济组织的农户,其本质特征是以本集体经济组织内部的农户家庭为单位实行农村土地承包经营,故承包地所有权归村集体所有。土地承包经营权是以家庭为单位的承包户对承包地享有共同管理、经营、收益的权利,而不属于某一个家庭成员,不属于个人财产,不具有继承法意义上的财产性质,不能继承。承包户中部分成员死亡,但承包户中还有其他成员存在的,由该户现存的成员对承包地"继续承包",而"继续承包"不能等同于继承。故本案中被继承人李某生前虽在王大某家生活了一年,但该事实并不能引起其在二被告户内土地承包经营权变更至王大某户内的后果,两被继承人生前所依附的户内土地,并不能因此二人的亡故而由户外人对该土地的承包经营权进行继承,二人去世后,在农村集体经济组织按照法律、国家政策没有对原承包土地进行调整前,应由户内其他成员继续耕种。

专题十　建设用地土地使用权的物权保护与刑事司法处理

要点解析

用益物权中一个重要权利就是建设用地使用权，它标志着我国的土地利用从无偿到有偿转变的实现。在我国，城市和农村土地所有权的归属决定了国家和集体也拥有土地上下空间的所有权，个体如果要取得对土地及上下空间的使用权只能通过设定建设用地使用权等用益物权的方式。出让人通过设立建设用地使用权，使建设用地使用权人对国家所有的土地享有了占有、使用和收益的权利，建设用地使用权人可以利用该土地建造建筑物、构筑物及其附属设施，建设用地使用权的概念完全可以解决对不同空间土地的利用问题。但建设用地使用权不是随便设立的，民法典对建设用地使用权的设立制定了新的规定，它的设立必须以符合节约资源、保护生态环境的要求，遵守法律、行政法规关于土地用途的规定，不得损害已设立的用益物权为前提。因此，建设用地使用权在出让合同、使用效果方面容易发生争议。建设用地使用权涉及的刑事犯罪主要包括非法低价出让国有土地使用权罪、非法转让、倒卖土地使用权罪等。在刑民交叉问题上，民事合同效力与构成刑事犯罪之间是否存在必然联系有较多争议，实践中有即便土地使用权转让合同合法有效，当事人的行为仍可能构成刑事犯罪的案例。[①] 刑法第228条规定的非法转让、倒卖土地使用权罪，是指未经批准而将土地使用权转让或者倒卖给他人。例如，未经土地管理机关批准改变土地性质而转让，就是一种非法转让，可以构成本罪。而非法倒卖土地使用权罪，是指以牟利为目的，以低价获得

---

① 穆耸、李佳新、卓乐：《不符合法定条件转让土地使用权的罪与非罪——〈刑法〉第二百八十八条非法转让、倒卖土地使用权罪适用的困惑与思考》，载 http://www.zhonglun.com/Content/2016/10-11/1530428519.html。

土地使用权，然后加价予以卖出的行为。这种非法倒卖土地使用权的行为，是未经国家土地管理机关批准的，并且是侵犯国家土地管理制度的，因而构成本罪。①

关联条文

民法典

第三百四十六条 【建设用地使用权的设立原则】设立建设用地使用权，应当符合节约资源、保护生态环境的要求，遵守法律、行政法规关于土地用途的规定，不得损害已经设立的用益物权。

第三百四十七条 【建设用地使用权出让方式】设立建设用地使用权，可以采取出让或者划拨等方式。

工业、商业、旅游、娱乐和商品住宅等经营性用地以及同一土地有两个以上意向用地者的，应当采取招标、拍卖等公开竞价的方式出让。

严格限制以划拨方式设立建设用地使用权。

第三百五十一条 【建设用地使用权人支付出让金等费用的义务】建设用地使用权人应当依照法律规定以及合同约定支付出让金等费用。

刑 法

第二百二十八条 【非法转让、倒卖土地使用权罪】以牟利为目的，违反土地管理法规，非法转让、倒卖土地使用权，情节严重的，处三年以下有期徒刑或者拘役，并处或者单处非法转让、倒卖土地使用权价额百分之五以上百分之二十以下罚金；情节特别严重的，处三年以上七年以下有期徒刑，并处非法转让、倒卖土地使用权价额百分之五以上百分之二十以下罚金。

条文要义

建设用地使用权是用益物权，由自然人、法人、非法人组织对国家所有的土地享有的占有、使用和收益，建造并经营建筑物、构筑物及其附属设施的权利。建设用地使用权的法律特征如下：(1)建设用地使用权以开发利用、生产经营和社会公益事业为目的；(2)建设用地使用权的标的物为城镇国家所有的土地；(3)建设用地使用权人使用土地的范围限于建造并经营建筑物、构筑物及其附属设施；(4)建

① 陈兴良：《刑民交叉案件的刑法适用》，载《法律科学(西北政法大学学报)》2019年第2期。

设用地使用权的性质是地上权，是使用权人在国有的土地上设立的地上权。①

建设用地使用权出让的方式包括有偿出让和无偿划拨。有偿出让是指出让人将一定期限的建设用地使用权出让给建设用地使用权人使用，建设用地使用权人向出让人支付一定的出让金。我国现行的土地使用权出让形式主要有四种：协议出让、招标出让、拍卖出让以及实践中常见的挂牌出让。尽管各种出让的形式在具体程序上各有不同，但共性有三点，即确定出让地块，经过或协议或招标、拍卖、挂牌的程序与使用权受让方达成协议，签订土地使用权出让合同。② 划拨是无偿取得建设用地使用权，须由县级以上人民政府依法批准。

刑事领域中，自然人或者单位，以牟利为目的，违反土地管理法规，转让、倒卖国有土地使用权，严重破坏国家对土地使用权的正常管理制度和公平的土地使用权市场交易秩序的行为即构成非法转让、倒卖土地使用权罪。在关于国有建设用地使用权交易的刑事犯罪中，具体的犯罪构成要件还需要参照其他法律条文、司法解释或者专门性法律条文加以确定。在非法倒卖、转让土地使用权的罪名中，以“倒卖”为手段的非法转让，其目的具备了违法性，而一般意义上的非法转让行为是在转让的过程中手段或程序违法，二者都属于非法转让土地使用权的范畴。③

典型案例

案例一

威海市文登区某镇人民政府、威海经济技术开发区某置业有限公司确认合同无效纠纷案

威海市文登区某镇人民政府与威海经济技术开发区某置业有限公司签订协议书，就某项目区的投资开发事宜达成初步意向，约定对于土地出让价格、付款方

---

① 杨立新主编：《〈中华人民共和国民法典〉条文精释与实案全析》，中国人民大学出版社2020年版，第485页。

② 郑汉印：《国有建设用地使用权出让法律性质的思考》，载《陕西教育（高教）》2015年第3期。

③ 盛美军、徐刘琴：《非法转让、倒卖国有土地使用权刑事案件研究》，载微信公众号“长春检察”2019年1月22日，https://mp.weixin.qq.com/s?src=11&timestamp=1628493883&ver=3241&signature=pR*SXceGx9d7XLpSoRHTeY7ETRCFSYRd-AwK4LS7i*WDJoWove4mkiyaPXLEXUVBUairq58ty9Yn*xjYj-c3alr6B21SgCQZuNpjJTHc5pp5e70PZCBgKecI7n9XtKP1&new=1。

式等事宜另行签订正式合同文本。协议签订后，某公司按约定支付保证金。后某公司与某镇政府签订项目开发合同，约定由某公司出资在某镇政府提供的土地上进行某镇海滨风景名胜区的建设，土地用途为商住。签订合同后，某公司按某镇政府指定账户（该账户已经国土局认可）多次支付合同定金。此后，双方发生纠纷，某公司向法院起诉，请求确认双方签订的项目合作开发合同无效，返还某公司已经支付的部分款项并支付利息。一审法院判决威海经济技术开发区某公司与威海市文登区某镇人民政府签订的开发合同无效，威海市文登区某镇人民政府于判决生效之日起十日内向威海经济技术开发区某公司返还700万元，并按照中国人民银行银行同期贷款利率支付自起诉之日至判决确定履行之日止的利息。二审法院认为双方签订的合同违反了相关法律的强制性规定，属于无效合同，因该合同取得的财产，应当予以返还。故判决驳回上诉，维持原判。①

案例二

尹某非法转让土地使用权罪

尹某经人介绍，与时任怀化市离休退休干部休养所所长马某辉商议后，决定联合开发怀化市军休所名下怀化市鹤洲路××号地块，该地块系国有划拨土地，尹某缴纳土地出让金后，到怀化市国土局为怀化市军休所办理了划拨地转出让地手续。后尹某成立某公司专门开发该项目并与怀化市军休所签订合同及协议书，约定相关事宜。之后尹某在未告知怀化市军休所及44户住户的情况下，以转让某公司股权、变更公司法定代表人的手段，将某公司全部股权及土地使用权进行非法转让。怀化市鹤城区人民检察院以非法转让土地使用权罪起诉至怀化市鹤城区人民法院，法院认为尹某违反国家相关法律规定，以牟利为目的非法转让土地使用权，作出尹某非法转让土地使用权罪的判决，判处有期徒刑2年并处罚金200万元，其违法所得予以继续追缴。

---

① 杨立新主编：《〈中华人民共和国民法典〉条文精释与实案全析》，中国人民大学出版社2020年版，第490页。

解读评析

1. 如何合法进行国有建设用地使用权交易。

土地使用权的出让,是指土地管理部门作为出让方将国有土地使用权在一定年限内让与受让方,受让方支付土地使用权出让金。法律规定土地使用权出让合同应当由市、县人民政府土地管理部门与土地使用者签订,否则签订的土地使用权转让合同无效。土地使用权受让方在签订合同时一定要确认土地出让方是否具备土地使用权出让的主体资格。同时,土地使用权的出让或转让用于商业、旅游等经营用地需经招标、拍卖等相应的程序,并不能以协议方式直接转让或者划拨。此外,我国对土地使用权出让或转让的监管加强,各地方对土地使用权的出让或转让监管强度存在差异,在进行土地使用权转让时,时刻关注该地方出台的相关文件,遵守相关法律法规,确保转让或出让合同的有效性。

案例一中,涉案土地系用于海滨风景名胜区建设,属于商业、旅游、娱乐等经营性用地,应当采取招标、拍卖等公开竞价的方式出让,而涉案合同双方以协议方式出让土地,违反了国家强制性法律规定,应为无效合同。无效合同中,因该合同取得的财产,应当予以返还;不能返还或者没有必要返还的,应当折价补偿。有过错的一方应当赔偿对方因此受到的损失,双方都有过错的,应当各自承担相应的责任。①

2. 国有建设用地使用权非法交易的刑事认定。

在土地所有权争议案件中,往往存在形式上看似民事法律行为,实质上属于刑事犯罪行为或者形式上看似刑事犯罪行为,实质上属于民事法律行为的情况。在这种情况下,应当严格区分刑事犯罪和民事不法的性质。案例二中,公司股东采取转让股权的方式转让土地使用权,由于股权的转让,公司股东发生变更,土地权益随之发生变化。土地使用权涉及的刑事罪名,与民事法律关系之间存在密切的关联性,正确地认定民事法律关系对于犯罪性质的判断,包括明确此罪与彼罪之间的界限具有重要意义。②

尹某房地产公司系尹某为取得涉案土地使用权而设立的公司,没有其他经营项目,实际股东和经营管理者仅尹某本人,主要资产仅为涉案土地,且该土地尚未

---

① 杨立新主编:《〈中华人民共和国民法典〉条文精释与实案全析》,中国人民大学出版社 2020 年版,第 490 页。

② 陈兴良:《刑民交叉案件程序与实体处理规则》,载《检察日报》2019 年 8 月 19 日,第 3 版。

实质性开发，其转让公司全部股权的目的在于规避法律禁止性规定，实质即为非法转让国有土地使用权，且其从中实际获利，获利数额有相关证据证明。因此，原审法院认定尹某违反国家土地管理法规，以牟利为目的非法转让土地使用权，构成非法转让土地使用权罪。

在非法转让、倒卖土地使用权案件中，公司股东采取转让股权的方式转让土地使用权，是否构成本罪，这是在司法实践中长期存在争议的一个问题。有关转让行为是否认定为非法转让、倒卖土地使用权罪，应当由司法机关根据具体案情依法确定。违反土地管理法规等规定转让土地使用权的行为，当然属于违法行为，但并不能将这些违法行为统一作为犯罪处理。以公司股东转让股权的方式转让土地使用权的行为，存在一种实质判断的观点，认为这是以转让公司股权之名行非法转让土地使用权之实，是一种变相非法转让、倒卖土地使用权的行为，否则，犯罪分子就会以此逃避法律制裁。这种观点在我国司法实践中具有一定的代表性。① 但是要确定构成刑事犯罪，需要对行为人的行为进行实质判断，即在何种情况下，可以将某一形式上的具备民事行为要素的转让土地使用权的行为判断为实质上的犯罪行为。

以股权转让方式在不满足规定条件下转让土地使用权的，无论是直接买卖土地，还是以其他形式非法转让土地，其仅为形式上的不同，实质均一样，即非法转移土地权利而获利。② 在司法实践中还存在无罪判决的情形，以股权转让的方式获得土地使用权多是为了绕过有关监管部门的监管，同时逃避土地增值税、营业税、契税等相关税项的征收，其虽然是违反法律规定的，但是不能一言以蔽之，“一刀切”地将其划入违法犯罪的行列，因为部分以股权转让方式转让土地使用权的行为，符合公司法股权转让的规则和原则，因此，利用刑法将其定罪并进行规制并不合理。③

---

① 陈兴良：《刑民交叉案件的刑法适用》，载《法律科学（西北政法大学学报）》2019 年第 2 期。

② 邹清平：《非法转让、倒卖土地使用权罪探析》，载《法学评论》2007 年第 4 期。

③ 朱岳、任雨薇：《“以股权转让方式转让土地使用权”之行为认定》，载 http://www.east-concord.com/zygd/Article/201912/ArticleContent_1494.html。

延伸阅读

建设用地使用权续期问题[1]

2001 年,深圳国际商业大厦建设用地使用权到期事件让建设用地使用权续期问题第一次以实际的表现形式进入人们的生活。2009 年,在青岛阿里山小区住宅建设用地使用权到期事件中,由于相关法律条例的不完善,政府部门无法进行妥当处理。此后大连金山区、深圳等地的住宅纷纷陷入相似困境。

根据民法典第 359 条的规定:"住宅建设用地使用权期限届满的,自动续期。续期费用的缴纳或者减免,依照法律、行政法规的规定办理。非住宅建设用地使用权期限届满后的续期,依照法律规定办理。该土地上的房屋以及其他不动产的归属,有约定的,按照约定;没有约定或者约定不明确的,依照法律、行政法规的规定办理。"对于建设用地使用权期限,不同的取得方式、不同的使用用途均有不同的规定。对于公众来讲,住宅代表居民安身立命的追求,也是终生积蓄所在,是政府长期所强调的生存权和发展权的基础。在考虑居民福利性的基础上,住宅续期制度为自动续期,不存在期限届满而消灭的问题。虽然应当续多长时间,续期是否需要缴纳费用,没有给出具体解决方案,但是也说明了只有法律和行政法规才能予以规定。有学者认为,住宅建设用地使用权是一次取得永久使用的永久性用益物权,70 年期满自动续期后,应当以地产税的方式替代缴纳费用。

---

① 林雪妮、刘晓英:《居民住宅建设用地使用权续期意愿分析》,载《国土与自然资源研究》2019 年第 6 期。

专题十一　居住权对当事人居住权益的保障问题

要点解析

居住权，是指自然人对于他人所有的房屋及其附着物所享有的占有、使用的用益物权。居住权是为特定自然人基于生活用房而设立的物权，其具有人身性。在民法典中确立居住权制度是对现实需求的回应，现今司法案例中居住权具体表现在：一是在继承纠纷中，被继承人通过遗嘱分割居住使用权及房屋所有权；二是在赡养纠纷中，有当事人协议约定设立居住权和法院判决设立居住权两种表现；三是在离婚纠纷中，设立居住权以帮助生活困难的一方；四是在分家析产纠纷中，通过分家协议确立居住、使用权和所有权归属。因此居住权的新设制度是以回应现实为导向的。[①] 让同居者有基本的居住保障、保证居住安全是居住权最初设立的目的。在民法典物权编中法定居住权可以为弱势群体提供最低的居住保障。在构建中国特色社会主义和谐社会的趋势下，法定居住权制度对于老弱妇孺等弱势群体能够带来一定的生活保障，具有一种制度保障功能，有利于创造和谐、文明的社会。在司法实践中，法定居住权的立法使在判决一方无房时仍可以暂时居住原来的房屋有法可依，使其在现实中具有可行性。

对于居住权受到侵害的情况，原本受侵害人只能向侵害人请求侵权损害赔偿，而若要继续保障居住权人在原房屋中的居住利益则非常困难，而民法典设定物权性的居住权可以基于其对世性而请求法院判决继续对原房屋享有居住权。因此，作为物权的居住权在维护当事人权益的基础上具有制度上的优势。

---

① 辜明安、蒋昇洋：《我国〈民法典〉设立居住权的必要性及其制度构造》，载《西南民族大学学报（人文社会科学版）》2020 年第 2 期。

关联条文

民法典

第三百六十六条 【居住权人的用益物权】居住权人有权按照合同约定，对他人的住宅享有占有、使用的用益物权，以满足生活居住的需要。

第三百六十八条 【居住权的登记要件主义】居住权无偿设立，但是当事人另有约定的除外。设立居住权的，应当向登记机构申请居住权登记。居住权自登记时设立。

第三百六十九条 【居住权流转的禁止性规定及例外】居住权不得转让、继承。设立居住权的住宅不得出租，但是当事人另有约定的除外。

第三百七十一条 【以遗嘱设立居住权的法律适用】以遗嘱方式设立居住权的，参照适用本章的有关规定。

刑 法

第二百四十五条 【非法搜查罪；非法侵入住宅罪】非法搜查他人身体、住宅，或者非法侵入他人住宅的，处三年以下有期徒刑或者拘役。

司法工作人员滥用职权，犯前款罪的，从重处罚。

条文要义

居住权，是指自然人依照合同的约定，对他人所有的住宅享有占有、使用的用益物权。居住权在民法和公法上的含义并不相同，公法上，国家保障人人有房屋居住的权利也叫居住权（或住房权）。居住权在我国历史上没有通过法律规定过，但其存在是必要的，具体表现在：充分发挥房屋的效能；充分尊重所有权人的意志和利益；充分体现自然人之间互帮互助，利于家庭职能的发挥。居住权是用益物权，具有特殊属性，居住权人对于权利客体即住宅仅享有占有权和使用权，不享有收益权，比如不可对只有居住权的住宅进行出租等营利行为。居住权作为物权的一种，与所有权的区别表现在：处分权不在居住权的权利范围内，因此居住权不能继承或者转让，也就不存在按份共有。居住权可以通过遗嘱或者合同两种方式设立，其通常采用登记发生主义的方式设立，居住权只有登记才能设立。居住权与租赁权的区别在于，居住权是物权，租赁权是债权，二者性质不同，如果不对居住权采用登记发生主义，可能会与租赁权相混淆。

对于居住权的保护，一方面是保障当事人基本的生活水准，另一方面从公法的角度来讲，是保护当事人的基本人权和自由。实践中不乏因居住权引发的纠纷或者侵犯公民权利的刑事案件。例如非法侵入住宅罪，是指违背住宅内成员的意愿或无法律依据，进入公民住宅，或进入公民住宅后经要求退出而拒不退出的行为。我国刑法没有独立将“拒不退出”行为列为“不退去罪”，而是以非法侵入住宅的形式在实践中得以体现，故消极的不退出行为也应视为“侵入”的一种方式。所谓“侵入”，是指未经住宅权人许可，无法律依据，且不具备违法阻却事由，通过合法或者非法的方式进入他人住宅，经住宅权人要求退出却拒绝退出的行为。非法侵入住宅罪从表面上看是保护住宅，其本质是保护住宅内公民私生活的自由和安宁。当对这种权利的保护需要动用最严厉的刑法时，必然要求侵害行为的社会危害性达到了相对严重的程度，这也符合刑法适用上的谦抑原则。

典型案例

案例一

张某三诉张某一用益物权确认案

王某林与张某辉婚后共生育六名子女，分别为长子张某一、二子张某二、三子张某三、长女张甲、次女张乙、三女张丙。涉案的 10 号房屋为北房五间，原告张某三自出生起即居住于该房屋，至 2005 年之前，原告居住使用北房西数第三间、第四间。2005 年后原告偶尔在此居住。

原告欲证明 1984 年，原告等兄弟姐妹系因被告张某一承诺其他兄妹可以继续居住使用涉案 10 号房屋，才依据被告的要求签署了放弃继承的声明，被告因此取得了涉案房屋的所有权。2003 年至 2016 年，被告每年给付原告 105 号、107 号房屋部分租金收益 1 万元。被告仅认可每年给付原告部分租金收益 1 万元，不认可曾承诺允许原告一直居住使用涉案房屋。原告请求法院判决确认其对 10 号房屋北房第三间、第四间有权居住、使用。

案例二

季某指挥他人非法侵入他人住宅案

北京某房地产公司委托被告人季某清理北京市朝阳区××小区小三楼三层的住户。2016年7月18日10时许，季某指挥三十人左右，使用暴力手段强行进入小三楼三层刘某、宋某、王某1等八户居民家中，强行将屋内人员带至楼外，强行将部分住户家中的物品搬出，期间将宋某打伤。经鉴定，宋某身体所受损伤程度不构成轻微伤。后被告人季某被公安机关抓获归案。一审法院认定上述事实的证据有：被害人刘某、王某1、张某1、宋某等人的陈述、辨认笔录，证人王某2、申某、高某、张某2的证言，监控视频、现场勘验检查笔录及照片、诊断证明书及法医学鉴定意见书、价格评估结论书，北京联合收割机发展集团住房协议书，北京市第二中级人民法院(2005)二中民破字第6623号裁定书及附件，北京市东城区人民法院(2011)东执字第2557－2号执行裁定书，房屋租赁合同，朝阳区住房和城乡建设委员或建筑工程施工许可证，"110"接处警记录、到案经过，被告人季某身份证明、被告人季某在侦查期间的供述等。

解读评析

案例一中，张某三与张某一达成使用案涉房屋的口头合同，并以此为由要求确认其有案涉房屋的居住权和使用权。但依法律规定，主张合同成立并生效的一方当事人对合同订立和生效的事实承担举证责任。张某一否认曾经承诺允许张某三一直居住、使用案涉房屋时，张某三只提供了张甲、张乙的证人证言证明张某三所述的与张某一的口头合同订立和生效的事实，但张甲、张乙和本案存在利害关系，因此二人的证人证言法院不予采信。虽然张某一曾将105号、107号房屋的部分租金收益交给张某三，但是上述两房屋不是本案的诉争房屋，张某一给付105号、107号房屋租金的行为无法对当事人就诉争房屋的使用达成口头协议进行直接证明。张某一辩称其允许张某三在2005年之前一直居住和使用案涉房屋是基于亲情，此情况不能说明张某一与张某三之间就案涉房屋的使用达成了口头协议，所以张某三对案涉房屋是否有权居住和使用无法确认。审判实践中，居住权以法律形式设定前，允许房屋的所有权人以订立合同的方式，在自己所有的不动产上为其他人设定居住权益。如果合同是口头约定，则由主张有口头合同的当事人承担举证责任。当事人需要注意保存相关证据，如果难以举证证明，法院对当事人是否享有涉案房屋的居住权和使用权将无法确认。通过司法案例的实证考察，发现实践中的确存在设立居住权的现实需求，且此现实需求不仅取决于民事主体的意思自治范围，还为法院对纠纷解决的裁决所证实。实践中诸多违反协议、违反承诺排除和干扰居住权人房屋居住权利的实例，足以表明物权性居住权存在的必要。

案例二中，季某受北京某房地产公司的领导李某某委托，清理北京市朝阳区××小区小三楼三层的住户，××小区小三楼三层住户都是非法占有他人财产的侵权人，季某作为北京某房地产公司的工作人员，在案发时带领其他相关人员对楼内住户进行了劝离，其行为属于履职行为。法院认为季某法制观念淡薄，指挥他人使用暴力手段强行进入他人住宅，将他人强制带离家中，并强行搬出部分住户家中的物品，主观上存在非法侵入他人住宅的故意，有侵害他人住宅安全的目的，且对住户造成了人身危害，其行为构成非法侵入住宅罪。

宪法规定公民的住宅不受侵犯，1979 年刑法明确规定了非法侵入住宅罪及其罪状，非法侵入他人住宅行为的入刑充分体现了对住宅保护的重视，但保护住宅只是宪法规定的外在形式，其本质是保护住宅内公民私生活的自由和安宁。非法侵入住宅罪中“住宅”应如何定义？可以参考最高人民法院在 2005 年 6 月 8 日发布的《关于审理抢劫、抢夺刑事案件适用法律若干问题的意见》中关于“户”的解释。“户”是指住所，其具有供他人家庭生活的功能特征和与外界相对隔离的场所特征。住宅不强调所有权，是否是房屋的所有权人并不影响住宅权，住宅权保护的是一种居住权，租住、借住等形式也不妨碍居住于该住宅的公民享有住宅权，只要是合法的居住者，其居住安全及生活安宁的权利都应得到保护。①

延伸阅读

增设“居住权制度”的重要意义②

北京某名校一退休老教授吴某想卖掉自己名下的住房，女儿吴华（化名）不同

① 李骏：《非法侵入住宅罪的法律适用与司法实践》，载《上海法学研究》集刊 2019 年第 14 卷。

② 徐艳红：《“老来伴儿”的居住权有保障了》，载《人民政协报》2019 年 6 月 11 日，第 12 版。

意，劝说无效将其告上法庭，北京市海淀区人民法院判决支持其女儿的诉求。

吴某70多岁，妻子去世多年，女儿智力有点低下，因无工作能力，结婚后一直住在父亲家。吴华丈夫虽有一定的工作能力，但达不到购买自有住房的经济条件。吴某前两年再婚后搬到了老伴家居住，由于退休工资不变，为了老两口晚年生活品质，吴某决定卖掉自己名下的房产。吴华知道后，考虑到自己没有其他住处，在劝说父亲无效的情况下，只好将吴某告上法庭。法官基于社会责任、人道原则和居住权的法理，即居住权优先于所有权这三个原则，最终判决吴华拥有此房的居住权，吴某无权售卖此房。

增设居住权制度能让弱势群体居有定所、老有所养。居住权具有一身专属性，不能转让，不能抵押，不能继承。一身专属性是指居住权与生命共始终，随着生命存在而存在，随着生命消亡而消亡。由于居住权的规定是基于恩义关系、恩情关系，所以，应当是无偿的。中央财经大学法学院教授陈华彬建议扩大居住权设立范围，以保护以下几种情况：一是离婚后的弱势配偶方。夫妻离婚后，一方可通过居住权弥补另一方的损失，最高人民法院《关于适用〈中华人民共和国婚姻法〉若干问题的解释（二）》的第27条也是这样规定的，即“当事人在婚姻登记机关办理离婚登记手续后，以婚姻法第四十六条规定为由向人民法院提出损害赔偿请求的，人民法院应当受理”。举例说，夫妻离婚，如果女方没有住房，男方可为女方提供套房或套房中的一间或几间的居住权，以保护女方不致流落街头。二是部分保姆的利益。我国改革开放后，大量农民工涌入城市，有的做家政工作一做就是十几年几十年，与雇主一家也有了很深厚的感情。有的保姆或因多年不回，老家没了居住地，或因没什么亲人，无法回去，雇主出于感恩可将家中套房或是套房中的房间为保姆设立居住权。

专题十二　民法对物权抵押权的规定与刑事涉案财物处置

要点解析

民法典对财产权益的保护分为对权利归属的保护和交易安全的保护两个方面，在不同的领域中，保护的侧重点不同。在物权抵押权规定中，抵押权是交易安全的重要保障，发挥着保护市场交易安全的重要作用，该制度安排侧重保护交易安全。在抵押权设立的过程中，参与主体一般是按照民法规范进行交易制度设计，以抵押权来保障合同债权实现，预防市场交易中的不确定风险，但对于同一抵押物，也可能由于受到刑事案件牵连而成为涉案财物，作为刑事涉案财物处置的对象。当设置抵押权的抵押物与作为刑事涉案财物为同一财产时，民事规范与刑事规范在此处存在交叉，需要对民事规范和刑事规范进行综合分析，以此判断合法权益保护的优先顺序与方式。

关联条文

民法典

第一百一十三条　【财产权利平等保护】民事主体的财产权利受法律的平等保护。

第一百一十四条　【物权的定义及类型】民事主体依法享有物权。

物权是权利人依法对特定的物享有直接支配和排他的权利，包括所有权、用益物权和担保物权。

刑　法

第六十四条　【犯罪物品的处理】犯罪分子违法所得的一切财物，应当予以追缴或者责令退赔；对被害人的合法财产，应当及时返还；违禁品和供犯罪所用的本人财物，应当予以没收。没收的财物和罚金，一律上缴国库，不得挪用和自行处理。

第一百七十六条　【非法吸收公众存款罪】非法吸收公众存款或者变相吸收公众存款，扰乱金融秩序的，处三年以下有期徒刑或者拘役，并处或者单处罚金；数额巨大或者有其他严重情节的，处三年以上十年以下有期徒刑，并处罚金；数额特别巨大或者有其他特别严重情节的，处十年以上有期徒刑，并处罚金。

单位犯前款罪的，对单位判处罚金，并对其直接负责的主管人员和其他直接责任人员，依照前款的规定处罚。

有前两款行为，在提起公诉前积极退赃退赔，减少损害结果发生的，可以从轻或者减轻处罚。

条文要义

民法典中的条文是关于财产权利平等保护、物权及物权体系的规定。财产权利平等保护是指不同的民事主体对其所享有的财产权利享有平等地位，适用规则平等和法律保护平等的民法原则。

物权是民事主体在法律规定的范围内直接支配一定的物，享受利益并排除他人干涉的权利，是人与人之间对于物的归属和利用关系在法律上的体现。物权分为所有权、用益物权和担保物权。担保物权是债权人享有的为确保债权实现，在债务人或者第三人所有的物或者权利之上所设定的，当债务人的债务不履行时，或者发生当事人约定的实现担保物权的情形时，就担保物的变价优先受偿的他物权，包括抵押权、质权、留置权、所有权保留、优先权、让与担保等。

刑法第 64 条是关于犯罪物品的处理，是刑事涉案财物处置的基本规范，规定犯罪违法所得，应当予以追缴或者责令退赔；对被害人的合法财产，应当及时返还；违禁品和供犯罪所用的本人财物应当予以没收。

非法吸收公众存款罪是指非法吸收公众存款或非法变相吸收公众存款，扰乱金融秩序的行为。其行为构成需符合四个要件：一是非法性，违反金融法律法规规定；二是公开性，通过媒体、推介会等向社会公开宣传；三是利诱性，承诺一定期限内还本付息；四是对象的不特定，向社会公众吸收资金。向社会公众非法吸收的资金属于违法所得，将非法吸收的资金及其转换财物用于清偿债务或者转让给他人，有下列情形之一的，应当依法追缴：（1）他人明知是上述资金及财物而收取的;(2)他人无偿取得上述资金及财物的;(3)他人以明显低于市场的价格取得上述资金及财物的;(4)他人取得上述资金及财物系源于非法债务或者违法犯罪活动的;(5)其他依法应当追缴的情形。

当设置抵押权的抵押物与作为刑事涉案财物为同一财产时,民法典对物权抵押权的保护与刑事涉案财物处置会出现交叉问题。民法典对物权抵押权的保护侧重于保护交易安全,维护善意第三人的债权利益,而刑事涉案财物的处置侧重于保护被害人利益,恢复财产的原始状态。当两者出现交叉时,应综合是否追缴违法所得、是否善意等因素,在第三人的物权抵押权保护与被害人财产保护中进行价值选择。

典型案例

丽水分行善意取得房屋抵押权案

2013 年 3 月 8 日,中行丽水分行与陈某华签订贷款协议,约定丽水分行向陈某华提供贷款 352 万元,期限为 3 年。为保证债权的实现,双方同时签订抵押合同,约定陈某华以鹤城街道的房屋作为抵押物,双方依法办理抵押登记手续。后续,陈某华取得贷款 352 万元。2015 年 2 月 12 日,丽水市莲都区人民法院作出刑事判决:判决陈某华犯非法吸收公众存款罪,其违法所得退赔给各被害人,并确认鹤城街道的房产系陈某华用其所吸收的款项购置。

2016 年贷款到期后,丽水分行起诉陈某华要求还款,并确认对抵押物享有优先受偿权,陈某华答辩称,该抵押物系非法吸收款项购置,应返还集资户,银行不享有优先受偿权。一审法院根据查明事实认为:因生效刑事法律文书已经确认陈某华用赃款购置了案涉房产,并判令陈某华的违法所得退赔给各被害人,因此,对于丽水分行提出的优先受偿权的诉讼请求不予支持。丽水分行不服,提起上诉,主张其办理房屋抵押登记的时间是 2013 年,当时该房产并未被认定为赃款购置,且该房屋产权证上的权属人为陈某华,基于物权公示原则,上诉人有理由相信被上诉人对案涉房屋享有合法的处分权,因此依法办理了抵押登记,并发放了贷款。上诉人系善意取得抵押权,对抵押物享有优先受偿权。

二审法院审理认为:本案的争议焦点是丽水分行对案涉抵押房屋是否享有优先受偿权。因刑事裁判未否定案涉抵押合同的效力,基于物权公示公信原则,丽水分行基于信赖不动产登记簿上的记载而发生的交易，应受法律保护。在案涉借款合同、抵押合同未被认定为无效合同的情况下，不能仅因案涉房屋系赃款购置来直接否定丽水分行基于房屋抵押享有的优先受偿权。案涉房屋权属登记在陈某华名下，该登记具有公信力，根据物权公示的权利推定效力，只要在不动产登记簿上记载的权利都应推定为真实。丽水分行在办理抵押贷款过程中，尽到了审慎审查和合理注意的义务，因此即便陈某华在设定抵押时存在无权处分的情形，丽水分行对案涉房屋的抵押权也构成善意取得。依据物权法和最高人民法院《关于刑事裁判涉财产部分执行的若干规定》（以下简称《涉财执行规定》）第 11 条第 2 款以及第 13 条第 2 款规定，丽水分行作为善意第三人取得案涉房屋抵押权。

解读评析

1. 一审判决之解读。

一审法院认为：因生效法律文书已经确认陈某华用赃款购置了案涉房产，并判令丽水市隆泰担保投资有限公司的违法所得退赔给各被害人，故陈某华提出的辩解理由成立，予以支持。

从上述判决来看，一审法院适用了刑法第 64 条规定：犯罪分子违法所得的一切财物，应当予以追缴或者责令退赔；对被害人的合法财产，应当及时返还；违禁品和供犯罪所用的本人财物应当予以没收。认为赃物不适用善意取得制度，而是应该按照刑事案件处理程序退赔被害人，对银行抵押权请求不予支持。我们认为，该判决采取先刑后民的处理程序，将刑事处理程序作为优先适用程序，缺乏法律依据。虽然刑法规定应对违法所得进行退赔，但在退赔时应考虑民商事活动中合同的善意第三方的利益。根据《涉财执行规定》第 11 条第 2 款规定，第三人善意取得涉案财物的，执行程序中不予追缴。作为原所有人的被害人对该涉案财物主张权利的，人民法院应当告知其通过诉讼程序处理。本案中，银行基于善意与陈某华签订借贷抵押合同，虽然陈某华名下的涉案房产系赃物转化物，但也不属于国家机关予以追缴的范围，被害人对该涉案财物主张权利的，应当通过民事诉讼程序处理。

2. 二审判决之思考。

二审判决首先认为善意取得可以适用于赃物。接着法院审理逻辑是，陈某华是该房屋的合法所有人，抵押房产进行了抵押权登记，取得了他项权证，因此银行取得抵押权;如果陈某华不是该房屋的合法所有人(无权处分),那么银行是依据善意取得制度取得房产抵押权(即便陈某华在设定抵押时存在无权处分的情形,丽水分行对案涉房屋的抵押权也构成善意取得)。法院这种逻辑表明,法院在当前法律规定条件下,也无合适理由对所有权属进行确定,或者是故意进行规避。但在最终裁判上,二审法院最终选择以善意取得抵押权为基础,以《涉财执行规定》第 11 条第 2 款以及第 13 条第 2 款"债权人对执行标的依法享有优先受偿权,其主张优先受偿的,人民法院应当在前款第(一)项规定的医疗费用受偿后,予以支持"认定银行对案涉房屋享有抵押权。

我们认为,二审判决在未否认借款抵押合同的有效性的情况下,以银行尽到了审慎审查和合理注意的义务,认定银行善意取得了涉案房产的抵押权,判决结果正确,但判决的理论基础和分析思路还有商榷之处。二审判决的关键是认定银行善意取得了涉案房产的抵押权,但其所引依据仍存在问题:一是物权法还未明确规定赃物的善意取得,虽然理论上认为可以有条件的适用善意取得制度,但其对赃物善意取得的判断标准、如何参照"遗失物"规定适用等还存在模糊之处;二是二审判决适用了《涉财执行规定》关于善意取得的规定。《涉财执行规定》是关于刑事执行程序的操作规定,其中有关第三人善意取得涉案财物仅仅阻断了国家机关进行赃物追缴的途径,而没有阻断被害人通过民事诉讼寻求救济的途径,即上述规定的善意取得仅作用于国家机关而非刑事案件被害人。二审判决以第三人善意取得阻断国家机关的追缴权进而否定被害人的救济权利,缺乏法理上的连贯性。

本案可以参考犯罪行为与合同有效性的判断,根据最高人民法院《关于审理民间借贷案件适用法律若干问题的规定》第 13 条规定来判断借贷抵押合同的效力,进而认定抵押权的优先受偿。本案中,陈某华犯非法吸收公众存款罪,以所吸收的存款购置涉案房屋,其后以涉案房屋为抵押向银行借款,应对陈某华的犯罪行为与陈某华与银行签订借款抵押合同的民商事行为进行区分。虽然两个行为之间存在犯罪所得转化物的交叉,但陈某华与银行签订的借款抵押合同的效力应按照《中华人民共和国合同法》(以下简称合同法)第 52 条规定进行判断。根据二审判决认定的事实,中行丽水分行在办理抵押贷款过程中,尽到了审慎审查和合理注意的义务,并且合同内容合法,不涉及合同法第 52 条的无效条款。即使法院后来查明涉案房屋系犯罪所得转化物,也仅涉及合同一方陈某华存在欺诈,银行并不知情,这种情况下可以适用合同法第 54 条规定:一方以欺诈、胁迫的手段或者乘人之危,使对方在违背真实意思的情况下订立的合同,受损害方有权请求人民法院或者仲裁机构变更或者撤销。在这种情况下,银行享有合同撤销权,在银行不行使撤销权的情况下,该合同仍然属于有效合同。二审判决没有否认借款抵押合同的效力,但没有继续对该合同进行评判,实际上是回避出现有效的民商事合同与犯罪行为之间的冲突。由于评价视角、对象的不同,刑法和民法对于民刑交叉案件得出不同的结论是自然的,犯罪行为与合同有效(或可撤销)并不存在逻辑矛盾,因为两者根本就不是针对同一对象而做出的。本案中的犯罪行为系陈某华的非法吸收公众存款行为,其合同行为是借款抵押行为,两种行为更应该明确区分。应该大胆认定陈某华与银行签订的借款抵押合同的效力,进而根据物权法的规定支持银行取得涉案房产的优先受偿权。

延伸阅读

1. 善意取得制度对物权的保护。

善意取得是指动产或不动产的占有人无权处分其占有的动产或不动产,将该物的所有权转移给他人或者为他人设定他物权,如果该他人于受让所有权或取得他物权时为善意且符合法律规定的其他要件,则其将如同处分人有权处分时那样,取得该物的所有权或他物权。善意取得是保障财产交易安全的一个重要制度。根据民法典规定,善意取得其他物权的参照善意取得不动产和动产的规定。

2. 赃物是否适用善意取得。

关于赃物是否适用善意取得制度,我国民法典并未规定。[①] 但理论及实务界一直对此存在争议,概括来看,主要有以下三种观点:

(1)赃物不适用善意取得制度。根据所有权取得的一般原则,所有权的取得不得违反法律规定,我国法律严格禁止销售和购买赃物,因此根据民法典第 311 条“法律另有规定的除外”的规定,善意取得的财产必须是法律允许自由流通的物,即使买受人购买赃物时出于善意,也不能取得对该物的所有权。我国民法典虽然没有明确将动产划分为占有委托物和占有脱离物,但是就其第 311 条的但书

① 对于被盗、被抢劫的财物,鉴于所有权人主要通过司法机关依照刑法、刑事诉讼法、治安管理处罚法等有关法律的规定追缴后退回。在追缴过程中如何保护善意受让人的权益,维护交易安全和社会经济秩序,可以通过进一步完善有关法律规定解决。因此物权法未作规定。胡康生主编:《中华人民共和国物权法释义》,法律出版社 2007 年版,第 244 页。

规定可知,占有脱离物是不适用善意取得制度的。占有委托物和占有脱离物是除物权法以外的其他法律渊源上的分类。占有委托物,是指基于原权利人真实意思表示而转移占有的物,如承租人基于租赁关系占有租赁物、保管人基于保管关系占有保管物。可见占有委托物是法律允许自由流通的物,适用善意取得制度。而占有脱离物,是指非基于原权利人真实意思表示而丧失占有的物。赃物属于占有脱离物的范畴,因此,赃物不应当适用善意取得制度。

(2)赃物适用善意取得制度。善意取得一旦具备法定构成要件,善意受让人取得财产的所有权,财产上的原有权利消灭,原所有权人丧失所有权,不得要求善意第三人返还该财产。可见善意取得制度旨在于维护交易安全。赃物在脱离原权利人的占有时,不是基于原权利人的真实意思,但在其进入流通领域后,在纷繁复杂的商品交易中,要求受让人在众多商品中识别出赃物,要求受让人承担查明商品真正权利归属的责任,不但不利于现代社会商品交易的安全和便捷,而且在实践中也是不可能的。如果受让人基于让与人占有动产的外观下,并出于对此外观的信赖,在符合善意取得构成要件的情况下购买了盗赃物,如果不给予善意受让人保护,是极其不公平的。因此,赃物应当适用善意取得制度。

(3)赃物有条件地适用善意取得制度。我国民法典第 312 条规定了遗失物的回复请求权,以此来有条件的保护原权利人的利益。遗失物是非故意抛弃而丧失占有的财产,即并非出于原权利人真实意思表示而丧失占有的财产。赃物亦属于并非出于原所有人意志而丧失占有的财产,那么,同样是出于并非原权利人真实意思表示而丧失占有的财产,既然遗失物可以有条件的适用善意取得制度,那么赃物也应当可以有条件的适用善意取得制度。有学说主张,赃物若是通过公开市场购买的,或通过严格的拍卖程序获得的,受让人支付了合理的对价,且已经实际占有,则应当善意取得该赃物的所有权。①

我们认为,目前情况下第三种学说较为合理。民法典之所以未明确赃物的善意取得制度,主要是囿于民法交易安全保护与刑法财产权利保护之间的矛盾冲突,希望将此问题交由刑事法律解决。目前,刑事法律中对赃物的善意取得已经明确规定不予追缴,同时又规定作为原所有人的被害人对该涉案财物主张权利的,应通过诉讼程序处理,即通过民事诉讼进行主张权利。因此,赃物在民法中适用善意取得的条件已经成熟,为了保护市场交易安全、合理分配刑事被害人和善

---

① 崔建远:《物权法》,中国人民大学出版社 2009 年版,第 97 页。

意第三人之间的风险，应在民法中明确善意取得制度。但毕竟赃物与一般无权处分物存在区别，属于占有脱离物，应在善意取得制度中参照“遗失物”的规定进行处理，并适当提高对善意的判断标准。

专题十三　特殊动产抵押与刑事犯罪关联情形

要点解析

抵押权是最重要的担保类型，抵押财产，也称为抵押权标的物或者抵押物，是指被设置了抵押权的不动产、动产或者权利。法定允许抵押的财产可以分为三类：第一类是不动产，包括房屋、厂房、林木、没有收割的农作物及其他地上附着物；第二类是特定的动产，包括生产设备、原材料、产品、航空器、船舶（包括在建）、交通工具，以及家具、家用电器、金银珠宝及其制品等；第三类是权利。以权利作为抵押财产须符合两个条件：一是只有不动产上的用益物权以及特别法确立的特许物权才能进行抵押；二是依据物权法定原则，不动产上的用益物权以及特别法确立的物权只有在法律允许抵押时才能抵押。[①] 当下，汽车作为一种财产也被作为抵押物广泛运用于抵押事务。以汽车作为抵押物的贷款的用途，主要为快速资金周转。汽车作为人们常用的日常交通工具，以其作为财产进行抵押，相对于银行贷款的高要求及借贷手续的繁琐、复杂，汽车抵押更加方便快捷，在服务社会、帮助中小企业抢抓机遇、帮助个人渡过难关、解决资金不足等问题上发挥着雪中送炭的作用。[②] 现实中许多中小企业和个人为解决燃眉之急，不得已从民间借贷甚至向"高利贷"借款，大大提高了融资成本，进而产生企业到期不能偿付本息的风险，极易形成恶性循环，拖垮企业，摧毁家庭。汽车抵押则降低了融资成本，对民间高利贷的泛滥也起到了遏制作用。此外，汽车抵押也会造成刑事犯罪，当事人在进行汽车抵押时容易触犯合同诈骗、盗窃、套路贷等罪名，存在抵押人伪造身份证明进行抵押、假意抵押后盗窃等情形。

---

① 杨立新主编：《〈中华人民共和国民法典〉条文精释与实案全析》，中国人民大学出版社 2020 年版，第 558 页。

② 《典当行中的房产抵押、汽车抵押贷款对中小企业发展的促进作用》，载 http://blog. sina. com. cn/s/blog_9493d6a70102v2jj. html。

关联条文

民法典

第三百九十四条 【抵押权的界定】为担保债务的履行,债务人或第三人不转移财产的占有,将该财产抵押给债权人的,债权人不履行到期债务或者发生当事人约定的实现抵押权的情形,债权人有权就该财产优先受偿。

前款规定的债务人或者第三人为抵押人,债权人为抵押权人,提供担保的财产为抵押财产。

第三百九十五条 【抵押财产范围】债务人或者第三人有权处分的下列财产可以抵押:

(一)建筑物和其他土地附着物;

(二)建设用地使用权;

(三)海域使用权;

(四)生产设备、原材料、半成品、产品;

(五)正在建造的建筑物、船舶、航空器;

(六)交通运输工具;

(七)法律、行政法规未禁止抵押的其他财产。

抵押人可以将前款所列财产一并抵押。

第三百九十九条 【禁止抵押的财产】下列财产不得抵押:

(一)土地所有权;

(二)宅基地、自留地、自留山等集体所有土地的使用权,但是法律规定可以抵押的除外;

(三)学校、幼儿园、医疗机构等为公益目的成立的非营利法人的教育设施、医疗卫生设施和其他公益设施;

(四)所有权、使用权不明或者有争议的财产;

(五)依法被查封、扣押、监管的财产;

(六)法律、行政法规规定不得抵押的其他财产。

刑 法

第二百六十六条 【诈骗罪】诈骗公私财物,数额较大的,处三年以下有期徒刑、拘役或者管制,并处或者单处罚金;数额巨大或者有其他严重情节的,处三年以上十年以下有期徒刑,并处罚金;数额特别巨大或者有其他特别严重情节的,处十年以上有期徒刑或者无期徒刑,并处罚金或者没收财产。本法另有规定的,按照规定。

最高人民法院、最高人民检察院、公安部、司法部关于办理“套路贷”刑事案件若干问题的意见

第四条　实施“套路贷”过程中,未采用明显的暴力或者威胁手段,其行为特征从整体上表现为以非法占有为目的,通过虚构事实、隐瞒真相骗取被害人财物的,一般以诈骗罪定罪处罚;对于在实施“套路贷”过程中多种手段并用,构成诈骗、敲诈勒索、非法拘禁、虚假诉讼、寻衅滋事、强迫交易、抢劫、绑架等多种犯罪的,应当根据具体案件事实,区分不同情况,依照刑法及有关司法解释的规定数罪并罚或者择一重处。

条文要义

抵押权实质上是价值权,体现了财产的交换价值,通过对财产的交换价值进行担保,来保障债权得以清偿。抵押权的价值功能表现在优先受偿权上,相对于普通债权人,抵押权人有权就抵押财产卖得的价款优先受清偿。根据民法典规定,关于抵押权实现的顺序,按照抵押权登记的先后顺序清偿,顺序相同的,按照债权比例清偿。

实现抵押权的条件:一是债务清偿到期,债务人不履行义务;二是合同约定的实现抵押权的情形发生。当双方约定的实现抵押权的条件成就,即使债务清偿期限没有届满,抵押权人也有权实现抵押权。①

由于民间个人及中小企业中对于资金的长期需求,加上正规渠道的银行借贷受资源配置及国家利率政策调整出现的贷款难、贷款慢、门槛高等弊端,抵押融资中许多动产比如交通工具,均受到法律的认可,但前提必须是有权处分。双方就车辆抵押事宜达成合意,抵押车辆并非不动产,登记并非设立抵押物权的必要条件,故抵押车辆的抵押权自抵押合同生效时设立,在第三人知道或者应当知道该抵押权存在的情况下,仍与债务人在该抵押物上设定权利负担的行为及其产生的效果不能对抗抵押权人。② 虽然抵押车辆中抵押登记不影响抵押权的设立,但未经登记不可以对抗善意第三人。若没有登记,假如债务人在交通运输工具抵押期

---

① 石宏主编:《〈中华人民共和国民法典〉立法精解》(上),中国检察出版社2020年版,第504页。

② 汪林云:《车辆抵押未办理登记不影响抵押权设立》,载《检察日报》2017年12月2日,第3版。

间私自变更了该交通运输工具的所有权，第三人对交通运输工具的所有权成立，债权人不能要求变更无效。利用汽车抵押在融资领域的便利实施诈骗、敲诈勒索、虚假诉讼等犯罪情形并不罕见，甚至引发“套路贷”犯罪产业链等问题，有必要分析抵押权运行过程中易引发的矛盾纠纷及交易漏洞。

典型案例

案例一

王某甲合同诈骗案①

王某甲与河南西平县某汽车租赁公司签订合同，租赁一辆黑色北京现代悦动轿车。因欠周某甲赌债，便将该车非法抵押给周某甲，之后王某甲拒绝回应汽车租赁公司的催要。经评估，该车价值7万余元，案发后该车被追回。西平县人民法院一审判决王某甲的行为构成诈骗罪。

其后王某甲提起上诉，称自己并没有非法占有所租车辆的目的，其行为不构成犯罪，其理由是自己是以真实身份租车且按约支付租金。案件二审过程中，驻马店市人民检察院出庭检察员对本案的定性提出异议，认为不应当以诈骗罪定罪量刑，宜以合同诈骗罪处之。二审法院驻马店市中级人民法院做出终审判决，认为被告人王某甲的行为构成合同诈骗罪。

案例二

丁某敲诈勒索案

2016年7月至2018年下半年间，丁某利用常某和其经营的盐城市大丰区某某车贷小额贷款门市对外出借高利贷，以签订虚高金额借款合同、抵押合同、砍头息、肆意认定违约扣车索要违约金等方式对他人实施“套路贷”犯罪，并召集陈某、施某某等人，通过肆意认定违约扣留被害人汽车不还等进行要挟，逼迫管某、包某

① 李军：《租赁汽车抵押借款行为定罪分析》，载《成都理工大学学报（社会科学版）》2016年第4期。

某等人缴纳违约金,进行敲诈勒索。江苏省东台市人民法院作出判决,判处丁某犯敲诈勒索罪。

解读评析

1. 骗租车辆抵押行为应定性犯罪还是合同纠纷。

实践中,对刑事犯罪的发现、立案以及侦查常常早于民事诉讼的启动。虽然罪名的认定系刑事司法机关根据刑法分则各构成要件独立进行,但刑事罪名的认定结果也涉及主观过错、财产权属、被害人认定等民事法律关系的评判,有可能影响民事案件能否得到受理的程序处理。① 抵押权涉及的民事案件多是因为侵权、侵财行为引起的纠纷,而如果涉及偷盗抵押物、"套路贷"等则变成了盗窃、诈骗等刑事案件。

案例一中有租赁合同和抵押合同两个合同,代表着"租车行为"与"取得抵押借款"两个行为。就一般认识而言,王某甲与租赁公司之间的车辆租赁关系,以及王某甲与周某甲之间借款的抵押合同,均属于民事纠纷。当王某甲在租赁过程中出现拒不返还车辆或者车辆受损的情况,租赁公司可通过民事诉讼予以追索。本案的特殊情形表现在,王某甲从租赁公司租车后,因欠赌债,遂将租赁的车辆抵押给债权人周某甲,并拒绝回应汽车租赁公司的催要,因此,关于王某甲租车的真正目的,就有着重分析的必要。王某甲虽然主张其是真实租赁汽车,使用真实的姓名及证件办理租赁手续,但其隐瞒了将租赁的汽车用于抵押借高利贷作为赌资的事实,且系故意,并且在汽车租赁公司催要所租车辆的时候采取逃匿方法进行躲避,因此王某甲具有非法占有的目的。其次,本案租赁合同是王某甲骗取所租车辆的手段,提供证件、交付押金、签订租车合同是为了骗取汽车租赁公司的信任。其具有非法占有目的并使用合同的方式来实施诈骗犯罪,因而构成合同诈骗罪。并且原审法院认定王某甲非法占有目的是在租赁汽车之前。对于非法占有目的产生于租赁汽车行为之前的,行为人的租赁汽车抵押借款的行为应当被评价为合同诈骗罪(骗汽车)。②

---

① 王真、郑杰、于胜:《刑民交叉案件中不同刑事罪名对民事诉讼的影响——以金融机构为研究对象》,载 https://mp. weixin. qq. com/s/Acam21GKv2UMvZHBHRyG3Q。

② 李军:《租赁汽车抵押借款行为定罪分析》,载《成都理工大学学报(社会科学版)》2016 年第 4 期。

2. 汽车抵押模式“套路贷”犯罪特点。

抵押权涉及的案件在整体呈现民多刑少的格局，以“套路贷”来说，“套路贷”案件属于典型的刑民交叉新类型案件，既有“套路贷”违法行为，也有“套路贷”犯罪及衍生的犯罪行为，且都披着民间借贷的“合法外衣”。[①] 抵押权的民事和刑事犯罪案件，在认识上存在不少分歧，在定性上亦有模糊地带。

汽车抵押模式是“套路贷”的典型犯罪模式之一，表现为：行为人以非法占有为目的，假借车辆抵押借贷之名，诱骗被害人签订明显对其不利的各类合同，并以其车辆为抵押，通过制造资金走账流水、肆意认定违约等欺诈手段，以 GPS 定位异常等为由将车辆私自扣留并强行索要高额费用，获取非法经济利益。[②]

汽车抵押模式“套路贷”案件中行为人索债方式多采取软暴力，例如通过欺骗达到非法虚增借款合同中的债务，或者扣车不还作为威胁的手段向被害人索要高额费用。对于适用何种罪名还需根据被害人的主观心理，判断是基于错误认识还是基于恐惧心理交付财物。一般而言，若催债事由为一般违约等，虽影响受害人及家庭的正常生活和工作，但未使其产生恐惧心理进而形成心理强制，应认定为诈骗罪。若实施了非法扣车行为并以卖车等情形进行威胁，或使用聚众、电话骚扰、粘贴告示、喷漆等手段，严重破坏了受害人工作生活，并产生恐惧心理及心理强制，应认定为敲诈勒索罪。《关于办理“套路贷”刑事案件若干问题的意见》第 3 条规定了“套路贷”的犯罪手法，其中第 3 款规定犯罪嫌疑人、被告人往往会通过肆意认定违约，强行要求被害人偿还虚假债务。第 5 款规定在被害人未偿还虚高“借款”的情况下，犯罪嫌疑人、被告人暴力、威胁以及其他手段向被害人或者被害人的特定关系人索取“债务”。案例二中行为人肆意认定违约金，并要挟、逼迫管某、包某某等人缴纳违约金的行为，符合“套路贷”的犯罪手法，根据《关于办理“套路贷”刑事案件若干问题的意见》第 4 条“对于在实施‘套路贷’过程中多种手段并用，构成诈骗、敲诈勒索、非法拘禁、虚假诉讼、寻衅滋事、强迫交易、抢劫、绑架等多种犯罪的，应当根据具体案件事实，区分不同情况，依照刑法及有关司法解释的规定数罪并罚或者择一重处”，可以认定行为人对管某、包某某索要违约金时进行敲诈勒索，最终法院认定构成敲诈勒索罪。

在以往案件中，因“套路贷”行为往往披着民间借贷或者小额贷款的外衣，大

---

① 彭新林：《论“套路贷”犯罪的刑事规制及其完善》，载《法学杂志》2020 年第 1 期。

② 王淼：《汽车抵押模式“套路贷”的司法规制路经研究——基于 214 例刑事案件的实证研究》，载《法制与经济》2019 年第 11 期。

量的“套路贷”犯罪被当作民间借贷或者高利贷纠纷处理,使部分“套路贷”不法分子逃脱了刑事追究。同时该类犯罪往往与黑恶势力交织,带来一系列社会问题。有效应对该类犯罪的频发应坚持惩防并举的原则,既要做好事前防控,规范民间借贷与汽车抵押市场秩序,也要准确适用涉及民间借贷、“套路贷”相关的法律法规以及司法解释规定,使得“套路贷”案件刑民诉讼程序顺畅衔接。

延伸阅读

禁止抵押条款的规定将导致合同无效的情形

李1与杨某某等合同纠纷案:原告李某某(甲方)与被告杨某某、李2(乙方)签订借款协议,约定甲方借给乙方人民币200万元,乙方以其所有的自建房及一辆汽车提供担保。案涉自建房系修建于杨某某等人的宅基地上。被告逾期未还款,原告遂起诉请求法院判决被告及时履行借款协议中的担保条款,按照约定办理案涉担保物的抵押登记。一审法院根据物权法第182条、第184条,认定原、被告之间达成的用修建于宅基地上的自建房进行抵押担保的约定违反了法律规定而无效。二审法院根据物权法第184条,该条规定应属效力性规范,认定违反了法律的禁止性规定的担保条款无效。[①](原法条现改为民法典第397条,以建筑物抵押的,该建筑物占用范围内的建设用地使用权一并抵押。以建设用地使用权抵押的,该土地上的建筑物一并抵押。抵押人未依据前款规定一并抵押的,未抵押的财产视为一并抵押。第399条规定了禁止抵押的财产范围。)

民法典物权编确立的“房地一体”的原则要求:在建筑物上单独设立抵押权的,应一并审查其占用范围内的土地使用权的抵押效力。[②] 民法典第399条明确了禁止抵押的财产范围,其中包含“宅基地、自留地、自留山等集体所有土地的使用权”。基于公共利益、社会政策,集体所有的土地使用权,具有不可流转性,严格禁止抵押,因此该条是效力性强制规范而不属于管理性强制性规定。根据民法典第153条第1款的规定:“违反法律、行政法规的强制性规定的民事法律行为无效。”

① 李某1与杨某某等合同纠纷案,四川省绵阳市中级人民法院(2018)川终字第586号民事判决书。

② 杨立新主编:《〈中华人民共和国民法典〉条文精释与实案全析》,中国人民大学出版社2020年版,第564页。

专题十四　质权设定特点及秘密盗回质押物的行为定性

要点解析

质权，是指债务人或第三人将特定的财产交由债权人占有，或者以财产权利为标的，作为债权的担保，在债务人不履行债务或者发生当事人约定的实现质权的情形时，债权人有权以该财产折价或以拍卖、变卖所得价款优先受偿的权利。质权具有从属性、不可分性、物上代位性等属性，根据标的的不同，质权分为动产质权与权利质权。[①] 在实践过程中，当事人之间因质权的成立、变更、转让、实现等情形容易引发民事纠纷，质权纠纷具体包括动产质权纠纷、转质权纠纷、股权质权纠纷、基金份额质权纠纷、知识产权质权纠纷、应收账款质权纠纷等。[②] 质权关联的刑事犯罪中有一类是出质人秘密取回质押物的行为的定性问题，争议焦点在于该行为是民法调整的范围，质权被侵犯是通过民事诉讼来救济，还是应该由较为严厉的刑法来调整。司法实践中，有的质权案件事实简单，但在罪与非罪及法律适用方面却存在较大分歧，会出现表面上看既可以用刑法来调整也可以用民法来调整的“刑民冲突”问题，主要原因是对财产犯罪保护的法益、刑法的谦抑性等问题存在一定的分歧。[③]

---

① 杨立新主编：《〈中华人民共和国民法典〉条文精释与实案全析》，中国人民大学出版社 2020 年版，第 600 页。

② 张晋莹：《质权纠纷》，载黑龙江省拜泉县法院网，http://qqherbq. hljcourt. gov. cn/public/detail. php? id＝3787。

③ 李锦铭：《犯罪抑或违约——出质人秘密取回质押物的行为定性浅析》，载《山东审判》2014 年第 2 期。

关联条文

民法典

第四百二十九条　【质权的设立】质权自出质人交付质押财产时设立。

第四百三十三条　【质押财产保全】因不可归责于质权人的事由可能使质押财产毁损或者价值明显减少，足以危害质权人权利的，质权人有权请求出质人提供相应的担保；出质人不提供的，质权人可以拍卖、变卖质押财产，并与出质人协议将拍卖、变卖所得的价款提前清偿债务或者提存。

第四百四十四条　【知识产权质权】以注册商标专用权、专利权、著作权等知识产权中的财产权出质的，质权自办理出质登记时设立。

知识产权中的财产权出质后，出质人不得转让或者许可他人使用，但是出质人与质权人协商同意的除外。出质人转让或者许可他人使用出质的知识产权中的财产权所得的价款，应当向质权人提前清偿债务或者提存。

第四百四十五条　【应收账款质权】以应收账款出质的，质权自办理出质登记时设立。

应收账款出质后，不得转让，但是出质人与质权人协商同意的除外。出质人转让应收账款所得的价款，应当向质权人提前清偿债务或者提存。

刑　法

第二百六十四条　【盗窃罪】盗窃公私财物，数额较大的，或者多次盗窃、入户盗窃、携带凶器盗窃、扒窃的，处三年以下有期徒刑、拘役或者管制，并处或者单处罚金；数额巨大或者有其他严重情节的，处三年以上十年以下有期徒刑，并处罚金；数额特别巨大或者有其他特别严重情节的，处十年以上有期徒刑或者无期徒刑，并处罚金或者没收财产。

第二百六十六条　【诈骗罪】诈骗公私财物，数额较大的，处三年以下有期徒刑、拘役或者管制，并处或者单处罚金；数额巨大或者有其他严重情节的，处三年以上十年以下有期徒刑，并处罚金；数额特别巨大或者有其他特别严重情节的，处十年以上有期徒刑或者无期徒刑，并处罚金或者没收财产。本法另有规定的，依照规定。

条文要义

质权的成立一是签订质押合同，二是由出质人依约定将质物交给债权人占有。仅签订质押合同而不转移质物的占有的,不能成立质权。质权人对质物保持占有是质权持续的条件,当质权人丧失对质物的占有时,即引起质权的消灭。质权的标的物为动产和除不动产用益物权外的其他财产权利。质权改变了质押物的占有形态,由质权人负责对质押物进行保管。[①] 所以,出质人代质权人占有质押财产的,质权合同不生效。如果债务人或者第三人未按质权合同约定的时间移交质押财产,因此给质权人造成损失的,出质人应当根据其过错承担赔偿责任。

知识产权质权,是指以知识产权的财产权为标的而设立的质权。如果以专利权、著作权、注册商标专用权等知识产权中财产权出质,当事人应当订立书面合同。著作权和专利权属于财产性质、人身性质兼具的权利,但只有财产性质的权利被允许转让,因此只能出质著作权、专利权中的财产权利。知识产权质权除了具有一般质权的效力,还具有限制出质人权利行使的效力。应收账款是指权利人因提供一定的设施、货物或服务而获得的要求义务人付款的权利但不包括因票据或其他有价证券而产生的付款请求权。例如销售、出租产生的债权;提供医疗、教育、旅游等服务或劳务产生的债权;能源、交通运输、水利、环境保护、市政工程等基础设施和公用事业项目收益权等。[②]

当债务人或者第三人将其动产交债权人占有,将该动产作为债权的担保。此为双方真实意思表示,合同已经成立并生效,债权人对质押物的占有为合法占有,目前的刑法理论对财产性犯罪的法益保护范围扩展到了对占有权的保护,若债务人或第三人将质押物秘密取回,既侵犯了债权人的占有权,也削弱了债权人就质押物所享有的债权保障,债务人或第三人秘密取回质押物的行为符合盗窃罪的构成要素。若债务人或第三人在质押行为前有实施诈骗的主观故意,其行为则符合诈骗罪的构成要素,其秘密取回质押物的行为仅是其实施诈骗的手段。[③]

---

① 《质权人合法占有质押物吗?》,载华律网,https://so.m.sm.cn/c/s/mip.66law.cn/。

② 杨立新主编:《〈中华人民共和国民法典条文〉精释与实案全析》,中国人民大学出版社2020年版,第606页。

③ 姜武勇、师恒森:《出质人盗窃质押物行为到底该如何定性》,载《中国商报》2019年7月11日,第A03版。

典型案例

案例一

某晶公司、某汽车轴承股份有限公司、中国某银行股份有限公司武汉分行金融借款合同纠纷案

2013年11月11日，某银行武汉分行与某晶公司签订应收账款质押协议，约定某晶公司同意将其与某轴承公司所签购销合同项下现在及未来所产生的应收账款质押给某银行武汉分行，并于同日办理了动产权属初始登记。11月12日，某银行武汉分行与某晶公司和某轴承公司三方共同签订了《封闭回款协议》，约定某银行武汉分行向某晶公司提供融资支持，某晶公司将某轴承公司为付款人的应收账款（含已产生和将来会产生的应收账款）质押给某银行武汉分行作为授信担保。该协议第九条载明，某银行武汉分行与某晶公司已签订了《综合授信合同》，且某银行武汉分行与某晶公司双方将在2015年12月31日前签订一系列的《综合授信合同》。本协议有效期为自三方签署之日生效，至上述所有《综合授信合同》到期且授信项下某晶公司债务全部清偿之日止。某轴承公司于2014年3月11日在某银行武汉分行出具的《应收账款确认书》回执上加盖其公司合同专用章确认。后因某晶公司无法偿还债务，某银行武汉分行起诉至法院，原审法院判决：(1)某晶公司于本判决生效之日起十日内偿还某银行武汉分行垫款本金及利息；(2)某银行武汉分行就某晶公司质押的对某轴承公司的应收账款5036万元，在本判决第一项款项范围内享有优先受偿权；(3)驳回某银行武汉分行的其他诉讼请求。

某轴承公司不服原审判决提出上诉，经法院再审查明，2013年10月24日，某轴承公司在空白的《封闭回款协议》上加盖由采购部保管使用编号为(2)的某轴承公司合同专用章，以及某轴承公司财务部印章，丙方法定代表人/主要负责人处由谢某签字。某轴承公司亦在某银行武汉分行提供的空白《应收账款确认书》回执上加盖编号为(2)的襄阳轴承公司合同专用章。汤某将盖章后的全部《封闭回款协议》及《应收账款确认书（回函）》带回某银行武汉分行，在加盖了本行公章后，汤某未将应给某轴承公司留存的一份《封闭回款协议》交付给该公司。在某晶公司与某轴承公司之间的实际应收账款并没有达到应放款的审核数额情况下，汤某对马某交回的《应收账款确认书（回函）》上联填写未经实际核实的内容，满足

了某银行武汉分行对某晶公司放款要求的前提条件。故二审法院判决:(1)撤销本院(2014)鄂武汉中民商初字第00813号民事判决;(2)某晶公司于本判决生效之日起十日内偿还某银行武汉分行垫款本金及利息;(3)某银行武汉分行就某晶公司质押的对某轴承公司的应收账款436 359.13元,在本判决第2项款项范围内享有优先受偿权;(4)驳回某银行武汉分行的其他诉讼请求。

案例二

徐某盗窃案

2014年3月29日,徐某与郯城县红花镇张某借款6万元,并由徐某将其所有的鲁QV337Y白色悦达起亚K5轿车质押给张某,还款期限为1个月,到期不还,由张某自行处理该车。2014年7月18日22时许,郯城县重坊镇朱某某从张某处借用该车时被徐某发现,尾随至郯城县迪阁酒店地下车库,徐某在未告知张某的情况下用其手中另外一把钥匙将该车开走后变卖,涉案价值126 900元。法院认为徐某以非法占有为目的,秘密窃取他人财物,其行为构成盗窃罪,判决:徐某犯盗窃罪,判处有期徒刑3年,缓刑3年,并处罚金人民币50 000元。

解读评析

设立应收账款质权的条件是须以应收账款出质,当事人应当订立书面合同,同时需要满足四个条件:出质人对债务有处分权、出质人有通知义务、应收账款质押应在信贷征信机构办理登记、质押协议内容清楚。质押合同生效后质权人对出质权利享有优先受偿权。案例一中,某银行武汉分行与某公司、某轴承公司签订的多项协议均基于当事人真实意思表示,其签订主体、内容及形式均未违反我国法律、行政法规的禁止性规定,质押合同满足生效条件,应属合法有效。[①]

案例一争议的焦点是某银行武汉分行是否享有优先受偿权。对此,关于优先受偿权问题,三方签订的《封闭回款协议》是某银行武汉分行起草,与某公司一并交由某轴承公司确认,该行为应视为对某轴承公司发出的要约,希望该公司同意

① 陈学敏:《如何认定以应收账款出质的效力以及数额》,载《人民法院报》2018年8月9日,第P07版。

某公司以某轴承公司为付款人的应收账款质押给某银行武汉分行作为授信担保，某轴承公司对此表示同意，并签字盖章（合同专用章和财务部章）确认，则某轴承公司对以上要约进行了承诺。在这之后，某公司和某银行武汉分行分别盖章。根据《封闭回款协议》第9条以及某银行武汉分行在中国人民银行征信中心对某公司应收账款办理质押财产登记的日期，说明某银行武汉分行已经签署协议并进行公示告知，以此确认《封闭回款协议》自2013年11月11日生效，对某轴承公司产生拘束力。

由于某轴承公司在空白的《封闭回款协议》和《应收账款确认书》上盖章，则表明该公司已经知晓应收账款将要被质押的事实，且银行对某公司质押的应收账款办理了动产权属统一登记，该登记具有公示告知的作用，故应收账款的质押并不需要以通知某轴承公司为生效要件。根据物权法第228条、第229条（原法条现改为民法典第445条以应收账款出质的，质权自办理出质登记时设立。应收账款出质后，不得转让，但是经出质人与质权人协商同意的除外。出质人转让应收账款所得的价款，应当向质权人提前清偿债务或者提存。第446条权利质权除适用本节规定外，适用本章第一节的有关规定。）的规定，因某公司不能履行到期债务，某银行武汉分行设立的质权成立生效，其作为债权人对某公司质押的对某轴承公司的应收账款享有优先受偿权。

对于刑法第264条规定中非法占有中的"非法"，应根据财产罪的保护法益进行理解，只要是侵犯财产罪所保护法益的，就可以认定为非法，进而认定行为人的占有目的具有非法性。因此一般来说，行为人没有占有他人财产的合法根据，或者说没有使他人转移财产给行为人或第三者的合法根据，却具有占有他人财产的目的的，就属于非法占有目的。① 这里的合法根据，通常是指符合财产法的根据。盗窃罪侵犯的客体除了公私财物所有权及其他本权外，还包括他人合法占有、使用、收益、处分等权利。盗窃的对象必须是他人占有的财物，虽然是自己的财物，但是由他人合法占有或使用，亦视为"他人的财物"。② 在上述前提下，行为人的占有目的具有非法性，其出于占有目的窃取该财物的行为，在刑法上侵犯的是盗窃罪的保护法益。案例二中，质权人基于质权的设立对质押车辆在刑法意义上实现合法"占有"，并负有妥善保管的义务，该项权能被包括在盗窃罪侵犯的客体"公

---

① 张明楷：《刑法分则的解释原理》（上），中国人民大学出版社2011年版，第445～446页。

② 张军主编：《刑法[分则]及配套规定新释新解》（下），人民法院出版社2011年版，第445～446页。

私财物所有权”之中，因此其就车辆的合法占有属于盗窃罪规定所要保护的法益。出质人明知该轿车已经质押给张某，窃取该车将会导致张某无法占有该车，仍在朱某某借用该车时用另一把钥匙将车开走，足以认定其主观上具有非法占有的目的。综上，徐某构成盗窃罪。①

延伸阅读

出质人盗窃质押物行为定盗窃罪与定诈骗罪的争议②

2015年8月15日，被告人高某与董某签订了“车辆抵押协议”，约定将自己的路虎车质押给董某用来借款35万元，期限为1个月。2015年9月1日，被告人高某查询到该辆路虎车的大体位置，并到现场用此前已经配好的车钥匙将车辆开走。董某发现车辆丢失后多次联系高某，高某拒不承认其盗窃车辆的事实，董某随即报案。案发后，高某主动投案，该车辆被警方扣押，经鉴定此车价值为60.9万元。

对出质人擅自取回质押物的行为如何定性的问题，实践中存在定罪量刑不一、判决尺度不同的现象。例如本案争议焦点在于是认定为盗窃罪还是诈骗罪。该种情况，可以结合案件细节反映当事人是否具有实施诈骗的主观故意，其行为是否符合诈骗罪的犯罪构成。有观点认为高某将车辆盗走既侵犯了董某的占有权，也削弱了其就质押物所享有的债权保障，其行为符合盗窃罪的犯罪构成要素。还有观点认为高某主观上具有非法占有他人财物的故意，客观上虚构事实骗取借款，其采取秘密手段盗走自己的质押物的行为系其诈骗行为的一个环节。因此，高某的行为构成诈骗罪。有以下几点可供思考：一是虽然董某的质押物被盗取侵夺，此时董某与高某之间的债权债务关系并未因此而消灭，其仍有权请求高某偿还债务，即董某的损失是对债权的保障，即一种财产性利益。二是高某通过签订质押合同并将路虎车交付于董某，令董某错误地认为高某是具有债务偿还能力的，遂将35万元出借给高某。高某将路虎车盗走后，其诈骗行为既遂。三是在最

---

① 程岚：《出质人窃回质押物的司法认定》，载《中国检察官》2016年第22期。

② 姜武勇、师恒森：《出质人盗窃质押物行为到底该如何定性》，载《中国商报》2019年7月11日，第A03版。

高人民法院发布的指导性案例“叶某言、叶某语等盗窃案”中,对行为人窃取被扣押财物后,法院应以其是否要求赔偿作为行为人是否具有非法占有的目的依据。举重以明轻,扣押财产不要求赔偿时尚不构成盗窃罪,质押财产亦应如此。在本案中,高某窃取质押物后仅是否认盗窃事实,但并未向董某申请赔偿,关于其是否具有非法占有目的,其盗窃罪是否具有可罚性可供探讨。

专题十五　民刑关系视角下占有的法律问题分析

要点解析

占有在民法典中具有重要地位，占有是物权变动的基础，从本质上来说，占有是一种对物的支配与控制，是一种事实状态。占有的类型主要分为以下几种，即自主占有与他主占有、善意占有与恶意占有、直接占有与间接占有。[①] 从占有制度渊源来看，占有起源于民法，不仅是所有权的一项权能，还是所有权以及他物权成立的前提和基础。刑法并无占有的专门规定，除了针对主观上的要件会出现占有的论述。随着学理研究的不断深入，所有权说中将占有作为财产犯罪的保护法益，而财物是否由他人占有、由谁占有也随之成为区分盗窃罪与侵占罪的首要考察对象，由此“占有”概念在刑法学中也有重要地位。实践中经常争议的问题是，刑法和民法意义上的占有是否存在区别？通说观点认为，刑法中的“占有”和民法上的“占有”是不同概念，二者的内涵也相异。民法上的“占有”重在划定权利边界，为各项请求权的行使提供法理上的根据；而刑法上的“占有”建立在财物被控制和支配的事实之上，其存在是为了认定破坏“占有”的行为性质，实现对财产秩序的维护。民法上的间接占有、代理占有等理论不适用于刑法，刑法上的“占有”应作独立判断。[②] 由于刑法和民法所保护的目的以及各自的任务不同，如果完全以民法为基准考虑刑法上的占有，会导致一些占有问题解释上的困难，如果从刑法上孤立地去考虑占有问题，可能会出现民法上违法、刑法却予以保护的现象，刑法还具有补充性、二次规范性[③]。因此在进行解释占有时，需要刑法与民法共同兼

---

① 娄逸骅：《民法上的占有问题探析》，载《法制与社会》2019 年第 32 期。

② 徐长江、张勇：《将交由他人使用的银行卡挂失非法获取存款如何定性——以韩某某盗窃案为例》，载《法律适用》2019 年第 8 期。

③ 卢政宜：《民刑中的占有理解分析——法益的保护视角》，载《社会科学战线》2019 年第 12 期。

顾考虑,协调民法占有与刑法占有的关系。在处理关于占有的民刑交叉案件时,各方当事人可根据分开审理原则的例外情形以及民刑交叉案件中中止民事案件审理的角度,依法维护自身权利。①

关联条文

民法典

第四百五十九条 【占有物受损害的】占有人因使用占有的动产或者不动产,致使该不动产或者动产受到损害的,恶意占有人应当承担赔偿责任。

第四百六十二条 【占有保护】占有的不动产或者动产被侵占的,占有人有权请求返还原物;对妨害占有的行为,占有人有权请求排除妨害或者消除危险;因侵占或者妨害造成损害的,占有人有权依法请求损害赔偿。

占有人返还原物的请求权,自侵占发生之日起一年内未行使的,该请求权消灭。

刑 法

第二百六十四条 【盗窃罪】盗窃公私财物,数额较大的,或者多次盗窃、入户盗窃、携带凶器盗窃、扒窃的,处三年以下有期徒刑、拘役或者管制,并处或者单处罚金;数额巨大或者有其他严重情节的,处三年以上十年以下有期徒刑,并处罚金;数额特别巨大或者有其他特别严重情节的,处十年以上有期徒刑或者无期徒刑,并处罚金或者没收财产。

第二百七十条 【侵占罪】将代为保管的他人财物非法占为己有,数额较大,拒不退还的,处二年以下有期徒刑、拘役或者罚金;数额巨大或者有其他严重情节的,处二年以上五年以下有期徒刑,并处罚金。

将他人的遗忘物或者埋藏物非法占为己有,数额较大,拒不交出的,依照前款的规定处罚。

本条罪,告诉的才处理。

条文要义

占有,是指人对于物具有事实上的管领力的状态。在占有中,对物为管领的

---

① 刘光富:《民刑交叉案件的应对策略——以保险合同纠纷为例》,载搜狐网,https://m.sohu.com/a/388860805_120056427。

人为占有人,是占有法律关系的主体;被管领的物,为占有物,是占有法律关系的客体。占有的法律特征是:(1)占有是一种受法律保护的事实状态;(2)占有的对象仅限于物;(3)占有是对物具有的事实上的管领力。

无权占有人在占有占有物时,可以使用该占有物。占有人使用占有物对占有物造成损害是否承担赔偿责任,应当区分占有人的占有是善意的还是恶意的。民法典第 459 条采取多数立法例,规定恶意占有人在占有期间使用占有物,致使占有物受到损害的,应当承担赔偿责任,而善意占有人使用占有物致使占有物受到损害的,并不苛以这种赔偿责任。占有人有权占有占有物,但是不能对抗占有物权利人的权利请求。当占有物权利人主张返还占有物时,占有人负有返还义务。占有物的权利人可以请求返还原物及其孳息,占有人应当对权利人履行返还原物及其孳息的义务。

占有保护请求权,是占有人对占有的公力救济,即请求国家有权机关通过运用国家强制力来保护其占有。包括:返还原物请求权,当占有人的占有被侵夺时,占有人有权请求返还占有物;排除妨碍请求权,当占有人的占有被妨碍时,占有人有权行使排除妨碍请求权,对妨碍占有的行为,占有人有权请求排除妨碍;消除危险请求权,当占有人的占有虽未被现实的妨害,但是存在妨害危险时,占有人有权请求消除危险;损害赔偿请求权,因侵占或者妨害占有人的占有,造成损害的,占有人有权请求侵害人承担损害赔偿责任。①

刑法上的"占有"是指对物的事实上控制与支配,它的成立必须兼具客观支配状态与占有意思两个要件。较之于民法上的"占有",刑法占有的客观支配形态更为现实,主观占有意思更具规范成分。如果他人是基于合法占有,可以通过民事保护占有的方式来主张自己的权利,如返还占有、排除占有妨害等。财产权首先由民法以及其他附属法进行保护,民法对财产的保护是第一性的,如果民法不能进行有效的保护,才能动用刑法进行救济。刑法是作为其他法律的保障法而存在,所以并不是对所有侵犯财产秩序的行为均科处刑罚,这也是刑法谦抑性的要求。行为人从非法占有人手中取回自己所有财物的行为,此种行为可以认为是自救行为,阻却了行为的违法性。刑法作为其他法律的保障法而存在,刑法设立财产罪的目的本身就是保护公私财产,即保护的法益是所有权和与其紧密相关的其

① 杨立新:《中华人民共和国民法典条文要义》,中国法制出版社 2020 年版,第 334 页。

他权利,而这些权利就是民法上的权利,只不过他们值得用刑法加以特别保护。①

典型案例

案例一

孟某与某化工建设有限责任公司占有保护纠纷上诉案

2009年8月,孟某与某化建公司签订房屋租赁合同,约定某化建公司将其所有的房屋租赁给孟某从事汽车清洗、汽车美容专项行业,合同期为3年,年租金5万元,第一年租期,合同签订后孟某交付租金3万元,半年后交付租金2万元,第二、第三年租期孟某均提前一个月交付租金5万元。根据经营特点的需要,合同签订后,孟某可适当对该房屋进行局部装修和修缮,在不影响主体结构的情况下,孟某向某化建公司提供全部的装修整改方案,经化建公司同意后,孟某方可进行施工并承担所有费用。孟某不得以各种理由拖延租金的交纳,每拖延一日租金,应交纳违约金500元,如拖延一个月未能交纳租金,某化建公司有权终止合同。某化建公司负责该栋房屋费用的交纳,因交纳不及时影响孟某的正常经营,某化建公司有义务赔偿孟某的相关损失。合同签订后,孟某于当日向某化建公司交纳了房屋租金3万元。2012年9月租赁合同届满后,孟某一直使用诉争房屋至2014年5月迁出。后因孟某延迟给付租金,某化建公司诉至法院,要求终止房屋租赁合同,要求孟某返还租赁房屋并给付拖欠租金12万元及违约金。原审法院判决:(1)孟某立即给付某化建公司2012年9月1日至2014年5月21日期间的租金损失;(2)驳回某化建公司的其他诉讼请求;(3)驳回孟某的诉请。孟某不服判决提起上诉,黑龙江省哈尔滨市中级人民法院作出驳回上诉,维持原判的判决。

① 卢政宜:《民刑中的占有理解分析——法益的保护视角》,载《社会科学战线》2019年第12期。

案例二

冉某盗窃案

2017年6月,龙某因与其丈夫产生矛盾,遂将其退股现金交其朋友龙某1保管,龙某1丈夫即本案行为人冉某对此知情且应允。龙某还购买了保险柜存放于冉某、龙某1家中主卧室梳妆台下用于存放现金。2017年9月,冉某通过网络查询得知同时使用主钥匙和副钥匙(即应急钥匙)可以开启保险柜。然后冉某在家中梳妆台一盒子内找到了保险柜的副钥匙。2017年10月底某日,冉某利用龙某委托其将保险柜的主钥匙转交她表哥叶某之机,在某开锁服务部配了一把主钥匙。2017年11月,冉某利用主钥匙和副钥匙打开保险柜取出2万元。截至2017年11月23日,冉某采用同样的方式从保险柜内取出现金人民币共计17万元。2017年11月25日,冉某待其父亲、母亲及妻子出门后回到家中,打开保险柜,用"尼龙袋"将保险柜内的全部现金装走,并伪造了盗窃现场。冉某随后将"尼龙袋"带到某车库工程的库房,将取出的大部分现金装在不锈钢箱子内,藏匿于库房墙角处,剩余部分的现金藏匿于遮阳伞内,也放置于库房内。后经过清点,其藏匿的现金共计人民币98万元。2017年11月25日下午冉某报案至万州区公安局龙都派出所,称自己家中朋友存放在保险柜内的财物被盗。案发后冉某主动向公安机关供述了自己的犯罪事实。法院判决冉某犯盗窃罪,判处有期徒刑4年6个月,并处罚金10万元。

解读评析

无权占有不动产或者动产,造成权利人损害的,权利人可以请求损害赔偿。民法典第462条规定"占有的不动产或者动产被侵占的,占有人有权请求返还原物;对妨害占有的行为,占有人有权请求排除妨害或者消除危险;因侵占或者妨害造成损害的,占有人有权依法请求损害赔偿"。占有人对于他方侵占或者妨害自己占有的行为,可以行使法律赋予的占有保护请求权,占有保护的理由在于,已经成立的事实状态,不应受私力而为的扰乱,而只能通过合法的方式排除,这是一般公共利益的要求。比如案例一中,孟某在双方合同届满且被法院判决迁出后,一直无权占有诉争房屋直至2014年5月,违反了上述法律规定。孟某据此给某化建公司造成损失,某化建公司当然可以依据占有保护的法律规定请求赔偿损失。

因此可以看出，占有人无论是有权占有还是无权占有，其占有受他人侵害，即可行使法律赋予的占有保护请求权；而侵害人只要实施了占有保护条文中所禁止的侵害行为，即应承担相应的责任，法律不问其是否具有过失，也不问其对被占有的不动产或者动产是否享有权利。

案例二中，妻子龙某1基于保管合同的民事法律关系对于保险柜整体的占有可以认定为直接占有、有权占有，丈夫冉某对于妻子替朋友保管现金和保险柜的事实明知且应允，保险柜整体放置于龙某1、冉某日常生活最为私密的卧室之中，实际处于龙某1、冉某的管领、控制之下，且龙某1、冉某也认识到了此事实，虽然龙某不具有交予冉某保管钱财及保险柜的意思，但是龙某将现金存放于保险柜，该保险柜整体位于夫妻共同生活场所，且刑法中的占有是一种事实，而非权利，其核心在于人对物的管领、控制的事实，应当认定冉某、龙某1共同占有控制该保险柜，所以能够认定冉某对于保险柜具有占有的事实，但对保险柜内容物并未实际占有控制，冉某以非法占有为目的，秘密窃取龙某存放于保险柜中的现金，其行为构成盗窃罪。

延伸阅读

快递员分拣占有财物的行为认定①

犯罪嫌疑人陈某在淮安某物流公司上班期间，对公司内的快递进行扫码时，发现其中一个包裹因破损而无法扫码，遂起了将包裹内东西占为己有的想法，将该包裹中的小米6手机拿走。经鉴定，该手机价值人民币2499元。

本案中，对陈某行为的认定，应认定涉嫌盗窃罪而不是职务侵占罪。第一，关于主体身份认定。犯罪嫌疑人陈某受劳务公司派遣，由用人单位具体安排了分拣快递的工作。陈某实施客观行为时，处于正常工作时间内，应认定为物流公司单位工作人员。第二，是否利用职务便利。即是否利用自己在单位所担任的主管、保管或者经手本单位财物的权力。因陈某具体承担快递的扫码工作，不存在主管或保管的便利。所谓经手财物的便利，通常来自职务上领取、使用、支配财物的权

① 王园园、周洪标：《快递员分拣占有财物的行为认定》，载《江苏法制报》2019年12月30日，第3版。

力，对财物短时间内有占有的事实。陈某从事的是高度重复性劳动，在扫码时有摄像头一直监控其劳动，仅在工作操作中有极为短暂的时间接触财物，其工作性质并未为其提供任何“经手财物的职务便利条件”。第三，“占有”的认定。占有关系是区分职务侵占罪和盗窃罪的一个重要特征。前者是将自己占有掌控之下的本单位财物，通过不法手段将合法占有状态改变为非己有的状态，而盗窃罪往往是直接窃取、非法占有。因物流公司与陈某之间存在雇佣与被雇佣的关系，陈某是以该公司占有辅助人的身份对财物临时接触。因不具备合法占有的实施前提，因而，陈某的行为不符合职务侵占罪的构成要件。

综上，犯罪嫌疑人陈某以非法占有为目的，窃取他人手机归为己有，符合盗窃罪的构成要件。

PART

3

第三编

◇

合同中关涉刑法的问题

专题一　合同纠纷与经济犯罪

要点解析

随着我国市场经济的不断发展，利用签订合同骗取钱财的案件大有愈演愈烈之势，不仅侵犯了他人财产权，扰乱了市场秩序，而且与经济纠纷极难区分与识别，成为司法实践中的一个热点问题。在处理合同纠纷与经济犯罪交叉案件时，严格区分经济犯罪与经济纠纷，既不能让一般违法者承担刑事责任，产生不必要刑罚，影响被害人挽救损失，也不能让犯罪者只承担民事责任，放纵犯罪。在区分二者时，应严格依照法益侵害性这一实质标准和犯罪构成这一形式标准进行，依照从客观到主观的顺序，全面考虑违法性、违法阻却事由、有责性、责任阻却事由、可罚性阻却事由等因素。同时，应注意摆脱地方保护思想与道德泛化心理，坚持以维护国家经济秩序为目标、以法律规定与客观事实为依据。

关联条文

民法典

第四百六十四条　【合同法的调整对象】合同是民事主体之间设立、变更、终止民事法律关系的协议。

婚姻、收养、监护等有关身份关系的协议，适用有关该身份关系的法律规定；没有规定的，可以根据其性质参照适用本编规定。

最高人民法院关于在审理经济纠纷案件中涉及经济犯罪嫌疑若干问题的规定

第一条　同一自然人、法人或非法人组织因不同的法律事实，分别涉及经济纠纷和经济犯罪嫌疑的，经济纠纷案件和经济犯罪嫌疑案件应当分开审理。

条文要义

合同纠纷是指平等主体之间发生的，以合同权利义务为内容的社会纠纷，合同纠纷要经由民事诉讼的途径进行处理，因此合同纠纷责任承担主要是民事责任所带来的赔偿义务。经济犯罪是指在商品经济的运行领域中，为谋取不法利益，违反国家法律规定，严重侵犯国家管理制度、破坏社会主义市场经济秩序，依照刑法应受刑罚处罚的行为。经济犯罪具有以下特点：(1)侵害的对象是我国的市场经济秩序。破坏社会主义的市场经济秩序罪的关键要素是划分经济违法和经济犯罪的界限。若一种行为虽违反了国家的相关法规，但还未严重地破坏到社会主义的市场经济秩序，那么，就不构成犯罪。(2)该类犯罪客观的表现为违反国家的经济管理法规。在经济管理或经济运行中进行非法的经济活动，严重地破坏了社会主义市场经济秩序的行为。(3)经济犯罪主体是自然人或者是单位。经济犯罪的主体为单位的情况更多一些。(4)犯罪主观方面，经济犯罪大多数都是故意犯罪，表现形式是以非法占有和牟利等为目的。

处理因合同纠纷产生的民事责任与经济犯罪需负的刑事责任时，需要注意：一是打破僵化的一元思维，全面考虑民事、刑事责任。应该转变传统的“犯罪只有刑事责任后果”的想法，认识到让犯罪者承担民事责任对保护被害人利益、恢复被破坏的社会关系、教育惩罚犯罪者的重要性。二是如果无法兼顾民事责任与刑事责任，坚持民事责任优先。刑法第 36 条体现了这一精神，“承担民事赔偿责任的犯罪分子，同时被判处罚金，其财产不足以全部支付的，或被判处没收财产的，应先承担对被害人的民事赔偿责任”。这样既通过民事责任的承担来弥补被害人损失，又通过其他形式刑事责任的承担来惩罚犯罪人。三是民事责任不可代替刑事责任。两种法律责任的功能、性质均不同，有独立存在的必要，对于犯罪数额大的经济犯罪尤其需要重视运用刑事责任来增加犯罪成本，实现预防犯罪的目的。当然，从经济违法行为到犯罪行为有一个发展过程，存在民事、行政与刑事责任相转化的情形。四是民事责任与刑事责任存在有限的融合。为实现共同目标，民事责任与刑事责任之间有互相借鉴的趋势，如民事领域引进惩罚性赔偿、刑事领域考虑被害人利益。当然，基本性质与核心功能的不同决定了融合的程度是有限的。如在单位经济犯罪中，单位必须对其主管人员的犯罪行为承担刑事责任，貌似是民法上的“替代责任”，其实有本质差别，“替代责任”是由与违法行为毫无关系的人承担责任，而在单位犯罪中，主管人员的个人意志汇聚成统一的单位意志，其实施的以单位名义、由单位认可、利益归单位的行为就是单位行为，由单位承担刑事责任是公平的，同时由于主管人员的意志在单位意志的形成中起到重要作用，并代表单位具体实施了犯罪行为，即使利益未归个人，追究其刑事责任也是公平的。

典型案例

倖旗公司与储运公司、谷物公司质押合同纠纷案

2014年6月，倖旗公司（质权人）与谷物公司（出质人）签订《最高额动产质押合同》，约定谷物公司以自有玉米14.5万吨作价3亿元人民币提供质押担保，用以担保谷物公司借款本息的履行。同日，倖旗公司、谷物公司与辽宁储运公司（监管人）共同签订《动产质押监管协议》，储运公司收取了150万元监管费。后储运公司向倖旗公司出具了《收到质物通知书》，明确告知已收到质押物14.5万吨玉米。2014年7月，因谷物公司未能履行还款义务，倖旗公司按《动产质押监管协议》约定行使质权并出具《放货通知书》，要求储运公司办理对质押物14.5万吨玉米的提货手续，但储运公司未能向倖旗公司提供质押物。倖旗公司诉至法院，要求谷物公司清偿欠款及逾期利息、处置质押物，所得价款倖旗公司优先受偿，并要求储运公司就谷物公司所欠债务在3亿元范围内承担连带赔偿责任。

谷物公司法定代表人刘某文因涉嫌合同诈骗罪现被羁押于吉林省新康监狱。刘某文在被讯问中自认：其与倖旗公司签订《最高额动产质押合同》后未依约向倖旗公司提供质押物14.5万吨玉米；倖旗公司、储运公司对质物14.5万吨玉米自始不存在是知道的。

储运公司认为因谷物公司虚假出质构成犯罪，本案应依法移送公安机关处理。

解读评析

同一公民、法人或其他经济组织因不同的法律事实，分别涉及经济纠纷和经济犯罪嫌疑的，经济纠纷案件和经济犯罪嫌疑案件应当分开审理。关于本案是否应当移送公安机关处理的问题。从动产质押监管的角度分析，本案存在两个法律关系：一个是债权债务及担保法律关系，债权债务法律关系是通过借贷而形成，担

保法律关系是通过签订《最高额动产质押合同》形成，债权债务及担保法律关系的主体为债权人、质权人倖旗公司及债务人、出质人谷物公司。另一个是动产质押监管法律关系，合同依据是《动产质押监管协议》，合同主体为委托人倖旗公司及受托人储运公司。审理动产质押监管纠纷的主要法律关系依据是倖旗公司与储运公司基于《动产质押监管协议》形成的合同关系。谷物公司及其法定代表人是否基于借款及担保事实涉嫌经济犯罪与本案审理的动产质押监管法律关系并无同一性，本案作为民事案件应当继续审理。

延伸阅读

温某某合同诈骗立案监督案(检例第91号)①

检察机关办理涉企业合同诈骗犯罪案件，应当严格区分合同诈骗与民事违约行为的界限。要注意审查涉案企业在签订、履行合同过程中是否具有非法占有目的和虚构事实、隐瞒真相的行为，准确认定是否具有诈骗故意。发现公安机关对企业之间的合同纠纷以合同诈骗进行刑事立案的，应当依法监督撤销案件。对于立案后久侦不结的“挂案”，检察机关应当向公安机关提出纠正意见。

【基本案情】

2010年4月至5月间，甲公司分别与乙建设有限公司(以下简称乙公司)、丙建设股份有限公司(以下简称丙公司)签订钦州市钦北区引水供水工程《建设工程施工合同》。根据合同约定，乙公司和丙公司分别向甲公司支付70万元和110万元的施工合同履约保证金。工程报建审批手续完成后，甲公司和乙公司、丙公司因工程款支付问题发生纠纷。2011年8月31日，丙公司广西分公司经理王某某到南宁市公安局良庆分局(以下简称良庆公安分局)报案，该局于2011年10月14日对甲公司负责人温某某以涉嫌合同诈骗罪刑事立案。此后，公安机关未传唤温某某，也未采取刑事强制措施，直至2019年8月13日，温某某被公安机关采取刑事拘留措施，并被延长刑事拘留期限至9月12日。

---

① 《温某某合同诈骗立案监督案》(检例第91号)，载正义网，http://www.jcrb.com/jcjgsfalk/zdxal/xsjc/202012/t20201223_2235634.html。

【检察机关监督意见】

2019 年 9 月 16 日，良庆区人民检察院向良庆公安分局发出《要求说明立案理由通知书》。良庆公安分局回复认为，温某某以甲公司钦州市钦北区引水供水工程项目与乙公司、丙公司签订合同，并收取履约保证金，而该项目的建设环评及规划许可均未获得政府相关部门批准，不具备实际履行建设工程能力，其行为涉嫌合同诈骗。良庆区人民检察院认为，甲公司与乙公司、丙公司签订《建设工程施工合同》时，引水供水工程项目已经政府有关部门审批同意。合同签订后，甲公司按约定向政府职能部门提交该项目报建手续，得到了相关职能部门的答复，在项目工程未能如期开工后，甲公司又采取签订补充协议、承担相应违约责任等补救措施，并且甲公司在该项目工程中投入大量资金，收取的履约保证金也用于公司生产经营。因此，不足以认定温某某在签订合同时具有虚构事实或者隐瞒真相的行为和非法占有对方财物的目的，公安机关以合同诈骗罪予以刑事立案的理由不能成立。对于甲公司不退还施工合同履约保证金的行为，乙公司、丙公司可以向人民法院提起民事诉讼。同时，良庆区人民检察院审查认为，该案系公安机关立案后久侦未结形成的侦查环节“挂案”，应当监督公安机关依法处理。2019 年 9 月 27 日，良庆区人民检察院向良庆公安分局发出《通知撤销案件书》。

监督结果：良庆公安分局接受监督意见，于 2019 年 9 月 30 日作出《撤销案件决定书》，决定撤销温某某合同诈骗案。在此之前，良庆公安分局已于 2019 年 9 月 12 日依法释放了温某某。

【指导意义】

1. 检察机关对公安机关不应当立案而立案的案件，应当依法监督撤销。检察机关负有立案监督职责，有权监督纠正公安机关不应当立案而立案的行为。涉案企业认为公安机关对企业之间的合同纠纷以合同诈骗进行刑事立案，向检察机关提出监督申请的，检察机关应当受理并进行审查；认为需要公安机关说明立案理由的，应当书面通知公安机关；认为公安机关立案理由不能成立的，应当制作《通知撤销案件书》，通知公安机关撤销案件。

2. 严格区分合同诈骗与民事违约行为的界限。注意审查涉案企业在签订、履行合同过程中是否具有虚构事实、隐瞒真相的行为，是否有刑法第 224 条规定的五种情形之一。注重从合同项目真实性、标的物用途、有无实际履约行为、是否有逃匿和转移资产的行为、资金去向、违约原因等方面，综合认定是否具有诈骗的故意，避免片面关注行为结果而忽略主观上是否具有非法占有的目的。对于签订合同时具有部分履约能力,其后完善履约能力并积极履约的,不能以合同诈骗罪追究刑事责任。

3. 对于公安机关立案后久侦未结形成的"挂案",检察机关应当提出监督意见。由于立案标准、工作程序和认识分歧等原因,有些涉民营企业刑事案件逾期滞留在侦查环节,既未被撤销,又未被移送审查起诉,形成"挂案",导致民营企业及企业相关人员长期处于被追诉状态,严重影响企业的正常生产经营,破坏当地营商环境,也损害了司法机关的公信力。检察机关发现侦查环节"挂案"的,应当对公安机关的立案行为进行监督,同时也要对公安机关侦查过程中的违法行为依法提出纠正意见。

专题二　合同效力的认定与合同诈骗罪

要点解析

民法典对合同效力规则进行了一定的调理和整合。刑法中犯罪行为与民法典中的民事行为在一定条件下会存在交叉，从刑民交叉的角度上分析，作为犯罪行为一部分的民事行为是否具有法律效力，换言之，犯罪行为的认定是否对民事行为的判断产生一定的影响。从司法实践来看，刑事犯罪中的合同行为作为刑民竞合部分，其合同行为具有一定的相对独立性，应当依据民法的有关规定进行评价，而不应简单的认定为合同无效。

关联条文

民法典

第一百三十六条　【民事法律行为的生效】民事法律行为自成立时生效，但是法律另有规定或者当事人另有约定的除外。

行为人非依法律规定或者未经对方同意，不得擅自变更或者解除民事法律行为。

第一百四十三条　【民事法律行为的有效要件】具备下列条件的民事法律行为有效：

（一）行为人具有相应的民事行为能力；

（二）意思表示真实；

（三）不违反法律、行政法规的强制性规定，不违背公序良俗。

第一百四十四条　【无民事行为能力人实施的民事法律行为的效力】无民事行为能力人实施的民事法律行为无效。

第一百四十六条　【虚假表示及隐藏行为的效力】行为人与相对人以虚假的意思表示实施的民事法律行为无效。

以虚假的意思表示隐藏的民事法律行为的效力，依照有关法律规定处理。

第一百五十三条 【违反法律、行政法规的强制性规定以及违背公序良俗的民事法律行为的效力】违反法律、行政法规的强制性规定的民事法律行为无效。但是，该强制性规定不导致该民事法律行为无效的除外。

违背公序良俗的民事法律行为无效。

第一百五十四条 【恶意串通的民事法律行为的效力】行为人与相对人恶意串通，损害他人合法权益的民事法律行为无效。

第五百零二条 【合同生效的时间】依法成立的合同，自成立时生效，但是法律另有规定或者当事人另有约定的除外。

依照法律、行政法规的规定，合同应当办理批准等手续的，依照其规定。未办理批准等手续影响合同生效的，不影响合同中履行报批等义务条款以及相关条款的效力。应当办理申请批准等手续的当事人未履行义务的，对方可以请求其承担违反该义务的责任。

依照法律、行政法规的规定，合同的变更、转让、解除等情形应当办理批准等手续的，适用前款规定。

第五百零八条 【合同效力适用指引】本编对合同的效力没有规定的，适用本法第一编第六章的有关规定。

刑　法

第二百二十四条 【合同诈骗罪】有下列情形之一，以非法占有为目的，在签订、履行合同过程中，骗取对方当事人财物，数额较大的，处三年以下有期徒刑或者拘役，并处或者单处罚金；数额巨大或者有其他严重情节的，处三年以上十年以下有期徒刑，并处罚金；数额特别巨大或者有其他特别严重情节的，处十年以上有期徒刑或者无期徒刑，并处罚金或者没收财产：

（一）以虚构的单位或者冒用他人名义签订合同的；

（二）以伪造、变造、作废的票据或者其他虚假的产权证明作担保的；

（三）没有实际履行能力，以先履行小额合同或者部分履行合同的方法，诱骗对方当事人继续签订和履行合同的；

（四）收受对方当事人给付的货物、货款、预付款或者担保财产后逃匿的；

（五）以其他方法骗取对方当事人财物的。

条文要义

民法典对合同效力规则进行了逻辑及结构上的整合，相关规范主要见于合同编“合同的效力”一章，对于此章没有明确规定的，则适用总则编“民事法律行为”的有关规定，即合同属于一种民事法律行为，合同的效力也适用本法总则编关于民事法律行为效力的规定。民法典第 144 条、第 146 条、第 153 条和第 154 条明确了合同无效的五种法定事由，即：(1)无民事行为能力人实施的民事法律行为无效；(2)行为人与相对人以虚假的意思表示实施的民事法律行为无效；(3)违反法律和行政法规的强制性规定的民事法律行为无效；(4)违背公序良俗的民事法律行为无效；(5)行为人与相对人恶意串通，损害他人合法权益的民事法律行为无效。民法典生效后，合同法第 52 条(对应民法典第 508 条、第 144 条、第 146 条、第 153 条、第 154 条)规定的“一方以欺诈、胁迫的手段订立合同，损害国家利益；恶意串通，损害国家、集体或者第三人利益；以合法形式掩盖非法目的；损害社会公共利益”等四种情形不再为合同无效的法定事由。合同效力，是指依法成立受法律保护的合同，对当事人具有法律约束力，当事人应当按照约定履行自己的义务，不得擅自变更或者解除合同。合同当事人的意志需符合国家意志和社会利益，国家赋予当事人的意志以拘束力，要求合同当事人严格履行合同，否则即依靠国家强制力，要当事人履行合同并承担违约责任。合同的效力分为四大类，即有效合同，无效合同，效力待定合同，可变更、可撤销合同。其中，合同的有效和无效是合同效力最常见的两种效力状态。

合同诈骗罪是指以非法占有为目的，在签订、履行合同过程中，采取虚构事实或者隐瞒真相等欺骗手段，骗取对方当事人的财物，数额较大的行为。非法占有目的是认定合同诈骗罪与非罪的核心，是区分合同诈骗行为与合同欺诈行为的重要界限。本罪侵犯的客体为复杂客体，既侵犯了市场秩序，又侵犯了当事人的合法权益，而该罪首要保护的法益是维护正常的市场经济秩序。

在判定合同的效力时，不能仅因合同当事人一方实施了涉嫌犯罪的行为，而当然认定合同无效。在合同约定本身不属于无效事由的情况下，合同中一方当事人实施的涉嫌犯罪的行为并不影响合同的有效性。应根据民法典关于合同效力的规定进行审查判断，以保护合同中当事人的合法权益，维护交易安全和交易秩序。

典型案例

李某合同诈骗案

2011年,李某以实业公司的名义委托贸易公司采购钢材,贸易公司根据李某的指定向钢贸公司购货。期间李某通过行贿钢贸公司经理,使钢贸公司向李某控制的钢铁公司购货,并伪造贸易公司公章签订担保合同。贸易公司、钢贸公司均已支付相应货款,李某通过控制的钢铁公司收取钢贸公司的货款后未交付货物,骗取贸易公司购货款1300万余元。2012年,法院以合同诈骗罪判处李某无期徒刑。随后,实业公司以其未收到货物为由起诉钢贸公司返还货款本息。钢贸公司主张,李某利用实业公司委托贸易公司向钢贸公司采购钢材,又通过钢贸公司再向其实际控制的钢铁公司采购钢材,最终达到骗取货款的目的,贸易公司与钢贸公司之间的购销合同是一种犯罪手段,并无真实的交易目的,故应认定合同无效。钢贸公司认为,贸易公司并未实际概括受让实业公司在《购销合同》项下的权利义务,不是《购销合同》主体,且《购销合同》无效,贸易公司无权解除合同并要求返还货款。

解读评析

1. 合同是否因李某构成犯罪而无效?

合同中有关当事人的刑事犯罪行为属于另一法律关系,不能因为有刑事犯罪行为直接否定合同的效力。当民事行为涉及刑事犯罪时,应对合同法律关系进行审查,判断是否为真实意思表示,是否具备民法典规定的无效的法定情形。本案中,李某的行为被法院以合同诈骗罪判处无期徒刑。根据法院关于李某合同诈骗案刑事判决书,李某以实业公司的名义委托贸易公司采购钢材,贸易公司根据李某的指定向钢贸公司购买钢材,李某行贿钢贸公司业务经理,使得钢贸公司向其控制的钢铁公司购货,并伪造贸易公司公章签订担保合同,贸易公司、钢贸公司均已支付相应货款,李某通过钢铁公司收取钢贸公司支付的购货款后未交付货物。以上事实只是认定李某利用其控制的公司实施的犯罪行为,但并没有证据表明贸易公司明知或参与李某的犯罪行为。且根据刑事判决书认定的事实,钢贸公司之所以向李某控制的钢铁公司购买钢材,是因李某贿赂了钢贸公司的工作人员。在没有证据证明贸易公司明知或者参与李某实施的犯罪行为的情况下，贸易公司与钢贸公司所订立的《购销合同》效力不受李某犯罪行为的影响。钢贸公司关于《购销合同》因李某构成犯罪而无效的主张缺乏法律依据。本案中，贸易公司既不明知也没有参与诈骗行为，并不存在民法典规定的无效情形。因此，合同效力并不受李某犯罪行为的影响。

2. 贸易公司是否有权解除合同并要求钢贸公司返还货款？

本案中，贸易公司与钢贸公司所订立合同是当事人双方真实意思表示，不违反法律、行政法规的强制性规定，合法有效。贸易公司虽是基于实业公司的委托与钢贸公司订立《购销合同》，但其是以自己的名义与钢贸公司订立的合同，在实业公司并没有行使介入权的情况下，贸易公司仍是《购销合同》的主体，有权行使《购销合同》项下的权利。因此，在符合法定解除条件的情况下，贸易公司有权解除《购销合同》，并要求钢贸公司返还货款。

延伸阅读

这个手机买卖合同缘何没有效力？①

11 岁的小学生李某独自拿着爷爷奶奶平时给的零花钱，到喻某经营的手机店购买某品牌手机一部，并支付了购机款。喻某向李某出具手机销售专用票据一张。后李某的父亲发现儿子购机一事，认为店主不应将手机出售给未成年人，遂于当晚与其交涉，要求退货退款。

喻某认为其出售手机没有违法，且手机已经拆封，故不同意退货。李某父亲后来以其子名义向法院起诉喻某，要求退货退款，并支付诉讼费、误工费、精神损伤费、往返交通费。最终法院判决喻某返还手机价款；李某返还喻某手机，驳回李某的其他诉讼请求。

八周岁以上的未成年人为限制民事行为能力人，实施民事法律行为由其法定代理人代理或者经其法定代理人同意、追认，但是可以独立实施纯获利益的民事法律行为或者与其年龄、智力相适应的民事法律行为。民事法律行为只有在行为人具有相应的民事行为能力、意思表示真实、不违反法律及行政法规的强制性规

① 《这个手机买卖合同缘何没有效力？》，载 https://www.sohu.com/a/287913930_114731。

定,不违背公序良俗的条件下才合法有效,否则无效。无效的或者被撤销的民事法律行为自始没有法律约束力,民事法律行为无效、被撤销或者确定不发生效力后,行为人因该行为取得的财产,应当予以返还;不能返还或者没有必要返还的,应当折价补偿。有过错的一方应当赔偿对方由此所受到的损失;各方都有过错的,应当各自承担相应的责任。

李某购买手机时系限制民事行为能力人,只能从事与其年龄、智力相适应的民事活动。而对于购买近千元的手机这一民事行为,显然缺乏必要的判断能力和对产生后果的预见能力,更不能充分预见和负担其后必然产生的手机通信消费等支出,该行为已经超出了其年龄、智力等所能承受的范围,又不属于纯获利益的合同。故李某与喻某所订立的手机买卖合同,需李某法定代理人的追认才能产生合同效力。而在本案中,李某的法定代理人得知李某购买手机后一直持反对态度,拒绝追认,并坚持要求退货退款。故李某、喻某间的手机买卖合同为无效合同,双方互负返还义务。

专题三　合同欺诈行为与合同诈骗罪

要点解析

合同欺诈行为与合同诈骗罪作为典型的刑民法交叉案件高发区，两者之间发生民事领域与刑事领域的交叉在我国司法实践中并不鲜见，两者有着相似的构成要件，相互之间存在牵连、交叉，经常出现一个案件中既存在民事法律关系又包含刑事法律关系。在司法实践中经常出现某些合同欺诈行为被认为是合同诈骗罪，而一些合同诈骗罪又被当作是欺诈行为处理。如何处理此类案件一直是实践中比较疑难的问题。

关联条文

民法典

第一百四十八条　【民事法律行为的效力】一方以欺诈手段，使对方在违背真实意思的情况下实施的民事法律行为，受欺诈方有权请求人民法院或者仲裁机构予以撤销。

第一百四十九条　【民事法律行为的效力】第三人实施欺诈行为，使一方在违背真实意思的情况下实施的民事法律行为，对方知道或者应当知道该欺诈行为的，受欺诈方有权请求人民法院或者仲裁机构予以撤销。

刑　法

第二百二十四条　【合同诈骗罪】有下列情形之一，以非法占有为目的，在签订、履行合同过程中，骗取对方当事人财物，数额较大的，处三年以下有期徒刑或者拘役，并处或者单处罚金；数额巨大或者有其他严重情节的，处三年以上十年以下有期徒刑，并处罚金；数额特别巨大或者有其他特别严重情节的，处十年以上有期徒刑或者无期徒刑，并处罚金或者没收财产：

（一）以虚构的单位或者冒用他人名义签订合同的；

（二）以伪造、变造、作废的票据或者其他虚假的产权证明作担保的；

（三）没有实际履行能力，以先履行小额合同或者部分履行合同的方法，诱骗对方当事人继续签订和履行合同的；

（四）收受对方当事人给付的货物、货款、预付款或者担保财产后逃匿的；

（五）以其他方法骗取对方当事人财物的。

条文要义

民法典第148条规定包括以下几点内容：第一，欺诈系由民事法律行为的一方当事人实施，而相对人因此欺诈行为陷入错误判断，并进而作出了意思表示。换言之，如果没有行为人的欺诈行为，相对人将不会作出这种意思表示，民事法律行为不会成立。第二，欺诈的构成并不需要受欺诈人客观上遭受损害后果的事实，只要受欺诈人因欺诈行为作出了实施民事法律行为的意思表示，即可成立欺诈。第三，欺诈的法律后果为可撤销，享有撤销权的是受欺诈人关于欺诈的法律后果，合同法则区分欺诈行为是否损害国家利益而分别规定，如损害国家利益，则无效；如不损害，则为可变更或者可撤销。应当说，合同法考虑到了对受欺诈人意思自治的尊重和保护，是可取的。但其又区分合同是否损害国家利益，将欺诈的法律后果分别规定为无效和可撤销，这既与传统民法理论及世界各国立法例不符，在实践中也难以把握，甚至容易导致裁判者滥用自由裁量权随意判定民事法律行为无效的情形，反而损害特定情形下受欺诈人对民事法律行为效力的自主选择权，因此不宜采纳。同时，将欺诈行为的法律后果规定为可撤销，也是立法中的多数意见，因此总则编采纳这一意见，将欺诈的后果规定为可撤销。

民法典第149条的主要内容包括：第一，当事人以外的第三人对一方当事人实施了欺诈行为，并致使该当事人陷入错误判断且据此作出了意思表示。欺诈行为的具体形式，有可能是故意告知虚假信息，或者故意隐瞒真实情况，也可能存在其他不同形式，但其根本目的在于使受欺诈人陷入错误认识，作出“若了解真实情况便不会作出的”意思表示。第二，受欺诈人享有对民事法律行为的撤销权，但该撤销权行使须满足一定条件。具体来说，第三人实施欺诈行为，只有在受欺诈人的相对方非属于善意时，受欺诈人才能行使撤销权。相对方的这种非善意表现为，对于第三人的欺诈行为，其知道或者应当知道。第三，撤销权的行使仍须通过人民法院或者仲裁机构行使。

欺诈是指在民事合同的设立、变更和终止的过程中,一方当事人故意以不真实情况为真实的意思表示,使对方陷于错误认识,从而引起一定民事法律关系的行为。其构成要件如下:一方当事人隐瞒真相或虚假陈述→当事人陷于认识错误→基于认识错误而作出意思表示。

刑法第 224 条合同诈骗罪是指以非法占有为目的,在订立、履行合同过程中,骗取对方当事人财物,数额较大的行为。本罪侵犯的客体为复杂客体,即既侵犯了合同他方当事人的财产所有权,又侵犯了市场秩序。合同诈骗的一般技术过程为,首先利用对方当事人对合同的相信,使对方履行合同,而后实际获得对方的财物,但自己不履行相应的合同义务。实践中,合同诈骗的构成要件为:行为人在签订或履行合同过程中虚构事实,隐瞒真相→导致被害人产生错误认识→被害人基于错误的认识将财产转移给行为人或第三人→被害人发现财产损失后报警或起诉。虚构事实包括虚构合法身份、虚构合同标的等,通常表现为假冒订立合同必需的身份,通过盗窃、骗取、伪造、变造签订合同所必需的法律文件、文书、从而制造出具有“合法身份”和“履行能力”的假象。隐瞒事实真相既包括隐瞒自己根本不打算履行合同的主观犯罪意图,也包括隐瞒有义务告知对方但告知对方可能导致对方产生怀疑的事实。

典型案例

李某合同诈骗案

从 2015 年至案发前,李某任德永公司法定代表人并控股宗某的公司,负责两个公司的全面业务,其中德永公司的经营范围是煤炭的洗选、销售。2015 年 6 月,李某以德永公司与宏某某签订购买合同,向宏某某公司购买煤炭并正常支付货款,至 2015 年年底双方货、款两清。2016 年 3 月,李某以向电力公司及炼钢厂等地供煤为由与宏某某洽谈,双方达成购煤意向后,宏某某公司向李某销售煤炭,并就此先后签订了多份煤炭购销合同,宏某某公司依合同之约向德永公司交付了煤炭。同年 7 月,两公司就煤炭交易进行了清算并予以确认签单,德永公司收到对方的煤炭约 56 000 吨,并向宏某某公司支付货款 5283 余万元。李某收到货物后将一部分煤炭用来偿还自己个人债务或德永公司对韩某等人的债务,另一部分煤炭以明显低于市场价格或购买价格出售给第三人,将所得货款用于公司的日常经营和抵偿李某的个人债务，后宏某某公司多次要求李某支付货款，其最终仅给付了少量款项。与此同时，2015 年以来，被告人李某先后从朱某、赵某等处借款，双方形成巨额债权债务关系。

2017 年下半年，宗某公司因故停产，德永公司向银行借款 1600 万元并让某担保公司做担保，然后李某用其控股的宗某公司以股权质押的方式做了反担保。李某被法院判决构成合同诈骗罪。李某辩称其行为仅构成合同欺诈，而非合同诈骗罪。

解读评析

现实经济生活中，当事人在签订、履行合同中采取一些诸如夸大己方实力或虚构、隐瞒某些情况等手段的现象经常发生。其中，有的属于一般的民事欺诈行为，有的则属于合同诈骗犯罪。民事欺诈行为与合同诈骗犯罪，尽管主观方面都有以欺骗方式从对方获取不当利益的故意，客观方面都有虚构事实、隐瞒真相、利用对方错误认识获益的行为，但是两者具有本质的区别。

民事欺诈行为的当事人采取欺骗方法是为了使对方当事人产生错误认识，做出有利于自己的民事法律行为，然后通过双方履行该法律行为谋取一定的“不当利益”，其实质是牟利；而合同诈骗罪的行为人是“以非法占有为目的”，在签订、履行合同中，通过实施诈骗手段非法占有对方当事人的财物。

合同诈骗罪中非法占有目的如何判断。非法占有目的的判断，涉及司法推定的问题。所谓司法推定是指根据两个事实之间的一般联系规律或者常态联系，当一个事实存在的时候便可以认定另一个事实的存在。推定必须以一定的事实为基础，然后根据客观事物之间联系的规律推导出另一事实的存在。前一个事实称为“基础事实”或“前提事实”，后一个事实称为“推定事实”或“结果事实”，只有基础事实是真实的，据以推出的推定事实才有可能是可靠的；反之，如果基础事实本身就是不真实的，则推定事实肯定就是靠不住的。除了非常典型的情况，非法占有的目的实际都是根据一定的客观事实来推定的。

根据诈骗犯罪的特点，在推定诈骗的非法占有目的时，应全面考虑行为人主体资格是否真实、行为人有无履约能力、行为人有无履约的实际行动、行为人没有履约的原因、行为人的履约态度是否积极、行为人对财物的主要处置方式、行为人是否积极承担违约责任等方面的事实，进行综合评断，以推定行为人是否具有“非法占有目的”。

1. 以主体资格是否真实的基础事实来推定。

在正常的经济交往过程中，合同主体签订合同的目的是合同履行，而合同得以履行的前提要求合同主体必须真实存在。即使是在民事欺诈的情况下，由于行为人的目的是通过履行合同而牟取非法利益，因此在合同主体资格上一般也不会是虚假的。实践中，如行为人盗用合法主体的名义、捏造根本不存在的主体、冒充已被撤销的单位等，可以推定具有非法占有目的。

2. 以行为人有无履约能力的基础事实来推定。

考察行为人的履行能力，应以其是否具有履行能力的现实可能性作为判断标准。一般认为，具有如下基础事实可以推定具有合同诈骗的非法占有目的：一是行为人在签订合同时没有履行合同的能力，合同签订后仍无履行合同的能力，骗取对方当事人财产的；二是行为人在签订合同时有部分履行合同的能力，签订合同后无履行合同的行为，骗取对方当事人财物的；三是行为人在签订合同时有完全履行合同的能力，签订合同后无履行合同的行为，或者部分履行意在诱使对方继续履行的。

具有如下基础事实可以推定不具有合同诈骗罪的非法占有目的，应按照民事欺诈行为处理。一是行为人在签订合同时没有履行合同的能力，但在合同签订后积极努力创造条件，具备履行合同能力且有积极履约的行为，则无论合同最终是否完全履行，可以推定不具有非法占有目的；二是行为人在签订合同时有部分履行合同的能力，但在签订合同后有积极履行合同的行为，则无论合同最终是否完全履行，可以推定不具有非法占有目的；三是行为人在签订合同时有完全履行合同能力，但因客观原因造成合同不能完全履行或只能部分履行，可推定不具有非法占有目的。

3. 以行为人有无履约行为的基础事实来推定。

行为人有无履约行为，可以反映行为人是否具有履行合同的诚意，它是推定行为人是否具有非法占有目的的客观基础。有履约诚意的行为人会积极创造条件履约，而以非法占有为目的进行诈骗的行为人，自始至终就没有履约的实际行为。

具有如下基础事实可以推定行为人具有非法占有目的：一是行为人没有履约的行为，即使有部分履行行为，也是为了骗取对方当事人的信任，以实现让他人交付财物的目的；二是行为人隐瞒自己缺乏履行能力的事实，骗取他人财物后，如果行为人在客观上没有履约的实际行为,也逃避履行违约责任,且给他人造成严重财产损失的。

具有如下基础事实可以推定行为人不具有非法占有目的:一是行为人将骗得的财物全部或者大部分用于实际履约,即使没有能够完全履行义务,一般也可以推定行为人不具有非法占有目的;二是行为人将骗取的财物没有用于约定的实际履行,而是用于其他的合法经营活动,只要行为人在约定期限内返还他人财物,一般也可以推定行为人不具有非法占有目的。

在以"行为人有无履约行为"来推定行为人的"非法占有目的"时,要注意对行为人在履约过程中产生非法占有目的的行为的认定,即行为人在先前有积极履约的行为,但在约定未全部履行时产生非法占有目的而骗取他人财物,在此种情况下,即使行为人先前部分履约行为是真实的,但由于在后期履约过程中主观意图发生转变,产生非法占有他人财物的目的,也应该推定行为人具有非法占有目的。

4. 以行为人对取得财物的处置情况来推定。

行为人对取得的对方当事人财物的处置情况,在很大程度上也反映行为人是否具有非法占有目的。当以客观事实难以认定行为人没有履约的真正原因,以及行为人部分履约行为的真实性时,可以依据行为人对取得他人财物的处置情况,来推定行为人是否具有非法占有目的。

行为人将取得的对方当事人财物的全部或者大部分不是用于履约,而是用于偿还自己的其他债务,或者大肆挥霍享用,或者从事违法犯罪活动,或者携款逃匿等,可以推定行为人具有非法占有目的;行为人将取得的对方当事人的财物用于其他合法经营,却根本不履行约定义务也不退还财物的,可以推定行为人具有非法占有目的。

5. 以行为人违约后有无承担责任的基础事实来推定。

如果行为人在取得对方当事人财物后,因不履约造成他人财产损失,事后又不愿意承担违约责任,也不采取积极补救措施,可以推定行为人具有非法占有目的。反之,则可以推定行为人不具有非法占有目的。

6. 以行为人不履约的原因来推定。

考察行为人不履约的原因是一种综合考察的方式,应与前几种方式综合应用。如果行为人不履约的原因主要来自自身的故意不履行,也不积极承担违约责任的,可以推定行为人具有非法占有目的。如果行为人不履约仅仅是因客观原因导致不能履行,并积极承担违约责任的,可以推定行为人不具有非法占有目的。

上述六个方面认定标准仅仅是一般标准而非绝对标准，对非法占有目的的推定，应当结合客观证据综合分析，避免客观归罪或主观归罪；不能以点代面、以偏概全。在司法推定时应注意以下规则：一是存在的基础事实必须是客观真实的，而不能是存在争议的事实，只有基础事实真实，据此推定出来的事实才可能是可靠的。二是基础事实与推定事实之间必须具有必然的常态联系，也可以说是具有一种高度必然性的联系，这种事实之间的联系是实践中所取得的因果关系经验。三是允许被告人提出反证，既可以对基础事实提出反驳意见，又可以对推定事实提出反驳意见，如果行为人提出足够的相反证据，就必须否定推定的事实。

上述案例中，李某代表的德永公司并不具有履约的能力，却隐瞒真实情况订立煤炭购销合同，签订后并未为履行合同积极创造条件，故可间接推定李某具有非法占有他人财物的故意。

延伸阅读

"馅饼"变成了"陷阱"①

李先生开了一家公司，专门从事代理业务，原本以为金钱交易在上下家，他只要事成之后收取代理费，风险不大，没想到依然"中招"。

一天，李先生接到自称是湖北振兴实业总公司业务经理打来的"合作"电话，委托他作为其公司"拳头产品"——高分子净化膜华南地区总代理，并随后寄来了详细资料，包括产品介绍说明书、可供产品目录、组织机构代码证复印件、高分子净化膜销售补充说明等。李先生看其手续齐全，便在专业网站上发布了相关信息，几天后便有了"回音"，广东某养殖户来电说急需 4000 米高分子净化膜，金额共计 27 万元。李先生一算，可赚几万元的代理费，这可是"天上掉馅饼"的好事，于是马上和上家联系。上家很爽快，答应把一批去汕头的货调往广州，但须立即支付货款。李先生通知下家后，对方立即派人送来了上万元的订金，表示实在太忙，需要李先生帮忙先提货，到时会加付提货费。因为不想放弃到手的"肥肉"，李先生帮着提货并垫付了货款，可第二天事情全都变了：下家表示暂时不需要这批货了，而上家的"负责人"怎么也联系不上，"馅饼"变成了"陷阱"。

---

① 《"馅饼"变成了"陷阱"》，载 https://max. book//8. com/html/2017/0117/84740494. shtm。

这是一个“连当诈骗”的典型案例,行骗对象以从事代理、中介、咨询等业务的创业者为主。天下不会掉馅饼,如果遇到上下家接踵而来的“好事”,那就要千万小心了。对付这种骗术,首先要保持良好的心态,然后冷静地考察上下家。对于上家,要对厂家实力、供货能力、产品质量等一一了解清楚,特别要抓住一些细枝末节的专业问题,看看其能否对答如流。对于下家,如果碰到那种接几十万元的大单子时的“爽快人”,则要睁大眼睛了。电子商务虽然有着快捷、便利的特点,但与传统的交易方式相比,风险更大。一些不法分子正是利用高科技来移花接木,借用正规企业的名号行骗,不少创业者由于不熟悉电子商务的运作模式和特点而上当受骗。其实,网络只是交易的一种媒介,通过网络获得商业信息后,必须进行网下的考察。

专题四　民法中的一房二卖与刑法中的合同诈骗

要点解析

所谓“一房二卖”，是指房屋所有人将同一房屋先后出卖给不同的买受人(可能存在两个以上的买受人，但本文概括称为一房二卖)。一房二卖的情况下，由于出卖人往往已经收取了两个买受人部分或者全部的购房款，而事实上却不可能同时满足所有买受人的购房需要，加上如今房市价格高企且波动大，买受人在付出高额房款后却得不到房子，往往会产生强烈的被骗情绪，从而向公安机关控告出卖人，称其涉嫌合同诈骗罪。

关联条文

民法典

第二百一十七条　【不动产权属证书与不动产登记簿的关系及效力认定】不动产权属证书是权利人享有该不动产物权的证明。不动产权属证书记载的事项，应当与不动产登记簿一致，记载不一致的，除有证据证明不动产登记簿确有错误外，以不动产登记簿为准。

第二百二十一条　【预告登记】当事人签订买卖房屋的协议或者签订其他不动产物权的协议，为保障将来实现物权，按照约定可以向登记机构申请预报登记。预告登记后，未经预告登记的权利人同意，处分该不动产的，不发生物权效力。……

第五百七十七条　【违约责任的种类】当事人一方不履行合同义务或者履行合同义务不符合约定的，应当承担继续履行、采取补救措施或者赔偿损失等违约责任。

刑　法

第二百二十四条　【合同诈骗罪】有下列情形之一，以非法占有为目的，在签订、履行合同过程中，骗取对方当事人财物，数额较大的，处三年以下有期徒刑或者拘役，并处或者单处罚金；数额巨大或者有其他严重情节的，处三年以上十年以下有期徒刑，并处罚金；数额特别巨大或者有其他特别严重情节的，处十年以上有期徒刑或者无期徒刑，并处罚金或者没收财产：

（一）以虚构的单位或者冒用他人名义签订合同的；

（二）以伪造、变造、作废的票据或者其他虚假的产权证明作担保的；

（三）没有实际履行能力，以先履行小额合同或者部分履行合同的方法，诱骗对方当事人继续签订和履行合同的；

（四）收受对方当事人给付的货物、货款、预付款或者担保财产后逃匿的；

（五）以其他方法骗取对方当事人财物的。

第二百三十一条　【单位犯扰乱市场秩序罪的处罚规定】单位犯本节第二百二十一条至第二百三十条规定之罪的，对单位判处罚金，并对其直接负责的主管人员和其他直接责任人员，依照本节各该条的规定处罚。

最高人民检察院、公安部关于公安机关管辖的刑事案件立案追诉标准的规定(二)

第七十七条　以非法占有为目的，在签订、履行合同过程中，骗取对方当事人财物，数额在二万元以上的，应予立案追诉。

条文要义

房地产开发企业商品房重复销售，买受人享有赔偿请求权和合同无效请求权。同一房屋，债权与物权并存时，根据物权优先于债权的原则，谁先登记谁先取得房子。若第二买受人办理了过户登记手续后，第二买受人依法取得了房屋的所有权，其买卖合同得到实际履行，这也就意味着出售人对第一买受人买卖合同的默示拒绝履行。如“一房二卖”出卖方是非房地产开发企业的自然人，则依据民法典第 577 条之规定不能主张惩罚性赔偿责任，而只能主张返还购房款及利息并赔偿损失。民事争议的处理应以民法典合同编作为基础，向违约者主张违约责任。

刑法第 224 条规定的合同诈骗罪明确指出构成该罪必须要“以非法占有为目的”，须正确界分民事纠纷、民事欺诈与合同诈骗罪。一房二卖行为是否全部都具有“欺诈”的成分呢？有“欺诈”成分的一房二卖中，哪些应定性为民事欺诈，而哪些应定性为合同诈骗罪呢？

首先，一房二卖并非全部涉及“欺诈”，只是一般的民事纠纷。例如，房屋所有人甲先与乙签订了A房的买卖合同，乙交纳部分定金后却迟迟未能如约支持房款，甲认为乙已违约，遂将房卖给愿意立即支付全款的丙并办理过户手续，后乙向公安机关控告甲构成合同诈骗罪。这个例子中，甲在取得乙定金时并没有向乙有任何“隐瞒事实或者虚构真相”的行为，而在与丙交易时虽然“隐瞒”了其已经与乙就该房屋签订了买卖合同的真相，但丙没有任何财产损害，根本谈不上受“欺诈”。显然，甲乙之间是纯粹的民事纠纷，谈不上民事欺诈，更谈不上合同诈骗。

其次，民事欺诈与合同诈骗罪虽然同样有隐瞒真相或者虚构事实的行为，但前者隐瞒真相或者虚构事实的目的大多是促成交易，而后者则是非法占有他人财物。可以这样说，民事欺诈是交易中存在“瑕疵”，而合同诈骗中根本就不存在交易。合同诈骗罪的行为人主观上是以无对价地非法占有他人财物为主观目的的。

典型案例

王某强合同诈骗案

大有升公司于1998年2月成立，2003年5月更名为普天大有公司，被告人王某强自2003年5月至2009年4月负责该公司全面工作，系该公司实际控制人。

2000年4月至2001年1月，唐某先后购买大有升公司开发的一期天旺嘉园小区房屋3套，房价总计2628万元，唐某预付购房款2 022 628元，约定其中1套于2001年6月30日交房，另2套于2001年10月30日交房，大有升公司承诺逾期交房每月按已付房款的20%或者每日按已付房款的1%给付违约金。后大有升公司未能如期交房，2002年3月、8月，唐某向济南市天桥区人民法院分别提起民事诉讼，请求判令被告大有升公司支付逾期交房违约赔偿金共计2 022 628元。同年7月，大有升公司的500万元资金被济南市天桥区人民法院冻结。2003年5月18日，济南市天桥区人民法院判决大有升公司支付唐某上述3套房屋逾期交房违约金共计2 022 628元。大有升公司不服提出上诉，济南市中级人民法院经审理认为一审判决支付的违约金数额过高，以事实不清、适用法律不当为由，裁定撤销原判，发回重审。在该案民事重审期间，2005年1月9日，普天大有公司与唐某同时签订了普天大有公司赔偿唐某200万元逾期交房违约金协议和唐某用天桥区人民法院付的200万元作为购房款购买普天大有公司开发的二期天旺浅水湾4套房屋协议。同年1月12日，天桥区人民法院出具了普天大有公司赔偿唐某200万元违约金的民事调解书。唐某将法院划拨的200万元汇至普天大有公司的账户用作上述二期天旺浅水湾4套房屋的购房款。

2000年起，天岳公司将其名下的土地转让给大有升公司开发房地产，大有升公司一直拖欠天岳公司的土地转让款。2005年年初，天岳公司经理温某无偿占有了普天大有公司开发的一、二期房屋各2套。2005年11月，普天大有公司与天岳公司党委书记李某商定，由李某偿还普天大有公司在银行的一笔贷款的余款83 249.56元，普天大有公司将其开发的二期天旺浅水湾房屋1套抵偿给李某，双方为此签订了购房合同，此后，李某按月向银行偿还贷款冲抵购房款。2006年年底，普天大有公司内部商定，将李某购买的上述房屋卖掉，将温某无偿占有的二期房屋中的1套调整给李某，但此事未告知李某、温某。

普天大有公司在经营中，因与承建商发生纠纷，以致未能如约交房，导致业主、承建商、贷款银行等纷纷起诉。自2005年12月起，普天大有公司连年出现巨额亏损。2007年8月至2008年8月，王某强自己或者指使公司其他工作人员以公司名义与客户签订商品房买卖合同，将上述已经出售给唐某、李某的二期天旺浅水湾4套房屋再次出售，并将收取的郭某等4购房户的购房款共计155万元，用于支付公司债务、诉讼费、职工工资、电费等。

2008年9月，王某强代表普天大有公司与福州圣满房地产开发有限公司(以下简称圣满公司)签订协议，普天大有公司将公司股权及土地等资产转让给圣满公司，并约定了圣满公司应当承担的普天大有公司债务总额。2009年4月，普天大有公司原股东将股权转让给圣满公司的谢某、范某二人。同年5月，该公司法定代表人变更为谢某。2010年2月，普天大有公司更名为济南鑫泽房地产开发有限公司，同年4月又更名为大有升公司。

济南市中级人民法院认为，普天大有公司与唐某虽然在形式上签订了天旺浅水湾4套房屋销售合同，但实际上是以4套房屋抵数额过高的双方之间另3套房屋买卖的逾期交房违约金，违约金纠纷是双方签订该4套房屋销售合同的事实基础。此后，该公司在为唐某保留了其中1套房屋的前提下，将其余3套房屋转卖，系事出有因。先期违约金纠纷的存在对于评价行为人转售房屋主观上是否具有非法占有他人财物目的具有影响。该公司将已经出售给李某的1套房屋再出售给他人,是在已经作出将天岳公司经理温某无偿占有的普天大有公司房屋中的1套调整给李某的决定之后进行的。4套房屋当时均在开发建设之中,均有房源保障。普天大有公司将收取的4购房人的购房款用于支付电费、员工工资及诉讼费等公司运营必不缺少的费用,也表明其有继续经营的意愿和行为。

综合上述事实,不能认定该公司具有非法占有后手购房人购房款的主观目的。就普天大有公司与前手购房人唐某、李某二人的关系而言,不能仅因该公司在没有事先告知二人的情况下将二人所购房屋转卖即认定其具有非法占有二人财物的目的,房屋转售有无事先告知与双方可能引发民事纠纷具有因果关系,而与认定该公司具有非法占有二人财物的目的并不具有必然的因果关系。普天大有公司和圣满公司在实施股权及土地转让时,双方约定的圣满公司为普天大有公司承担的债务是一个总数,没有列明究竟包括哪些债务,如果因本案一房二卖而产生了相关债务,也完全可以视为上述债务总额内的一部分,并与其他债务一并平等获得清偿,将因一房二卖所可能产生的债务视为约定承担债务之外的超出部分没有事实依据。

退一步讲,即使认定该部分债务属于超出部分,也不能仅因客观上存在债务超出即认定普天大有公司故意隐瞒了该部分债务,没有证据证明其故意实施了隐瞒行为。在普天大有公司与圣满公司已经约定由圣满公司承担清偿巨额债务的义务,事实上圣满公司也已经清偿了数千万元债务的情况下,如果仅因涉及本案一房二卖的相关债务没有清偿即认定王某强的行为构成诈骗,而已经清偿的债务却不构成诈骗,显然属于客观归罪,不符合主客观相统一的认定犯罪的基本原理。本案涉及的一房二卖的行为属于民事法律规范调整的范围,原审判决王某强无罪适用法律准确,抗诉机关及二审出庭的检察员提出的抗诉理由和出庭意见不能成立,不予采纳。据此,依照刑事诉讼法第225条第1款第1项之规定,济南市中级人民法院裁定驳回抗诉,维持原判。

解读评析

本案争议的焦点是普天大有公司、被告人王某强一房二卖的行为是否构成合同诈骗罪。司法实践中,一房二卖的行为,究竟是属于民法调整范围,认定为民事欺诈,还是应当纳入刑法规制范围,以合同诈骗罪定罪处罚,存在不同认识。我们认为,对一房二卖的行为定性,关键在于行为人主观上是否具有非法占有的目的。

而在此类案件中,行为人是否具有非法占有目的,需要综合行为人一房二卖的具体原因、交房的真实意思表示内容、行为人是否具有调剂交房的能力以及清偿相关债务的能力等方面的事实进行认定。特别是在售房款没有被个人挥霍、占有而是用于继续经营的情况下,对一房二卖行为人非法占有目的的认定更要审慎把握。

1. 在对一房二卖行为人是否具有非法占有他人财物的目的进行分析、认定时,要重点考察一房二卖的具体情由。

本案中,仅从起诉书指控的事实来看,被告人王某强在普天大有公司出现资不抵债的情况下,将已经签订销售合同的房屋再与他人另行签订销售合同转卖,与一般的一房二卖行为无异,非法占有的目的似不证自明。然而,从人民法院审理查明的事实分析,普天大有公司一房二卖的行为系事出有因,认定该公司在签订有关房屋销售合同时即具有非法占有他人财物的目的,理由不足。

此外,普天大有公司在为唐某保留了 1 套房屋的前提下,将另外 3 套房屋转卖,还有公司当时面临经营困境,急需资金的原因。普天大有公司这样做,是为了短时间内获取资金,是形势所趋。在其理念中,公司只要维持正常经营,其完全可以通过其他形式偿付唐某的债务,如再通过民事诉讼等方式,确定合同履行的方式以及违约金损失的赔偿等。可见,本案中普天大有公司非法占有的目的并不明显。

基于上述论述,就普天大有公司将与唐某签订的房屋销售合同项下的该 3 套房屋转卖他人的行为,我们认为,不具有刑法意义上的非法占有他人财物的目的。

普天大有公司不具有非法占有二手购房者财物的目的。普天大有公司将上述唐某用显失公平的违约金作为购房款购买的其公司 4 套房屋中的 3 套转卖他人,其主观上具有将 3 套房屋交付二手购房者的真实意思表示。一般的一房二卖行为人,在签订二卖合同时,不具有向二手购房人交房的真实意思。而本案普天大有公司一房二卖的行为主要针对的是唐某主张违约金过高的行为,即一手购房人。在其看来,转卖的 3 套房屋在二卖合同签订时均在开发建设过程中,在公司维持正常运转的情况下,其可以顺利交房,即如一手购房人主张权利,影响其将转卖房交到二手购房人手里,其也可以通过房源调剂解决此问题。因此,可以基本认定普天大有公司对二手购房者具有交房的真实意思,普天大有公司转卖 3 套房是为了解决资金困难.而不是出于非法占有财物的目的。

就普天大有公司与李某有关房屋的一卖、二卖行为,依据审理查明的事实,不能认定该公司具有非法占有财物的目的。在对该房屋二卖时,该公司已经作出了给一买方即李某调整房源的决定,无论是一手购房者还是二手购房者,在房源上都是有保障的。因此,普天大有公司对于一手、二手购房者都没有非法占有其财物的目的。

普天大有公司在签订合同时虽隐瞒了部分事实,但不能据此认定其具有刑法意义上的非法占有他人财物的目的。虚构事实,隐瞒真相,是民事欺诈和刑事诈骗的共同手段行为,因此并非只要实施了虚构事实、隐瞒真相的行为,就构成刑事诈骗。要认定构成刑事诈骗,关键要看行为人是否具有非法占有目的。本案中,在签订房屋二卖合同时,普天大有公司对一手、二手均隐瞒了与另一方签订合同的事实,但这些隐瞒行为是为了顺利签订合同,很显然其如果没有隐瞒与前手已经签订的房屋买卖合同事实,与二手的房屋买卖合同事实上根本不可能签订。然而,经深入分析,这种为了签订合同的隐瞒事实并不意味着必然具有非法占有他人财物的目的,二者在逻辑上不能等同。

2. 对于一房二卖实际交房前发生了股权、资产转让等公司变更事项的,要重点考察公司变更过程中对公司债务的处置情况。

普天大有公司与后手再次签订房屋销售合同后,并没有将购房者支付的购房款挥霍,或是用于高风险经营以及其他不当、非法用途,而是用于公司经营和清偿所负债务,这恰恰表明其有继续正常经营的意愿和行为。后被告人王某强将公司股权、土地等转让他人,并与受让方签订了协议,约定了公司股权、土地转让及公司债务承担等内容,双方虽然未就上述一房二卖购房合同今后如何实际履行作出明确安排,但这属于公司变更过程中的未明确事项,不能据此推定王立强此时产生了非法占有他人财物的故意。

就本案而言,普天大有公司签订一房二卖有关合同时确实存在特殊原因,在尚未履行合同约定的交房义务时,发生了股权、资产转让等公司变更事项,公司变更相关主体对公司债务如何承担也已作了相关的约定,故认定被告人王某强具有非法占有他人财物的目的的事实难以成立:不符合合同诈骗罪的构成特征。一、二审法院认定无罪是正确的。

延伸阅读

一房二卖的防范及维权

一房多卖对购房者的利益伤害很大,购房者在买房之前以及买房的过程中,需采取一定的措施来防范,尤其是在与对方签订了买卖合同,支付了首付款之后,一定要到房屋交易中心办理网签备案登记。将房屋产权锁定之后,即使日后出现一房多卖的情况,也不会对自身造成较大的损失。

购房者如何防范一房二卖呢?其一,买房前:(1)了解开发企业的资质、信誉度等。(2)看开发企业的开发经营资质是否合法,有没有《企业法人营业执照》和《房地产开发企业资质证书》。(3)看开发企业"五证"是否齐全,即《国有土地使用权证》《建设用地规划许可证》《建设工程规划许可证》《建设工程施工许可证》《商品房预销售许可证》。(4)及时向律师等专业人士咨询购房注意事项。(5)尽量到售楼处购买房子,不贪图便宜买低价房。其二,买房时:(1)交购房款和网签要同步进行。签订的购房合同必须选用国家工商管理总局和国家住房和城乡建设部的《商品房买卖合同》。根据目前的房屋买卖交易设置,网签可以使房产交易透明化,通过规范合同文本,充分保障买卖双方的合法利益;通过备案有效防止一房二卖。(2)要调查所购房屋的产权,提存房屋产权证。从签订房屋买卖合同,到正式办理房屋产权变更登记手续之间还有一段时间。由于房地产市场价格的波动,卖房者有可能在这段时间内将房屋以较高价格转让给第三人。为了避免这种情况的发生,购房者要调查所购房屋的产权,提存房屋产权证,对卖房者一房二卖的行为加以防范。(3)尽量要求在房屋交易中心登记后再向卖房者支付首付款。这样可以避免卖房者一房二卖,诈骗购房者的购房款。(4)房屋交付时,购房者要向开发企业索取《住宅使用说明书》和《住宅质量保证书》。

如果购房者遭遇一房二卖怎么维权呢?首先应向房管部门反映情况,由房管部门与开发商协商解决;如果解决不了,就需拿起法律武器了。(1)一般卖房者违约的处理与法律适用:一般卖房者是指将自己居住或者经营的房屋出卖给他人的个人或者企业。如果一般卖房者违约,应该依据合同法中的相关规定,向违约方主张违约责任,但不能主张惩罚性赔偿。一般卖房者违约,不能适用最高人民法院《关于审理房屋买卖合同纠纷案适用法律问题的解释》(以下简称《解释》)中的规定,因为《解释》只调解商品房买卖纠纷,不调解一般卖房者和买房者之间的纠纷;也不能适用《中华人民共和国消费者权益保护法》(以下简称消费者权益保护法),因为该法所调解的是经营者与消费者之间的纠纷,一般卖房者不属于经营者的范畴。(2)房地产开发商违约的处理及法律适用:首先,在房地产开发企业与买受人订立的两份买卖合同都有效的情况下,可根据《解释》中的规定进行处理。《解释》第 8 条和第 9 条分别规定了无法取得商品房所有权的买受人的法律救济,即买受人可以要求出卖人返还已付购房款及利息、赔偿损失,并可以要求出卖人承担不超过已付购房款一倍的赔偿责任。其次,在房地产开发企业与第三人恶意串通的情况下,可根据《解释》第 10 条的规定进行处理。规定中指出,买受人以出卖人与第三人恶意串通,另行订立商品房买卖合同并将房屋交付使用,导致其无法取得房屋为由,请求确认出卖人与第三人订立的商品房买卖合同无效的,应予支持。

专题五　赠与合同与行贿罪

要点解析

行贿行为是引起社会腐败的因素之一，侵犯到了国家工作人员的职务廉洁性。现实中行贿不仅仅体现为一次性的权钱交易，而且通常以赠与这个合法行为来掩盖其犯罪目的，使得在司法实践中难以区分。

关联条文

民法典

第六百五十七条　【赠与合同的概念】赠与合同是赠与人将自己的财产无偿给予受赠人，受赠人表示接受赠与的合同。

第六百五十八条　【赠与的任意撤销及限制】赠与人在赠与财产的权利转移之前可以撤销赠与。

经过公证的赠与合同或者依法不得撤销的具有救灾、扶贫、助残等公益、道德义务性质的赠与合同，不适用前款规定。

刑　法

第三百八十九条　【行贿罪】为谋取不正当利益，给予国家工作人员以财物的，是行贿罪。

在经济往来中，违反国家规定，给予国家工作人员以财物，数额较大的，或者违反国家规定，给予国家工作人员以各种名义的回扣、手续费的，以行贿论处。

因被勒索给予国家工作人员以财物，没有获得不正当利益的，不是行贿。

最高人民法院、最高人民检察院关于办理贪污贿赂刑事案件适用法律若干问题的解释

第七条　为谋取不正当利益，向国家工作人员行贿，数额在三万元以上的，应当依照刑法第三百九十条的规定以行贿罪追究刑事责任。

行贿数额在一万元以上不满三万元,具有下列情形之一的,应当依照刑法第三百九十条的规定以行贿罪追究刑事责任:

(一)向三人以上行贿的;

(二)将违法所得用于行贿的;

(三)通过行贿谋取职务提拔、调整的;

(四)向负有食品、药品、安全生产、环境保护等监督管理职责的国家工作人员行贿,实施非法活动的;

(五)向司法工作人员行贿,影响司法公正的;

(六)造成经济损失数额在五十万元以上不满一百万元的。

第十五条 对多次受贿未经处理的,累计计算受贿数额。

国家工作人员利用职务上的便利为请托人谋取利益前后多次收受请托人财物,受请托之前收受的财物数额在一万元以上的,应当一并计入受贿数额。

条文要义

赠与合同是赠与人将自己的财产无偿送给受赠人的合同,有时候涉及房屋、土地这种比较大的财产赠与时,当事人往往会签订赠与合同。赠与合同一旦生效,赠与的财产就转移到受赠人的手里,原则上不再归赠与人了。赠与合同属于诺成合同,诺成合同是说只要双方当事人意思表达一致,赠与合同即成立并生效,不必等到交付赠与物才生效。赠与有三种类型:一般赠与、公益事业捐赠、附义务赠与。赠与合同有以下三个生效要件:(1)赠与的财物必须是属于赠与人自己所有的合法财物。赠与人赠与的财物属国家、集体、他人或是非法所得的财物,赠与合同无效。此外,还有一种情况,如果赠与是为了逃避履行法定义务,该赠与合同无效。比如为了逃避债务把财产赠与给他人,此事即使利害关系人主张权利,该赠与合同也无效。(2)必须是基于赠与人自身意志的真实表示。赠与行为必须是赠与人自身作出的真实意思表示,而非出现受他人胁迫、乘人之危、重大误解等意思表示不真实、不自由时作出的。(3)受赠人愿意接受赠与的真实意思表示。这是最容易忽略的一点。根据民法典第 657 条的规定,赠与合同是赠与人将自己的财产无偿给予受赠人,受赠人表示接受赠与的合同。因此,赠与合同的成立不仅要有赠与人的真实意思表示,还要有受赠人愿意接受赠与的意思表示。如果赠与人有赠与的意思表示,但受赠与人不愿意接受赠与,则赠与合同不成立,自然也不成效。

行贿罪是指为谋取不正当利益,给予国家工作人员以财物的行为人员。行贿罪具有以下构成特征:(1)犯罪主体:行贿罪的主体是一般主体。凡是年满16周岁具有刑事责任能力的自然人均可以成为行贿罪的主体。单位行贿的,则构成单位行贿罪。(2)犯罪客体:行贿罪的客体是国家有关的正常工作秩序和国家工作人员职务活动的廉政建设制度。行贿对象为国家工作人员。行贿人为了谋取不正当利益,采取贿赂手段使国家工作人员违背职责要求,沦为唯利是图的钱财的俘虏。这不仅扰乱了国家有关的工作秩序而且严重侵犯和破坏了国家工作人员职务活动的廉洁性。(3)犯罪的客观方面:行贿罪的客观方面表现为行贿的目的,在于使国家工作人员或其他从事公务的人员利用其职务上的便利为自己谋取不正当利益。不正当利益是针对正当利益而言的,是指根据法律、行政法规及有关政策规定不应当得到的利益,包括非法利益。例如:行贿人为了走私而行贿于海关人员,为了生产、销售伪劣产品而行贿于市场监管人员,明知自己或者他人不符合升学、招工、升职等条件而行贿于有关人员,为了减、免税而行贿于税务人员等。为谋取不正当利益是构成行贿罪的必要条件。(4)犯罪的主观方面:行贿罪的主观方面是直接故意,并具有谋取不正当利益的目的,即行为人明知其行为会使国家工作人员违背其职务上的法定义务,而为了谋取不正当利益,仍然希望这种结果发生。

典型案例

节日人情往来是否构成行贿?

王某,系×船务运输有限公司法定代表人。为能顺利通过审批手续取得银行贷款,2017年至2018年端午节、中秋节、春节前,王某送给中国工商银行A支行(以下简称工行A支行)信贷管理部总经理李某现金共计人民币3万元。具体分述如下:(1)2017年春节、端午节、中秋节前,王某在李某住所小区门口分别送给李某现金人民币0.5万元,共计1.5万元;(2)2018年春节、端午节、中秋节前,王某在李某住所小区门口分别送给李某现金人民币0.5万元,共计1.5万元。

2017年9月7日至2019年12月1日,工行A支行向挂靠于×船务公司的船主共计放贷约人民币3000万元,贷款审批人为李某。

解读评析

王某的行为是否构成行贿罪？

观点一：王某送钱给李某的行为发生在2017年、2018年每年春节、端午节、中秋节前，这是人情往来的重要节日，而且王某每次送钱的数额都在5000元，没有达到行贿罪的追诉标准。所以，王某的行为应当理解为人情往来的馈赠，不构成行贿罪。

观点二：王某为了顺利通过贷款审批手续取得银行贷款送钱给李某，属于谋取不正当竞争优势，虽然单次送钱数额没有达到行贿罪的追诉标准，但是累计数额达到了追诉标准，应当以行贿罪追究刑事责任。

笔者同意第二种观点。根据我国刑法的相关规定，为谋取不正当利益，给予国家工作人员以财物的，是行贿罪。本案中，王某为了顺利通过贷款审批手续取得银行贷款而送钱给李某，对该事实并没有争议。本案争议的焦点问题在于王某在人情往来的重要节点送钱给李某，单次数额都没有达到行贿罪的追诉标准的情况下，王某的行为属于赠与还是行贿？

1. 贿赂与赠与的界限。

根据最高人民法院、最高人民检察院《关于办理商业贿赂刑事案件适用法律若干问题的意见》（法发〔2008〕33号）第10条，办理商业贿赂犯罪案件，要注意区分贿赂与馈赠的界限。主要应当结合以下因素全面分析、综合判断：(1)发生财物往来的背景，如双方是否存在亲友关系及历史上交往的情形和程度；(2)往来财物的价值；(3)财物往来的缘由、时机和方式，提供财物方对于接受方有无职务上的请托；(4)接受方是否利用职务上的便利为提供方谋取利益。

2. 王某送钱给李某，并非基于人情往来而是有事相求。

本案中，王某与李某并非亲友关系，而是贷款与放贷的业务关系。王某送钱给李某的行为发生在2017年、2018年每年春节、端午节、中秋节，而从2016年9月7日至2019年12月1日期间，工行A支行向挂靠于×船务公司的船主放贷，这两个时间有重合，而且该贷款是由李某审批的。就王某的主观目的来说，其送钱的目的是希望李某在贷款审批时给予关照，顺利通过贷款审批手续取得银行贷款，也就是说，王某对李某有职务上的请托。所以，王某送钱给李某的行为，并非基于人情往来而是有事相求，是一种行贿行为。

3. 王某的行为达到了行贿罪的追诉标准。

根据最高人民法院、最高人民检察院《关于办理贪污贿赂刑事案件适用法律若干问题的解释》(法释〔2016〕9 号),为谋取不正当利益,向国家工作人员行贿,数额在 3 万元以上的,应当依照刑法第 390 条的规定以行贿罪追究刑事责任。

本案中,如果单次看王某的行贿行为,都没有达到行贿罪的追诉标准。但是王某送钱的累计数额 3 万元却达到了行贿罪的追诉标准。那么对于王某的行为,应该按照单次送钱数额定性还是累计数额定性呢?根据最高人民法院、最高人民检察院《关于办理行贿刑事案件具体应用法律若干问题的解释》第 5 条,多次行贿未经处理的,按照累计行贿数额处罚。本案中,王某送钱的累计数额 3 万元达到了行贿罪的追诉标准,所以,应当以行贿罪追究刑事责任。

延伸阅读

司法实践中,为正确判别行贿和赠与,一般应注意查明以下情况:(1)行为人与相对方之间平时的感情交往是否密切,是否经常有相互送礼的行为。任何事情的发生都有其前因后果,赠与的发生也不是无缘无故的,一般以对方的感情和交往为前提。如果双方平时素无往来,这种突然发生的"赠与"往往是打着合法赠与形式的行贿行为。如果双方平时感情较好,甚至常有你来我往的互相赠与行为,就不能排除属于合法赠与的可能。(2)行为人给付财物的数额是否明显不正常。由于赠与是一种无偿的给付,一般情况下财物数额不会太大。超出常规的给付往往具有行贿的可能性。实际生活中有些人在给付财物时"出手大方"。如果是正常的赠与,则这种"出手大方"至少是与行为人的经济收入水平相适应的。如果行为人经济条件不好,就难以解释大数额给付财物的行为是正常的民事赠与行为。(3)行为人在给付财物前后有无利益所得。行贿人给予对方财物并不是一种无偿的行为,而在本质上是一种权钱交易的行为,是为了谋取不正当利益。而赠与人给予受赠与人财物是无偿的,完全是出于使他方受益的目的,而不是投桃报李式的报偿。(4)行为人给付财物的方式是公开还是秘密进行。行贿人给付对方财物时往往是用隐蔽的、秘密的方式进行,行贿人当然不希望别人知道。而赠与人给付财物于受赠人时则一般是公开进行的,不怕别人知道,因为赠与行为是合法的民事行为,受法律保护。(5)行为人与相对人的身份、地位是否相称。一般来说,公民在实际生活中交往及其程度是以存在一定的因素为纽带或基础的,诸如血缘、同学、同乡、战友、同事、爱好兴趣等,也即公民交往的范围是受制于自己的地位身份、职业或者自身其他情况的。公民之间的赠与及其数额大都是以这些关系存在密切程度的状况为前提的。因此,不考虑血缘关系等特殊因素,正常赠与中双方的地位、身份、职业等一般较为相似、协调、平衡。相反,如果双方之间不存在诸如血缘等自然的关系,那么行为人的给予财物的行为就很可能就是受贿行为。实践中有很多“包工头”“建筑商”“公司老板”给予一些有一定职务级别的国家工作人员大额财物,就是典型的行贿行为。

以上几种因素只是认定行贿和赠与的普遍的、大的方向和原则。至于具体案件还要根据具体情况综合分析,以准确科学地认定行为人的主观目的,正确区分行贿和赠与。①

① 参见 https://www.docin.com/p_1485995432.html。

专题六 民间借贷与“套路贷”犯罪

要点解析

随着市场经济发展，资金需求量逐渐增大，假借民间借贷之名实施的侵犯财产类的违法犯罪活动日益猖獗，刑法中“套路贷”犯罪的称谓也就逐步确立起来，成为黑恶势力实施此类犯罪活动的代名词。“套路贷”既不是一个法律概念也不是一个政策概念，而是在办案实践中对假借民间借贷之名非法占有他人财物的类型化违法犯罪的概括性称谓。[①] 即“套路贷”包括犯罪行为，也包括违法行为。“套路贷”这个概念本身具有双重定义，准确界定“套路贷”的民刑界限，才能准确打击犯罪，保护当事人的合法权益。“套路贷”作为一种犯罪行为时，其与民间借贷的本质区别在于行为人是否存在非法占有他人财物的目的。众所周知，民间借贷法律关系中出借人的目的是获取合法利息收益，而“套路贷”犯罪是以借款为幌子，通过设计套路，引诱、逼迫借款人抬高债务，达到非法占有借款人财产的目的。常见的犯罪行为有诈骗、强迫交易、敲诈勒索、寻衅滋事、虚假诉讼、抢劫、绑架等多种犯罪。另外，考虑到近年来社会上涌现出大量非法放贷、高利放贷、校园贷等问题，损害人民群众的合法权益，严重扰乱社会经济秩序，削弱了社会公众的获得感、幸福感和安全感。民法典也明确规定“禁止高利放贷，借款的利率不得违反国家有关规定”。

关联条文

民法典

第六百六十七条 【借款合同的定义】借款合同是借款人向贷款人借款，到期

① 朱和庆、周川、李梦龙《〈关于办理“套路贷”刑事案件若干问题的意见〉的理解与适用》，载《人民法院报》2019年6月20日，第5版。

返还借款并支付利息的合同。

第六百七十条 【借款利息不得预先扣除】借款的利息不得预先在本金中扣除。利息预先在本金中扣除的,应当按照实际借款数额返还借款并计算利息。

第六百七十六条 【借款人未按期还款的责任】借款人未按照约定的期限返还借款的,应当按照约定或者国家有关规定支付逾期利息。

第六百七十八条 【借款展期】借款人可以在还款期限届满前向贷款人申请展期;贷款人同意的,可以展期。

第六百七十九条 【自然人之间借款合同的成立】自然人之间的借款合同,自贷款人提供借款时成立。

第六百八十条 【借款的利率和利息】禁止高利放贷,借款的利率不得违反国家有关规定。

借款合同对支付利息没有约定的,视为没有利息。

借款合同对支付利息约定不明确,当事人不能达成补充协议的,按照当地或者当事人的交易方式、交易习惯、市场利率等因素确定利息;自然人之间借款的,视为没有利息。

刑　法

第二百六十六条 【诈骗罪】诈骗公私财物,数额较大的,处三年以下有期徒刑、拘役或者管制,并处或者单处罚金;数额巨大或者有其他严重情节的,处三年以上十年以下有期徒刑,并处罚金;数额特别巨大或者有其他特别严重情节的,处十年以上有期徒刑或者无期徒刑,并处罚金或者没收财产。本法另有规定的,依照规定。

条文要义

借款合同的主体是贷款人和借款人,合同主体既可以是自然人,也可以是法人或者其他非法人组织。本文所述的民间借贷是指自然人、法人和非法人组织之间进行资金融通的行为。其中,支付借款利息,是借款人获取、使用借款的对价,也是贷款人之所以能够将资金借给借款人使用的重要原因。因此,借款数额、利息、期限是借款合同的重要内容。然而现实中有的贷款人为了确保自己的利息安全收回,在提供借款时就将利息从本金中扣除,导致借款人实际收到的借款本金与借条上的借款本金数额不一致。有时甚至在主张借款本息时重复计算利息,意图实现高额利息,从而加重借款人的负担。因此,民法典明确规定“借款利息不得预先在本金中扣除。利息预先在本金中扣除的,应当按照实际借款数额返还借款并计算利息。”民法典施行之前,关于高利放贷缺乏法律、行政法规层面的明确规定,民法典施行以后,对于高利放贷合同认定无效有了明确的法律依据。对于高利放贷行为,既可能存在民法上借款合同部分无效情形,也有可能存在承担刑事责任的风险。

民间借贷中,时常会出现出借人从借款本金中预扣利息、收取“砍头费”的现象,但是这种情况是基于借贷双方的约定,双方均明知;但违背借款人意愿,恶意垒高债务,制造虚高的借款金额等“套路贷”的表现方式和手段,司法机关则需要根据具体的犯罪内容,依照刑法的构成要件,确定具体的罪名。有学者指出,“套路贷”并不是一个刑法概念,也不是一个犯罪构成或者某个犯罪的构成要件,更不是一个独立的罪名。① 如果未明显使用暴力或威胁手段,主要通过虚构事实、隐瞒真相等方式“骗”取得资金的“套路贷”,一般应当以诈骗罪论处。实践中套路贷的手段五花八门,还有可能构成敲诈勒索、强迫交易、非法拘禁等其他多种犯罪。

典型案例

阮某远诈骗案

2016 年 3 月至 2018 年 2 月,陈某 2 等犯罪集团成员通过网络推广、中介介绍、购买公民个人信息等方式获取“客户资源”。话务部、审核部成员以“小额贷款公司”“网络借贷平台”等名义对外宣传,以“凭身份证借款,无抵押,秒下款”等为诱饵,吸引他人注册,并以需要审核身份真实性为由,骗取他人提供手机通讯录、通话记录、支付宝收货地址、微信地理位置截图等信息,为后续催收做准备。经审核人员初审、终审确定“借款”额度后,将被害人推送给财务部人员,以“静”“米某曼”“开咸壹周金”等 56 个财务号放款。放款财务人员利用被害人急需资金的心理,在未全面介绍“借贷”协议细则的情况下,以“押金”“公司规矩”等理由要求被害人在“米某”“壹周金”等平台签订虚高电子“借贷”协议,将“借款”金额的首期“利息”扣除后发放给被害人。之后通过短期内支付高额“利息”“展期”财务人员

① 张明楷:《不能以“套路贷”概念取代犯罪构成》,载《人民法院报》2019 年 10 月 10 日,第 6 版。

互相推荐、提高“借款”额度、继续签订金额更大的虚高“借款”协议等方式，不断恶意垒高被害人“债务”，以支付“利息”“展期费”“逾期费”“押金”等名义骗取被害人交付财产。该犯罪集团采取上述手段，共骗取潘某2等6万多名被害人合计人民币29 093万余元，除以“本金”名义给付被害人的人民币14 256万余元外，实际骗得人民币14 836万余元。其中，2017年下半年，陈某2组建“大富豪”团队实施诈骗，交由其妻子、被告人阮某远管理，“大富豪”团队参与骗得1万余名被害人人民币2209万余元。

2017年12月至2018年2月，被告人阮某远与上海显佳网络科技有限公司（以下简称显佳公司）阮某（另案处理）商定，阮某远以每条十元的价格从显佳公司购得包含征信信息、通信记录等在内的公民个人信息共计2.2万余条，支付人民币22万余元，后将上述非法获取的公民个人信息用于犯罪集团实施犯罪。

绍兴市中级人民法院认为，被告人阮某远参加陈某2纠集并组织、领导的恶势力犯罪集团，共同实施犯罪活动，系恶势力犯罪集团重要成员。阮某远以非法占有为目的，采取虚构事实，隐瞒真相的诈骗方法，骗取他人财产，数额特别巨大，其行为已构成诈骗罪；又以购买方式非法获取公民个人信息，情节特别严重，其行为还构成侵犯公民个人信息罪，应一并处罚。阮某远系犯罪集团重要成员，系主犯，应对其实施的全部犯罪事实承担罪责。依法认定被告人阮某远构成诈骗罪及侵犯公民个人信息罪。

被告人阮某远上诉及其二审辩护人辩护提出：(1)认定诈骗数额应以银行流水为依据，认定阮某远参与诈骗2200万余元与事实不符。(2)本案中阮某远客观上没有采取虚构事实、隐瞒真相的方法，其非法占有他人财物的目的不明显，对诈骗罪的认定应当严格依照刑法规定予以审查。(3)阮某远在共同犯罪中起次要作用。(4)阮某远归案后认罪悔罪，并有退赃情节。(5)原判量刑过重，要求二审法院对阮某远从轻改判。被告人阮某远上诉还提出：(1)其实际并不管理“大富豪”团队。(2)部分借款人存在未归还借款的情形，本案具有未遂情形。(3)“大富豪”团队独立于感恩集团，且放贷过程中没有造成恶意违约、垒高债务的行为，有别于陈某2所涉的其他恶势力犯罪。

经审理查明，二审法院认为，被告人阮某远积极参加陈某2纠集并组织、领导的恶势力犯罪集团，共同实施犯罪活动，系恶势力犯罪集团重要成员。被告人阮某远以非法占有为目的，采取虚构事实，隐瞒真相的诈骗方法，骗取他人财物，数额特别巨大，其行为已构成诈骗罪；又以购买方式非法获取公民个人信息，情节特别严重，其行为还构成侵犯公民个人信息罪，应一并处罚。被告人阮某远系犯罪集团重要成员，系主犯，应对其实施的全部犯罪事实承担罪责。原判认定事实清楚，证据确实、充分，定罪正确，对阮某远判处的主刑适当。审判程序合法。唯对阮某远诈骗罪、决定刑判处的罚金数额过高，二审法院予以变更。阮某远及其二审辩护人提出要求对阮某远从轻改判的理由不能成立，不予采纳。二审法院判决撤销浙江省绍兴市中级人民法院(2019)浙06刑初17号刑事判决对被告人阮某远诈骗罪判处的附加刑部分和决定刑部分，维持其余部分；被告人阮某远犯诈骗罪，判处有期徒刑12年，并处罚金人民币200万元，与原判侵犯公民个人信息罪判处的有期徒刑4年，并处罚金人民币10万元并罚，决定执行有期徒刑14年，并处罚金人民币210万元。

解读评析

1. 阮某远放贷的行为属于民法上的高利放贷还是构成刑法中的“套路贷”犯罪?

纯粹的高利放贷与“套路贷”犯罪有时看似相像，但透过表面现象看本质，二者存在根本区别。首先，作为犯罪行为，“套路贷”主观上是具有非法占有借款人财产的目的，可能通过设计套路，引诱、逼迫借款人垒高债务等方式，以期非法获利；而相比民间借贷，借贷双方对利息高低的约定均有明确的认识，即使存在高利息的约定，借款人往往也是自愿签订协议。在客观上，认真把握犯罪分子是否存在设计各种套路，企图非法强占他人合法财产的行为。在区分“套路贷”和民间借贷时要综合主客观方面统筹考虑，对案件作出合法合理认定。

被告人阮某远伙同他人，在借款之前先以诱饵吸引被害人借款，采用“砍头息”“借一押一”的方式，诱使被害人签订借款金额虚高一倍的“借款”协议，营造虚假给付的事实，并制造借款利息年利率24%的表象，实际其周利息高达20%～30%，以及借款周期系头尾计入等事实，再通过“展期”“转单平账”“以贷还贷”的方式，恶意垒高借款人“债务”，在故意制造违约或肆意认定被害人违约后，阮某远等人采用微信、打电话、发手机短信对欠款人员及其亲友进行辱骂、威胁，及将其他“软暴力”方式索债，致使欠债人及其亲友不得不向犯罪分子交付被恶意虚增的借款、利息等财物。上述行为已远超出正常民间借贷行为的范畴，从借款整个过程均可以看出阮某远非法占有他人合法财产的目的明显，系典型的“套路贷”犯罪,符合诈骗罪的构成要件。

2. 犯罪数额的认定应包括哪些项目?

根据 2019 年最高人民法院、最高人民检察院、公安部、司法部《关于办理“套路贷”刑事案件若干问题的意见》(以下简称 2019 年《意见》)第 6 条规定,在认定“套路贷”犯罪数额时,应当与民间借贷相区别,从整体上予以否定性评价,“虚高债务”和以“利息”“保证金”“中介费”“服务费”“违约金”等名目被犯罪嫌疑人、被告人非法占有的财物,均应计入犯罪数额。犯罪嫌疑人、被告人实际给付被害人的本金数额,不计入犯罪数额。上述规定实际采取剥离方式,在犯罪分子非法占有被害人财物时的各种名目,均应列入“套路贷”的犯罪数额。毕竟“套路贷”是以非法占有为目的而实施的违法犯罪行为,不能适用民间借贷相关的法律关系,也不可能产生合法收入,因此部分符合国家法律规定的利息数额也应一并纳入犯罪数额,不再单独进行评价。上述案件中,由于“大富豪”团队记账清晰,收入、支出内容一目了然,阮某远作为“大富豪”团队负责人,应当对“大富豪”团队全部犯罪金额承担责任。

3. 上述案件中是否存在未遂情节?

2019 年《意见》第 6 条规定,已经着手实施“套路贷”,但因意志以外原因未得逞的,可以根据相关罪名所涉及的刑法、司法解释规定,按照已着手非法占有的财物数额认定犯罪未遂。该条属于总括性规定,是在认定犯罪未遂情况下如果认定犯罪数额的规定,但实质并未指出犯罪未遂的标准。“套路贷”犯罪涉及的罪名多,不同罪名的既遂、未遂认定标准并不相同,故应结合不同的罪名和认定标准进行认定。[①] 本案中阮某远的行为构成诈骗罪,理论上一般认为,“诈骗罪(既遂)的基本构造为:行为人实施欺骗行为—对方(受骗者)产生(或继续维持)错误认识—对方基于错误认识处分财产—行为人或第三者取得财产—被害人遭受财产损失。”[②]由于“案发”等客观原因导致“套路贷”行为未能实施完毕,部分被害人尚在还本付息、支付费用的过程之中,致使被害人支付的费用尚未超出收到的借款,但诈骗罪是对犯罪行为的整体认定,整体上阮某远等人已经非法占有他人财物,被害人已遭受财产损失,因此并不影响犯罪既遂的认定,因此不存在犯罪未遂的情节。

---

① 孟祥金:《“套路贷”行为模式及其司法认定》,载《安徽大学学报(哲学社会科学版)》2019 年第 5 期。

② 张明楷:《刑法学》,法律出版社 2016 年版,第 1000 页。

延伸阅读

赵某林等“套路贷”涉恶犯罪集团案①

近日，记者从厦门市公安局召开的新闻发布会获悉，厦门警方于近期成功打掉一个“套路贷”涉恶犯罪集团，总涉案金额达200余万元。目前，该案犯罪嫌疑人已被移送检察机关审查起诉。

2016年12月，厦门市民王先生因生意受挫，急需一笔资金周转，遂通过小卡片联系小额贷款公司贷款2万元，日息100元。接下来的一段时间，王先生又陆续联系该贷款公司借款，到手共计10余万元。2个月后，对方以虚增债务、制造虚假银行流水等方式恶意垒高债务，逼迫王先生偿还40万元。在王先生表示无力偿还后，该犯罪团伙赵某林等人便以辱骂、殴打、侵入住宅等方式对王先生暴力讨债，甚至逼迫王先生的父亲卖房用于偿还债务。王先生怀疑自己遇到了“套路贷”，遂向警方报警。接到报警后，警方立即展开侦查，成功抓获犯罪嫌疑人耿某平、赵某亮等8人，成功打掉该“套路贷”涉恶犯罪集团。

经查，2016年至2017年间，犯罪嫌疑人赵某林伙同耿某平、赵某亮、张某志等人，以“民间借贷”为幌子，采用抵押车辆担保并安装GPS定位，恶意垒高债务、制造虚假银行流水、签订虚高借款合同等手段，获取高额非法利益。随后为攫取更大利益，对借款人进行敲诈勒索、非法侵入他人住宅、上门喷油漆、张贴催债照片等软暴力手段“索债”，严重影响了被害人及其家庭的正常工作、生活，造成极其恶劣的社会影响，累计涉案金额达200余万元。

目前，该案10名犯罪嫌疑人均已被移送检察机关审查起诉。

① 《厦门警方重拳出击　严打“套路贷”犯罪》，载中国经济网，http://city.ce.cn/news/202011/04/t20201104_7291285.shtml。

专题七　租赁合同与诈骗罪

要点解析

随着市场经济的发展，人口流动性的增强，购买物品不再是人们享有使用权的唯一方式。无论是对作为不动产的房屋进行租赁还是如机动车之类的动产租赁在人们的生活中都屡见不鲜。那么，在签订合同时，不管是承租方还是出租方都有必要明晰自身享有的权利和应负的义务，擦亮双眼，以免签订合同后出现不必要的纠纷和维权难的问题。此外，在司法实践中，如何区分是民事上的租赁合同还是刑法所规制的合同诈骗也是一大议题，值得深入探讨，以避免出现以刑事手段干涉民事纠纷的问题。

关联条文

民法典

第七百一十一条　【承租人使租赁物致损的法律后果】承租人未按照约定的方法或者未根据租赁物的性质使用租赁物，致使租赁物受到损失的，出租人可以解除合同并请求赔偿损失。

第七百一十四条　【承租人租赁物妥善保管义务】承租人应当妥善保管租赁物，因保管不善造成租赁物毁损、灭失的，应当承担赔偿责任。

刑　法

第二百二十四条　【合同诈骗罪】有下列情形之一的，以非法占有为目的，在签订、履行合同过程中，骗取对方当事人财物，数额较大的，处三年以下有期徒刑或者拘役……

条文要义

民法典第 711 条所要解决的问题是,承租人违反约定的方法使用租赁物致使租赁物受到损失的承租人的责任。

未按照约定的方法,既包括合同有约定情形下,未按照租赁合同约定的用途使用租赁物、未按照双方约定的具体使用方式使用租赁物;也包括合同未约定,或约定不明的情形下,未按照依据民法典第 510 条确定的适用方法使用租赁物,以及无法确定情形下未依据租赁物本身性质适用租赁物的情况。具备其中的情形,即认为承租人对租赁物的损失具有过错,对造成的损失有赔偿损失的责任。

承租人没有按照约定或者租赁物的性质使用租赁物,使租赁物减少了价值,是一种损失,而不是损耗。损耗是合法的、正常的;损失是非正常的,是由于违约行为造成的。承租人不按约定的方法使用租赁物,是一种根本违约的行为。按约定或依据租赁物性质进行使用是承租人的一项基本义务,同时对租赁物的使用又是承租人的一项基本权利,权利与义务是相对应的,当事人享受权利的同时就相应承担一定的义务。承租人不仅应对于自己的违约行为承担违约责任,而且对其允许的同居人或第三人的原因造成的租赁物的损失亦应当承担赔偿责任。因为承租人未按照约定或依据性质使用租赁物,其具备了承担责任的过错,在第三方造成损害的这种情况下,承租人对损害的发生具有可归责的理由。此处的"致使"损失发生,指的是未按约定或依据性质使用租赁物的行为对损失的产生具有因果关系。损失有可能并非必须承租人直接行为导致的。如当事人约定不可转租,但承租人违反该约定,转租给了第三人,第三人造成了损失,则承租人对此承担损害赔偿责任。

妥善保管租赁物也是承租人的主要义务之一。保管的义务源自承租人对租赁物享有的占有和使用权,租赁物的所有权并不归属于承租人,出租人的财产在承租人的占有、使用之下,由此产生了承租人的保管义务。妥善保管租赁物,一方面,有利于承租人在租赁期间对租赁物的充分使用;另一方面,承租人在使用完毕后要将租赁物返还出租人,返还时的租赁物应当符合租赁物在使用前的状态或者性能。所谓"妥善保管",在比较法上叫作"尽善良管理人之注意",意大利民法典叫作"奉行善良家父般的勤谨注意"。通俗地说,就是要把该租赁物当成自己的财产加以保管。承租人的保管义务应包括以下几个内容:

(1)按照约定的方式或者租赁物的性质所要求的方法保管租赁物。

(2)按照租赁物的使用状况进行正常的维护。

(3)通知和协助。

承租人如果没有对租赁物尽到上述妥善保管的义务,造成租赁物毁损、灭失的,应当承担损害赔偿责任。

典型案例

承赁人甲向出租人乙租用一辆机动车(价值9万),并提供保证人(有稳定收入,具备偿还能力)担保,使用该车1个月后,因资金紧缺,甲伪造身份证复印件冒充机动车所有人,将车辆质押给丙,获3万元,甲将其中1万元用于偿还债务后,仍有巨额债务未偿还,后逃逸。乙报案后,公安机关将该机动车追回发还乙。

解读评析

甲不具有非法占有目的,不构成合同诈骗罪。甲租车并提供担保,此时即便机动车被甲损毁或占有不予返还,出租人乙的权利仍可通过民事途径充分得到保障。甲虽采取冒充车辆所有人的虚构事实、隐瞒真相的手段,但该机动车系甲合法占有,一旦保证人履行了担保责任,则车辆所有权即归于甲,甲质押给丙的行为并不必然导致丙受到损失,不能认定甲具有非法占有的犯罪故意。虽本案保证人未履行保证责任,但刑法不应将甲是否构成犯罪,取决第三人(保证人)是否履约上。

本案是否构成诈骗罪,关键在于行为时是否具有非法占有的故意,造成谁的损失。从出租人乙的角度来看,甲租赁车辆时提供了担保,无论甲是否归还车辆,乙均不存在损失。从质押权人丙的角度来看,其出借3万元,实际占有了该车辆,虽然车辆质押因身份证复印件系伪造,质押应归于无效,但丙作为善意第三人,民事权利仍应当得到保障。但是,并不是说乙、丙可以保障自己的民事合法权利,甲就必然不构成犯罪。具体还要看甲租赁车辆时是否已有非法占有的故意,是否实施了对保证人的欺骗行为,骗取保证人担保。如果甲以非法占有为目的,虚构事实、隐瞒真相,骗取保证人提供担保,仍然可以构成诈骗犯罪。另外,如果本案没有提供保证人,也可以根据最终损失结果和产生非法占有故意的行为节点,依法认定甲构成诈骗犯罪。当然,具体到个案事实中,仍应根据具体事实进行判断。

延伸阅读

房屋租赁专家为您支招——让租来的家住得更舒坦①

租房市场乱象多,给很多人通过租房实现安居梦的愿望增加了不少障碍。如何更好地规避这些不利因素,让租来的“家”住得更舒心?针对租房市场的几个普遍现象,记者采访了北京我爱我家房地产经纪有限公司的房屋租赁专家。

找房东还是找中介?

租房可以自己(包括通过熟人、网上等)完成,也可以委托中介公司。自己操作可节省费用,但耗时耗力,需要通过各种渠道找房、约时间、看房。时间和精力有限的租房者,更适合委托具有专业资质的中介公司。这样可以在短时间内获得大量房源信息,而且看房过程中有中介陪同,相对安全。当然也需支付一定的中介代理费用。

无论通过哪种方式租房,都需要先了解有意向地区的租房市场均价。一般情况下,房租采用“押一付三”的方式支付。如果一套房子的房租明显低于市场价,并要求年付或者半年付,需提高警惕。同时,要检查房产证原件和业主本人身份证原件。如果房东本人无法到场,一定要看到业主本人手写委托书。签订租房合同之前,不要交任何费用。

代理房源可信吗?

代理房源是目前很多中介提供的一种服务方式,即业主和中介双方签订合同,把房子委托给中介出租。在这个过程中,中介会审查业主所有的证件,并先行支付一定期限的租金;然后,由中介负责寻找租房者,双方再签订租赁合同。

代理房源一般是因为业主有特殊需求,如出国、上班时间紧张等。正规中介公司的代理房源一般都是可信的。需要注意的是,在租住这种类型的房源时,一定要检查中介与业主的协议以及业主房产证和身份证的复印件。

看房重点检查哪些事项?

看房时应该重点检查以下三类事项:

一是周围环境以及配套。检查房子是否临近马路,注意门窗旁边的卫生情

① 《房屋租赁专家为您支招——让租来的家住得更舒坦》,载《人民日报》2013 年 3 月 1 日,第 18 版。

况，观察房屋前面是否有高楼而影响采光等。另外，可以询问房东以及邻居周边生活配套设施的情况，如菜市场、公交线路、就医条件等。

二是重点关注门窗，如防盗门性能如何，窗户是否完好等。如果不符合安全要求，可以向房东提出更换。同时检查水管是否通畅、电路是否老化、是否能够满足大功率电器的使用要求等。

三是检查屋内配置。主要是家具、家电方面，看是否老化、是否超过了规定的使用期限；了解使用煤气用具、淋浴器等物品的注意事项。

交接房屋需要注意什么？

首先，要注意检查一些固定设施，比如马桶、热水器、炉灶、抽油烟机等物品是否能够正常工作。如果不能正常运转，可以要求房东进行维修。而如果房东承诺更换，有必要在合同中约定。

其次，物业交验应作为合同附件。如果通过中介租房，交接时中介公司会提供一张物业清单作为合同附件且注明损坏程度；如果是自行租房，同样需要记录下水、电、气三表的具体数值、内部电器的使用情况、业主暂存物品的状况等，并作为合同附件一一说明。

最后，应尽快更换房门锁。为减少安全隐患，房屋交接完成后最好尽快更换锁芯。正式入住后，如碰到屋内设施正常使用中出现的故障等情况，应第一时间跟房东或者中介联系，避免承担不必要的经济损失。

专题八　保理业务中的洗钱犯罪

要点解析

保理是以应收账款债权转让为前提的综合性金融服务。它是我国从 2011 年才正式全面开展的一项最新的金融业务。保理又称“保付代理”“托收保付”。是指债权人依据与保理商之间的合同约定，将现在的和将来的应收账款转让给保理商，保理商对应收款进行各种有效管理、催收等并承担坏账风险。完整的保理业务就是保理商向债权人购买应收账款，保理商向债权人支付购买应收款的款项，使得债权人能从保理商手中迅速获得周转资金从而实现融资需求。保理商则获得应收款与应收款转让款之间的差价（即打折收购债权人应收款债权，债权人获得融资，保理商获得保理利润但承担应收款债权的坏账风险）。从法律本质而言，保理合同就是应收款买卖合同。洗钱罪是指明知是毒品犯罪、黑社会性质的组织犯罪、恐怖活动犯罪、走私犯罪、贪污贿赂犯罪、破坏金融管理秩序犯罪、金融诈骗犯罪的违法所得及其收益，为掩饰、隐瞒其来源和性质，而提供资金账户的，或者协助将财产转换为现金、金融票据、有价证券的，或者通过转账或者其他结算方式协助资金转移的，或者协助将资金汇往境外的，或者以其他方法掩饰、隐瞒犯罪所得及其收益的来源和性质的行为。

在保理业务中，如果银行明知是黑钱而为其提供资金账户，协助将黑钱转化为现金、金融票据或有价证券等，通过转账或者其他结算方式进行资金转移的，就是洗黑钱。

关联条文

民法典

第七百六十一条　【保理合同的定义】保理合同是应收账款债权人将现有的或者将有的应收账款转让给保理人，保理人提供资金融通、应收账款管理或者催收、应收账款债务人付款保证等服务的合同。

刑　法

第一百九十一条　【洗钱罪】为掩饰、隐瞒毒品犯罪、黑社会性质的组织犯罪、恐怖活动犯罪、走私犯罪、贪污贿赂犯罪、破坏金融管理秩序犯罪、金融诈骗犯罪的所得及其产生的收益的来源和性质，有下列行为之一的，没收实施以上犯罪的所得及其产生的收益，处五年以下有期徒刑或者拘役，并处或者单处罚金；情节严重的，处五年以上十年以下有期徒刑，并处罚金：

（一）提供资金帐户的；

（二）将财产转换为现金、金融票据，有价证券的；

（三）通过转帐或者其他支付结算方式转移资金的；

（四）跨境转移资产的；

（五）以其他方法掩饰、隐瞒犯罪所得及其收益的来源和性质的。

单位犯前款罪的，对单位判处罚金，并对其直接负责的主管人员和其他直接责任人员，依照前款的规定处罚。

条文要义

1. 本条规定了保理合同的含义，并阐明了保理合同的两大要点。保理合同的第一大要点：保理合同的本质，是债权让与，而且是应收账款债权的让与。即销售商将自己基于各种合同，主要是买卖合同，而享有的债权，转让给保理商；受让债权后，保理商成为新的应收账款债权人。保理合同的第二大要点：保理人可以承担多种职责。根据上述规定，保理商可以身兼数种职责，主要包括：(1)提供资金融通。保理商向应收账款债权人支付一定资金，并从债权人处受让应收账款债权，这对原债权人而言，是一种资金融通，让原债权人提前获得了资金。(2)应收账款管理或者催收。应收账款管理，典型的，如，应收账款的对账，制作统计报表、打印账单等。应收账款催收，典型的，如，在债务履行期届满之后，债务人未依约定清偿债务的，保理商向债务人催促付款。(3)应收账款债务人付款保证。

2. 1979 年刑法没有规定本罪，系由全国人大常委会《关于禁毒的决定》第 4 条规定的掩饰、隐瞒毒赃性质、来源罪修改而来，刑法主要作了如下修改：(1)明确规定了洗钱犯罪的罪状，从而确立了洗钱罪的罪名；(2)将犯罪对象由“贩毒收益”扩至“毒品犯罪、黑社会性质的组织犯罪、走私犯罪的违法所得及其产生的收益";(3)增设了单位犯罪主体。《刑法修正案(三)》第7条增设"恐怖活动犯罪的违法所得及其产生的收益"作为本罪的犯罪对象,《刑法修正案(六)》第16条又将"贪污贿赂犯罪、破坏金融管理秩序犯罪、金融诈骗犯罪的所得及其产生的收益"纳入作为本罪的犯罪对象。最高人民法院《关于执行〈中华人民共和国刑法〉确定罪名的规定》、最高人民检察院《关于适用刑法分则规定的犯罪的罪名的意见》将其解释为:洗钱罪。

典型案例

韩某龙洗钱案

2013年7月9日,倪某永及其经营的"飞泰公司"以集资诈骗的方式从王某华处骗得人民币2000万元,并通过"诗瑜公司"账户收到了该笔款项。其中1130万元被转入韩某龙个人账户,余款870万元被汇入倪某永经营的"沁高公司",而其中805万元被"飞泰公司"用于归还银行贷款。同日,因银行收紧银根,"飞泰公司"将流动资金贷款转为保理业务贷款。"飞泰公司"以在"上海大亚科技有限公司"的应收账款为质押物、"绍兴汇金金属制品有限公司"为保证人的方式,从"农行嘉会分理处"贷款800万元。"飞泰公司"向"农行嘉会分理处"提供了销货单位为"飞泰公司"的相应增值税专用发票以证实其在"上海大亚科技有限公司"有应收账款。经绍兴市国家税务总局直属税务分局查证,上述增值税专用发票的销货单位为"诸暨市铭鑫机电有限公司"。其中295万元经多次转账后,与上述870万元中的余款65万元以及其他款项合并成480万元,于同月10日被转入韩某龙个人账户。同月11日,"诗瑜公司"将合计727万元转入韩某龙个人账户。倪某永以急用为由要求身处北京的韩某龙将转入其账户的上述2337万元全部取现。同月11日至13日,韩某龙按照倪某永的要求,将转入其账户中的2000万元转入韩某超账户,将其中200万元转入许某荣的账户并要求许某荣帮忙取现,将其中647.50万元用于归还倪某永的借款、支付房租和取现等。

2013年7月11日,倪某永乘坐飞机离开绍兴,并与向其追讨债务的债权人失去联系。同月13日傍晚,韩某龙回到绍兴并获知倪某永被人追债且有潜逃嫌疑后,仍于同月14日至15日期间,驾车从绍兴至杭州,沿途进入多个银行,将倪某永及"飞泰公司"以集资诈骗和骗取贷款的方式从王某华、"农行嘉会分理处"骗得的合计642.50万元进行大量取现和分散转入多个账户，后将所取现金交给韩某娣，由韩某娣转交给倪某永。

绍兴市柯桥区人民法院认为，被告人韩某龙明知是金融诈骗和破坏金融管理秩序犯罪所得，依然通过转账、取现等方式掩饰、隐瞒其来源和性质，其行为已构成洗钱罪。对于韩某龙洗钱犯罪的金额。经查，洗钱罪中的“犯罪所得及其产生的收益”，是指犯罪分子通过毒品犯罪、黑社会性质的组织犯罪、恐怖活动犯罪、走私犯罪、贪污贿赂犯罪、破坏金融管理秩序犯罪和金融诈骗犯罪等上游犯罪直接获得的赃款、赃物，以及将上述赃款、赃物进行处理后得到的收益。同时，上游犯罪事实成立尚未依法裁判，但查证属实的，不影响对行为人洗钱犯罪的审判。首先，被告人韩某龙账户收到涉案钱款时，其并未获知倪某永被追债和潜逃的事实，公诉机关也没有指控此阶段其主观上有洗钱的犯罪故意，此时其将200万元转给许某荣的行为不符合洗钱罪的犯罪构成要件，该200万元不宜计入被告人韩某龙的洗钱犯罪数额。其次，倪某永经营的“飞泰公司”以提供虚假增值税专用发票的方式从银行贷款800万元，该行为属于骗取贷款的犯罪行为，虽然该行为尚未被依法裁判，但不影响对该笔800万元属于破坏金融管理秩序犯罪所得的认定。即其中被转入被告人韩某龙银行账户的295万元属于破坏金融管理秩序犯罪所得。最后，被告人韩某龙在洗钱犯罪故意支配下实施的将资金转入陈某萍、韩某娣、韩某康、韩某娣、倪某永等多人账户的行为已经侵犯了洗钱罪的保护法益，相应的转账数额均应计入被告人韩某龙的洗钱犯罪数额。至于被被告人韩某龙转账的钱款最终汇入了律师事务所或已被韩某娣转给了倪某永等情形，均不影响被告人韩某龙行为的定性。综上，被告人韩某龙的洗钱犯罪数额应当是1490万元扣除其在北京取现、转账的合计647.50万元、扣除许某荣取现的200万元，应认定为642.50万元。

延伸阅读

应收账款转让的权利冲突问题①

一债二卖，发生应收账款多重转让的情况，该如何确定各受让人的受偿顺位？

---

① 《应收账款转让的权利冲突问题》，载法帮网，www.fabang.com/a/20140725/656985.html。

实践中比较常见的做法还是遵循“登记在先,权利在先”的原则,中国人民银行征信中心动产融资统一登记公示系统已经提供了应收账款转让登记公示服务,应收账款转让并非如应收账款质押一经登记即具有优先排他效力,但可以作为判定受让第三人是否善意的重要参考,未在登记平台进行查询和登记的保理商会被认定属于恶意,从而不能对抗在先登记的保理商。当然对于该问题,仍有待法律或司法解释进一步的明确。与质权人的冲突。先出质后转让这种情况一般争议不大,应收账款质押需要履行登记手续,法律也规定了除经质权人和出质人协商一致,否则不得转让。而对于先转让后出质的情况则相对复杂一些。转让与质押均属权利变动范畴,出于遵循公示原则、维护质权人利益和交易安全的考虑,如果在先的转让未经登记,其不得对抗在先登记的质权人。

专题九　承揽合同与合同诈骗罪

要点解析

承揽合同是日常生活中除买卖合同外常见和普遍的合同，签订合同时都有被欺诈的风险，合同欺诈的手段也是层出不穷，承揽合同也不例外，两者之间存在牵连、交叉，经常出现一个案件中既存在民事法律关系又包含刑事法律关系。在司法实践中经常出现某些合同欺诈行为被认为是合同诈骗罪，而一些合同诈骗罪又被当作是欺诈行为处理。如何处理此类案件一直是实践中比较疑难的问题。

关联条文

民法典

第七百七十条　【承揽合同】承揽合同是承揽人按照定作人的要求完成工作，交付工作成果，定作人给付报酬的合同。

承揽包括加工、定作、修理、复制、测试、检验等工作。

第一百四十八条　【民事法律行为的效力】一方以欺诈手段，使对方在违背真实意思的情况下实施的民事法律行为，受欺诈方有权请求人民法院或者仲裁机构予以撤销。

第一百四十九条　【民事法律行为的效力】第三人实施欺诈行为，使一方在违背真实意思的情况下实施的民事法律行为，对方知道或者应当知道该欺诈行为的，受欺诈方有权请求人民法院或者仲裁机构予以撤销。

刑　法

第二百二十四条　【合同诈骗罪】有下列情形之一，以非法占有为目的，在签订、履行合同过程中，骗取对方当事人财物，数额较大的，处三年以下有期徒刑或者拘役，并处或者单处罚金；数额巨大或者有其他严重情节的，处三年以上十年以下有期徒刑，并处罚金；数额特别巨大或者有其他特别严重情节的，处十年以上有期徒刑或者无期徒刑，并处罚金或者没收财产：

（一）以虚构的单位或者冒用他人名义签订合同的；

（二）以伪造、变造、作废的票据或者其他虚假的产权证明作担保的；

（三）没有实际履行能力，以先履行小额合同或者部分履行合同的方法，诱骗对方当事人继续签订和履行合同的；

（四）收受对方当事人给付的货物、货款、预付款或者担保财产后逃匿的；

（五）以其他方法骗取对方当事人财物的。

条文要义

民法典第770条规定的承揽合同是诺成、有偿、双务、非要式合同，具有以下特征：(1)承揽合同以完成一定的工作并交付工作成果为标的。在承揽合同中，承揽人必须按照定作人的要求完成一定的工作，但定作人的目的不是工作过程，而是工作成果，这是与单纯的提供劳务的合同的不同之处。按照承揽合同所要完成的工作成果可以是体力劳动成果，承揽合同案例评析也可以是脑力劳动成果；既可以是物，也可以是其他财产。(2)承揽合同的标的物具有特定性。承揽合同是为了满足定作人的特殊要求而订立的，因而定作人对工作质量、数量、规格、形状等的要求使承揽标的物特定化，使它同市场上的物品有所区别，以满足定作人的特殊需要。(3)承揽人工作具有独立性。承揽人以自己的设备、技术、劳力等完成工作任务，不受定作人的指挥管理，独立承担完成合同约定的质量、数量、期限等责任，在交付工作成果之前，对标的物意外灭失或工作条件意外恶化风险所造成的损失承担责任。故承揽人对完成工作有独立性，这种独立性受到限制时，其承受意外风险的责任亦可相应减免。(4)承揽合同具有一定人身性质。承揽人一般必须以自己的设备、技术、劳力等完成工作并对工作成果的完成承担风险。承揽人不得擅自将承揽的工作交给第三人完成，且对完成工作过程中遭受的意外风险负责。但是如果经过定做人的同意，承揽人可以将承揽的主要工作交由第三人，但注意的是工程成果承揽人还是要负责的。(5)承揽合同是诺成合同、有偿合同、双务合同。(6)承揽合同强调履行的协作性。(7)承揽合同的双方是相互独立的责任主体。

民法典第148条规定包括以下几点内容：第一，欺诈系由民事法律行为的一方当事人实施，而相对人因此欺诈行为陷入错误判断，并进而作出了意思表示。

换言之，如果没有行为人的欺诈行为，相对人将不会作出这种意思表示，民事法律行为不会成立。第二，欺诈的构成并不需要受欺诈人客观上遭受损害后果的事实，只要受欺诈人因欺诈行为作出了实施民事法律行为的意思表示，即可成立欺诈。第三，欺诈的法律后果为可撤销，享有撤销权的是受欺诈人。关于欺诈的法律后果，民法通则规定的是无效，合同法则区分欺诈行为是否损害国家利益而分别规定，如损害国家利益，则无效；如不损害，则为可变更或者可撤销。应当说，合同法在民法通则规定的基础上，修正了凡欺诈一律无效的规定，考虑到了对受欺诈人意思自治的尊重和保护，是可取的。但其又区分合同是否损害国家利益，将欺诈的法律后果分别规定为无效和可撤销，这既与传统民法理论及世界各国立法例不符，在实践中也难以把握，甚至容易导致裁判者滥用自由裁量权随意判定民事法律行为无效的情形，反而损害特定情形下受欺诈人对民事法律行为效力的自主选择权，因此不宜采纳。同时，将欺诈行为的法律后果规定为可撤销，也是立法中的多数意见，因此，民法典总则编采纳这一意见，将欺诈的后果规定为可撤销。

民法典第 149 条的主要内容包括：第一，当事人以外的第三人对一方当事人实施了欺诈，并致使该当事人陷入错误判断且据此作出了意思表示。欺诈行为的具体形式，有可能是故意告知虚假信息，或者故意隐瞒真实情况，也可能存在其他不同形式，但其根本目的在于使受欺诈人陷入错误认识，作出“若了解真实情况便不会作出的”意思表示。第二，受欺诈人享有对民事法律行为的撤销权，但该撤销权行使须满足一定条件。具体来说，第三人实施欺诈行为，只有在受欺诈人的相对方非属于善意时，受欺诈人才能行使撤销权。相对方的这种非善意表现为，对于第三人的欺诈行为，其知道或者应当知道。第三，撤销权的行使仍须通过人民法院或者仲裁机构行使。

欺诈是指在民事合同的设立、变更和终止的过程中，一方当事人故意以不真实情况为真实的意思表示，使对方陷于认识错误，从而引起一定民事法律关系的行为。其构成要件如下：一方当事人隐瞒真相或虚假陈述→当事人陷于认识错误→基于认识错误而作出意思表示。

刑法第 224 条合同诈骗罪是指以非法占有为目的，在订、履行合同过程中，骗取对方当事人财物，数额较大的行为。本罪侵犯的客体为复杂客体，即既侵犯了合同他方当事人的财产所有权，又侵犯了市场秩序。赵秉志先生认为：“合同诈骗的一般技术过程为，首先利用对方当事人对合同的相信，使对方履行合同，而后实际获得对方的财物，但自己不履行相应的合同义务。”实践中，合同诈骗的构成要件为:行为人在签订或履行合同过程中虚构事实,隐瞒真相→导致被害人产生错误认识→被害人基于错误的认识将财产转移给行为人或第三人→被害人发现财产损失后报警或起诉。虚构事实包括虚构合法身份,虚构合同标的等,通常表现为假冒订立合同必需的身份;盗窃、骗取、伪造、变造签订合同所必需的法律文件、文书、从而制造出具有“合法身份”和“履行能力”的假象。隐瞒事实真相既包括隐瞒自己根本不打算履行合同的主观犯罪意图,也包括隐瞒有义务告知对方但告知对方可能导致对方产生怀疑的事实。

典型案例

承揽合同诈骗案

湖北赵先生从某刊物看到广州××公司刊登的急寻加工的广告找到该公司,公司称只要交2000元押金,就可以代理公司加工“声光控自动开关”业务,公司包培训包学会,每只加工费8元,散件成本价按27元计算,并给予6%的材料损耗补贴。赵先生与该公司签了1年的加工承揽合同,可谁知2000元保证金一交,接下来就因培训学不会,首批供货数量有异议等问题发生了一系列纠纷。

广州荔湾区的张先生2018年12月23日与××科贸公司签订了“耐高温电阻加工”合同。看了合同验收和工艺要求,似乎简单明确,经过15分钟的培训,他交了1500元合作金后,领回2500只电阻回家加工,他做了1500只送回公司验收,合格率竟然才5%。公司说这是未熟练的原因造成的,他打起十二分精神把剩下的1000只电阻做好,可合格率也仅有35%,比公司要求的90%差得远。他提出撤销合同,公司又说要先按合同规定赔偿不合格的电阻每只2元,后又降至每只1元,总之,他的1500元合作金是要不回来了。专业人士看了这些电阻,认为成本每只最多不过0.2元。张先生在被骗20天后又与另一家××科贸公司签订了“测电笔的加工”合同。为防被骗,他提出先交300元试做。培训中,他做了不到10支,公司的人就不耐烦地打发他走。第二天当他把加工好的30支测电笔送回来,验收合格率竟达90%以上,成功的喜悦使他想都没想就交了1500元合作金,签下合同,并拿了20支测电笔回家正式组装。谁知组装好后,送回去验收合格率只有40%。他只好拿回去返工,怎知笔的后盖是用指定的502胶水粘合,撬开返工时有40%的笔架被撬坏了,张先生又陷进了公司设置的加工工艺陷阱,只好按合同认赔，那 1500 元合作金又没了。

一位自称"良心发现"的人在写给广东工商局的举报信中称，他自己曾是广东××生化研究所的技术员，3 年来，这个一家由连初中都未毕业的 6 人"工程师"组成的研究所，与湖南、湖北、四川等外地来粤人员在广州开设的 20 多家所谓"科技公司"合作，由这 20 多家"科技公司"在数十家报刊刊登"收购 SOD，由猪血提炼，回收价每公斤 8 万元，收培训或信誉保证金 1500～3000 元，设备（离心机）费 3000～4000 元"的广告，吸引客户签订合同，然后由"科技公司"指定客户拿产品到这家研究所化验。这家研究所向每个送检者收取 300～1000 元化验费后，没有给一个送检者出具过产品合格的报告，这些"科技公司"也自然就没有回收 1 克 SOD。这种连环串通的把戏，使这 20 多家"科技公司"3 年来共培训学员 3.6 万人次，骗取大量押金、设备款。

解读评析

这些合同欺诈有以下几个特点：一是形式合法化。这些科技公司大多领有《营业执照》。二是条款陷阱化。不法分子先收取客户一定的培训费、材料费、保证金等，但与客户签订的加工合同却规定"如加工的产品不合格，公司不给付加工费，承揽人还得赔偿公司数额不等的违约金、材料款"。三是行为智能化。不法分子实施欺诈有一套完整而严密的程序，首先进行广告宣传、物色客户，然后诱骗客户参加培训、签订合同并交纳各种费用，最后以客户加工的产品不合格为由，拒付加工费且不退回所交款项。不法分子的欺诈对象主要是外来人员，发放外加工的产品集中在珍珠领带、电热水器、测电笔、洗衣粉、SOD 歧化酶提取等品种上。利用合同诈骗的公司，对诈骗过程可能出现的各种复杂情况都制定有详细的对策。比如：××科技公司对珍珠领带加工与客户谈判时，就给谈判当事人制定 6 条注意事项：(1)根据语言判定客户来自何方；(2)站在客户立场上分析其是否有备而来；(3)介绍加工进度时不要太夸张；(4)浙江一带客户尽量不要接；(5)本市及现职军警的家属尽量不要接；(6)上述各条确定没有问题的才签合同。

如何防范承揽合同欺诈？加工承揽合同之所以被欺诈，是由于合同本身存在难以防范的漏洞，值得提醒的是，承揽合同中最典型、最难防范、最关键的漏洞，当属质量这一环。那么，客户如何防范承揽合同欺诈？

首先要做好自身的防范措施。许多企业和个人就因为急于订立合同，给对方留下可乘之机,落入合同陷阱,结果反而遭受更惨重的损失。一定要克服急于求成的心理,在订立合同前,尽量多了解对方当事人的有关信息,如法律地位、经营范围、资信状况以及近期的经营业绩、商业信誉等。如当事人自己了解有困难,可以向对方当事人所在地的工商部门查询,并可通过对方同行业的相关企业进行了解。

在订立合同中,一定要对质量标准进行明确规定,不能过于笼统,更不能看样验收代替。如双方均同意看样验收,必须对样品进行封存或去公证部门进行公证,以免定做人偷换样品,将承揽人拖入合同陷阱。其次,对产品的成本及上市的可行性进行考察,也是防范此类欺诈的有效途径。

合同当事人签订合同时,应当对加工产品的成本进行测算,并对产品的适用性进行考察。多数承揽合同欺诈中的产品都不具备适用性。承揽人如果能够充分了解产品的市场及价值,对可能出现的欺诈就会多一个心眼。承揽合同中各种名目的费用,例如"质保金""押料款""合作金"等,是欺诈者的主要目标,他们一般都要求承揽方支付这些费用。所以在签订合同前,一定要认真了解这些费用的用途,不要为得到加工业务而盲目支付,如此一来,被欺诈的可能性将大大降低。

延伸阅读

承揽合同与雇佣合同的区别[①]

所谓雇佣合同(劳务合同),是指从事雇主授权或者指示范围内的生产经营活动或者其他劳务活动。劳务合同(雇佣合同)具有以下四个显著特征:(1)雇佣关系是提供劳务的合同,以完成一定的劳动为标的,雇主为其提供的劳务支付报酬,至于工作成果则不是合同的标的;(2)雇员的工作不具有独立性。他一般以雇主的设备、技术为依托而工作,受雇主的指挥管理;(3)雇佣关系中所从事的事项范围比较广,包括生产经营活动及其他各项劳务活动,活动技术含量比较低,受雇用人付出的主要是劳动力,其报酬成分也单一,仅仅包括劳动力的价值;(4)雇员在从事雇佣活动中的风险由雇主承担。

---

① 《承揽合同与雇佣合同的区别》,载中国法院网,https://www. china court. org/article/detail/2020/08/id/5417697. shtml。

雇佣合同与承揽合同的区别主要表现为:(1)雇佣合同是以直接提供劳务为目的,承揽合同则是以完成工作成果为目的,提供劳务仅是完成工作成果的手段。(2)承揽合同履行中所生风险由完成工作成果的承揽人承担,而雇佣合同履行中所生风险由接受劳务的雇佣人承担。(3)承揽合同的当事人之间不存在支配与服从的关系,承揽人在完成工作中具有独立性,雇佣合同的受雇人在一定程度上要受雇佣人的支配,在完成工作中要听从雇佣人的安排、指挥。

为了准确区分二者,当事人双方就承揽与雇佣发生争议时,可以综合分析下列因素,结合案件具体情况予以认定:(1)当事人之间是否存在控制、支配和从属关系;(2)是否由一方指定工作场所、提供劳动工具或设备,限定工作时间;(3)是定期给付劳动报酬还是一次性结算劳动报酬;(4)是继续性提供劳务,还是一次性提供工作成果;(5)当事人一方所提供的劳动是其独立的业务或者经营活动,还是构成合同相对方的业务或者经营活动的组成部分。如当事人之间存在控制、支配、和从属关系,由一方指定工作场所、提供劳动工具或设备,限定工作时间、定期给付劳动报酬,所提供的劳务是接受劳务一方生产经营活动的组成部分的,可以认定为雇佣。反之,则应当认定为承揽。

劳务合同(雇佣合同)与承揽合同的最大区别就在风险承担上。在诉讼中,受害方只有主张劳务合同成立才有利于充分维护其合法权益。

专题十　运输合同中民事责任竞合与刑事责任认定

要点解析

民事责任和刑事责任交叉的违法行为既触犯了刑事法律规范，也触犯了民事法律规范，产生了民刑交叉案件的具体法律适用问题。刑事责任之要旨在于惩罚和预防犯罪，刑事犯罪不同于民事纠纷，当事人一旦确认为刑事犯罪，相关行为人要依法接受刑事处罚。民事责任的重点则在于对受害人的救济，运用经济、行政等多种手段，最大限度地保护受害人的民事合法权益。运输过程中承运人违反合同，致使人身财产安全遭受损害，极易引起民事责任与刑事责任的交叉问题。对运输合同中民事责任和刑事责任的交叉分析，目的是揭示民刑交叉的内涵，使之与民法典协调有度。公共利益和个人利益的关系决定了刑事责任的承担和履行，不能成为减轻或免除民事责任的依据。实践中，司法机关在被害人没有提出刑事附带民事诉讼时，应注意提醒被害人行使民事求偿权。

关联条文

民法典

第八百零九条　【运输合同】运输合同是承运人将旅客或者货物从起运地点运输到约定地点，旅客、托运人或者收货人支付票款或者运输费用的合同。

第一百八十六条　【违约责任和侵权责任竞合】因当事人一方的违约行为，损害对方人身权益、财产权益的，受损害方有权选择请求其承担违约责任或者侵权责任。

刑　法

第二百二十四条　【合同诈骗罪】有下列情形之一，以非法占有为目的，在签订、履行合同过程中,骗取对方当事人财物,数额较大的,处三年以下有期徒刑或者拘役,并处或者单处罚金;数额巨大或者有其他严重情节的,处三年以上十年以下有期徒刑,并处罚金;数额特别巨大或者有其他特别严重情节的,处十年以上有期徒刑或者无期徒刑,并处罚金或者没收财产:

(一)以虚构的单位或者冒充他人名义签订合同的;

(二)以伪造、变造、作废的票据或者其他虚假的产权证明作担保的;

(三)没有实际履行能力,以先履行小额合同或者部分履行合同的方法,诈骗对方当事人继续签订和履行合同的;

(四)收受对方当事人给付的货物、贷款、预付款或者担保财产后逃匿的;

(五)以其他方法骗取对方当事人财物的。

条文要义

民法典第 186 条规定了违约责任与侵权责任竞合,与合同法第 122 条一脉相承。民事责任竞合,也称请求权竞合,是指因某种法律事实的出现,导致两种或两种以上的民事责任产生,各项民事责任相互发生冲突的现象。同一民事违法行为同时符合数种民事权利保护的规定,就构成民事责任竞合。根据公平原则,受损害方可以在两种请求权中选择行使一种请求权。如果受损害方选择行使一种请求权并得到实现,那么另一种请求权即消灭。如果受损害方行使一种请求权未果,则受损害方仍可行使另一种请求权。

运输合同是实现人流、物流的重要法律形式,运输合同主体是运输合同权利义务的承担者。在运输合同中,承运人的义务是将旅客或者货物运输到约定地点,权利是收票款或者运费;托运人的权利是要求承运人将其运输到约定地点,义务是向承运人支付票款或者运费。运输合同中的托运人有时就是收货人,但在大多数情况下,另有收货人的,收货人亦是运输合同中的重要关系人。

合同诈骗罪是指以非法占有为目的,在签订、履行合同过程中,采取虚构事实或者隐瞒真相等欺骗手段,骗取对方当事人的财物,数额较大的行为。而非法占有目的是认定合同诈骗罪与非罪的核心,是区分合同诈骗行为与合同欺诈行为的重要界限。本罪侵犯的客体为复杂客体,既侵犯了市场秩序,又侵犯了当事人的合法权益,而对于该罪首要保护的法益,就是维护正常的市场经济秩序。

典型案例

张某岩等合同诈骗案

2009年11月,张某岩与王某平预谋利用张某岩承运甲公司豆粕之际,伙同王某平、张某龙等人在山东省诸城某地,用刘某伟、刘某广提供的低蛋白豆粕偷偷调换其运输的含蛋白质43%的豆粕572包,共计40吨,价值146 600元。2009年12月16日至19日,张某岩伙同孙某龙利用孙某龙承运乙公司豆粕之际,采用同样方式偷偷调换孙某龙运输的高蛋白豆粕429包,共计30吨,价值112 400元。案发后,张某岩家属退赔2万元,孙某龙家属退赔1.5万元。经审理,一审法院认为,被告人张某岩、王某平、刘某伟、刘某广、张某龙、孙某龙以非法占有为目的,秘密窃取他人财物,数额特别巨大,其行为均构成盗窃罪。判决后被告人张某岩等均以其行为不构成盗窃罪为由提起上诉。二审法院认为:一审判决认定上诉人张某岩等人犯罪基本事实清楚,证据确实、充分,但适用法律错误,定性不当。张某岩等六上诉人以非法占有为目的,在签订、履行合同过程中,骗取对方当事人财物,均构成合同诈骗罪。二审法院判决如下:

(1)撤销一审判决对各被告人的定罪量刑;

(2)上诉人张某岩犯合同诈骗罪,判处有期徒刑8年,并处罚金13万元;

(3)上诉人王某平犯合同诈骗罪,判处有期徒刑10年,并处罚金15万元;其他判决情况(略)。

解读评析

1.承运人偷偷调包货物行为的刑事认定。

货运合同是市场经济中较为常见的一种合同,对于承运人在运输过程中以假乱真、骗偷兼有的行为,是构成盗窃罪还是合同诈骗罪在此类案例中存在较大争议。理论界的主流观点认为,对骗偷兼有的行为的定性,关键要看行为人取得财物的手段是偷还是骗。如果主要是通过秘密窃取手段而取得财物的,即使之前使用了一些欺骗手段,也应当认定构成盗窃罪;如果行为人主要是通过骗的手段而取得财物的,即使行为人在骗的过程中使用了偷的手段,也应当认定构成诈骗罪。

本案张某岩等人在合同履行过程中,事先预谋利用承运豆粕的机会骗取他人财物,采用偷偷调包的方法,在托运人甲公司和乙公司完全不知情的情况下以价值较低的豆粕换取价值较高的豆粕,其间使用了秘密窃取手段和欺骗手段。张某岩等人调包的行为对于托运人和收货人而言,虽均属于秘密窃取的行为,但此时承运人已取得货物的控制权,对货物系占有、监管关系,承运人秘密窃取的货物相当于自己的财物,该情况不构成盗窃罪。

本案中张某岩等人事先非法占有他人财物的目的,利用签订、履行合同的方式,使用的以假乱真的调包行为,使受害人产生货已按质按量收到的错误认识,正是因为这一错误认识,张某岩等人才顺利获得了对涉案财物的控制权。按照合同诈骗罪的构成要件分析,承运人张某岩等人预谋调包后与托运人签订运输合同,此时已具有非法占有他人财物的目的。在此过程中,承运人欺骗托运人要将货物运送到指定地点,使托运人产生错误认识,认为承运人会按照合同约定将货物运送到指定地点,遂将货物交付承运人。承运人在获得货物后,即取得了货物的处分权和控制权,并实施了调包行为,以次充好,最终使被害人遭受财产损失。[①] 综上所述,张某岩等人的行为在本质上符合合同诈骗的特征,应当定性为合同诈骗罪。

2. 刑法上已认定构成合同诈骗罪,民法上应如何处理?

张某岩等人的行为既侵犯了托运人的财产权,亦侵犯了收货人的财产权,侵权客体为双方,构成侵权责任。同时,由于收货方与托运人甲公司、乙公司双方均具有合同关系,亦构成违约责任。本案中存在侵权责任和违约责任两种民事责任的竞合。本案中,受害人收货方的权益如何主张?

(1)可单独提起民事诉讼。刑事责任与民事责任是两种不同性质的法律责任。虽然张某岩等人已被追究刑事责任并受到刑事处罚,但刑事处罚和民事赔偿是两种性质不同的责任,且收货人作为受害方权益亦未主张。[②] 根据最高人民法院《关于适用〈中华人民共和国刑事诉讼法〉的解释》第198条规定,第一审期间未提起附带民事诉讼,在第二审期间提起的,第二审人民法院可以依法进行调解;调解不成的,告知当事人可以在刑事判决、裁定生效后另行提起民事诉讼。故收货方可另行提起民事诉讼,要求承担相应的民事赔偿责任。

(2)可主张违约责任或侵权责任,两者选其一。责任竞合,是指一个违反义务

---

① 黄国盛:《承运人采取以次充好方式骗取货物行为的定性》,载《中国检察官》2014年第8期。

② 吕国强:《〈刑事处罚能否免除民事侵权责任〉——〈辞海〉著作权侵权案的法律思考》,载《知识产权》2003年第4期。

的行为产生两个以上的法律责任。而行为人承担不同的法律责任，将导致不同的责任后果。在责任竞合的情况下，由于当事人一方的违约行为，侵害对方人身、财产权益的，受损害方有权选择要求其承担违约责任或者侵权责任。本案中，收货方即可向托运人主张违约责任亦可向承运人主张侵权责任。民法典第 593 条规定，当事人因第三人的原因造成违约的，应当依法向对方承担违约责任。当事人一方和第三人之间的纠纷，依照法律规定或者按照约定处理。收货人与托运人甲公司或乙公司之间具备合同关系，因承运人张某岩等人的调包行为造成收货人的财物受到损害，导致托运人违约，收货人可依法向托运人主张违约责任。

延伸阅读

刑事民事责任都要承担①

万宁市人民检察院第四检察部（公益诉讼检察部）在办理的一起涉嫌寻衅滋事、侮辱凉山救火英雄的案件中，发现犯罪嫌疑人触犯了刑法，在追究刑事责任的同时，应当依法承担民事侵权责任，遂启动刑事附带民事公益诉讼程序，促使犯罪嫌疑人在省级媒体上公开道歉，消除影响，依法保护烈士名誉权、荣誉权。

基本案情：2019 年 3 月 30 日，四川省凉山州木里县雅砻江镇发生森林火灾，赵某昆等 27 名森林消防指战员和 3 名地方扑火队员在扑火行动中壮烈牺牲。4 月 2 日，应急管理部、四川省政府批准该 30 名同志为烈士。2019 年 4 月 4 日，万宁籍犯罪嫌疑人李某安在微信群其他成员在群里吊唁 30 名烈士时，公然用侮辱性语言侮辱救火英雄，诋毁凉山救火英雄的名誉。李某安的不当言论受到群内成员的谴责与抵制，并被踢出微信群。2019 年 4 月 7 日，李某安主动到公安机关接受调查。2019 年 4 月 8 日，公安机关以李某安涉嫌寻衅滋事罪立案侦查。

根据相关法律规定，对侵害英雄烈士的姓名、肖像、名誉、荣誉的行为，英雄烈士的近亲属可以依法向人民法院提起诉讼。英雄烈士没有近亲属或者近亲属不提起诉讼的，检察机关依法对侵害英雄烈士的姓名、肖像、名誉、荣誉，损害社会公共利益的行为向人民法院提起诉讼。万宁市人民检察院认为，本案中李某安虽然

---

① 《万宁李某侮辱救火英雄名誉被检察机关公益诉讼——刑事民事责任都要承担》，载《海南日报》2019 年 9 月 10 日，第 12 版。

已被追责刑事责任，但并不影响其应依法承担侵权责任。经海南省人民检察院同意，该院依法对李某安侮辱烈士名誉、损害国家和社会公益作为刑事附带民事公益诉讼立案审查。经过教育，犯罪嫌疑人李某安认识到其错误行为，同意在省级媒体上公开道歉。2019 年 8 月 19 日，李某安在《法制时报》上公开刊登道歉信，对侮辱烈士名誉行为予以道歉。

办理该案的万宁市人民检察院检察官陈某儒提醒，互联网不是法外之地，每个公民在发表意见和交流信息时，都要在法律允许的范围之内，超出法律许可的范围，就可能涉嫌侵权，要负法律责任。李某安侵害烈士名誉，造成恶劣的社会影响，损害了国家和社会公共利益。

侵权责任法第 2 条规定，侵害民事权益，应当依照本法承担侵权责任。本法所称民事权益，包括生命权、健康权、姓名权、名誉权、荣誉权、肖像权、隐私权、婚姻自主权、监护权、所有权、用益物权、担保物权、著作权、专利权、商标专用权、发现权、股权、继承权等人身、财产权益。

英雄烈士保护法第 22 条规定，禁止歪曲、丑化、亵渎、否定英雄烈士事迹和精神。任何组织和个人不得在公共场所、互联网或者利用广播电视、电影、出版物等，以侮辱、诽谤或者其他方式侵害英雄烈士的姓名、肖像、名誉、荣誉。

根据上述法律规定，李某安在微信群发表不当言论，随意歪曲和否定烈士英勇牺牲事实，存在明显故意侮辱、诽谤英雄烈士名誉和荣誉的行为，已经超出了言论自由的范围，且该言论被多名网友看见，造成了较为恶劣的社会影响，其主观过错明显，构成了对凉山烈士的名誉权侵害。

专题十一　商业秘密在民法、刑法上的保护

要点解析

商业秘密，是指不为公众所知悉、具有商业价值并经权利人采取相应保密措施的技术信息、经营信息等商业信息。若某种技术秘密能为权利人带来商业价值，也可被认定为商业秘密。商业秘密在司法体系中处于弱保护的状态，立法方面也较为零散，在技术合同中着重强调当事人的保密义务，在刑法中则主要体现在侵犯商业秘密罪这一罪名中。

关联条文

民法典

第八百六十八条　【技术秘密让与人和许可人主要义务】技术秘密转让合同的让与人和技术秘密使用许可合同的许可人应当按照约定提供技术资料，进行技术指导，保证技术的实用性、可靠性，承担保密义务。

前款规定的保密义务，不限制许可人申请专利，但是当事人另有约定的除外。

第八百六十九条　【技术秘密转让合同受让人和技术秘密使用许可合同被许可人的主要义务】技术秘密转让合同的受让人和技术秘密使用许可合同的被许可人应当按照约定使用技术，支付转让费、使用费，承担保密义务。

第八百七十三条　【技术许可合同被许可人与技术转让合同受让人的违约责任】被许可人未按照约定支付使用费的，应当补交使用费并按照约定支付违约金；不补交使用费或者支付违约金的，应当停止实施专利或者使用技术秘密，交还技术资料，承担违约责任；实施专利或者使用技术秘密超越约定的范围的，未经许可人同意擅自许可第三人实施该专利或者使用该技术秘密的，应当停止违约行为，承担违约责任；违反约定的保密义务的，应当承担违约责任。

受让人承担违约责任，参照适用前款规定。

反不正当竞争法

第九条　经营者不得实施下列侵犯商业秘密的行为：

（一）以盗窃、贿赂、欺诈、胁迫、电子侵入或者其他不正当手段获取权利人的商业秘密；

（二）披露、使用或者允许他人使用以前项手段获取的权利人的商业秘密；

（三）违反保密义务或者违反权利人有关保守商业秘密的要求，披露、使用或者允许他人使用其所掌握的商业秘密；

（四）教唆、引诱、帮助他人违反保密义务或者违反权利人有关保守商业秘密的要求，获取、披露、使用或者允许他人使用权利人的商业秘密。

经营者以外的其他自然人、法人和非法人组织实施前款所列违法行为的，视为侵犯商业秘密。

第三人明知或者应知商业秘密权利人的员工、前员工或者其他单位、个人实施本条第一款所列违法行为，仍获取、披露、使用或者允许他人使用该商业秘密的，视为侵犯商业秘密。

本法所称的商业秘密，是指不为公众所知悉、具有商业价值并经权利人采取相应保密措施的技术信息、经营信息等商业信息。

刑　法

第二百一十九条　【侵犯商业秘密罪】有下列侵犯商业秘密行为之一，情节严重的，处三年以下有期徒刑，并处或者单处罚金；情节特别严重的，处三年以上七年以下有期徒刑，并处罚金：

（一）以盗窃、贿赂、欺诈、胁迫电子侵入或者其他不正当手段获取权利人的商业秘密的；

（二）披露、使用或者允许他人使用以前项手段获取的权利人的商业秘密的；

（三）违反保密义务或者违反权利人有关保守商业秘密的要求，披露、使用或者允许他人使用其所掌握的商业秘密的。

明知前款所列行为，获取、披露、使用或者允许他人使用该商业秘密的，以侵犯商业秘密论。

本条所称权利人，是指商业秘密的所有人和经商业秘密所有人许可的商业秘密使用人。

条文要义

从民商法的角度来看，技术秘密或者商业秘密是需要进行运用的，若不投入于实践，难以实现自身价值，而是需要持有人与需求人进行联合，将技术成果或有价值的商业信息进行转化，从而实现生产力。也就是说，民商法的相关规定更倾向于双方的意识自觉，希望契约双方能够相互信任，遵守契约精神，正确运用手中的技术力量，合力促进技术成果转化、应用、推广。民法典第864条关于约定使用技术秘密的范围不得限制技术竞争发展和技术发展的规定也体现了民商法对于技术秘密的态度。但这并不意味着技术秘密合同的受让人或者被许可人就可以肆无忌惮的使用该项技术秘密，除了遵守合同约定的相关义务，其还应当承担法定义务，如不得将技术秘密中的技术资料、数据、样品、相关文件等泄漏给第三人；使用技术秘密不得超越合同约定的范围；未经让与人同意，不得擅自许可第三人使用该项技术秘密等。若违反合同或者法律的规定，受让人或者被许可人要承担违约责任。

刑事责任作为最严厉的责任，是在其他法律责任不足以救济被害人的情形下采用的救济方式，将某种行为规定为犯罪，已经足够说明该行为具有严重的社会危害性。在侵犯商业秘密罪中，侵犯商业秘密的行为主要有以下几种：一是以盗窃、贿赂、欺诈、胁迫电子侵入或者其他不正当手段获取权利人的商业秘密；二是披露、使用或者允许他人使用以前项手段获取的权利人的商业秘密；三是违反保密义务或者违反权利人有关保守商业秘密的要求，披露、使用或者允许他人使用其所掌握的商业秘密；四是明知他人实施了前述三种行为的第三人，获取、披露、使用或者允许他人使用该商业秘密。从上述表述来看，行为人若只是单纯使用他人商业秘密，构成犯罪的证据链很难形成，难以认定其侵犯商业秘密罪。同时，根据最高人民法院、最高人民检察院《关于办理侵犯知识产权刑事案件具体应用法律若干问题的解释》（法释〔2004〕第19号）第7条的规定，实施刑法第219条规定的行为之一，给商业秘密权利人造成损失数额在50万元以上的，属于“给权利人造成重大损失”，应当以侵犯商业秘密罪判处3年以下有期徒刑或者拘役，并处或者单处罚金。从以上犯罪构成来看，刑法关于商业秘密保护的要求明显高于民商法，不仅要看在案证据的完整性、关联性，还要考虑行为人造成损失的数额是否达到可以追诉的标准，且一旦行为人被判决执行，势必会导致受害人补偿或赔偿的不及时。因此，从刑法的角度看，对于侵犯商业秘密的行为惩罚力度大于其救济力度，对于商业秘密保护的力度较弱。

典型案例

案例一

江西富尔康实业集团有限公司与南昌市和硕精密五金电子有限公司、邓某华合同纠纷案

原告(反诉被告):江西富尔康实业集团有限公司。

被告(反诉原告):南昌市和硕精密五金电子有限公司、邓某华。

原告(反诉被告)(甲方)与被告(反诉原告)(乙方)南昌市和硕精密五金电子有限公司于2012年10月15日签订了《保密协议》一份。协议第一条约定"乙方在获取甲方软管采血针自动包装封口设备设计理念后不得告知第三方,如未达成合作协议,保证叁年不生产此种设备";第二条约定"乙方在获取甲方设计理念以后达成合作协议,在全部设备制造完成、正常投入使用之日起叁年内不能对外制造和销售此种设备";第四条约定"如果乙方违反此保密协议,乙方自愿赔付给甲方人民币贰佰万整为违约金,并在甲方提出索赔之日起10日内付清,否则按每日0.5‰支付滞纳金";第六条约定"如乙方公司注销或变更名称,此保密协议条款由乙方公司法定代表人邓某华(实为公司总经理,股东之一的法定代表人朱某娟之夫)担保,作为连带担保赔偿责任,叁年期限,并附担保人身份证复印件"。……合同签订后,原告依约支付货款1 740 000元。被告分别于2014年11月15日、2015年3月20日、2015年4月28日向原告(反诉被告)送货6台、5台、4台产品,被告提供给原告各设备产能每班11.5小时1万至2.5万之间,不合格率有的高达25%,原告生产部卓某荣等于2015年5月24日通过电子邮件向被告邓某华进行反映……其间,被告曾进行过相应的改进工作,但单位时间内的产能均明显无法达到约定指标,且不合格率过高。后原告将产能状况交由公证机关公证,《公证书》对上述内容予以确认。时至今日,被告仍未提供供应给原告机械设备的调试合格证据。原、被告相继产生纠纷,原告诉至法院,诉请:(1)请求判令被告支付违约金200万元,起诉日后按每日0.5%支付滞纳金……原告于2015年6月15日申请证据保全,本院于2015年7月17日在证据保全中,现场发现有被告为"山东奥赛特医疗器械有限公司"生产的"一次性使用血样采集针(双向软接式)包装袋"设备,该包装袋同时注有"商标(SAIHUA)及图案、注意事项、生产批号、失效日

期、产品规格、生产许可证号、注册号、执行标准、公司名称(地址、邮编、电话、传真、网址)等"。同时查明:自原、被告签订《保密协议》和《设备销售合同》至今,朱某娟系被告南昌市和硕精密五金电子有限公司股东,任董事长,被告邓某华系被告南昌市和硕精密五金电子有限公司总经理,且邓某华与朱某娟系夫妻。审理中,被告提出反诉,主张双方于2014年2月26日签订的《设备销售合同》,反诉原告交付15台软管采血针自动包装封口机,反诉被告仍有60%设备款未支付,请求:(1)请求判令驳回反诉被告诉讼请求;(2)依据《设备销售合同》,反诉原告已交付15台软管采血针自动包装封口机,要求反诉被告支付剩余2 610 000元设备款。……法院认为,2014年2月16日原告(反诉被告)与被告(反诉原告)南昌市和硕精密五金电子有限公司签订的《设备销售合同》,是源于2012年10月15日原告(反诉被告)与被告(反诉原告)邓某华签订的《保密协议》中设计理念,系双方当事人的真实意思表示,应予采纳;被告邓某华作为南昌市和硕精密五金电子有限公司总经理,且与被告南昌市和硕精密五金电子有限公司股东之一的公司董事长朱某娟系夫妻,其在《保密协议》和《设备销售合同》中均予签名,符合合同法第49条规定"行为人没有代理权、超越代理权或者代理权终止后以被代理人名义订立合同,相对人有理由相信行为人有代理权的,该代理行为有效"的情形,被告邓某华的表见代理成立,故被告邓某华以《保密协议》未经公司盖章及法定代表人朱某娟签字属无效协议为由进行抗辩,不能成立,故双方签订的《保密协议》《设备销售合同》均合法有效。原告诉请解除原、被告签订的《设备销售合同》,并请求判令被告返还原告货款1 740 000元,鉴于被告在签订《保密协议》和《设备销售合同》后,被告不仅存在交付期限上的履约瑕疵,还明显存在其交付的机械设备不能实现合同目的的情形……被告的行为构成根本违约,故此请求,符合法律规定,应予准许,同时,根据权利义务对等原则,原告应及时将15台机械设备返还被告;原告诉请被告支付因泄漏《保密协议》内容而违约应承担违约金200万元,自起诉日后付清按每日0.5%支付滞纳金,因被告负有约定上的保密义务,却未经原告许可而为山东奥赛特医疗器械有限公司生产"一次性使用血样采集针机械设备",违反双方签订的《保密协议》第2条"乙方在获取甲方设计理念以后达成合作协议,在全部设备制造完成、正常投入使用之日起叁年内不能对外制造和销售此种设备"的约定,根据《保密协议》第4条"如果乙方违反此保密协议,乙方自愿赔付给甲方人民币贰佰万整为违约金,并在甲方提出索赔之日起10日内付清,否则按每日0.5‰支付滞纳金"和《设备销售合同》第7条约定:"经双方协商,乙方(被告)同意在两年内不对其他客户供应相似的软管采血针自动包装封口机，如市面上出现软管采血针自动包装封口机设备，经甲方(原告)调查如是乙方或乙方相关的公司或相关人员出售，那么将本合同的20%余款作为违约处理，设备的部分知识产权属乙方所有"的约定，属同一内容存在先后二种不同约定的情形，应以之后约定的为准，故本院应以《设备销售合同》设备价款4 350 000元的20%作为保密违约责任为依据，支持其保密违约金870 000元，滞纳金部分不予支持。对于原告请求判令两被告承担连带责任，根据双方签订的《保密协议》第6条及双方之后签订的《设备销售合同》所约定的违约金，《设备销售合同》约定的违约金额小于前约定，并未扩大其担保责任，故邓某华应对其承担连带担保责任；原告请求判令被告赔偿其损失300 000元，因证据不足，不予采纳。……被告以原告软管采血针自动包装封口机设备设计理念，不够商业保密条件，未达到商业保密级别，且未有专利申请，不存在专利保密问题进行抗辩，保密义务既可法定，也可约定，双方约定只要不违反法律禁止性规定，其约定保密范围受法律保护，被告在2015年4月28日最后一台设备交付后3年内对设计理念产品软管采血针自动包装封口机设备保密，而本院在证据保全中，发现现场有被告为"山东奥赛特医疗器械有限公司"生产"一次性使用血样采集针包装袋"机械设备，被告显然违反了《保密协议》第2条，被告该抗辩意见不能成立。……为此，依据合同法第49条、第337条、第43条、第111条、第62条第(4)项的规定，判决如下：

(1)解除原告(反诉被告)江西富尔康实业集团有限公司与被告(反诉原告)南昌市和硕精密五金电子有限公司签订的《设备销售合同》。

(2)被告南昌市和硕精密五金电子有限公司在本判决生效之日起5日内赔偿原告江西富尔康实业集团有限公司保密违约金870 000元。

(3)被告邓某华对被告南昌市和硕精密五金电子有限公司履行本判决确定的第2项义务承担连带清偿责任。

……

案例二

杨某杰、周某平侵犯商业秘密案

自诉人上海卡伯油漆有限公司(以下简称卡伯公司)；被告人杨某杰、周某平。

1995年4月,上海利进化工科技开发有限公司(以下简称利进公司)注册成立,经营范围为化工专业领域的技术开发、转让、化工产品及原料的批售、涂料生产等,周某洁任该公司技术主管。同年6月,该公司与上海中启实业公司合作开发生产环氧地坪油漆项目,代号H800。1996年,利进公司研制了一系列导电地坪材料,达到国家规定的二级抗静电地坪要求。同年9月,利进公司开始向上海美建钢结构有限公司(以下简称ABC公司)提供钢结构专用油漆(醇酸底漆)。后该产品经改进升级,编号为D268,是针对ABC公司生产特性而特别开发的,适应ABC公司的使用要求。

1998年8月,自诉人卡伯公司注册成立,经营范围为生产涂料、销售本公司自产产品等,利进公司的法定代表人周某希推荐周某洁任自诉人的总经理。同年9月,利进公司将其技术、客户资料及相关的生产、经营资料授权给自诉人使用。同年12月3日,自诉人制定了《卡伯公司保密制度》。该制度规定:公司的一切有加密或保密标记的资料都属于保密资料;各类产品的生产技术、工艺操作规程、配方及有关市场信息、经营资料等都属于公司的保密资料范围,并在其油漆、涂料生产作业单上注明"保密资料"字样。1999年8月,自诉人与杨某杰、周某平(二人1995年进入利进公司工作)分别签订了劳动合同,杨、周进入卡伯公司工作,分别担任销售部经理和技术部经理。该合同中卡伯公司明确规定员工应遵守公司的各项规章制度。自诉人对公司的保密资料设有专用电脑,对涉及原料明细及进出、历年来的客户名单资料、购销货物及产品经营方面的资料信息由总经理周某洁和杨某杰等掌握;对涉及生产产品的基础技术配方及生产作业等资料信息由总经理周某洁和周某平掌握。每套数据设有密码锁定。2000年3月,周某平辞职离开自诉人。同年9月,杨某杰、周某平商量以杨母张某、周妻赵某的名义注册成立上海侨世涂料有限公司(以下简称侨世公司),赵某任侨世公司法定代表人。同年10月,杨某杰辞职离开自诉人。杨某杰、周某平分别担任侨世公司销售部经理和技术部经理。同期,周某平、杨某杰利用从自诉人处擅自带走的生产、销售等资料、信息,在侨世公司生产、销售与自诉人同类的产品(侨世公司生产、销售的涉嫌侵权的H800、D268、E508的代号编排有些和卡伯公司相同,有些在卡伯公司产品代号前加"1",即把H800、D268、E508编排为H1800、D1268、E1508)。

另查,2001年9月,杨某杰与高某宏签订投资协议书,共同投资成立台聚涂料(上海)有限公司(以下简称台聚公司),杨某杰任台聚公司经理,周某平任台聚公司厂长。周某平、杨某杰利用擅自从自诉人处带走的生产、销售等资料、信息,在台聚公司生产、销售与自诉人部分同类的产品。

2002年4月,公安机关接自诉人报案后,展开立案侦查,在侨世公司查获了大量油漆产品和有关自诉人的技术和经营信息资料。同月,公安机关委托中国上海测试中心催化剂行业测试点对卡伯公司和侨世公司、台聚公司生产的油漆产品进行成分分析,结果是H800—491K(卡伯)和H800—491Q(侨世)、D268—531K(卡伯)和D268—531Q(侨世)、E508—100(卡伯)和E1508—1100(台聚)、H800—129(卡伯)和H1800—B05(台聚)、H800—481(卡伯)和H1800—G03(台聚)等11组试样的基本组成一致,各组份的量有差异。同月,公安机关委托公信中南会计师事务所对侨世公司涉嫌侵权产品的获利情况进行审计,结论是自2000年11月至2001年2月,侨世公司销售涉嫌侵权的H800、D268、E508(包括H1800、D1268、E1508)三种产品的净利润为78万余元。同年6月,国家涂料质量监督检验中心出具证明:对涂料产品而言,其配方是一项技术;涂料的配方属企业技术秘密,该中心目前不能对相同名称的涂料配方作出鉴定。公安机关委托上海同诚会计师事务所、上海佳瑞会计师事务所对自诉人的年度利润等情况进行审计,结论是自诉人2000年度、2001年度、2002年度的利润分别为298万余元、53万余元、225万余元。2003年7月,上海市嘉定区人民法院委托上海市科学技术委员会对自诉人主张的H800、D268、E508等产品的配方进行技术鉴定。同年11月,上海市科学技术委员会经综合分析、评议,结论是自诉人的H800、D268、E508三种产品的配方不属于公知技术(其他五种产品的配方因自诉人提供的技术资料不全等原因,未予鉴定)。

综上,自诉人因被告人杨某杰、周某平侵犯其商业秘密而遭受的经济损失为78万余元。

上海市嘉定区人民法院认为,自诉人指控被告人杨某杰、周某平犯侵犯商业秘密罪的基本事实清楚,基本证据确实、充分,指控罪名成立。但自诉人指控杨某杰、周某平侵犯其M203、D356、T600、Q586、D580五种产品的商业秘密,因自诉人未能提供充分证据,对该指控不予支持。二被告人及其辩护人关于二被告人不构成侵犯商业秘密罪的辩解和辩护意见,与查明的事实不符,本院不予采纳。鉴于二被告人在审理阶段能主动退赔部分犯罪所得,在量刑时酌情予以考虑。依照刑法第219条第1款第3项、第3款、第4款,第25条第1款,第37条,第64条之规定,于2005年6月22日判决如下:

(1)被告人杨某杰犯侵犯商业秘密罪,免予刑事处罚;

(2)被告人周某平犯侵犯商业秘密罪,免予刑事处罚;

(3)责令被告人杨某杰、周某平退赔违法所得人民币78万元(已在案30万元),发还卡伯公司;

(4)在案犯罪工具予以没收。

一审宣判后,自诉人卡伯公司和被告人杨某杰、周某平分别提出上诉。二审审理期间,上诉人均提出撤诉申请。上海市第二中级人民法院依照最高人民法院《关于执行〈中华人民共和国刑事诉讼法〉若干问题的解释》第239条的规定,裁定准许。

解读评析

侵犯商业秘密罪是结果犯,侵权行为给权利人造成重大损失是犯罪的构成要件。但对于如何认定重大损失,刑法和关于办理侵犯知识产权刑事案件的司法解释均没有做出规定,实践中,一般按照权利人利益损失或者侵权人获利的数额进行计算,即:第一,对于能够计算权利人损失的,以权利人的实际损失数额作为被告人应当赔偿的损失数额;第二,权利人的损失数额难以计算的,以侵权人在侵权期间因侵犯商业秘密所获得的实际利润计算权利人的损失数额。上述刑事案例在计算损失数额时参照了这两项计算方式,综合认定自诉人的损失数额。法院认为卡伯公司遭受二被告人侵权期间减少的利润大于二被告人侵权获得的净利润,同时根据有利于被告人的原则,最终被告人杨某杰、周某平给自诉人造成的损失数额为78万余元。

在相关技术合同或者与保密协议纠纷案件中,当事人若想通过此种方式请求法院认定造成相关损失,请求赔偿,需要提交大量的证据证明自己所遭受的损失或者对方的获利情况,搜集证据较为困难。在上述民事案例中,因当事人在合同的保密协议中已约定违反保密义务所应付的违约责任,在法院审理时,可以依据法律对双方之间协商的违约责任进行认定,无须任何一方提交造成损失的相关证据,方便快捷。

所以,无论是技术合同中的保密义务,或者是公司内部制定的保密协议,其实都是依附于合同存在,双方当事人也建立起了契约关系。只要双方在法律规定的范围内,不违反任何强制性规定,双方可以选择任何一种方式对违约行为进行制裁,如以金钱或者某种行为对受损害的一方进行赔偿。在民事制裁足以解决纠纷的时候,司法机关不必运用刑法权力干预。充分尊重双方的意思自治、尊重契约自由,争取让双方矛盾在小范围内解决。

延伸阅读

如何保护公民个人信息?[①]

正如商业秘密对公司来说具有非常大的价值,那个人信息对于我们每个人来说也是至关重要的。从表面来看,个人信息包括身份信息、账户信息、社会关系信息等"有形"信息,但若经过进一步的挖掘,其还能反映个人的经济状况、生活习惯、性格特点等"无形"信息。

2018 年夏天,王某及丈夫与初中生刘某在泳池里发生冲突后,调解无果,两家矛盾升级,孩子家长把泳池监控视频提供给媒体,王某及丈夫的个人信息随即被人肉,陷入了舆论漩涡。5 天后,王某自杀离世。事发后,王某的丈夫以侵犯公民个人信息罪向警方报案,希望追究相关人员的刑事责任。

"人肉搜索""网络暴力"似乎成为网络时代讨伐他人的工具,我们的个人信息、个人隐私被消遣、被出卖。上述案例中,本是双方之间的摩擦、纠纷,可以在小范围内得到解决,但经过网络的放大后,引起社会的热议,部分人不问清事情的缘由,便通过"人肉搜索""网络暴力"等方式对其中一方进行攻击,最终造成令人惋惜的结果。有人会问,如果个人信息被侵犯或者被网络暴力,应该如何做,才能最大程度上保护自身权益。

民法典第 1034 条规定,自然人的个人信息受法律保护。该法第 1032 条规定,自然人享有隐私权。任何组织或者个人不得以刺探、侵扰、泄露、公开等方式侵害他人的隐私权。从法律层面给予个人信息及隐私权保护,若有人违法相关法律规定对个人信息及隐私权进行侵犯,则应承担侵权责任。但若违反国家有关规定,向他人出售或者提供公民个人信息,情节严重的,则可能构成侵犯公民个人信息罪;若以暴力或者其他方法公然侮辱他人或者捏造事实诽谤他人,情节严重的,则可能构成侮辱罪、诽谤罪。

---

① 参见搜狐网,https://www.sohu.com/a/411713542_813253。

网络为我们每一个人提供自由平等发言的机会,但这不意味着我们对自己说的话不用负责任,我们在保护自己个人信息时,也应当注意不去侵犯他人的信息及隐私。

专题十二　保管合同与侵占罪、职务侵占罪

要点解析

保管合同是一种重要的典型合同，分为有偿和无偿两种，不论有偿还是无偿，保管人都负有到期向寄存人交付保管物的义务。如果到期不能交付保管物，除非无偿保管人能够证明自己没有重大过失外，都需要赔偿寄存人。如果保管物价值贵重，且保管人故意将保管物占为己有拒不归还，寄存人就可以去法院告他侵占罪。在实践中，保管人的行为应视为民事纠纷，还是侵占罪、职务侵占罪或者其他刑事犯罪，需要结合具体案情进行分析。

关联条文

民法典

（第八百八十八条至第九百零三条均是对保管合同的规定，以下做简要摘录）

第八百八十八条　【保管合同的定义】保管合同是保管人保管寄存人交付的保管物，并返还该物的合同。

寄存人到保管人处从事购物、就餐、住宿等活动，将物品存放在指定场所的，视为保管，但是当事人另有约定或者另有交易习惯的除外。

第八百八十九条　【寄存人的义务】寄存人应当按照约定向保管人支付保管费。

当事人对保管费没有约定或者约定不明确，依据本法第五百一十条的规定仍不能确定的，视为无偿保管。

第八百九十二条　【保管人对保管物的妥善保管义务】保管人应当妥善保管保管物。

当事人可以约定保管场所或者方法。除紧急情况或者为维护寄存人利益外，不得擅自改变保管场所或者方法。

第八百九十七条 【保管物毁损灭失责任】保管期内，因保管人保管不善造成保管物毁损、灭失的，保管人应当承担损害赔偿责任。但是，无偿保管人证明自己没有故意或者重大过失的，不承担赔偿责任。

第九百零二条 【保管费的支付】有偿的保管合同，寄存人应当按照约定的期限向保管人支付保管费。

当事人对支付期限没有约定或者约定不明确，依据本法第五百一十条的规定仍不能确定的，应当在领取保管物的同时支付。

刑　法

第二百七十条 【侵占罪】将代为保管的他人财物非法占为己有，数额较大，拒不退还的，处二年以下有期徒刑、拘役或者罚金；数额巨大或者有其他严重情节的，处二年以上五年以下有期徒刑，并处罚金。

将他人的遗忘物或者埋藏物非法占为己有，数额较大，拒不交出的，依照前款的规定处罚。

本条罪，告诉的才处理。

第二百七十一条 【职务侵占罪】公司、企业或者其他单位的人员，利用职务上的便利，将本单位财物非法占为己有，数额较大的，处三年以下有期徒刑或者拘役，并处罚金；数额巨大的，处三年以上十年以下有期徒刑，并处罚金；数额特别巨大的，处十年以上有期徒刑或者无期徒刑，并处罚金。

【贪污罪】国有公司、企业或者其他国有单位中从事公务的人员和国有公司、企业或者其他国有单位委派到非国有公司、企业以及其他单位从事公务的人员有前款行为的，依照本法第三百八十二条、第三百八十三条的规定定罪处罚。

条文要义

保管合同又称寄托合同、寄存合同，是指双方当事人约定一方将物交付他方保管的合同。保管合同是保管人有偿地或无偿地为寄存人保管物品，并在约定期限内或应寄存人的请求，返还保管物品的合同。

侵占罪，是指将代为保管的他人财物非法占为己有，数额较大，拒不退还的，或者将他人的遗忘物或者埋藏物非法占为己有，数额较大，拒不交出的，前者属于侵占委托物，后者属于侵占脱离占有物。委托物侵占的法益是财物的所有权以及委托关系。由于委托物侵占的对象是代为保管的他人财物，所以财物的所有权是首要的保护权益，而占有则不属于其保护法益。① 一般认为基于委托或者合同关系产生的代为保管能够成为侵占罪的根据，争议的焦点在于基于事实或者习惯等是否能够产生“代为保管”关系，理论界对此问题的争议主要集中在无因管理和不当得利情况下管理人或者占有人拒不返还占有的财物，数额较大的能否成立侵占罪。

职务侵占罪，是指公司、企业或者其他单位的人员，利用职务上的便利，将本单位财物非法占为己有，数额较大的行为。职务侵占罪的主体是“公司、企业或者其他单位人员”，在界定范围时，应从实质意义上进行判断。司法实务中，构成本罪的主体，不要求行为人必须是单位的正式员工，或与单位存在长期、稳定的人事关系。本罪的主体也可以是受临时委派或授权从事服务性工作的劳务人员，利用其合法持有、保管、使用本单位财物的便利，侵占本单位数额较大的财物者。

典型案例

成立公司将受托保管物变卖构成何罪②

基本案情：2010 年 9 月 15 日，马某通过中介公司代办，成立某物流有限公司，主营仓储保管业务，其为公司法定代表人、实际控制人和唯一股东。早在 2010 年 3 月，在某物流有限公司尚未成立的情况下，马某即以公司名义对外开展业务。某公司将需到港提货运输并保管的棉短绒委托马某仓储保管，马某在保管期间先后多次将棉短绒低价变卖，价值 158 万余元。2012 年 6 月，在物流公司经营不善，无法支付各项费用的情况下，马某将他公司委托运输保管的 1200 吨木薯干私自低价变卖，价值 200 万余元；同月，马某将他公司委托运输的铁矿砂先后数次低价变卖，并掺入与铁矿砂颜色相近的烟囱灰、石屑掩盖盗卖的事实，价值人民币 115 万余元。上述违法所得均转入马某提供的若干个人账户内，用于个人消费。

公安机关以马某涉嫌职务侵占罪移送某区人民检察院审查起诉，起诉意见书认定马某将他人委托保管的财物据为己有的行为，涉嫌构成职务侵占罪。

---

① 张明楷：《刑法学》，法律出版社 2011 年版，第 900 页。

② 董蕙竹、门植渊：《成立公司将受托保管物变卖构成何罪》，载 https://www.spp.gov.cn/spp/llyi/20200717_473144.shtml。

公诉人认为,马某的行为构成合同诈骗罪。马某虚构自己具有仓储履行合同的能力,骗取对方当事人将货物委托其保管,骗取对方财物的行为,具有与刑法第224条合同诈骗罪所列四项刑事违法的相当性,构成合同诈骗罪。

辩护人提出,马某经营的是保管他人货物的仓储公司,将代为保管的他人财物非法占为已有,数额较大,拒不退还的,构成侵占罪,应当由被害人自诉,并建议法院宣告无罪。同时提出,即使认定被告人构成犯罪,也应该是公安机关移送审查起诉的罪名,即职务侵占罪,且是单位犯罪。

判决情况:2019年5月28日,某区人民法院作出一审判决,以合同诈骗罪判处被告人马某有期徒刑11年6个月,并处罚金人民币200万元,并责令退赔。一审宣判后,马某不服一审判决,提出上诉。2019年8月12日,某市中级人民法院作出裁定,驳回上诉,维持原判。

解读评析

一是关于案件的定性问题。首先,马某行为不构成侵占罪。侵占罪,是指将代为保管的他人财物非法占为已有,数额较大,拒不退还的行为。马某是通过虚构自己有仓储保管能力,骗取被害人的信任将货物交付其保管而获得占有,但其不是合法占有,即非法占有目的产生在占有之前,因此,不构成侵占罪。其次,马某的行为也不构成职务侵占罪。职务侵占罪,是指公司、企业或者其他单位的人员,利用职务上的便利,将本单位财物非法占为已有,数额较大的行为。本单位财物虽然包括本单位直接占有的财物,但马某所在的物流公司为一人经营,公司财产与个人财产混同,且违法所得也由个人挥霍,应当认定为个人犯罪。

二是关于本案是否是单位犯罪的问题。公司法中确定了一人公司的地位,然而,马某成立仓储公司后进行仓储经营,虽有税务申报,但财务不健全,其将杜某、马某等个人账户用于公司经营结算,其个人财产未与公司财产独立,应当认定公司与个人人格混同。同时,马某在2010年公司成立之前,便从事窃取他人货物的行为,且在经营过程中,以实施诈骗等犯罪为主要活动,依据最高人民法院《关于审理单位犯罪案件具体应用法律若干问题的解释》第2条规定,个人为进行违法犯罪活动而设立的公司、企业、事业单位实施犯罪的,或者公司、企业、事业单位设立后,以实施犯罪为主要活动的,不以单位犯罪论处。结合以上两点,应当认定本案为马某的个人犯罪。

厘清涉仓储保管合同中偷盗货物行为侵占与合同诈骗之分。侵占罪是将代为保管的他人财物据为己有,数额较大,拒不退还的行为。侵占罪的保护法益是私有财产,之所以通过自诉方式解决,因为行为人对自己已经控制的财物据为己有,较欺骗、盗窃等改变占有的方式主观违法性较低,通过自诉方式解决足以定分止争。然而,本案要从非法占有目的产生的时间去厘清基于仓储、承运合同等合法占有形式取得财物后据为己有的法律定性。

厘清了单位犯罪和个人犯罪的区别。在办理类似一人成立的公司涉嫌犯罪的案件中,需要注意从以下几点把握:一是单位成立前是否就实施违法犯罪及违法犯罪的前后连续性;二是单位成立后是否实际开展经营,有无依照公司法的规定建立健全的财务制度,公司人员是否相对固定;三是单位开展业务后的资金流向及归属,是由行为人个人实际占有支配,用于个人偿还债务等,还是用于公司经营,进行再生产活动。

另外,需要说明的是,在立案之初,由于涉及侵占罪、职务侵占罪、盗窃罪与合同诈骗罪之争,公安机关未对收赃人立案侦查。检察机关应当全面审查证据,善于运用检察监督职能,通过追诉漏犯或立案监督的形式打击下游犯罪。本案中的收赃人范某,经检察机关提出立案监督建议,最终法院以掩饰、隐瞒犯罪所得罪判处其有期徒刑 5 年。

延伸阅读

奔驰越野车内物品被盗,停车场该赔多少钱?①

日常生活中,驾车出行的人都绕不开停车问题。那么,停放在停车场内的车辆,车内物品被盗丢失,停车场是否应该承担责任呢?停车场管理者对停放车辆的安全是否具有保管义务呢?

胡某交了停车费后将自己的奔驰车停放在某某市某某区某某国际写字楼负一层的一个停车位上。第二天胡某取车时发现车辆的后挡风玻璃被损坏,车内后备厢存放的物品被盗,被盗物品价值 1.47 万元。胡某更换被损坏的车玻璃花费

---

① 《奔驰越野车内物品被盗,停车场该赔多少钱?》,载找法网,https://china.findlaw.cn/hetongfa/hetongjiedu/baoguanhetong/bghtal/,引用时编者有删改。

材料费6311元、贴膜费及工时费680元、拆装玻璃工时费2000元。胡某与该小区物业公司就财产损失赔偿问题进行了多次协商均未果。

胡某认为,自己是在征得物业公司同意后才将车辆停放在该物业公司所经营管理的停车场,并向物业公司支付了停车费用,双方之间已经建立了保管合同关系。现物业公司在保管该车期间未尽到妥善保管义务,致使车辆受损和车内物品丢失,物业公司应予赔偿。于是向法院起诉,请求法院判令物业公司赔偿车辆维修费用8991元;赔偿车内被盗物品损失1.47万元。

物业公司认为,其提供的仅是车辆的停车服务,并非提供车辆及车内物品的保管服务。在只收取少量停车费用的情况下,要求其承担机动车及车内财物丢失的巨大风险,显失公平。胡某的损失是由偷窃者造成的,直接责任人是偷窃者而非物业公司,并且物业公司已经积极配合胡某报警,目前案件正在侦查中。胡某缺乏基本的安全防护意识才导致车辆及车内物品损失,胡某有重大过错,应自负责任。停车场安排有保安巡逻,并安装有监控摄像头,若双方是保管合同关系,物业公司无重大过失,不应承担赔偿责任。胡某停放车辆时并未告知物业公司其车内有贵重物品,且物业公司在入口及显眼位置都张贴有相应提示,胡某丢失的物品不应由物业公司承担。

法院认为,保管合同是保管人保管寄存人交付的保管物,并返还该物的合同。本案中,被告物业公司作为小区的管理者,将其所管理的部分区域作为机动车临时停放区面向社会公众进行有偿经营,原告胡某将车辆停放在被告划定的机动车临时停车位,双方之间形成的是有偿保管合同法律关系。保管期间,因保管人保管不善造成保管物毁损、灭失的,保管人应当承担损害赔偿责任,但保管是无偿的,保管人证明自己没有重大过失的,不承担损害赔偿责任。寄存人寄存货币、有价证券或者其他贵重物品,应当向保管人声明,由保管人验收或者封存。寄存人未声明的,该物品毁损、灭失后,保管人可以按照一般物品予以赔偿。

随着社会的发展进步,机动车已成为人们在日常生活和工作中不可或缺的代步品,基于以上情形并结合生活经验及常识判断,对机动车保管合同中被保管物的范围界定,除机动车车辆本身以外,还应适当及于机动车密闭空间内所装载的与生活、工作等相关的车内物品。

该案中,原告胡某将车辆正常停放在停车场,车辆后挡风玻璃于次日凌晨被他人毁损,车内部分物品灭失,被告物业公司作为该地下停车位的经营管理者,在其保管的车辆被案外他人毁损、车辆警示灯持续闪烁的情形下,直至次日午间原告准备开车离开时都未通过巡查等主动发现上述情形,存在上述法律规定中"保管不善"的行为情形,应依据上述法律规定承担相应的损害赔偿责任;原告在停放车辆时,未依据上述法律的规定就车内是否存在贵重物品的情形向被告金南公司工作人员予以声明、告知,依法亦应承担相应责任。车辆停放在停车场时,车主就和停车场的经营者之间形成了保管合同关系,车辆被损坏或车内物品被盗窃后,车主作为寄存人可以根据过错程度请求保管人承担相应责任。但对于寄存人来说,寄存人就货币、有价证券或其他贵重物品进行寄存的,法律规定应当向保管人声明,若没有声明有贵重物品,发生损害时便只能按照一般物品对寄存人进行赔偿。对此提醒车主,人车分离时,贵重物品千万不要随意放在车上。否则一旦丢失,很难举证和维权。

专题十三　仓储合同与侵占罪

要点解析

随着市场经济的发展，仓储行业备受关注，它是集中反映工厂物资活动状况的综合场所，是连接生产、供应、销售的中转站，对促进生产、提高效率起着重要的辅助作用。民法典对仓储合同从合同成立、储存、验收、仓储凭证、提取仓储物、保管责任等方面进行规定，其中关于仓储物的提取，存货人或者仓单持有人应当在储存期限届满时凭仓单、入库单等凭证提取，保管人予以协助配合。若保管人以各种理由推脱，拒不返还仓储物，触犯刑法，则涉嫌构成刑法上的侵占罪。此类民刑交叉案件，必须要厘清民事责任与刑事犯罪之间的界限，才能有助于防止司法实践中出现民事争议刑事化造成对公民权益的损害。

关联条文

民法典

第九百零四条　【仓储合同的定义】仓储合同是保管人储存存货人交付的仓储物，存货人支付仓储费的合同。

第九百零五条　【仓储合同的成立】仓储合同自保管人和存货人意思表示一致时成立。

第九百一十五条　【提取仓储物】储存期限届满，存货人或者仓单持有人应当凭仓单、入库单等提取仓储物。存货人或者仓单持有人逾期提取的，应当加收仓储费；提前提取的，不减收仓储费。

第九百一十六条　【逾期不提取的处理】储存期限届满，存货人或者仓单持有人不提取仓储物的，保管人可以催告其在合理期限内提取；逾期不提取的，保管人可以提存仓储物。

刑　法

第三十条　【单位负刑事责任的范围】公司、企业、事业单位、机关、团体实施的危害社会的行为,法律规定为单位犯罪的,应当负刑事责任。

第二百七十条　【侵占罪】将代为保管的他人财物非法占为己有,数额较大,拒不退还的,处二年以下有期徒刑、拘役或者罚金;数额巨大或者有其他严重情节的,处二年以上五年以下有期徒刑,并处罚金。

将他人的遗忘物或者埋藏物非法占为己有,数额较大,拒不交出的,依照前款的规定处罚。

本条罪,告诉的才处理。

条文要义

仓储合同是指当事人双方约定由保管人为存货人保管储存的货物,存货人支付仓储费的合同。我国合同法第 382 条规定:“仓储合同自成立时生效。”该条规定了仓储合同生效的时间,至于何时成立,没有作出明确规定。学界对仓储合同是诺成合同还是实践合同一直存在争议。民法典第 905 条明确了仓储合同是诺成合同,这点是仓储合同与保管合同的重要区别之一。此条规定有利于保护存货人和保管人的合法权益,也有利于维护交易安全和稳定。

当事人在合同中约定存储期间的,存货人或者仓单持有人应当在储存期限届满时凭仓单、入库单等凭证提取仓储物,并按约定支付仓储费;存货人或者仓单持有人也可以提前提取仓储物,但是不减收仓储费;存货人或者仓单持有人逾期提取仓储物的,应当加收仓储费。如果储存期限届满,存货人或者仓单持有人不能或者拒绝提取仓储物,保管人可以确定一个合理的期限,催告存货人或者仓单持有人在此期限内提取。如果逾期仍不提取的,保管人可以依照民法典第 570 条的规定将仓储物提存。这也有利于督促存货人或者仓单持有人及时提取仓储物。根据民法典第 916 条的规定,储存期限届满,存货人或者仓单持有人提取仓储物,既是存货人或者仓单持有人的权利,也是存货人或者仓单持有人的义务。与此同时,保管人也负有协助义务,在仓储合同届满或者存货人、仓单持有人要求提货时,保管人负有按照法定的要求和条件返还仓储物的义务,不得无故扣押货物。[①]

---

① 刘洋:《论仓储合同法律制度的完善》,载《法制与社会》2013 年第 21 期。

刑法第270条规定的侵占罪,认定犯罪成立的关键点是“将代为保管的他人财物非法占为己有”。然而“非法占有目的”是一种主观心理状态,我们既不可能通过肉眼直接看到,也不可能用仪器测量到,而是只能通过行为人一定的外在表现来认定。[①] 因此,如果保管人拒不返还仓储物,应综合考虑保管人的经济条件、仓储条件、仓储前的准备工作、仓储物保管情况、仓储费用支付以及当前仓储物的状态等多个方面,进而判断保管人是否具有非法占有的目的。另外,刑事诉讼法第51条的规定,“公诉案件中被告人有罪的举证责任由人民检察院承担,自诉案件中被告人有罪的举证责任由自诉人承担。”侵占罪属于自诉案件,举证责任则应该由自诉人(存货人)承担。因此,在仓储合同纠纷与侵占罪存在交叉的案件中,存货人的举证责任对案件性质具有举足轻重的作用,直接影响案件性质。

典型案例

仓储保管合同案

天威新能源(扬州)有限公司(以下简称天威公司)于2015年3月29日与扬州诚缘物资贸易有限公司(以下简称诚缘公司)达成仓储协议,约定诚缘公司负责仓储保管天威公司2024片电池组件,时间为1个月,即2015年3月29日至2015年4月29日,合同签订后天威公司与诚缘公司法定代表人杨某办理货物存放交接手续,并在其后履行了付款事宜。

2015年7月24日,天威公司向诚缘公司及杨某发出书面提货通知,杨某既未告知货物具体存放地点,且拒不返还货物。后天威公司作为自诉人以侵占罪为由将被告人杨某诉至法院。

一审法院认为,侵占罪的犯罪主体为一般主体,即年满16周岁,具有刑事责任能力的自然人。本案中,天威公司与诚缘公司签订仓储保管合同,合同签订主体均是单位,代为保管货物的是诚缘公司,拒不返还货物的亦是诚缘公司,被告人杨某并不是代为保管人,天威公司和杨某之间不存在代为保管关系。此外,自诉人提出的证据尚不足以证明被告人杨某具有非法占有的主观故意,不能排除被告人杨某与自诉人之间存在债权债务的可能,故自诉人指控被告人杨某犯侵占罪缺

① 梁华仁、张先中:《略论合同诈骗罪的几个问题》,载《政法论坛》1999年第1期。

少事实依据。据此,依照刑事诉讼法第 195 条第 2 项、第 3 项之规定,判决被告人杨某无罪。

一审宣判后,自诉人天威公司不服,提出上诉。天威公司上诉称,(1)杨某可以作为本案的主体,因为上诉人的货物实际一直处于杨某的管控下,且诚缘公司是一人公司,一人公司实施的犯罪行为应按个人犯罪论处;(2)上诉人与杨某、诚缘公司之间不存在任何债权债务关系,故应认定杨某具有非法占有的目的。

原审被告人辩解:(1)侵占罪的犯罪主体是自然人,被告人没有实施侵占行为,行为主体是诚缘公司,因此不构成犯罪。(2)自诉人强行用货物和杭州临安尚美光伏材料有限公司(以下简称尚美公司)抵债,由于该批货物没有质量证明,造成尚美公司 344 850 元的差价损失,后尚美公司将该笔债权转让给业务联系人即被告人杨某受偿。因此双方之间存在债权债务关系,故扣留货物。请求法院维持一审判决。

二审法院认为,对于上诉人提出的杨某为存储货物的实际控制人,且其所在的诚缘公司系杨某为股东的一人公司,该一人公司实施的犯罪应按个人犯罪论处的上诉理由,经查,天威公司与诚缘公司就光伏组件的保管签订了货物仓储保管合同,合同的主体为双方公司,而非个人。诚缘公司系由杨某和杨某俊共同出资的有限责任公司,现有证据并不能证明诚缘公司无独立的财产利益,从而不能否定该公司在法律上具有独立人格。杨某作为公司的法定代表人,其在合同履行中的行为属于职务行为,法律后果应由公司承担。因此,杨某个人不是货物的保管人,亦不是本案中侵占行为的主体。故上诉人的此上诉理由不能成立,本院不予采纳。原审被告人提出的其不是侵占行为主体的辩解,有事实和法律依据,本院予以采纳。

对于上诉人提出的天威公司与杨某、诚缘公司之间不存在任何债权债务关系,故应认定杨某具有非法占有目的的上诉理由,本院认为,根据现有证据材料综合分析,不能排除天威公司与杨某个人或诚缘公司存在债权债务关系的可能性,亦不能排除诚缘公司为实现债权行使留置权的可能性,故认定杨某具有非法占有故意的事实不清、证据不足,上诉人的此上诉理由不能成立,本院不予采纳。

综上,原审法院判决并无不当,应予维持。据此,依照刑事诉讼法第 225 条第 1 款第 1 项之规定,裁定如下:

驳回上诉,维持原判。

解读评析

1. 双方签订的仓储合同,能否突破合同的相对性原则?

民法典第465条第2款规定,“依法成立的合同,仅对当事人具有法律约束力,但是法律另有规定的除外。”该条款实际上是关于合同相对性原则的规定。对于依法成立的合同,只能由合同当事人享有合同上的权利,当事人之外的任何第三人不能向合同债务人主张合同上的权利;合同义务由合同当事人承担,合同债权人不得要求当事人之外的第三人承担合同义务,当事人之外的第三人也不得代为履行合同义务;合同债务人不履行合同义务或者履行合同义务不符合约定的,应当向债权人承担违约责任,而非向当事人之外的第三人承担违约责任。[①] 当然,合同相对性原则存在一个例外,即法律另有规定除外,也就是说,只有法律对某项内容专门作出特别规定,才能允许特定情形下突破合同相对性原则。合同相对性原则的确立体现民法意思自治原则,有利于维护并实现合同当事人的交易预期,鼓励交易;若合同处于一种不确定状态,当事人的可信赖利益容易受损,合同成交率也会大打折扣。

本案中,签订仓储合同的双方是天威公司和诚缘公司,即天威公司和诚缘公司是该仓储合同的权利义务人,不管是主张权利还是履行义务,均由两公司享有或负担。天威公司在向诚缘公司及杨某发出书面提货通知,杨某既未告知货物具体存放地点,且拒不返还货物的情况下,天威公司可以将诚缘公司作为被告起诉进而主张权利。案件中的被告杨某是诚缘公司的法定代表人,其在合同履行中的行为属于职务行为,法律后果应由公司承担;同时上述权利的主张,法律并未规定有除外情形,因此,涉案仓储合同涉及的法律关系不能突破合同相对性原则。

2. 被告人杨某是否构成侵占罪?是否应承担责任?

上述案例中,被告人杨某侵占罪不能成立的理由有两方面:一是犯罪主体方面,侵占罪的犯罪主体为自然人,被告人杨某虽为自然人,但杨某只是履行职务行为,其代表的是诚缘公司,且根据合同相对性原则,保管人应为诚缘公司,因此杨某和天威公司之间不存在代为保管的关系,即杨某不属于刑法第270条规定的“将代为保管的他人财物非法占为己有”中的“代为保管”这一情形;二是证据方面,侵占罪属于自诉案件,作为自诉人的天威公司对被告人杨某是否具有非法占

① 石宏主编:《中华人民共和国民法典立法精解》(中),中国检察出版社2020年版,第600页。

有的主观目的以及占有是否属于“非法”的客观占有行为承担举证责任，但由于天威公司未能够提供相关证据进行证明，根据刑法无罪推定原则，被告人杨某应属于无罪情形。根据合同相对性原则，杨某并不是仓储合同的权利义务人，杨某的行为代表的是诚缘公司，诚缘公司是适格的民事法律关系主体，因此，天威公司可以向诚缘公司主张权利。

3. 诚缘公司是否可以“留置”仓储物？

民法典第 447 条规定：“债务人不履行到期债务，债权人可以留置已经合法占有的债务人的动产，并有权就该动产优先受偿。前款规定的债权人为留置权人，占有的动产为留置财产。”合同法也分别规定了承揽合同、运输合同和保管合同中债权人享有的留置权。仓储合同为特殊的保管合同，理论上是可以适用留置权。民法典第 448 条规定：“债权人留置的动产，应当与债权属于同一法律关系，但是企业之间留置的除外。”一般而言，在一般民事主体之间留置财产与债权应属于同一法律关系，而企业之间行使留置权，留置财产与债权没有此限制。也就是说，只要债权人合法占有债务人的动产，债务人不履行债务，债权人即可留置其动产，而不论该动产是基于何种法律关系占有。本案中，诚缘公司是否有权留置仓储物，主要看诚缘公司是否属于合法占有及天威公司是否存在债务不履行的情况。虽然按照诚缘公司与天威公司签订的仓储合同协议，在储存期限届满后，天威公司有权凭仓单或入库单等凭证提取仓储物，但留置权属于物权，依照物权优于债权原则，如果诚缘公司留置权成立的话，诚缘公司有权依据留置权拒绝返还仓储物。根据民法典第 450 条规定“留置财产为可分物的，留置财产的价值应当相当于债务的金额。”涉案电池组件属于可分物，因此，诚缘公司在行使留置权时，需要受到本条的限制，仅能够留置与债务金额相当价值的财产，而不能超越此范围行使留置权。

延伸阅读

广州浪奇 5.72 亿元存货罗生门：鸿燊物流称有签约没入库[①]

近日，“广州浪奇”5.72 亿元存货陷入罗生门，9 月 27 日晚，广州浪奇发布公

① 《广州浪奇 5.72 亿元存货罗生门：鸿燊物流称有签约没入库》，载 https://baijiahao.baidu.com/s?id=1679041551987490517&wfr=spider&for=pc。

告称,公司储存于鸿燊公司瑞丽仓 4.53 亿元货物,以及储存于辉丰公司辉丰仓 1.19亿元货物不翼而飞,合计 5.72 亿元;当浪奇公司派人去这两个仓库盘点时,上述两家公司说没有存过这批货物,也没有签过储存合同。公安机关已立案侦查,浪奇公司将通过诉讼等方式依法维护公司权益。

究竟事情会如何处理?如果仓储合同为真,浪奇公司确实将货物储存于鸿燊公司瑞丽仓、辉丰公司辉丰仓,那么作为保管人的两家仓储公司未尽到妥善保管义务,造成货物丢失,两家仓储公司应当承担民事赔偿责任。若存在欺诈,或非法占有等情形,构成犯罪的要依法承担相关刑事责任。但如果存货人浪奇公司单方造假,提供虚假仓储单据,并未签订仓储合同,或者根本不存在上述货物,那么浪奇公司要自行向投资者承担责任,构成犯罪的要追究刑事责任。当然,事情的真相未浮出水面之前,各种可能均有可能存在,舆论的猜测更是五花八门。

司法实践中,行为人的行为定性可能是单纯的民事案件,也可能构成刑事犯罪,这样的民刑交叉问题,如果既符合民法上仓储合同违约事实,同时又符合刑法上侵占罪的构成要件,此时应当从弥补受害人损失的角度去决定到底是追究行为人的民事责任还是刑事责任,这样在体现刑法谦抑性原则的同时,又保护了受害人的权益。

专题十四　委托合同的主体与合同诈骗罪犯罪主体的认定

要点解析

民法典调整的民事法律关系主体包括自然人、法人和非法人组织，在委托合同内容当中，委托合同的双方当事人既可以是自然人，也可以是法人，只要符合合同成立的主体要求，具备民事权利能力、民事行为能力，均可以成为委托合同的主体。而在刑法中，单位犯罪有单独章节，对单位犯罪所负刑事责任的范围及处罚均有明确的法律规定，然而我们的法律并没有对作为犯罪主体的"单位"的内涵予以明确规定。虽然"单位"这个词语所指的"物"多种多样，但一般认为，在刑法中就是指第30条规定的五种类型，即公司、企业、事业单位、机关和团体，这也是坚持罪刑法定原则的必然要求。

关联条文

民法典

第九百一十九条　【委托合同的定义】委托合同是委托人和受托人约定，由受托人处理委托人事务的合同。

第九百二十二条　【按委托人的指示活动】受托人应当按照委托人的指示处理委托事务。需要变更委托人指示的，应当经委托人同意；因情况紧急，难以和委托人取得联系的，受托人应当妥善处理委托事务，但是事后应当将该情况及时报告委托人。

第九百三十六条　【因受托人原因终止后的处理】因受托人死亡、丧失民事行为能力或者被宣告破产、解散，致使委托合同终止的，受托人的继承人、遗产管理人、法定代理人或者清算人应当及时通知委托人。因委托合同终止将损害委托人利益的，在委托人作出善后处理之前，受托人的继承人、遗产管理人、法定代理人或者清算人应当采取必要措施。

刑　法

第三十条　【单位负刑事责任的范围】公司、企业、事业单位、机关、团体实施的危害社会的行为，法律规定为单位犯罪的，应当负刑事责任。

第三十一条　【单位犯罪的处罚原则】单位犯罪的，对单位判处罚金，并对其直接负责的主管人员和其他直接责任人员判处刑罚。本法分则和其他法律另有规定的，依照规定。

条文要义

委托合同的标的是劳务，该合同的客体是受托人处理委托事务的行为。只要能够产生民事权利义务关系的任何事务，委托人均可请受托人办理，如买卖、租赁、办理登记、代理诉讼活动等，但不得违反法律规定及按照事务性质不能委托他人代理的除外。委托合同是诺成、非要式合同，自当事人意思表示一致时成立，无须以履行合同的行为或者物的交付作为委托合同成立的条件。合同成立后，受托人应按照委托人的指示开展活动，认真维护委托人的合法权益，想方设法完成委托事务。

从民法典第936条可以看出，只要具备民事权利能力、民事行为能力，委托合同的当事人既可以是自然人，也可以是法人。而刑法第30条规定，在司法实践中单位犯罪刑事责任的考察应当以法律的规定为依据，体现出刑法的罪刑法定原则，同时符合刑法的谦抑原则。“谦抑是指缩减或压缩”①刑法作为最严厉的惩罚手段，只有在完全具备社会危害性、刑事违法性以及应受惩罚性的条件下才得予以补充适用，因而不能随意介入公民的社会生活。在成为法律关系评价主体时，民刑交叉问题往往需要谨慎处理。

① 陈兴良：《刑法理念导读》，法律出版社2003年版，第10页。

典型案例

宗爽合同诈骗案(第457号)

——以签订出国“聘请顾问协议书”为名
骗取他人钱财的行为如何定性①

1996年5月,王某与松盛公司负责人韩某松协商,承包经营松盛公司,对外承揽出国签证咨询业务。同年7月,王某分别与詹某、张某签订了“聘请顾问协议书”为其办理出国签证,并收取3万元。同年8月,王某在没有注册资金的情况下,注册成立了以其女友刘某为法定代表人的天津开发区金世纪发展有限公司(以下简称金世纪公司),此后至出逃前,以该公司名义收取赵某、杨某强、高某艳、孙某琴、梁某山、王某琪、李某国、李某光等人出国签证费用人民币21.96万元、美金0.65万元。综上,王某共计收取449人签证费用人民币24.96万元、美金0.65万元,但未给上述人员办理出国签证,全部款项用于支付房租、归还欠款或挥霍等,并于1997年3月3日逃往澳大利亚,后取得澳大利亚国籍。2005年1月14日进入我国境内后被抓获归案。

法院认为,王某以非法占有为目的,虚构事实,骗取他人钱财,其行为已构成诈骗罪。诈骗数额特别巨大,情节严重。依照刑法第266条、第6条、第12条、第35条、第64条之规定,判决如下:

(1)被告人王某犯诈骗罪,判处有期徒刑11年,罚金人民币30万元,并处驱逐出境。

(2)继续追缴王某诈骗所得赃款,依法予以发还。

一审宣判后,王某不服,提出上诉。王某上诉称,一审判决引用的证言不客观,认定其携款外逃没有依据,其所实施的行为属于民事行为,不应按刑事犯罪处理,即便构成犯罪也属于合同诈骗;一审量刑重,请求从轻处罚。王某的辩护人提出了以下辩护意见:(1)一审判决认定王某收取被害人定金数额的证据不足。除詹某等人提供了协议书原件和付款凭证,证明确曾付款人民币13.6万元、美金0.15万元外,其余被害人没有提供相应的付款凭据,不能证明其曾向王某付款;

---

① 《宗爽合同诈骗案(第457号)——以签订出国“聘请顾问协议书”为名骗取他人钱财的行为如何定性》,载http://blog.sina.com.cn/s/blog_9ab9fa4d0101ipct.html。

(2)王某经营金世纪公司、公司员工工资的发放、日常经营的开支等均需要从公司收取的各项费用中支付,一审判决认定王某将收取的钱款用于挥霍没有证据证明,且与客观事实不符;(3)一审判决对本案定性错误,王某经营的金世纪公司是依法成立的有限责任公司,涉案代办出国签证业务均以公司名义,通过合同形式进行,结合刑法"从旧兼从轻"的定罪原则,应以合同诈骗罪追究王某的刑事责任,不应定普通诈骗罪。

检察院出庭意见为,原判认定本案的犯罪事实清楚,证据确实、充分,定罪准确,量刑适当,建议天津市高级人民法院驳回上诉,维持原判。法院审理后认为,被告人王某以为他人办理出国签证手续为名,分别以松盛公司和金世纪公司的名义与他人签订合同,骗取钱财后潜逃境外,其行为已构成犯罪,王某关于其行为属于民事纠纷的辩解没有事实和法律依据。一审判决认定的犯罪数额除有被害人提供的收款收据、协议书等书证外,还有被害人证言在案证明,足以认定。被告人王某以非法占有为目的,在签订、履行合同过程中,收取他人财物后逃匿,其行为符合刑法关于合同诈骗罪的犯罪构成,同时,本案的相关犯罪行为是作为松盛公司、金世纪公司负责人的王某决定,并以公司名义实施,应认定为单位犯罪行为。鉴于原公诉机关没有对相关单位提起公诉,根据法律规定,对王某应按单位直接负责的主管人员依法追究合同诈骗罪的刑事责任。依照刑事诉讼法第189条第(2)项、刑法第224条第(4)项、第231条、第35条、第6条、第12条、第64条的规定,判决如下:

(1)撤销中华人民共和国天津市第一中级人民法院(2005)一中刑初字第137号刑事判决;

(2)被告人王某犯合同诈骗罪,判处有期徒刑六年,并处罚金人民币30万元和驱逐出境。

继续追缴王某犯罪所得赃款,依法返还被害人。

解读评析

1."聘请顾问协议书"属于什么性质的合同?合同双方是谁?

本案中,被告人王某分别与詹某、张某等人签订"聘请顾问协议书",以自己承包的松盛公司及成立的金世纪公司的名义,对外承揽出国签证咨询业务,每人收取0.5万元至3.5万元不等的钱款,许诺如办不成出国签证,再如数退还钱款。

王某所签订的“聘请顾问协议书”，表面上像一个咨询性质的协议，具有技术服务性质，但根据其提供的所谓服务内容，实质上是一个代办出国签证性质的委托代理合同。根据该委托合同，王某应当按照合同内容，按照受托人的指示，在授权范围内认真维护委托人的合法权益，想方设法完成委托事务。而本案中，王某并未按照合同约定履行合同义务。

关于合同相对方，在法院判决中并未对合同签订双方进行详细审查，如果松盛公司与金世纪公司均具备法人资格，并且在协议中加盖公司印章、法定代表人签字，则应认定上述公司为合同受托方；若只是王某利用公司名义，王某个人与多名委托人签订协议，则应认定王某为合同受托方，王某的行为属于个人行为。

2. 王某所实施的行为属于民事违法行为，还是刑事犯罪？

民事违法行为与刑事犯罪最根本的区别在于侵害的法益不同，前者侵犯的是社会正常的竞争秩序和社会经济秩序，后者则是严重破坏生产、生活秩序，具有社会危害性、刑事违法性和应受惩罚性。本案中王某在收取委托人签证费用后，本应按委托人的指示处理委托事务，即为委托人办理出国签证，但王某并未给委托人员办理出国签证，而是在取得委托人款项后，将全部款项用于支付房租、归还欠款或挥霍，并逃离境外。综合评价王某的行为，很显然王某在主观上有非法占有财产的故意，在签订、履行合同过程中，收取他人财物后逃匿，严重扰乱社会市场经济秩序，其行为符合刑法关于合同诈骗罪的犯罪构成，因此，王某的行为实际上是犯罪行为，不属于民事违法行为。

3. 本案中，犯罪行为主体是谁？

本案一审将案件定性为诈骗罪，而二审改判为合同诈骗罪，这需要我们厘清诈骗罪和合同诈骗罪的关系。合同诈骗罪是从诈骗罪中单独分离出来的罪名，两罪是特殊罪名与一般罪名的关系，当某一行为既符合合同诈骗罪的构成要件，又符合诈骗罪的构成要件时，根据刑法第 266 条关于“本法另有规定的，依照规定”的规定，就不能再按照诈骗罪论处，而应当根据特别法优于一般法的要求，按照合同诈骗罪进行定罪。

根据刑法第 231 条规定“单位犯本节第二百二十一条至第二百三十条规定之罪的，对单位判处罚金，并对其直接负责的主管人员和其他直接责任人员，依照本节各该条的规定处罚”。合同诈骗罪的主体可以由单位构成，而诈骗罪的主体只能由自然人构成。本案双方当事人签订的这种委托代理合同，具有市场经济活动性质，被告人利用这种合同实施的诈骗犯罪严重扰乱了正常的代办出国签证的市场秩序，因此应认定为与经济活动有关的合同。被告人王某的诈骗行为发生在合同的签订、履行过程之中，骗取的钱款正是双方签订合同约定的报酬标的，在没有为他人办成出国签证的情况下，携款潜逃，可以认定具有非法占有目的，因此王某的诈骗行为应构成合同诈骗罪。

王某作为公司的实际控制人，依照法院查明的事实，被告人王某以公司名义与被害人签订合同，应认定为单位犯罪行为。也就是说，本案犯罪主体应为松盛公司和金世纪公司，被告人王某只是作为公司的直接负责的责任人员。根据刑法第 31 条内容，单位犯罪的，除了处罚单位的相关人员外，对单位只能处以罚金。这说明，刑法在立场选择上承认单位行为本身的“恶”，而在刑罚处罚中只处罚单位中的“人”，这样是否会对单位行为造成影响还是值得商榷的。绝大多数单位均是以追求经济利益为目标的，处罚单位中的人就说明对于单位犯罪的人格主体的拟制本来就不彻底，单位完全可以在相关人员受到处罚后继续实施犯罪。①

4. 刑事判决追缴或退赔后是否还能提起民事诉讼？

本案中，行为人涉嫌合同诈骗罪已经受到刑事追究，但是否仍存在保护不足、需要经由民事诉讼予以进一步救济的必要呢？如果被害人因权利得不到救济，另辟蹊径，针对其他非共犯主体提起民事诉讼，在法律上完全可行，但此时必须解决与刑事追赃就同一损害结果进行重复保护和过度救济的问题。② 很显然，因为侵权行为、违约行为等造成的损害，重复保护和过度救济均是不符合公平原则的。因此，对于刑事追赃不足的部分，可以由被害人就实际损失向合同中其他责任人提起损害赔偿之诉。

案件中，韩某松与刘某分别作为公司的负责人、法定代表人，如果他们明知被告人王某的行为是有预谋的犯罪而提供公司印章，纵容犯罪，则应对王某的合同诈骗行为构成共同犯罪；而如果韩某松、刘某并不知道王某所实施的行为是犯罪行为，但二人却对王某的行为负有合理的注意义务，对王某是否有资质、有能力办理出国签证的行为应做到详细审查，对本公司印章也应严格管理，因此，对被害人的损失部分，韩某松、刘某也存在一定过错；被害人对追赃不足的部分，可以向韩某松、刘某提起民事赔偿。

---

① 秦长森：《冲动与控制：刍议我国单位犯罪适用的困局与出路》，载《湖北文理学院学报》2020 年第 6 期。

② 黄祥青：《刑民交叉案件的范围、类型及处理原则》，载《法律适用》2020 年第 1 期。

延伸阅读

今年年初《新播报》多次报道,有多位市民委托安创地产销售房屋,但是委托之后,不仅连约定好的定金没拿到,对方还不见了踪影。日前,记者从柳南警方了解到,安创公司因为涉嫌合同诈骗,已将10多名嫌疑人抓获归案,面向全市征集安创公司卖房行骗线索。

今年1月,多位受害市民向《新播报》反映,他们将房屋委托给安创公司售卖,在双方签订《房屋买卖委托代理协议》后,受害者就被安创公司的工作人员,带到桂林公证处做公证,全权委托安创公司销售自己的房屋。之后安创公司支付一笔定金给受害人,而余款就一拖再拖,等受害人发现时,自己的房子已经被过户。柳南警方从今年2月至3月,陆陆续续接到20多名受害人报警,均称自己被安创公司骗了,此事引起了警方的高度重视。警方介入调查后,发现安创公司的“套路”有猫腻。安创公司开出的条件非常诱人,让受害人非常配合的去办理接下来的一系列手续。然而,警方经过调查发现,安创公司在拿到受害人的委托协议之后,并没有真正进行房产交易,而是拿去抵押了。目前,已有22名受害人向警方报案,累计涉案金额超过1000万元,安创公司骨干成员陆某某、钟某某、黄某某等十多人被抓获归案,该案件还在进一步侦办中。

专题十五　中介合同与刑法中的“黑中介”犯罪

要点解析

中介合同，传统理论上一般将其称为居间合同，是指当事人双方约定一方接受他方的委托，并按照他方的指示要求，为他方报告订立合同的机会或者为订约提供媒介服务，委托人给付报酬的合同。

随着房屋买卖、租赁市场的火热发展，公民与房屋中介打交道不可避免。每个身在异乡者都或多或少有过买房、租房的经历，如果遇到通情达理的房主、正规合法的中介，就可以减少很多劳累奔波，而一旦遇到黑中介则往往不胜其扰、难以安居。一些“黑中介”对付租房者所用的手段有些已经超出了民事纠纷范畴，应受到治安处罚或刑事制裁。

关联条文

民法典

第九百六十一条　【中介合同的定义】中介合同是中介人向委托人报告订立合同的机会或者提供订立合同的媒介服务，委托人支付报酬的合同。

第九百六十二条　【中介人的如实报告义务】中介人应当就有关订立合同的事项向委托人如实报告。

中介人故意隐瞒与订立合同有关的重要事实或者提供虚假情况，损害委托人利益的，不得请求支付报酬并应当承担赔偿责任。

第九百六十三条　【中介人的报酬请求权】中介人促成合同成立的，委托人应当按照约定支付报酬。对中介人的报酬没有约定或者约定不明确，依据本法第五百一十条的规定仍不能确定的，根据中介人的劳务合理确定。因中介人提供订立合同的媒介服务而促成合同成立的，由该合同的当事人平均负担中介人的报酬。

中介人促成合同成立的，中介活动的费用，由中介人负担。

第九百六十四条　【中介人未促成合同时的中介费用】中介人未促成合同成立的，不得请求支付报酬；但是，可以按照约定请求委托人支付从事中介活动支出的必要费用。

第九百六十五条　【委托人“跳单”应支付中介报酬】委托人在接受中介人的服务后，利用中介人提供的交易机会或者媒介服务，绕开中介人直接订立合同的，应当向中介人支付报酬。

第九百六十六条　【中介合同参照适用委托合同的规定】本章没有规定的，参照适用委托合同的有关规定。

刑　法

第二百二十四条　【合同诈骗罪】有下列情形之一，以非法占有为目的，在签订、履行合同过程中，骗取对方当事人财物，数额较大的，处三年以下有期徒刑或者拘役，并处或者单处罚金；数额巨大或者有其他严重情节的，处三年以上十年以下有期徒刑，并处罚金；数额特别巨大或者有其他特别严重情节的，处十年以上有期徒刑或者无期徒刑，并处罚金或者没收财产：

（一）以虚构的单位或者冒用他人名义签订合同的；

（二）以伪造、变造、作废的票据或者其他虚假的产权证明作担保的；

（三）没有实际履行能力，以先履行小额合同或者部分履行合同的方法，诱骗对方当事人继续签订和履行合同的；

（四）收受对方当事人给付的货物、货款、预付款或者担保财产后逃匿的；

（五）以其他方法骗取对方当事人财物的。

条文要义

中介人的报告义务是中介人在中介合同中承担的主要义务，中介人应依诚信原则履行此项义务。如果中介人故意隐瞒与订立合同有关的重要事实或者提供虚假情况，损害委托人利益的，不得要求支付报酬并应当承担相应的赔偿责任。第一，中介人主观上有故意；第二，中介人客观上没有将与订立合同有关的重要事实向委托人报告，或者提供了虚假的情况；第三，中介人隐瞒重要事实或者提供虚假情况的行为损害了委托人的利益；第四，中介人违反如实报告义务，损害委托人利益的，会产生两个后果：一是中介人丧失报酬请求权，二是中介人应当就委托人的损失承担相应的赔偿责任。

典型案例

案例一

买房被骗25万,中介公司应否担责?①

基本案情:2014年年初,家住南京的小伙李某磊眼看房价上涨,想要购买房子,经过多方物色巡视之后,最终看中了谭某东挂牌的一处位于南京某小区的房屋,于是与一家家家乐房地产中介公司签订了居间合同,约定由家家乐房地产中介公司作为该合同的居间人,谭某东将其挂牌的南京某小区的一处房屋出售给李某磊;房屋建筑面积为68.17平方米,售价61.5万元;家家乐房地产中介公司派经纪人姜某言负责该房产的居间活动,指导监督所委托事项的办理。同日,双方签订补充协议,约定:李某磊于2014年2月9日支付购房定金1万元,由家家乐房地产中介公司转付谭某东;首期房价款25万元(包含已支付的定金1万元)应于2014年2月14日前支付谭某东。李某磊先行支付定金1万元交由家家乐房地产中介公司保管,因房屋性质为拆迁安置房,故李某磊与家家乐房地产中介公司约定,待李某磊、家家乐房地产中介公司及谭某东三方验明拆迁安置协议真伪后,支付首期购房款。

一心想买房的李某磊并未多疑,在验明拆迁安置协议真伪前,就和家家乐房地产中介公司的员工张某卫一同前往银行向谭某东支付了首期房价款25万元(包括1万元定金)。后李某磊拿着谭某东之前已经提供的拆迁安置补偿协议、购房协议、购房资金封闭运作证明等材料原件向房管局查询得知该房产实际拥有者并非谭某东,而是谭某东伪造房主陈某宇的拆迁安置协议、购房协议、购房资金封闭运作证明等材料用来行骗的。

诉讼经过:闻讯被骗的李某磊大惊失色,选择第一时间报警,2014年2月21日,谭某东被抓获,因涉嫌合同诈骗罪被公安机关立案侦查,公安机关、检察机关以及建邺区人民法院经过一番忙乎,侦查、起诉、审判,在此期间为李某磊追回损失2.3万元,尚有22.7万元购房款未能追回。2014年12月18日,谭某东犯合同诈骗罪,被判处有期徒刑4年10个月,并处罚金人民币5万元,同时判决责令谭某

---

① 杨维松、杨承慧:《买房被骗25万,中介公司应否担责?》,载《金融经济》2017年第19期。

东退还本案李某磊人民币22.7万元。谭某东诈骗他人钱财,为此去了他该去的地方。但是,截至2015年7月13日,谭某东名下在各家银行存款仅有33.06元,除此之外,其名下无房产、车辆等其他可供执行财产。李某磊认为进了监狱的谭某东现已无偿还能力,自己上当受骗完全是由于家家乐房地产中介公司未尽谨慎审查业务、未能验明房屋的权属情况,致使自己蒙受了巨大的经济损失,存在严重过失。为此李某磊咨询过律师后向法院起诉,谭某东无法退还的22.7万元,要求家家乐房地产中介公司向自己赔偿11.35万元,并承担本案的诉讼费。

家家乐房地产中介公司在法庭上则辩称,家家乐房地产中介公司操作该笔居间业务并未故意隐瞒中介合同的相关事实,也没有提供虚假情况,该房屋权属情况系家家乐房地产中介公司工作人员与李某磊一起到建邺区拆迁办予以核实,故家家乐房地产中介公司没有过错,且建邺区人民法院刑事判决书亦责令谭某东退还本案李某磊人民币22.7万元,故不同意支付相应费用。

南京市建邺区人民法院经审理认为,谭某东以签订房屋买卖中介合同的行为骗取买房人李某磊的购房款,其行为已构成合同诈骗罪,虽经公安机关追回以及建邺区人民法院刑事判决责令退赔,但实际仍有22.7万元未退赔受害人李某磊。谭某东以非法占有为目的,通过伪造拆迁安置补偿协议、购房协议、购房资金封闭运作证明等材料,发布虚假售房信息,骗取了李某磊的购房款,谭某东实施的诈骗行为是李某磊遭受损失的根本原因,谭某东是直接侵权人,应当由谭某东对李某磊的损失承担赔偿责任。在李某磊的损失无法通过刑事诉讼退赔程序予以完全救济的情况下,李某磊提起本案民事诉讼,要求被告家家乐房地产中介公司承担相应的赔偿责任,对此,法院认为,被告家家乐房地产中介公司作为专业的房屋中介机构,在接受房屋买卖委托以及进行居间服务时,应当尽到必要、审慎的审查核实义务。具体到本案中,即应当针对拆迁安置房的特点,具体核查涉案房屋权属信息的真实性、相关拆迁安置材料的真实性、卖方人谭某东是否在房屋拆迁所在地具有真实、合法的户口等。但是,被告家家乐房地产中介公司未能就上述信息进行必要、全面的核实,存在管理的漏洞与工作的疏忽;在相关信息未核实真实的情况下,被告即向谭某东支付定金,且在原告李某磊向谭某东支付购房款时未予提醒阻止。被告的上述过失为谭某东诈骗行为得以实施提供了条件,应在其过失范围内承担相应的补充赔偿责任。考虑到原告李某磊应本应在房屋权属情况完全核实清楚之后再支付购房款,其在房屋权属未核实的情况下贸然支付房款,对损失的方式亦存在一定过错,综合全案事发经过法院酌定由被告家家乐房地产中介公司赔偿李某磊7.5万元。故作出一审判决:家家乐房地产中介公司赔偿李某磊损失7.5万元。

案例二

陈某某等人强迫交易案[①]

基本案情:犯罪嫌疑人陈某某、郝某某、王某甲、王某乙、秦某某、刘某某、郭某某自2017年4月起以甲市嘉木恒业房地产经纪有限公司名义在甲市乙区丙乡民族家园小区开展房屋租赁业务。在与房屋租户签订租赁协议后,陈某某等人通过各种方式骚扰租户直到后者提前搬离房屋,并拒不退还租金、押金、服务费、物业费等费用,造成租户直接经济损失10万余元人民币。

经查,陈某某等人采用的方式有:一是滋扰闹事,包括破坏电表、家用设备、随意殴打、纠集社会闲散人员耀武扬威;二是言语胁迫,声称"房东不想再出租房屋,不搬走就将屋内东西砸坏""敢报警就来找你们事儿";三是巧立名目,不断索要名之以"卫生费""安全管理费""停车费"等各项合同约定之外的费用。陈某某等人的行为构成强迫交易罪,甲市乙区人民检察院以强迫交易罪向区人民法院提起公诉。

争议焦点:房屋租赁市场的快速发展在为公众提供优良服务的同时,亦暴露出一些监管漏洞,不法分子不惜铤而走险,以身试法,以损害租户利益的方式谋取暴利。实践中,最典型的违法群体,即是本案涉及的房屋黑中介。该类群体不仅会严重损害租户权益,更是会扰乱市场经济秩序,对其加大打击力度刻不容缓。

本案的定性围绕在强迫交易罪与敲诈勒索罪之间,我们认为,应构成强迫交易罪,具体理由如下:

1."非法占有目的"不能成为区分敲诈勒索罪与强迫交易罪的特征。以强迫交易罪为例,虽然该罪罪状没有规定非法占有目的,但是从该罪侵犯的法益和构成要件来看,不排除非法占有目的成为犯罪故意之外的主观要素之一。行为人强迫他人从事某种交易活动,通常就是为了非法占有他人财物,同时破坏到正常的市场秩序。以是否具有非法占有目的作为区分强迫交易罪与敲诈勒索罪的标志,

---

① 王展:《房屋黑中介的刑法规制:强迫交易罪亦或敲诈勒索罪——陈某某等人强迫交易案》,载《刑事法判解研究》第38辑。

不仅缺少规范支撑,而且未能提供令人信服的理论依据,可操作性更是大打折扣。本案中,陈某某等人与租户签订合同,在租户交纳约定费用后,通过三种方式骚扰租户直到租户主动违约解除合同并扣留租金、押金、服务费、物业费等。在此过程中,陈某某等人具有明显的非法占有目的,但并不能就此认定其行为成立敲诈勒索罪而排除其他罪名适用的可能。

2. 区分罪与非罪的关键是行为满足何种罪名的构成要件。首先,陈某某等人的行为不满足敲诈勒索罪的构成要件。敲诈勒索罪是指以非法占有为目的,对他人实行威胁,索取公私财物的行为。敲诈勒索罪具体表现为使用胁迫手段,使对方产生恐惧心理,进而取得财产。其基本构造是:"胁迫他人——对方产生恐惧心理——对方基于恐惧心理处分财产——行为人取得财物——对方损失财物"。对方基于恐惧心理交付财物是敲诈勒索罪的显著特征。本案中,陈某某等人与租户签订为期一年的租赁协议数日后,便开始以各种方式逼迫租户主动违约,解除合同,从而非法占有租金、押金等费用。在此过程中,陈某某等人虽有言语胁迫威逼,但并非意在使租户交付财物,而是令其退租;租户并没有基于由此产生的恐惧心理交付财物,而是在租赁合同签订时便已经自愿交付押金、房租等费用,资金交付与陈某某等人的胁迫不存在因果关系。在合同解除后,如若租户再次索要陈某某等人无权占有、本应返还给租户的押金、房租时,陈某某等人以人身伤害、泄露隐私相威胁并拒不返回,使得租户不敢继续索要,此时陈某某等人的行为便涉嫌构成敲诈勒索罪。但从本案证据来看,租户大都在合同解除之前遭受威胁恐吓,解除合同后索要钱物时没有遭受明显的威胁恐吓,遭拒绝后基本选择报警解决。因此,陈某某等人的行为不符合敲诈勒索罪的行为构造,难以被认定为敲诈勒索罪。司法实务经常将既有威胁言语又有财产交付行为的案件习惯地认定为敲诈勒索罪,忽视威胁与财产交付的先后顺序及是否具有因果关系,对此惯性定罪思路应当予以克制。

陈某某的行为构成强迫交易罪。通常认为,强迫交易罪的法益是市场交易秩序和公私财物,但从强迫交易罪被规定在刑法分则第 3 章来看,该罪主要保护的是交易的自主决定性,从而维护正常的市场秩序。质言之,强迫交易罪可罚性的主要依据并不仅仅在于非法占有了他人财物,而在于以强迫手段进行了交易行为。只有如此理解,才能肯定强迫交易罪的独立地位和存在价值。基于此,笔者认为,强迫交易行为应有两种类型,但核心都是侵害了交易的自主决定性,第一种类型是仅侵犯了交易的自主决定性,如甲强迫乙以 1 万元的价格买自己摊位上价值1万元的玉石；而第二种类型同时侵犯了交易的自主决定性和等价有偿性，如甲强迫乙以5万元的价格买自己摊位上价值1万元的玉石。值得注意的是，最高人民法院《关于审理抢劫、抢夺刑事案件适用法律若干问题的意见》指出，从事正常商品买卖、交易或者劳动服务的人，以暴力、胁迫手段迫使他人交出与合理价钱、费用相差不大钱物，情节严重的，以强迫交易罪定罪处罚；以非法占有为目的，以买卖、交易、服务为幌子采用暴力、胁迫手段迫使他人交出与合理价钱、费用相差悬殊的钱物的，以抢劫罪定罪处罚。该司法解释试图通过价格、费用是否悬殊区分本罪与侵财犯罪，当行为人以交易为幌子而实施侵财行为时，应认定为相应的侵财罪名。如上所述，强迫交易罪应包含两种类型，在第二种类型下，本罪与抢劫罪、敲诈勒索罪之间非对立关系，符合本罪的犯罪构成时，并不当然排除抢劫罪、敲诈勒索罪的成立。应以想象竞合犯的处理思路定罪处罚。本案中，陈某某等人的行为不构成敲诈勒索罪，因此无须讨论想象竞合犯的问题。

陈某某等人在协议签订完数日之后，便以三种方式使租户不堪忍受而解除合同，并不退还押金、租金等费用。这一过程中，房屋租赁价格符合市场规律，但租户交易的自主决定性受到侵害，虽然是租户主动提出解约，却是陈某某等人的强迫其退出特定经营活动的行为使然，使租户接受房产租赁服务的要求得不到满足，符合强迫交易罪的行为构成，应以强迫交易罪定罪处罚。

解读评析

近来，房屋租赁市场的火爆，让很多不法分子趁机干起了“黑中介”的勾当。通过各种违法违规手段克扣房客押金、乱收取费用等从中牟利，严重侵害了租客的利益。房租不是任凭黑中介随意宰割的“肥肉”，以侵害群众利益为“垫脚石”来牟利的行为必须严厉打击。租房套路多，我们可以从以下几个方面进行防范：

1. 提高防范意识，选择正规中介。

租客租房时，应选择正规房租中介公司，签订合同过程中，既要核验房屋中介公司和中介人员的资质，也要查看房租的相关产权证明，切勿贪图小利，轻信口头或网上虚假宣传，谨防上当受骗。

2. 谨慎签订合同，避免口头约定。

签订租赁合同时一定要仔细阅读合同条款，对于模糊内容要详加询问，并落实于字面。在签租房合同时，还要明确租房期限、租金、租金变更方式等，这些看似不起眼的细节其实很重要。

3. 莫要忍气吞声，主动举报投诉。

租房时如遇哄抬房租、恶意克扣租金、押金，采取威胁、恐吓等暴力手段强行收取各类费用等情况，均可以直接进行投诉举报，维护自己的合法权益。

延伸阅读

在我国兴盛繁杂的房屋交易市场，房屋买卖居间合同纠纷屡见不鲜，成为民众关心的一大问题。中介公司为买家找到心仪的住房，并介绍其与房主见了面。谁知，最后买卖双方却私下签署房屋买卖合同，让中介"白忙活一场"，这种越过中介公司直接签署买卖合同的行为，在民间俗称"跳单"，即"跳过"了中介的"账单"，也就是买方利用中介公司提供的房源信息，却绕开该中介公司与卖方签订房屋买卖合同的行为。

客户"跳单"的直接目的就是逃避中介费。这是整个中介行业从业人员最为恼火和反感的行为。为了防止"跳单"，一些中介公司要求客户在看房之前签署类似于《看房确认书》的文件，并将禁止"跳单"及其相关责任条款纳入其中，作为日后追究买房人"跳单"行为法律责任的依据。但此类禁止"跳单"条款法律效力如何，以及何种情况构成"跳单"违约，实践中争议较大。最高人民法院通过第 1 号指导案例对此类纠纷进行指引，足见其争议性和典型性。对二手房买卖领域的"跳单"行为进行规范，既要维护中介行业的良性竞争和中介从业者的合法权益，又要有利于保护买方合法的购房选择权，避免因信息不对称导致的不公平。①

若禁止"跳单"条款通过格式条款方式呈现时，需要受到合同法规定的格式条款合理方式提示规则及无效情形的限制。中介公司按照客户要求尽其所能筛选或开发理想的房源信息，并勤勉地履行繁琐、专业的媒介服务后，客户过河拆桥式的"跳单"行为显然是严重违反诚实信用原则的。即使没有关于禁止"跳单"条款的约定，也应当承担相应的法律后果。

民法典第 965 条对"跳单"作出明确规定："委托人在接受中介人的服务后，利用中介人提供的交易机会或者媒介服务，绕开中介人直接订立合同的，应当向中介人支付报酬。"基于该规定，作为委托人的买房人违法"跳单"的，属于通过不正

---

① 岳业鹏：《"跳单"行为的法律规制——民法典草案述评之九》，载《检察日报》2020 年 5 月 6 日，第 7 版。

当手段阻止中介人报酬请求权条件成就的行为,视为中介公司促成了合同成立。虽然没有通过该中介签订合同,甚至没有禁止"跳单"条款的约定,委托人也须向中介人支付报酬。当然,这里所谓"利用中介人提供的交易机会或者媒介服务",绝非仅指中介提供了房源信息,而是基于买房人的委托实施了促成交易的实质努力。中介公司不能仅仅通过一纸《看房确认单》或提供了房源信息,就剥夺买房人通过其他途径或者与出卖人自行缔约的机会,特别是在非独家委托或未对买房人给予任何补偿的情形。卖方将同一房屋通过多个中介挂牌出售时,买方通过多个中介途径均可以获知该房源信息的,买方有权货比三家,选择报价低、服务好的中介公司促成房屋买卖合同成立,其行为属于市场竞争所允许的行为,无须承担法律责任。如此还可以使提供质高价优的中介服务取得竞争优势,促进二手房中介市场良性竞争,使买房人获得更好的服务和交易机会。最高人民法院发布的第一批指导性案例中上海中原物业顾问有限公司诉陶德华居间合同纠纷案,能够给予我们关于居间合同和"跳单"问题的更深刻认识。①

① 彭科科:《浅谈房产中介公司应对"跳单"的法律风险防范——上海中原物业顾问有限公司诉陶德华居间合同纠纷案分析》,载《法制与经济》2013 年第 5 期。

专题十六　无因管理与刑法中的侵占罪

要点解析

无因管理与侵占罪交叉问题产生的背后，是民刑交错的复杂法律现象。二者的界限并不因此而模糊，民事行为可以通过质的直接转变进而上升为犯罪行为，民事行为与犯罪行为之间的红线应该是清晰的：即具有社会危害性且该当刑事处罚。明确民刑交错案件中，民事责任与刑事责任的承担节点对于解决诸如无因管理与侵占罪交叉问题的意义是不言而喻的。在明确行为“质变”节点的同时，消除无因管理与侵占罪衔接上的障碍，使逾越红线的无因管理行为无可争议的受到刑法的规制与惩罚。

关联条文

民法典

第一百二十一条　【无因管理】没有法定的或者约定的义务，为避免他人利益受损失而进行管理的人，有权请求受益人偿还由此支出的必要费用。

第九百七十九条　【无因管理构成要件及管理人主要权利】管理人没有法定的或者约定的义务，为避免他人利益受损失而管理他人事务的，可以请求受益人偿还因管理事务而支出的必要费用；管理人因管理事务受到损失的，可以请求受益人给予适当补偿。

管理事务不符合受益人真实意思的，管理人不享有前款规定的权利；但是，受益人的真实意思违反法律或者违背公序良俗的除外。

刑　法

第二百七十条　【侵占罪】将代为保管的他人财物非法占为己有，数额较大，拒不退还的，处二年以下有期徒刑、拘役或者罚金；数额巨大或者有其他严重情节的，处二年以上五年以下有期徒刑，并处罚金。

将他人的遗忘物或者埋藏物非法占为已有，数额较大，拒不交出的，依照前款的规定处罚。

本条罪，告诉的才处理。

条文要义

民法典合同编关于无因管理的规定是对总则编规定的进一步具体化，确立了我国无因管理制度的基本规则。无因管理是指没有法定的或者约定的义务，为避免他人利益受损失而进行管理的行为。构成无因管理，需具备以下几个要件：(1)没有法定或约定的义务。管理人在进行管理时没有法定的或者约定的义务，既包括在开始管理时没有任何法定或者约定的义务，也包括在管理过程中没有法定或者约定的义务。(2)管理他人事务。管理他人事务，是构成无因管理的首要条件，既包括对他人事项的管理，也包括为了他人利益为其提供服务的管理。管理事务的当事人被称为管理人，事务被管理的一方当事人被称为本人或者受益人。(3)具有管理他人事务的意思。管理人有为他人谋取利益的意思或者有使管理行为所生的利益归于他人的意思。若管理人主观上没有为他人利益进行管理的意思，必将损害他人权益，管理人也可能从中获得利益，这违背了无因管理制度设立的目的，管理人有无管理意思是区分无因管理与侵权行为、不当得利的重要标准。民法典第 979 条第 2 款规定，管理事务不符合受益人真实意思的，管理人不享有该条第 1 款规定的权利。但根据民法典第 980 条的规定，受益人最终享有管理利益的，应当在获得的利益范围内向管理人承担偿还必要费用和补偿损失的义务。对民法典第 979 条第 2 款的规定不应进行孤立理解，应结合该条第 1 款和无因管理的其他条款整体进行理解。管理人在管理事务结束以后，应当将因管理事务而获得的利益返还给受益人，包括因管理事务所收取的金钱、物品及其孳息等财产。

刑法第 270 条对侵占罪作出了规定。侵占罪是指以非法占有为目的，将代为保管的他人财物或者将他人的遗忘物、埋藏物非法占为已有，数额较大拒不退还或者拒不交出的行为。本罪的犯罪对象只限于三种财物：一是代为保管的他人财物；二是发现的他人的遗忘物；三是发现的他人的埋藏物。侵占罪与其他侵犯财产犯罪的一个关键区别在于，侵占包括两个密不可分的行为特征：合法持有和非法侵吞，即行为人将他人业已合法持有的财物非法转归为已有，并且拒不交出、拒不交还的行为。

典型案例

案例一

主动替他人还债可构成无因管理

靳某经朋友唐某介绍,在信用社贷款1万元,贷款期限为1年。同年10月,靳某到广东省某地打工。贷款到期后,唐某将靳某所贷借款本金及利息全部还清。唐某在多次向靳某追要借款本息无果的情况下,将靳某诉至法院,要求靳某偿还自己垫支的借款本金及利息。靳某应诉认为,其在信用社贷款1万元属实,但其不应偿还该笔借款。理由是:其没有委托唐某替自己偿还贷款,唐某也不是该笔贷款的担保人。因此,唐某在没有征得其同意的前提下,自作主张偿还贷款的行为与其无关,对其不享有追偿权。所以,其对唐某偿还贷款的行为不应承担责任。

法院审理认为靳某与唐某之间形成了无因管理之债,判决靳某偿还唐某借款本金、利息。判决书送达后,判决书确定的义务靳某已全部履行完毕。

案例二

尹某侵占经贸公司财产案

2008年,经贸公司与被告人尹某实际控制并经营的浩翔公司约定进行钢材贸易合作。合作模式为,由地方经贸公司出资向安钢销售商购买不同种型号钢材,所购钢材直接交由尹某以浩翔公司名义进行销售、保管。经贸公司向浩翔公司出具销项发票,浩翔公司将钢材销售后,利润双方均分。

2012年年初,经贸公司和尹某实际控制经营的浩翔公司终止合作。截止双方终止合作时,浩翔公司及尹某等尚欠经贸公司已向浩翔公司出具销售发票,但尚未结算的货款共计353万余元,法院生效民事判决书对此款项予以判决确认。除此之外经贸公司出资购买的856吨卷板钢因经贸公司未对浩翔公司出具销项发票,故该批钢材仍按合作模式约定处于尹某保管当中。

2016年4月28日被告人尹某以个人名义向经贸公司出具书面证明,认可其对856吨卷板钢材从2011年12月以来予以保管,如有遗失等问题,其本人承担全部责任。截至目前由尹某代为保管的该批钢材仍未返还经贸公司。经贸公司以尹某将代为保管的他人财物非法占为己有,数额巨大,其行为已构成侵占罪为由提起自诉;尹某辩称其与经贸公司没有形成钢材保管关系,不构成侵占罪。法院判决:被告人尹某犯侵占罪,判处有期徒刑3年,并处罚金人民币10万元;责令被告人尹某返还侵占经贸公司856吨卷板钢材。

解读评析

民法中的无因管理行为与刑法中侵占行为会出现刑民交叉的问题。当两者出现交叉时,应综合分析两者的法律效果及对占有物的适法性认定。

从刑法角度来看,侵占罪成立的前提是行为人已经占有了他人财物,该占有行为应为具有合法外观的占有,不应是基于非法原因的取得,否则刑法就不宜以侵占罪加以评价。[①] 侵占罪表现为行为人将合法持有的财物变为非法占有,侵占罪的非法占有目的往往产生于合法占有行为之后,即行为人先合法地保管、占有他人财物,进而将该项财物非法据为己有且拒不退还。民法典中的无因管理具有真正无因管理和不真正无因管理之分。并不是所有的无因管理行为都可以转化为侵占罪,无因管理在不同类型下会产生不同的违法性阻却效果,需要根据不同情形加以分析。

1. 无因管理的类型与侵占罪的认定。根据管理人履行义务的适法状态,真正无因管理又分为适法的无因管理和不适法的无因管理。适法的无因管理行为除须具备无因管理的主客观三要件外,还需符合本人的真实意愿,即符合本人明示或可推知的意思,或者虽违反本人明示或可推知的意思,但其管理系为本人尽公益上的义务或本人意思违反公序良俗的。在此情形下,适法无因管理可以产生阻却违法性的效果,系合法行为。不适法无因管理行为中,由于行为人的管理行为或管理方式违背了本人的意愿,造成了本人利益的损失,不产生阻却违法性的效果。在适法无因管理中,由于存在阻却违法性的效果,行为人的占有属于合法占有,行为人拒不退还财物的行为,符合侵占罪的犯罪构成。在不适法无因管理的情形下,由于行为人的占有行为不具备合法占有这一侵占罪的前提条件,因此对该行为不能以侵占罪评价。不真正无因管理分为误信管理和不法管理两种类型。

---

① 刘圃君:《无因管理与侵占罪交叉问题研究》,载《上海政法学院学报(法治论丛)》2016年第4期。

不真正无因管理中，行为人并没有为他人管理事务的意思，均是为了自身利益而进行管理，不能产生阻却违法性的效果，从而不符合侵占罪的犯罪构成。构成其他犯罪的，应当以其他犯罪来评价。案例一中唐某虽然不是靳某在信用社贷款的保证人，对靳某不享有追偿权，但唐某替靳某偿还贷款的行为完全是为了靳某的利益，靳某与信用社之间形成的借款合同之债因唐某的代为履行而归于消灭后，靳某与唐某之间即形成了无因管理之债。唐某要求靳某偿还垫支贷款本金及利息的主张于法有据，依法予以支持。

2. 侵占罪中对“代为保管物”的认定。“代为保管”是行为人基于一定的原因保管他人财物的一种状态。一般情况下，认为基于委托或者合同关系产生的代为保管能够构成侵占罪。在无因管理和不当得利的情况下，行为人拒不退还所占有的财物的行为能否成立侵占罪。大多学者认为，侵占罪中的“代为保管”不能仅限于基于委托关系或合同关系产生的保管他人财物的状态，将犯罪对象范围限定的过于狭窄，会缩小侵占罪的规制范围，放纵部分犯罪，不利于发挥刑法的保护功能。侵占罪中代为保管物的界定应当既包括基于法律关系产生的“代为保管”，亦包括基于事实原因产生的“代为保管”，这并不违背刑法的谦抑性原则，不能过于机械的判断民事案件和刑事案件之间的关系。上述案例中，经贸公司与尹某实际控制、经营的浩翔公司合作模式为由经贸公司打款向安钢钢材经销商购买钢材后，所购钢材直接由尹某代为保管，在经贸公司向浩翔公司出具销售发票后，尹某再以浩翔公司名义对钢材予以销售，间接说明在经贸公司未向浩翔公司出具销售发票前，钢材的所有权仍属于经贸公司所有，而尹某按合作模式约定也仅是先行保管，只有收到经贸公司的销售发票才具有销售该钢材的资格。而本案所涉850余吨钢材经贸公司尚未向浩翔公司或尹某出具任何销售发票，故其所有权仍属经贸公司，尹某按约定只有保管的义务，而尹某在保管期间以非法占有为目的侵占该批钢材，拒不退还，已构成侵占罪。

延伸阅读

老人抚养孙女16年,索要“带孙费”获支持①

从小花(化名)出生的第一天,奶奶便成了她的实际抚养人,而父母都忙于工作,对她疏于照看。没想到在小花即将成年时,奶奶竟然起诉到法院,要求儿子儿媳支付16年来的抚养费28.8万元。法院综合考虑老人照顾孙女的时间、精力和开销,最终酌定孩子父母应支付老人10万元的“带孙费”。

孩子出生第一天,她就帮忙带孙女。2002年,冯某军和王某终于迎来了爱情的结晶,55岁的彭某兰也总算是抱上了孙女。孙女出生的第一天晚上,便是奶奶彭某兰陪她入眠。

可没想到,帮着儿子、儿媳照顾孙女的生活,彭某兰一过就是16年。直到2017年6月,彭某兰的老伴病重,她无力再照顾孙女,才让儿子、儿媳将孙女接走照顾。过了一年多,儿子儿媳选择了诉讼离婚,而法官在调解过程中,尚未成年的小花表示希望跟着母亲生活。

看到孙女坚定地选择了儿媳,彭某兰的心凉了。而出乎所有人意料的是,彭某兰的选择竟是向法院递交了一份起诉状。起诉称儿子儿媳不尽责应付抚养费28万元。

彭某兰认为,儿子、儿媳在孙女出生后就将孩子交给她抚养和照顾,16年来没有支付过任何费用,并认为由奶奶抚养孙女是理所当然的事。在抚养孙女的过程中,彭某兰代替儿子、儿媳履行了抚养义务,构成了无因管理,故请求法院要求两人支付孙女从小到大所花费的抚养费共计28.8万元。

起初接到案件时,本案主审法官对彭某兰的做法多有不解。现实中,家中由老人帮忙照顾孙辈的情况并不少见,真的因此跟儿女翻脸的案件,她还是第一次遇到。

而彭某兰递交的证据更是细碎得让人吃惊,大到孩子的学费、培训费,小到一顿麦当劳的发票,十几年来所有她能找到的票据,都被带到了法庭之上。

释法一:祖父母没有带孙义务。

---

① 《老人抚养孙女16年,索要“带孙费”获支持》,载 https://baijiahao.baidu.com/s?id=1636642019346920053&wfr=spider&for=pc。

根据法律规定,父母对子女有抚养教育的义务,这一法定义务的主体首先是父母。有负担能力的祖父母只有在父母已经死亡或父母无力抚养的情况下,才会对未成年的孙子女有抚养的义务。从我们的民俗出发,特别是在小夫妻都要工作的情况下,祖父母帮忙照顾孙辈是比较常见的情况,但法律上并没有强制的义务。法律没有规定隔代人之间的抚养关系,在这种情况下,老人的出发点其实是在帮助自己的儿女做事情,而并非是在祖孙之间又建立起抚养关系。

释法二:长期带孙构成无因管理。

根据法律规定,无因管理是指没有法定或约定的义务,为了避免他人利益受损失,而进行管理的行为。无因管理人有权请求受益人偿还因此支出的必要费用和受到的实际损失。

彭某兰担起的责任,已经超出了祖辈正常的帮助范畴。在小花的父母并没有涉及刑事犯罪或有遗弃行为的情况下,彭某兰是无法获得孙女法定的抚养权的。但她付出的所有精力和金钱则可以视为形成了抚养费用的债权,可以向儿子、儿媳主张。不过,如果祖辈是短期、临时的帮忙,则应该视为法律上的好意施惠关系。从社会道德的角度,这种情况还是应当予以提倡,据此主张相应费用是不合适的。

法院经审理认为,没有法定的或者约定的义务,为避免他人利益受损失而进行管理的人,有权请求受益人偿还由此支出的必要费用。根据法院查明的事实,小花在出生后长期由彭某兰抚养,冯某军、王某作为受益人,应当共同偿还彭某兰因此支出的必要费用。

法院综合抚育孩子所支出的必要费用以及彭某兰所提交的票据,酌定应付抚养费的金额为 10 万元。

专题十七　不当得利与刑法中的盗窃罪

要点解析

不当得利制度在特定情形下与相关刑事犯罪存在交叉重合，绝大多数财产型犯罪从民法角度都可以评价为不当得利。但并非所有的不当得利行为都要被评价为财产犯罪，刑法仅将部分值得科处刑罚的侵犯财产的行为类型化为财产犯罪，根据罪刑法定原则，只要行为人的行为符合我国刑法分则规定的相应犯罪构成要件即构成犯罪，“法无明文规定不为罪”，那么对于刑法无明确规定构成犯罪的，行为人不需要承担刑事责任。

关联条文

民法典

第九百八十五条　【不当得利效力及不当得利请求返还的不当得利】得利人没有法律根据取得不当利益的，受损失的人可以请求得利人返还取得的利益，但是有下列情形之一的除外：

（一）为履行道德义务进行的给付；

（二）债务到期之前的清偿；

（三）明知无给付义务而进行的债务清偿。

第九百八十七条　【恶意不当得利人的返还义务】得利人知道或者应当知道取得的利益没有法律根据的，受损失的人可以请求得利人返还其取得的利益并依法赔偿损失。

刑　法

第二百六十四条　【盗窃罪】盗窃公私财物，数额较大的，或者多次盗窃、入户盗窃、携带凶器盗窃、扒窃的，处三年以下有期徒刑、拘役或者管制，并处或者单处罚金；数额巨大或者有其他严重情节的，处三年以上十年以下有期徒刑，并处罚金;数额特别巨大或者有其他特别严重情节的,处十年以上有期徒刑或者无期徒刑,并处罚金或者没收财产。

条文要义

不当得利与财产型犯罪的法律规范所指向的都是财产关系,并且双方在事前不存在经济纠纷。构成不当得利的四个要件:一是一方获得了利益;二是相对方的利益受到了损失;三是获利与损失之间存在因果关系;四是受益方所获得的利益无法律依据。也就是说,法律规定不当得利制度,并非受益方主观存在过错,而是通过法律规定恢复民事主体之间在特定情形下所发生的非正常的利益变动,调节民事主体之间的财产流动关系,让权利各归其位。在不当得利所调整的法律关系中,受害人利益遭受损失后享有对相对利益人的不当得利返还请求权,而受益人获得利益需要承担返还原物或使原物恢复原状的义务。

盗窃罪,是指以非法占有为目的,秘密窃取公私财物,数额较大,或者多次盗窃、入户盗窃、携带凶器盗窃、扒窃公私财物的行为。盗窃罪侵犯的是公私财产的所有权,行为人通过非法手段占有他人财物的行为不被认可,自然取得该财物没有法律上的依据,可以认为盗窃罪中涉及不当得利制度,行为人承担刑事责任的同时,也应承担民事上的返还或赔偿义务。许多人或许想问,自己的财物能否构成盗窃罪的对象?答案是否定的。但是,若行为人偷回本人交付他人合法持有或保管的财物,以致他人因负赔偿责任而遭受财产损失的,应以盗窃罪论处。许多学者认为,盗窃罪保护的客体不仅是公私财产的所有权,也应包括对公私财产的合法占有,也就是说,偷回交予他人保管的财物,也可能构成盗窃罪。在这种情况下,盗窃罪是否和不当得利制度有交叉?笔者认为,可以再次回归到不当得利的构成上看,若行为人偷回自己所有而为他人占有的财产,自己未重新获得利益,相对方也未损失利益,此时则不构成民法所讲的不当得利制度。但若行为人以相对方保管不力为由索要赔偿,行为人此时取得的利益不仅仅是自己原本所有的财产,而是无法律依据的额外利益,与此同时,给对方造成了财产损失,二者也存在因果关系,可以认定构成民法上的不当得利。

典型案例

许某盗窃案

2006年4月21日晚21时56分，许某持自己不具备透支功能、余额为176.97元的银行卡到广州市商业银行自动柜员机(ATM)准备取款100元，许某在自动柜员机上无意中输入取款1000元的指令，柜员机随即出钞1000元。许某经查询，发现其银行卡中仍有170余元，意识到银行自动柜员机出现异常，能够超出账户余额取款且不能如实扣账，于是在当晚21时57分至22时19分、23时13分至19分、次日零时26分至1时06分三个时间段内，在该自动柜员机持上述银行卡指令取款170次，共计取款174 000元。许某还将柜员机出现异常的情况告知同事郭某山，郭亦采取同样的手段共计取款19 000元。同月24日下午，许某携款逃匿。2007年5月22日，许某在陕西省宝鸡市被抓获归案，且至今未退还赃款。许某取款的柜员机于2006年4月21日17时许由运营商广州某公司进行系统升级后出现异常，经核查发现该自动柜员机对于1000元以下(不含1000元)的取款交易正常;1000元以上的取款交易，每取1000元按1元形成交易报文向银行主机报送，即持卡人输入取款1000元的指令，自动柜员机出钞1000元，但持卡人账户实际扣款1元。

解读评析

学界通常以利益的取得是否基于给付行为为标准将不当得利分为因给付行为而产生的不当得利(给付型不当得利)和因给付行为以外的事实而产生的不当得利(非给付型不当得利)两大种类。前者包括因民事行为不成立、无效及被撤销而产生的不当得利;履行不存在的债务引起的不当得利;因合同解除或终止而产生的不当得利等。在给付型不当得利中，若给付原因不存在或消失，受益人取得利益就无法律上的依据，相对方可以提出不当得利返还请求权，要求受益人返还所受利益。比如，合同所附终期届至，该合同消灭，基于该合同所为的给付，可构成不当得利。许某第一次在柜员机取款并多占有银行999元的利益属于民法上的不当得利，不是盗窃行为。因为许某第一次取款时系无意中误输入1000元的取款金额而导致多占有银行999元，许某既不是故意要超余额取款，也不可能预见到银行柜员机出错会出现取1000元只从账上扣款1元的情况,故其主观上既没有非法占有银行财产的故意,也没有过失,其行为性质不是侵权行为更不是犯罪行为。但许某多占有银行999元的利益没有法律上的依据,属于民法上的不当得利,应当由民事法律来调整。

许某恶意取款的行为具有刑事违法性,符合盗窃罪的犯罪构成要件。许某主观上具有非法占有银行财产的故意。许某在明知柜员机出现上述异常后,竟然在3个多小时内连续170次恶意取款,其行为相对第一次无意多取款的行为发生了本质的变化,从没有犯罪意图到临时产生了非法占有银行资金的故意。第一,许某在第一次取款并通过查询银行卡余额后,已经明知柜员机出现了异常,能够超出余额取款且不能如实扣账,每次取款都能非法占有银行资金;第二,许某利用柜员机的异常,主动多次实施取款行为,积极追求非法占有银行财产的目的;第三,许某在取款后为逃避法律责任,又携款潜逃,最终实现非法占有银行财产的目的。

许某客观上实施的非法取款的手段符合"秘密窃取"的特征。盗窃罪中规定的"秘密窃取"指的是行为人采取自认为不被财物所有人或保管人当场发觉的方法,违背财物所有人保管人的意志,利用非暴力的手段取得财物的行为。"秘密窃取"具有主观性、相对性的特点,主观性指的是行为人主观上自认为其行为未被发觉,至于实际是否被发觉并不影响秘密性的成立,相对性指的是行为的秘密性只是相对于财物所有人或保管人而言,即只要行为人自认为不会被财物所有人或保管人发觉即可,至于是否会被其他第三人或财物所有人、保管人设置的工具发觉不受影响。"窃取"指的是行为人的行为具有违背财物所有人、保管人的意志性和手段的非暴力性。本案中,柜员机只是银行用于经营、保管资金的智能工具,当柜员机出现故障时,已不能正确执行和代表银行的意志。许某利用银行柜员机出现的故障,并趁银行工作人员尚未及时发觉柜员机的故障并对该柜员机采取有效保护措施之机,连续170次恶意取款。许某取款时不仅明知柜员机出现了故障,而且通过第一次取款的成功,知道银行工作人员不会当场察觉到其恶意取款行为,且事实上银行也是直到许某作案后第三天才发觉。上述事实足以说明许某主观上产生了其非法占有银行财产的行为不会被银行工作人员当场发觉的侥幸心理,虽然许某持有的是其本人的银行卡,柜员机旁亦有监控录像,这些都只是使银行事后能够查明许某的身份,但不足阻使银行能够当场发觉并制止许某的恶意取款行为;许某持不具备透支功能的银行借记卡超余额取款,且每次取款银行卡账上都不能如实扣款,其恶意取款的行为之所以能够实现,是因为柜员机出现了异常,不能正确执行银行的指令,所导致出现的不如实扣账等故障情况违背了银行的真实意思,故许某非法占有银行资金的行为显然违背了银行的意志,许某取款时虽然输入了正确的密码,但由于许某是基于非法占有银行资金的这一犯罪目的进行取款,在此前提下,其操作取款行为只是许某非法占有银行财产的一种手段,密码是否正确并不影响行为的定性,仅说明其行为具有非暴力性。

延伸阅读

取自己银行卡上的钱,咋就不当得利了?①

2020 年 1 月,73 岁的卢某某,拿着自己的银行卡去到某银行柜台取得 6044 元,然而却被办理这笔取款业务的银行柜员陈某某告上了法庭。法院公开审理了这起因不当得利产生的民事纠纷,要求卢某某及其儿子返还 6000 元,这是怎么一回事儿呢?

早在 2017 年,卢某某就与中国联通公司及某银行签订了存款冻结 6000 元担保购买合约机的协议,冻结期限为 2017 年 6 月 19 日至 2020 年 1 月 18 日。2019 年 7 月 17 日,联通公司向某银行出具《存款解冻扣划通知书》,银行按照合约协议从卢某某的银行账户上扣划人民币 6000 元,用于支付协议合约机费用。

2020 年 1 月 18 日,卢某某拿着当时存款定期 6000 元的支取单到银行办理支取业务,当时办理这笔业务的银行柜员陈某某因为疏忽未仔细核对这笔款项的划扣,在办理业务的过程中又将这 6000 元支付给了卢某某,致某银行受损。而后陈某某自己将 6000 元垫付给银行弥补了损失后找卢某某追索,卢某某之子为其出具了欠条,但二人却一直不将这 6000 元归还给陈某某。法院认为,某银行的受损与卢某某的支取有因果关系,故卢某某的行为构成不当得利,陈某某在办理卢某某取款业务时,未认真核对存款金额,将已经扣划的 6000 元保证金付给卢某某,该 6000 元应由某银行向卢某某追偿,但陈某某根据银行管理制度已自行补足短款 6000 元,其取得向卢某某进行追偿的权利。卢某某之子通过向陈某某出具欠

---

① 《取自己银行卡上的钱,咋就不当得利了?》,载宜昌市猇亭区人民法院网,https://xtqty.hbfy.gov.cn。

条的形式自愿加入不当得利之债，应共同承担清偿责任。据此，法院判决卢某某及其子返还不当得利6000元。法官提示："君子好财，取之有道"，在日常生活中，不论是否因他人过失而不当获利，都应及时归还，避免产生纠纷。

PART

4

第四编

◇

人格权中关涉刑法的问题

专题一　死者人格权利益保护

要点解析

现代意义上的人格权概念产生于16世纪，但直至18世纪，并没有学者对人格法益与法律人格做出区分。19世纪末期，人格权这一概念才逐渐开始形成。20世纪以来，人格权的概念得到了普遍认可，也得到了进一步的发展。民法通则中有8个条款规定了人格权，这一立法传统在《民法总则》中得到继承。民法典不仅在总则中对人格权作了一般性规定，还以专编的形式对人格权进行了规定。权利能力在人死亡时终止，所以死者严格来说不再享有人格权，但是，法律会保护死亡人被侵害的人格权益。也就是说，死者虽然不具备人格权，但死者的人格权益依然存在。根据民法学界的通说，法律所保护的客体是社会公共利益以及折射到死者近亲属的人格利益。[①] 民法典对死者人格权益的保护作出了专门的规定。在刑法中，死者人格权益保护的相关法条有严格的构罪要件，行为人往往不仅要有客观上实施的行为，还要有主观故意，鉴于刑法为最后手段，追究刑事责任当慎之又慎。民法典人格权编对死者人格权益保护作了相关规定，但死者人格利益的保护范围和保护期限是什么，死者人格利益保护请求权的主体是谁，以及英雄烈士这一特殊群体人格利益的保护，有必要加以深入分析。

关联条文

民法典

第一百八十五条　【英雄烈士人格利益的保护】侵害英雄烈士等的姓名、肖像、名誉、荣誉，损害社会公共利益的，应当承担民事责任。

第九百九十四条　【死者人格利益保护】死者的姓名、肖像、名誉、荣誉、隐私、

---

① 汤樱：《论死者的人格权益保护》，载《法制博览》2020年第2期。

遗体等受到侵害的，其配偶、子女、父母有权依法请求行为人承担民事责任；死者没有配偶、子女且父母已经死亡的，其他近亲属有权依法请求行为人承担民事责任。

第九百九十五条 【侵害人格权的民事责任】人格权受到侵害的，受害人有权依照本法和其他法律的规定请求行为人承担民事责任。受害人的停止侵害、排除妨碍、消除危险、消除影响、恢复名誉、赔礼道歉请求权，不适用诉讼时效的规定。

英雄烈士保护法

第二十二条第二款 英雄烈士的姓名、肖像、名誉、荣誉受法律保护。任何组织和个人不得在公共场所、互联网或者利用广播电视、电影、出版物等，以侮辱、诽谤或者其他方式侵害英雄烈士的姓名、肖像、名誉、荣誉。任何组织和个人不得将英雄烈士的姓名、肖像用于或者变相用于商标、商业广告，损害英雄烈士的名誉、荣誉。

第二十五条 对侵害英雄烈士的姓名、肖像、名誉、荣誉的行为，英雄烈士的近亲属可以依法向人民法院提起诉讼。

英雄烈士没有近亲属或者近亲属不提起诉讼的，检察机关依法对侵害英雄烈士的姓名、肖像、名誉、荣誉，损害社会公共利益的行为向人民法院提起诉讼。

负责英雄烈士保护工作的部门和其他有关部门在履行职责过程中发现第一款规定的行为，需要检察机关提起诉讼的，应当向检察机关报告。

英雄烈士近亲属依照第一款规定提起诉讼的，法律援助机构应当依法提供法律援助服务。

刑 法

第二百四十六条 【侮辱罪；诽谤罪】以暴力或者其他方法公然侮辱他人或者捏造事实诽谤他人，情节严重的，处三年以下有期徒刑、拘役、管制或者剥夺政治权利。

前款罪，告诉的才处理，但是严重危害社会秩序和国家利益的除外。

通过信息网络实施第一款规定的行为，被害人向人民法院告诉，但提供证据确有困难的，人民法院可以要求公安机关提供协助。

第二百九十九条之一 侮辱、诽谤或者以其他方式侵害英雄烈士的名誉、荣誉，损害社会公共利益，情节严重的，处三年以下有期徒刑、拘役、管制或者剥夺政治权利。

第三百零二条 【盗窃、侮辱、故意毁坏尸体、尸骨、骨灰罪】盗窃、侮辱、故意毁坏尸体、尸骨、骨灰的，处三年以下有期徒刑、拘役或者管制。

条文要义

关于人格权的定义与类型，民法典第990条规定的比较详尽，即民事主体享有生命权、身体权、健康权、姓名权、名称权、肖像权、名誉权、荣誉权、隐私权等权利。关于人格权的主体，自然人当然享有人格权，法人与非法人组织是否享有人格权，此前理论上曾有不同看法。

在民法典中，法人、非法人组织享有名称权、名誉权和荣誉权。对于死者享有的人格权益，在民法典中将有权提出的主体赋予了近亲属，近亲属提出请求具有顺位限制。配偶、子女、父母是第一顺位，在死者没有配偶、子女且父母已经死亡的情形中，其他近亲属有权提出。在人格权受到侵害的情形下，受害人有权请求行为人依照法律的规定承担民事责任。民法典所规定的违约责任、侵权责任等都涉及对人格权的保护，当人格受到侵害时，受害人有权依照民法典的这些规定请求行为人承担相应的责任。①

正如对物权的保护存在侵权请求权和物权请求权两种保护方法一样，对于人格权的法律保护，也存在适用侵权请求权和适用人格权请求权两种方法进行保护。人格请求权，是人格权本身包含的保护自己的请求权，是保护自己的内部救济权利。而保护人格权的外部力量，则是侵权请求权。对于英雄烈士而言，其人格权益的保护限定为姓名、肖像、名誉、荣誉等四项。除此之外，英雄烈士保护法第25条规定，检察机关依法对侵害英雄烈士的姓名、肖像、名誉、荣誉，损害社会公共利益的行为可以向人民法院提起诉讼，但前提是英雄烈士没有近亲属或者近亲属不提起诉讼。

在刑法中，涉及人格保护以及死者人格保护的主要是侮辱诽谤罪和盗窃、侮辱、故意毁坏尸体、尸骨、骨灰罪。侮辱罪是指以暴力或者其他方法公然侮辱他人，情节严重的行为；诽谤罪是指故意捏造事实，公然损害他人人格和名誉，情节严重的行为。侮辱罪、诽谤罪的对象能否包括死者在学界一直是一个有争论的观点。大多数观点认为，尸体不能成为侮辱罪的侵犯对象，侮辱尸体的，可以另外构成侮辱尸体罪。但是有观点认为通过侮辱尸体对死者在世的亲属进行侮辱的，可以构成侮辱罪。

2021年3月1日起施行的《刑法修正案（十一）》明确规定了侵害英雄烈士名

① 杨立新：《中华人民共和国民法典条文要义》，中国法制出版社2020年版，第696页。

誉、荣誉罪。根据刑法的规定,侵害英雄烈士名誉、荣誉,严重损害英雄烈士的名誉、荣誉,损害军人形象及社会公共利益,依法应予追诉。

典型案例

案例一

狼牙山五壮士案①

2013 年 11 月 8 日,洪某快在《炎黄春秋》杂志发表了《"狼牙山五壮士"的细节分歧》(以下简称《细节》)一文。该文分为"在何处跳崖""跳崖是怎么跳的""'五壮士'是否拔了群众的萝卜"等部分。文章通过援引不同来源、内容、时期的报刊资料等,对"狼牙山五壮士"事迹中的细节提出质疑。文章发表后,"狼牙山五壮士"中的葛某林之子葛某生、宋某义之子宋某保于 2015 年 8 月 25 日分别诉至北京市西城区人民法院,请求判令洪某快停止侵权、公开道歉、消除影响。

2016 年 4 月 29 日,上述两案在西城区人民法院公开开庭审理。法院审理认为,"狼牙山五壮士"的英雄称号,是国家及公众对他们在反抗侵略、保家卫国作出巨大牺牲的褒奖,也是他们应当获得的个人名誉和荣誉。"狼牙山五壮士"的精神价值已经内化为民族精神和社会公共利益的一部分。洪某快发表的文章虽无明显侮辱性的语言,但其采取的行为方式却是通过强调与基本事实无关或者关联不大的细节,甚至与网民张某对"狼牙山五壮士"的污蔑性谣言相呼应,质疑"五壮士"英勇抗敌、舍生取义的基本事实,贬损、降低"五壮士"的人格评价,这种"学术研究""言论自由"不可避免地会侵害"五壮士"的名誉和荣誉,以及融入了这种名誉、荣誉的社会公共利益。

2016 年 6 月 27 日,西城区人民法院一审判决洪某快立即停止侵害行为;公开发布赔礼道歉公告,向原告赔礼道歉,消除影响。一审败诉后,洪某快提起上诉。2016 年 8 月 15 日,北京市第二中级人民法院作出二审判决,驳回上诉,维持原判。

---

① 牛犇:《"狼牙山五壮士"名誉权纠纷案——人民法院通过民事审判彰显社会价值、纯化道德风尚》,载《人民法院报》2018 年 12 月 18 日,第 22 版。

案例二

朱某等侮辱尸体罪案

2018年2月17日9时许，被害人邵某因喉咙痛，到被告人朱某行医的武宁县巾口乡西下村卫生所就医。朱某为邵某测量血压并做了皮试，约15分钟后，皮试显示正常。朱某将1瓶1克容量的头孢哌酮钠舒巴坦钠用注射用水稀释配制后，准备分两针为邵某注射屁股针，当朱某为邵某注射第一针屁股针几分钟后，邵某便出现脸色异常、意识不清的过敏症状，朱某立即对邵某实施抢救，并拨打120急救电话，同时喊叫在隔壁厨房的妻子即被告人文某过来一起参与抢救，二被告人对邵某实施了约30分钟的抢救后，发现邵某已死亡。

被告人朱某因担心邵某家属闹事，便提议先将邵某的尸体找个地方藏匿，并要求被告人文某一起搬运尸体，文某未明确反对。二被告人合力将邵某尸体抬上停在院子里的一辆带厢三轮车的车厢内，由朱某开车，文某在车厢内照看邵某尸体，朱某将三轮车停在砖厂坪地里，同文某一起将邵某尸体抬出车厢并放于该砖厂坪地旁边的茅草丛中，朱某再用茅草将尸体掩盖，后二被告人开三轮车返回西下村卫生所。当天，邵某家属见邵某看病迟迟不归，便到西下村卫生所寻找，并询问朱某邵某的去向，朱某谎称邵某在卫生所仅测量了血压，没有打针，且邵某已经离开卫生所回家。

武宁县人民检察院以武检公诉刑诉〔2018〕137号起诉书指控被告人朱某、文某犯侮辱尸体罪，于2018年7月2日向武宁县人民法院提起公诉。法院经审理认为其行为已构成侮辱尸体罪，且属共同犯罪。判处被告人朱某犯侮辱尸体罪，判处有期徒刑9个月。被告人文某犯侮辱尸体罪，判处有期徒刑6个月。

解读评析

1. 关于英雄烈士名誉保护请求权的归属。

“在易县发生的狼牙山战斗，是被大量事实证明的著名战斗，在这场战斗中，‘狼牙山五壮士’英勇抗敌的基本事实和舍生取义的伟大精神，赢得了全国人民高度认同和广泛赞扬，是‘五壮士’获得‘狼牙山五壮士’崇高名誉和荣誉的基础。在我国，‘狼牙山五壮士’的精神价值已经内化为民族精神和社会公共利益的一部分”①。洪某快的做法对狼牙山战斗的基本事实、“五壮士”的英勇形象和人格评价产生了负面影响和损害，降低了他们的精神价值，不仅侵害了“五壮士”的名誉和荣誉，也侵害了融入这种名誉、荣誉的社会公共利益。在一个自然人活着的时候，当他的个人利益受到侵犯时，社会利益将也在不同程度受到影响。当一个自然人去世后，这种影响在一定程度上会持续延续。当死者的精神人格的利益被侵犯时，将对他们的近亲和公共秩序以及社会的文明造成负面影响。因此，“从维护近亲和社会秩序的合法权益的需要出发，为保护社会关系的稳定和与死者有关的自然人的合法权益，法律必须为死者的个人利益提供必要的保护”。② 我国刑法原来没有对死者人格利益保护的专门规定，2020 年年底通过的《刑法修正案（十一）》在刑法第 299 条后又增加一条，作为第 299 条之一：“侮辱、诽谤或者以其他方式侵害英雄烈士的名誉、荣誉，损害社会公共利益，情节严重的，处三年以下有期徒刑、拘役、管制或者剥夺政治权利。”该项条款对有效保护英雄烈士的人格权益提供了刑事保障。

在狼牙山五壮士案中，提起诉讼的是英雄烈士之子。但如果英雄烈士的子女都不在了，谁又有英雄烈士名誉保护请求权呢？首先依据民法典第 994 条的规定，死者的近亲属是有请求权的。关于“烈士”的认定，《军人抚恤优待条例》对军人被评定为烈士的条件作了规定，《烈士褒扬条例》对公民被评定为烈士的条件也做了规定，“烈士”可依据此条例进行认定。对于英雄，法律上的规定并不明确，原则上可以是活着的人，也可以是已经去世的人，但被民法典第 185 条所保护的英雄，一定是已经去世的英雄，活着的英雄可以依据民法典第 990 条的规定享有一般自然人的人格权。因此英雄烈士也当然符合民法典第 994 条对死者人格权益保护的规定，其近亲属享有请求权。在近亲属中，其配偶、子女、父母享有第一顺位请求权。其他近亲属在死者没有配偶、子女且父母已经死亡的情形下享有第二顺位请求权。

如果英雄烈士没有近亲属，或者符合法律规定的近亲属都已死亡的情况下，英雄烈士相关的人格权益应该如何保护呢？对此，民法典没有规定，但是英雄烈士保护法第 25 条规定，英雄烈士没有近亲属或者近亲属不提起诉讼的，检察机关依法对侵害英雄烈士的姓名、肖像、名誉、荣誉，损害社会公共利益的行为向人民

① 牛犇：《“狼牙山五壮士”名誉权纠纷案——人民法院通过民事审判彰显社会价值、纯化道德风尚》，载《人民法院报》2018 年 12 月 18 日，第 22 版。

② 汤樱：《论死者的人格权益保护》，载《法制博览》2020 年第 2 期。

法院提起诉讼。依据英雄烈士保护法的规定,检察机关提起公益诉讼有两个前提:一是人格权益受到侵害的英雄烈士没有近亲属或者近亲属不愿或不能提起诉讼;二是侵权行为损害了社会公共利益,二者缺一不可。检察机关启动诉讼程序,可以依职权启动,也可以由负责英雄烈士保护工作的部门和其他有关部门在履行职责过程中发现相关行为后向检察机关报告。

2. 侮辱尸体罪对人格尊严的侵犯性。

人格尊严通过人的身体得以展现,一个人得到尊重首先就是其身体的完整、健康与自由得到尊重,由此可见,人作为道德主体与其身体是不可分离的。在许多人看来,尸体和活人是密不可分的,侮辱尸体就是侮辱曾经活着的人,也冒犯了人性,故应当被犯罪化。

案例二中朱某身为从医多年的乡村医生,在诊治邵某的过程中,面对邵某因药物过敏性休克而死亡的突发情况,不及时就医,亦不如实告知被害人家属,反而为了隐瞒事实伙同文某将被害人尸体运至野外,以藏匿于草丛中的方式抛弃尸体,侵害了社会风尚和公共秩序,伤害了被害人家属的感情,其行为构成侮辱尸体罪。由此可知,构成侮辱尸体罪,必须具有侮辱、玷污尸体的目的。有的行为虽然客观上对尸体造成了损害,但行为人主观上无侮辱尸体的故意,则属于其他犯罪的事后不可罚行为,不构成本罪。刑法第302条所指的尸体是指已死亡的人的身体的全部或者一部分,鉴于此,有两种情形可以以盗窃、侮辱尸体罪定罪处罚,一是行为人违背当事人生前意愿的情形,二是当事人生前未表示同意的情况下,违背其近亲属意愿摘取其尸体器官的这种行为。在司法实践中,可能存在这种情形:当事人生前有书面形式的捐献意愿,但当事人死后其家属不同意捐献当事人的器官,医生依照法律规定进行器官移植,这并未侵犯社会风尚和死者及家属的名誉权,根据刑法和《人体器官移植条例》的相关规定,此种情形不应当被认定为犯罪。

延伸阅读

英雄烈士民事公益诉讼

江苏省淮安市消防支队的谢某在实施灭火救援任务的行动中不幸牺牲,后被追认烈士。曾某看到网友悼念谢某烈士的消息后,为发泄自己的不满,在微信群歪曲事实，并公开发表侮辱性言论，给社会造成恶劣的社会影响。[①] 淮安市人民检察院对此进行民事公益诉讼的立案审查，在征询了谢某烈士父母、祖父母及谢某烈士弟弟的意见后，向淮安市中级人民法院提起民事公益诉讼，并在诉讼请求中要求曾某在市级媒体公开赔礼道歉，消除影响。检察机关的诉讼请求得到了法院的支持。6月，曾某在《淮安日报》刊登了道歉信。

2021年2月19日10时29分、10时46分，犯罪嫌疑人仇某明在新浪微博上使用其个人注册账号“辣笔小球”，先后发布两条信息，贬低、嘲讽卫国戍边的英雄烈士。相关信息在微博等网络平台迅速扩散，造成恶劣社会影响。2月20日，犯罪嫌疑人仇某明被公安机关刑事拘留，南京市建邺区人民检察院依法介入侦查。2月25日，公安机关以涉嫌寻衅滋事罪提请检察机关批准逮捕。[②]

检察机关审查认为，犯罪嫌疑人仇某明利用信息网络贬低、嘲讽英雄烈士，侵害英雄烈士的名誉、荣誉，社会影响恶劣，情节严重。根据《中华人民共和国刑法》第299条之一的规定，南京市建邺区人民检察院依法以涉嫌侵害英雄烈士名誉、荣誉罪对犯罪嫌疑人仇某明批准逮捕。

英雄烈士用鲜血、生命捍卫祖国领土，其名誉、荣誉不容诋毁。英雄烈士保护法、民法典明确规定对侵害英雄烈士的名誉、荣誉的行为，要承担相应的民事、行政、刑事责任。2021年3月1日起施行的《刑法修正案（十一）》明确规定了侵害英雄烈士名誉罪、荣誉罪。根据刑法第12条第1款的规定，犯罪嫌疑人仇某明触犯了《刑法修正案（十一）》第35条的规定，侵害英雄烈士名誉、荣誉，严重损害卫国戍边英雄烈士的人格尊严，严重损害卫国戍边军人形象，损害社会公共利益，依法应予追诉。同时，为维护英雄烈士的合法权益，在军事检察机关的支持配合下，南京检察机关决定公益诉讼立案并开展调查。2021年5月31日，江苏省南京市建邺区人民法院依法公开审理仇某明侵害英雄烈士名誉、荣誉一案，认定仇某明犯侵害英雄烈士名誉、荣誉罪，判处有期徒刑8个月，并责令其自判决生效之日起10日内通过国内主要门户网站及全国性媒体公开赔礼道歉，消除影响。[③]

---

① 《“网民侮辱牺牲消防战士”案写入最高检案例：英烈名誉不可侵》，载搜狐网，https://m.sohu.com/a/284555372_100214985。

② 《涉嫌侵害英雄烈士名誉、荣誉罪，“辣笔小球”被批捕》，载 https://baijiahao.baidu.com/s?id=1692988651751447159&wfr=spider&for=pc 。

③ 《“蜡笔小球”仇子明，一审获刑8个月》，载央视网，https://mp.weixin.qq.com/s/RdkVRtiF2kNatvPmmW4DFA。

专题二　民事救助义务的适用及责任承担问题

要点解析

风险社会的出现及程度日益加深，势必希冀人们更加注重对危险的控制。现代社会中，民事救助义务彰显的扶危济困功能不断增强。民法典第1005条规定了物质性人格权受侵害时的法定救助义务，当自然人的人身遭受侵害或者处于其他危难情形时，负有法定救助义务的组织和个人应当及时履行救助义务。这一规定与民法典第1220条关于紧急情况下医疗机构采取相应的医疗措施的规定相衔接，也和民法典第184条的规定相衔接。同时，不负有法定救助义务的机构或者个人发现自然人的生命权、身体权、健康权受到侵害或者处于其他危难情形时，依据道德也是应当予以救助的，造成被救助人损害的，应当适用民法典第184条的规定免除其责任。除此之外，我国有关救助义务明确以救助义务形式规定的还有：《人民警察法》第2条规定对于公民的人身、财产安全，人民警察负有保护的义务；第21条规定当遇到公民人身、财产安全受到侵犯或者处于其他危难情形时，人民警察应当立即救助；《道路交通安全法》第70条规定发生交通事故的车辆驾驶人对受伤人员的立即抢救义务。目前法律法规虽然规定了一些行为人的保护、救助等作为义务，但没有统一规范，立法分散，规定往往偏原则性、号召性，难以操作，且适用范围有限，由于见危不救、见义不为事件屡屡发生，在拷问公众良心的同时，也引发了法律思考，法律规制作用有待于完善，为现实社会的一般不作为案件提供立法依据，使司法实践有效面对不断涌现的新型救助案件。

关联条文

民法典

第一千零五条　【物质性人格权受侵害时的法定救助义务】自然人的生命权、身体权、健康权受到侵害或者处于其他危难情形的，负有法定救助义务的组织或者个人应当及时施救。

第一百八十四条 【紧急救助的责任豁免】因自愿实施紧急救助行为造成受助人损害的,救助人不承担民事责任。

刑 法

第二百三十三条 【过失致人死亡罪】过失致人死亡的,处三年以上七年以下有期徒刑;情节较轻的,处三年以下有期徒刑。本法另有规定的,依照规定。

第二百三十四条 【故意伤害罪】故意伤害他人身体的,处三年以下有期徒刑、拘役或者管制。

犯前款罪,致人重伤的,处三年以上十年以下有期徒刑;致人死亡或者以特别残忍手段致人重伤造成严重残疾的,处十年以上有期徒刑、无期徒刑或者死刑。本法另有规定的,依照规定。

条文要义

民法典第1005条是关于自然人处于危难时特定主体负有救助义务的规定。该条规定的主体是负有法定救助义务的机构和个人。当自然人的人身遭受侵害或者处于其他危难情形时,负有法定救助义务的组织和个人应当及时履行救助义务。负有法定救助义务的组织和个人是指医疗机构、院前救助机构以及负有法定救助义务的单位和个人等。这些单位和个人依照法律的规定,负有对于危难之中的自然人的救助义务。没有及时采取相应的救助措施,应当依照民法典第1218、1220条的规定,承担侵权责任,赔偿受害人的损失。

民法典第184条是对善意救助人责任豁免的规定。很多国家都规定"好撒马利亚人法",我国民间叫"好人法",核心就是救助者在救助过程中即使存在一般过失,也不对此承担责任。之所以这样规定的含义是:(1)坚持鼓励善意救助人的救助积极性;(2)承认特殊救助义务,不宜确定一般救助义务;(3)承认善意救助人的豁免权。在适用善意救助人规则方面,容易出现的问题是影响诚实道德建设,一方面,被救助者讹诈救助人,使好人蒙冤,错误的判决其承担侵权责任;另一方面行为人造成损害后冒充好人,混淆是非,造成不良影响,以上都是需要在法律适用中改进的问题。

人格权归属于公民的人身权利和民主权利,人格权规定在民法之中,侵犯公民的人身权利和民主权利规定在刑法之中,在符合救助情形下,行为人或责任人不作为将有可能造成严重后果,刑法中构成故意杀人罪、故意伤害罪等相关罪名的行为实际上也属于民法中侵犯公民人格权中的生命权、身体权、健康权的行为。

典型案例

案例一

赵某鹏家属与赵某清等人生命权纠纷案

2014 年 8 月 10 日 0 时许,赵某清与唐某国邀约赵某鹏一起宵夜,赵某鹏骑摩托车赶到宵夜场所。三人商议后唐某国购买一瓶白酒,在宵夜过程中,赵某清、唐某国与赵某鹏平分喝了一瓶白酒,赵某清与唐某国同饮了一瓶劲酒。一时许三人吃完夜宵,赵某鹏与唐某国先骑摩托车各自回家,赵某清结账后随即开轿车回家。回家时看见一辆摩托车倒在路边,发现是赵某鹏,随后拨打了报警、急救电话,经医生确认赵某鹏已死亡。公安机关作出道路交通事故认定:赵某鹏未按照驾驶证载明的准驾车型驾驶机动车,且醉酒后驾驶,驶出有效路面撞致道路南侧路灯电线杆后死亡,承担事故全部责任。赵某鹏家属以二被告赵某鹏与唐某国邀约劝酒的行为致使赵某鹏醉酒,且在赵某鹏醉酒后驾车离开时未加以劝阻致使事故发生,造成二原告丧失经济来源、遭受精神痛苦为由向法院提起诉讼。另查明:赵某鹏死亡后,其生前工作的湖北匡通电子有限公司给付了二原告人民币 5 万元。

湖北省秭归县人民法院一审判决:赵某清、唐某国各赔偿原告因赵某鹏死亡所造成的经济损失 1 万元,并相互承担连带责任。湖北省宜昌市中级人民法院二审改判:赵某清、唐某国各赔偿原告因赵某鹏死亡所造成的经济损失 73 122 元,并相互承担连带责任。

案例二

汪某彬故意杀人案

2016 年 1 月 2 日晚,汪某彬因其丈夫汪某 1 经常打牌因此产生了轻生的想法,遂决定吃老鼠药自杀。当晚 20 时许,汪某彬给其 7 岁的儿子汪某某 10 元钱叫他去隔壁“小邱”商店购买两包老鼠药。汪某某到“小邱”商店花4元钱购买了2包“海珍威”牌“溴鼠灵”毒饵回家交给汪某彬。汪某彬将2包“溴鼠灵”包装袋拆开,将里面带毒性的“红米”挑入碗中,用温水进行浸泡。之后在卧室内,汪某彬喝“溴鼠灵”时,汪某某当汪某彬面也喝了“溴鼠灵”,汪某彬见儿子汪某某喝“溴鼠灵”时没有阻止,汪某彬与儿子二人便躺在床上等候死亡。之后汪某彬分别拨打电话给110和婆婆张某,称其与儿子已服毒。随后,张某等人将已经中毒的汪某彬、汪某某送往医院抢救。经祁门县人民医院和黄山市人民医院及时救治,才使二人脱离生命危险,被医治好出院。

案发后,经检验,汪某彬、汪某某所喝的“溴鼠灵”中均检出有毒鼠强成分。经祁门县公安司法鉴定中心鉴定:汪某某损伤程度评定为重伤二级。

案例三

刘某田等诉上海市公安局闵行分局救助义务行政纠纷案

2014年1月2日17时许,上海市公安局闵行分局侦查民警在本市沪青平公路鹰都宾馆东约30米处的南侧非机动车道内,对涉嫌盗窃的刘某帅实施抓捕。在民警靠近刘某帅并出示工作证后,刘某帅将其所跨坐的摩托车推向民警,并沿沪青平公路由西往东奔跑,民警随即在后追赶。过横沥港桥后刘某帅便右转,沿河岸东侧往南跑,在跑了约30米后跳入横沥港河内。民警赶到河边要求其游回,但未果。当刘某帅游至近河道中心时,因体力不支呼救,民警见状便在路边找了一块泡沫板向其扔去,但刘某帅未能抓住。为此,现场民警于17时19分许拨打110电话报警请求增援,同时又向暂住在附近的案外人黄某敏找来一根长绳,将绳扔向刘某帅,但其仍未能抓住,随即沉下水面。之后,上海市公安局闵行分局派警到现场处置,消防队员下水搜寻后将刘某帅打捞上岸,经120现场救治无效确认刘某帅死亡。

2014年1月20日,司法鉴定科学技术研究所司法鉴定中心接受被告委托,出具鉴定意见为:可排除刘某帅因机械性损伤及常见毒物中毒致死,不排除刘某帅溺死。刘某帅父母起诉至法院主张,身为警察应该具有积极救助义务,虽刘某帅可能涉嫌刑事案件,但罪不至死。故起诉要求确认被告上海市公安局闵行分局未履行救助义务的行为违法,赔偿两原告死亡赔偿金等费用。上海市闵行区人民法院经审理作出(2015)闵行初字第(41)号行政判决:驳回原告的诉讼请求。

解读评析

案例一中，酒后驾驶机动车是法律明文禁止的违法行为，赵某鹏作为具有完全民事行为能力的人，故意违反道路交通安全法规，醉酒后驾驶且准驾车型与驾驶证载明的不符，致使交通事故发生，应对造成自身死亡的后果承担主要责任。赵某清、唐某国与死者赵某鹏共同饮酒，虽然无证据证实相互之间有劝酒行为，但二人对赵某鹏酒后驾驶机动车应负有高度劝诫注意义务，这种义务来源于先前的共同饮酒行为。虽然该先行行为并不必然导致赵某鹏发生交通事故，但该先行行为增加了赵某鹏驾驶机动车发生交通事故的危险性，二人明知赵某鹏是骑摩托车赶过来宵夜，就应当意识到赵某鹏会骑摩托车回家，应该劝阻赵某鹏不要喝酒或者不让赵某鹏酒后驾车。不能仅以询问赵某鹏能否酒后驾车就认为尽到了必要的注意义务，其未尽高度劝诫注意义务的不作为行为，与赵某鹏死亡存在一定的因果联系，可视为构成对赵某鹏生命权、健康权的侵害，不能免除对赵某鹏死亡应承担的相应的赔偿责任。

本案系因先前行为引起的救助义务。行为人的救助义务是以行为人的行为制造了一个继续性的典型危险为条件，即行为人在实施该行为时必须是促使随后出现的有形损害产生的原因。换言之，行为人的行为与随后可能发生的危险有着密切联系，因此才有义务避免或减少损害的发生。导致此作为义务产生的先前行为，并不要求是侵权行为，可能该行为在作出之时，危险并不存在或者并不可预见。因先行行为而负担着救助义务，因此，违反义务不予救助的行为应该受到处罚。

案例二中，被告人汪某彬身为未成年的儿子的监护人，应当履行监护职责。当被监护人生命遭受危险时，具有法定救助义务，其明知“溴鼠灵”为剧毒药物，人喝了会中毒身亡。在看见儿子喝毒药时，能阻止而故意不阻止、没有及时救助，放任危害结果的发生。其行为已触犯刑法第 232 条之规定，应以故意杀人罪论处。

现行法律规定的法定救助义务产生于以下情形：(1) 自然人的生命权、身体权、健康权受到侵害之时；(2) 自然人的生命权、身体权、健康权处于其他危难情形时。当出现这样的情形时，负有法定救助义务的机构和个人必须负起紧急救助的责任，对该自然人进行紧急救助。对于上述案例，被告人与被害人之间存在一定的因果关系，故具有一定的法定救助义务，在案件事实中被告人的行为都构成对被害人的生命权、身体权、健康权的侵害，放任结果的发生。故依法应承担相应的法律责任。

案例三中，人民警察基于其身份特殊性，在公民人身、财产安全受到侵犯或陷于其他危难情形时，负有法律上的救助义务。在警察履行法定职责过程中，因追捕的正当职务行为导致犯罪嫌疑人面临人身危险时，其与嫌疑人之间即产生一种法律上的救助与被救助关系，若警察未采取任何救助措施，则属于不履行法定职责的情形。这既是行政法上规定的义务也是民法典中明确的义务。然而，判断警察是否履行了救助义务，不能仅以其是否成功阻止损害的发生为依据，而应综合具体案情，采用主客观相结合的标准，对其是否履行了救助义务进行认定。

一方面，从外观上判断，警察是否存在积极实施救助的动机和行为。本案中，被告民警在发现刘某帅落水并出现体力不支现象时，即刻开始救助工作，具体表现为"民警见状即在路边找了一块泡沫板向其扔去并叫其抓住""民警随即拨打110电话报警请求增援，同时又向暂住在附近的黄某敏找来一根长绳，将绳一头扔向刘某帅"。从上述救助措施来看，被告民警事发后进行了救助的主观努力。另一方面，从结果上看，在救助工作与现场环境的综合作用力下，最终发生的损害结果应不超出一般人的正常预期。本案中，刘某帅跳河事发突然，民警毫无预见，未随身携带救助工具，且时值寒冬，气温较低，更加大了溺水的可能性，在没有专业救援人员在场的情况下，最终发生溺水身亡的结果并不违背一般人的逻辑预期，故该结果不能单独成为判定被告民警未履行法定职责的依据。人民警察是公共资源，依法承担对公民与社会的安全保护职责，然而，这种保护亦非完全无条件、无限度的。在是否履行警察法定职责的司法审查过程中，该职责的履行成本亦是需要考虑的问题，尤其当警察需面临生命、健康安全的重大威胁时，应注意警察救助义务与自我保护需要之间的平衡，结合警察的自身能力条件，判断其是否进行了自己能力范围内的最大化救助。①

延伸阅读

黄某兰故意杀人案（我国安乐死的合法化）②

2017年5月，黄某兰利用与他住在一起的其他家庭成员的离开之际，在广州

---

① 张秋萍、吴国超：《对抓捕过程中警察救助义务的司法审查》，载《人民司法（案例）》2017年第8期。
② 苏艳艳：《安乐死合法化研究——以黄婉兰故意杀人案为例》，载《法制与社会》2019年第13期。

市越秀区家中,将之前准备好的约 60 粒安眠药喂给被害人黎某(系黄某兰次子,出生时即患有先天性智障疾病,无语言能力,日常生活无法自理,起居饮食依靠黄某兰照料)。然后用棉垫盖住受害人的脸,接着用丝巾将受害人的脖子勒住,导致黎某死亡。根据被告人黄某兰的户籍材料,证实黄某兰于 1934 年 2 月出生,犯罪时已年满 83 周岁。广州市第一人民医院出具了黄某兰的出院记录、诊断证明书及荔湾区中医院的慢性病诊断证明书、病历,经证实,黄某兰患有心脏病和高血压。黄某兰供述,因担心自己身体日渐衰弱无力照顾生活无法自理的黎某,不希望黎某受病痛折磨,在获得社区医生为睡眠障碍开的安眠药之后,捂住其脸部,再用丝巾勒死黎某。

2017 年 10 月 25 日,广东省广州市越秀区人民法院依照刑法相关规定,宣布黄某兰被判故意杀人罪,判处三年监禁,缓刑四年。这场由"安乐死"引发的悲剧,令人扼腕叹息。

"安乐死不是病人选择生与死的问题,而是在死亡的过程中,是选择尽可能安乐还是痛苦死亡的选择。所以,安乐死的本质不是授人以死,而是授死者以安乐;不是解决生还是死的问题,而是要保证死的质量;不是由生向死的转化,而是由痛苦向安乐的转化。"德国学者宾丁认为:"若存在即将痛苦的死亡的情况,以其他具有同等效力的无痛苦方法取代,是纯治疗行为,法律不会禁止的。"

在我国的社会生活中,实施积极安乐死仍然构成故意杀人罪,这是为了避免因实施安乐死而产生的各种弊端影响社会安定。安乐死因为所体现的社会需求,已经变成了一个具有社会性质的问题。在安乐死的问题上,我国至今没有一部关于安乐死的法律,这是由于安乐死的问题牵扯到多个领域。在人们的正常社会生活中,对于病重濒临死亡的病人,仍然会采取消极的安乐死方式,但由于相关法律法规的不完善,对于这种做法显得无能为力。因此,为了健全有关生命保护的法律和加强对生命的保护,可以制定相关制度。①

① 张玉堂:《我们有死的权利吗——对安乐死争论的法理学思考》,载《法学》2001 年第 10 期。

专题三 涉及人体器官民事纠纷及刑事案件分析

要点解析

器官移植作为21世纪“医学之巅”的尖端生命科学技术，对于提高人类生命质量极具重要价值。目前，在我国的民法典能够看到直接规定人体组织的结论，将其规定为物，目的是让人体组织在法律上得到物权保护。遗体中的器官性质具有双重性，一方面，遗体已经缺乏人类生命，遗体中器官具有物的属性，可以为死者本人以外的人处分；另一方面，承载器官的遗体原属于人的身体，应当尊重死者生前的意愿，并且考虑到遗体器官往往寄托着家属的哀思，蕴含着人格利益，具有人身性。身体权固然是自然人维持自身并接受医疗措施的基本依据，然而在依据身体权使这些部分脱离身体之后，如何认定它们的性质以及如何对其进行民法上的规制，是从民法的角度看最重要的问题。①

当然身为自然人有权处分自己身体的一部分，除非该处分行为可能对身体的完整性造成永久性伤害或者严重危及自己的身体健康，或与法律、公共秩序、善良风俗相抵触，否则处分有效。自然人既可以指定自己的遗体在其身故后无偿转让给医疗机构、科研机关，也可以将其整体或部分有偿出售给有需要的人，但不得违背公共秩序、善良风俗及法律、行政法规的强制性规定。② 遗体器官捐赠对于人类健康和医疗卫生事业的发展都具有重要的意义。从法律上而言，谁有权决定捐赠遗体就成为实务领域中首要解决的问题。民法典对此予以了明确规定，一定程度上解决实践中出现的争议纠纷。

---

① 杨立新、曹艳春：《脱离人体的器官或组织的法律属性及其支配规则》，载《中国法学》2006年第1期。

② 徐铁英：《人体组织与民法总则：一个立法不应回避的问题》，载《河南社会科学》2016年第11期。

针对非法的器官移植和捐献案件，我国刑法第234条之一组织出卖人体器官罪，为遏制和惩罚买卖人体器官的犯罪行为提供了相应的刑法依据和罪刑标准。这一罪名的设置体现了罪刑均衡原则，符合国际化趋势。国家卫健委已经与公安部建立防范打击组织出卖人体器官违法犯罪数据资源共享机制和联动机制，联合打击组织出卖人体器官违法犯罪活动，并通报相关案情以警示行业，配合司法机关依法对涉案机构和人员严惩，顶格进行行政处罚，保持对违法行为的高压打击态势，对非法开展器官移植、器官捐献实行“零容忍”。那么，对于上述组织出卖人体器官罪中“组织”的理解主要是“黑中介”的行为。“黑中介”的组织行为，包括招募、供养器官提供者，撮合人体器官供需双方，在组织他人出卖器官的过程中也时常伴随拐骗、强迫、拘禁器官提供者等行为。这种“黑中介”行为是典型的组织他人出卖人体器官的行为。[①] 刑法第234条之一还规定，未经本人同意摘取其器官，或者摘取不满十八周岁的人的器官，或者强迫、欺骗他人捐献器官的，依照组织出卖人体器官罪定罪处罚。而上述在具体研究器官的民法属性时，民法学者一般把器官的存在状态分为三种：存在于活体内的器官、从活体脱离人体的器官以及尸体器官。那么人体器官能否成为买卖行为中的标的物，首先需要注意的根本性问题是人体器官究竟是民法中的财产权还是人格权。对于第一种状态，身体权是公民的基本人格权，因此身体权属于人格权的一部分，所以活体器官也是人格权的一部分，不得将活体器官视为可供交易的民法上的物；第二种状态，已从活体脱离的器官又分为两种情况：一种是自然地脱离人体的器官，可以成为买卖合同的标的物，另一种是利用人工技术与人体相分离的器官，若将此类器官当成买卖合同的标的物，将意味着可以人为地将身体权的一部分切换成物权的客体，因此这里器官虽然是民法上的“物”，但是不能成为买卖合同的标的物，只能成为特殊合同的标的物；第三种状态，尸体器官应当同尸体一样，作为一种特殊的物，不能视为普通物体，不得作为买卖合同的标的物。[②] 若行为人采用隐瞒真相或虚构事实的方式，实质上是违背了受害人的真实意思，使得被害人自愿接受摘取器官，其行为也在法律禁止之列。刑法中的诈骗罪所侵犯的客体是公私财物所有权，如人的肢体、器官、尸体、骨骼、血液等是否视为财产而作为诈骗罪的侵害对象，要根据具体场合和情况分析器官是否可视为财产。

---

① 程杰、李强：《对组织出卖人体器官罪的几点思考》，载《上海公安高等专科学校学报》2017年第5期。

② 吴惠婉：《人体器官买卖行为的民法分析》，载《山西青年》2018年第4期。

关联条文

民法典

第一千零六条 【无偿捐献人体细胞、组织、器官和遗体】完全民事行为能力人有权依法自主决定无偿捐献其人体细胞、人体组织、人体器官、遗体。任何组织或者个人不得强迫、欺骗、利诱其捐献。

完全民事行为能力人依据前款规定同意捐献的，应当采用书面形式，也可以订立遗嘱。

自然人生前未表示不同意捐献的，该自然人死亡后，其配偶、成年子女、父母可以共同决定捐献，决定捐献应当采用书面形式。

第一千零七条 【禁止买卖人体细胞、组织、器官和遗体】禁止以任何形式买卖人体细胞、人体组织、人体器官、遗体。

违反前款规定的买卖行为无效。

第一千零八条 【人体临床试验的伦理审查与知情同意权】为研制新药、医疗器械或者发展新的预防和治疗方法，需要进行临床试验的，应当依法经相关主管部门批准并经伦理委员会审查同意，向受试者或者受试者的监护人告知试验目的、用途和可能产生的风险等详细情况，并经其书面同意。

进行临床试验的，不得向受试者收取试验费用。

刑　法

第二百三十四条之一 【组织出卖人体器官罪】组织他人出卖人体器官的，处五年以下有期徒刑，并处罚金；情节严重的，处五年以上有期徒刑，并处罚金或者没收财产。

【故意伤害罪；故意杀人罪】未经本人同意摘取其器官，或者摘取不满十八周岁的人的器官，或者强迫、欺骗他人捐献器官的，依照本法第二百三十四条、第二百三十二条的规定定罪处罚。

【盗窃、侮辱、故意毁坏尸体、尸骨、骨灰罪】违背本人生前意愿摘取其尸体器官，或者本人生前未表示同意，违反国家规定，违背其近亲属意愿摘取其尸体器官的，依照本法第三百零二条的规定定罪处罚。

条文要义

任何人体细胞、人体组织、人体器官以及遗体,都是人的身体组成部分,或者是人的身体的变异物,都不是交易的对象。出于救助他人的高尚目的,自然人可以将自己的身体组成部分或者遗体捐献给他人或者公益组织,但这不是买卖。进行人体细胞、人体组织、人体器官或者遗体买卖的行为,是违法行为。任何买卖人体细胞、人体组织、人体器官以及遗体的行为都是无效的行为,都在被禁止之列。

买卖行为是转移标的的所有权并支付报酬的交易行为,买卖人体组成部分的行为也是这样,即明码实价地进行交易。捐献身体组成部分的行为是无偿行为,不是买卖行为。即使在捐献身体组成部分或者遗体时会有一定的补偿费用,但这费用不是交易标的物的对价,而是对捐献者作出牺牲使身体受损的补偿,且通常是由医疗机构给付的。因此,两种行为的性质不同,一种是法律所严格禁止的,另一种是法律所支持、保护的。

随着器官移植手术的迅速发展与成熟,许多以前被认为"绝症"的疾病得到救治。但器官受体与供体数量差距悬殊,器官供体的不足造成器官移植市场混乱,客观上导致了器官买卖黑市的产生。对于组织出卖他人人体器官的行为专设罪名予以处罚,并规定了相应的法定刑。本罪为行为犯,不以危害结果的发生为既遂标准。本罪的客观方面表现为组织他人出卖人体器官的行为,组织是指以招募、引诱、欺骗、强迫等手段,达到控制他人出卖人体器官的行为。一般表现为以下三种情况:一是"中介型"。即通过发布非法信息,联系买卖双方,为受供双方提供中介服务,组织者从中攫取利益的行为。二是"控制型"。即通过引诱、供养、欺骗、暴力、威胁等手段,达到控制受害人的目的,继而使供体出卖自己器官的行为。三是"收购型"。即行为人以收购人体器官为主要活动,并意图从事出卖活动的行为。

典型案例

案例一

曾某遗体器官捐赠损害赔偿案[①]

谢某与曾某系夫妻，两人育有一女小曾（尚未成年）。2014年10月19日，曾某因车祸入甲医院抢救治疗，入院诊断为：创伤性脑出血、头颅外伤、颅底骨折。2014年10月23日，甲医院在患者曾某的门诊病历中向患者家属发出病危知情告知，谢某在上述知情告知上签名。2014年10月24日，患者病情进一步加重，生命体征极不稳定，神志昏迷。甲医院在病历中记载，内容如下："再次将病情告示家属，表示理解，要求放弃治疗，签字为证"，曾某的弟弟在上述门诊病历上签名。同日14时38分，曾某被诊断为"心死亡"。2014年10月24日，曾某的父母、弟弟在《中国人体器官捐赠登记表》上签名确认同意无偿捐赠死者曾某的肝脏、肾脏用于临床医疗、教学和科学研究。上述登记表亲属签名一栏还有"谢某"字样。红十字会工作人员在中国人体器官捐献登记表的协调员处签名，并对过程进行了见证，当日14时40分，甲医院实施了器官切取手术。曾某的妻子谢某和女儿小曾认为，作为妻女对曾某具有人格上的利益，有权选择是否捐献曾某的器官，现未经死者的妻女同意擅自摘除了死者遗体的肝肾属于违法行为，故将医院和红十字会起诉至法院，要求甲医院和红十字会连带赔偿25万元，诉讼中原告要求将签名同意的曾某父母、弟弟追加为当事人，承担连带赔偿责任。庭审中，曾某的弟弟向法庭陈述："谢某的签名是我父亲委托人签署的，指模也不是谢某的……登记表在医院办公室签的，父母在场，协调员在场。当时谢某要求拿回去签字，故其签名是拿回去才签的。我有原告谢某的委托书"。谢某确实在曾某死亡前一日曾向曾某的弟弟出具委托书一份，内容为："曾某，身份证号码；谢某，身份证号码，是夫妻关系，现委托曾某的弟弟，身份证号码，处理相关一切事宜"。红十字会在庭审中陈述：经查看《中国人体器官捐献登记表》上有曾某的父母、妻子、兄弟的签名及指模，同意捐献肾脏和肝脏（女儿小曾未成年故没要求）。同时附上曾某本人及父母、妻子、兄弟的身份证复印件，男女双方的结婚证复印件，父母户口本复印件，父母关

---

① 郑吉喆：《浅析遗体器官捐献中的法律问题》，载《中国卫生人才》2019年第12期。

系证明,父母委托书。提交资料符合《人体器官移植条例》的要求,该会工作人员才在登记表上协调员签名处签名。

案例二

王某涛等组织他人出卖人体器官犯罪案

2011年9月至2012年2月期间,被告人王某涛纠集被告人刘某、孙某玉、李某伟至泰兴市黄桥镇等地,组织他人出卖活体肾脏。被告人刘某、孙某玉主要利用互联网发布收购肾源广告以招揽供体,被告人李某伟主要负责收取供体的手机和身份证,管理供体、为供体提供食宿、安排供体体检及抽取配型血样等,被告人王某涛主要负责联系受体中介将活体肾脏卖出。四名被告人先后组织朱某瑞、徐某、钟某志、杨某东等多名供体出卖活体肾脏,其中朱某瑞由被告人刘某招揽至泰兴市黄桥镇,后朱某瑞自行离开,被告人王某涛又向朱某瑞提供了医院做肾脏移植手术人员的联系电话,朱某瑞于2011年12月在河北石家庄一医院实施了肾脏移植手术,得款3.5万元人民币;徐某在被告人孙某玉招揽及被告人王某涛安排下,于2011年12月在印度尼西亚雅加达一医院实施了肾脏移植手术,徐某得款37万日元及1000元人民币,被告人王某涛从中得款3.8万元人民币,此款用于"圈养"供体等;钟某志、杨某东被"圈养"直至案发。经鉴定,朱某瑞左侧肾脏缺失,构成重伤。

解读评析

案例一中,从形式上看,首先,医院收到的《中国人体器官捐献登记表》有曾某父母及配偶的签名,医院及红十字会形式审查的义务应该已完成。其次,向被告提交《中国人体器官捐献登记表》的是死者的父母及弟弟,医院和红十字会有理由相信《中国人体器官捐献登记表》上原告签名的真实性,被告不存在侵权的故意。再者,法律也没有规定有捐献决定权的死者家属必须到场签署登记表方为有效。法院认为两被告已尽到了必要的审查义务,不存在过错,并不构成对原告人格权的侵害。关于三名家属是否侵害了原告人格权的问题。首先,原告在其丈夫曾某因交通事故入院治疗后,确有向曾某弟弟签署授权委托书,同意曾某弟弟代为处理一切事宜。虽然该授权委托书没有特别注明可以代为决定捐献死者人体器官,但至少也没有否定或注明不同意捐献。且捐献死者器官的决定并未损害原告的经济利益和人格权益，相反，因为死者器官的捐献使得死者生前人格利益得到了升华，体现出更大的社会价值，是一种值得尊重和鼓励的公益善举，作为死者的家属应该为之骄傲和光荣。其次，作为死者的父母和弟弟，其对于死者逝去的悲痛之情绝不会亚于原告，他们作出捐献死者器官的决定也不会出于贬损死者名誉的目的，不存在侵害原告人格权的主观过错。再次，在有原告授权委托书的前提下，代原告名义作出捐献曾某的部分器官用于拯救他人生命和健康，不违背法律规定和社会善良风俗，且该捐献决定对于社会、家庭、个人来说均是一种积极的处分行为，不应受到谴责或批评。最后，人体器官捐献具有很强的时效性，家属出于此原因，在原告缺席而家属又持有原告授权委托书的情况下，代为签署登记表也是情有可原。最终，法院驳回了原告的诉讼请求。

案例二的争议焦点是：组织出卖人体器官罪是否以人体器官的实际摘取作为既遂的认定标准；本案是否属于组织出卖人体器官"情节严重"的情形；朱某瑞移植器官的事实是否应作为组织控制下的出卖行为加以认定。刑法第234条之一规定，"组织他人出卖人体器官的"，构成组织出卖人体器官罪。刑法增设该罪名旨在通过依法打击出卖人体器官行为的组织者，从中间交易环节阻断人体器官的非法买卖。该罪名所规定的是行为犯而非结果犯，即行为人基于出卖人体器官的目的，通过领导、策划、控制等手段实施了组织他人出卖人体器官的行为，即可构成本罪。本案被告人通过网络招募方式，联络有意愿出卖活体肾脏的供体前往泰兴，由被告人提供食宿、安排体检、验血、配型并发布供体信息，配型成功后联系手术并承诺回报，此时各被告人通过分工配合所实施的出卖人体器官的组织行为已经完成，即构成犯罪既遂。

刑法第234条之一规定组织出卖人体器官"情节严重"的加重处罚条件，既可以是某一特定情节，也可以是某一特定结果，还可以是某几方面特定情节或结果的结合，旨在对危害严重的行为设定更为严厉的惩处标准。就组织出卖人体器官罪而言，虽法律尚未明确规定"情节严重"的内容，但参照类似罪名已有的规定以及司法实践，可以包括：组织多人出卖人体器官；多次组织他人出卖人体器官；组织他人出卖人体器官非法获利数额巨大；组织他人出卖人体器官造成重伤、死亡等严重后果；组织他人出卖人体器官造成恶劣的社会影响；等等。本案中，各被告人在长达半年多的时间内，通过网络先后招揽、组织多人出卖人体器官，形成了分工明确的犯罪团伙；其中有两名出卖者实际实施了器官移植手术，一人经鉴定为重伤;该犯罪组织甚至将触角从省内延伸到境外,造成恶劣的影响,据此可以认定被告人王某涛等人符合组织出卖人体器官情节严重的规定。

延伸阅读

人体器官捐献谁说了算?①

外卖员陆某春在送外卖途中突然摔倒,造成重症颅脑损伤。陆某春父母都已去世,既没有配偶,也没有孩子。在宣布脑死亡时,经医生劝说,20 多名亲属签字同意器官捐献。这样的捐献是否合法,引发外界争议。

《人体器官移植条例》规定,公民生前表示不同意捐献其人体器官的,任何组织或者个人不得捐献、摘取该公民的人体器官;公民生前未表示不同意捐献其人体器官的,该公民死亡后,其配偶、成年子女、父母可以以书面形式共同表示同意捐献该公民人体器官的意愿。北京市京师律师事务所主任、中国慈善联合会法律顾问张某霄认为,从报道来看,陆某春死亡后,决定捐献其器官的人员均非法律规定内的亲属。即使他生前填写过人体器官捐献表格,这些亲属也没有权利作此决定。

2018 年,安徽省怀远县的李某脑死亡。在主治医生的劝说下,李某的丈夫和女儿在一份人体器官捐献表上签字,同意捐献李某的肝脏和双肾,同时获得 20 万元的"国家补偿"。这次捐献不仅没得到儿子石某的同意,更重要的是,他发现捐献登记表没有加盖印章,登记单位和编号也未填写。感觉蹊跷的石某向卫生行政部门和公安机关反映情况。经当地红十字会证实,李某的器官捐献并非通过正规渠道。

中国红十字会及其下属的各级机构负责人体器官捐献的宣传动员、协调见证、缅怀纪念等工作,同时,器官捐献工作必须在红十字会成员的见证下完成。安徽省红十字会"三献办"副主任王某峰在接受媒体采访时也表示,当各级医疗机构或医生发现一个潜在人体器官捐献者时,可以联系该区域国家卫健委领导下的器官获取组织(OPO)或者红十字会,OPO 与红十字会是合作关系,OPO 负责获取器官,红十字会则相当于第三方机构,任何一个器官捐献必须要有红十字会协调员

① 崔晓丽:《人体器官捐献谁说了算?》,载《检察日报》2019 年 9 月 4 日,第 4 版。

的现场见证。2018 年年底,李某的主治医生杨某勋因违规转介潜在器官捐献人,被安徽省卫健委作出行政处罚,吊销医师执业证书。涉及此事的还有两名医生,其中一名已被暂停医师执业资格。今年 4 月,怀远县公安机关对此立案调查,以涉嫌侮辱尸体罪逮捕了包括上述 3 名医生在内的 7 名犯罪嫌疑人。

专题四　性骚扰的民事责任、刑事责任与单位预防义务

要点解析

根据学理观点，所谓性骚扰，是指以身体、语言、动作、文字或者图像等方式，违背他人意愿而对其实施的以性为取向的有辱其尊严的性暗示、性挑逗以及性暴力等行为。[①] 自然人享有性自主权，即保持其性纯洁的良好品行，依照自己的意志支配其性利益的权利。[②] 当然，未成年人尚未性成熟，通说认为其不能行使性自主权，需待其年满 18 周岁起，方可行使该权利。性自主权不是身体权的组成部分，而是独立的具体人格权。从世界各国和地区的立法来看，关于性骚扰的法律规制主要有两种模式：一种是职场保护主义模式，主张性骚扰是一种性别歧视，性骚扰仅限于工作场所，以制裁职场负责人未尽保护义务的违法行为为主；另一种是人格权保护模式，认为性骚扰是对人格尊严的侵犯，是一种侵权行为，并不限于工作场所。我国对于性骚扰的法律规制，起初表现为公法本位的立法模式，即强调对性骚扰行为的惩戒，主要是通过在刑法中规定与性相关的犯罪行为（主要包括强奸罪，猥亵、侮辱妇女罪，侮辱、诽谤罪）来惩戒构成犯罪的性侵害行为，以及在《治安管理处罚法》中将"多次发送淫秽、侮辱、恐吓或者其他信息，干扰他人正常生活"的行为规定为扰乱公共秩序的行为，并对其科加行政处罚，从而在一定程度上惩戒性骚扰行为。此次民法典第 1010 条对于性骚扰的规定，表明我国采取以权力保护主义为主、以职场保护主义为辅的对策，既追究实施性骚扰行为的行为人的责任，又追究职场负责人未尽保护义务的责任。

---

① 王利明：《人格权重大疑难问题研究》，法律出版社 2019 年版，第 414 页。

② 杨立新主编：《〈中华人民共和国民法典〉条文精释与实案全析》，中国人民大学出版社 2020 年版，第 32 页。

关联条文

民法典

第一千零一十条 【性骚扰的民事责任与单位预防】违背他人意愿，以言语、文字、图像、肢体行为等方式对他人实施性骚扰的，受害人有权依法请求行为人承担民事责任。

机关、企业、学校等单位应当采取合理的预防、受理投诉、调查处置等措施，防止和制止利用职权、从属关系等实施性骚扰。

刑　法

第二百三十七条 【强制猥亵、侮辱罪】以暴力、胁迫或者其他方法强制猥亵他人或者侮辱妇女的，处五年以下有期徒刑或者拘役。

聚众或者在公共场所当众犯前款罪的，或者有其他恶劣情节的，处五年以上有期徒刑。

猥亵儿童的，处五年以下有期徒刑；有下列情形之一的，处五年以上有期徒刑：

（一）猥亵儿童多人或者多次的；

（二）聚众猥亵儿童的，或者在公共场所当众猥亵儿童，情节恶劣的；

（三）造成儿童伤害或者其他严重后果的；

（四）猥亵手段恶劣或者有其他恶劣情节的。

条文要义

民法典第1010条第1款规定了性骚扰的构成要件和责任条款，采用了权利保护主义的规则，法条对性骚扰的受害者主体没有限制，突破了《妇女权益保障法》中只针对妇女进行保护的限制，对男女两性提供平等的保护。性骚扰是一种具有性本质的行为，与性有关的性挑逗、性贿赂、性强迫等都会构成性骚扰。其形式不限于暴力强迫，更多的是非暴力性的，以言语、文字、图像、肢体行为等方式实施性骚扰，如身体接触、出示色情文学图像、网上性骚扰、电话性骚扰等。行为人有性骚扰行为的，受害人有权依法请求行为人承担民事责任。如果行为人采用暴力、胁迫或其他方法实施性骚扰行为，则有可能触犯刑法，构成相应的犯罪。第2款规定了单位预防和制止性骚扰的义务，暗含职场保护主义规则，但仅规定了机关、企业、学校等单位的职场责任。本条更多的是宣誓性规定，需要完善配套责任条款,但从条文可见,性骚扰行为作为民事法律行为在我国构成要件有三:(1)必须针对特定的受害人;(2)与性有关的骚扰行为;(3)违背他人意愿。因此需要承担民事责任,基本确立了性骚扰在民事行为事实认定的标准。但是,民法典并没有直接规定性骚扰的责任条款,那么不同人格权类型对民事责任认定的影响,在确定精神损害赔偿金额时性骚扰的侵权采用何种标准等问题仍需相关解释。① 虽然没有直接规定责任条款,但是只要单位没有尽到法条规定的义务,发生了性骚扰行为,侵害了职工性自主权,便可以依照民法典第 1198 条关于违反安全保障义务的责任或者第 1191 条第 1 款关于用人单位的责任的规定,追究单位的民事责任。

性骚扰是性犯罪以外的骚扰行为。刑法规定以暴力、胁迫或其他强制手段违背他人意志实施的与性有关的行为,情节严重的,构成强奸罪、猥亵罪等性犯罪,尽管它们看上去具有性骚扰的内涵,但由于它们一方面适用刑法的相关规定,另一方面适用民法的相关规定,有一套相对完整的权利保护和法律责任体系,因此,没有必要再通过专门的性骚扰制度来解决。也就是说,性犯罪都是性攻击,而性骚扰通常是指性攻击以外的、有损他人人格尊严的性侵犯行为。② 对于民法典第 1010 条第 2 款规定的单位防止和制止性骚扰义务,如果单位没有尽到相关义务,也只是承担相应的民事责任,并不构成刑事犯罪,而民法典对于单位所应承担的民事责任没有具体的规制,单位因承担较小的责任而忽视防止和制止性骚扰义务的问题不得不考虑。

典型案例

案例一

吴某某诉某食品有限公司劳动争议纠纷案

吴某某于 2017 年 9 月 18 日入职被告公司,任餐厅服务员,双方签订为期三年的劳动合同。在工作期间,采用语言挑逗、未经同意将头靠在女员工身上等方式,

① 王之宇:《人格权编下的禁止性骚扰法规评析》,载《法制博览》2019 年第 19 期。

② 王利明:《民法典人格权编性骚扰规制条款的解读》,载《苏州大学学报(哲学社会科学版)》2020 年第 4 期。

多次对同餐厅的女员工进行骚扰,多名女员工受其侵害。公司接到投诉后进行相关调查,包括查看了餐厅休息室监控、向餐厅多名员工进行调查,最终认为吴某某对女员工的性骚扰行为属实。公司依据劳动法第25条第2款、《劳动合同法》第39条第2款和公司《全职员工手册》“禁止性骚扰”章节、纪律处分条款第3.15条规定,以吴某某的性骚扰行为属于严重违反公司规章制度为由将其解聘。吴某起诉认为公司违法解除劳动关系,并要求补偿相应工资及经济赔偿金。法院认为,吴某违背他人意愿的不当行为对其他员工造成了干扰,违反了基本的行为道德准则,违反了国家保护妇女权益的相关法律、法规,违反了公司的管理制度,造成不良影响,公司据此解除其劳动合同,于法有据,吴某主张违法解除劳动关系缺乏事实依据和法律依据,法院不予支持。

案例二

上海地铁“咸猪手”案

2019年7月1日18时23分许,王某2在上海市轨道交通八号线列车车厢内,紧贴着坐在被害人王某1(女,16岁)左侧,以左手搭在自己右臂的方式掩人耳目,并用左手直接触摸王某1左臂。后王某1往右挪动一个座位以躲避被告人,被告人王某2见被害人不敢声张,遂跟上贴坐在王某1左侧,以同样姿势触摸王某1左侧胸部,直至被害人于18时29分许起身离开。其间,被害人王某1通过身体前倾后仰的方式多次躲避被告人王某2的猥亵行为。同日18时31分许,被告人王某2在原座位紧贴入座的被害人任某某,以上述同样姿势用左手触摸任某某左侧胸部,后被任某某当场察觉并质问。被告人王某2遂下车逃跑,在中兴路站站台处被被害人任某某与其他乘客一同扭送至公安机关。上海铁路运输检察院以王某2犯强制猥亵罪向法院提起公诉,法院经审理后认为被告人王某2为满足个人私欲,利用地铁车厢相对拥挤、不易察觉、较难避让的客观条件,利用被害女性当众羞于反抗的心理特点,在同一时段内先后对两名女性实施摸胸等猥亵行为,且其中一名为未成年女性,其行为已构成强制猥亵罪,依法应予惩处,以强制猥亵罪判处王某2有期徒刑6个月。

解读评析

1. 职场性骚扰的单位预防义务。

职场以及高校是性骚扰的高发地，很多性骚扰行为是基于性骚扰实施者和受害人之间的不平等产生的，诸如职场中的上下级、校园中的师生等，彼此之间存在权力和地位上的不平等，导致职场性骚扰变得更加隐秘和不宜被察觉。职场性骚扰通常包括以下两种情形：一是雇主、同事或者第三人对劳动者或求职者实施性骚扰，并以此作为劳动关系或者劳务关系成立、存续、变更、岗位分配、考核晋升、调动奖惩等的条件；二是在劳动者履行职务过程中对其实施性骚扰，造成敌意性、胁迫性或者冒犯性的工作环境。① 职业场所中的性骚扰不仅影响受害者的工作效率，恶化工作环境，而且往往给受害者带来身体、精神和经济上的多重伤害，危害极大。治理职场性骚扰必须依靠法律手段。客观来讲，过去十多年中，中国在禁止职场性骚扰的立法方面有了长足的进步。尤其是，相较于《妇女权益保障法》和《女职工劳动保护特别规定》，民法典明确规定了性骚扰受害人可以依法请求行为人承担民事责任，这对性骚扰受害者主张法律救济是非常有利的，是一个立法上的巨大进步。但是，从司法实践来看，法律对职场性骚扰的干预并不充分，职场性骚扰法律规制体系仍然存在立案难、证明难、赔偿难等较为明显的短板。②

在早期中国法院审理的职场性骚扰案件中，主张性骚扰存在的当事人面临较为明显的证明难问题。例如，2001 年在陕西省西安市莲湖区人民法院审理的中国首例职场性骚扰案中，原告指控单位总经理自 1994 年起对其实施性骚扰，包括平时工作中的“动手动脚”以及要求“一起去酒店开房”等，法院审理后认为，原告有关性骚扰的指控证据不足，判决驳回起诉。③ 再如，2002 年在云南省昆明市西山区人民法院审理的一个案件中，某国企计算机工程师梅女士指控单位上司对其性骚扰，法院经过审理后认为原告提供的证据不能证明存在性骚扰，判决原告败诉。原告不服一审判决，上诉至昆明市中级人民法院。昆明市中级人民法院经审理维持了原判。④ 职场性骚扰行为存在隐蔽性、模糊性和突发性等特点，这在客观上为主张性骚扰存在的一方完成举证责任造成较大困难。因此，有必要通过完善职场

---

① 卢杰锋：《职场性骚扰案件证明问题研究》，载《妇女研究论丛》2019 年第 5 期。
② 朱宁宁：《反性骚扰立法不能成“稻草人”》，载《法治与社会》2018 年第 4 期。
③ 卢杰锋：《职场性骚扰案件证明问题研究》，载《妇女研究论丛》2019 年第 5 期。
④ 于怀清、张庆武：《职场性骚扰案件的证据问题》，载《妇女研究论丛》2006 年第 S1 期。

性骚扰的证明机制，切实维护职场性骚扰受害者的合法权益。

案例中法院裁判的典型意义在于，单位规章制度将职场性骚扰作为违纪的一个表现，用人单位以此有权直接将性骚扰同事的行为纳入劳动法第 25 条第 2 款、《劳动合同法》第 39 条第 2 款之中，从而据此解除与行为人的劳动合同。这对于惩治职场性骚扰行为具有积极效应。

将雇主发布禁止性骚扰的条例和相关救济机制作为一种法律义务予以规定，是世界许多国家的立法经验。民法典第 1010 条规定了机关、企业、学校等单位应当采取合理的预防、受理投诉、调查处置等措施，具体措施还需要相关部门或者单位进一步细化。本条仅规定了单位的合理预防义务和及时救济义务，并未规定用人单位违反相应义务的民事责任如何承担。因此，对用人单位在工作场所性骚扰中所承担的责任形态，仍应当做进一步明确。

2. 性骚扰的刑事责任。

案例二是上海市首例因公共交通性骚扰而受到刑事处罚的案件，改变了“咸猪手”行为最多依据《治安管理处罚法》予以行政拘留、得不到刑罚惩处的公众印象。本案的意义，第一在于展示国家严厉打击任何领域侵害妇女儿童权益，特别是女童权益的违法犯罪行为的鲜明态度和坚定立场；第二在于鼓励广大女性面对性骚扰等违法行为侵害时，要勇敢发声制止，及时主动向公安机关报案、作证，维护自身的合法权益。该案也成功入选全国妇联发布的第三届“依法维护妇女儿童权益十大案例”。

一般的性骚扰行为程度较轻，受害人可以依据民法典第 1010 条第 1 款的规定要求行为人承担民事责任。2018 年 12 月 12 日，最高人民法院发布了《关于增加民事案件案由的通知》，将“性骚扰损害责任纠纷”列为新增案由。根据侵权责任法第 20 条、第 22 条（原法条修改为民法典第 1182 条侵害他人人身权益造成财产损失的，按照被侵权人因此受到的损失或者侵权人因此获得的利益赔偿；被侵权人因此受到的损失以及侵权人因此获得的利益难以确定，被侵权人和侵权人就赔偿数额协商不一致，向人民法院提起诉讼的，由人民法院根据实际情况确定赔偿数额。第 1183 条侵害自然人人身权益造成严重精神损害的，被侵权人有权请求精神损害赔偿。因故意或者重大过失侵害自然人具有人身意义的特定物造成严重精神损害的，被侵权人有权请求精神损害赔偿。）以及最高人民法院《关于确定民事侵权精神损害赔偿责任若干问题的解释》第 8 条的规定，起诉性骚扰侵权行为的，可以要求加害人按以下方式承担责任：停止侵害、赔礼道歉、恢复名誉、消除影响、赔偿精神抚慰金、赔偿经济损失。在侵权案件中,法院通常会综合考量过错程度、侵害的手段和场合、行为方式及严重程度、具体情节等确定相应的赔偿标准。若性骚扰的行为超过一定限度,则有可能构成强制猥亵罪、强奸罪等,对行为人追究其刑事责任。案例中的被告人王某2虽然其行为相对于其他严重侵犯妇女身体的猥亵行为来说,恶性程度较轻,但其在公共场所公然在同一时段内先后对两名女性实施摸胸等猥亵行为,且其中一名为未成年女性,不仅侵害了被害人的人身权利,同时在一定程度上扰乱轨道交通的正常秩序,具有较大的危害性,社会影响恶劣,最终以强制猥亵罪追究其刑事责任。由此可见,性骚扰与强制猥亵、强奸罪等之间并没有一道不可逾越的鸿沟,当行为人性骚扰的行为严重、程度恶劣、严重侵害被害人的人身权利的时候,司法机关将依法追究其刑事责任。

延伸阅读

品格证据在职场骚扰案中的可采性问题[①]

品格证据就是有关个人人品、性格方面的证据,可适用于被告人、被害人以及证人。中国的相关立法和司法解释未对诉讼中的品格证据的可采性做出规定。在外国的司法实践中尤其是在英美法系下,对品格证据的适用有着一套相对完整的规范体系。例如,美国《联邦证据规则》规定,关于某人品格或性格特征的证据,不得用于证明该人在特定场合下从事了与其品格或性格特征相符合的行为;关于某人先前具有的犯罪、错误行为的其他证据也不得用来证明一个人的品格,以表明该人在特定场合是按照上述品格行事的。也就是说,在法院诉讼过程中,任何一方当事人不得用一个人曾经做过某些事情或者有着某方面的名声,从而归纳出这个人具有某方面的品格或性格特征,再以此来推断该人在当下的案件中实施了与其品格特征相吻合的行为。上述规则也被称为品格证据排除规则。

但是,国外的立法和司法实践也表明,品格证据排除规则存在例外情形。例如,美国《联邦证据规则》明确规定,法院在刑事审判中可以采纳被告人先前的性侵犯行为情况作为证据使用。在涉及性犯罪、性侵犯等与性有关的不当行为案件中允许品格证据的使用,一方面表明立法者对涉性不当行为采取了更为严苛的惩

① 卢杰锋:《职场性骚扰案件证明问题研究》,载《妇女研究论丛》2019年第5期。

罚措施，即行为人本次的涉性不当行为，可以在下一次涉性案件中作为不利于行为人的证据使用；另一方面也表明，在立法者看来，在涉性不当行为案件中，行为人有关"性"的不当品格与其实施涉性不当行为之间具有较高的关联性和必然性。

在中国法院审理的职场性骚扰案件中，如果性骚扰行为人之前有过性骚扰的记录，甚至因为性骚扰接受过调查或处罚，是否可以以此作为证据表明行为人因具有性骚扰的不当品格而在本案中有较大可能实施了性骚扰行为？短期来看，目前法律和司法解释没有明确规定，审理案件的法官可以在自由心证过程中对上述证据给予充分考虑。

专题五　基因编辑问题涉及民刑事争议及伦理讨论

要点解析

互联网、大数据、高科技的发展为社会生活方式带来了新的变化，人格权益保护同时受到挑战。民法典人格权编在内容上既规定了人格权，也规定了人格权益，突出对生命权、身体权、健康权的优先保护，保护死者利益，规范器官捐献，确立了从事人体基因、人体胚胎科研活动的底线规则。随着基因技术的不断发展，人类基因信息的价值日益凸显，基因编辑技术目前主要应用于治疗疾病方面，但其也隐藏着许多目前尚不能被完全发现和克服的风险，极大的挑战了人类伦理。所谓的基因编辑技术，是指在基因组水平上对目的基因序列甚至是单个核苷酸进行替换、切除，增加或插入外源 DNA 序列的基因工程技术，尤以 CRISPR－Cas9 系统的诞生使基因定位、精准修改成为现实。[①] 一方面，由于认知水平和技术的限制，难以保证基因编辑的成功率；另一方面，被编辑的基因可能出现异变或者遗传给后代，造成公众对伦理秩序和自身健康产生恐慌。[②] 民法典人格权编已将个人的生物识别信息纳入人格权的保护范畴，权利意味着相应的义务，权利和义务共同确定了人类基因编辑的伦理和法律边界，它们都需要相应的规范来确保。基因技术应用于人类，除了要遵守基本的技术规范并确保技术的安全性之外，更要遵守基本的伦理和法律规范，落实知情同意、伦理审查等基本的科研伦理要求。[③] 民法典对基因编辑的规定也给刑事立法提出了要求，根据《刑法修正案（十一）》第

① 刘旭霞、刘桂小：《基因编辑技术应用风险的法律规制》，载《华中农业大学学报（社会科学版）》2016 年第 5 期。

② 马路瑶：《风险社会视阈下人类胚胎基因编辑的刑事立法立场》，载《湖北社会科学》2019 年第 11 期。

③ 朱振：《人类基因编辑的伦理与法律规制》，载《检察风云》2019 年第 24 期。

39条:在刑法第三百三十六条后增加一条,作为第三百三十六条之一:"将基因编辑、克隆的人类胚胎植入人体或者动物体内,或者将基因编辑、克隆的动物胚胎植入人体内,情节严重的,处三年以下有期徒刑或者拘役,并处罚金;情节特别严重的,处三年以上七年以下有期徒刑,并处罚金。"根据该规定,非法将编辑后的基因或克隆后的人类及动物胚胎,植入人体体内等情形被明确定性为犯罪。

关联条文

民法典

第一千零三条 【身体权的保护】自然人享有身体权。自然人的身体完整和行动自由受法律保护。任何组织或者个人不得侵害他人的身体权。

第一千零八条 【对受试者的保护】为研制新药、医疗器械或者发展新的预防和治疗方法,需要进行临床试验的,应当依法经相关主管部门批准并经伦理委员会审查同意,向受试者或者受试者的监护人告知试验目的、用途和可能产生的风险等详细情况,并经其书面同意。

进行临床试验的,不得向受试者收取试验费用。

第一千零九条 【对基因科研的法律限制】从事与人体基因、人体胚胎等有关的医学和科研活动,应当遵守法律、行政法规和国家有关规定,不得危害人体健康,不得违背伦理道德,不得损害公共利益。

刑 法

第三百三十六条第一款 【非法行医罪】未取得医生执业资格的人非法行医,情节严重的,处三年以下有期徒刑、拘役或者管制,并处或者单处罚金;严重损害就诊人身体健康的,处三年以上十年以下有期徒刑,并处罚金;造成就诊人死亡的,处十年以上有期徒刑,并处罚金。

第三百三十六条之一 将基因编辑、克隆的人类胚胎植入人体或者动物体内,或者将基因编辑、克隆的动物胚胎植入人体内,情节严重的,处三年以下有期徒刑或者拘役,并处罚金;情节特别严重的,处三年以上七年以下有期徒刑,并处罚金。

条文要义

民法典第1008条的规定,是关于对自然人进行临床试验的范围和程序的规定。为了提高医学科学水平,维护人类健康,法律准许对志愿者进行临床试验,经过临床试验，取得医疗经验，将成熟的医疗技术和药品应用于临床，使更多的患者采用同样的医疗技术或者药品进行治疗而受益，恢复健康，生活得更好。不过，凡是临床试验就会存在风险，而临床试验的目的之一，就是探索新的医疗技术和药品的风险所在以及如何改进，因此，进行临床试验必须经过严格的批准程序，要符合法律规定的范围，否则就是违法行为，是侵害受试者的身体权、健康权的行为。本条规定临床试验的范围是：(1)研制新药；(2)研制新的医疗器械；(3)发展新的预防方法；(4)发展新的治疗方法。在某种程度上既保障了试验机构遵循法规，也维护了受试者的正当权益，很大限度的保留受试者的知情权，也避免了个别受试者因利益的驱使而去选择对身体健康产生风险的实验项目。①

民法典第 1009 条，将与基因编辑相关的医学或科研活动纳入，分为调整范围、引致规范和行为禁令三部分，这三部分为有机整体，构成了一个能有效规制与人体基因、人体胚胎等有关的医学和科研活动的条文。人类胚胎基因编辑具有巨大的安全性风险，包括对通过该技术孕育的婴儿和人类后代产生的不可完全预知和控制的双重风险。2021 年 3 月 1 日起开始施行的《刑法修正案(十一)》，明确规定了非法植入基因编辑、克隆胚胎罪。实践中为实现法益保护前置，运用刑法手段禁止该技术用于人体试验及有关应用行为，通过合理设置量刑幅度、设置财产刑和从业禁止的方式，实现犯罪预防目的。同时清晰划定基因治疗的禁止范围，以免刑法过度剥夺公民自由。由于与人体胚胎、人体基因等相关的医学和科研活动既涉及公法问题，又涉及私法问题，故而需要公法与私法的共同调整。民法典将人体基因编辑活动纳入调整范围不仅能推动和指引后续立法，而且能强化其自身的治理功能，具有重大的理论价值与实践意义。②

---

① 《律师解读：民法典中的这些条文很温暖》，载 https://mp. weixin. qq. com/ s/i7CsiPJpAlq5hbGuH3L3GA。

② 石佳友、庞伟伟：《人体基因编辑活动的民法规制：以〈民法典〉第 1009 条的适用为例》，载《西北大学学报(哲学社会科学版)》2020 年第 6 期。

典型案例

案例一

贺某奎非法行医(深圳基因编辑婴儿)案①

2016年以来,南方科技大学原副教授贺某奎得知人类胚胎基因编辑技术可获得商业利益,即与广东省某医疗机构张某礼、深圳市某医疗机构覃某洲共谋,在明知违反国家有关规定和医学伦理的情况下,仍以通过编辑人类胚胎CCR5基因可以生育免疫艾滋病的婴儿为名,将安全性、有效性未经严格验证的人类胚胎基因编辑技术用于辅助生殖医疗。贺某奎等人伪造伦理审查材料,招募男方为艾滋病病毒感染者的多对夫妇实施基因编辑及辅助生殖,以冒名顶替、隐瞒真相的方式,由不知情的医生将基因编辑过的胚胎通过辅助生殖技术移植入人体内,致使2人怀孕,先后生下3名基因编辑婴儿。

2019年12月30日,"基因编辑婴儿"案在深圳市南山区人民法院审理,贺某奎、张某礼、覃某洲等3名被告人未取得医生执业资格,追名逐利,故意违反国家有关科研和医疗管理规定,逾越科研和医学伦理道德底线,贸然将基因编辑技术应用于人类辅助生殖医疗,扰乱医疗管理秩序,情节严重,其行为已构成非法行医罪。根据3名被告人的犯罪事实、性质、情节和对社会的危害程度,依法判处被告人贺某奎有期徒刑3年,并处罚金人民币300万元;判处张某礼有期徒刑2年,并处罚金人民币100万元;判处覃某洲有期徒刑1年6个月,缓刑2年,并处罚金人民币50万元。

---

① 王攀、肖思思、周颖:《"基因编辑婴儿"案一审宣判——贺建奎等3被告人被追究刑事责任》,载《健康报》2019年12月31日,第4版。

案例二

华夏公司诉某广播电视台名誉权纠纷案[①]

某广播电视台"社会写真"栏目连续播出了三篇题为《"基因检测"打碎了谁的发财梦》的系列报道。华夏公司认为某广播电视台的三篇报道基本内容完全失实,诉至法院。法院认为,某广播电视台三篇题为《"基因检测"打碎了谁的发财梦》的系列报道有部分内容与事实有些出入,但报道的整体内容尚未构成严重失实,某广播电视台的目的是提醒公众,在对基因检测作充分了解前花费巨资进行检测应当谨慎,以避免陷入新闻报道中人物所面临的困境。某广播电视台作为地方新闻媒体,担负着反映当地民生和民意的职责,发挥着舆论监督的作用,无视新闻报道的时效性及调查手段的局限性,要求报道事实与客观事实完全一致,既不符合客观规律,也不利于其承担起批评社会,促进社会进步的责任,故侵权不成立。

解读评析

案例一中南方科技大学副教授贺某奎的"基因编辑婴儿事件"是人类胚胎基因编辑技术应用于实践的典型案例。贺某奎私自组建的项目团队蓄意逃避监管,使用安全性、有效性均不确切的技术,实施国家明令禁止的以生殖为目的的人类胚胎基因编辑活动。贺某奎宣称诞生婴儿的某个基因经过编辑后能使之天然地抵抗艾滋病。[②] 这一事件引发了社会各界的激烈讨论。

通过基因编辑出生的胎儿,对于基因编辑婴儿的法律地位更多的是从民事角度考量的,包括其生命权、生育权以及一般人格尊严权的问题,因为这几个方面直接决定了其作为一个个体能否享有与其他正常人一致的权利。基因编辑婴儿从出生后就会成为焦点,一方面,基因编辑婴儿虽然其基因序列被人为更改,有与众不同之处,但其仍是一个个体生命,所享有的生命权应当得到法律保护;另一方面,生育权应当限制。被更改的基因,若通过生育经过若干代后,会将基因特性遗

---

① 杨立新主编:《〈中华人民共和国民法典〉条文精释与实案全析》,中国人民大学出版社 2020 年版,第 31 ~ 32 页。

② 马路瑶:《风险社会视阈下人类胚胎基因编辑的刑事立法立场》,载《湖北社会科学》2019 年第 11 期。

传下去,而这个基因特性是好是坏,现在没有定论,但是其违背人类目前已知的进化规律是毋庸置疑的。[①] 从民事上来讲,基因编辑技术的发展不能侵犯公民的人格尊严和生命健康,未取得医生执业资格及相关资质,随意进行临床试验、人体试验以及对患者进行诊断,将会触犯刑法。基于民法的人格尊严和生命健康权,对基因编辑技术研究范围做必要限缩,对基因编辑技术研究人员以及从事医疗人员的资质予以严格界定,对研究范围进行限制,有利于防止基因编辑以及医疗手段的滥用。[②]

人类胚胎基因编辑技术发展初衷好的方面当然是为了治疗疾病,但隐藏风险太多,更是极大挑战人类传统伦理。在临床前研究阶段,人类胚胎基因编辑试验成功率不高,此间进行的培育婴儿的实践,一是对婴儿生命健康的不负责任,二是对于人类后代所存在的风险,导致遗传基因恶性突变随着生殖过程代代相传。"风险社会理论之于法律的意义即在于为以法律手段预防和减少损害现实化之可能性所提供的理念借镜,即风险责任理念"[③],落脚到对人类胚胎基因编辑的法律规制上,应当将法益保护前置,对于该技术实施的决策制定者即相关研究人员、研究机构、医务人员和医疗机构等全面构建起包括民事责任、行政责任和刑事责任在内的法律责任。2016 年 9 月 30 日,原国家卫生计生委通过的《涉及人的生物医学研究伦理审查办法》第 18 条规定:涉及人的生物医学研究应当符合知情同意原则、控制风险原则,同时该规章规定了涉及人的生物医学研究的伦理审查、批准实施的具体程序,并规定了医疗卫生机构、项目研究者的法律责任,除罚款、警告行政处罚、民事责任外,构成犯罪的,依法追究刑事责任。

从刑事上看,对于未取得医生执业资格,故意违反国家有关科研和医疗管理规定,贸然将基因编辑技术应用于人类辅助生殖医疗,扰乱医疗管理秩序的行为,《刑法修正案(十一)》已作出规定,违反国家有关规定,将基因编辑的胚胎、克隆的胚胎植入人类或者动物体内,情节严重、特别严重的,予以定罪量刑。以刑法手段规制人类胚胎基因编辑行为,应以清晰划定禁止范围为前提,避免刑法过度剥夺相关领域科研人员和医务人员的自由。人类胚胎基因编辑技术的研发和应用

---

① 李迎春:《浅议基因编辑婴儿民事权利保护的界限》,载《知识文库》2019 年第 10 期。

② 李超:《基因编辑技术对人格尊严的挑战及宪法应对》,载《长沙民政职业技术学院学报》2019 年第 2 期。

③ 杨雅婷、汪小莉:《基因编辑临床研究风险责任之法律探析》,载《科技管理研究》2018 年第 20 期。

存在多个阶段，如基础研究和临床前针对动物的试验，上述研究本身并不会针对人类生存本身创设安全性风险和伦理风险，宜通过行政法的手段对其予以禁止和惩罚。无论是以试验为目的还是以应用为目的针对人类胚胎进行基因编辑并使胚胎孕育成婴儿的行为，都将对人类个体甚至整体造成巨大风险，刑法应当予以禁止的是对人类胚胎基因编辑技术的人体试验和应用行为。

案例二是社会媒体舆论监督“基因检测”技术引发的名誉权纠纷，具有社会典型性，提供了与民法典第1009条相契合的裁判倾向。本案中，某广播电视台的报道是否失实是判断其行为是否构成名誉侵权的核心，而判断报道是否失实的依据就是华夏公司进行基因试验的行为与性质。华夏公司为测试者提供基因检测服务，并收取一定费用且该费用在社会一般认知中并不低。然而，人体基因、人体胚胎相关科研和技术属于科技专业领城，一般民众对其认知有限，加之基因检测具有较强的伦理属性，基因检测结果属于测试者的个人隐私，一旦泄露将引发严重后果，故社会媒体有权利对其进行舆论监督，以保证公民的知情权并监督此类技术的发展和应用状况。就此而言，某广播电视台对于华夏公司的新闻报道并不存在严重失实，主要起到舆论监督的作用，故认定其行为不构成侵权的裁判是适当的。①

延伸阅读

辅助生殖基因医疗技术滥用引发的新型犯罪②

辅助生殖基因医疗技术因客观上存在多向度的社会风险，并进而引发新的犯罪现象——基因医疗犯罪，具体表现为：一是辅助生殖基因医疗技术滥用冲击医疗卫生秩序，诱发新型公共安全犯罪。医疗技术对医疗卫生秩序的严重冲击表现在诸多方面，其中，主要的表现则是对公共卫生秩序与公众生命健康权的威胁与侵害。

二是辅助生殖基因医疗技术滥用冲击人类现存的生命伦理秩序，诱发新型侵

① 杨立新主编：《〈中华人民共和国民法典〉条文精释与实案全析》，中国人民大学出版社2020年版，第32页。

② 于慧玲：《人类辅助生殖基因医疗技术滥用的风险与刑法规制——以“基因编辑婴儿事件”为例》，载《东岳论丛》2019年第12期。

犯人类整体法益犯罪。在辅助生殖医疗活动中，对人体进行无性系试验、将他种动物的遗传物质植入人的基因组，制造变异人种等行为，诱发诸如“非法开发生殖性克隆人技术罪”“利用基因医疗技术制造怪物罪”“利用基因医疗技术选择人种罪”等。

三是辅助生殖基因医疗技术或可被利用为实施故意伤害等侵犯生命个体人身权利犯罪。辅助生殖基因医疗技术操作人员在体细胞治疗过程中，为病人植入非目的异常医疗，导致严重后果的行为或者故意使治疗手术失败的行为。

四是辅助生殖技术的滥用使“非商品化物质”商品化，并引发新型犯罪。辅助生殖医疗技术的不断普及适用，日益突出的人类胚胎、遗传基因等的商业化现象，对人类生命伦理秩序乃至整个社会秩序的稳定带来了冲击，并引发各种新型犯罪，比如走私贩卖人类胚胎罪、遗传基因罪等。

专题六　侵犯名誉权之侮辱诽谤行为分析

要点解析

名誉权事关人的社会评价，是人的第二生命，属于重要人格权的一种。随着近年来我国法律有关名誉权的建制不断完善，有关名誉权的判例也不断增多，我国已经就名誉权构建了较为复杂的体系。民法典在第四编人格权编第五章专门规定名誉权和荣誉权，是我国对名誉权的首次系统性立法。民法典规定，名誉是对民事主体的品德、声望、才能、信用等的社会评价，这种评价既是良好的，也是客观的。名誉与权利人的地位、尊严以及可信程度密切相关。保护公民的名誉权，既是维护公民的人格与尊严，保证人民群众的基本权利，也是维持社会良好的风气，促进社会和谐发展。

对名誉权的侵害，包括侮辱、诽谤等行为。随着信息网络的发展，网络侵权现象日趋明显。网络虽处于一个虚拟空间，但在网络环境下侵犯名誉权造成的损害结果却是真实存在的。许多侵权行为人选择利用互联网侮辱他人或者捏造事实诽谤他人，如网络水军的攻击、利用名人效应达到个人目的、无良媒体为吸引眼球断章取义发布所谓新闻等，这种行为会损害权利主体的人格利益，并且严重影响市场发展的健康有序性。因此，在 2000 年第九届全国人大常委会第十九次会议通过了《关于维护互联网安全的决定》，在第 4 条第 1 项规定，利用互联网侮辱他人或者捏造事实诽谤他人的，依照刑法有关规定追究刑事责任，是刑法对名誉权的保护。而在侮辱、诽谤案件中，当事人普遍更倾向于选择民事救济途径。理由很简单，一是侮辱罪、诽谤罪除存在“严重危害社会秩序和国家利益”的情形外一般都是自诉案件，刑事案件立案标准高，举证较为困难，起诉成本高；二是因为很多当事人认为，在遭受诽谤一事上，通过民事手段已经可以充分救济自己的权利，毕竟他们的目的是让当事人受到惩罚后谨言慎行，而不是真的把对方送进监狱。[①]有说法认为侮辱、诽谤与侵害名誉权的行为关键的区别在于“情节是否严重”。侵害行为“情节严重”的才构成犯罪，否则只构成民事侵害名誉权的行为。“情节严重”的程度需要具体论证，因此，侮辱、诽谤罪中民刑责任的清晰界定成为刑民交叉问题中值得关注的内容。

关联条文

民法典

第一千零二十四条 【名誉权及名誉】民事主体享有名誉权。任何组织或者个人不得以侮辱、诽谤等方式侵害他人的名誉权。

名誉是对民事主体的品德、声望、才能、信用等的社会评价。

第一千零二十五条 【侵犯名誉权承担民事责任的例外】行为人为公共利益实施新闻报道、舆论监督等行为，影响他人名誉的，不承担民事责任，但是有下列情形之一的除外：

（一）捏造、歪曲事实；

（二）对他人提供的严重失实内容未尽到合理核实义务；

（三）使用侮辱性言辞等贬损他人名誉。

第一千零二十七条 【文学、艺术作品侵害名誉权的认定与例外】行为人发表的文学、艺术作品以真人真事或者特定人为描述对象，含有侮辱、诽谤内容，侵害他人名誉权的，受害人有权依法请求该行为人承担民事责任。

行为人发表的文学、艺术作品不以特定人为描述对象，仅其中的情节与该特定人的情况相似的，不承担民事责任。

第一千零二十八条 【媒体报道内容失实侵犯名誉权】民事主体有证据证明报刊、网络等媒体报道的内容失实，侵害其名誉权的，有权请求该媒体及时采取更正或者删除等必要措施。

第一千零二十九条 【信用】民事主体可以依法查询自己的信用评价；发现信用评价不当的，有权提出异议并请求采取更正、删除等必要措施。信用评价人应当及时核查，经核查属实的，应当及时采取必要措施。

---

① 林子淇：《侮辱罪及诽谤罪的刑民交叉问题——兼论娱乐圈侮辱或诽谤事件》（上），载 http://lawyers.66law.cn/s2114c9e2d7859_i711246.aspx。

刑 法

第二百四十六条 【侮辱罪;诽谤罪】以暴力或者其他方法公然侮辱他人或者捏造事实诽谤他人,情节严重的,处三年以下有期徒刑、拘役、管制或者剥夺政治权利。

前款罪,告诉的才处理,但是严重危害社会秩序和国家利益的除外。

通过信息网络实施第一款规定的行为,被害人向人民法院告诉,但提供证据确有困难的,人民法院可以要求公安机关提供协助。

条文要义

《民法总则》第110条规定,自然人、法人和非法人组织都享有名誉权。民法典对这一规定再次确认,并将"自然人、法人和非法人组织"概括为民事主体。自然人的名誉权和法人、非法人组织的名誉权在内容、受侵害的方式、损害后果等方面存在不同,实践中比较容易区分。名誉权作为人格权,是法定的权利而非与生俱来的自然权利,故其取得具有法定性和社会性;此外名誉权还具有非财产性以及与财产的关联性、主体的普遍性和特定性、内容的综合性等特征[①]。侵害名誉权的违法行为包括行为人实施了侮辱、诽谤等损毁名誉的行为,其中媒体进行不实报道、或未尽合理核实义务导致不实报道的,创作文学、艺术作品时使用素材不当,亦可能对涉及的民事主体造成损害;此外,民法典第1029条还将信用纳入名誉权中进行保护。侵害名誉的行为必须有特定指向,如果仅泛指包括原告在内的一般人或某方面的人,不能具体认定指向谁,则不能认定侵害名誉权[②]。侵害名誉权的行为须为第三人所知悉,至于第三人是否一定要有在场的必要,则并未严格要求。名誉权侵权的法律承担方式包括停止侵害、恢复名誉、赔礼道歉、赔偿损失等,触犯刑法的,则要接受刑罚的制裁。刑法关联罪名主要包括侮辱诽谤罪,特别是利用信息网络实施侮辱诽谤犯罪具有严重的社会危害性,由于信息网络具有传播速度快、受众范围广等特点,如果行为人利用信息网络实施侮辱诽谤行为,相关的违法犯罪信息一经发布即在极短时间内传播到世界的任何一个角落,被不特定的受众所知悉。因此,通过信息网络实施侮辱诽谤造成的社会秩序损害基本无法

---

① 最高人民法院民法典贯彻实施工作领导小组:《〈中华人民共和国民法典〉人格权编理解与适用》,人民法院出版社2020年版,第268页。

② 王利明:《人格权重大疑难问题研究》,法律出版社2019年版,第558页。

恢复,给社会大众造成的心理恐慌更为严重。社会大众对某类行为越恐慌,他们就会投入越大的成本避免自己被害,该类行为的社会危害性也就越大。

典型案例

案例一

李某与王某、某网络公司名誉权纠纷案

李某为公众人物。某网络公司为“新浪微博”的运营主体。涉案微博账户“王某某 Alex”的注册及使用人为王某,微博账户粉丝数量为 21271。2018 年 1 月 5 日,王某利用其微博账户发布文章:《P 某和李某忘拉窗帘成直播,尺度超过陈某某,网友:新晋炮王!》,博文中载有“李某说和 P 某关系好,没有注意距离,以后会尽量避嫌。结果被网友目击当晚两人去便利店买避孕套”等内容。其中:转发数 100、评论数 219、点赞量 704、阅读数 96 万。李某主张微博标题及内容对其进行不实诋毁,且传播范围极广,影响极其恶劣,使其遭受到社会公众的重大误解与质疑,降低了其社会评价,严重侵犯其名誉权,使其遭受了极大的精神损害,要求王某赔偿经济损失及精神损害抚慰金,某网络公司对王某个人微博账号采取禁言、关闭账号等管理措施。法院经审理认为王某所发表的相关微博内容已构成对李某的侮辱、诽谤,侵害了李某的名誉权,李某有权要求王某停止侵权、赔礼道歉、消除影响、赔偿精神损害抚慰金。某网络公司作为网络服务提供者,已履行了法定义务,不支持原告要求对王某封禁账号的诉求。

案例二

江某 1 诉谭某犯侮辱罪、诽谤罪案

2016 年 11 月 3 日,江某 1 的女儿江某 2 在日本留学期间遭其室友刘某的前男友陈某杀害。2017 年 12 月 20 日,陈某被日本东京地方裁判所判处有期徒刑 20 年。该案引起网民的广泛关注和评论。谭某得知江某 2 在日本被杀事件后,非但不表同情,而是从 2018 年起通过网络对原本素不相识的江某 2 及江某 2 之母江某

1进行侮辱、诽谤。其中，谭某发布他人创作的系列漫画，该漫画将江某1描画得面目狰狞；谭某在发布的博文首部附上江某2遗照，并在遗照上添加文字对江某1进行侮辱、谩骂；谭某在发布的17篇微博短文中连续辱骂江某1，语言恶毒；发布博文捏造江某2是陈某情敌而遭陈杀害的事实。谭某发布的上述漫画和博文浏览数总计达42万余次，致使江某1患有创伤后抑郁。江某1向法院提起自诉，法院经审理后认为谭某的上述行为公然贬低、损害他人人格，破坏他人名誉，情节严重，已构成侮辱罪；捏造并散布虚构事实，损害他人人格，破坏他人名誉，情节严重，已构成诽谤罪。对谭某依法数罪并罚，判处有期徒刑1年6个月。

解读评析

1. 网络环境下名誉权侵权问题。

随着互联网自媒体的兴起，网络言论的表达渠道更加畅通、传播交流更加便捷，极大地提升了社会公众的物质、文化生活质量。但不可否认，因自媒体言论引发的名誉侵权纠纷也随之增多。网络空间并非法外之地，网络用户在充分享有网络自由表达权利的同时，亦应保持必要的理性、客观，尊重相关当事人的合法权益。网络用户利用信息网络侵害他人民事权益的，应依法承担相应的法律责任。司法实践中，最常见的就是对公众人物名誉权的侵害。在第一个案例中，李某作为知名演艺人士，具有较高的知名度和相对广泛的文娱影响力，应属公众人物范畴。我国公众人物名誉权案件中的核心要素为：一是主体要被社会大多数人所知而不仅仅是小部分特定所认识；二是对轻微损害有适当的容忍义务；三是容忍的原因是因为被报道的事件有公众利益所关切的内容①。根据以上理论，作为公众人物，其在公众场合的言谈举止，属于公众关切内容。公众人物有义务回应社会公众的知情权利，并对社会公众的舆论监督持开放、包容之态度，这是其作为公众人物对自身人格权进行的必要限缩。但是，对公众人物的人格权利限制并非没有限度，公众人物的人格尊严依法受到保护，禁止他人恶意侵害。若行为人缺乏客观事实对公众人物进行恶意贬损，则超出了公众人物应当克制、容忍的范畴，已构成对公众人物的侮辱、诽谤，侵害了公众人物的名誉权。

在实践中，还有大量网民在转载过程中未履行审慎、注意义务，存在随意转载

① 刘迎霜：《名誉权中的“公众人物理论”省思——以司法裁判实证研究为视角》，载《社会科学》2014年第6期。

侵害他人名誉权文章的行为，殊不知这种行为也有可能构成侵权。网络转载抗辩并非意味着对侵权责任的当然豁免，对于其他网络用户发布的侵权信息，转载者在转载过程中未尽到合理注意义务，在明知或应知所转载的内容存在缺乏论证、人为曲解或过激的贬损性语言等不计后果的情况，仍然予以转载发布并进行传播的，应当与前手发布者承担连带责任。

2. 由网络暴力引发的侮辱、诽谤罪。

随着自媒体的普及，每个人都拥有自己发声的渠道，信息的发布门槛大幅度降低。但是网络不是法外之地，每位网民应当尊重权利应有的法律界限，不能侵犯他人的合法权益；应当坚持正确的价值观和行为准则，维护网络文明。如其言行不当，构成犯罪的，应当承担相应的刑事责任。作为一名遵纪守法的网民，应当具备明辨是非的判断能力，对自己的言行负责。倘若跟风参与网络骂战，侮辱、诽谤当事人，这些网络暴力行为不仅损害、破坏了当事人的名誉权和人格权，严重伤害了当事人，而且混淆了公众视听，严重的将追究其刑事责任。

侮辱、诽谤行为的发生破坏了人与人之间和谐共处的稳定状态。当侮辱、诽谤行为发生，被害者遭受心理上的痛苦折磨。为了避免被害，人们会在人际交往中花费本不必要的精力保护自己的隐私，或者在生活中缩手缩脚，以免“得罪”某人而遭受侮辱诽谤。西原春夫教授认为，在制定刑法深处起作用的是每个人保护自身免遭伤害的欲求，当一般国民普遍地对某种保护存在欲求时，该欲求就上升为国民欲求，国家就需要制定刑法进行保护①。因此，为了实现整体社会福利的最大化，刑法有必要以一种“公共投资”替代社会大众分散的“私人投资”。刑法以对犯罪行为实施严厉的刑罚制裁为保证，消除社会公众对于该类行为的过度恐慌，进而保护国民的自由。② 因此，侮辱、诽谤行为对稳定社会秩序的破坏以及给社会大众造成的心理恐慌，是该行为构成犯罪的根本原因。

从现行法律规定上看，认定网络侮辱行为构成侮辱、诽谤要重点注意两方面的内容：一是在主观方面，行为人有贬低他人人格、侵害其名誉的故意；二是在客观方面，行为人实施了在信息网络或向公众开放的局域网络散布、传播真实的、有辱他人人格、名誉的视频、照片、文字、动画、图片等行为，或者虚构事实或者对事实进行篡改、加工，在网上散布，或者组织、指使他人在网上散布。按照现行法律

① [日]西原春夫：《刑法的根基与哲学》，顾肖荣等译，法律出版社 2004 年版，第 99 ~ 106 页。

② 孙建保：《刑法中的社会危害性理论研究》，上海人民出版社 2016 年版，第 126 页。

规定，根据行为危害程度的不同，网络侮辱、诽谤行为人可能要承担相应的民事侵权、行政和刑事责任。根据《治安管理处罚法》第 42 条的规定，公然侮辱或者捏造事实诽谤他人的，可处 5 日以下拘留或者 500 元以下罚款；情节较重的，处 5 日以上 10 日以下拘留，可以并处 500 元以下罚款。根据刑法第 246 条第 1 款的规定，以暴力或者其他方法公然侮辱他人或者捏造事实诽谤他人，情节严重的，构成侮辱罪或诽谤罪，处 3 年以下有期徒刑、拘役、管制或者剥夺政治权利。最高人民法院、最高人民检察院《关于办理利用信息网络实施诽谤等刑事案件适用法律若干问题的解释》进一步明确了"诽谤罪"的具体入罪标准，明确了何种行为属于"情节严重"，依法应当追究刑事责任。需要指出的是，我国还没有规定"侮辱罪"的具体入罪标准，在司法实践中，参照"诽谤罪"的入罪标准执行。宪法赋予了公民言论自由权，但权利的行使是有边界的，并不意味着可以打着言论自由的旗号随意捏造、传播虚假信息，诽谤他人。网络侮辱、诽谤可能对受害者造成难以弥补的巨大伤害。为了保护公民的名誉权，国家有权力也有义务通过法律对网络侮辱、诽谤行为加以规制。

延伸阅读

青少年"粉丝"网络言论失范问题[①]

随着娱乐文化的迅猛发展，很多年轻人都有自己喜欢的偶像。作为某个明星的"粉丝"，关注着明星的活动，为他加油，同时，因为不喜欢某个明星去责备辱骂的也有很多，"粉丝"们站在各自阵营里互相指责的现象屡见不鲜，甚至可能出现对某明星从羞辱到人身攻击、捏造事实在网上传播的情况。近日，北京互联网法院发布的《"粉丝文化"与青少年网络言论失范行为问题研究报告》（以下简称《报告》）显示，网络名誉权侵权纠纷中以青少年为涉嫌侵权主体（即案件被告），集中出现于从事演艺工作的公众人物名誉权侵权案件中。法院受理的多起案件中，被告实施侮辱特定明星的行为，往往由"粉丝"之间的持续骂战引起。青少年在追星过程中存在不理智、相互谩骂、失范言论升级的现象，个别粉丝将怨气转至对方维

① 赵春艳：《明星名誉权案件频发青少年"粉丝"网络言论失范问题亟待关注》，载《民主与法制时报》2019 年 12 月 28 日，第 6 版。

护的明星,进而实施对明星的侮辱、诽谤。北京互联网法院调研发现,青少年发表涉嫌侵权言论的目的是为自己所喜爱的明星提高人气、获取关注。通常表现为:对贬低自己偶像的言论予以回击;主动贬低其他明星,为自己喜爱的明星争取影响力;单纯因厌恶与其偶像进行合作的其他明星而发起言论攻击等。北京互联网法院张院长认为,要发挥好审判职能作用,以裁判树规则、以规则促治理,建设清朗网络空间;也是要借助全流程线上审判的优势,强化互联网上的庭审公开,让每一个案件都变成"法治公开课"。审判之余要加大司法建议力度,及时反馈司法工作中发现的问题,促进源头治理。要协同相关主管部门和社会组织,形成网络空间综合治理合力,共同促进互联网空间治理体系和治理能力。北京互联网法院还发布了《弘扬社会主义核心价值观共筑清朗网络空间》倡议书。倡议书中建议网络言论发布者承担话语责任,对网络言论失范行为坚决说"不";广大网络用户拒绝网络暴力,依法上网、理性发声;文艺工作者讲品位、讲格调、讲责任,引导粉丝群体理智追星。

专题七　个人信息保护与侵犯公民个人信息罪

要点解析

在大数据环境下，个人信息不再仅关乎公民个人的权益，还可能严重侵害社会公共安全和国家安全。我国自2009年起至今不断加强相关立法，先后通过了《刑法修正案(七)》《刑法修正案(九)》《网络安全法》民法典等多部法律法规，从犯罪主体范围、前提条件、行为手段、行为类型、刑事处罚等多个方面对侵犯个人信息行为进行了规制完善，对打击侵犯公民个人信息的犯罪行为提供了直接的法律依据。比如强化公民个人信息保护及提高司法机关办理侵犯公民个人信息案件效率方面，一方面是加大法律宣传力度，另一方面要加大监管部门打击力度，发现一起就查处一起、曝光一起，发挥震慑作用，加强与电信等部门的协作配合，“利用数据检测以及其他部门举报、移交的案件线索，对营销扰民的现象严肃处理”。[①]然而在互联网时代，公民个人信息的隐私保护难度在持续增大，互联网作为一个信息发散性的平台，普及度逐渐增大，用户的个人信息在一定程度下属于开放流通性的，许多不法分子使用高科技盗取用户的个人信息，虽然我国在盗取网络个人信息这个问题上加大了监管和惩罚力度，但不法分子手段日益智能化，盗取个人信息的行为形式也多种多样，所以大部分盗取网络个人信息的行为无法查获。发生民事纠纷时，以侵犯他人合法权益或者违反法律禁止性规定的方法获得的证据，很有可能会受到刑事处罚，会被定为侵犯公民个人信息罪。对于个人信息的定义，虽然最高人民法院、最高人民检察院《关于办理侵犯公民个人信息刑事案件适用法律若干问题的解释》(以下简称《解释》)对于“公民个人信息”的范畴作了比较明确的限定，但也还存在一些无法经由《解释》明确的问题。比如个人隐私信

① 陈群：《办理侵犯公民个人信息罪案件存在的问题及出路》，载《上海法学研究》集刊(2019年第14卷总第14卷)。

息是否属于“公民个人信息”？按照《解释》中“以电子或者其他记录”以及具有“识别”功能的规定，似乎无法得出明确结论。理论上，关于“公民个人信息”的基本范畴主要存在“隐私权”说、“生活安宁权”说、“信息价值”说三种观点。此外，还要在司法实践中注意“结合型”公民个人信息认定的类型区分认定。[①] 在司法实践中，司法机关对于如何认定侵犯公民个人信息的行为罪与非罪、公民个人信息的具体内涵等问题仍有必要进行深入分析，消除争议厘清模糊概念。

关联条文

民法典

第一百一十一条 【个人信息】自然人的个人信息受法律保护。任何组织或者个人需要获取他人个人信息的，应当依法取得并确保信息安全，不得非法收集、使用、加工、传输他人个人信息，不得非法买卖、提供或者公开他人个人信息。

第一千零三十四条 【个人信息保护】自然人的个人信息受法律保护。

个人信息是以电子或者其他方式记录的能够单独或者与其他信息结合识别特定自然人的各种信息，包括自然人的姓名、出生日期、身份证件号码、生物识别信息、住址、电话号码、电子邮箱、健康信息、行踪信息等。

刑　法

第二百五十三条之一 【侵犯公民个人信息罪】违反国家有关规定，向他人出售或者提供公民个人信息，情节严重的，处三年以下有期徒刑或者拘役，并处或者单处罚金；情节特别严重的，处三年以上七年以下有期徒刑，并处罚金。

违反国家有关规定，将在履行职责或者提供服务过程中获得的公民个人信息，出售或者提供给他人的，依照前款的规定从重处罚。

窃取或者以其他方法非法获取公民个人信息的，依照第一款的规定处罚。

单位犯前三款罪的，对单位判处罚金，并对其直接负责的主管人员和其他直接责任人员，依照各该款的规定处罚。

① 梁静飞：《侵犯公民个人信息罪的基本问题》，载法律快车网，https://m. Lawtime, cn/article/lll10445166110445675 5oo593567。

条文要义

民法典第111条是对自然人享有的个人信息权的规定。个人信息权，是自然人依法享有的一种人格权，这种人格权的主要内容是指支配个人资料、信息并排除他人侵害的权利。民法典规定的侵害的行为有非法收集、使用、加工、传输他人个人信息，有非法买卖、提供或者公开他人个人信息。出现这样的行为，应当承担侵权责任。

对于什么是个人信息，民法典第1034条进行了界定，在方式上，是以“电子或者其他方式记录的”；在性质上，是“能够单独或者与其他信息结合识别特定自然人的各种信息”；在内容上，包括“自然人的姓名、出生日期、身份证件号码、生物识别信息、住址、电话号码、电子邮箱、健康信息、行踪信息等。”据此，构成个人信息要满足三个要件：一是个人性。主体只能是自然人。二是具有可识别性，这是核心要件。三是形式性，即要有一定的载体。

在刑法中，对侵犯公民个人信息罪的规定体现在了刑法第253条之一。对于违规向他人出售或者非法提供公民个人信息的犯罪和相关处罚，第253条之一第1款作出了规定。本罪的客观方面主要表现为“向他人出售和非法提供公民个人信息”“情节严重的行为”。这句话包含了四方面的内容：一是这里的“他人”，包括单位和个人。二是这里的“出售”，是指卖给他人自己掌握的公民信息，并从中牟利的行为。三是这里的“非法提供”，主要是指违反国家有关规定，提供公民信息的行为。四是这里的“情节严重”，一般是指大量或多次出售公民个人信息，获利数额较大的行为，还有个人信息被用后，对被使用人正常生活造成严重影响或者造成被使用人经济上重大损失的行为。这些出售和非法提供个人信息的行为，达到情节严重的程度，也是本罪的构成条件。如果没有达到情节严重的条件，就不用进行刑事处罚，代之以行政处罚即可。对于在“履行职责或者提供服务过程中获得的公民个人信息”并“出售或者提供给他人”的行为，刑法第253条之一第2款作出了规定。在“履行职责或者提供服务过程中”主要是指，在提供公共服务过程中或者利用公权力依法获得信息。对于这种行为情节严重的，从重处罚。对于公民个人信息非法获取的犯罪和处罚，刑法第253条之一第3款作出了规定。非法获取，包括“窃取”和“以其他方法非法获取”两种方式。“窃取”主要是指获取方式上采用秘密的方法或不为人知的方法。“以其他方法非法获取”则是指“窃取”之外，通过购买、欺骗等方式非法获取信息的行为。以上行为，需达到情节严重的程度,才能构成此罪。

典型案例

案例一

庞某某诉中国某航空股份有限公司、北京某信息技术有限公司隐私权纠纷案

2014 年 10 月 11 日,庞某某委托鲁某通过北京某信息技术有限公司(以下简称某公司)下辖网站某网平台订购了中国某航空股份有限公司(以下简称某航空公司)机票 1 张,所选机票代理商为长沙某票务代理公司(以下简称票务公司)。某网订单详情页面显示该订单登记的乘机人信息为庞某某姓名及身份证号,联系人信息、报销信息均为鲁某及其尾号 **58 的手机号。2014 年 10 月 13 日,庞某某尾号 **49 手机号收到来源不明号码发来短信称由于机械故障,其所预订航班已经取消。该号码来源不明,且未向鲁某发送类似短信。鲁某拨打某航空公司客服电话进行核实,客服人员确认该次航班正常,并提示庞某某收到的短信应属诈骗短信。2014 年 10 月 14 日,某航空公司客服电话向庞某某手机号码发送通知短信,告知该航班时刻调整。当晚 19:43,鲁某再次拨打某航空公司客服电话确认航班时刻,被告知该航班已取消。庞某某诉至法院,主张某公司和某航空公司泄露的隐私信息包括其姓名、尾号 **49 手机号及行程安排(包括起落时间、地点、航班信息),要求某公司和某航空公司承担连带责任。北京市海淀区人民法院于 2016 年 1 月 20 日作出民事判决:驳回庞某某的全部诉讼请求。庞某某向北京市第一中级人民法院提出上诉。北京市第一中级人民法院于 2017 年 3 月 27 日作出判决:(1)撤销北京市海淀区人民法院民事判决;(2)北京某信息技术有限公司于本判决生效后 10 日内在其官方网站首页以公告形式向庞某某赔礼道歉,赔礼道歉公告的持续时间为连续 3 天;(3)中国某航空股份有限公司于本判决生效后 10 日内在其官方网站首页以公告形式向庞某某赔礼道歉,赔礼道歉公告的持续时间为连续 3 天;(4)驳回庞某某的其他诉讼请求。

案例二

杜某某侵犯公民个人信息案

2016年4月初,被告人杜某某使用WEBLOGIC反序列化漏洞工具,通过植入木马程序的方式,非法侵入山东省2016年普通高等学校招生考试信息平台网站,取得该网站管理权限,非法获取2016年山东省高考考生个人信息64万余条。后杜某某通过腾讯QQ、支付宝向陈某某(另案处理)出售上述信息10万余条,非法获利14 100元。陈某某通过其向杜某某购得的上述信息,组织多人实施电信诈骗活动,拨打诈骗电话共计1万余次,骗取他人钱款共计20余万元,造成高考考生徐某玉死亡。同年9月2日,公安机关将杜某某抓获归案。山东省临沂市罗庄区人民法院于2017年8月24日作出(2017)鲁1311刑初332号刑事判决,判决如下:(1)被告人杜某某犯侵犯公民个人信息罪,判处有期徒刑六年,并处罚金人民币6万元。(2)没收违法所得14 100元及作案工具银色移动硬盘1个、摩托罗拉牌手机1部、戴尔牌笔记本电脑1台、无线上网卡1个,上缴国库。

解读评析

1.“个人信息”保护与隐私权的举证。

对个人信息保护不仅是为了维护社会公共秩序的稳定与安全,最重要的是要保证自然人的合法权益不受损害。同时在个人信息民法保护中,它赋予了自然人维护个人信息的民事权益,促使人们要高度重视个人信息的保护,在日常工作中人们可以自觉的保护个人信息。民法典对个人信息保护提出的规定内容中,一方面明确了自然人对个人信息享有受保护的权利,要制止任何组织收集、存储、保管个人信息,以及使用个人信息的行为,若有违反规定者要进行严格的处罚。另一方面,民法典对个人信息保护所制定的规定,有利于构建一个科学、合理的个人信息保护法律体系。

案例一中,庞某某因个人信息(其姓名、手机号及行程安排)泄露,将某公司和某航空公司诉至北京市海淀区人民法院。本案中,隐私权被认为包括个人信息自主的内容。而关于个人信息自决权的合理与否,仍然有很大的讨论空间。贸然基于个人信息自决理论,在隐私权体系内保护个人信息,亦有过分保护和侵袭个人信息正当使用的危险。目前主流观点认为如果将个人信息保护纳入民法的范围之中,则意味着个人信息具备两种权利,即绝对权和支配权。因此,传统民法虽然在个人信息保护层面面临着诸多挑战和困境,需要进一步完善与改进,但是现代法律给予个人信息保护公法与私法并重的综合性保护方法,有助于推动个人信息保护的发展。

当然,在举证责任的分配上,本案也有相当的意义,有观点认为本案确定了用户(提供数据方)的举证责任较轻,服务提供者(数据占有者)的举证责任较重的举证规则,这自然符合举证能力影响举证责任承担的原理。但不可忽视的是,本案极为重要的一点在于结合案发的背景因素:多家媒体披露了某航空公司的信息泄露事件,并有行政机关的整改通知。在这样的背景下,某航空公司的过错行为的认定显然更为容易和明晰。因而,在后续的类似案例中,侵权行为的证明仍然要在具体的情境中加以考量。

2. 非法买卖个人信息犯罪危害。

在大数据环境下,侵犯个人信息犯罪也出现了比较大的变化。聚集性成为个人信息犯罪新的趋势,集中、大量的侵犯个人信息的案件越来越多。如出卖或泄露公民个人信息,已经形成"源头、信息贩子、购买者""一条龙"黑色产业链。一方面,该类犯罪危害呈现全民性和公共性。个人信息"所蕴含的公共管理价值和商业价值,将成为公私机构不当收集、处理、利用和传输个人信息的巨大诱因"①。侵犯个人信息犯罪所侵犯的信息早已突破"个人"的范畴,其所侵犯信息的公共性更加明显,事实上与公共安全甚至国家安全相关联。另一方面,该类犯罪行为呈现多样化。在信息社会,个人信息的挖掘利用已经成为包括搜集、保存、流转、利用在内的体系,为个人信息的被侵害提供了巨大的空间,呈现出扩张的态势。②

案例二中,杜某某精通计算机技术,案发前系某信息技术公司员工,其违反国家规定,利用黑客手段侵入高校招生考试信息平台,非法获取考生信息数量特别巨大,信息涵盖内容非常全面,杜某某在获取上述信息后,通过网络平台出售给第三人非法获利。上述信息被出售后,成为第三人实施电信诈骗犯罪的重要手段。众多考生及家长接到诈骗电话后上当受骗,并造成经济损失,甚至发生了考生徐某玉被骗后死亡的严重后果。新闻媒体对徐某玉被诈骗死亡以及杜某某侵犯公民个人信息的犯罪行为进行了广泛报道,造成了恶劣的社会影响。

---

① 赵秉志:《公民个人信息刑法保护问题研究》,载《华东政法大学学报》2014 年第 1 期。

② 皮勇、王肃之:《大数据环境下侵犯个人信息犯罪的法益和危害行为问题》,载《海南大学学报(人文社会科学版)》2017 年第 5 期。

本案在认定涉案信息数量时，对杜某某非法获取的批量信息全部予以认定。杜某某非法获取的信息数量符合刑法第 253 条之一规定的“情节特别严重”的情形。合议庭经反复讨论，最终采纳了“杜某某的行为造成了恶劣社会影响，符合侵犯公民个人信息罪情节特别严重的情形”的指控意见。第一，电信诈骗团伙利用从杜某某处购得的考生信息实施诈骗，造成多地考生家庭遭受经济损失，并导致考生徐某玉被骗身亡，进而引发了媒体广泛报道和社会高度关注，造成了不良的社会后果。第二，杜某某非法获取考生个人信息的行为本身应作否定性评价，该行为已经侵害了他人的信息安全和相关合法权益，其在获取信息后，受利益驱使，将信息出售给不确定的第三人，甚至在怀疑第三人可能用于非法活动时，仍继续出售了部分信息。杜某某非法获取并出售相关信息的行为，使得犯罪分子能够得以实施精准诈骗。杜某某应对其行为以及由此造成的恶劣社会影响承担相应的责任。①

延伸阅读

App 过度收集个人信息的法律问题

法学博士小凌在手机上注册了抖音 App，这个手机号的通信录里除了他本人没有其他人，然而这就这样一个手机号却被推荐了大量“可能认识的人”，有多年未联系的同学和朋友，甚至还给他推荐了前女友的信息。小凌认为抖音 App 非法获取其个人信息和隐私，已经构成了侵权，一纸诉状将抖音 App 的运营者北京某科技有限公司告上法庭，要求被告依法承担侵权责任。被告辩称：是基于其他用户授权访问的权限和有关小凌的信息向他推荐的“可能认识的人”，并未侵犯小凌的权益。法院一审判决认定被告构成侵权。法院认为，被告读取原告手机信息的行为如果不对用户造成打扰，属于对信息的合理使用。但被告获取信息后并没有及时删除该信息，超过了必要限度，不属于合理使用的范围，构成了侵权。法院要求被告删除其收集并存储的原告个人信息，向原告进行书面道歉并赔偿经济

① 蒋慧岭：《网络司法典型案例（刑事卷·2017）》，人民法院出版社 2018 年版，第 140 ~ 144 页。

损失[①]。

像这种 App 过度获取个人信息的行为在生活中屡见不鲜。比如说你刚刚浏览过某个吃播,某外卖 App 就会向你推荐你刚看过的菜,甚至你刚和朋友聊完天,打开某购物 App,首页就会出现刚刚聊天谈到的物品,这样的例子数不胜数。在中消协发布的《100 款 App 个人信息收集与隐私政策测评报告》中,显示超九成 App 涉嫌"越界"过度收集个人信息,将近一半 App 隐私条款不达标,超三成 App 并没有隐私条款[②]。

从法律层面上看,目前我国虽然有相关的网络安全和个人信息保护法律,但对手机 App 过度非法收集个人信息的行为仍然没有打击到位,相关的隐私信息提取备案制度和信息获取明示制度也并未建立。对此,民法典第 1033 条以兜底条款的形式保护自然人的隐私权,第 1035 条对个人信息处理的原则和条件作出了规定,特别强调了合法、正当、必要原则,还提出了"不得过度处理原则"及处理的四个具体条件,让这一法律制度更加完备。

---

① 《抖音 App 非法获取用户个人信息案,判了!》,载 https://baijiahao. baidu. com/s? id = 1673759021510520495&wfr = spider&for = pc。

② 参看中消协发布的《100 款 App 个人信息收集与隐私政策测评报告》。

PART

5

第五编

◇

婚姻家庭中关涉刑法的问题

专题一　婚姻自由原则的民刑事保护

要点解析

民法典第1041条规定"实行婚姻自由"，第1046条规定"结婚应当男女双方完全自愿，禁止任何一方对另一方加以强迫，禁止任何组织或者个人加以干涉。"因此，我国对符合条件的男女双方自愿组成家庭的行为是支持的，并且立法予以保护。但现实社会中，由于传统观念的影响，一些父母总认为自己有权决定子女的终身大事，常常干涉子女的婚姻自由。但另一方面，针对丧偶或离婚的父母一方，子女也常常因为社会舆论的压力以及自身传统观念的影响，而不赞成甚至干涉父母的婚姻。这其中既涉及民法典中有关婚姻自由原则的保护问题，也涉及因为严重侵犯家庭成员的婚姻自由而出现的刑事犯罪问题。

关联条文

民法典

第一千零四十一条第二款　【婚姻制度】实行婚姻自由、一夫一妻、男女平等的婚姻制度。

释义：是指自然人依照法律规定结婚或者离婚不受拘束、不受控制、不受非法干预的权利。具体内容是：(1)依法行使婚姻权利。婚姻家庭法规定婚姻自由，是在亲属法中保障自然人依法行使婚姻自主权的自由权。婚姻自主权是自由的，但是要依法进行，按照法律的规定确定婚姻行为。(2)不受拘束、不受控制、不受非法干预。行为人在不受拘束、不受控制和不受非法干预的状态下自主决定婚姻行为。(3)包括结婚自由和离婚自由。①

① 杨立新主编：《〈中华人民共和国民法典〉条文精释与实案全析》，中国人民大学出版社2020年版，第84～85页。

第一千零四十二条 【婚姻自由】禁止包办、买卖婚姻和其他干涉婚姻自由的行为。禁止借婚姻索取财物。

第一千零四十六条 【婚姻自由】结婚应当男女双方完全自愿,禁止任何一方对另一方加以强迫,禁止任何组织或者个人加以干涉。

刑 法

第二百五十七条 【暴力干涉婚姻自由罪】以暴力干涉他人婚姻自由的,处二年以下有期徒刑或者拘役犯前款罪,致使被害人死亡的,处二年以上七年以下有期徒刑。

第一款罪,告诉的才处理。

释义:该罪是指以暴力手段干涉他人行使结婚和离婚自由权利的行为。侵犯的是他人的婚姻自由权利,同时也侵犯他人的人身权利。客观方面表现为使用暴力干涉他人婚姻自由的行为,包括殴打、捆绑、禁闭、强抢的手段。

条文要义

婚姻自由原则作为一项法律原则被确立,是人类文明的伟大进步,其昭示着婚姻、生育和性从传统社会的义务到现代社会权利的演变过程,同时也昭示着人类的婚姻不再是义务和责任,而是权利,是我们可以选择的,而不是必须的,更意味着是否走入婚姻的殿堂也应当是符合法律规定条件的自然人所应当享有的权利。站在社会主体的角度,民法典中的婚姻自由原则就必须告知人们的首先是,婚姻关系是人们可以选择的一种社会关系,而不是必须进入的社会关系。这一权利是由其本身作为一种私法法律关系的性质所决定的。该项原则有着重大意义:一是婚姻自由原则是宪法赋予的重要原则。虽然宪法条文并没有具体内容规范婚姻自由,但作为基本人身权利的婚姻权利,每个国家的宪法都将其作为一项基本权利进行确认和保护,其是宪法原则在婚姻家庭关系中的重要体现。二是婚姻权是一项权利而非义务。既然是权利,就有选择的可能,其不再是义务和责任,亦不是必须的。[①]

但是,诚如之前论述,虽然婚姻自由原则一直是我国宪法及婚姻家庭法律规定的基本原则,但现实生活中仍然大量存在干涉婚姻自由的行为,甚至是以暴力

---

① 魏清沂:《论婚姻自由原则》,兰州大学2009年硕士学位论文,第13、15页。

方式加以干涉,严重损害当事人的权利,严重破坏了国家宪法和基本法律的贯彻实施。显然,作为我国婚姻有关法律制度的基本原则之一的婚姻自由原则,虽经历十数年的适用,仍然没有在社会大众中确立起其应有的地位和作用。

现实生活中,仍然存在大量的干涉婚姻自由的案例,一般干涉婚姻自由的具体方式是:(1)包办婚姻,父母等第三者包办、强迫形成的婚姻;(2)买卖婚姻,父母等第三者以索取财物为目的,包办强迫他人婚姻的行为;(3)子女干涉父母再婚的行为;(4)干涉丈夫去世者再婚的行为;(5)干涉男方到女方家落户的行为;(6)干涉非近亲属结婚的行为;(7)干涉或强迫他人离婚的行为;(8)干涉老年人再婚的行为;(9)干涉他人复婚的行为等。一般情况下,干涉婚姻自由的行为尚未达到严重程度时,其法律后果主要包括:(1)包办、买卖婚姻以及其他干涉婚姻自由的行为,都是第三者侵犯当事人婚姻自由的行为,都应当受到法律以及道德的谴责。(2)有关部门和人民法院应当视情况对这些行为分别予以处理,包括但不限于停止侵害、赔偿损失、消除影响、赔礼道歉等。(3)对婚姻关系的处理,根据民法典第1052条之规定,因胁迫结婚的,受胁迫一方可以向人民法院请求撤销婚姻,请求撤销婚姻的,应当自胁迫行为终止之日起一年内提出。被非法限制人身自由的当事人请求撤销婚姻的,应当自恢复人身自由之日起一年内提出。(4)根据民法典第1054条之规定,无效的或者被撤销的婚姻,自始无效,当事人不具有夫妻的权利和义务。同居期间所得的财产,由当事人协议处理;协议不成的,有人民法院根据照顾无过错方的原则判决。

但干涉婚姻自由的行为并非仅由民事法律进行调整,当干涉行为严重侵犯当事人合法权益时,刑事法律的调整手段成为必要。因此,当第三人使用暴力公然干涉他人婚姻自由时,就涉嫌触及我国刑法第257条规定的暴力干涉婚姻自由罪。对于民事法律与刑事法律对婚姻自由原则的保护,最为明显的区别就是干涉手段的不同。其中刑法规定的暴力干涉婚姻自由罪中的“暴力”显然是划分民刑事责任的首要标准。在解释或者理解本罪中的暴力时,刑法学界的观点基本是一致的,指用殴打、禁闭、捆绑、抢掠等方法对人身进行强制或打击,如果行为人使用暴力干涉他人婚姻自由的,构成犯罪;如果行为人仅以口头阻挠或者以暴力威胁及书面威胁的,属于一般的违反婚姻法律的行为,不构成本罪。[①] 因此,我国现行刑法理论与司法实务都是把暴力干涉婚姻自由之暴力认定为有形暴力,并且构成

① 刘家琛:《新刑法条文释义》(上),人民法院出版社2002年版,第1179页。

本罪需要造成一定的有形结果，对于诸如“威胁、恐吓、骚扰、辱骂等手段对受害人的心理施加压力情节严重或者使受害人的精神、心理受到严重损害的行为”①不认为是“暴力”。这一点值得商榷。

典型案例

案例一

李某某暴力干涉婚姻自由案

被告人李某某与矣某某于1995年起确立自由恋爱关系，1999年6月，矣某某向李某某提出分手，李某某不同意。2000年3月22日9时许，被告人李某某在塔甸镇政府民政办公室与矣某某商量分手之事，双方发生争执，李某某用事先准备好的尖刀架在矣某某的脖子上，绑架矣某某，迫使矣某某向其表示“我不想死，你不要杀我，不要把刀架到我的脖子上，我俩领结婚证，我跟你过得了。”当地民政部门为缓解事态，现场为双方开具了结婚证书。公安及有关部门经过两个多小时的法律政策教育，被告人李某某放开矣某某，将刀交给公安干警归案。

本案中，被告人李某某为达到与他人结婚的目的，采用暴力手段强迫他人与自己结婚，暴力干涉他人的婚姻自由权，其行为已触犯我国刑法，构成了暴力干涉婚姻自由罪。应当根据刑法第257条之规定定罪处罚。

需要注意的是，构成本罪与非罪的界限。首先，要区分暴力与口头阻止或暴力相威胁干涉婚姻自由的界限。在干涉婚姻自由当中，如果行为人使用暴力干涉他人婚姻自由的，构成犯罪，如果行为人仅以口头阻挠或者以暴力相威胁及书面威胁，则属于一般的违反民法典规定的行为，不构成本罪；其次，要区分严重暴力干涉行为与轻微干涉婚姻自由行为的界限。根据我国立法精神和实践经验，干涉他人婚姻自由，并非使用暴力即构成犯罪，只有使用暴力达到一定严重程度时，才构成犯罪。如果暴力轻微，对被干涉者争取婚姻自由的威胁不大，或者暴力行为对被干涉者的人身危害程度轻微，则不构罪。

---

① 季理华：《和谐社会语境中家庭暴力犯罪的刑事立法完善》，载《新疆财经学院学报》2006年第2期。

案例二

王某与戴某侵权责任纠纷上诉案

戴某与王某于2002年3月27日登记结婚，二人均系再婚。二人婚后一直共同生活。2014年12月，王某1、卜某2在王某生病住院期间将其接走，至今未让戴某探望。现在王某一直跟随其女儿王某1共同生活。一审法院判决：(1)被告王某1、卜某2于判决生效之日起立即停止侵害，不得干涉原告戴某与被告王某共同居住生活的权利；(2)驳回原告戴某的其他诉讼请求。二审法院维持一审判决。

法院认为，合法的婚姻关系受法律保护。老年人的婚姻自由受法律保护，子女或者其他亲属不得干涉老年人离婚、再婚及婚后的生活。原告戴某与被告王某系合法夫妻，享有婚姻法所赋予的共同居住生活权利。被告王某1、卜某2不应当干涉老年人的婚后生活。原告戴某要求被告王某与其共同生活是法律赋予的权利，他人不得干涉。被告王某1、卜某2将被告王某接走，阻止原告戴某与被告王某共同生活已侵犯了原告戴某的合法权利，应立即停止侵害，不得干涉原告戴某与被告王某共同居住生活的合法权利。

解读评析

根据民法典的规定，我们尊重个体的婚姻自由，倡导社会公众在维护自己合法权益的同时，充分尊重他人的婚姻选择。但婚姻自由并非绝对的自由，自有其限制。并非任何年龄的人都享有结婚的权利，也并非任何达到法定婚龄的人都享有与他人结婚的权利。法律与道德是限制婚姻自由的两种不同方式。法律通过立法机关制定的权利义务，凭借国家强制力强制人们遵守，而道德是通过调整人与人之间关系，用观念评价人们的行为。

1. 法律的限制。

我国婚姻法为了确保婚姻自由原则的实现，也作了一些限制性的规定，有利于保障婚姻当事人正当行使婚姻自由的权利。

(1)结婚自由的法律限制。

在婚姻的实质要件上，我国民法典规定婚姻必须是男女异性的结合，这是传统婚姻法最基本的要求，我国不承认同性婚姻。婚姻当事人必须有自愿结婚的意思表示，且是达到法定结婚年龄的人。此外，法律不允许近亲属结婚，是优生学、遗传学方面的考虑。法律将患有重大疾病未告知的规定为可撤销婚姻,就是为了保障婚姻当事人权益和社会公共利益。形式要件上,我国婚姻法明确规定双方当事人必须自己本人去婚姻登记部门进行结婚登记。进行结婚登记对于保障婚姻自由原则、维护家庭稳定具有十分重要的意义。

(2)离婚自由的法律限制。

离婚是婚姻当事人不愿持续婚姻关系而按照法定程序要求结束婚姻关系的行为。离婚的对象必须是拥有合法夫妻关系的男女,离婚必须在婚姻关系存续期间提出。按离婚方式不同,可以分为协议离婚和判决离婚。协议离婚当事人双方只能是合法夫妻并且具有完全民事行为能力,而且当事人双方必须有离婚的合意,且意思表示真实。当事人双方必须对结束婚姻关系后子女的抚育、财产分配等争议达成书面协议。诉讼离婚的条件是夫妻感情达到无法挽留的地步,婚姻没有维系下去的必要。在离婚自由的法律限制中包括对离婚诉讼权利的限制,主要表现在三个方面:对现役军人配偶离婚诉权的限制、对男方离婚诉权的限制(对处于特殊时期女性婚姻的特别保护)以及登记离婚冷静期的规定。这样可以避免离婚当事人成为任意行使离婚自由权利的受害者,保障婚姻自由的真正实现。

2. 道德的限制。

道德具有自律性和他律性,道德的自律性在法律难以触碰的地方发挥十分重要的作用。婚姻自由在道德方面的限制主要体现在近姻亲通婚[①]方面。

我国民法典明确规定不允许缔结婚姻的是直系血亲和三代以内旁系血亲,并没有具体规定直系姻亲之间是否能够缔结婚姻。

关于直系姻亲间结婚是否合乎法律规定,我们不能仅从法律明文规定上判断,还需要考虑我国伦理道德和公序良俗以及民法典的立法精神。首先,我国向来在婚姻问题上注重尊卑有别、长幼有序,直系姻亲之间缔结婚姻违反了伦理道德的要求,会引起一系列伦理关系的混乱,造成不良的社会影响。其次,民法典的"婚姻家庭编"的根本目的是维护家庭伦理道德,维系和谐婚姻家庭关系。因此,不提倡直系姻亲之间缔结婚姻。如最高人民法院中南分院 1953 年 7 月 14 日

---

① 新中国成立后的立法与司法事实上是允许曾经的直系姻亲结婚的。主要理由:一是婚姻以感情为基础,与身份关系无关,当事人并非不知道自己的行为有悖社会的伦理规范,双方缔结婚姻的后果也主要由当事人自己承担,如果他们自己已经突破了这样的心理束缚并且愿意去面对他们的结合所带来的种种非议,那么法律就不应当干涉;二是早在 1953 年,最高人民法院也仅是采取"说服""劝令"的态度,而没有强行禁止,在日益开化的今天实在没有必要开历史的倒车。(引自金眉:《论直系姻亲的发生、终止及其法律效力》,载《江苏社会科学》2018 年第 6 期。)

(53)法司普民字12/989号函复同意的《关于公公与媳妇、继母与儿子等可否结婚问题的复函》中曾有规定我国婚姻法针对这些人并没有不允许结婚的明确规定，为了照顾大众心理，以及避免大众思想上无法接受，因而造成发生不想看到的突发事件，最好的方法是尽力说服劝说他们不要缔结婚姻；可是若他们态度坚定，即使是通过劝说还是没有用时，当地相关政府部门工作人员可以考虑具体情况进行恰当的处理，譬如说服他们到其他地方生活工作等。① 也是基于上述原因，我们将这一限制论述在了道德限制之中。

民法典第1045条规定“亲属包括配偶、血亲和姻亲。”“配偶、父母、子女、兄弟姐妹、祖父母、外祖父母、孙子女、外孙子女为近亲属。”何为民法上的亲属及近亲属，其又与刑法上的近亲属有何区别呢？

我国民事基本法律与刑事基本法律关于近亲属的规定不尽相同。民法通则首次出现“近亲属”一词，为了明确其范围，1988年1月26日通过的最高人民法院在《关于贯彻执行〈中华人民共和国民法通则〉若干问题的意见（试行）》中规定，民法通则中规定的近亲属包括配偶、父母、子女、兄弟姐妹、祖父母、外祖父母、孙子女、外孙子女。民法典继承了这一规定。

而刑事诉讼法第108条明确规定“近亲属”是指夫、妻、父、母、子、女、同胞兄弟姐妹。因此，确定了刑事诉讼法中“近亲属”的范围。刑法作为法律的最后一道防线，也是最代表国家强制力的法律，它的适用条件更应该谨慎，因为一旦触及刑法便是犯罪，刑事诉讼法作为刑法能够真正发挥作用的保障，其中的规定应该最为严格，所以其对近亲属范围的规定应该最为明确，同时因为是最严厉的法律，其规定不宜过宽从而造成刑罚的滥用。②

延伸阅读

酒局上的法律责任

劝君一盏君莫辞，劝君两盏君莫疑，劝君三盏君始知。在几千年的中国酒文化中，类似诗句不胜枚举，酒桌上的热情和豪爽在诗人笔下被描绘得淋漓尽致。

---

① 孔俊钰：《论婚姻自由原则》，载《法制与经济》2016年第7期。

② 李涵：《不同诉讼法中近亲属范围规定的比较研究》，载《法制博览》2018年第8期。

如今,朋友聚会、家庭聚餐,各类应酬增多。但若饮酒过量,轻则伤身,重则害命。多数情况下应由发生人身损害的饮酒人自负责任。但如果发生以下情况,则共同饮酒人也应承担相应的赔偿责任。

1. 强迫性劝酒。如果在饮酒过程中有明显的强迫性劝酒行为,如用“不喝不够朋友”等语言刺激对方喝酒等行为,只要主观上存在强迫的过错,此时给对方造成损害后果,劝酒人应当承担相应的过错赔偿责任。当然,此种情况下,醉酒人自身也有一定的过错。因为这种强迫并非暴力性的,应当减轻劝酒人的赔偿责任。

因此,如有上述强迫性劝酒行为的话,导致饮酒人伤亡的,参加聚会的人中应根据各自的过错程度,组织者、劝酒者、同饮者均要承担一定的民事赔偿责任。

2. 明知对方不能喝酒仍劝其饮酒。如明知对方身患疾病不能饮酒,仍再三劝其“再喝一点没有问题”等行为。

3. 未将醉酒者安全送到家。对于那些喝多了已经丧失自我照顾能力了的人还要自行回家的情况下,酒友有护送和通知义务,如果明知其独自回去会有危险而放任该行为发生。

4. 酒后驾车、游泳、剧烈运动未加劝阻。如在明知对方酒后驾车而不加以劝阻的情况下,一旦出事同饮者就要承担一定的责任。因为此时共同饮酒人应对醉酒的人负有加以阻止的义务。如果已尽到劝阻义务,而醉酒人不听劝阻,同饮人则可以免责。

专题二　一夫一妻原则

要点解析

婚姻制度的形成是人类文明进步的一个标志，婚姻的形式也从群婚制到对偶制，再到现在普遍实行的一夫一妻制。因此，一夫一妻制更加合乎社会的发生进步，是社会文明的体现，同时也标志着人类对自己的性行为活动做出了更为严格的规范限制，也第一次把两性关系规范为夫妻关系，成为人类历史上“最伟大的道德进步”[①]。[②] 我国民法典将一夫一妻作为原则确定在了婚姻家庭编中的“一般规定”中，可见其重要地位与作用，司法实践中对违反这一原则规定的行为需要进行规制。

关联条文

民法典

第一千零四十二条第二款　【婚姻制度】禁止重婚，禁止有配偶者与他人同居。

释义：一夫一妻原则，一男一女结为夫妻的婚姻制度，也是我国婚姻关系的基本原则。具体含义是：(1)任何人，无论居于何种社会地位、具有多少钱财，都不得同时有两个以上的配偶。(2)任何人在结婚后、配偶死亡或者离婚前，不得再行结婚。(3)一切公开的、隐蔽的一夫多妻或者一妻多夫的两性关系，都是非法的。

刑　法

第二百五十九条第一款　【破坏军婚罪】明知是现役军人的配偶而与之同居或者结婚的，处三年以下有期徒刑或者拘役。

---

① 《马克思恩格斯选集》(第 4 卷)，人民出版社 1972 年版，第 65 页。

② 谭永：《一夫一妻制的哲学基础》，载《法制与社会》2008 年第 24 期。

释义:该罪属于行为犯,只要行为人明知是现役军人的配偶而与之同居或者结婚的,原则上就构成犯罪,应当立案侦查。本罪侵犯的客体是现役军人的婚姻关系。为解除现役军人的后顾之忧,从法律上对他们的婚姻关系给予了特殊保护。

条文要义

一夫一妻是婚姻家庭法律中的重要制度,甚至可以说是最为核心、最为重要的制度①。主要理由是:首先,婚姻是男女两性的结合,婚姻制度是两性关系的制度,其最核心的目的是把两性关系限定在婚姻之内。作为自然形成的男性与女性两个群体,两者的结合亦是一种自然的法则。因此,人类社会应当用社会法则加以规范。其次,一夫一妻制度顺应了自然、社会和历史的发展规律。从群婚制发展到一夫一妻制,婚姻形态也从杂乱、没有限制发展到了有限制、有规律。婚姻家庭制度顺应了物质形态的发展,也对家庭的和谐和社会的稳定发挥了极其重要的基础作用。

从现实情况来看,我国的一夫一妻制度面临着被架空的危机。究其原因,与我们目前忽略婚姻法律制度的固有特点,对国外先进法律制度盲目移植,忽视我国国情,过分强调婚姻登记制度,以及对重婚的认定与关于法律责任的法律制度本身存在重大缺陷有着直接的关系。

认为专一的两性关系不仅仅是人类社会不断文明进化的结果,也不仅仅是人类理性不断觉悟的产物,更是人类与生俱来的本性,是自然界对人类生存发展的基本要求。夫妻之间的忠实义务是一种由来已久、与婚姻本质不可分割的一种义务。此种忠实义务自古存在,是一夫一妻制度产生的根源。

当然,上述理论之争仍然只是一夫一妻制的现象描述,其实,该制度存在的根源还是在于社会生产关系的变革。在阶级社会产生以前,家庭已经开始成为基本的基层供养单位,在此阶段,被供养者依附于供养者的原因相当简单。在这种供养关系中,充当供养者的首先是母亲,母亲与孩子的天然关系是十分明显的。母亲与孩子之间的关系(其本质是一种社会关系、经济关系)就作为由天然的、生物学上的联系所派生的关系出现在人们的面前。生物学上此种关系成为社会关系

① 吴洪、汪姿含:《对一夫一妻制度的理性思考》,载《中华女子学院学报》2013 年第 1 期。

的前提和内容之一。与之相对的是，生育上的联系、生物学上的父亲身份是不被社会所重视的，并且也不具有社会意义。

随着生产资料私有制的产生，社会发展向阶级社会的过渡，平均分配的生产关系也趋向消灭，男人作为生产资料的所有者成为唯一的供养者，而女人不管参加劳动还不参加劳动，都扮演着被供养者的角色。此时的供养关系也较之以前发生了根本性变化，不但孩子，而且女人也包括到被供养的范围中去了。本来是社会的供养关系和继承关系，却被视为由生物学的父亲与子女的关系所派生出来的关系。从此以后，生物学上的父亲身份、生育关系就成了社会意义上的父亲身份的依据。结果，社会意义上的父亲身份与生物学意义上的父亲身份都被社会看成完全同一的现象。但是，即使不是所有的生物学上的父亲身份都被看作社会意义上的父亲身份，所有社会意义上的父亲身份却一定会被看作生物学的父亲身份。这个几乎是一切阶级社会所遵循的原则。因此，男子就有义务保障婚生子女的生活，即使他对于自己孩子是否亲生存在着严重怀疑。如此种种，必然会使男子产生一种意向，希望自己能有真正可靠的生物学上的父亲身份。[①]

但是，目前，随着社会经济的发展、人们思想的开放，影响和制约军婚稳定的因素却日益增多。从部队此前的实际情况看，因军人有“重大过错”导致其配偶要求离婚的只占极少数，大多数的情况是由于军人的职业特点而造成夫妻长期两地分居以及由此而产生的一系列比较严重的现实问题。立足军婚的实际情况，应将配偶离婚自由权的限制纳入战时法调整；注重从源头上打击破坏军婚行为；注重解决制约军婚关系的军人工资待遇低、社会地位低、军属及军人转业安置难，两地分居苦、子女求学难等一系列问题，从根本上消除影响军婚不稳定的因素。

军人为了保卫祖国履行了兵役义务，为了平衡权利义务关系对其进行一定的保护是现行法律对军婚进行保护的立法根据。这种法律思维在一定意义上是正义、公平的，这样的法律也就是善法。[②] 对于军人的婚姻给予特别保护是社会主义法律体系的一个重要方面。

---

① 张红：《论一夫一妻制的产生根源》，载《知识经济》2009 年第 17 期。

② 李虹：《现行军婚特殊保护制度之反思与重构》，载《科技信息》2007 年第 36 期。

典型案例

张某破坏军婚罪案

被告人张某通过微信与魏某甲相识,二人相处期间魏某甲告知被告人张某其配偶系现役军人。魏某甲带孩子在聊城看病期间,被告人张某带魏某甲先后到聊城、阳谷、东平、梁山等地,二人在各地宾馆共居住8天,其间,被告人张某向魏某甲配偶池某发送魏某甲裸照两张,并使用魏某甲QQ号和手机,以魏某甲语气向池某发送涉及离婚内容的信息。最终,法院认为被告人张某明知魏某甲是现役军人的配偶而与之发生性关系,多次到宾馆开房间居住,并且被告人张某给魏某甲的配偶池某发送魏某甲的裸照,以魏某甲的语气向池某发送要求离婚的信息,破坏现役军人婚姻家庭关系,其行为构成破坏军婚罪,判处其有期徒刑1年2个月。

解读评析

现实生活中,虽然偶有因为同居甚至登记结婚而侵犯合法配偶的权利现象发生,但大家普遍能够遵守一夫一妻的原则规定,且知道其违法性。但由于国家对现役军人婚姻权益的保护有特殊规定,当事人在涉及此类问题时,对其违法性不甚了解。

1. 何为"现役军人"。所谓现役军人,是中国人民解放军的现役军官、文职干部、士兵及具有军籍的学院和中国人民武警警察部队的现役警官、文职干部。士兵及具有军籍的学院以及执行军事任务的预备役人员和其他人员。因此,转业军人、复员退伍军人、革命伤残军人、人民警察及在军事部门、人民武装警察部队的工作人员不属于现役军人的范畴。

2. 如何理解破坏军婚罪中的与现役军人的配偶"同居""结婚"行为①。刑法意义上的"同居",指的是公开以夫妻关系共同生活的状态,其中包括公开同居,即公开与现役军人的配偶长期共同生活,但没有办理结婚登记手续。又包括欺骗他

---

① 与"同居""结婚"类似的通奸行为是否能够构成本罪呢?一般的答案是否定的。理论界普遍认为,与现役军人的配偶通奸不能认定为是破坏军婚的犯罪行为,一般通过道德或者民事、行政法律来调整。但对于长期通奸行为,部分学者认为"情节恶劣,后果严重的以破坏军婚罪论处",笔者认为还是应当以刑罚规定作为刑事责任认定的标准,不宜做扩大解释。

人，对外宣称夫妻，而与现役军人的配偶同居的行为。所谓与现役军人"结婚"，是指军人的配偶在没有依法解除与军人婚姻关系的情况下，而与他人采取欺骗或者其他手段向婚姻登记机关登记结婚，或者虽然没有履行登记手续，但举行结婚仪式并以夫妻关系共同生活的行为①。

3. 现役军人的配偶能否构成本罪的主体。本罪中，现役军人的配偶显然对于自己是军婚的这一情况始终是明知的，对于其在明知自己为现役军人配偶还与第三人实行同居甚至结婚的行为，完全符合共同犯罪的特征。

延伸阅读

夫或妻违反夫妻忠实义务向婚外异性大额转款行为无效 夫妻一方可以主张全额追回

最高人民法院《关于适用〈中华人民共和国婚姻法〉若干问题的解释（一）》第17条规定，"婚姻法第十七条关于'夫或妻对夫妻共同所有的财产，有平等的处理权'的规定，应当理解为：（一）夫或妻在处理夫妻共同财产上的权利是平等的。因日常生活需要而处理夫妻共同财产的，任何一方均有权决定。（二）夫或妻非因日常生活需要对夫妻共同财产做重要处理决定，夫妻双方应当平等协商，取得一致意见。他人有理由相信其为夫妻双方共同意思表示的，另一方不得以不同意或不知道为由对抗善意第三人。"最高人民法院《关于贯彻执行〈中华人民共和国民法通则〉若干问题的意见（试行）》第89条规定：共同共有人对共有财产享有共同的权利，承担共同的义务。在共同共有关系存续期间，部分共有人擅自处分共有财产的，一般认定无效。但第三人善意、有偿取得该财产的，应当维护第三人的合法权益，对其他共有人的损失，由擅自处分共有财产的人赔偿。下文裁判文书部分列举的纠纷案件中，周某共向罗某转款265 500元，显然超出了日常生活需要的范围。罗某与何某美既非亲戚，也非朋友、同事；罗某和周某之间仅是普通同事。罗某与何某美之间无正常的经济往来情形，罗某接受周某转款的行为也非善意。周某向罗某转款应由夫妻双方共同协商作出决定，周某未经何某美同意擅自转款，违反了法律规定。因此，周某向罗某转款的行为属于无效民事法律行为。

---

① 潘胜忠：《破坏军婚罪若干问题探讨》，载《政法论坛》1998年第4期。

裁判文书

确认合同无效纠纷案①

重庆市第一中级人民法院

上诉人(原审被告):罗某,女,1988年出生,住重庆市綦江区。

被上诉人(原审原告):何某美,女,1972年出生,住重庆市沙坪坝区。

被上诉人(原审被告):周某,男,1972年出生,住重庆市南川区。

上诉人罗某因与被上诉人何某美、周某确认合同无效纠纷一案,不服重庆市沙坪坝区人民法院(2019)渝0106民初14108号民事判决,向本院提起上诉。本院于2019年11月26日立案后,依法组成合议庭,于2019年12月11日进行了询问。上诉人罗某,被上诉人何某美,被上诉人周某到庭参加了询问。本案现已审理终结。

罗某上诉请求:(1)撤销一审判决,驳回被上诉人全部诉讼请求;(2)二审诉讼费用由被上诉人承担。事实和理由:(1)周某向罗某借款共计328 700元,双方均认可;(2)周某向罗某转账共计265 500元的行为是偿还借款,一审认定为赠与行为属事实认定错误。

何某美辩称,无证据证明周某与罗某之间存在借贷关系,周某将夫妻共同财产赠与罗某的行为违背公序良俗,损害了何某美的权益。

周某辩称,因生产经营在罗某卡上取过30余万元,后向罗某转款30余万元。

何某美向一审法院起诉请求:(1)确认被告周某赠与被告罗某的315 500元行为无效。(2)判决被告罗某将前述款项返还给原告。(3)本案诉讼费、保全费由二被告承担。一审庭审中,何某美变更前两项诉讼请求为:(1)确认周某赠与罗某的320 500元行为无效。(2)判决罗某将前述款项返还给何某美和周某。

一审法院认定事实:何某美与周某系夫妻,双方于2011年1月登记结婚。自2015年6月28日起至2017年9月3日,周某通过其工商银行卡向罗某转账共计255 500元,通过农业银行卡于2014年3月1日向罗某转账10 000元,上述共计265 500元。

---

① 重庆市第一中级人民法院民事判决书,(2019)渝01号民终10429号(编者在引用时有部分删改)。

2018年3月12日,何某美报警称在龙湖睿城,有人威胁安全。报警信息:“报警人何某美上门报警,称罗某因为和丈夫周某之前耍过朋友,现在分了,但罗某不放手,非要周某离婚,罗某之前到龙湖睿城小区门口闹过,被保安拦住了,罗某有可能继续来骚扰报警人,扬言要作出过激行为,报警人现到派出所备案。”

庭审中,罗某提交了自己的工行卡从2012年8月17日起至2013年7月14日期间的历史明细清单,拟证明周某向其借款的事实,而周某于2015年至2017期间向其转款系归还该借款,原告何某美对此不予认可,该工行历史明细清单中记录的是ATM取款、跨行费、信使费、卡年费等记录或其他转账记录,并无向周某转款的记录。

庭审中,何某美提交了一份其与罗某于2018年9月24日的通话录音,周某在场,该通话涉及了周某与何某美离婚、与周某结婚的相关内容。

一审法院认为,依据婚姻法规定,夫妻在家庭中地位平等,对共同所有的财产有平等的处理权,夫妻在婚姻关系存续期间所得的财产,归夫妻共同所有。同时,当事人订立、履行合同,应当遵守法律、行政法规,尊重社会公德。本案中,周某违背夫妻应当互相忠实的义务,在与何某美夫妻关系存续期间,与罗某产生婚外恋情,转账付给罗某共计265 500元,虽然罗某抗辩称该转款系归还借款,周某亦认可,但罗某并未举示充分证据证明其向周某提供了借款以及双方存在借款关系,因此对罗某提出的该抗辩理由不予采信,周某给付罗某265 500元的性质应当认定为赠与关系。因何某美与周某对婚内财产未约定分别所有,故该笔财产应当认定为何某美与周某的夫妻共同财产,在未经何某美同意的情况下,周某的该赠与行为违反了法律规定和社会公德以及公序良俗原则,应认定无效。

据此,依照合同法第52条、第58条及民事诉讼法第64条的规定,判决:(1)被告周某在2014年3月1日起至2017年9月3日期间赠与被告罗某的265 500元的行为无效;(2)被告罗某自本判决发生法律效力之日起十日内返还原告何某美、被告周某265 500元;(3)驳回原告何某美的其他诉讼请求。如果未按本判决指定的期间履行给付金钱义务,应当依照民事诉讼法第253条的规定,加倍支付延迟履行期间的债务利息。案件受理费6034元,减半收取3017元,由被告周某、罗某负担。

二审中,当事人没有提交新证据。

二审查明的事实与一审查明的事实相同。

本院认为,关于本案案由的问题,一审法院确定案由为确认合同无效纠纷。

二审中,罗某称其与周某存在民间借贷的法律关系,而何某美予以否认。一、二审何某美均认为周某给予罗某金钱是赠与行为,要求确认该民事行为无效,并要求罗某返还受赠财物。根据《最高人民法院民事案件案由规定》和何某美的请求权基础,本院确认本案案由为确认合同无效纠纷。

针对罗某及周某的抗辩,认为二人之间存在民间借贷关系。对此,本院作如下评析:罗某称周某所转款项系其偿还借款,本院不予支持:第一,虽然周某对罗某主张的借贷事实没有异议,但由于周某的自认明显涉及损害共有人何某美的利益且无其他直接证据予以印证,本院对周某的自认不予采信。第二,罗某提供的证据所反映的借贷关系是将办理好的银行卡及其密码直接交付周某,由罗某向该银行卡存入款项,周某在该卡上的支取行为为借款,这种民间借贷关系明显不符合生活常理;而且罗某没有提供向该卡存入款项的直接证据,并对向该卡转入款项的账号不能说明户主名字。同时,双方对借款的数额、利率、期限和还款方式等均无约定,不能确定双方达成了借贷关系的合意。第三,2012 年 8 月至 2013 年 6 月期间,周某在收到款项的当时或之后并没有及时向罗某出具相应的借条或收款凭据,而是在本案诉讼中才认可双方是借贷关系,不符合借贷关系应有的逻辑。第四,2012 年 8 月至 2013 年 6 月期间,罗某并不持有该银行卡,该卡存款既有现金存入,又有转账存入,且罗某不能说明向该银行转账的对方账户户名,无法证明现金存款及所有转账均是罗某所为,与该卡由罗某存款相矛盾。第五,2012 年 8 月至 2013 年 6 月期间,该银行卡有归还贷款的记录;在 2013 年 6 月之后,该银行卡仍然有偿还贷款的记录,均向同一账号转入资金归还贷款。因此,本院不认可案涉款项系周某与罗某之间的借贷关系的款项。

对于周某向罗某共计转款 265 500 元行为的效力问题,民法总则第 153 条规定,违反法律、行政法规的强制性规定的民事法律行为无效,但是该强制性规定不导致该民事法律行为无效的除外。违背公序良俗的民事法律行为无效。何某美与周某系夫妻,在婚姻关系存续期间所得的财产,归夫妻共同所有。最高人民法院《关于适用〈中华人民共和国婚姻法〉若干问题的解释(一)》第 17 条规定,"婚姻法第十七条关于'夫或妻对夫妻共同所有的财产,有平等的处理权'的规定,应当理解为:(一)夫或妻在处理夫妻共同财产上的权利是平等的。因日常生活需要而处理夫妻共同财产的,任何一方均有权决定。(二)夫或妻非因日常生活需要对夫妻共同财产做重要处理决定,夫妻双方应当平等协商,取得一致意见。他人有理由相信其为夫妻双方共同意思表示的,另一方不得以不同意或不知道为由对抗善意第三人。”最高人民法院《关于贯彻执行〈中华人民共和国民法通则〉若干问题的意见（试行）》第89条规定：“共同共有人对共有财产享有共同的权利，承担共同的义务。在共同共有关系存续期间，部分共有人擅自处分共有财产的，一般认定无效。但第三人善意、有偿取得该财产的，应当维护第三人的合法权益，对其他共有人的损失，由擅自处分共有财产的人赔偿。”本案中，周某共向罗某转款265 500元，显然超出了日常生活需要的范围。罗某与何某美既非亲戚，也非朋友、同事；罗某和周某之间仅是普通同事。罗某与何某美之间无正常的经济往来情形，罗某接受周某转款的行为也非善意。周某向罗某转款应由夫妻双方共同协商作出决定，周某未经何某美同意擅自转款，违反了法律规定。因此，周某向罗某转款的行为属于无效民事法律行为。

根据民事诉讼理论，原告是指为保护自己的合法权益，以自己的名义向法院提起诉讼，从而引起诉讼程序发生的人。在民事诉讼中，原告是认为被告侵犯其民事权益或与其发生民事权益争执的人。被告是指侵犯原告利益，需要追究民事责任，并经法院通知其应诉的人。本案中，周某并未请求罗某返还案涉款项，故罗某返还案涉款项时应当向何某美返还。周某作为被告，未提起反诉，未主张其权益受到侵害，一审判决罗某向周某返还案涉款项违反了周某的意愿，属于适用法律不当，本院予以纠正。案涉款项的返还后，因案涉款项属夫妻共同财产，可基于夫妻之间的身份关系，由何某美、周某二人自行处理。

综上所述，罗某的上诉请求不能成立，应予驳回；一审判决适用法律错误，本院依法改判。依照最高人民法院《关于适用〈中华人民共和国婚姻法〉若干问题的解释（一）》第17条规定、民事诉讼法第170条第1款第2项规定，判决如下：

（1）维持重庆市沙坪坝区人民法院（2019）渝0106民初14108号民事判决第一项；

（2）撤销重庆市沙坪坝区人民法院（2019）渝0106民初14108号民事判决第二项、第三项；

（3）罗某自本判决发生法律效力之日起十日内返还何某美265 500元；

（4）驳回何某美的其他诉讼请求。

如果未按本判决指定的期间履行给付金钱义务，应当依照民事诉讼法第253条的规定，加倍支付延迟履行期间的债务利息。

一审案件受理费3017元，由罗某负担；二审案件受理费5283元，由罗某负担。

本判决为终审判决。

专题三　可撤销婚姻与因隐瞒病情而传染配偶的刑事责任

要点解析

婚姻是男女双方对未来长达数十年共同生活的合意而形成的亲密的人身关系，一旦婚姻关系成立，夫妻双方必然享有一定的权利，也应当承担相应的义务。当存在夫妻一方患有重大疾病而刻意隐瞒时，不但对婚姻关系会产生消极影响，有时甚至会对对方的身体健康造成严重损害。在这种情况下，未患病一方的权益如何保障，民法典给出了更加人性化的规定。民法典对可撤销婚姻规定了两种情形，本节仅论述第二种情形。

关联条文

民法典

第一千零五十三条　【撤销婚姻】一方患有重大疾病的，应当在结婚登记前如实告知另一方；不如实告知的，另一方可以向人民法院请求撤销婚姻。

请求撤销的，应当自知道或者应当知道撤销事由之日起一年内提出。

刑　法

第二百三十四条　【故意伤害罪】故意伤害他人身体的，处三年以下有期徒刑、拘役或者管制。犯前款罪，致人重伤的，处三年以上十年以下有期徒刑……

条文要义

民法典第 1053 条是关于当事人患有重大疾病未告知时婚姻可撤销的规定。此为民法典对有关可撤销婚姻制度的新的规定。所谓可撤销婚姻，是指已经成立的婚姻关系因欠缺婚姻合意，受胁迫一方当事人或者未如实告知患有重大疾病的另一方当事人可向婚姻登记机关或者人民法院申请撤销的违法两性结合。[①] 可撤销婚姻的制度规定始于2001年颁布的婚姻法，该法的第11条规定了可撤销婚姻的原因及撤销权的行使期间，即撤销婚姻的原因是一方或双方受胁迫。可撤销婚姻制度的确立，不但有利于结婚条件和结婚程序法律规定的落实，保障婚姻的合法成立，维护法律的尊严，也在相当程度上减少和解决了两性违法结合引发的纠纷，保障了公民的婚姻权益，使得因违法导致的人身关系纠纷、财产纠纷能够在法律的框架内找到解决的途径，使得违法结合中善意当事人一方受损的权益能够通过司法途径得到恢复。

民法典第1052、1053条分别规定了受胁迫而可撤销和患重大疾病未告知而可撤销两种可撤销婚姻的情形。较原婚姻法的规定，增加了患重大疾病未告知而可撤销的情形。笔者认为这一重大变化的重要原因是2001年以来，我国物质精神文化急速发展，人们的婚姻家庭观发生了巨大变化，无效婚姻和可撤销婚姻制度中的一些法定情形已经成为公民自由缔结婚姻的法律障碍[②]。具体到本节讨论的患有重大疾病的情形上来，随着科技水平的不断发展，精神疾病、遗传病和传染病等都能够有效预防甚至治愈，法律就没有必要加以禁止。

何为"重大疾病"，民法典并没有给出具体规定，我们可以根据婚姻法第10条第(3)项的"医学上认为不应该结婚的疾病"范围加以确认。上海市高级人民法院《关于在民事审判中实施〈婚姻法〉的暂行意见》中认为"可参照《母婴保健法》第8条、第9条、第10条、第38条之规定确定：1. 法律规定的禁止结婚的严重遗传性疾病；2. 指定传染病。即艾滋病、淋病、梅毒、麻风病即医学上认为影响结婚和生育的传染病；3. 有关精神病。是指精神分裂症、躁狂抑郁型精神病及其他重型精神病。"

当出现法律规定的可撤销婚姻的情形时，婚姻当事人或利害关系人应当如何主张呢？民法典第1053条同样给出了解答，即"请求撤销婚姻的，应当自知道或者应当知道撤销事由之日起一年内提出。"因此，当夫妻一方婚前患有重大疾病而未告知对方，对方应当在知道或者知道该重大疾病之日起一年内向婚姻登记机关或者人民法院提出撤销婚姻的效力，使已经缔结的婚姻关系归于失效。需要注意

① 王利明、杨立新等：《民法学》，法律出版社2017年版，第759页。

② 原婚姻法第10条，将"婚前患有医学上认为不应当结婚的疾病，婚后尚未治愈的"情形作为婚姻无效的情形之一进行规定。但是，在公民自由选择婚姻的基本原则下，如果夫妻双方均不认为所谓"不应当结婚的疾病"不构成缔结婚姻的障碍，那么民事法律就不应当加以阻止。

的是,该期间不适用诉讼时效中止、中断或者延长的规定。超过一年的,只能按照离婚程序解除婚姻关系。

当夫妻一方隐瞒婚前重大疾病导致对方身体受到损害时,是否应当追究刑事责任,要结合重大疾病的种类以及对方身体受到的损害程度进行判断。我国刑法第234条规定"故意伤害他人身体的,处三年以下有期徒刑、拘役或者管制。犯前款罪,致人重伤的,处三年以上十年以下有期徒刑……"传统观念认为,所谓故意伤害罪是行为人采用暴力致使他人身体受到伤害的行为。对于故意传染重大疾病导致被害人身体造成损伤的行为如何定性?刑法第234条规定"故意伤害他人身体的"为故意伤害罪。

刑法第95条对重伤的行为为"使人肢体残废或者毁人容貌的;使人丧失听觉、视觉或者其他器官机能的以及其他对于人身健康有重大伤害的",根据最高人民法院、最高人民检察院、公安部、国家安全部、司法部2013年8月30日发布的《人体损伤程度鉴定标准》规定,重伤是指"使人肢体残废、毁人容貌、丧失听觉、丧失视觉、丧失其他器官功能或者其他对于人身健康有重大伤害的损伤,包括重伤一级和重伤二级。"其第6.2条规定"未列入本标准中的物理性、化学性和生物性等致伤因素造成的人体损伤,比照本标准中的相应条款综合鉴定。"而且2017年7月21日最高人民法院、最高人民检察院《关于办理组织、强迫、引诱、容留、介绍卖淫刑事案件适用法律若干问题的解释》第12条第2款规定"具有下列情形之一,致使他人感染艾滋病病毒的,认定为刑法第九十五条第三项'其他对人身健康有重大伤害'所指的'重伤',依照刑法第二百三十四条第二款的规定,以故意伤害罪定罪处罚……(二)明知自己感染艾滋病病毒,故意不采取防范措施而与他人发生性关系的。"

典型案例

案例一

覃某诉卢某撤销婚姻案

一审由广西壮族自治区宾阳县人民法院于2012年7月12日公开开庭审理。原告诉称,被告人卢某在2007年左右开始患有精神方面的疾病,一直治疗至今。

原告和被告在2010年12月经人介绍认识,双方在2011年2月21日登记结婚,婚后没有生育子女,在2011年清明期间,被告容易发脾气,有天突然把结婚证照片撕烂,原告称被告有时还突然撕钱,抓把水果刀在人前晃来晃去,说话和正常人不一样。被告病后,原告才知道被告的病情。相关证据显示,被告在2007年就患有精神分裂症,与原告结婚后复发,截至法庭审理时尚未治愈。最终,一审法院根据原婚姻法第10条第(3)项、第12条,最高人民法院《关于适用〈中华人民共和国婚姻法〉若干问题的解释(一)》第9条第1款,最高人民法院《关于适用〈中华人民共和国婚姻法〉若干问题的解释(二)》第2条、第3条之规定,判决原告覃某与被告卢某的婚姻无效。

案例二

周某武故意伤害案

2013年1月16日,被告人周某武因母亲住院去献血,被攀枝花市疾控中心检测出是艾滋病患者。2013年7月,周某武与吴某某在四川省会东县相识并确立了恋爱关系。2013年8月至2014年6月期间,周某武在攀枝花市东区五十四、盐边县新九乡等地与吴某某以男女朋友关系同居。其间,周某武为达到与吴某某长期交往的目的,不但没有告诉吴某某自己患有艾滋病,还在明知自己系艾滋病患者以及该病的传播途径的情况下,故意不采取任何保护措施与吴某某发生性关系,致吴某某于2014年6月20日被确诊为艾滋病患者。攀枝花市东区人民法院认为,被告人周某武故意伤害他人身体,致一人感染艾滋病,犯故意伤害罪,判处其有期徒刑5年。

解读评析

本节主要梳理涉及民法典第1053条的可撤销婚姻制度的内容。在上述民事案例中,原告覃某经人介绍与卢某结婚,婚后在得知被告卢某患有精神疾病并且尚未治愈。根据民法典第1053条的规定,属于可撤销婚姻的情形之一,因此,原告覃某有权请求婚姻登记机关或者人民法院撤销该婚姻的效力。由于本案发生在民法典生效之前,适用的是婚姻法第10条第3项的规定,即婚前患有医学上认为不应当结婚的疾病,婚后尚未治愈的,婚姻关系无效,因此,原一审法院判决覃某与卢某之间的婚姻关系无效。

然而民法典第1053条改变了以往的规定方法，根据本条关于患有重大疾病的人结婚的效力的规定，当事人结婚前知道对方患有精神疾病的情形下结婚，婚后是无权请求撤销婚姻的。该条不强行禁止患有重大疾病的人结婚，而是将结婚与否的权利给了患病的当事人和与其结婚的当事人，但是，为了防止患有重大疾病的一方故意隐瞒自己的病情，不告知另一方，给另一方造成身体和精神上的伤害，该条赋予了被隐瞒的一方撤销婚姻的权利。若本案发生在民法典生效后，情形将是不一样的。卢某婚前隐瞒了自己患有精神分裂症的病情，导致了覃某在不知情的情况下与其登记结婚，在覃某得知卢某病情的一年之内，覃某向人民法院起诉判决其与卢某的婚姻无效，法院应当支持并撤销该婚姻，其婚姻自始无效。①

对于上述没有对对方当事人造成身体损害的可撤销婚姻，在经过婚姻登记机关或者人民法院予以撤销后，当事双方不需要再承担任何责任。但是对于类似刑事案例二中的行为，虽然周某武与吴某某尚未登记结婚，但是仍然以男女朋友关系共同生活，在明知自己为艾滋病患者的情况下不采取任何保护措施，造成对方感染艾滋病，应当如何进行责任的认定？

一种观点认为，艾滋病是不治之症，一旦感染则无疑被剥夺了继续生存的权利，因为故意将艾滋病传染给他人，就侵犯了他人的生命权；故意将艾滋病传染给他人是剥夺他人生命的一种特殊方式；艾滋病会致人死亡是人人皆知的事情，因此，认为故意传播艾滋病的行为应当认定为故意杀人。另一种观点认为，应当认定为故意伤害罪。因为人体感染上艾滋病病毒后，机体免疫力系统被破坏，容易患上正常人能够轻松克服的各种疾病，但并不会立即导致死亡，在艾滋病漫长的发病过程中可能因为其他原因导致死亡，而在死亡之前被害者的身体健康却必然遭受严重摧残，这是一种故意伤害他人身体健康的行为。

刑事案例二中周某武在明知自己感染艾滋病病毒，而故意不采取任何防护措施与被害人多次发生性关系，主观上具有通过让被害人感染艾滋病病毒的方式伤害其身体健康的故意，客观上所实施的不采取任何保护措施而与被害人多次发生性行为的行为，已经造成了被害人感染上艾滋病病毒的危害后果，给被害人的人身健康造成重大伤害，完全符合故意伤害罪的构成要件。因此，法院以故意伤害罪定性没有异议。

---

① 杨立新主编：《〈中华人民共和国民法典〉条文精释与实案全析》，中国人民大学出版社2020年版，第101页。

延伸阅读

张某诉李某离婚案

原告张某诉称,2006 年 2 月 20 日原、被告经人介绍相识,同年 3 月 10 日登记结婚,后双方前往新疆托克逊县居住。由于婚前双方接触时间短,相互了解不够,被告隐瞒了精神分裂症的病史,婚后被告精神分裂症不定期发作,发病后无法控制自己的行为,随意打人,严重威胁到原告及其女儿的人身安全。2013 年年初,因被告精神病发作,原告无法监管,被告由其姐姐带回嘉峪关居住,原、被告双方分居两地长达两年多。原、被告夫妻感情已名存实亡,现依法起诉要求解除双方的婚姻关系。

经审理查明,原、被告于 2006 年 2 月 20 日经人介绍相识谈婚,同年 3 月 10 日登记结婚,婚后双方未生育子女。原告系再婚,与被告结婚时带有一女。婚后双方前往新疆托克逊县居住生活。被告患有精神分裂症,为精神残疾人,残疾等级为三级。在日常生活中,被告偶有精神疾病发作。2013 年 1 月,被告返回嘉峪关随其姐姐居住生活,原告独自留在新疆托克逊生活。2014 年 7 月间,被告母亲去世,被告返回新疆托克逊,原、被告双方短暂生活数日,后被告返回嘉峪关继续与其姐姐共同生活。原告于 2015 年 8 月起诉离婚,诉讼中,被告因精神疾病发作入院治疗至今。本案开庭时被告因住院治疗未到庭,但通过其姐姐表达了不同意离婚的意愿。

法院认为,原、被告系自主婚姻,婚后感情尚好,双方在共同生活中发生矛盾在所难免。由于被告系精神残疾人,且目前在接受精神疾病的治疗,原告作为配偶理应积极履行关心、照顾对方的义务,配合被告进行治疗。原告关于双方已分居两年的主张,与查明的事实不符。今后只要双方互相关心,互相体贴,加强沟通,夫妻关系是能够改善的。对双方感情基础、婚姻生活现状、双方之间矛盾产生的原因、和好可能等因素综合分析后,判定原、被告夫妻感情尚未完全破裂,鉴于原、被告夫妻感情并未破裂,对原告的离婚诉请,不予支持。

专题四　家庭成员之间具有赡养的义务

要点解析

截至2016年年底，我国13.8271万人口中，60周岁和65周岁以上的人口分别为2.3086亿和1.5003亿，占比分别为16.7%和10.8%，比上一年度分别增长0.6%和0.3%①，老龄化社会已经形成。面对人口众多的老年群体，他们合法权益的保障也成为民法典甚至刑法的关注重点。

关联条文

民法典

第一千零六十七条第二款　【成年子女的赡养义务】成年子女不履行赡养义务的，缺乏劳动能力或者生活困难的父母，有要求成年子女给付赡养费的权利。

刑　法

第二百六十一条　【遗弃罪】对于年老、年幼、患病或者其他没有独立生活能力的人，负有扶养义务而拒绝扶养，情节恶劣的，处五年以下有期徒刑、拘役或者管制。

条文要义

赡养是指照顾衰老的父母，即成年子女对父母的供养，在物质和经济上为父母提供必要的生活条件。关于赡养法律关系，在我国现行的法律关系中，主要体现在以下法律规范中：宪法第49条第3款规定，父母有抚养教育未成年子女的义

---

①《中华人民共和国2016年国民经济和社会发展统计公报》，载国家统计局，http://www.stats.gov.cn/tjsj/zxfb/201702/t20170228_1467424.Html。

务,成年子女有赡养扶助父母的义务。民法典第1067条也有明确规定,第1074条第2款还规定,有负担能力的孙子女、外孙子女,对于子女已经死亡或者子女无力赡养的祖父母、外祖父母,有赡养的义务。

我国民法典规定的成年子女对父母的赡养义务主要包括两种情形:一是子女对父母的赡养。有经济负担能力的成年子女,不分男女、已婚未婚,在父母需要赡养时,都应依法尽力履行这一义务直至父母死亡。而且子女对父母的赡养义务,不仅发生在婚生子女与父母间,而且也发生在非婚生子女与生父母间,养子女与养父母间和继子女与履行了扶养教育义务的继父母之间。二是晚辈对长辈的赡养。根据民法典第1074条的规定,这种赡养的条件是,孙子女、外孙子女有负担能力且祖父母、外祖父母的子女已经死亡。

子女赡养扶助父母是法定义务。除宪法、民法典均有明文外,《老年人权益保障法》第13条也规定:老年人养老以居家为基础,家庭成员应当尊重、关心和照料老人。该法还对赡养义务做了进一步的细化,主要包括:(1)赡养义务人对老年人须承担经济供养、生活照料和精神慰藉义务,并满足其特殊需要;(2)赡养义务人应确保患病的老年人及时得到治疗和护理,对有经济困难的老年人,应当提供医疗费用;(3)赡养义务人应妥善安排老年人的住房,不得强迫老年居住或者迁居条件低劣的房屋。对老年人的自有住房,须履行维修之义务。同时,对老年人的住房,无论自有房或承租房,子女或其他亲属一律不得侵占、擅自改变产权关系或者租赁关系;(4)赡养义务人有义务耕种或委托他人耕种老年人承包的田地,照管或委托他人照管老年人的林木和牲畜等,由此获得的收益归老年人所有。

一般来说,赡养关系的成立需要两个条件,即被赡养人生活困难或者无劳动能力且赡养人有行为能力和经济能力。这里所指的赡养关系成立不仅要求主张赡养费份额求偿权的赡养人和被赡养人之间成立赡养关系,同时也要求被赡养人赡养费份额求偿权的其他赡养人与被赡养人之间成立赡养关系。如果前者赡养关系不能成立,譬如老年人生活并不困难或仍有劳动能力的,即使某个赡养人给付了赡养费,应视为赠与或履行的义务,也不得向其他赡养人追偿份额,如果后者赡养关系不能成立,譬如其他赡养人无经济能力,则该赡养人本身并不负担法律意义上的赡养义务,已履行赡养义务的赡养人不能向该赡养人追偿。[1]

从上述法律来讲,赡养无疑是一种义务,赡养人如果不履行,法律会强制其执

---

① 张澎、张苏飞:《多数赡养人情形下赡养人之间的法律关系探析》,载《法律适用》2012年第5期。

行。同时,对部分赡养人可能存在的不积极履行赡养义务导致被赡养人身心甚至生命遭受侵害和危险的,刑法第261条进行了规制。

遗弃罪是指对于年老、年幼、患病或者其他没有独立生活能力的人,负有扶养义务而拒绝扶养,情节恶劣的行为。本罪是情节犯,一般来讲,情节恶劣包括:因遗弃致使被害人重伤、死亡;被害人因被遗弃而生活无着,流离失所;遗弃屡教不改;遗弃手段十分恶劣等情形。本罪侵犯的客体是家庭成员在家庭生活中依法享有的平等权利以及被害人的人身权利。客观方面表现为行为人对年老、年幼、患病或者其他没有独立生活能力的家庭成员,应当扶养而拒不扶养的行为,即对丧失了劳动能力或者生活不能自理的家庭成员不履行法律规定的扶养义务。而且本罪是以不作为的方式表现①,即行为人以不管不问的手段对被遗弃人不履行法定的扶养义务。主观方面只能是故意,即明知自己应履行扶养义务且有能力扶养而拒绝扶养。

典型案例

案例一

请求给予赡养费案

宋某系淄川区双杨镇村民,妻子已经去世。宋某共有5个子女,分别为宋某1(已去世),宋某甲、宋某乙、宋某丙、宋某丁。因宋某就其赡养问题,无法与四个子女达成协议,故诉至法院。一审法院经调查认为,子女对父母赡养扶助,是其法定的义务,也是中华民族的传统美德,中华孝道源远流长。老人的合法权益应当依法保障,子女不履行赡养义务时,无劳动能力或者生活困难的父母,有要求子女给付赡养费的权利。故而,参照2016年淄川区统计局统计的淄川区农村常住居民人均生活消费支出人民币10 175元的标准,并结合淄川区双杨镇当地的生活水

① 注意遗弃罪与故意杀人罪的区分。对于只是为了逃避扶养义务,并不希望或者放任被害人死亡,将生活不能自理的被害人弃置在福利院、医院、派出所等单位或者广场、车站等行人较多的场所,希望被害人得到他人救助的,一般以遗弃罪定罪处罚。对于希望或者放任被害人死亡,不履行必要的扶养义务,致使被害人因缺乏生活照料而死亡,或者将生活不能自理的被害人带至荒山野岭等人迹罕至的场所扔弃,使被害人难以得到他人救助的,应当以故意杀人罪定罪处罚。

平,认为宋某甲、宋某乙、宋某丙和宋某丁每人每月支付宋某赡养费人民币 350 元较为适宜。二审维持了一审判决。

案例二

曾某犯遗弃罪案

2014 年 2 月 19 日,被告人曾某的父亲田某 1 在浙江省杭州市因交通事故头部受伤住院,后以植物人状态生存。同年 8 月 25 日,经五峰土家族自治区人民法院(2014)鄂五峰民特字第 00003 号民事判决指定,曾某取得田某 1 的监护权。同年 9 月,曾某未通知田某 1 其他亲属,将田某 1 从杭州转至长阳土家族自治县人民医院住院治疗(曾某在转院后曾电话告知田某 1 之妻刘某 1),田某 1 在长阳医院住院治疗期间曾某对其护理周到。同年 11 月 7 日,田某 1 的母亲倪某、刘某 1 等人强行将田某 1 转至五峰土家族自治县人民医院住院治疗。当月,曾某向五峰土家族自治县人民医院查询田某 1 的下落,并邮寄田某 1 医用金属套管给周某医生,也曾发短信要求刘某 1 等人将田某 1 送回长阳土家族自治县人民医院。

2014 年 10 月 8 日,经杭州市下沙经济开发区人民法院调解,田某 1 获得交通事故赔偿款人民币 100 万元。代理人何某 1 扣除 24 万元代理费后,将剩余赔偿款 76 万元转账给曾某。

在田某 1 被强行转到五峰土家族自治县人民医院治疗后,曾某便以田某 1 系刘某 1 等人抢走为由,对成植物人状态的田某 1 拒绝履行扶养义务。从未探望和护理过田某 1,也未支付任何医疗、生活费用。

在五峰土家族自治县人民医院治疗期间,田某 1 因脑积水,生命垂危,医院多次建议家属转上级医院治疗。因无钱转院,曾某下落不明,刘某 1 等人通过刑事自诉等途径联系曾某,要求其履行扶养义务,五峰土家族自治县人民法院立案后多次通过曾某生母钱某华寻找曾某,曾某一直拒不露面。2016 年 1 月 27 日,曾某向田某 1 住院账户交纳住院费用 10 万元。后刘某 1 向五峰土家族自治县人民法院申请撤诉,五峰土家族自治县人民法院裁定准许,撤诉后刘某 1 向五峰土家族自治县公安局报案。

2016 年 3 月,刘某 1 等人通过《三峡晚报》、湖北电视台《垄上行》栏目对田某 1 病情恶化,无钱治疗,急需曾某手中赔偿款治疗的情况进行了报道,曾某未露面,也没有支付任何费用。同年4月曾某通过律师与刘某1的律师沟通过田某1转院事宜,未果。2016年9月22日,田某1在五峰土家族自治县人民医院因脑积水导致脑疝,呼吸、循环衰竭死亡。

五峰土家族自治县人民法院(2016)鄂0529刑初80号刑事判决认定被告人曾某犯遗弃罪,判处有期徒刑1年6个月。二审法院以被告人曾某犯遗弃罪,判处有期徒刑1年6个月,缓刑2年。

解读评析

当子女不履行赡养义务时,无劳动能力的或者生活困难的父母,有要求子女给付赡养费的权利。在案例一中,宋某年过八十,已经丧失了劳动能力,作为成年子女的宋某甲等四人,理应对其尽赡养的义务,故宋某要求四名子女给付赡养费的诉求理由充分,于法有据,法院予以支持。

但是在处理类似案件时,需要注意的是,当有多个赡养人时,要酌情考量各种因素,如被赡养人的身体情况、日常生活水平、当地消费水平;各个赡养人的经济条件、家庭情况、工作情况等,因为经济条件不同,可能承担的赡养费金额会不同。同时,被赡养人并非没有任何责任的,其负有两项重要的举证义务:一是举证证明被赡养人符合接受赡养的条件。我国民法典规定:子女不履行赡养义务时,无劳动能力的或生活困难的父母,有要求子女给付赡养费的权利。本案中,宋某年过八十,明显已经丧失了劳动能力,因此,符合该项条件;二是举证证明子女有不履行赡养义务的行为,如赡养人不交纳被赡养人生活费、医疗费等费用,赡养人在生病住院期间,不去医院照料探望等情况存在。而且宋某甲、宋某乙、宋某丙对于宋某提出的采取轮流赡养方式均未表示同意,且三人虽主张生活困难、缺乏赡养能力,但均未提供证据予以证明,而每人每月350.00元的赡养费标准相较于淄川区当地的平均生活水平而言,并不属于较大负担,且三人确实没有积极、主动的履行赡养义务,本身也存在一定过错。因此,一审法院支持了宋某有关赡养费的诉求。

案例二中,民法典明确禁止家庭成员间的遗弃,并多条规定了夫妻间、父母子女之间及家庭成员之间具有扶养、抚养和赡养的义务。本案中,被告人曾某系被害人的亲生儿子,是其扶养义务主体之一。因此,曾某对被害人有在生活上给予供养及精神等方面的照顾、关怀、帮助的义务。这一义务是无条件的、义不容辞的。其次,被告人曾某在客观上具有扶养能力且能够履行扶养义务而不积极履行。曾某系完全民事行为能力人，且掌管着被害人的交通事故赔偿款76万元，但在被害人转到五峰土家族自治县人民医院治疗后，曾某拒绝履行扶养义务，从未探望和护理过被害人，也未支付任何医疗、生活费用，拒不履行抚养义务。最终导致被害人病情恶化，无钱治疗，终因脑积水导致脑疝，呼吸、循环衰竭死亡，造成了被害人死亡的严重后果。一二审法院的判决仅就刑罚的执行方式存在不同，但定性准确，量刑适当。

延伸阅读

榆林埋母案

2020年5月6日，网上一段营救老人的视频引发关注。视频中，多名男士从两米多深的土坑中，拉出一名老人。网传，这是陕西靖边一男子活埋老母亲。靖边县公安局新庄派出所、刑警大队迅速展开调查，并将犯罪嫌疑人马某传唤到案突击审讯。据马某交代：其将瘫痪在床的母亲王某埋至靖边县城南万亩林一处荒废墓坑内。确认地点后，民警立即对该墓坑进行挖掘，中途听见有隐约的呼救声，经民警全力挖掘，成功将墓坑内仍有生命体征的受害人王某救出，并立即送往医院进行救治。据民警调查，嫌疑人作案手段极其残忍，其将老人运至万亩林一个荒废的墓坑内，并用黄土封住，但没有用脚踩实，老人在暗无天日的墓坑内度过了几天。

2020年11月2日上午，靖边县人民法院公开开庭审理该案，庭审后，法院当庭宣判：被告人马某犯故意杀人罪，判处有期徒刑12年。

专题五　婚姻家庭纠纷中的“家庭暴力”的罪与非罪

要点解析

在中国，据全国妇联统计，全国2.7亿个家庭中，有30%的已婚妇女曾遭受家暴。平均每7.4秒就会有一个女性受到丈夫的殴打。家暴致死，占妇女他杀原因的40%以上，我国每年有15.7万妇女自杀、其中六成妇女自杀的原因是家庭暴力。同时，针对儿童的家庭暴力也层出不穷。民法典对家庭成员的权益保护贯彻在“婚姻家庭编”之中，刑法也设有专门条款对严重危害家庭成员合法利益的行为进行规制。

关联条文

民法典

第一千零四十二条第三款　【禁止家庭暴力】禁止家庭暴力。禁止家庭成员间的虐待和遗弃。

刑　法

第二百六十条　【虐待罪】虐待家庭成员，情节恶劣的，处二年以下有期徒刑、拘役或者管制。

犯前款罪，致使被害人重伤、死亡的，处二年以上七年以下有期徒刑。

第一款罪，告诉的才处理，但被害人没有能力告诉，或者因受到强制、威吓无法告诉的除外。

条文要义

“家庭暴力”是指家庭成员之间以殴打、捆绑、残害、限制人身自由以及经常性谩骂、恐吓等方式实施的身体、精神等侵害行为。[①] 一般而言，“家庭暴力”可作出以下划分：一是依据施暴者与受害者所属的家庭关系来看，家庭暴力可分为父母或者子女关系的家庭暴力、夫妻关系的家庭暴力、其他近亲属关系的家庭暴力。二是依据家庭暴力的表现形式来看，可分为身体暴力、性暴力、精神暴力[②]。三是依据被害人在家庭暴力过程中最可能被侵害到的权益可分为人身自由权、人格权、生命权、婚姻自由权、妻子或者其他家庭成员性权利、生育权和生育自由权等。四是依据其危害程度可分为重大家庭暴力和一般家庭暴力。

根据 2008 年 3 月的《涉及家庭暴力婚姻案件审理指南》第 3 条的规定，家庭暴力的类型只有身体暴力、性暴力、精神暴力和经济控制等四种。身体暴力是指加害人通过殴打或者捆绑受害人，或限制受害人人身自由等使受害人产生恐惧的行为；性暴力是指加害人强迫受害人以其感到屈辱、恐惧、抵触的方式接受性行为，或残害受害人性器官等性侵犯行为；精神暴力是指加害人以侮辱、谩骂或者不予理睬、不给治病、不肯离婚等手段对受害人进行精神折磨，使受害人产生屈辱、恐惧、无价值感等作为或者不作为行为；经济控制是指加害人通过对夫妻共同财产和家庭收支状况的严格控制，摧毁受害人自尊心、自信心和自我价值感，以达到控制受害人的目的。

但是在关注“家庭暴力”时，应当注意区分一般夫妻纠纷与家庭暴力。根据《涉及家庭暴力婚姻案件审理指南》第 7 条的规定，家庭暴力的核心是权力和控制。加害人存在通过暴力伤害达到目的的主观故意，大多数家庭暴力行为呈现周期性，并且不同程度地造成受害人的身体或心理伤害后果，导致受害一方因为恐惧而屈从于加害方的意愿。而一般夫妻纠纷不具备上述特征。根据民法典第 1079 条第 2、3 款之规定，“实施家庭暴力或者虐待、遗弃家庭成员”，经调解无效的，认为感情确已破裂，应当准予离婚。同时，该法第 1091 条规定，有“实施家庭暴力”导致离婚的，无过错方有权请求损害赔偿。[③]

虐待罪是指经常以打骂、冻饿、强迫过度劳动等方法，对家庭成员进行肉体

---

① 《中华人民共和国民法典（实用版）》，中国法制出版社 2020 年版，第 571 页。

② 孙彬、姬新江：《家庭婚姻法学》，中国人民公安大学出版社 2004 年版，第 53 页。

③ 在引用此条款时，需要注意的是，当事人在婚姻登记机关办理离婚登记手续后，向人民法院提出损害赔偿请求的，人民法院应当受理。但是当事人在协议离婚时已经明确表示放弃该项请求，或者在办理离婚登记手续一年后提出的，不予支持。在婚姻关系存续期间，当事人不起诉离婚而单独依据该条规定提起损害赔偿请求的，人民法院不予受理。

上、精神上的摧残和折磨，情节恶劣的行为。[①] 本罪侵犯的是复杂客体，既侵犯了共同生活的家庭成员依法享有的合法权益，又侵犯了被害人的人身权利。客观方面表现的是经常对被害人实施虐待行为。所谓的虐待行为是本罪区别他罪的重要特征。一般而言，虐待行为可大致分为肉体摧残和精神折磨。肉体摧残主要表现为殴打、冻饿、有病不给治、强迫进行过度劳动等；精神折磨主要表现为侮辱人格、讽刺谩骂、限制行动自由等。虐待行为既可以是积极的作为，也可以是消极的不作为。很重要的一点是虐待行为必须是经常性的、持续性的。

根据2015年3月2日最高人民法院、最高人民检察院、公安部、司法部《关于依法办理家庭暴力犯罪案件的意见》的规定，准确区分虐待犯罪致人重伤、死亡与故意伤害、故意杀人犯罪致人重伤、死亡的界限，要根据被告人的主观故意、所实施的暴力手段与方式、是否立即或者直接造成被害人伤亡后果等进行综合判断。对于被告人主观上不具有侵害被害人健康或者剥夺被害人生命的故意，而是出于追求被害人肉体和精神上的痛苦，长期或者多次实施虐待行为，逐渐造成被害人身体损害，过失导致被害人重伤或者死亡的，应当以虐待罪定罪处罚。

典型案例

案例一

段某与越某离婚案

段某与赵某于2004年6月自由恋爱，2006年6月24日按习俗举行结婚仪式后共同生活，2007年5月16日登记结婚，2007年11月15日生育一子赵某乙。由于双方在共同生活中不能正确处理夫妻关系，经常为家务琐事争吵打架。段某以感情破裂，无法共同生活为由，于2015年7月7日诉至青海省西宁市城中区人民法院，请求法院(1)解除其与赵某的婚姻关系；(2)婚生子赵某乙由其扶养，赵某每月给付抚养费1500元；(3)房屋一套依法分割；(4)赵某因对其实施家庭暴力，应赔偿其损失10万元。一审法院判决：准予段某与赵某离婚；婚生子赵某乙由段某扶养，赵某每月给付孩子赵某乙抚养费1000元；房产一套及电冰箱、衣柜、双人

① 曾斌、肖琼主编：《立案定罪量刑标准解读和实务指导》，法律出版社2018年版，第472页。

床归赵某所有，赵某给付段某房屋补偿款225 000元；共同债务250 000元，双方各承担125 000元；赵某给付段某损害赔偿金10 000元。

后，赵某不服，向西宁市中级人民法院提起上诉，一是认为段某作为母亲对赵某乙的教育一直是放纵和溺爱，使得孩子对自己的行为没有节制。并且赵某乙的爷爷奶奶一直和孩子生活在一起，孩子的衣食住行都由爷爷、奶奶照料，由其扶养孩子，对孩子的学习、生活及成长更为有利；二是一审认定的其对段某实施家庭暴力并导致其轻伤，判定由其支付损害赔偿金10 000元，无事实和法律依据。

针对赵某上诉理由的第一项不再赘述，针对有关家庭暴力这一项，段某提供了青海红十字医院就诊病历3份；西宁市妇联系统来信来访来电登记表一份，西宁市公安局城中公安分局接处警等，甘肃政法学院、青海正信司法鉴定所出具的段某损伤程度为轻伤二级的意见书。

二审法院认定上述证据能够证实段某和赵某在夫妻关系存续期间，段某受到赵某的殴打，段某向当地派出所和妇联反映情况，并就医及造成轻伤二级的事实，认为一审法院认定正确，处理并无不当，应予维持。

案例二

秦某某虐待养母案

上诉人秦某某，男，1956年出生于山东省垦利县，初中文化。2001年3月2日因涉嫌虐待被垦利县公安局刑事拘留，同年3月14日经批准被执行逮捕。原审法院垦利县人民法院一审判决认定，被告人秦某某自1998年起，经常因琐事打骂其养母张某娥。2001年1月22日下午，被告人秦某某酒后又对其养母进行打骂，致其养母张某娥于当日下午自缢身亡。

认定上述事实的证据有：证人周某某证实秦某某酒后经常打骂其母亲；证人秦1证实2001年2月22日下午5时40分左右秦2叫他去抢救秦某某的养母，他到了秦某某家，秦某某的母亲已经不行了。在此之前，秦某某经常打骂其养母；证人秦2证实2001年2月22日下午6时左右，他到了秦某某家，看到秦某某的养母已经不行了，她的脖子上缠着两圈绳子；证人秦伟某证实他父亲秦某某经常打骂其奶奶的事实；证人巴某某证言证实秦某某经常打骂其母亲的事实；证人秦延某的证言证实了秦某某经常打骂其母亲的事实；其他书证、鉴定结论以及现场勘查笔录等。一审认定秦某某犯虐待罪,判处其有期徒刑六年。

东营市中级人民法院二审认为,上诉人秦某某长期虐待其养母,并致使其养母自缢身亡的事实清楚,证据确实充分,足以认定,裁定驳回上诉,维持原判。

解读评析

根据民法典第 1079 条的规定,"如果感情确已破裂,调解无效的,应当准予离婚"有"实施家庭暴力或者虐待、遗弃家庭成员"情形的,调解无效时,应当准予离婚。本案中,虽然段某与赵某系自由恋爱、自主婚姻,但婚后不能正确处理夫妻关系,经常为家务琐事争吵打架,赵某又数次殴打段某,甚至造成了轻伤二级的后果,给段某的身体和精神方面造成了一定程度的伤害,并且段某提供了相关证据予以证实,赵某的行为已经构成家庭暴力,严重伤害了夫妻感情。因此,法院据此认定夫妻感情确已破裂,符合事实以及法律规定,依法准予其离婚。

关于段某要求赵某支付损害赔偿的方面。民法典第 1091 条规定,"有下列情形之一,导致离婚的,无过错方有权请求损害赔偿:……(三)实施家庭暴力……"所谓离婚过错损害赔偿,是指夫妻一方因为过错实施法律规定的违法行为,妨害婚姻关系和家庭关系,导致夫妻离婚,过错方应当承担的损害赔偿责任。本案中,段某出具了多份证据证明在婚后生活中,赵某长期对其进行殴打,导致其身体和心理受到伤害,段某作为无过错方,依法享有获得损害赔偿的权利。

案例二中,首先需要注意的是,刑法第 260 条第 3 款规定"第一款罪,告诉的才处理。"[①]但是该条第 2 款规定了"犯前款罪,致使被害人重伤、死亡的,处二年以上七年以下有期徒刑。"因此,对于此类犯罪的处理,一般采取不告不理的原则,被虐待人可以直接向人民法院提起诉讼。但是,对于虐待家庭成员,致使被害人重伤、死亡的,公安机关就应当立案侦查,不再属于告诉才受理的范围。本案中,秦某某系被害人张德娥的养子,被告人与被害人之间具有法律意义上的亲属关系,并且共同生活在一起,因此,秦某某符合虐待罪的主体要求。在客观方面,被告人秦某某长期对被害人张德娥进行殴打,采取了积极方式对被害人进行肉体摧残,且为经常性和持续性,其虐待行为有多份证言予以证实。因此,被告人秦某某的行为侵犯了与其共同生活的家庭成员张德娥依法享有的合法权益及其人身权利,

---

① 所谓"告诉才受理",即指亲告罪,是以被害人或者其他有告诉权的个人的控告作为必要条件的犯罪。我国刑法规定了侮辱罪、诽谤罪、暴力干涉婚姻自由罪、虐待罪、侵占罪等五种亲告罪。

并最终导致被害人张德娥因忍受不了被虐待而自杀身亡，符合刑法第 260 条第 2 款规定的“致使被害人重伤、死亡的”法定加重情节。因此，法院据此认定其构成虐待罪并判处有期徒刑 6 年，适用法律准确。

延伸阅读

深圳小女孩被家暴事件

2018 年年底，有网友曝出一段长达 3 分 16 秒的视频。视频中一名年轻女性对一名身穿校服的女孩进行一轮又一轮的暴打让人愤怒。更令人痛心的是，女孩不哭不躲不闹的反应。视频显示，女孩在认真地写作业，这名女性莫名其妙冲过来掐着女孩的脖子就往地上推，这名女孩只是默默承受，被推倒后自己慢慢爬起，不哭不闹地重新坐回桌边。下一秒，这名女性又拿起扫帚对着女孩就是猛抽……类似的情况在视频中多次出现。当天下午，深圳宝安警方、妇联等相关部门均介入调查。

专题六　不具备结婚条件而采取非法手段结婚或没有离婚而被离婚

要点解析

婚姻的缔结，不但需要当事双方均具备结婚的意思表示，并得到婚姻法、民法典等法律规定的实质要件，还需要婚姻双方履行必要的形式要件，即婚姻登记。当婚姻当事人不具备实质要件时，可能出现采用非法手段促成婚姻登记的结果，严重的还会触犯刑法。

关联条文

民法典

第一千零四十九条　【结婚登记】要求结婚的男女双方应当亲自到婚姻登记机关申请结婚登记。符合本法规定的，予以登记，发给结婚证。完成结婚登记，即确立婚姻关系。未办理结婚登记的，应当补办登记。

刑　法

第二百六十六条　【诈骗罪】诈骗公私财物，数额较大的，处三年以下有期徒刑、拘役或者管制，并处或者单处罚金；数额巨大或者有其他严重情节的，处三年以上十年以下有期徒刑，并处罚金；数额特别巨大或者有其他特别严重情节的，处十年以上有期徒刑或者无期徒刑，并处罚金或者没收财产。本法另有规定的，依照规定。

条文要义

婚姻登记是法律调整婚姻的重要体现之一。所谓的婚姻登记，是指男女双方当事人向婚姻登记机关递交法定的证明材料，而婚姻登记机关对材料进行一定审查后,对于符合法定标准的予以登记并颁发结婚证书的具体行政行为。根据我国婚姻法第 8 条之规定“要来结婚的男女双方必须亲自到婚姻登记机关进行结婚登记。符合本法规定的,予以登记,发给结婚证。取得结婚证,即确立夫妻关系。未办理结婚登记的,应当补办登记。”因此,我国婚姻成立属于典型的法定登记制,合法婚姻成立的标志是婚姻双方当事人一起到登记机关进行婚姻登记,而结婚的仪式举行与否、双方之间私下约定与否,均非婚姻成立的必要环节。

根据《婚姻登记条例》第 4 条之规定,内地居民结婚,男女双方应当共同到一方当事人常住户口所在地的婚姻登记机关办理结婚登记。中国公民同外国人在中国内地结婚的,内地居民同香港居民、澳门居民、台湾居民、华侨在中国内地结婚的,男女双方应当共同到内地居民常住户口所在地的婚姻登记机关办理结婚登记。

根据《婚姻登记条例》第 5 条的规定,办理结婚登记的内地居民应当出具的证件和证明材料为:本人的户口簿、身份证;本人无配偶以及与对方当事人没有直系血亲和三代以内旁系血亲关系的签字声明。对于办理结婚登记的香港、澳门、台湾居民应当出具的证件和证明材料为:本人的有效通行证、身份证;经居住地公正机构公正的本人无配偶以及与对方当事人没有直系血亲和三代以内旁系血亲关系的声明。

因此,对于意愿缔结婚姻的双方当事人,应当向婚姻登记机关提供本人真实的证件和身份材料,这是婚姻登记行为的应有之义。

诈骗罪是指以非法占有为目的,使用虚构事实或者隐瞒真相的方法,骗取公私财物数额较大的行为。所谓虚构事实,是指捏造客观上并不存在的事实,以骗取他人财物;隐瞒真相是指对受害人掩盖客观存在的某种事实,使之陷入错误认识,从而交出财物。诈骗罪是社会大众较为熟悉的罪名。该罪侵犯的客体是公私财物的所有权,客观方面表现为行为人使用虚构事实或者隐瞒真相的方法,使得财物的所有人、管理人或者持有人陷于错误认识,从而“自愿”将财物交给行为犯,从而客观上造成了受害人对财物失去控制。该罪要求行为人主观上具有非法占有公私财物的目的。

本罪是数额犯,即行为人采用诈骗的方式取得公私财物必须达到“数额较大”的标准,才构罪。按照最高人民法院、最高人民检察院《关于办理诈骗刑事案件具体应用法律若干问题的解释》(法释〔2011〕7 号)第 1 条规定,诈骗公私财物价值 3000 元至 1 万元以上,应当认定为刑法第 266 条规定的“数额较大”。

典型案例

案例一

徐某诉黄某婚姻无效案

原告徐某称其与被告于2009年同居生活，同居后不久便在石家庄市长安区民政局登记结婚，婚后于2011年2月22日生一男孩。婚后，原告徐某得知登记结婚时，被告人黄某所持身份证登记有误，被告人登记结婚时实际年龄已满18周岁但未满20周岁。因此，被告黄某系虚报年龄办理了结婚登记，请求法院确认原、被告婚姻关系无效。

法院经审理查明，原告徐某与被告黄某于2009年左右同居生活，被告人黄某未达法定婚龄的情况下，使用假身份证，与原告徐某在石家庄市长安区婚姻登记处办理了结婚登记。黄某户籍地湖北省襄樊市襄阳区公安分局张家集派出所出具证明，其本人身份证号与其在婚姻登记时使用的身份证号不同，即在婚姻登记时使用的身份证为假证。但鉴于原告提起诉讼时，被告人黄某已达法定婚龄，法定的婚姻无效情形已经消失，因此，法院最终判决：驳回原告徐某要求确认婚姻无效的诉讼请求。

案例二

上诉人陈某2和上诉人王某诈骗案

陕西省武功县人民法院审理陕西省武功县人民检察院起诉指控原审被告人陈某1、陈某2、王某犯诈骗罪一案，于2013年9月4日作出(2013)武刑初字第00053号刑事判决。原审被告人陈某2、王某不服一审判决，提出上诉。

原审法院认定：(1)2012年5月，被告人陈某1、陈某2为了达到婚姻诈骗钱财的目的，事先在河南省邓州市用龙某双的身份信息给陈某2办理了二代身份证及户口本。2012年11月至12月期间，被告人陈某1、陈某2、王某通过张某介绍结识武功的张某辉，陈某2假称为龙某双，陈某1假称为陈某霞并扮演龙某双的亲属，以龙某双加给张某辉做媳妇为由骗取张某辉家人现金63 000余元。结婚后，被告人陈某2从张某辉家逃离。后陈某2分赃款15 000元，王某分赃款1万元，其余赃款为陈某1所得。（另有一起犯罪事实不再赘述）

原审法院认为，被告人陈某1、陈某2、王某以非法占有为目的，以介绍婚姻为名，虚构事实、隐瞒真相，骗取钱财，其行为构成诈骗罪，判处三人有期徒刑5年6个月至4年6个月不等，并处罚金20 000元至10 000元不等。

二审法院认为一审判决认定事实清楚，证据确实充分，定罪及适用法律准确，量刑适当，审判程序合法，应予维持。

解读评析

案例一中，黄某在未达到法定结婚年龄的情况下，采用虚假身份证件，欺骗婚姻登记部门，与原告徐某办理了结婚登记，该行为违反了婚姻法第6、8条的规定，在行为当时应当系违法行为。由于黄某未达到法定的结婚年龄，两人的婚姻应系无效。民法典第1047条同样延续了婚姻法关于结婚年龄的限制条件，即结婚年龄，男不得早于22周岁，女不得早于20周岁。因此，按照民法典第1051条之规定，两人"登记"时的婚姻也是无效的。

但实践中，结婚登记瑕疵问题情形比较复杂，对于一方使用虚假身份信息办理结婚登记的，如果双方当事人已满足婚姻关系的实质条件，即满足婚姻法第5~7条规定的情形的，不宜否定其婚姻关系的效力。在办案中，黄某与徐某在"结婚登记"时，黄某未达法定婚龄，但起诉时，黄某已经满足法定的结婚实质条件，且二人结婚确系自愿，并没有违法法定的其他禁止性条款，贸然判定二人的婚姻自始无效不符合实际情况。因此，法院认为在审判时双方已经满足了结婚的实质条件，婚姻是有效的。

案例二中，被告人陈某1、陈某2及王某三人的行为，符合诈骗罪的犯罪构成。本案中，上诉人陈某2、王某与陈某1以非法占有为目的，采用隐瞒自己的真实身份而冒用他人身份的方式，骗取了被害人的信任，利用被害人想要结婚的目的，使得被害人自愿的交出用于结婚的彩礼6.3万元，并实际取得了涉案钱款，造成了被害人直接经济损失。同时三人主观上存在共同骗取被害人财物的故意，并共同实施了相关诈骗行为，符合诈骗罪的构成要件。

根据最高人民法院、最高人民检察院《关于办理诈骗刑事案件具体应用法律若干问题的解释》（法释〔2011〕7号）第1条的规定，诈骗公司财物价值3000元至

1 万元以上、3 万元至 10 万元以上、50 万元以上的，应当分别认定为刑罚第 266 条规定的“数额较大”“数额巨大”“数额特别巨大”。本案中，被告人骗取了款物共计 6.3 万元，属于数额巨大，最终判处的刑罚是符合规定的。

延伸阅读

男子被冒用身份结婚 18 年，冒用者 10 年前就已被执行死刑

原告王某身份在 2000 年被邱某冒用结婚，邱某因身背命案隐藏身份，直到被抓，妻子韦某一直被蒙在鼓里。10 年前，邱某被执行死亡后，韦某与他人结识后生子，眼看孩子到了上学的年纪，因为无法办理新的婚姻登记，孩子无法上户口，韦某只好向王某求助，后王某提起诉讼。最终，法院判决，确认相关民政局对韦某与邱某冒用“王某”作出的结婚登记行为无效。

专题七　收养关系与组织未成年人从事违法犯罪活动

要点解析

收养是民法典中的重要法律制度，亦是婚姻家庭法中的重要制度，该制度本身就是要在原本没有血缘关系的人之间建立拟制血亲关系①。在我国的社会实践中，收养现象也非常普遍，仅2019年一年，全国儿童收养登记就达28 035件。在没有血缘关系人之间建立较为稳固的家庭关系，是民事法律进行规范的重要范畴，这不仅为被收养人提供了权益保障，也为规范收养人收养行为，切实维护被收养人的合法权益提供了制度保障。

关联条文

民法典

第一千一百一十一条第一款　【收养权利义务】自收养关系成立之日起，养父母与养子女间的权利义务关系，适用本法关于父母子女关系的规定；养子女与养父母的近亲属间的权利义务关系，适用本法关于子女与父母的近亲属关系的规定。

刑　法

第二百六十二条　【拐骗儿童罪】拐骗不满十四周岁的未成年人，脱离家庭或者监护人的，处五年以下有期徒刑或者拘役。

条文要义

收养，是指自然人领养他人的子女为自己的子女，依法创设拟制血亲亲子关

① 陈棋炎、黄宗乐、郭振恭：《民法亲属总论》，台北，三民书局2013年版，第321页。

系的身份法律行为。在这一法律关系中,当事人分别为收养人、被收养人和送养人,其中收养人为养父或养母,被收养人为养子或养女,送养人一般为被收养人的生父母或者其他人。根据民法典第1094条的规定,送养人为:孤儿的监护人、儿童福利机构以及有特殊困难无力抚养子女的生父母。

收养关系的建立是以收养行为为基础的,按照收养行为是否符合法律规定的条件,可以将收养分为两类,即事实收养和法定收养。民法典第1105条之规定,"收养应当向县级以上人民政府民政部门登记。收养关系自登记之日起成立。"因此,事实收养是指收养行为不完全符合收养相关法律规定的形式要件或实质要件,没有依法办理收养登记,但与收养人长期共同生活,周围邻里也公认为是父母子女身份关系的情形。目前,民法典正式实施,因此,在确定收养关系成立与否时,需要明确收养行为的发生时间。如果收养行为发生在《中华人民共和国收养法》(以下简称收养法)之前,就要适用当时的法律、政策规定,即1984年最高人民法院《关于贯彻执行民事政策法律若干问题的意见》的相关规定①。但是如果收养行为发生在收养法实施以后,未经依法登记的收养行为均属于违法,行为人应当补充登记,否则不产生合法收养的法律后果。

收养关系成立的一个重要条件是收养人身份适格。根据民法典的规定,收养人应当同时具备以下条件:(1)无子女或者只有一名子女;(2)有抚养、教育和保护被收养人的能力;(3)未患有医学上认为不应当收养子女的疾病;(4)无不利于被收养人健康成长的违法犯罪记录;(5)年满三十周岁。但法律为了确保最大限度地保障未成年人的权益,让其享受家庭温暖,民法典对部分收养人的条件进行了扩大再规定,如第1099条规定"收养三代以内旁系同辈血亲的子女,可以不受本法第一千零九十三条第三项、第一千零九十四条第三项和第一千一百零二条规定的限制。华侨收养三代以内旁系同辈血亲的子女,还可以不受本法第一千零九十八条第一项规定的限制。"第1100条第2款规定的"收养孤儿、残疾未成年人或者儿童福利机构抚养的查找不到生父母的未成年人,可以不受前款和本法第一千零九十八条第一项规定的限制。"因此,上述条款的规定,一方面是防止收养人收养子女过多无照顾能力而损害被收养人的利益,同时也防止出现借收养而拐卖人口的情况出现。同时,也充分鼓励了爱心人士收养多名孤儿、残疾未成年人等的

---

① 在认定事实收养关系时,主要把握以下几方面:一是被收养人与收养人共同生活多年;二是收养人是以收养为目的,而不是为了其他非法目的;三是周围邻里公认为存在父母子女关系;四是没有办收养登记。

善举。

现实生活中,虽然有收养法等专门的法律法规对收养行为进行规范,但事实收养行为仍然大量存在,而且假借收养名义拐骗儿童的行为极大伤害了未成年人的身心健康,也造成了其生父母情感的巨大伤害。

所谓拐骗儿童罪,是指用利诱、欺骗或者其他方法使不满 14 周岁的未成年人,脱离家庭或者监护人的行为。本罪是行为犯,主要行为人实施了拐骗行为,将不满 14 周岁的未成年人带走,从而使其脱离了原生家庭或者监护人,就应当追究其刑事责任。司法实践中,行为人既可以直接对被拐骗的未成年人进行利诱、欺骗,取得其信任后将其拐走;也可以对拐骗的未成年人的监护人实施利诱、欺骗而间接将该未成年人拐走。一般而言,本罪中行为人拐骗的目的是收养或者供自己奴役、使唤等。如果行为人是为了出卖而采用利诱、欺骗等方式的,则构成拐卖儿童罪。

典型案例

案例一

原告刘某某诉被告董某、吕某解除收养关系案

原告于 2018 年 3 月向天津市宁河区人民法院提起诉讼,要求法院确认刘某某与董某、吕某签订的抚养协议无效,并由被告承担诉讼费用。经法院调查,原告刘某某与前妻付某生有一子刘甲,后原告刘某某与付某离婚,其子刘甲由刘某某抚养。因离婚后,刘某某没有固定收入来源,且另有一女儿需要抚养,因此,在刘某某的父母及中间人的联系下,找到临近不远的天津市宁河区某村的被告人董某、吕某,经协商,双方于 2012 年农历四月初一签订了一份收养协议书,将当时两岁的刘甲送给被告人董某、吕某抚养。但签订抚养协议书时,未征得刘某的生母付某的同意,其也未在协议上签字。双方当事人也均未在民政部门进行收养登记。

原告刘某某向法庭出具了收养协议书一份,证实原告与被告签订收养协议时,付某本人未签字;经手人证明一份,证实了原告刘某某将其子刘某送养给被告人董某、吕某时约定条件为被告人夫妻二人不能离婚,且在送养过程中,原告刘某

某并未收取任何费用。

最终法院作出一审判决，确认原告刘某某与被告董某、吕某签订的收养协议书无效。

案例二

吴某拐骗儿童案

2012年1月6日16时许，被告人吴某在广东省湛江市霞山区某市场偶遇被害人谢某，谢某正抱着6个多月龄的女儿周某并带着儿子在买菜，吴某先是上前与其搭讪聊天，后又以认识谢某的丈夫为由，跟随谢某来到其位于湛江市霞山区出租屋405房家中帮忙照顾女婴。在此过程中，吴某想起其因生育能力问题而与其家人产生婚姻危机，遂心生偷盗女婴的想法，于是伺机趁谢某不备将其女儿抱走。当天23时许，被害人谢某向友谊派出所报案。湛江市公安局霞山分局于2012年1月7日对周某被拐骗一案立案侦查。

被告人吴某拐走谢某女儿周某后为其取名林某，将其带回家中抚养至案发。后因林某已到入学年龄，被告人吴某带其到湖光派出所办理户口时，公安人员根据规定提取了林某血样，并将其DNA样本录入全国公安机关查找被拐卖失踪儿童DNA数据库进行比对，经湛江市公安司法鉴定中心鉴定，被害人周某的血样所属个体和谢某的血样所属个体符合亲生关系。后周某的亲生父母表示对被告人吴某予以谅解。

最终，湛江市霞山区人民法院判决被告人吴某犯拐骗儿童罪，判处有期徒刑6个月，缓刑1年。

解读评析

案例一中，涉及收养行为的有效性问题。

根据收养法第10条之规定“生父母送养子女，须双方共同送养。生父母一方不明或者查找不到的可以单方送养。”本案中，在行为人刘某某计划将其子刘甲送养给董某和吕某时，虽然其与前妻付某已经离婚，但当时付某仍然在世，付某作为刘甲的亲生母亲，有权利决定是否将刘甲送养他人。而刘某某在与董某、吕某签订抚养协议书时，并未告知付某送养一事，付某也未在该协议书上签字确认。因此，刘某某与董某、吕某的抚养协议不符合收养法的规定。

同时，在刘某某与董某、吕某签订所谓抚养协议书后，刘某经由董某、吕某进行抚养，但董某、吕某却一直未向当地的民政部门申请收养登记。根据收养法第15条收养应当向县级以上人民政府民政部门登记。收养关系自登记之日起成立的规定，收养关系未经登记不能成立。因此，在形式要件上，刘某某与董某、吕某之间的收养行为也无法得到法律的认可。收养法第25条规定违反民法通则第55条和本法规定的收养行为无法律效力，因被告人董某、吕某收养刘某时未向县级以上人民政府民政部门办理收养登记等相关手续，且该"收养行为"发生在收养法实施之后，应当适用收养法的相关规定，故被告人与原告刘某某之间的抚养协议无效。

由此，在处理收养相关案件时，需要注意：一是收养行为是否具备实质要件，即被收养人的情况、送养人的情况，收养人的条件等是否均符合法律规定的标准；送养人送养的意思表示是否真实，送养人与收养人之间是否达成了意思一致等；二是是否履行了相关形式要件，是否向县级以上人民政府民政部门登记。

案例二中，被告人吴某在2012年1月6日案发时，为已婚成年妇女，具有完全刑事责任能力，具备承担相应刑事责任能力的条件，其因自己生育问题而担心出现婚姻危机，由此产生了偷盗他人子女的想法，主观上符合拐骗儿童罪的故意，即为了收养或供自己奴役、使唤等。客观上，吴某利用被害人母亲谢某充分信任自己的有利情况，趁谢某不备将被害人周某某抱走，客观上实施了用偷盗行为使不满14周岁的未成年人脱离家庭或者监护人的行为，造成谢某与自己亲生女儿骨肉分离的后果。因此，公诉机关指控的罪名是成立的。由于被告人取得了被拐女童父母的谅解，且被告人系初犯，法院就此认定被告人犯拐骗儿童罪，判处其有期徒刑6个月，缓刑1年，是适当的。

延伸阅读

鲍毓明性侵养女案

2020年4月9日《南风窗》发布一篇报道，即《涉嫌性侵未成年女儿三年，揭开这位总裁父亲的"画皮"》，该文章后被媒体转发，迅速引爆网络。案件当事人鲍某某所供职的相关企业迅速解除其相关职务，山东省烟台市公安局芝罘区分局对案件进行立案调查。最终调查结果认为鲍某某与韩某某存在同居行为和两性关系,但现有证据不能证实鲍某某违背韩某某意志,采用暴力手段强行与其发生性关系,不能认定其构成强奸罪。但鲍某某明明知道其本人和韩某某的情况都不符合相关法律规定的收养和被收养的条件仍以“收养”为名与韩某某交往且发生性关系,严重违背社会伦理道德和公序良俗,应当受到社会谴责。最终,鲍某某因其他违法违规行为被驱逐出境。

PART

6

第六编

◇

继承中关涉刑法的问题

专题一　继承权及继承权的丧失、宽宥制度

要点解析

继承权，是指自然人按照被继承人所立的合法有效遗嘱或法律的直接规定享有的继承被继承人遗产的权利。[①] 其法律特征是：(1) 在继承权的主体方面，继承权只能是自然人享有的权利。(2) 在取得根据方面，继承权是自然人依照合法有效的遗嘱或者法律的直接规定而享有的权利。(3) 继承权的客体是被继承人生前的财产权利。(4) 继承权的本质是独立的民事权利。

关联条文

民法典

第一百二十四条　【继承权】自然人依法享有继承权。自然人合法的私有财产，可以依法继承。

第一千一百二十五条　【继承权的丧失及宽宥】继承人有下列行为之一的，丧失继承权：

（一）故意杀害被继承人；

（二）为争夺遗产而杀害其他继承人；

（三）遗弃被继承人，或者虐待被继承人情节严重；

（四）伪造、篡改、隐匿或者销毁遗嘱，情节严重；

（五）以欺诈、胁迫手段迫使或者妨碍被继承人设立、变更或者撤回遗嘱，情节严重。

继承人有前款第三项至第五项行为，确有悔改表现，被继承人表示宽宥或者事后在遗嘱中将其列为继承人的，该继承人不丧失继承权。

---

① 杨立新主编：《中华人民共和国民法典释义与案例评注》，中国法制出版社2020年版，第12页。

受遗赠人有本条第一款规定行为的，丧失受遗赠权。

刑　法

第二百三十四条　【故意伤害罪】故意伤害他人身体的，处三年以下有期徒刑、拘役或者管制。

犯前款罪，致人重伤的，处三年以上十年以下有期徒刑；致人死亡或者以特别残忍手段致人重伤造成严重残疾的，处十年以上有期徒刑、无期徒刑或者死刑。本法另有规定的，依照规定。

条文要义

继承权丧失是指本来具有继承资格，即有继承期待权的人因犯有某些严重违反人伦道德的罪行，或有严重的不道德行为，而丧失继承人资格。根据继承权丧失后能否得以恢复，可以将继承权丧失分为继承权绝对丧失和相对丧失。民法典第1125条第1款中第1项及第2项规定可以理解为学理上“继承权的绝对丧失”，即继承人再不得也不能享有对特定被继承人财产的继承权。而第3项至第5项可以理解为学理上“继承权的相对丧失”，即因发生某种法定事由使继承人的继承权丧失，但在具备一定条件时继承人的继承权也可最终不丧失，即继承人宽宥制度。这也是本次民法典与继承法的区别之一，除故意杀害被继承人和为争夺遗产而杀害其他继承人两种极其严重的行为外，对于其他行为，继承人确有悔改表现，被继承人进行宽宥的也可不丧失继承权。应予说明的是，法律规定继承权的相对丧失，并不是为了继承人的利益，而是为了促使继承人改恶从善，尊重被继承人的意愿，贯彻养老育幼的原则。

本条第1款第5项为新增款项，规定以欺诈、胁迫手段迫使或者妨碍遗嘱设立、变更或者撤回，情节严重的，也丧失继承权。

但是法律对于受遗赠人的要求更高，只要其有本条第1款规定行为的，受遗赠权即告丧失，无补救或者宽宥规定。

典型案例

案例一

杨大、杨二与李某芝、张某成、张某林继承纠纷案

基本案情:杨某某的配偶于1986年去世,育有婚生子杨大、杨二。后杨某某经人介绍与李某芝相识,1986年4月20日登记结婚。1986年被继承人杨某某将李某芝大儿子张某成从江西省迁至东营市胜利油田,以杨某某继子的名义报考了油田技校。1989年杨某某将李某芝二儿子张某林户口从江西省迁至东营市,以杨某某继子的名义在油田学校就读,后参加工作。杨某某与李某芝婚后由于子女问题曾经发生过矛盾。2004年4月杨某某提起诉讼要求与李某芝离婚,5月25日,杨某某因病去世。2004年6月8日,东营区人民法院以杨某某死亡为由,依法裁定终结诉讼。杨某某在胜利石油管理局胜中社区某村32号楼2单元有一套房产,系于1993年10月25日购买。后杨大、杨二提起诉讼,提出李某芝对杨某某有遗弃行为,不应享有继承权。张某成、张某林非杨某某的婚生子,无继承权。

审判结果:一审法院判决:(1)胜利石油管理局胜中社区科技一村32号楼2单元3号60型楼房一套归原告李某芝所有;(2)李某芝自本判决生效之日起10日内支付杨大、杨二每人遗产继承款8000元;(3)李某芝自本判决生效之日起10日内支付张某成、张某林每人遗产继承款4000元。二审法院维持一审原判。

案情分析:法院认为,杨某某的遗产第一顺序继承人应当为本案的原、被告五人。虽然杨某某曾于2004年4月向法院提起离婚诉讼,因杨某某死亡而终结诉讼,因此杨某某与李某芝之间的婚姻关系并没有从法律上解除,故依法确认李某芝为杨某某的第一顺序继承人。通过在案证据,可以确认杨某某与张某成、张某林之间形成继父子关系。继父子之间的关系适用对父子关系的规定,因此张某成、张某林依法享有对杨某某遗产的继承权,为第一顺序继承人,故杨某某的遗产第一顺序继承人应当为本案的原、被告五人。所举证据中,不能充分证明李某芝、张某成、张某林对杨某某存在遗弃行为,一方主张另一方丧失继承权,应当承担举证责任,不能充分证明对方存在丧失继承权的事实的,另一方依法享有继承权。因此李某芝、张某成、张某林依法享有对杨某某遗产的继承权。涉案房屋一套价

值60 000元,系杨某某、李某芝共同财产,因此在李某芝分得50%之后,剩余部分由原被告5人共同按份继承。

案例二

范某甲等二人与范某乙等三人继承纠纷案

基本案情:范某某、徐某某婚后生育二女三子,即范某丁、范某甲、范某丙、范某乙、范某戊。范某某、徐某某于2007年4月8日将其位于枣阳市大南街原棉织厂南的旧房连同土地使用权以108万元出售给他人。售房款108万元由次女范某甲保管。2009年农历四月初十,范某某去世后,范某丁、范某甲、范某丙、范某乙、范某戊五人对属于范某某的遗产54万元达成了协议并领取了各自应得款额,且保证属于徐某某所有的存款由徐自由处置。2011年5月8日,范某甲聘请枣阳市鹿头法律服务所法律工作者郭某才来到徐某某的住所,就其手中存款如何处理进行见证,另一见证人为靳某华,并制作了录音录像。在视听资料中,徐某某表达了将自己的大部分存款赠与儿子范某丙、姑娘范某甲,自己留一部分花销的意愿,但是其仅仅表达了给儿子(范某丙)多点,给姑娘(范某甲)少点,未说明具体的赠与数额。之后,郭某才起草了一份"赠与合同书",载明徐某某将自己存款中的20万元赠与女儿范某甲,赠与儿子范某丙22万元等内容,同日鹿头法律服务所对此赠与合同书出具了见证书。2012年11月21日,徐某某去世。在办完徐某某的丧事后,范某甲向范某丙支付了22万元。范某丁、范某乙、范某戊与范某甲、范某丙就其母亲遗产54万元存款分配问题发生纠纷,范某甲、范某丙拿出鹿头法律服务所见证的赠与合同书主张其母亲徐某某已经将42万元赠与其二人,范某丁、范某乙、范某戊认为该赠与合同不是其母亲真实的意思表示,签订时其三人均不在场,并对鹿头法律服务所对该赠与合同书出具的见证书向枣阳市司法局提出了异议,枣阳市鹿头法律服务所于2012年12月2日作出了(2012)枣司基鹿字1号撤销决定书,认为对此赠与合同书出具的见证书超越了管辖权限,决定撤销对该赠与合同书的见证证明,赠与合同的效力由利害关系人按照司法程序解决。范某丁、范某乙、范某戊于2013年1月7日诉至法院,以赠与合同书无效为由,要求依照法定继承的原则平均分配其母亲遗留的54万元存款。经查,2009年11月13日凌晨,范某戊因家庭经济纠纷,酒后对其母徐某某、二姐范某甲实施了伤害行为,致二人轻伤,枣阳市人民法院于2010年1月27日作出(2010)枣刑一初字第13号刑事判决,以故意杀人(中止)罪,判处范某戊有期徒刑3年,缓刑5年。

审判结果:一审判决:(1)范某甲于判决生效后五日内支付范某丁、范某乙、范某戊共计121 000元,其中支付范某丁、范某乙各42 456元,支付范某戊36 088元;(2)范某丙于判决生效后五日内支付范某丁、范某乙、范某戊共计50 000元,其中支付范某丁、范某乙各17 544元,支付范某戊14 912元;(3)驳回范某丁、范某乙、范某戊的其他诉讼请求。如果未按判决指定的期间履行给付金钱义务,应当依照民事诉讼法第253条之规定,加倍支付迟延履行期间的债务利息。案件受理费9200元,由范某丁、范某乙、范某戊各负担1800元,范某甲、范某丙各负担1900元。二审法院判决维持原判。

案情分析:一审法院认为:范某某去世后,其遗产已经由其子女协商分配完毕,徐某某去世后,其子女五人按照法律规定对遗产享有平等的继承权。范某甲、范某丙主张徐某某生前将存款中的42万元赠与其二人,并列举了由枣阳市鹿头法律服务所制作的"赠与合同书"及视听资料支持该主张,因该赠与合同书中载明赠给二人存款的数额,在视听资料中没有赠与人的明确意思表示相印证,且合同书中"赠与人"栏不是徐某某本人的签名,视听资料中亦无徐某某摁手印的情节,故对该合同书法院不予采信。但是在该视听资料中,徐某某陈述,范某甲、范某丙对父母更为孝顺,更多地尽了赡养扶助义务,在继承遗产时应当多分;范某戊之前对被继承人有故意伤害的犯罪行为,应当少分。关于徐某某的遗产存款金额,双方均认可为54万元,并且由范某甲保管,法院对此予以确认。该款扣除徐某某的抢救费、丧葬费等费用后,余额由双方当事人分配。徐某某生前虽然领取有遗属补助费和街道社区生活费,但是因其生前有生活和医疗费等消费性支出,故双方当事人就此项问题的主张法院均不予支持。范某甲辩称为其母亲花费抢救费、办理丧葬事宜及因安葬被罚款等共花费29 000元,虽未能全部提供证据,但是结合本地习俗,办理丧事不可能所有支出均有票据,且范某甲主张的此项费用额度适中,故法院予以认定。遗产总额54万元减去上述29 000元,还剩511 000元,法院酌定由范某甲、范某丙各分得170 000元,由范某丁、范某乙各分得60 000元,由范某戊分得51 000元,范某丁、范某乙、范某戊应当分得的上述款项,由范某丙在其多得的50 000元中承担偿付责任,其余款项由范某甲在扣除自己应继承的170 000元和支付给范某丙220 000元后退还121 000元。

二审法院认为:(1)遗产范围。范某丁、范某乙、范某戊主张父母卖房款108

万元中有54万元归母亲所有,加上售房前所得的房租约50万元,及其父去世的遗属补助和街道补助款共3万余元,扣除其母亲的消费支出,徐某某去世时应留有存款90余万元,请求法院按54万元分割。范某甲主张,其母所应得的卖房款54万元,扣除生前治病、消费及办理丧事支出后,不足42万元。范某甲向一审法院提交了其本人书写的开支明细证明该主张,范某丁、范某乙、范某戊对此不予认可,范某丙对该明细予以认可。因范某甲未能提供相应的证据证实,部分当事人对范某甲书写的开支明细不予认可,该明细不足以证明范某甲所主张的事实。经查,上诉人在一审时提交的视听资料中,徐某某明确表示,遗属补助和街道补助款已够其生活支出,而2009年农历四月初十,范某某去世后当事人对属于范某某的54万元遗产进行了分割,可以推定徐某某去世时留下的存款数额为54万元。(2)范某戊是否丧失继承权。上诉人主张范某戊为争夺遗产故意杀害被继承人,依法已丧失继承权。经查,2009年11月13日凌晨,范某戊因家庭经济纠纷,酒后对其母徐某某、二姐范某甲实施了伤害行为,致二人轻伤,枣阳市人民法院于2010年1月27日作出(2010)枣刑一初字第13号刑事判决,以故意杀人(中止)罪,判处范某戊有期徒刑3年,缓刑5年。在该刑事案件的审理过程中,范某戊已得到徐某某的谅解。(3)"赠与合同书"是否有效。上诉人主张"赠与合同书"有效,被上诉人主张该合同无效。经查,该合同系由上诉人范某甲聘请的法律工作者郭某才起草,合同书上的签名"徐某某"并非徐本人所签。郭某才对与徐谈话的过程作了录音录像。本院认为,遗嘱是公民对其死亡后个人财产及相关的其他事务所作的安排。因此,遗嘱经由立遗嘱人自身设立,无须其他人的意思辅助。经查阅视听资料,徐某某并无立遗嘱的意思,而是郭某才多次探询徐某某存款情况及身后如何安排。在视听资料中,徐某某并未对存款作出明确的分配。因此,该赠与合同不是徐某某主动、独立的意思表示,不具有法律效力。

解读评析

考虑到被继承人与继承人之间绝大多数为极其亲密的亲属关系,对于民法典第1125条第1款规定中第(3)项至第(5)项的行为,如果继承人已经认识到了自己的错误且有悔改表现,被继承人也对继承人表示宽宥、愿意给继承人改过自新的机会,并愿意由该继承人继承自己的全部或部分遗产,那么法律也应当尊重被继承人的意愿,而不应彻底剥夺继承人的继承权。这也是民法领域意思自治原则的充分体现。当然，继承人若发生民法典第1125条第1款规定的前两项行为，因已经构成刑事犯罪，情节极其恶劣，不能适用前述宽宥制度。

在本部分第一个案例中，一方主张对方有遗弃行为，但所举证据中，不能充分证明遗弃行为存在，在此种情况下，一方主张另一方丧失继承权，应当承担举证责任，不能充分证明的，另一方依法享有继承权。因此法院判决李某芝、张某成、张某林依法享有对杨某某遗产的继承权。第二个案例中，法院判决认为，被继承人范某戊以故意杀人（中止）罪被判刑，但其在犯罪过程中，自动停止伤害，未造成特别严重的后果，事后也得到了被继承人的谅解，法院判决未因此丧失继承权。根据民法典规定，可以理解为，故意杀害被继承人的，不论继承人故意杀害被继承人是既遂还是未遂，也不论其是否受到刑事责任的追究，都丧失继承权。为争夺遗产而杀害其他继承人的，包括杀害居于其之前或者与其处于同一继承顺序的其他继承人，或者杀害被继承人在遗嘱中指定的继承人，或误认为会妨碍其继承全部遗产的后一顺序的继承人，也丧失继承权。但本案有一个特殊情节，范某戊系故意杀人（中止）罪，主观上放弃了杀人、伤害的行为，并且2012年7月15日，范某戊因意外受伤，致二级伤残，右侧肢体偏瘫，完全依赖护理。因此，尽管范某戊曾实施故意杀害被继承人的行为，但其在犯罪过程中，自动停止伤害，未造成特别严重的后果，事后得到了被继承人的谅解，并未因此而丧失继承权，且范某戊现在缺乏劳动能力又没有生活来源，应酌情为其分配遗产。

增加继承人宽宥制度，在保护和尊重立遗嘱人的真实意思表示的同时，也给具有不当行为的继承人一个改过自新的机会。继承案件具有家庭纠纷的特点，子女对于父母来说手心手背都是肉。因此，该规定有助于缓和父母与子女之间的矛盾，也给存在不当行为的继承人一个悔改的机会。立遗嘱人可以选择原谅、宽宥子女的上述不当行为，体现了被继承人支配自己身后遗产的自主意愿，不再过多的受制于法律的权利限制条款，充分体现出民法意思自治的基本原则，同时也填补了我国继承法方面的空白。

延伸阅读

民法典第1126条规定，继承权男女平等。

《妇女权益保障法》第34条规定，妇女享有的与男子平等的财产继承权受法律保护。在同一顺序法定继承人中，不得歧视妇女。

继承权男女平等一般意义上来讲，有三个层面的意思：一是所有的继承人不分男女，一律平等地处于其应在的继承顺序之中。第一顺序继承人是指配偶、子女、父母；第二顺序继承人是指兄弟姐妹、祖父母、外祖父母等。该顺序排列不因性别之异而区别对待。同时，丧偶儿媳对公婆、丧偶女婿对岳父母，尽了主要赡养义务的，作为第一顺序继承人。二是所有的继承人不分男女，一律平等地享有继承权。同一顺序继承人继承遗产的份额，一般应当均等。这里的"一般"是指有特殊困难、无生活来源、尽了主要赡养义务的可以多分和有能力不尽扶养、赡养义务的继承人不分或少分的以外的继承人，应当均等。三是代位继承的转继承男女平等。儿子先于父母亲死亡，孙子女可代替父亲继承祖父母的遗产，女儿先于父母亲去世，外孙子女可以代替母亲继承外祖父母的遗产。

梁某1诉梁某2、万某、梁某3、梁某4、梁某5继承纠纷案

被继承人梁某生于1927年2月8日，于2014年4月3日死亡，其妻子谢某生于1930年10月27日，于1988年11月3日死亡。被继承人生前育有三子两女，并养育一女孩，他们分别是：大儿子梁某2、二儿子梁某3、三儿子梁某1、大女儿梁某4、二女梁某5、养女万某。被继承人梁某于2009年6月28日立下《遗嘱》一份，该遗嘱主要内容："一、本人生有三男二女，我本人的意愿二女不在财产继承范围内，也就是说两个女儿没有继承权。二、我的这栋房屋平分三份，由于大儿子梁大一直以来没有尽到做儿子的义务，没有赡养我，所以没有任何继承权，二儿子梁某3继承三分之一，余下的二份由小儿子梁某1继承。三、由于老房子年代已久，时间已长没有维修，下雨漏水，所以我现在不在此房居住，现借住小儿子梁某1所做的一栋砖木结构的小房子内，为了避免发生纠纷，特在此申明，我现在暂住的这栋房子，是小儿子梁某1的，我死后归还小儿子梁某1。"该份遗嘱的执笔人是梁某，见证人是梁某、梁某10、梁某8、梁某7。法院认定："遗嘱中涉及女儿没有继承权的问题，由于违反了法律的相关规定，该部分应为无效。"

根据民法典规定，子女对父母的遗产享有平等的继承权。就是说，不论是儿子还是女儿，女儿也不论已婚、未婚，在继承父母遗产时，都享有平等的权利。但在实际生活中，由于受重男轻女、男尊女卑等封建思想的影响，出现了各种各样剥夺女儿继承权的情况。如有的父母认为嫁出去的女儿是泼出去的水，不承认出嫁女儿的继承权；有的同胞兄弟不让出嫁的女儿继承父母的遗产。这些都是违背法

律的。人民法院在处理这类问题时，在保护出嫁女儿享有平等继承权的同时，对于继承方法和遗产分配份额，则根据实际情况区别对待。例如，有的出嫁女儿有能力、有条件赡养父母，而很少甚至不尽赡养义务；有的明知父母死亡，在别的继承人分割遗产时也不要求继承，事隔多年后，又要求继承。对于这类问题，一般是在承认其有继承权的基础上，根据权利义务相一致的精神，不分或少分遗产。

专题二　遗产管理制度

要点解析

被继承人去世后，财产权利如何得到有效管理是直接关系继承权利益实现的重要问题。这就涉及遗产管理制度。遗产管理制度是指遗产交付给继承人之前，有权主体依法或依指定对遗产进行管理、清算的制度，目的是维护遗产价值和继承人权利。[①] 我国继承法及相关司法解释仅简要规定了遗嘱执行、遗产保管和无人承继遗产处理的相关内容，但并未明确遗产管理这样的概念。民法典在继承篇中，对遗产管理制度的构建以及遗产管理人的产生、职责、报酬等内容均作出了详尽、明确的规定。

遗产管理，涉及遗产管理人、遗嘱执行人、遗产保管人多个概念。遗产管理人是指对死者遗产负责保存和管理的人。遗产管理人在许多情形下都存在，如在法定继承中由承认继承的继承人作为管理人，遗嘱继承中的遗嘱执行人作为管理人，还有无人继承遗产中被指定的遗产管理人。遗产管理人和遗嘱执行人职责范畴有重复也有不同。遗嘱执行人是遗嘱处分的财产范围内当然的管理人，他们都以中立的身份参与继承事务的处理，职责都包含了编制遗产清册、处理遗产，而且二者都对遗产管理的事务需要承担谨慎忠实履职的义务。但二者也有区别。一是在适用范围上，遗嘱执行人只在被继承人立有遗嘱时得以存在，而遗产管理人在法定继承以及无人继承遗产的情形下也可行使职责；二是在产生方式上，遗嘱执行人遵循遗嘱人的意志产生，而遗产管理人在没有立遗嘱或者遗嘱中未作指示时，还可以由继承人担任或者由法院指派；三是在行为依据上，遗嘱执行人行为主要依据是遗嘱内容，而在没有遗嘱的情况下，遗产管理人行为的主要依据为法律规定，或者即便有遗嘱时，执行遗嘱也是遗产管理人依据法律开展管理活动的

---

① 陈苇、石婷：《我国设立遗产管理制度的社会基础及其制度构建》，载《河北法学》2013 年第 7 期。

应有之义;四是在权利义务范围上,遗嘱执行人在不违反法律的强制性规定前提下,权利与义务范围一般不得违背被继承人在遗嘱中的指示,故容易受遗嘱所限,使遗嘱未涉及的遗产如何管理的问题悬置,而遗产管理人除了要在有遗嘱时尊重遗嘱人遗愿,其权利义务由法律规定,其所管理的财产范围也相对更为宽广,还可以申请法院调查其他继承人和公示催告债权人申报债权,这些权限均是遗嘱执行人所不具有的。

遗产保管人是指持有被继承人的遗产并依法负责保管遗产的人。在遗产管理人存有遗产的情况下,二者是重合的,但仍然有较大差异。一是在适用范围上,只要存有遗产就应负有妥善保管的义务,因此遗产保管人的适用范围更为广泛。二是在产生方式上,遗产保管人主要是基于“持有遗产”这一事实,因而具有偶然性,而遗产管理人是经过一定的程序产生,即被继承人指定、继承人担任或者法院指派。三是从权责与功能上看,遗产保管人只负有对遗产临时保存的义务,除此之外并无其他义务,也不享有与管理遗产相关的一系列权利,虽然对保全遗产的完整性具有重要价值,但权责有限、功能单一,而遗产管理人的权利义务更为广泛,产生方式较为严谨,在保全遗产、协调各方利害关系人之间的权益关系以及保障交易安全、维持社会秩序的能力上更具有优势。

可以说,遗产管理人制度的功能更为全面立体,是对遗嘱执行人制度、遗产保管人制度的吸收与整合,是比这两种制度更为完善、内涵更加丰富的遗产处理机制。

关联条文

民法典

第一千一百五十一条　【遗产保管】存有遗产的人,应当妥善保管遗产,任何组织或者个人不得侵吞或者争抢。

刑　法

第二百七十条　【侵占罪】将代为保管的他人财物非法占为己有,数额较大,拒不退还的,处二年以下有期徒刑、拘役或者罚金;数额巨大或者有其他严重情节的,处二年以上五年以下有期徒刑,并处罚金。

将他人的遗忘物或者埋藏物非法占为己有,数额较大,拒不交出的,依照前款的规定处罚。

本条罪,告诉的才处理。

条文要义

民法典第1151条是对存有遗产的人保管遗产义务的规定。

在继承开始后，遗产如果在特定的人那里保存，存有遗产的人就负有妥善保管遗产的义务。妥善的含义，是存有遗产的人对遗产的保管负有善良管理人的注意义务，违反该注意义务，即为过失。此项管理职责包括不改变物或权利性质的保存、改良及利用，一般不包括处分行为。为防止遗产的减值或毁损，也应赋予遗产管理人于必要情况下以保全遗产为目的而处分遗产的权利，如变卖易腐物。存有遗产的人应当将存有的遗产如实报告遗产管理人，以便确定遗产的数额，进行遗产分割。对存有遗产的人保管的遗产，任何组织或者个人，特别是遗产继承人、被继承人的债权人等利害关系人，也包括存有遗产的人，都不得侵吞和争抢，侵害遗产。造成遗产损失的，应当承担赔偿责任。

典型案例

案例一

张某甲等诉张某丙婚姻家庭纠纷案

基本案情：原告张某甲、张某乙、被告张某丙系兄弟姐妹关系。张某某系原、被告之父，于2017年5月3日死亡。张某甲、张某乙向一审法院起诉请求：(1)判令被告张某丙交出两原告与被告共同生母生父的死亡证、火化证供两原告共同拥有、使用；(2)判令被告张某丙交出两原告与被告共同生母名下的房本，供两原告共同拥有、使用；(3)诉讼产生的一切费用由被告承担。庭审中，二原告认为被告有义务交出父母的死亡证、火化证及母亲的房本，供二原告共同拥有、使用，被告则认为原告上述主张均没有法律依据，不同意原告的请求。另查，父亲张某某曾于2016年起诉二原告赡养费纠纷一案，法院经审理于2017年1月23日作出判决，判决二原告每人每月给付张某某500元赡养费，二原告不服提起上诉，中级人民法院在审理过程中，张某某死亡，遂裁定该案终结审理。再查，2017年4月16日，父亲张某某在“委托书”上签名并按有指纹，该“委托书”载明：在此委托大女儿张某丙待我百年以后，我的丧葬事宜全部由大女儿张某丙负责操办，其他人无权干涉。我所有的证件也全部由大女儿张某丙保管和使用，其他任何人不得干涉。庭审中，虽二原告对委托书存有异议，但经法庭释明，二原告并未要求对该委托书的真伪提出司法鉴定。

法院判决：一审判决：驳回原告张甲、张某乙的全部诉讼请求。二审判决：驳回上诉，维持原判。

案情分析：一审法院认为，祭奠既是生者对死者的悼念，也是对生者精神上的一种安慰。死者的近亲属基于与死者的身份关系均享有祭奠死者的权利。母亲王某某去世后死亡证、火化证均一直在被告处保管，如二原告有祭奠死者和其他的合理需求，双方可通过协商解决，被告也应予以协助，现二原告要求由其共同拥有、使用，于法无据，一审法院不予支持。关于张某某的死亡证、火化证二原告要同拥有、使用的请求，因被告向法庭出示了其父张某某生前所书委托书。委托书应视为张某某的遗嘱，委托书已载明，其死后丧葬事宜、证件均由被告操办、保管、使用，其他人无权干涉。依照相关法律规定有遗嘱的应按遗嘱内容执行，故二原告该请求，一审法院不予支持。对于二原告主张的要求被告交出被继承人名下的房本供二原告共同拥有、使用，因该房屋是遗产，且被继承人王某某、张某某生前立有公证遗嘱，在遗产尚未分割继承前，依照法律规定，存产的人，应当妥善保管遗产，任何人不得侵吞或者争抢，现遗产尚未进行分割，故二原告的该项请求没有法律依据，一审法院不予支持。二审法院支持了一审法院的认定。

案例二

管某1、刘某1、刘某2继承纠纷案

基本案情：被继承人管某、冯某共育有四个子女，分别为长子管某1，次子管某2，长女管某3，次女管某4。管某与冯某去世后留有一处房产，估价为人民币496 000元。管某1向公证处申请办理继承父亲管某、母亲冯某房屋遗产的公证事项，并向公证处提交了管某、冯某夫妻二人共有两名子女及房屋所有权证等相关证明材料，管某3向公证处表示自愿放弃父母上述房屋遗产的继承权。该公证处出具了公证书。后管某1依据该公证书到房产管理部门办理了产权变更登记手续，房产权利人变更为管某1。管某4向公证处递交复查申请书，认为管某1与管某3隐瞒实情向公证处提供虚假信息，故意遗漏继承人，从而获取不实公证书。后经公证处复查后，撤销公证书。另查明，管某3与刘某1系夫妻关系，育有一女刘某2。管某于去世。

裁判结果：一审判决：管某1于本判决生效之日起十日内给付管某2、管某4各98 000元。二审裁判结果：对涉案房屋，管某1享有30%的份额，刘某1和刘某2共享有30%的份额，管某2、管某4各享有20%的份额。

案情分析：本案的矛盾点在于，管某3是否享有继承权？一审法院认为，继承从被继承人死亡之时开始。本案中，涉案房屋属于冯某的遗产。管某1、管某2、管某3、管某4作为第一顺序继承人，对遗产享有平等的继承权。案件审理时，根据继承法第25条规定，继承开始后，继承人放弃继承的，应当在遗产处理前，作出放弃继承的表示。没有表示的，视为接受继承。管某与冯某去世后，管某4、管某1、管某2对遗产均无放弃表示，则视为继承。另根据公证处出具的决定书显示，菅某3向公证处表示自愿放弃父母房屋遗产的继承权，在死亡前并未向公证处做出要求撤回放弃遗产继承权的意思表示，故刘某1与刘某2不再享有继承管某、冯某遗产的权利。二审法院认为：关于管某3的继承权问题。管某1向邯郸市诚信公证处申请办理继承父亲管某、母亲冯某房屋遗产的公证事项期间，管某虽有放弃继承的意思表示，但经公证处复查，管某1向公证处提供的信息确实存在隐瞒并遗漏其他继承人的情形，据此撤销了公证书。公证书撤销后，归于无效，涉案遗产应作法定继承处理，各继承人均有继承权。继承开始后，管某3并未向其他继承人明确表示过放弃对本案遗产的继承，视为接受继承的规定。因管某3已去世，管某3的份额应由其配偶刘某1和女儿刘某2依法继承。

案例三

余某某侵占罪一案

包头市昆都仑区人民法院审理自诉人祁某疆告诉被告人余某某侵占遗产犯侵占罪一案，于2014年8月12日作出(2014)昆刑初字第171号刑事裁定。自诉人祁某疆不服，提出上诉。本院依法组成合议庭审理了本案。现已审理终结。

一审法院认为：因自诉人祁某疆在其所提供的证据，家庭会议决议第3条关于母亲财产处理中明确表示拒绝母亲赠与任何财产和金钱，且在自诉人祁某疆诉被告余某某等继承纠纷案件中，已发生法律效力的裁判文书确认自诉人祁某疆没有继承权,故自诉人不是适格的诉讼主体。依照刑事诉讼法第205条、最高人民法院《关于适用〈中华人民共和国刑事诉讼法〉的解释》第259条、第264条之规定,裁定驳回自诉人祁某疆对被告人余某某的起诉。

二审请求情况:上诉人祁某疆的上诉理由是,被上诉人余某某利用管理其母亲余甲遗产现金之便,侵占其母亲治病救命款,故请求二审法院依法撤销(2014)昆刑初字第171号裁定,重审本案;依法认定上诉人的继承权及刑事诉讼的主体资格;对病历和遗产支出、收入明细进行质证,确认被上诉人构成涉嫌侵占其母亲自备救命款的犯罪行为;查明被上诉人对其母亲实施安乐死(超出身体承受能力注射杜冷丁),造成其母亲临床死亡的犯罪事实。

本院查明:经审理查明,上诉人祁某疆系死者余甲的儿子;祁某疆告诉原审被告人余某某犯侵占罪的证据不足。

本院认为,根据最高人民法院《关于适用〈中华人民共和国刑事诉讼法〉的解释》第260条之规定,上诉人祁某疆作为死者余甲的近亲属有权提起告诉,但上诉人祁某疆告诉原审被告人余某某犯侵占罪一案,缺乏罪证。上诉人祁某疆的上诉理由不能成立,其关于具有刑事诉讼主体资格的上诉请求予以支持,对其他上诉请求不予支持。依照刑事诉讼法第229条、第225条第1款第1项、第205条第1款第2项,最高人民法院《关于适用〈中华人民共和国刑事诉讼法〉的解释》第260条、第264条之规定:

驳回上诉,维持原裁定。

本裁定为终审裁定。

解读评析

案例一中,被继承人死亡前留有遗嘱即"委托书",其在"委托书"中载明其死后丧葬事宜、证件均由被告操办、保管、使用,其他人无权干涉,因此,被告是被继承人指定的遗产管理人。民法典第1151条规定,存有遗产的人,应当妥善保管遗产,任何组织或者个人不得侵吞或者争抢。被继承人死后,其遗产包括房屋尚未分割,被告作为被继承人指定的遗产管理人有权保管房本等遗产。二原告在被继承人生前就因不赡养被继承人而被判决承担赡养费却不服,在被继承人死后,其仍不遵从死者的遗愿而要求被告将被继承人的死亡证、火化证归其二人共同拥有、使用,实属意图对被继承人的遗产等进行侵夺,其行为直接违反法律。二原告仅有权要求依被继承人遗嘱分割始为正确。

案例二中，管某1在父母去世后，隐瞒存在兄妹4人的事实，并劝说管某3作出放弃继承的意思表示，向公证处提交兄妹2人的证明，意图将父母遗留的房产侵占，据为己有。其所提交的虚假证明导致公证机关所作出的公证书依程序被撤销。本案关注的焦点在于管某3的继承权的问题。管某3在管某1的劝说下，作出放弃继承的意思表示，但该意思表示下所作出的公证书已被撤销，管某3的意思表示也当然归于无效，一审判决依托一份被撤销的公证书认定管某3不再享有继承权欠妥当。在二审中认定公证书撤销后，已归于无效，涉案遗产应作法定继承处理，各继承人均有继承权。继承开始后，管某3并未向其他继承人明确表示过放弃对本案遗产的继承，视为接受继承。该种认定是充分尊重意思自治原则的体现。

延伸阅读

2020年7月5日凌晨，杭州失踪的来某某事件，从离奇失踪到警方在小区的化粪池里找到肢体碎片，该新闻一直热度不减。来某某和案件真凶，也就是她的老公许某，他们的家庭背景、两个人的相识相恋经过等，逐渐在网上得以披露。据报道：来某某遇害后，不仅留下了七位数的存款，而且还有两套拆迁安置房。来某某的退休工资加上保洁员的收入每月大概还有八九千元。那么，来某某的遗产应该由谁来继承、由谁来保管呢？

首先，我们来看一下来某某的家庭关系。来某某和许某都是二婚。来某某与前夫生育一个女儿，已经结婚。来某某的父母已经去世，她有一个哥哥和一个姐姐。许某有一个父亲和一个弟弟。许某跟前妻生育一个儿子，离婚后，儿子随前妻一起生活。

下面，我们来分析一下，来某某的遗产应该如何继承、如何保管？

第一，来某某生前并未留有遗嘱，应当按照法定继承来处理。第一顺序继承人应为配偶、父母、子女。来某某的父母已经去世，那么她的第一顺序继承人有三个，分别是：丈夫许某、跟前夫所生的大女儿、跟许某所生的小女儿。许某的儿子因为一直随许某前妻一起生活，并没有从小跟随来某某生活，所以没有形成抚养关系，在这种情况下，许某的儿子是无权继承来某某的遗产的。

第二，继承权丧失的问题。根据民法典的规定，继承人如果故意杀害被继承人的,将丧失继承权。因此,许某不能再继承来某某的遗产。

第三,如此看来,来某某的大女儿和小女儿将平均继承来某某的遗产,每人各占一半份额。大女儿已经结婚,那么,大女儿继承的遗产,包括房子和存款都属于大女儿和女婿的夫妻共同财产。

第四,遗产保管人的问题。来某某的小女儿目前只有 11 岁,尚未成年,在法律上属于限制民事行为能力人,年龄虽不影响小女儿合法地继承母亲的遗产,但如何保管和使用这些遗产,需要法律来予以完善。民法典第 27 条规定:"父母是未成年子女的监护人。未成年人的父母已经死亡或者没有监护能力的,由下列有监护能力的人按顺序担任监护人:(一)祖父母、外祖父母;(二)兄、姐;(三)其他愿意担任监护人的个人或者组织,但是须经未成年人住所地的居民委员会、村民委员会或者民政部门同意。"来某某已经死亡了,小女儿的爸爸许某因为涉嫌故意杀人,按照其犯罪情节,法定刑为死刑、无期徒刑或者十年以上有期徒刑,已没有办法再担任小女儿的监护人了。据查询,许某的母亲早年去世,还有一个父亲健在,也就是小女儿的爷爷。如果这个消息属实,那么,按照法律规定,小女儿的法定监护人自然应该是她的爷爷。除非她的爷爷已经没有监护能力。如此一来,小女儿继承到的遗产自然应该由她的爷爷代为保管。

第五,遗产如何管理的问题。爷爷负责保管小女儿继承到的遗产,但并非可以随意处置这些遗产。按照民法典第 35 条的规定,监护人除为维护被监护人利益外,不得处分被监护人的财产。这条法律规定是什么意思呢?比如,小女儿继承到 60 万元存款,如果她的爷爷想用这笔存款给自己买房子,那就是违反法律规定的。如果用这笔钱购买小女儿教育培训基金,那就是合法的。但法律虽然做了如此规定,实践中,如何监管仍然是个难题,毕竟小女儿年龄尚小。因此,民法典中遗产管理人制度的出台就显得尤为重要了。

专题三　遗嘱继承的新变化

要点解析

伴随中国家庭财富的日益丰富，以及经济全球化和新经济模式的涌现，遗嘱继承势必在家庭财富的传承中扮演更为积极的角色。民法典体现了反映经济发展新特点和与时俱进的立法理念，采取列举法的立法技术，第1134条至第1139条逐一规定了"自书遗嘱""代书遗嘱""打印遗嘱""录音录像遗嘱""口头遗嘱""公证遗嘱"六种遗嘱形式，增加了"打印遗嘱"规定，将"录音遗嘱"修订为"录音录像遗嘱"。对于遗嘱的形成要件、见证要件和形成程序予以明确规定，强化了"见证人"制度（见证人限制规定、人数规定、在场签名要求等），具有较高的司法实践意义。

关联条文

民法典

第一千一百三十六条　【打印遗嘱】打印遗嘱应当有两个以上见证人在场见证。遗嘱人和见证人应当在遗嘱每一页签名，注明年、月、日。

第一千一百三十九条　【公证遗嘱】公证遗嘱由遗嘱人经公证机构办理。

刑　法

第三百九十七条第一款　【滥用职权罪；玩忽职守罪】国家机关工作人员滥用职权或者玩忽职守，致使公共财产、国家和人民利益遭受重大损失的，处三年以下有期徒刑或者拘役；情节特别严重的，处三年以上七年以下有期徒刑。本法另有规定的，依照规定。

条文要义

公证是公证机构根据自然人、法人或者其他组织的申请,依照法定程序对民事法律行为、有法律意义的事实和文书的真实性、合法性予以证明的活动。公证遗嘱是指通过法律规定的公证形式订立的,有关订立程序和形式都由法律规定的遗嘱。公证遗嘱生效后,与继承权益相关的人员有确凿证据证明公证遗嘱部分违法的,公证处应当予以调查核实;经调查核实,公证遗嘱部分内容确属违法的,公证处应当撤销对公证遗嘱中违法部分的公证证明。因公证人员过错造成错证的,公证处应当承担赔偿责任。民法典取消了继承法及司法解释"公证遗嘱最高效力"规定,贯彻尊重设立遗嘱人意思自治的民法基本原则,将公证遗嘱效力等同于其他五种遗嘱形式,确立了以"设立时间先后"判断遗嘱效力的基本标准。

打印遗嘱,是指遗嘱人通过电脑制作,用打印机打印出来的遗嘱。在电脑应用普及之后,已经很少有人用笔写作,通过电脑写作和打印,已经是书写的常态。近年来,很多人制作遗嘱都是用电脑写作,之后用打印机打印出来,形成打印遗嘱。由于继承法没有规定打印遗嘱这种遗嘱形式,因而在司法实践中对打印遗嘱的效力存在较多争议,有的认为是自书遗嘱,有的认为是代书遗嘱,其实都不准确。鉴于打印遗嘱应用的普遍性,民法典采纳专家的意见,规定打印遗嘱是法定的遗嘱形式,符合条件的,应当确认其法律效力。打印遗嘱有效的要件是:(1)遗嘱为电脑制作、打印机打印出来的文本形式。打印遗嘱是新增加的法定遗嘱形式,实为新技术发展及电脑普及运用的产物。其突破了遗嘱主要以手写形态出现的局限,允许遗嘱人以电脑制作并以文本形式打印出来。(2)打印遗嘱应当有两个以上见证人在场见证,并在打印遗嘱文本的每一页都签名。打印遗嘱实为电子打印制作出来的书面文本,因其缺乏特性而较易复制改动,故其是否为遗嘱人本人制作并反映其真实遗愿,相较自书遗嘱而言,实难证明。因此,当遗嘱人以打印形式设立遗嘱时,要求其应当有两个以上的见证人在场见证,并在打印遗嘱文本上逐页签名,以证明该遗嘱为遗嘱人的真实遗愿,而非他人随意伪造。(3)遗嘱人在遗嘱文本的每一页都签名。为保证打印遗嘱的真实性,除需有两名见证人依法见证签名外,还需保证打印遗嘱的每一页都有遗嘱人的签名,以防止打印遗嘱伪造的可能。(4)最后注明年、月、日。在打印遗嘱的末页,应以签字的形式注明遗嘱设立的年、月、日。具备这些要件,打印遗嘱发生遗嘱效力。

典型案例

案例一

乔某、何某1与被告何某2继承纠纷案

基本案情:乔某与何某原是夫妻关系,何某1与何某是继父子关系。被告何某2与何某是父女关系。被继承人何某于2010年11月30日去世。乔某持有被继承人何某于2010年10月24日立下的打印遗嘱一份,该遗嘱载明何某把属于其所有的财产全部由乔某及何某1共同继承,以前无论对任何人曾经有过任何形式的承诺的均以该遗嘱为准。何某2持有被继承人何某于2010年8月8日立下的遗嘱一份,该遗嘱载明何某去世后,属于他的财产全部由其亲生女儿何某2继承。经中国人民大学物证技术鉴定中心《司法鉴定意见书》认定两份遗嘱的签名均是何某本人的亲笔签名。乔某、何某1起诉要求判令何某的全部遗产由其继承;反诉原告何某2反诉要求判令何某的全部遗产由其继承。

审判结果:一审法院判决该案遗产均应由乔某、何某1继承。二审法院维持一审判决。再审法院认定,本案中的打印遗嘱并不符合最高人民法院《关于贯彻执行〈中华人民共和国继承法〉若干问题的意见》第40条中的遗书范畴,原二审判决引述该条规定属于适用法律不当,但判决结果正确,予以维持。

案情分析:本案争议焦点为涉案的两份遗嘱是否合法有效,应以哪份遗嘱作为处理案涉遗产的依据?一、二审法院认为,乔某、何某1所持有的2010年10月24日的《遗嘱》,内容为打印机打印,立遗嘱人处的何某签名经鉴定为何某本人亲笔所签。案件审理时,虽然继承法第17条对遗嘱的形式有严格的要求,但随着科学技术的不断发展,通过计算机打印文字、视频录像传输等形式表达行为人内心意愿已成为现代社会通行的行为方式。本案中,证人刘某证实,2010年10月24日的《遗嘱》为何某本人打印后签署姓名。该打印行为可视为何某亲自书写行为的延伸。根据最高人民法院《关于贯彻执行〈中华人民共和国继承法〉若干问题的意见》第40条的规定:"公民在遗书中涉及死后个人财产处分的内容,确为死者真实意思的表示,有本人签名并注明了年、月、日,又无相反证据的,可按自书遗嘱对待。"所以,2010年10月24日何某打印的《遗嘱》,应视为自书遗嘱,为合法有效之遗嘱。因何某于2010年8月8日和2010年10月24日所立的两份《遗嘱》均合法

有效,但内容相互抵触,根据最高人民法院《关于贯彻执行〈中华人民共和国继承法〉若干问题的意见》第42条的规定:“遗嘱人以不同形式立有数份内容相抵触的遗嘱,其中有公证遗嘱的,以最后所立公证遗嘱为准;没有公证遗嘱的,以最后所立的遗嘱为准。”所以,应以时间靠后的2010年10月24日《遗嘱》作为处理本案遗产的依据。据此,一审法院判决何某案涉遗产均应由乔某、何某1继承。二审法院维持一审判决。再审广西北海市中级人民法院认定,再审申请人何某2申请再审的理由不成立,不予支持。同时认定,本案中的打印遗嘱并不符合最高人民法院《关于贯彻执行〈中华人民共和国继承法〉若干问题的意见》第40条中的遗书范畴,原二审判决引述该条规定属于适用法律不当,但判决结果正确,予以维持。

案例二

薛某某滥用职权案

基本案情:靳某甲与连某甲(某区原区长,已故)系夫妻关系,先前共同居住在某区105号房,此房原为某区直管公房。1996年根据房改政策,连某甲购买了该公房。1997年7月30日房管局为该公房办理了房产证,面积为101.12平方米,个人产权比例为80%。1998年,时任某区房管局局长的被告人薛某某将某区105号加盖房屋(1993年连某甲在此公房院内,加盖了30.1平方米的住房)办理到连某乙(系连某甲侄子)名下,并颁发了某区房产证。2000年,时任某区房管局局长的被告人薛某某,在连某甲出示公证遗嘱(主要内容为自己和靳某甲百年后房产中的个人部分归连某丙所有)和提交申请的情况下,在明知市房管局颁发的房产证区房管局无权变更的情况下,将连某甲的房产过户到连某丙(系连某甲胞弟)名下,并颁发了某区房产证。2007年8月连某甲病故。2008年靳某甲的母亲去世后,该房无人居住。2009年8月18日因南水北调工程建设该房屋需拆迁,某区南水北调办公室和街道办事处同连某戊(连某丙的儿子、连某甲的侄子)签订了征迁安置协议书(乙方一栏写有“原房主连某甲”),此时房屋实际丈量面积为205.29平方米。此后,连某戊先后领取搬迁奖励费1200元、搬迁费4311元、搬迁过渡费2100元、安置补贴款3180元。2011年,街道办事处对已拆迁的某区房屋进行房屋安置补偿,共安置住房两套。两套新房的安置价格为153 322.72元,旧房折价151 504元,新旧房屋充抵,连某戊共补缴6976.72元(其中补房款1818.72元、天然气初装费4820元、装修垃圾清运费218元、卫生费120元)。该两套安置房的签字表中,均为连某戊的签名,钥匙也在连某戊手中,但没有房产证,也无人居住。2014年7月7日市房地产评估有限公司对拆迁补偿的两套新房进行价格评估,两套新房的建筑面积分别为114.06平方米和104.66平方米,市场估价分别为268 000元和249 000元,即2350元/平方米和2380元/平方米。2014年11月23日,连某丙与靳某甲在连某乙、连某戊、连某丁、靳某乙和靳某丙的见证下,在市公证处签订了关于解决两套争议房产的协议书,主要内容为两套房产分别归连某丙和连某乙所有,连某丙支付靳某甲210 000元。该款已于当日支付,靳某甲也出具了对薛某某的谅解书。

审判结果:被告人薛某某犯滥用职权罪,免予刑事处罚。

案情分析:被告人薛某某身为国家机关工作人员滥用职权,违规办理房产证,给他人财产造成重大损失,其行为已构成滥用职权罪。公诉机关指控的犯罪事实存在,罪名成立。但被告人薛某某给被害人造成的损失,应按违规办理房产证的面积131.22平方米计算,根据安置新房的估价2350元/平方米或2380元/平方米,共计308 367元或312 303.6元,符合滥用职权罪的构成条件。连某戊在拆迁期间领取的各种费用因为是对家庭或人口的补偿,不能计算在损失之内。

解读评析

案例一中,在审理当时,判决依据了继承法第20条、最高人民法院《关于贯彻执行〈中华人民共和国继承法〉若干问题的意见》第42条确立的数份遗嘱的效力认定规则,即"公证遗嘱效力最高""立遗嘱时间在后者效力高"的判定规则。值得注意的是,案例中对于打印遗嘱的效力,一、二审法院沿用最高人民法院《关于贯彻执行〈中华人民共和国继承法〉若干问题的意见》第40条规定,采取了科学技术发展论证,结合证人刘某证言最终认定案涉何某打印遗嘱属于"自书遗嘱"的范畴,对于打印遗嘱的效力认定有实践性突破。但再审法院(原二审法院)在最终的判词中又认定该打印遗嘱非自书遗嘱范畴。最高人民法院《关于贯彻执行〈中华人民共和国继承法〉若干问题的意见》第40条内容是针对"遗书"而规定的。也就是说,该份遗嘱的效力认定在法律引用方面存在瑕疵。对此,民法典第1136条增加了"打印遗嘱"规定,即"打印遗嘱应当有两个以上见证人在场见证。遗嘱人和见证人应当在遗嘱每一页签名,注明年、月、日。"明确了打印遗嘱的法定形式和形成要件。

案例二中，薛某某利用连某甲提供的公证遗嘱，滥用职权将房屋产权过户，并颁发房产证。公证遗嘱在本案的发生过程中，系薛某某滥用职权的依靠。公证遗嘱是我国继承法所规定的效力最高的遗嘱，依原规定，它可排除自书、代书、录音、口头遗嘱，当因公证遗嘱发生纠纷产生诉讼时，法院应当对公证遗嘱是否为遗嘱人的真实意思表示、是否符合法律规定的形式要件进行审查。对于公证遗嘱的审查，当然涉及公证程序问题。法院对于违反公证程序的公证行为可以不作效力上的评判，但对于违反公正程序的公证书能否作为定案的依据，人民法院应当依照民事证据的规定进行审核。

延伸阅读

民法典第1137条规定，以录音录像形式立的遗嘱，应当有两个以上见证人在场见证。遗嘱人和见证人应当在录音录像中记录其姓名或者肖像，以及年、月、日。

录音录像遗嘱，是一种新型的遗嘱方式，是指以录音或者录像方式录制下来的遗嘱人的口述遗嘱，其实就是视听遗嘱。这是我国继承法所规定的录音遗嘱的进一步扩展。这种界定随着科学技术的发展还可能进一步扩展，因为现在不再仅仅是录音工具，录像机、电脑等也日益普及，影像技术大为进步，应当将录音录像遗嘱扩展为视听遗嘱，即使遗嘱人通过摄像机等拍摄的音像资料，只要符合录音录像遗嘱的要求，也应当予以认可。事实上，录音录像遗嘱就是用录音录像技术记录的口头遗嘱。

录音录像遗嘱应当符合下列要件：(1)须有两个以上的见证人在场见证。见证人在场见证的目的，是保证录制的遗嘱确为遗嘱人的真实意思。在录制遗嘱时，见证人应当把各自的姓名、性别年龄、籍贯、职业、所在工作单位和家庭住址等基本情况予以说明。(2)须由遗嘱人亲自叙述遗嘱的内容。遗嘱人必须亲自清楚地口述遗嘱的全部内容，即不能由他人代述或转述遗嘱内容，且口述的内容要清楚、明白，而不能含混不清。而且口述的内容应当具体，对有关财产的处分，应当说明财产的基本情况，说明财产归什么人承受。(3)须遗嘱人、见证人将有关视听资料封存，并签名、注明日期。在遗嘱人录制完遗嘱后，见证人也应当将自己的见证证明录制在录制遗嘱的音像磁带上。由于录音带、录像带等视听资料容易被他人剪辑、伪造,需要履行严格的封存程序,只有这样才能确保录音录像遗嘱的真实性。遗嘱人与有关见证人在封存遗嘱时,应在封缝处共同签名,并注明年、月、日,以确定遗嘱的订立时间。(4)须当众开启录音录像遗嘱,在继承开始后,在参加制作遗嘱的见证人和全体继承人到场的情况下,当众启封,维护录音录像遗嘱的真实性。具备这些要件的录音录像遗嘱发生法律效力。

闫某1诉闫某2遗产纠纷案

基本案情:原告闫某1与被告闫某2为同胞兄弟。其母亲张某某生有三子二女,长子闫某1,幼子为闫某2,名下有58平方米的房屋一套。张某某晚年生病期间,全凭闫某1照顾,生活和医疗各项费用也都由闫某1负担。基于其他子女没有尽到赡养义务,张某某于2007年1月21日,在两位律师的见证下,由他人代书,立下了内容为自己逝世后所有财产都由闫某1继承的遗嘱。遗嘱由闫某1保管。2009年1月20日,张某某逝世,留下的房屋实际为闫某2控制。闫某1认为闫某2的行为严重侵犯了自己的合法权益,遂依法以姐姐、弟、妹四人为被告诉至法院,要求按母亲的遗嘱继承房屋。诉讼过程中,长女同意闫某1的诉讼请求,二女儿对遗嘱不认可,要求所有子女都继承遗产,二儿子放弃继承。幼子闫某2另外提供了一份遗嘱和录像,认为房屋应由自己继承。该遗嘱由闫某2之妻代写,张某某按的手印。录像显示的是有位邻居问张某某财产是否都由幼子继承,张某某只以"嗯"应答,而没有独立的表述。

法院判决:本案中,闫某1提供的代书遗嘱有母亲本人签名及手印,有代书人及两位见证律师的签名,其内容指向为母亲所有的房屋,故该代书遗嘱的形式和内容均合法有效。而闫某2提供的录像和代书遗嘱则存在瑕疵:母亲在录像中对于诉争房屋如何处理无清晰完整的表述,而是在提问人引导性提问下被动应答;该代书遗嘱内容指向的并非诉争房屋;代书人是小儿媳,与继承人具有利害关系;闫某2未能提供证据证明代书人及见证人将代书遗嘱的内容详细告知母亲。鉴于该录像和代书遗嘱存在上述瑕疵,不能据此确定张某某的真实意思表示,故法院对该录像和代书遗嘱的效力不予认定。现大儿子依据其提供的《见证书》及所附《遗嘱》要求确认房屋由其继承,其请求合法有据,法院予以支持。法院认为,长子的遗嘱合法有效,而小儿子持有的遗嘱存在瑕疵,故判决:一、张某某生前留下的房屋、退休金及报销所得药费由长子继承;二、由长子给付幼子闫某2母亲的住院押金、医疗费、生活用品费及轮椅费 17 993.88 元。

本案中,原告提供的代书遗嘱有母亲本人签名及手印,有代书人及两位见证律师的签名,其内容指向为母亲自己所有的房屋,无论是形式还是内容,该遗嘱均有效。但被告提供的代书遗嘱,代写人为被告之妻,与继承人具有利害关系,仅有张某某按的手印,无论内容还是形式都不合法,故无效。其提供的录像,仅有的内容也显示被继承人是在提问人引导性提问下被动应答,更无被继承人对诉争房屋如何处理的清晰完整表述,均不符合继承法对录音遗嘱的规定,故这仅有的内容不足以构成录音遗嘱。法院对该录像的效力不予认定正确。另外,案发时,我国继承法仅有录音遗嘱的规定,即第 17 条第 4 款规定:“以录音形式立的遗嘱,应当有两个以上见证人在场见证。”但如果录像里的内容及录音能清楚表达被继承人设立遗嘱的真实意愿,其也为有效遗嘱。在当时,即使遗嘱人通过摄像机等拍摄的音像资料,只要符合录音遗嘱的要求,也予以认可。而民法典正是对旧有规定的进一步完善。

专题四　遗嘱的效力

要点解析

遗嘱，具备可执行力才是有效的。遗嘱的有效是指遗嘱具备法定的条件，能够发生法律效力，可以被执行。有效的遗嘱需具备以下条件：

（1）遗嘱人有遗嘱能力；

（2）遗嘱是遗嘱人的真实意思表示；

（3）遗嘱的内容合法；

（4）遗嘱的形式符合法定的要求。

遗嘱的效力直接关系到遗嘱人的切身利益，现实中因遗嘱不符合形式要件导致无效的情形屡见不鲜。

关联条文

民法典

第一千一百四十三条　【遗嘱的无效】无民事行为能力人或者限制民事行为能力人所立的遗嘱无效。

遗嘱必须表示遗嘱人的真实意思，受欺诈、胁迫所立的遗嘱无效。

伪造的遗嘱无效。

遗嘱被篡改的，篡改的内容无效。

刑　法

第二百二十四条　【合同诈骗罪】有下列情形之一，以非法占有为目的，在签订、履行合同过程中，骗取对方当事人财物，数额较大的，处三年以下有期徒刑或者拘役，并处或者单处罚金；数额巨大或者有其他严重情节的，处三年以上十年以下有期徒刑，并处罚金；数额特别巨大或者有其他特别严重情节的，处十年以上有期徒刑或者无期徒刑，并处罚金或者没收财产：

(一)以虚构的单位或者冒用他人名义签订合同的;

(二)以伪造、变造、作废的票据或者其他虚假的产权证明作担保的;

(三)没有实际履行能力,以先履行小额合同或者部分履行合同的方法,诱骗对方当事人继续签订和履行合同的;

(四)收受对方当事人给付的货物、货款、预付款或者担保财产后逃匿的;

(五)以其他方法骗取对方当事人财物的。

条文要义

民法典第1143条中,规定了几种遗嘱无效的情形。概括来讲,分以下几类:一是主体身份受限所致。无民事行为能力人或者限制民事行为能力人所立的遗嘱无效。什么是无行为能力人或者限制行为能力人?民法典第21、22条对此进行了解释,即不能辨认自己行为的成年人为无民事行为能力人,不能完全辨认自己行为的成年人为限制民事行为能力人。无行为能力人或者限制行为能力人,因不能辨认或不能完全辨认自己行为,在这种情况下立下的遗嘱不一定能够代表其内心真正想法,即法律上所说的真实意思表示。因此,为了保护这两类人的权益免受侵害,法律规定这两类人做出的遗嘱无效。该遗嘱无效的情况,仅在于遗嘱人在立遗嘱时是否为无行为能力人或者限制行为能力人。二是意思自治原则的把握。遗嘱必须表示遗嘱人的真实意思,受欺诈、胁迫所立的遗嘱无效。一份文书能够合法有效,最重要的就是文书里的意思是自己最真实的想法,立遗嘱也是如此。如果遗嘱的内容不是遗嘱人的真正想法,那么遗嘱又怎么会得到认可?法院审查发现遗嘱不是遗嘱人的真实意思,又怎么支持遗嘱中对财产的分配方式?实际中,继承人哄骗被继承人立下遗嘱,威胁被继承人立下遗嘱,甚至伪造、篡改遗嘱的情况确实存在,这些行为都是违反法律规定的。用一份不真实的遗嘱对被继承人的遗产分配,经法院认定遗嘱无效后,轻则遗产按照法定继承规定处理,重则该继承人丧失继承权。三是外在非法行为的干预。遗嘱系伪造,必然无效。遗嘱被篡改的,篡改的内容无效。

典型案例

案例一

孟某乙、王某丙等与王某甲继承纠纷案

基本案情:王某积与綦某某系夫妻关系,婚后共生育子女三人,即子王某甲、长女王某华、次女王某丙。长女王某华生育子女二人孟某甲、孟某乙。王某乙系王某甲之子。綦某某于1986年7月4日死亡,王某华于2001年3月1日死亡,王某积于2007年10月26日死亡。王某积死后,留有房屋一套,有关单位发放抚恤金16 800元。王某甲提供王某积自书遗嘱一份,载明:我叫王某积,对我身后事的安排,我过世后把我的房子卖了加上我的存的钱给老王家买块好墓地,留出两万块钱给子女分分,希望儿女子孙按照执行。王某积2006年8月30日。王某丙、孟某甲、孟某乙对该证据有异议,称王某积从未留下遗嘱,即便是自书遗嘱,应有相关证明人和指纹,申请对遗嘱进行鉴定。该遗嘱共进行三次鉴定,第一次鉴定因故撤回;第二次鉴定因样本材料比较单一且数量较少,无法作出明确结论,鉴定所将该案鉴定退回。第三次鉴定结果为自书遗嘱检材上需检的"王某积"签名字迹与样本上的"王某积"签名字迹不是同一人所写。一审法院采纳了第三份鉴定结果,认定王某甲提供的遗嘱经鉴定非被继承人王某积所书,其伪造遗嘱且遗嘱内容系剥夺其他继承人对王某积遗产的继承权,情节严重,应丧失对王某积遗产的继承权。

审判结果:王某积的房屋由王某丙、孟某甲、孟某乙共有,其中王某丙分得该房屋的二分之一,孟某甲、孟某乙共分得该房屋的二分之一。王某积存款67 700元,由王某丙分得33 850元,孟某甲、孟某乙共分得33 850元。二审法院维持原判。

案情分析:民事诉讼应当遵循诚实信用原则。王某甲在一审中提交伪造的遗嘱,并坚持按照遗嘱继承,使本应简单的继承纠纷案件人为的复杂化,妨碍案件的正常审理,导致浪费大量的精力和时间,给其他继承人造成不必要的损害。并且伪造遗嘱的内容意在剥夺其他继承人对被继承人遗产的合法继承权,一审据此认定上诉人伪造遗嘱的情节严重,应丧失对遗产的继承权。一审法院剥夺上诉人对被继承人遗产的继承权,有事实和法律依据,亦符合社会公平正义。王某甲提出

上诉,主张其应享有对被继承人王某积遗产的继承权,但没有相反证据推翻其伪造遗嘱情节严重的事实,其该项主张依据不足,二审法院未予支持。

案例二

张某甲等诉张某丁等法定继承纠纷案

基本案情:原告张某甲、吴某甲、吴某乙、吴某丙、张某乙、张某丙与被告张某丁、张某戊、张某庚、张某己以及张某良之间分别是同父异母、同母异父和同父同母兄弟姐妹关系,其父母是张某某和邢某某,张某某于2008年去世,邢某某于1998年去世。被告张某辛是张某良之女,张某良先于其父亲去世。张某某和邢某某生前有65平方米民房三间,2005年5月1日,张某某立有遗嘱,内容是将民房全部给被告张某丁,今后一切费用由张某丁负责,与其他儿女不发生任何关系,其他儿女全部同意并签字,张某某在自己名字上按手印,原、被告自己签名按手印或由他人代签,另有两名证明人签名按手印。2010年10月13日,被告张某丁与拆迁改造指挥部就张某某名下民房签订拆迁补偿安置协议,将该房置换成楼房,被告张某丁填补房款11 250元。2016年12月13日,被告张某丁交纳继承更名费2000元,将楼房更名到自己名下。被告张某丁就张某某名下房屋问题曾出资10万元给其他10名原、被告,由10名原、被告按约定进行分割。2017年年初,关于张某某名下平房动迁事宜,街道办事处给付房屋补偿差价款101 550元,6名原告认为此款是其父母遗产,要求分割。

审判结果:一审法院认为,继承开始后,按照法定继承办理;有遗嘱的,按照遗嘱继承或者遗赠办理;有遗赠扶养协议的,按照协议办理。本案中,被告张某丁提供证据证明其按遗嘱继承了被继承人张某某、邢某某的遗产,虽然所有原告对遗嘱中原告签名的真实性不认可,但所有被告均承认是自己或委托他人在遗嘱上签名,且有证明人签名,结合该房屋在2010年拆迁时,房屋拆迁补偿安置协议由被告张某丁自己在被拆迁人处签名和2016年被告张某丁交纳继承更名费将动迁安置的楼房更名到自己名下的客观事实,本院认定被告提供的遗嘱客观存在,故被继承人张某某和邢某某的民房三间按遗嘱继承办理,原告要求按法定继承分割被继承人遗产的诉讼请求本院不予支持。关于原告提出的被告张某丁出资10万元购买动迁安置楼房,而被继承人名下平房补发的补偿款仍是其父母遗产的说法,因被告否认买卖之说,而原告也无证据证明其主张,故原告该说法本院不予采信。二审中,当事人虽没有提交新证据,但经本院审查双方当事人均认可此份遗嘱系在被继承人张某某去世后,由继承人张某乙书写,并由其在立遗嘱人处签写张某某的名字及按手印。对当事人二审争议的事实,本院认定如下:一审认定的事实除遗嘱外,其他认定的事实属实,本院予以确认。

二审法院认为,本案争议的焦点是案涉房屋补偿差价款101 550元是否按照法定继承予以分割。经查,案涉遗嘱是在被继承人张某某死亡后,由继承人张某乙书写,并由其在立遗嘱人处签写张某某的名字及按手印,故该份遗嘱因不具有遗嘱效力,本院不予采信。本案所涉的101 550元,在原审卷宗所载的房屋(民房)产权调换政策补差明细基本信息一栏注明张某某,可以认定此款是基于原被继承人张某某、邢某某共有的房屋因产权调换所得到的政府补偿,故此款属于被继承人张某某、邢某某的遗产,且各继承人作为被继承人的子女及晚辈直系血亲,均属第一顺序继承人,应由各方当事人按法定继承和代位继承的法律规定予以平均分割,而原审法院认定遗嘱有效,并按照遗嘱继承驳回各上诉人的诉求有误,本院予以纠正。

综上所述,张某甲、吴某甲、吴某乙、吴某丙、张某乙、张某丙的上诉请求成立,应予支持。依法判决:张某丁于本判决生效后10日内分别给付上诉人张某甲、吴某甲、吴某乙、吴某丙、张某乙、张某丙、被上诉人张某戊、张某已、张某庚、张某辛人民币9231.8元。

案情分析:本案中,案涉遗嘱是在被继承人张某某死亡后,由继承人张某乙书写,并由其在立遗嘱人处签写张某某的名字及按手印,实为伪造的遗嘱。依伪造的遗嘱无效之规定,在被继承人无遗嘱且法定继承人无丧失继承权的情形下,根据本案的具体情况,案中被继承人的遗产应依法按法定继承和代位继承的规则在继承人之间进行分割。然而,一审法院却在所有原告对遗嘱中原告签名的真实性不认可,所有被告也均承认是自己或委托他人在遗嘱上签名的情况下就认可该遗嘱合法有效,这实属错误。自书遗嘱必须本人亲笔书写,代书遗嘱必须遗嘱人亲自签名并满足证人条件方可有效,而案中遗嘱连签名都由继承人签写并按手印,一审法院却认定遗嘱成立且有效,实属错误,二审法院对此错误予以纠正正确。

案例三

黄某某合同诈骗案

基本案情:2006 年 10 月 16 日,被告人黄某某把自己持有的莆田市某某路某某小区安置区套房某号楼某房《征地房屋拆迁补偿安置协议书》在《湄州日报》上声明作废。同月 21 日,被告人黄某某为骗取被害人陈某 2 的信任,伪造了其爷爷江某某将荔城区某某居委会某某巷旧门牌 ×× 房产让其继承的《遗嘱》,并在《遗嘱》上加盖了伪造的"莆田市荔城区某某街道办事处某某居民委员会"印章,连同声明作废的《征地房屋拆迁补偿安置协议书》、房产证一并作为产权证明交给被害人陈某 2 做抵押,以此向陈某 2 借款人民币 100 万元并签订了《借款协议书》。协议约定借款期限自 2006 年 10 月 21 日至 2007 年 10 月 20 日止,若到期无法清偿,上述房产归陈某 2 所有。2008 年 3 月,被告人黄某某在未归还上述欠款下再向陈某 2 借款人民币 40 万元。2008 年 6 月,黄某某把其名下的莆田市某某路某某小区安置区套房 1 号楼 605 房及叁坎工具间无偿转让给其母亲黄某某并签订《转赠合同书》。2008 年 6 月 11 日,被告人黄某某向莆田市龙桥社区经济开发有限公司申请对龙桥某某片区二组团一号楼 605 室及三坎工具间的房屋产权进行转移登记。上述款项到期后,经陈某 2 多次催讨,被告人黄某某仍未归还。2008 年 8 月 30 日,被告人黄某某隐瞒了其名下并无房产的事实,再次以上述三份虚假的产权证明做抵押物,把原有两次欠款的本金和利息"转单"为借款人民币 194.4 万元,借款期限为 9 个月,与陈某 2 签订《借款协议书》。之后被告人黄某某继续逃避还款,至今未归还上述欠款。

审判结果:一审判决:被告人黄某某犯合同诈骗罪,判处有期徒刑 10 年 6 个月,并处罚金人民币 5 万元;责令被告人黄某某退还违法所得款人民币 140 万元,返还被害人陈某 2。二审判决:维持定罪量刑的判决;撤销刑事判决第二项,责令黄某某退还违法所得款人民币 88.5 万元,返还被害人陈某 2。

案情分析:一、二审法院对黄某某伪造遗嘱,并以此为抵押,签订借款协议的事实认定没有异议,判决黄某某犯合同诈骗罪。但本案诈骗数额,二审法院根据证人证言、银行交易明细等证据,综合认定数额共计 88.5 万元。

解读评析

伪造遗嘱就是假遗嘱，是指以被继承人的名义设立，但根本不是被继承人意思表示的遗嘱。制造假遗嘱的人一般是出于为自己或亲属取得财产或者不因遗嘱人的处分而失去取得财产机会的目的，但伪造遗嘱者的动机和目的并不是伪造遗嘱的构成要件。只要不是遗嘱人本人的意思表示而名义上是遗嘱人的遗嘱，都属于伪造遗嘱。因为伪造遗嘱根本就不是被继承人的意思表示，所以不论遗嘱的内容如何，也不论遗嘱是否损害了继承人的利益，当然无效。主张遗嘱无效的当事人只需证明遗嘱并不是遗嘱人的意思表示即可。

被篡改的遗嘱，是指遗嘱的内容被遗嘱人以外的其他人作了更改，如对遗嘱的修改、删节、补充等。篡改只能是被继承人以外的人对真正遗嘱人的遗嘱的更改。遗嘱不因被篡改而全部无效，遗嘱中未被篡改的内容仍然是遗嘱人的真实意思表示，仍然有效。篡改遗嘱与伪造遗嘱，虽然在法律效果上都是无效，但表现不同。伪造的遗嘱不是遗嘱人的意思表示，无所谓篡改。篡改只能是对遗嘱的部分内容的更改。如果是对遗嘱的全部内容更改，则为伪造遗嘱。

延伸阅读

一份完整有效的遗嘱可以避免继承带来的纠纷，避免继承人之间的情感冲突与法律冲突，但现实中存在不少因遗嘱被认定无效而导致遗产无法按照被继承人的意志进行分配的情况。通过检索我国人民法院作出的民事判决，涉及“遗嘱”的继承纠纷案件自2016年以来，每年全国总计均超过了110 662件，代表现在对遗嘱的认定和继承仍然存在较多纠纷。虽然法院在判决中大多认定遗嘱有效，但不可否认的是，仍旧存在因遗嘱被认定无效而导致遗产无法按照被继承人的意志进行分配的情况。不少继承诉讼中，对遗嘱做笔迹鉴定，却因对比检材不足，导致无法鉴定，或难以得出肯定结论。故建议立遗嘱人在遗嘱上除了签名，还要摁手印，写明日期，最好进行公证。此外，家属要多多保留、收集立遗嘱人近期亲笔书写的文件，最好是到银行、政府部门办正式的文件，以防日后出现纠纷。

遗嘱人在立遗嘱时必须具有完全行为能力。这是遗嘱人身份上的一种能力，他必须是完全民事行为能力人。当然，我们在现实中会经常遇到一些特殊情况。比如，有的老人在立遗嘱时已经糊涂了，神志不清。但在其立完遗嘱之后，经过治疗，老人可能一切又恢复了正常，一切状态良好，意识清楚。那么，这个时候，他之前所立的遗嘱是否有效呢？答案是否定的。在立遗嘱时，不能够清楚辨认自己行为的人，往往被认定为限制民事行为能力人或者无民事行为能力人，在这种情况下，即便他在之后被治愈了，其所立的遗嘱仍然无效。反言之，如果一个人在神志清醒、身体健康的时候立下了遗嘱，但过了一段时间（这个时间跨度可能非常长，10 年、15 年，甚至 20 年都有可能），其身体机能开始慢慢地出现退化，整个人完全处于一种重病的状态，没有清醒的意识了。那么，他当年所立的遗嘱有效吗？答案是：有效。概括来讲，一个人在立遗嘱时身体状况有问题，那么其所立遗嘱就存在问题；立遗嘱时身体状况没问题，那么其所立遗嘱就没问题。这两个问题相辅相成，互相对应。在实践中也不乏以立遗嘱人的行为能力来判定遗嘱有效性的案例，如下文的臧某芳继承纠纷案。父亲去世后，臧某芳为照顾母亲，搬去母亲处同住。1998 年 4 月，恰值房屋拆迁，臧某芳用拆迁补偿安置款 7 万元买了一套房屋供母亲和自己居住，产权人登记在臧某芳与母亲黄某某名下。之后，姐姐臧某香、臧某芳及母亲黄某某三人口头协议母亲去世后房屋归臧某芳所有，臧某芳须照顾母亲生活至母亲去世。2000 年 2 月 1 日母亲交给臧某芳一份自书遗嘱，表示自己去世后该房产归臧某芳所有。2010 年黄某某病故，臧某芳为办理房屋产权变更手续，多次寻求臧某香协助遭拒绝。无奈，臧某芳诉至法院，要求按照母亲 2000 年 2 月 1 日的遗嘱确认房屋产权归其所有。

法院受理后，臧某香提供 2005 年 8 月 11 日母亲代书遗嘱一份，遗嘱中黄某某表示其享有房屋的产权由两女儿共同继承。臧某香认为该遗嘱时间上后于臧某芳所提供遗嘱，故臧某芳所持遗嘱无效，要求按照该遗嘱继承母亲遗产。法院经审理认为，2000 年 2 月 1 日黄某某所立遗嘱内容与签名均为黄某某亲笔所写，且 2001 年之前黄某某是老年大学的学生，具有完全民事行为能力，遗嘱所处分的财产亦为其个人合法财产，故 2000 年 2 月 1 日遗嘱合法且成立。黄某某于 2003 年被诊断为血管性痴呆症。该病症的患者存在不具有完全民事行为能力状态的可能，臧某香提供涉案遗嘱为 2005 年 8 月 11 日所立，而臧某香并未举证证明立遗嘱人在 2005 年 8 月具有完全民事行为能力。庭审中两位证人作证称：遗嘱的内容是遗嘱人黄某某的女儿臧某香告知的，然后由证人对被继承人进行询问，被继承人以点头的方式表示意见，鉴于被继承人系血管性痴呆症患者，故不能证明立遗嘱人有设立 2005 年 8 月 11 日遗嘱的意愿，因此，臧某香提交的遗嘱是一份无效遗嘱。综上，法院依法判决房屋归原告臧某芳所有，诉讼费由双方各半负担。

PART

7

第七编

◇

侵权责任中关涉刑法的问题

专题一　民法的过错推定与刑事法律中的刑事推定

要点解析

我国当今社会日益发展，人们之间的矛盾也越来越复杂，社会发展的需要，催生了侵权责任领域的过错推定。在传统的过错责任原则解决不了的情况下，加强对过错推定的理解与适用是极其重要和有意义的。同时，刑事推定在司法实务中也是大量存在的，但是，这一重要的课题还尚未得到我国刑事法学界的充分研究，没有取得它在我国刑事法理论上的应有地位。我们认为，过错推定、刑事推定均具有重要的理论价值和实践意义，并应当予以深入研究和司法应用。

关联条文

民法典

第一千一百六十五条　【过错责任原则，过错推定】行为人因过错侵害他人民事权益造成损害的，应当承担侵权责任。

依照法律规定推定行为人有过错，其不能证明自己没有过错的，应当承担侵权责任。

刑　法

第十四条　【故意犯罪】明知自己的行为会发生危害社会的结果，并且希望或者放任这种结果发生，因而构成犯罪的，是故意犯罪。

故意犯罪，应当负刑事责任。

刑事诉讼法

第五十五条　对一切案件的判处都要重证据，重调查研究，不轻信口供。只有被告人供述，没有其他证据的，不能认定被告人有罪和处以刑罚；没有被告人供述,证据确实、充分的,可以认定被告人有罪和处以刑罚。

证据确实、充分,应当符合以下条件:

(一)定罪量刑的事实都有证据证明;

(二)据以定案的证据均经法定程序查证属实;

(三)综合全案证据,对所认定事实已排除合理怀疑。

条文要义

民法典第1165条第2款,明确规定了过错推定的含义。在过错责任原则中,通常由受害人证明行为人是否有过错,但在一些情况下也适用过错推定。所谓过错推定,是指根据法律规定推定行为人有过错,行为人不能证明自己没有过错的,应当承担侵权责任。过错推定责任仍以过错作为承担责任的基础,因而它不是一项独立的归责原则,而只是过错责任原则的一种特殊形式。过错责任原则一般实行"谁主张,谁举证"的原则,但在过错推定责任的情况下,对过错的认定则实行举证责任倒置原则。受害人只需要证明加害人实施了加害行为,造成了损害后果,加害行为与损害后果之间存在因果关系,无须对加害人的主观过错情况进行证明,就可推定加害人主观上有过错,应承担相应的责任。加害人要想免除其责任,则需要证明自己主观上无过错。

刑法第14条明确规定了犯罪故意的认识因素是"明知"自己的行为会发生危害社会的结果。在刑事推定中,涉及主观构成要素的推定形式最为多见,其中对"明知"的推定,种类繁多,大致包括两种情况:一是立法型推定。如在非法持有枪支、弹药罪,持有、使用假币罪,非法持有国家绝密、机密文件罪,非法持有毒品罪,非法持有毒品原植物、种子罪中,行为人只要持有该特殊物品,就可以推定其明知。二是司法型推定。包括对走私故意的明知推定,对骗购外汇罪中伪造、变造的凭证、商业单据的明知推定,掩饰、隐瞒犯罪所得、犯罪所得收益罪中犯罪所得财物的明知的推定,强奸罪中对幼女的明知的推定。

刑事诉讼法第55条涉及事实推定和法律推定。

所谓推定,就是从某一事实推理出另一事实。事实推定和法律推定在本质上均为间接证据证明,即被推定的事实均不依靠证据而得到证明的。事实推定对刑事案件事实认定的标准是建立在我国印证模式的"证据确实充分"的标准之上的,其本质属于运用间接证据证明,其模式属于"认定事实 = 推定的前提事实 + 印证”。法律推定对刑事案件事实认定的标准则是建立在法律和司法解释及解释性规范文件上的,其模式可以概括为“认定事实 = 法律规定的前提事实 + 排除辩方提出的合理怀疑”。两者是一般和特殊的关系,即没有法律和解释性规范文件的明文规定则必须统一适用印证模式,不存在“印证模式”的例外。①

典型案例

案例一

谢某某诉上海动物园案

2011 年 4 月 10 日上午,谢某某与其父母至上海动物园游玩,当日 15 时许,谢某某及其家人行至灵长类动物展区时,其穿过笼舍外设置的防护栏,给猴子喂食食物时,右手中指被猴子咬伤。事发时,上海动物园无工作人员在场,谢某某父亲向动物园相关部门投诉后,因情况紧急,自行带原告至上海市儿童医院医治并报警。谢某某认为,上海动物园没有尽到巡视义务、管理技术不合格、防护设施有瑕疵导致其可以随意钻入,故起诉要求赔偿。一审宣判,支持了部分诉求;原告、被告均上诉,二审宣判,维持原判。

案例二

薛某校非法持有毒品罪案

2014 年年初,被告人薛某校在陆丰市 × × 镇 × × 村西北面新建了一座一层楼房,之后利用该新建楼房作为制毒窝点制造毒品甲基苯丙胺(冰毒)。2014 年 4 月 28 日,公安机关捣毁该制毒窝点,在薛某校新建楼房内查获用搪瓷桶、塑料罐、塑料盒、抽滤瓶等器皿盛装的可疑液体重共计 104.5 千克,用蓝色塑料盒盛装含有结晶状物的可疑液体 20.7 千克(从中过滤出结晶状物 1.759 千克),以及真空泵、过滤瓶、电冰箱、煤气炉等制毒工具一批;在铁皮屋内查获用塑料盒、塑料罐盛

① 胡云飞、朱国斌:《电信诈骗案犯罪数额的认定应适用事实推定而非刑事推定——印证模式例外之刑事推定的辨析》,载《上海公安高等专科学校学报》2018 年第 1 期。

装的可疑液体重共计44.9千克;在薛某校停放在新建楼房旁边的粤B红色奥迪小汽车内查获可疑液体2瓶;在薛某校居住的另一处二层楼房查获粤B红色奥迪小轿车锁匙1串,电子秤1台,手机3部,现金人民币2800元,以及薛某校的驾驶证、粤B机动车登记证等物品。经鉴定,上述查获的可疑液体及结晶状物均检出甲基苯丙胺成分,其中,结晶状物重1.759千克的甲基苯丙胺含量为28.54%。一审宣判,薛某校犯制造毒品罪,判处死刑。薛某校上诉,发回重审,宣判薛某校犯制造毒品罪,判处死刑,缓期2年执行。薛某校上诉,二审宣判,薛某校犯非法持有毒品罪,判处无期徒刑。

解读评析

关于案例一,上海动物园主要上诉理由:上海动物园已尽了应有管理义务,包括灵长馆展览猴类关在笼内、设有游客安全隔离护栏、有多处安全警示牌。谢某某之所以受到伤害,一是无视安全警示牌,二是穿越了游客安全隔离护栏,三是主动靠近铁质笼舍或肢体进入了笼舍以内。谢某某的法定代理人如果尽到监护义务,告知谢某某文明游览、阻止谢某某穿越安全隔离栏,阻止谢某某给猴子喂食,只要做到其中一个环节,就不会发生谢某某受到伤害的情况。故相应的责任应由谢某某的法定代理人承担。关于动物园动物致人损害的情况,法律有明确规定,侵权责任法第81条规定动物园的动物造成他人损害的,动物园应当承担侵权责任,但是能够证明尽到管理职责的,不承担责任。该条文被民法典第1248条完全吸收。也就是说,此种情形适用过错推定。本案的一审、二审判决正是依据该条规定,认定上海动物园未尽到管理职责,应当承担侵权责任。

关于案例二,问题关键是薛某校的行为构成何罪的问题,这就涉及非法持有毒品罪中的刑事推定问题。在司法实务中,非法持有毒品罪的适用难点就在于如何界分非法持有毒品罪与走私、贩卖、运输、制造毒品罪。从一般意义上,两者的主要区别在于:一是主观故意的内容不同。非法持有毒品的“故意”内容具有多样性、不确定性。可能是为了个人消费,也可能是为了其他无法查证的目的。而走私、贩卖、运输、制造毒品犯罪的“故意”内容是获取非法利益,“故意”的内容十分明确。二是行为表现形式不同。非法持有毒品的行为表现为将毒品藏于身上、家中或者其他隐蔽的地方,简单地控制和支配。而走私、贩卖、运输、制造毒品的行为人除非法持有毒品外,还实施了联系买主、协商价款等一系列的积极行为,其持有的毒品是为后续毒品犯罪服务。本案中,虽然在案发现场缴获了毒品实物及制毒工具,但本案没有证人或其他证据指认或证实上诉人薛某校在案发现场有制造毒品的行为,且在该新建的一层楼房内查获的 7 个烟蒂中有两个为一未知男性所留,现有在案证据可以证实薛某校与现场查获的毒品、制毒工具等制造毒品的行为有一定的联系,但无法确定薛某校是否有制造毒品的行为。因此,本案证实薛某校犯制造毒品罪的证据未达到确实、充分的标准,薛某校的行为不宜定性为制造毒品罪。但现有证据足以认定现场毒品均属于薛某校所有,薛某校对涉案的毒品具有足够的控制力,故薛某校的行为依法已构成非法持有毒品罪。

延伸阅读

过错推定不能任意运用,仅限于法律明文规定的特定情形,法律没有明文规定过错推定的,不得适用。民法典规定了以下几种过错推定责任:一是教育机构责任,二是特定情形下医疗机构责任,三是动物园责任,四是建筑物、构筑物的所有人、管理人、使用人责任,五是物品堆放人责任,六是公共道路管理人责任,七是林木所有人、管理人责任,八是公共道路施工人、窨井等地下设施的管理人责任。过错推定原则的适用成为侵权责任法发展的标志之一,也是我国民法典的一大成果,其出发点是保护受害人的合法权益,体现公平正义但并不考虑加害人的权益,所以在适用时一定要客观中立,切不要扩大加重受害人的举证责任。这样既不利于过错推定的适用,也不利于过错推定的发展,在实践中既要使加害人处于有利的诉讼地位,又要保障受害人的合法利益,要根据事实的情况进行分析,做到客观公正,公平正义。

同时,依法准确适用刑事推定,也具有重大意义。通过刑事推定,可以使犯罪构成要素中某些无法通过直接证据加以证明的要素得到确认。例如,对一个非法侵害他人造成身体健康损害的行为,是认定为故意杀人(未遂),还是故意伤害(既遂),就必须从行为的时间、地点,实施伤害所用的工具,伤害的具体部位、强度、次数等综合因素上去加以考察,予以推定。对特殊类型犯罪的某些客观方面适用推定,可以缓解犯罪证明上的困难,从而降低刑事诉讼的社会成本。例如环境污染等公害犯罪、侵犯知识产权犯罪中的侵害行为与损害结果之间的因果关系,贪污贿赂犯罪中赃款的用途和去向等,要由控方直接予以证明从理论上讲并非没有可能,但是在实际操作上却极其困难,取证的社会成本也十分昂贵。运用推定,可以减少控方一些不必要的举证,使刑事诉讼中的证明责任分配尽可能地做到公平和公正。辩方如果要推翻这些推定,则要承担提出反证的证明责任。对特殊犯罪的某些构成要素适用推定,可以体现立法上对于社会政策、价值取向的某种特殊考虑。例如立法者规定巨额财产来源不明罪,就是基于严格吏治、严惩腐败的价值取向和政策考虑。

学法用法,必须深入研究民法典中的过错推定与刑事法律中的刑事推定,只有这样我们才能真正享受到其带给我们的利益好处,才能真正感受到落到实处的法律,以及对各项事业、各种活动积极投入的热情与动力,才能真正体会到这一项规则或方法带给我们的实际效果。这既是民法发展解决纠纷的一剂良药,又是刑法惩罚犯罪保障人权的一个法宝。

专题二　民法的自助行为与刑法的正当防卫

要点解析

在现代法治国家，公力救济与私力救济共同构成了现代权利救济体系的整体。公力救济是一种必须通过特定国家机关、依据特定规则和特定程序去保护与实现权利的方式；私力救济是指权利主体不借助于公力，而单纯依靠私人的力量去保护与实现权利的方式，典型的私力救济包括正当防卫、紧急避险、民事自助行为等。正当防卫在我国刑法中有明确的法律规定，民事自助行为在许多大陆法系国家和英美法系国家亦建立了完善的民事自助制度，我国学术界亦对确立民事自助行为的研究积累了许多成果，但此前均未从法律层面明确民事自助行为的合法性及界限，民法典第 1177 条填补了这一法律空白，进一步完善了当事人的权利救济体系，加速了我国的法治化进程。我们应当切实学会这两种法定的保护方法，维护个人或者集体的利益。

关联条文

民法典

第一千一百七十七条　【自助行为】合法权益受到侵害，情况紧迫且不能及时获得国家机关保护，不立即采取措施将使其合法权益受到难以弥补的损害的，受害人可以在保护自己合法权益的必要范围内采取扣留侵权人的财物等合理措施；但是，应当立即请求有关国家机关处理。

受害人采取的措施不当造成他人损害的，应当承担侵权责任。

刑　法

第二十条　【正当防卫】为了使国家、公共利益、本人或者他人的人身、财产和其他权利免受正在进行的不法侵害，而采取的制止不法侵害的行为，对不法侵害人造成损害的，属于正当防卫，不负刑事责任。

正当防卫明显超过必要限度造成重大损害的，应当负刑事责任，但是应当减轻或者免除处罚。

对正在进行行凶、杀人、抢劫、强奸、绑架以及其他严重危及人身安全的暴力犯罪，采取防卫行为，造成不法侵害人伤亡的，不属于防卫过当，不负刑事责任。

条文要义

自助行为是指权利人受到不法侵害之后，为保全或者恢复自己的权利，在情势紧迫而不能及时请求国家机关予以救助的情况下，依靠自己的力量，对他人的财产或自由施加扣押、拘束或其他相应措施的行为。

自助行为的构成要件包括以下要素：一是目的要素。权利人是为了自己的合法权益而采取措施。这种基于自助产生的请求权利还要受到相关法律规定的限制，法律规定不得强制执行的请求权不得通过扣押或毁损手段或限制人身自由的手段进行自助。二是情势要素。这主要是要求一种采取措施的状态条件，即情况紧急，如果不采取自助行为，权利人的合法权益将受到无以弥补的或是以后难以实现的损害。只有在此情形下，方可进行自助来进行维权。三是方法要素。一般有两种方法：第一，对物的扣押和毁损。自助人可以通过扣押侵权人的物品的方法迫使其对自己权益的损害加以补救。但是这也必须在义务人没有表示或根据其反应得知其并无意进行赔偿或是补救的，才能采取该措施。第二，限制人身自由。只有在义务人有潜在逃亡危险而又别无他法的情形下方可为之。四是限度要素。作为一种私力救济的方式，与正当防卫和紧急避险一样，不得超过必要的限度。至于这个限度的衡量标准，应当以自助人请求保全的权利大小为准。五是及时申请要素。这个条件主要是指权利人在采取自助行为之后要及时地向国家机关提出申请予以处置，将扣押的财务或限制人身自由的行为交由法院或有关机关，请求为适当处置。

正当防卫是指对正在进行不法侵害行为的人采取制止其不法侵害的行为，防卫者对不法侵害人造成损害，不负刑事责任。正当防卫超过必要限度造成重大损害的，属于防卫过当，应当负刑事责任，但是应当减轻或者免除处罚。对正在进行行凶、杀人、抢劫、强奸、绑架以及其他严重危及人身安全的暴力犯罪，采取防卫行为，造成不法侵害人伤亡的，则属于特殊正当防卫，不属于防卫过当，不负刑事责任。

正当防卫具有重大意义:第一,保障社会利益和其他合法权益免受不法侵害;第二,震慑犯罪分子使之不敢轻举妄动;第三,鼓励公民同正在进行的不法侵害做斗争。

根据刑法的规定,只有同时具备下列五个要件才能构成正当防卫:一是起因条件,有不法侵害发生;二是时间条件,必须是在不法侵害正在进行的时候;三是限度条件,没有明显超过必要限度;四是主观条件,必须基于保护合法权益免受不法侵害的目的;五是对象条件,所针对的必须是不法侵害者本人。

正当防卫的本质在于制止不法侵害,保护合法权益。它有以下基本特征:第一,正当防卫是目的正当性和行为的防卫性的统一;第二,正当防卫是主观的防卫意图和客观上的防卫行为的统一;第三,正当防卫是社会政治评价和法律评价的统一。

典型案例

案例一

徐某某诉谭某某案

原告徐某某、被告谭某某系上下楼的邻居。2018 年 10 月 4 日上午 10 时许,因原告家的煤气管道掉落到被告家窗户上,在南昌市青云谱区的楼梯口被告与原告发生争执并推打,在推打过程中致使原告倒地受伤。经南昌市青云谱区公安司法鉴定中心鉴定原告的损伤程度构成轻伤一级,被告的伤情构成轻微伤。被告系一级视力残疾的盲人。

案例二

于某明正当防卫案

于某明,男,1977 年出生,某酒店业务经理。2018 年 8 月 27 日 21 时 30 分许,于某明骑自行车在江苏省昆山市震川路正常行驶,刘某醉酒驾驶小轿车(经检测,血液酒精含量 87mg/100ml),向右强行闯入非机动车道,与于某明险些碰擦。刘某的一名同车人员下车与于某明争执，经同行人员劝解返回时，刘某突然下车，上前推搡、踢打于某明。虽经劝解，刘某仍持续追打，并从轿车内取出一把砍刀（系管制刀具），连续用刀面击打于某明颈部、腰部、腿部。刘某在击打过程中将砍刀甩脱，于某明抢到砍刀，刘某上前争夺，在争夺中于某明捅刺刘某的腹部、臀部，砍击其右胸、左肩、左肘。刘某受伤后跑向轿车，于某明继续追砍2刀均未砍中，其中1刀砍中轿车。刘某跑离轿车，于某明返回轿车，将车内刘某的手机取出放入自己口袋。民警到达现场后，于某明将手机和砍刀交给处警民警（于某明称，拿走刘某的手机是为了防止对方打电话召集人员报复）。刘某逃离后，倒在附近绿化带内，后经送医抢救无效，因腹部大静脉等破裂致失血性休克于当日死亡。于某明经人身检查，见左颈部条形挫伤1处、左胸季肋部条形挫伤1处。

解读评析

关于案例一，公民的人身权、健康权受法律保护，行为人损害他人人身健康的，应当予以赔偿。本案中，谭某某与徐某某系楼上、楼下的邻居，在煤气管道掉落后，谭某某到徐某某家中，沟通要求处理，系自助行为，但是应当通过合法、合理方式解决。双方未能依照和平、理性、依法方式解决纠纷并因此推打，推打过程中导致徐某某受伤，谭某某应当根据过错承担相应赔偿责任。自助行为实施之后要第一时间请求有关国家机关处理，就是报警，最终“侵权人”的行为是否构成“侵权行为”须由公权力机关介入认定，各方行为的认定和处置须由公权力机关实施，这点容易被受害人忽略，应当重视。

关于案例二，检察机关的意见与公安机关的处理意见一致，本案属于正当防卫，依法撤案。第一，关于刘某的行为是否属于“行凶”的问题。对行凶的认定，应当遵循刑法第20条第3款的规定，以“严重危及人身安全的暴力犯罪”作为把握的标准。刘某开始阶段的推搡、踢打行为不属于“行凶”，但从持砍刀击打后，行为性质已经升级为暴力犯罪。刘某攻击行为凶狠，所持凶器可轻易致人死伤，随着事态发展，接下来会造成什么样的损害后果难以预料，于某明的人身安全处于现实的、急迫的和严重的危险之下。刘某具体抱持杀人的故意还是伤害的故意不确定，正是许多行凶行为的特征，而不是认定的障碍。因此，刘某的行为符合“行凶”的认定标准，应当认定为“行凶”。第二，关于刘某的侵害行为是否属于“正在进行”的问题。判断侵害行为是否已经结束，应看侵害人是否已经实质性脱离现场以及是否还有继续攻击或再次发动攻击的可能。于某明抢到砍刀后,刘某立刻上前争夺,侵害行为没有停止,刘某受伤后又立刻跑向之前藏匿砍刀的汽车,于某明此时作不间断的追击也符合防卫的需要。于某明追砍两刀均未砍中,刘某从汽车旁边跑开后,于某明也未再追击。因此,在于某明抢得砍刀顺势反击时,刘某既未放弃攻击行为也未实质性脱离现场,不能认为侵害行为已经停止。第三,关于于某明的行为是否属于正当防卫的问题。不法侵害行为既包括实害行为也包括危险行为,对于危险行为同样可以实施正当防卫。本案中,在刘某的行为因具有危险性而属于"行凶"的前提下,于某明采取防卫行为致其死亡,依法不属于防卫过当,不负刑事责任,于某明本人是否受伤或伤情轻重,对正当防卫的认定没有影响。

延伸阅读

自助行为与正当防卫两者之间具有类似性,都属于合法行为,从行为样态上看主要有以下三点相同之处:一是两者都是情势紧迫之下的防止合法权益受到侵害的行为。自助行为是情势紧迫之下对侵权人财产施加扣押等的合理行为。正当防卫是情势紧迫下对不法侵害的防卫与制止的行为。二是从行为方式上看,两者都是以作为的形式进行,或者说属于积极性的甚至是具有攻击性的行为。三是两者都是以不法行为的存在为前提,即针对不法行为而实施。

当然,二者也有明显区别,主要有以下四点:首先,正当防卫针对的是正在进行的侵害,而自助行为针对的是已经发生的侵害行为,具有一定的事后性。权利正在受到侵害时所实施的保护权利的行为是正当防卫而不是自助行为。如果权利将来受到侵害,公民可以采取加强防卫措施、寻求国家机关保护等手段保护权利,却不能采取措施恢复被侵害的权利。只有在侵害发生后,才有可能实施自助行为。其次,正当防卫可以是为了保护自己、他人的合法权益以及公共利益,而自助行为只能是为了保护自己的权利。再次,自助行为限于情势紧迫而又不能及时请求国家机关予以救助的情形,而正当防卫则不以此为要件。在司法实践中曾有个别认识错误情形,例如,张某没有经过申请建窑烧砖,李某因张某烧砖伤害到其种植的荔枝树而将冷水泼入正在烧砖的砖窑中。法院认为张某未经申请而建窑烧砖的经营行为违反了有关行政法规,应当由有关行政机关给予相应处罚;李某在其种植的荔枝树受到张某烧砖行为的侵害时可以找到有关组织或提起诉讼来解决问题,不存在迫不得已而无其他方法可以防止侵害的问题。因此认定李某的行为不属于正当防卫,应当赔偿张某的损失。这无疑是混淆了正当防卫与自助行为的界限。最后,正当防卫采取的措施在本质上是要求制止侵权行为,在紧迫性上更加紧急,而自助行为则是以救济自身损害为要求,紧迫性上要缓于正当防卫,且在程序上要求必须是及时请求有关国家机关处理。

近几年,正当防卫问题引发社会广泛关注,起因虽是孤立个案,但却反映了新时代人民群众对民主、法治、公平、正义、安全的普遍诉求。为积极回应社会关切,大力弘扬社会主义核心价值观,鉴于正当防卫制度的适用关系侦查、起诉、审判三阶段,涉及公安、检察、法院三机关,联合发文有利于更好统一法律适用,最高人民法院、最高人民检察院、公安部共同研究,以"两高一部"联合制定指导意见的方式,对依法适用正当防卫制度涉及的各方面问题作出系统的规定,即《关于依法适用正当防卫制度的指导意见》(以下简称《意见》);同时,与《意见》相配套,联合发布七个涉正当防卫的典型案例,结合具体案件,以案说法,有针对性地阐释在适用正当防卫制度的刑法规定和《意见》中需要注意的问题。

同时,自助行为作为一种私力救济,是传统的免责事由,在早先的司法实践中也已被运用,但相关理论始终没有登上民法,而民法典增加的"自助行为"填补了法律的空白,既有利于当事人在民事活动中更好且更有效地维护自身合法权益,也有利于公权力机关节省在民事纠纷中追查当事人等环节所耗费的公权力资源,也利于提高经济运行效率。

专题三　民法中的精神损害赔偿与刑事诉讼法中的刑事附带民事诉讼

要点解析

我国宪法明确规定保护公民的人格权利，包括姓名权、肖像权、名誉权、隐私权等，当这些方面的权利受到侵害时就可以依法要求精神损害赔偿。那么，应当依据哪些具体法律法规来要求精神损害赔偿呢？精神损害赔偿的适用范围有哪些呢？有些违约行为也会给受害人带来精神痛苦，受害人能否以违约之诉要求精神损害赔偿呢？刑事犯罪中可否要求精神损害赔偿？在犯罪中受到侵害后，被害人提起刑事附带民事诉讼与单独提起民事诉讼赔偿范围有何异同？

关联条文

民法典

第九百九十六条　【违约精神损害赔偿】因当事人一方的违约行为，损害对方人格权并造成严重精神损害，受损害方选择请求其承担违约责任的，不影响受损害方请求精神损害赔偿。

第一千一百八十三条　【精神损害赔偿】侵害自然人人身权益造成严重精神损害的，被侵权人有权请求精神损害赔偿。

因故意或者重大过失侵害自然人具有人身意义的特定物造成严重精神损害的，被侵权人有权请求精神损害赔偿。

刑事诉讼法

第一百零一条　【刑事附带民事诉讼的提起】被害人由于被告人的犯罪行为而遭受物质损失的，在刑事诉讼过程中，有权提起附带民事诉讼。被害人死亡或者丧失行为能力的，被害人的法定代理人、近亲属有权提起附带民事诉讼。

如果是国家财产、集体财产遭受损失的,人民检察院在提起公诉的时候,可以提起附带民事诉讼。

条文要义

民法典第1183条明确规定了精神损害赔偿的含义。精神损害赔偿,是指自然人在人身权或是某些财产权利因遭不法侵害而受到损害并造成精神痛苦时,受害人本人、本人死亡后其近亲属有权要求侵权人给予损害赔偿的民事法律制度。并非只要侵害到人身权益,被侵权人就可以获得精神损害赔偿,本条规定需“造成严重精神损害”才能够获得精神损害赔偿,“严重精神损害”是构成精神损害赔偿的法定条件。偶尔的痛苦和不高兴不能认为是严重精神损害。

对于造成财产损失的,一般不以承担精神损害赔偿责任的方法进行救济。但是,如果侵权人故意或者重大过失侵害了他人具有人身意义的特定物从而给其造成严重精神损害的,由于该特定物中包含人身利益(包括人格利益和身份利益因素),对该特定物的损害会造成被侵权人的严重精神损害,被侵权人有权请求精神损害赔偿,侵权人应当对此因特定物的财产损害而造成的被侵权人的精神损害承担赔偿责任。

根据最高人民法院2001年3月8日颁布的《关于确定民事侵权精神损害赔偿问题的解释》(以下简称最高院《解释》)(法释〔2001〕7号)的规定,精神损害赔偿的范围包括四种情形:一是侵害他人生命权、健康权、身体权、姓名权、肖像权、名誉权、荣誉权、人身自由权等人格权,给他人造成精神损害的;二是侵犯监护人的身份权,非法使被监护人脱离监护,给监护人造成精神损害的;三是侵害死者人格权或非法利用、侵害遗体、遗骨给死者近亲属造成精神损害的;四是灭失或毁损他人具有人格象征意义的特定纪念物品而造成精神损害。此外,根据婚姻法第46条之规定,重婚、有配偶者与他人同居、实施家庭暴力、虐待遗弃家庭成员的,无过错方有权请求损害赔偿。这里的损害赔偿既包括物质损害赔偿,也包括精神损害赔偿。符合以上范围情形的则可以请求精神损害赔偿,反之,不符合以上范围情形的则不得请求精神损害赔偿。

刑事诉讼法第101条明确规定了刑事附带民事诉讼的提起。刑事附带民事诉讼是法院在审理刑事案件过程中,根据被害人等的申请或检察机关主动提起,对由该犯罪行为所造成的直接物质损失的赔偿问题进行合并审理的诉讼活动。

附带民事诉讼在整个刑事诉讼过程中都可以提起。如刑事案件已审结,则应单独作为民事案件审理。一般情况下附带民事诉讼应同刑事案件一并审判,但有时为防止刑事案件审判的过分延迟,也可以在刑事案件审判后,由同一审判组织继续审理附带民事诉讼部分。

根据有关法理以及立法和司法解释的规定,附带民事诉讼的成立必须符合以下条件:一是成立的前提是刑事诉讼已经成立。二是被害人遭受的必须是物质损失。三是被害人的物质损失是因被告人的犯罪行为引起的。附带民事诉讼原告人,是指以自己的名义向司法机关提起附带民事诉讼赔偿请求的人。附带民事诉讼被告人,是指对犯罪行为造成的物质损失负有赔偿责任的人。

刑事附带民事诉讼是解决物质损失赔偿问题的,针对犯罪行为提起的精神损害赔偿,人民法院不予受理。最高人民法院《关于刑事附带民事诉讼范围问题的规定》(法释〔2000〕47 号)第 1 条第 2 款规定,“对于被害人因犯罪行为遭受精神损失而提起附带民事诉讼的,人民法院不予受理”;最高人民法院《关于人民法院是否受理刑事案件被害人提起精神损害赔偿民事诉讼问题的批复》(法释〔2002〕17 号)进一步规定,“对于刑事案件被害人由于被告人的犯罪行为而遭受精神损失提起的附带民事诉讼,或者在该刑事案件审结以后,被害人另行提起精神损害赔偿民事诉讼的,人民法院不予受理”;2013 年 1 月 1 日起施行的最高人民法院《关于适用〈中华人民共和国刑事诉讼法〉的解释》(法释〔2012〕21 号)第 138 条第 2 款规定得更加具体,“因受到犯罪侵犯,提起附带民事诉讼或者单独提起民事诉讼要求赔偿精神损失的,人民法院不予受理”。上述三个司法解释以递进的方式明确了受害人因犯罪行为遭受精神损失而主张精神损害赔偿的,人民法院不予受理。也就是说,不管是在刑事附带民事诉讼还是单纯的民事诉讼程序中,也不管是针对刑事责任人还是刑事责任人以外的保险公司,只要受害人的精神损失是犯罪行为造成的,其诉请的精神损害赔偿均无法获得司法救济。

典型案例

案例一

周×焱诉重庆三峡民康医院案

周×焱因不满其所在单位重庆市巴南区农牧渔业局(以下简称农牧局)的分房方案,而向纪委监察部门写信控告。农牧局以周×焱患有精神病为由,将其送到医院治疗,医院诊断周×焱系妄想型精神分裂症。经法院委托无精神病鉴定资质机构作出的鉴定结论显示:确认周×焱患有偏执性人格障碍,妄想性精神病,目前无辨认能力及责任能力,建议住院治疗。随后,农牧局与法院共同将周×焱转至重庆三峡民康医院(以下简称三峡医院)封闭治疗,在治疗期间,周×焱及其母亲多次联系医院领导,称自己无精神病,要求出院。三峡医院始终置周×焱否认患有精神病、不同意治疗并多次要求出院的请求于不顾,强行对其封闭治疗达40日。经具有精神病鉴定资质机构重新鉴定,确认周×焱无精神病。周×焱以其人身自由权利受到侵害为由,提起诉讼,请求判令三峡医院赔偿精神抚慰金,并恢复名誉、赔礼道歉。一审法院判决:驳回原告周×焱的诉讼请求。原告周×焱不服一审判决,提起上诉,请求判令被告三峡医院赔偿精神损失。二审法院判决:驳回上诉,维持原判。上诉人周×焱不服二审判决,向检察机关提出申诉,检察院提起抗诉。再审法院判决:撤销一审判决和二审判决;被申请人三峡医院赔偿申请人周×焱精神损害抚慰金3万元;驳回申请人周×焱的其他诉讼请求。

案例二

被害人提起精神损害赔偿民事诉讼案

2016年2月11日晚7时许,天津市年仅8岁的小女孩李某在本村巷口看完花灯返家途中,遭到同村男孩钱某的强奸,但因钱某尚不满14周岁,根据我国刑法规定,认定钱某不承担刑事责任,但其行为给李某身心造成巨大创伤,其法定代理人于2016年3月3日向法院提起民事诉讼,要求被告钱某法定代理人承担医疗费、护理费、交通费等各种经济损失,以及精神损害赔偿2万元。法院判决:根据被害人的受伤害程度,侵权人的经济能力以及当地的生活水平,判决钱某的法定代理人赔偿被害人李某包括 2 万元精神抚慰金在内的共计 2.236 万元。

解读评析

关于案例一,一审法院的认定理由是被告三峡医院接收原告周×焱并对其进行住院治疗的行为不构成对其人身自由权的侵犯,原告周×焱的诉请不应得到支持。二审法院的认定理由是被上诉人三峡医院收治原告周×焱进行治疗的行为并未违背法律、法规等禁止性规定,故被上诉人三峡医院收治上诉人周×焱进行治疗的行为并无不妥。再审法院审理的认定理由是被申请人三峡医院应赔偿周×焱精神损害抚慰金为 3 万元。故原审判决适用法律不当,检察机关的抗诉理由成立,应予采纳。本案的一波三折表明,法院之间对是否构成侵权,应否进行精神损害赔偿认识很不一致。

案例一中,受害人因对行为人不满而向纪委监察部门写信控告,行为人即以受害人患有精神病为由,将其送往医院强制医疗,并向法院申请宣告其为无民事行为能力人,法院在委托机构进行鉴定后确认受害人患有偏执性人格障碍,妄想性精神病,将其转院封闭治疗。而对受害人进行强制医疗必须符合以下条件:一是受害人实施了暴力行为,危害公共安全或者严重危害公民人身安全;二是经法定程序鉴定依法不负刑事责任;三是有继续危害社会的可能。受害人既未实施暴力行为危害公共安全,又无继续危害社会之可能,且将受害人送入医院治疗的行为人不具有强制医疗主体资格。行为人将受害人送入封闭式医院强制医疗的行为侵害了受害人的人身自由权,从而使受害人受到精神和身体的双重折磨,严重损害了受害人的身心健康。并且,行为人的侵权行为与受害人的损害结果之间具有因果关系,侵权行为人在主观上系故意而为之。所以,行为人的行为符合侵害人身自由权的责任构成的各项要件,应当承担精神赔偿责任,并恢复受害人名誉,对其赔礼道歉。

关于案例二,最高人民法院《关于人民法院是否受理刑事案件被害人提起精神损害赔偿民事诉讼问题的批复》规定,对于刑事案件被害人由于被告人的犯罪行为而遭受精神损失提起的附带民事诉讼,或者在该刑事案件审结以后,被害人另行提起精神损害赔偿民事诉讼的,人民法院不予受理。如果按照上述规定,绝大多数强奸案件由于被告人被依法给予刑事处分,被害人即使提起精神损害赔偿诉讼,人民法院也不予受理。但本案的侵害人钱某不满14周岁,依法不承担刑事责任,所以不适用上述司法解释的相关规定。故依照最高人民法院《关于确定民事侵权精神损害赔偿责任若干问题的解释》的规定,根据被害人的受伤害程度,侵权人的经济能力以及当地的生活水平,判决钱某的法定代理人赔偿被害人李某包括2万元精神抚慰金在内的共计2.236万元。

综上,根据民法通则第5条及最高人民法院《关于确定民事侵权精神损害赔偿责任若干问题的解释》第8条的规定,公民、法人的合法的民事权益受法律保护,任何组织和个人不得侵犯。因侵权致人精神损害,造成严重后果的,人民法院除判令侵权人承担停止侵害、恢复名誉、消除影响、赔礼道歉等民事责任外,可以根据受害人一方的请求判令其赔偿相应的精神损害抚慰金。我国法律保护公民的人身自由权,而侵犯人身自由权的责任构成主要有以下四个要件:一是存在侵害人身自由权的行为。只要违反了宪法关于公民人身自由权的保护规定、禁止拘禁规定、限制公民人身自由的禁令规定和行使自由与权利不得损害其他公民合法自由和权利的限制的规定,即属违法。二是有损害结果。侵害人身自由权造成的损害事实,表现为行为侵害公民人身自由权包括身体自由权和精神自由权所造成的客观表现和最终结果。客观表现指因侵权行为的实施而使公民按照自己的意志和利益进行思维状态的改变。最终结果是受害人精神利益和财产利益的损害。三是侵权行为与损害事实之间有因果关系。当行为人的行为与受害人自由权受到损害的事实具有因果关系的时候,即成立该要件。四是侵权行为人主观上有过错。侵害人身自由权的行为人必须在主观上有归责性的意思状态,即过错才能构成侵权责任要件。行为人无过错,即不承担责任。可见,行为人的行为构成侵权行为之时,需要对受害人承担精神损害赔偿以及恢复名誉的责任。

延伸阅读

民法典实施前,通常认为违约责任中的损害赔偿范围限于财产上的利益,某些违约行为虽也会给受害人带来精神痛苦,但受害人想获精神损害赔偿金,只能选择“侵权”案由起诉。民法典扩大了精神损害赔偿范围,使精神损害赔偿制度逐步完善,成为一大亮点,很多受害人可以“违约”起诉索赔,承担较少举证责任。在民法典实施前,通常认为违约责任中的损害赔偿范围限于财产上的利益,类似上述案例,虽然因某些违约行为同样会给受害人带来精神痛苦,进而要求精神损害赔偿在理论上是可行的，但在司法实践中，因无相关法律规定，几乎不能获得支持。当事人若想要获得精神损害赔偿金，就只能选择侵权案由起诉，要对损害事实、侵权人的过错程度等进行相应举证、承担相对更多的举证责任。而民法典实施后，当事人就可选择以违约责任起诉。应该说，民法典关于精神损害赔偿的规定填补了现行法律的空白，明确了违约精神损害赔偿，使精神损害赔偿适用的范围越来越广，强调精神权益、人格权益的重要性，是社会发展进步的具体体现。同时，民法典虽明确被侵权人有权请求精神损害赔偿，但为防止权利滥用也进行了限定，被侵害的应是具有人身意义的特定物，且侵权人的主观状态应严格要求为故意或重大过失，排除意外和轻微过失。

根据我国法律规定，受害人诉请精神损害赔偿限于不涉及犯罪的侵权案件。刑事附带民事诉讼是否可以主张精神损害赔偿，一直是司法理论界与实务界争执不休的话题，备受社会各界广泛关注。支持者认为，尽管罪犯被判处刑罚可使受害人在一定程度上得到精神慰藉，但仍不足以抚慰受害人的痛苦，刑事处罚是无法替代受害人被侵害所造成的精神损害与痛苦的，而经济赔偿在某种程度上能够缓解或者消除精神上受到的伤害，犯罪案件中免赔精神抚慰金，在一定程度上降低了犯罪成本，等于是纵容犯罪；反对者认为，罪犯承担了刑事责任，使受害人得到了精神抚慰，就不应另行支持精神损害赔偿，且刑事诉讼法第 101 条规定，被害人由于被告人的犯罪行为而遭受物质损失的，在刑事诉讼过程中，有权提起附带民事诉讼，以及最高人民法院《关于适用〈中华人民共和国刑事诉讼法〉的解释》第 175 条再一次明确了刑事附带民事诉讼中不能提起精神损害赔偿。

刑事附带民事诉讼与单独提起民事诉讼的赔偿范围并不一致。其中残疾赔偿金、死亡赔偿金与被抚养人生活费并非“刑附民”赔偿范围。最高人民法院研究室《关于交通肇事刑事案件附带民事赔偿范围问题的答复》（法研〔2014〕30 号）规定，根据刑事诉讼法第 99 条、第 101 条和最高人民法院《关于适用〈中华人民共和国刑事诉讼法〉的解释》第 155 条的规定，交通肇事刑事案件的附带民事诉讼当事人未能就民事赔偿问题达成调解、和解协议的，无论附带民事诉讼被告人是否投保机动车第三者强制责任保险，均可将死亡赔偿金、残疾赔偿金纳入判决赔偿的范围。

专题四 民法中的网络侵权责任与刑法中的拒不履行信息网络安全管理义务罪

要点解析

现如今，互联网已经融入社会生活方方面面，微博、微信、抖音、头条、淘宝等已成为人们日常生活中的一部分。网络安全事关国家发展和人民群众工作、学习和生活。没有网络安全，就没有国家安全；没有网络安全，人民群众的信息安全就会失去保障。网站无论规模大小，网站负责人和运营商都应当按照法律法规的要求，及时开展网络安全工作，履行网络安全保护义务。无论是网络用户，还是网络服务提供者，都需要学习了解网络侵权责任及拒不履行信息网络安全管理义务的相关规定，切实做到知法守法、学法用法。

关联条文

民法典

第一千一百九十四条 【网络用户、网络服务提供者的侵权责任】网络用户、网络服务提供者利用网络侵害他人民事权益的，应当承担侵权责任。法律另有规定的，依照其规定。

第一千一百九十七条 【网络服务提供者与网络用户的连带责任】网络服务提供者知道或者应当知道网络用户利用其网络服务侵害他人民事权益，未采取必要措施的，与该网络用户承担连带责任。

刑 法

第二百八十六条之一 【拒不履行信息网络安全管理义务罪】网络服务提供者不履行法律、行政法规规定的信息网络安全管理义务，经监管部门责令采取改正措施而拒不改正，有下列情形之一的，处三年以下有期徒刑、拘役或者管制，并处或者单处罚金：

（一）致使违法信息大量传播的；

（二）致使用户信息泄露，造成严重后果的；

（三）致使刑事案件证据灭失，情节严重的；

（四）有其他严重情节的。

单位犯前款罪的，对单位判处罚金，并对其直接负责的主管人员和其他直接责任人员，依照前款的规定处罚。

有前两款行为，同时构成其他犯罪的，依照处罚较重的规定定罪处罚。

条文要义

根据上述规定，网络侵权是指发生在互联网上的各种侵害他人民事权益的行为，它不是指侵害某种特定权利（利益）的具体侵权行为，也不属于在构成要件方面具有某种特殊性的特殊侵权行为，而是指一切发生于互联网空间的侵权行为。网络用户利用网络侵害他人民事权益，大致可以分为以下几种类型：一是侵害人格权；二是侵害财产权益；三是侵害知识产权。网络服务提供者，不仅包括技术服务提供者，还应当包括内容服务提供者。网络侵权责任的一般规则，包括网络用户在他人的网络上实施侵权行为的责任承担原则，以及网络服务提供者利用自己的网络实施侵权行为的责任承担原则。法律另有规定，应当是指其他法律对网络用户、网络服务提供者利用网络侵害他人民事权益承担民事责任的情形。例如，《中华人民共和国电子商务法》（以下简称电子商务法）、消费者权益保护法、《中华人民共和国食品安全法》（以下简称食品安全法）等都对这类侵权行为作出特别规定，应当依照其规定确定这些民事主体的侵权责任。

对于"知道"的判断，是一个极具事务操作的难题，法官在具体案件中应当综合各种因素，以一个合理的标准去判断，一般应当遵循三个原则：一是根据提供技术服务的网络服务提供者的类型不同，判断标准应当有所不同。二是根据保护对象的不同，判断标准也应当有所不同。三是提供技术服务的网络服务提供者没有普遍审查义务。

根据上述规定，拒不履行信息网络安全管理义务罪，是指网络服务提供者不履行法律、行政法规规定的信息网络安全管理义务，经监管部门责令采取改正措施而拒不改正，具有致使违法信息大量传播等法定严重后果或者严重情节的行为。犯罪的主体是网络服务提供者,包括通过计算机互联网、广播电视网、固定通信网、移动通信网等信息网络,向公众提供网络服务的机构和个人。

网络服务提供者拒不采取改正措施,导致了下列危害后果的发生的,才能追究其刑事责任:(1)致使违法信息大量传播。违法信息是指其内容违反相关法律法规规定的信息。违法信息大量传播,会对公民的人身权利、财产权利以及国家安全、社会稳定等造成严重损害,因此,网络服务提供者拒不采取改正措施,致使发生违法信息大量传播的危害后果的,应当依照本款规定追究刑事责任。认定违法信息大量传播,主要可根据违法信息的数量、被转载的次数、受众的人数以及传播的具体渠道等因素综合考量。(2)致使用户信息泄露,造成严重后果的。这里的"用户信息"主要包括以下三类:一是关于用户基本情况信息,如网络服务提供者在服务的过程中收集的个人用户的姓名、出生日期、身份证件号码、住址、电话号码等,以及企业用户商业信息等。这类信息通常涉及用户个人隐私,也是法律保护的重点。二是用户的行为类信息,如用户购买服务或者产品的记录;与企业的联络记录;用户的消费行为偏好、生活方式等相关信息。例如,电子商务网站记录的用户购买的商品、交易的时间、频率等;移动通讯公司记录的用户的通话时间、时长、呼叫号码、状态、通话频率等。三是与用户行为相关的,反映和影响用户行为和心理的相关信息,包括用户的满意度、忠诚度、对产品或服务的偏好、竞争对手行为等。上述用户信息有的涉及公民个人隐私,有的属于企业商业秘密,根据相关法律、行政法规的规定,网络服务提供者应当对其收集或者保存的用户信息采取保护措施,防止信息的泄露。"造成严重后果"包括:导致用户遭到人身伤害、名誉受到严重损害、受到较大经济损失、正常生活或者生产经营受到严重影响等。(3)致使刑事案件证据灭失,情节严重的。主要是指网络服务提供者未按照要求保存用户信息或者采取其他安全防卫措施,导致相关刑事追诉活动因为重要证据灭失而遭受严重障碍。这里的"情节严重",主要可以根据所涉及的案件的重大程度,灭失的证据的重要性,证据灭失是否可补救,对刑事追诉活动的影响等因素综合考量。(4)有其他严重情节的。这一规定是为了应对实践中可能出现的各种复杂情况所做的一项兜底规定。司法实践中,可以参考本款前 3 项规定的情形中造成的社会危害程度,结合行为人拒不采取改正措施给公民合法权益,给社会公共利益以及国家利益造成的危害后果的具体情况认定。

典型案例

案例一

宋某某、刘某某网络侵权案

2008年10月18日凌晨1时许，著名导演谢某因心源性猝死，逝世于酒店客房内。2008年10月19日至同年12月，宋某某向其开设的新浪网博客、搜狐博客、腾讯网博客上分别上传了《千万别学谢某这样死！》《谢某和刘××在海外有个重度脑瘫的私生子谢××！》等多篇文章，传播谢某因性猝死而亡、谢某与刘××在海外育有一个重度脑瘫的私生子等内容。2008年10月28日至2009年5月5日，刘某某向其开设的搜狐网博客、网易网博客分别上传了《刘某某愿出庭作证谢某嫖妓死，不良网站何故黑箱操作撤博文?》《刘某某：美×确是李××女儿，照片确是我所拍》《宋某某十五大预言件件应验！》《宋某某的22大精准预言！》等文章，宣称谢某事件是其亲眼目睹、其亲自到海外见到了“谢某的私生子”等。2008年10月至11月间，齐鲁电视台、成都商报社、新京报社、华西都市报社、黑龙江日报报业集团生活报社、天府早报社的记者纷纷通过电话采访了宋某某。宋某某称前述文章其有确凿证据，齐鲁电视台及各报社纷纷予以了报道。成都商报社记者在追问宋某某得知消息来源于刘某某后，还通过电话采访了刘某某。刘某某对记者称系自己告诉了宋某某，并作出了同其博客文章内容一致的描述。徐某某以宋某某、刘某某侵害谢某名誉为由起诉，请求停止侵害、撤销博客文章、在相关媒体上公开赔礼道歉并赔偿经济损失10万元和精神损害抚慰金40万元。法院判决：宋某某、刘某某承担停止侵害、在多家平面和网络媒体报醒目位置刊登向徐某某公开赔礼道歉的声明，消除影响；并赔偿徐某某经济损失89 951.62元、精神损害抚慰金人民币200 000元。

案例二

胡某拒不履行信息网络安全管理义务案

被告胡某经两次处罚后，仍于2016年10月至2016年12月30日，继续出租

“土行孙”翻墙软件，违法所得共计人民币236 167元。非法提供国际联网代理服务，拒不履行法律、行政法规规定的信息网络安全管理义务，经监管部门责令采取改正措施后拒不改正，情节严重，其行为已构成拒不履行信息网络安全管理义务罪。法院判决：被告胡某犯拒不履行信息网络安全管理义务罪，判处拘役6个月，缓刑6个月，罚金人民币3万元。

解读评析

关于案例一，本案是一起利用博客侵害他人名誉权的案件，博客注册使用人对博客文章的真实性负有法律责任，有避免使他人遭受不法侵害的义务。宋某某、刘某某各自上传诽谤文章在先，且宋某某称消息来源于刘某某的“亲耳所闻、亲眼所见”，而刘某某则通过向博客上传文章和向求证媒体叙述的方式，公然宣称其亲耳听见了事件过程并告诉了宋某某。两人不仅各自实施了侵权行为，而且对于侵犯谢某的名誉有意思联络，构成共同侵权。诽谤文章在谢某逝世的次日即公开发表，在此后报刊等媒体的求证过程中继续诋毁谢某名誉，主观过错十分明显。宋某某、刘某某利用互联网公开发表不实言论，使谢某的名誉在更大范围内遭到不法侵害，两被告的主观过错十分严重，侵权手段十分恶劣，使谢某遗孀徐某某身心遭受重大打击。在公开博客这样的自媒体中表达，与通过广播、电视、报刊等方式表达一样，都应当遵守国家的法律法规，不得侵犯他人的合法权益。博客开设者应当对博客内容承担法律责任。本案两被告利用互联网和其他媒体侵犯谢某名誉，根据其行为的主观过错、侵权手段的恶劣程度、侵权结果等因素，判处停止侵害、赔礼道歉、赔偿较高数额的精神损害抚慰金，体现了侵权责任法的理念和精神。

关于案例二，本罪设定了非常严格的前置条件，又由于哪些义务属于“法律、行政法规规定的信息网络安全管理义务”，如何认定“经监管部门责令采取改正措施后拒不改正”存在很大争议，再加上此不作为行为还可能与“利用信息网络实施犯罪，为其犯罪提供技术支持”同时存在，择一重处而适用其他犯罪构成等原因，造成实践中本罪名应用极少。

延伸阅读

民法典在侵权责任法的基础上对网络侵权处理机制进行了整体修改和完善，呈现七大亮点。一是明确了网络服务提供者对于权利人通知的转通知义务，优化了侵权责任法中的通知删除制度，增加反通知的规定。二是明确平台可以“根据服务类型采取必要措施”，给云计算及小程序等新类型的网络侵权处理留有空间和余地。三是明确了权利人错误通知造成损害应承担侵权责任的规定，有利于打击恶意投诉行为。四是增加了要求权利人和网络用户在通知和声明中提供初步证据及真实身份信息的规定，有利于降低提交虚假证据材料的风险。五是增加了网络用户反通知的声明权利，以对抗权利人的通知权利，为被投诉人提供了有效的救济渠道。六是优化了电子商务法 15 天等待期的规定，改为“合理期限内”，有利于法院结合个案不同情形进行裁量认定。七是将网络服务提供者承担间接侵权责任的主观要件“知道”明确为“知道或者应当知道”，明确了网络服务提供者应承担的注意义务。

2019 年 10 月 25 日，最高人民法院、最高人民检察院联合发布《关于办理非法利用信息网络、帮助信息网络犯罪活动等刑事案件适用法律若干问题的解释》，自 2019 年 11 月 1 日起施行。该司法解释主要是对 2015 年《中华人民共和国刑法修正案（九）》新增加的“拒不履行信息网络安全管理义务罪、非法利用信息网络罪和帮助信息网络犯罪活动罪”三罪的定罪量刑标准和有关法律适用问题进行了明确规范，大大提升了该罪名的有效适用。一是监管部门的范围，包括网信、电信、公安等依法承担信息网络安全监管职责的部门。二是责令整改的形式，必须以责令整改通知书或者其他文书形式作出。三是对是否“拒不改正”应作综合判断，综合考虑监管部门责令改正是否具有法律、行政法规依据，改正措施及期限要求是否明确、合理，网络服务提供者是否具有按照要求采取改正措施的能力等因素。对于确实因为资金、技术等条件限制，没有或者一时难以达到监管部门要求的，不能认定为“拒不改正”。

专题五 公共场所相关人员违反安全保障义务的侵权责任与重大劳动安全事故罪的刑事处罚

要点解析

宁可千日预防无事，不可一日疏忽酿错；错了再追究责任，也只是亡羊补牢。随着公共场所安全事故的频发，公共场所管理人的安全保障义务引起了人们的广泛关注和高度重视。安全生产大于天，安全生产设施不到位，既害人又害己。接连不断发生的安全事故，时刻在警醒着企业家和相关人员，安全工作责任重大，应切实加强安全生产经营管理，防患于未然，避免刑事风险和民事责任。谁都不希望安全事故的发生，相信发生安全事故的企业家也悔不该当初，因眼前小利而造成更大的损失，甚至造成重大人身伤亡事故的发生真是得不偿失。因此，我们需要切实研究学习民法典中的公共场所相关人员违反安全保障义务的侵权责任和刑法中的重大劳动安全罪等的刑事处罚。

关联条文

民法典

第一千一百九十八条 【违反安全保障义务的侵权责任】宾馆、商场、银行、车站、机场、体育场馆、娱乐场所等经营场所、公共场所的经营者、管理者或者群众性活动的组织者，未尽到安全保障义务，造成他人损害的，应当承担侵权责任。

因第三人的行为造成他人损害的，由第三人承担侵权责任；经营者、管理者或者组织者未尽到安全保障义务的，承担相应的补充责任。经营者、管理者或者组织者承担补充责任后，可以向第三人追偿。

刑 法

第一百三十五条 【重大劳动安全事故罪】安全生产设施或者安全生产条件不符合国家规定,因而发生重大伤亡事故或者造成其他严重后果的,对直接负责的主管人员和其他直接责任人员,处三年以下有期徒刑或者拘役;情节特别恶劣的,处三年以上七年以下有期徒刑。

第一百三十五条之一 【大型群众性活动重大安全事故罪】举办大型群众性活动违反安全管理规定,因而发生重大伤亡事故或者造成其他严重后果的,对直接负责的主管人员和其他直接责任人员,处三年以下有期徒刑或者拘役;情节特别恶劣的,处三年以上七年以下有期徒刑。

条文要义

民法典第 1198 条是关于"公共场所相关人员违反安全保障义务的侵权责任"的规定。"公共场所相关人员"是指宾馆、商场、银行、车站、机场、体育场馆、娱乐场所等经营场所、公共场所的经营者、管理者或者群众性活动的组织者。"违反安全保障义务的侵权责任",是指经营者、管理者或者组织者对经营场所、公共场所、群众性活动场所未尽安全保障义务,造成他人损害的赔偿责任。"安全保障义务",是指宾馆、商场、银行、车站、机场、体育场馆、娱乐场所等经营场所、公共场所的经营者、管理者或者群众性活动的组织者,所负有的在合理限度范围内保护他人人身安全和财产安全的义务。"公共场所"包括以公众为对象进行商业性经营的场所,也包括对公众提供服务的场所。除了本条列举的场所外,码头、公园、餐厅等也属于公共场所。"群众性活动"是指法人或者其他组织面向社会公众举办的参加人数较多的活动。例如体育比赛活动、演唱会、音乐会等文艺演出活动,灯会、庙会、焰火晚会、人才招聘会等活动。违反安全保障义务的侵权责任有四种表现形式:(1)设施、设备未尽安全保障义务;(2)服务管理未尽安全保障义务;(3)对儿童未尽安全保障义务;(4)对于防范、制止侵权行为未尽安全保障义务。前三种类型概括在本条第 1 款中,责任形态是自己责任;第 2 款规定的第四种违反安全保障义务的侵权责任类型,责任形态是相应的补充责任。也就是说,安全保障义务人未尽到防止他人遭受义务人侵害的安全保障义务的,应当承担侵权责任,即本条第 1 款规定的情形。如果损害结果的发生没有第三人的介入,安全保障义务人就应当自己承担全部责任。例如,顾客到餐厅吃饭,由于餐厅的地板有油渍导致顾客摔倒受伤的，餐厅就应当承担侵权责任。安全保障义务人未尽到防止他人遭受第三人侵害的安全保障义务的，应当承担相应的补充责任，即本条第2款规定的情形。例如储户到银行取钱或者存款，遭到第三人抢劫，银行的保安人员未尽到安全保障义务，没有及时注意或者制止，导致储户钱款被抢或者人身受到伤害，此时银行应承担相应的补充责任。

刑法第135条明确规定了重大劳动安全事故罪。重大劳动安全事故罪是指单位的安全生产设施或者安全生产条件不符合国家规定，因而发生重大伤亡事故或者造成其他严重后果的行为。本罪的构成要件是：犯罪客体是国家有关安全生产设施、安全生产条件的相关规定和公众的人身及财产安全。客观要件是单位中对排除事故隐患，防止事故发生负有职责义务的主管人员和其他直接责任人员知道或应当知道厂矿等企业、事业单位等的劳动安全设施不符合国家规定，经有关部门或单位职工提出后，仍不采取措施，因而发生重大伤亡事故或者造成其他严重后果的行为。犯罪主体是特殊主体，即单位中对排除事故隐患，防止事故发生负有职责义务的主管人员和其他直接责任人员，主要是指对排除事故隐患，防止事故发生负有职责义务的主管人员和其他直接责任人员，通常是指用人单位的法定代表人、厂长、经理、主管劳动安全和劳动卫生的副厂长、副经理，以及直接负责有关劳动安全和劳动卫生工作的安全员、电工等。主观要件是过失，即明知单位的安全生产设施及安全生产条件不符合国家规定，可能会造成重大事故，因为疏忽大意，没有预见到或虽然预见到却轻信能够避免的主观心理态度。罪与非罪的界限是：(1)若安全生产设施或安全生产条件仅仅不符本单位内部规定，但没有违反国家规定的，即便发生重大事故，也不构成本罪。(2)单位的安全生产设施或安全生产条件不符合国家相关规定，但未经本单位职工或有关部门提出，即使因此发生重大事故的，也不构成本罪。(3)非本单位负责安全生产的主管人员和直接责任人员不构成本罪。

典型案例

案例一

张某诉滑雪场案

张某是北京某大学的大学一年级学生,2016 年 1 月 1 日上午,在学校滑雪协会的组织下,张某前往北京某滑雪场进行滑雪。张某乘坐缆车前往滑雪场的中级道中的 8 号道进行滑雪,张某在 8 号道往下滑雪的过程中冲出了雪道撞到了雪道外南边 1 米高左右的石头上。随后,滑雪场的工作人员对张某进行了救治,将其送往医院进行治疗,垫付了医疗费 3127.63 元。张某随后在多家医院继续治疗,住院 35 天,花费医疗费 173 541.93 元。一审判决,滑雪场给付张某医疗费、护理费、伤残赔偿金、住院伙食补助费、精神损害抚慰金、牙齿修复费、右面部取固定物费、嘴角疤痕修复费、营养费、住宿费、交通费共计 143 621.83 元。二审改判,撤销原审判决,改判滑雪场赔偿张某各项费用共计 294 300 元。

案例二

“8 · 2”昆山工厂爆炸事故案

2014 年 8 月 2 日 7 时 34 分,位于江苏省苏州市昆山市昆山经济技术开发区的昆山中荣金属制品有限公司(台商独资企,简称中荣公司)抛光二车间(即 4 号厂房事故车间)发生特别重大铝粉尘爆炸事故,当天造成 75 人死亡、185 人受伤。依照《生产安全事故报告和调查处理条例》规定的事故发生后 30 日报告期,共有 97 人死亡、163 人受伤(事故报告期后,经全力抢救医治无效陆续死亡 49 人,尚有 95 名伤员在医院治疗,病情基本稳定),直接经济损失 3.51 亿元。2015 年 2 月 10 日上午 10 点,江苏昆山市人民法院依法对昆山“8 · 2”爆炸事故责任人中荣金属制品有限公司法定代表人、董事长吴某滔,总经理林某昌、安全生产主管吴某宪进行公开审理。公诉人认为,中荣公司的安全生产设施和安全生产条件不符合国家规定,导致发生重大伤亡事故,情节特别恶劣。被告人吴某滔、林某昌系直接负责的主管人员,被告人吴某宪系其他直接责任人员,其行为均触犯了刑法第 135 条的规定,均应当以重大劳动安全事故罪追究其刑事责任。

解读评析

关于案例一,本案的争议焦点是滑雪场在其经营过程中是否尽到了安全保障义务,如未尽到,滑雪场在张某遭受的损害后果中应当承担的责任比例。安全保障义务通常源于特定从事社会活动的人对危险源的控制能力。滑雪场对于雪道旁边石头的控制能力和可以采取的预防措施明显优于他人,且最有可能采取措施消除上述危险源,故疏于履行上述义务,存在一定过错,对于张某的损害理应承担侵权责任,再结合张某所受伤情主要由石头造成,滑雪场应在张某的损害后果中占据主要比例。具体分析如下:

1. 公共场所的管理人承担安全保障义务的法理基础。安全保障义务人是否应承担侵权责任的判断前提在于其是否尽到安全保障义务。就法理而言,安全保障义务设置的依据之一在于危险控制理论,即从事社会活动的特定人对于其从事该活动所使用的场所具有他人不可比拟的控制能力,最可能了解场所的实际情况、预见可能发生的危险和损害,并且最有可能采取必要的措施防止损害的发生或使之减轻,换言之,安全保障义务通常源于特定从事社会活动的人对危险源的控制能力。本案中,张某之所以遭受伤害,原因在于其冲出雪道后撞击到了旁边的石头上,故石头是主要的危险来源。作为专业的滑雪场所经营者,某滑雪场对于上述危险源的控制能力和可以采取的预防措施明显优于他人,且最有可能采取措施消除上述危险源,然某滑雪场疏于履行上述义务,存在一定过错,故对于张某的损害理应承担侵权责任。

2. 违反安全保障义务的公共场所管理人承担责任比例的判断因素。在确定安全保障义务人需要承担的责任比例时,需考虑安全保障义务人的不作为行为与损害结果之间的因果关系,如果该不作为不存在就可以完全避免损害结果发生,安全保障义务违反人应当承担全部损害的赔偿责任,如果不作为行为只是导致损害后果的加重,则安全保障义务人应当按加重的比例承担责任,以体现过错与责任的相适应性。本案中,在雪道外存在石头等危险源的前提下,某滑雪场的安全保障义务应体现在两个方面:清除危险源或安装防护措施。然某滑雪场并未尽到上述义务,进而导致张某在冲出雪道之后遭受的损害后果加重,再结合雪地区别于一般坚硬地面的特点,应当认定某滑雪场违反安全保障义务的行为应在张某损害后果中占据主要比例，故某滑雪场应对此承担主要责任。同时，作为完全民事行为能力人，张某对自己滑雪技巧认知、中级滑雪道掌握能力的缺乏亦是造成此次损害的原因之一，再结合滑雪运动本身所存在的风险性，张某对于其损害后果当承担次要责任。

关于案例二，根据《江苏昆山中荣"8·2"特别重大爆炸事故调查报告》可知，事故发生的企业管理原因是：中荣公司无视国家法律，违法违规组织项目建设和生产。事故车间除尘系统较长时间未按规定清理，铝粉尘集聚，爆炸发生后，因没有泄爆装置，爆炸产生的高温气体和燃烧物瞬间经除尘管道从各吸尘口喷出，导致全车间所有操作人员直接受到爆炸冲击，造成群死群伤。中荣金属制品有限公司法定代表人、董事长吴某滔，总经理林某昌、安全生产主管吴某宪完全符合重大劳动安全事故罪的构成要件。

法条中的"安全生产设施"，包括：(1)具有防护功能的设备和用品，用于保护劳动者的人身在劳动生产中免受损害，如防毒面罩、安全防护网等。(2)具有警示功能的设备，用于提醒劳动人员危险的存在，防止事故的发生，如信号灯、逃生指示标志等。(3)具有救助功能的装置或用品，用于排除事故危险，帮助劳动人员逃生，如消防设备、疏散楼梯等。而"安全生产条件"侧重于对主管人员、劳动人员的要求，包括：(1)责任要求，主要负责人应制定生产安全方面的制度和规章，特殊职业的从业人员要经过专门的培训和考核等。(2)场所要求，例如投入生产经营的厂房、设施等要符合国家法律、法规设置的要求。(3)资金要求，生产经营罪必须保证必要的资金用于安全生产，否则要求对产生的不利后果承担法律责任。

延伸阅读

关于哪些人负有安全保障义务？民法典侵权责任编在总结侵权责任法和消费者权益保护法的规定后进行了概括。侵权责任法第 37 条第 1 款表述为"公共场所的管理人或者群众性活动的组织者"，消费者权益保护法第 18 条第 2 款规定为"宾馆、商场、餐馆、银行、机场、车站、港口、影剧院等经营场所的经营者，应当对消费者尽到安全保障义务"。民法典第 1198 条综合上述意见，表述为"宾馆、商场、银行、车站、机场、体育场馆、娱乐场所等经营场所、公共场所的经营者、管理者或者群众性活动的组织者"，明确、具体，易于认定。

关于安全保障义务的内容和标准？安全保障义务的目的在于保护他人的人

身和财产安全，其主要内容是作为，即要求义务人必须采取一定的行为来维护他人的人身或者财产免受侵害。这种义务的具体内容既可能基于法律的明确规定，也可能基于合同义务，也可能基于诚实信用原则而产生。由于安全保障义务人的范围很广，涉及多个行业、多类主体，不同义务人对不同保护对象所负有的安全保障义务是不同的，在法律上无法明确其具体内容，需要根据实际情况综合判断。

随着当今国内社会经济的快速稳定发展，老百姓在享受安居乐业正常生活节奏的同时，越来越乐于从文化娱乐和休闲体育等现场活动中获取精神满足，上万人参与的大型群众性活动组织过程中，现场安保和安全工作人员怎么配置、配置多少一直是摆在政府公共安全部门、活动承办方和大型综合性场馆经营者面前的一道难题。白纸黑字的法规，对大型群众性活动的承办者而言，安全责任必须在主观上也占据第一的位置，但安全工作是一份极其专业的“瓷器活”，活动承办者并不一定能单单依靠思想上的重视，便可轻松挑起这样的担子，一定需要集政府公共安全部门、专业安保公司、活动场地等多方的经验和实力，方可形成合力，制订完成大型群众性活动的安全工作方案并于现场执行落实。

同时，企业家及其管理人员对企业生产经营的监督管理，既是自己对公司、企业应尽的勤勉义务，也是所在公司、企业所应尽的社会责任。应务必将安全生产的法律、法规、规章制度进行细化，真正将安全生产的规章制度落到实处。否则，一旦发生安全事故，不仅危及企业与社会大众，自己也会在“不知不觉”中成为犯罪人，对自己的人生、事业、家庭造成影响。

专题六　民法中的产品责任与刑法中的生产、销售伪劣产品罪

要点解析

“君子爱财，取之有道”。生产者销售者应通过生产、销售物美价廉的产品来获得消费者青睐并依法盈利，而不是生产销售假冒伪劣产品损人利己，切勿被眼前的蝇头小利所蒙蔽，切勿存在侥幸心理，为了赚钱而不惜以身试法。“消费须谨慎，贪小便宜吃大亏”。消费者在选择商品时也要谨慎，切莫贪便宜。购买时，应仔细查验产品说明书、产品合格证、产品销售授权证书等，并向销售方索取发票。在全面推进依法治国的社会主义新时代，无论是生产者、销售者，还是消费者，都应当学习了解民法典中的产品责任和刑法中的生产销售伪劣产品罪，既有利于预防违法犯罪，又有利于依法有效维权。

关联条文

民法典

第一千二百零五条　【缺陷产品预防性除险责任】因产品缺陷危及他人人身、财产安全的，被侵权人有权请求生产者、销售者承担停止侵害、排除妨碍、消除危险等侵权责任。

第一千二百零六条　【产品流通后发现缺陷的补救及侵权责任承担】产品投入流通后发现存在缺陷的，生产者、销售者应当及时采取停止销售、警示、召回等补救措施；未及时采取补救措施或者补救措施不力造成损害扩大的，对扩大的损害也应当承担侵权责任。

依据前款规定采取召回措施的，生产者、销售者应当负担被侵权人因此支出的必要费用。

第一千二百零七条 【缺陷产品惩罚性赔偿责任】明知产品存在缺陷仍然生产、销售，或者没有依据前条规定采取有效补救措施，造成他人死亡或者健康严重损害的，被侵权人有权请求相应的惩罚性赔偿。

刑 法

第一百四十条 【生产销售伪劣产品罪】生产者、销售者在产品中掺杂、掺假，以假充真，以次充好或者以不合格产品冒充合格产品，销售金额五万元以上不满二十万元的，处二年以下有期徒刑或者拘役，并处或者单处销售金额百分之五十以上二倍以下罚金；销售金额二十万元以上不满五十万元的，处二年以上七年以下有期徒刑，并处销售金额百分之五十以上二倍以下罚金；销售金额五十万元以上不满二百万元的，处七年以上有期徒刑，并处销售金额百分之五十以上二倍以下罚金；销售金额二百万元以上的，处十五年有期徒刑或者无期徒刑，并处销售金额百分之五十以上二倍以下罚金或者没收财产。

条文要义

相比侵权责任法关于产品召回制度的规定，民法典中对产品缺陷补救措施增加“停止销售”，在实践中能有效避免损失的扩大。在未及时采取补救措施或补救措施不力造成损害的情形下，将“损害”改为“损害扩大”，这一改变限定了损害范围，进一步明确义务承担的范围为“扩大的损失部分”，避免当事人双方因对“损害”认识不同而产生纠纷。召回缺陷产品的必要费用由生产者、销售者承担。一方面，这加强了生产者与销售者的法律责任，促使企业从严要求，致力于产品质量的提高；另一方面，这也降低了被侵权人的维权成本，从而更好地保障消费者合法权益，有利于鼓励消费者发挥市场监督作用。

近年来，生产销售伪劣产品罪数量居高不下，成为生产销售伪劣商品类犯罪的重头戏。无论单位还是个人、线上还是线下，经营者只要涉及产品生产、销售的环节，都需要关注这个罪名。生产、销售伪劣产品罪是指生产者、销售者在产品中掺杂、掺假、以假充真，以次充好或者以不合格产品冒充合格产品，销售金额较大的行为。在产品中掺杂、掺假是指在产品中掺入杂质或者异物，致使产品质量不符合国家法律、法规或者产品明示质量标准规定的质量要求，降低、失去应有使用性能的行为。例如：疫情期间，某厂房私自制作大量经掺水、勾兑的不合格消毒液，对外销售；轰动一时的“假奶粉事件”——某大牌奶粉公司在加工生产时违规添加“蛋白精”(三聚氰胺);某食品公司在生产加工馒头中违规使用食品添加剂“柠檬黄”,充当“玉米馒头”。以假充真是指以不具有某种使用性能的产品冒充具有该种使用性能的产品的行为。例如:现实版“挂羊头卖狗肉”——某驴肉火烧店用马肉冒充驴肉,并将产品销售给消费者。再如以萝卜冒充人参,以土豆冒充天麻等。以次充好是指以低等级、低档次产品冒充高等级、高档次产品,或者以残次、废旧零配件组合、拼装后冒充正品或者新产品的行为。例如:劣质酒冒充高档酒——某烟酒商行低价购进假冒品牌酒,再以高档酒价格对外销售。不合格产品是指不符合《中华人民共和国产品质量法》(以下简称产品质量法)第26条第2款规定的质量要求的产品。例如:某门面经营电缆生意,却长期对外销售不合格电线。

典型案例

案例一

王先生网购退货中的烦心事

市民王先生在某购物网站的厨卫用品店,花费5000多元买了一款集成灶。到货安装使用几天后,集成灶出现点不着火和回火问题,在一次使用中因突然回火将王先生的手给烧伤了。随后,王先生多次联系该店客服,要求退货,对方以发生意外是由于王先生使用不当为由拒绝了退货请求。王先生无奈又找到生产厂家,厂家则表示,必须要等产品退回商家后,三方协商才能确认赔偿问题。再三协商后,商家同意退货,但要求王先生自己承担运输费用。集成灶体积大,商家远在广州,从云南到广州的运费就需要600多元。

案例二

生产、销售伪劣商品案

被告人刘某某系河南某药业有限公司销售员,被告人王某系河南某房地产经纪有限公司总经理。2020年1月20日,江苏省宿迁市某区人民政府(以下简称区政府)因新冠肺炎疫情防控工作需要,向宿迁市某医药连锁有限公司股东年某某采购一次性使用医用口罩。1月24日,年某某联系刘某某寻找货源。刘某某从王某处获悉河南省滑县一家庭小作坊(涉案嫌疑人另案处理,尚在侦查中)生产假冒“飘安”牌一次性使用医用口罩,二人商议由王某负责提供货源,销售口罩所得利润双方分成。1月25日,刘某某将王某购买的假冒“飘安”牌口罩30箱计30万只、假冒“华康”牌口罩24箱计21.6万只,合计54箱51.6万只一次性使用医用口罩以24.9万元销售给年某某。年某某将上述“飘安”牌一次性使用医用口罩30箱运送至区政府指定的某物流园仓库。1月26日,区政府工作人员发现口罩合格证生产日期为2020年2月6日且口罩质量较差,遂予以封存。同日,某连锁医药有限公司法定代表人袁某将上述24箱“华康”牌一次性使用医用口罩销售给宿迁市某镇人民政府、宿迁市某产业园管理委员会等单位。后袁某得知上述“飘安”牌口罩质量存在问题,便联系相关单位,收回尚未使用的口罩,并全额退还了收取的口罩款。2月1日,年某某向公安机关报案。经鉴定,涉案“飘安”牌、“华康”牌口罩均为假冒注册商标的商品;涉案“飘安”牌口罩的细菌过滤效率为40.1%至44.15%,涉案“华康”牌口罩的细菌过滤效率为50.3%至53.3%,均不符合产品标注的一次性使用医用口罩的细菌过滤效率要求(≥95%),且两种口罩的口罩带断裂强力亦不符合质量标准,均为不合格产品。

解读评析

关于案例一,商家同意退货但要求王先生自担运费显然是没有法律依据的。民法典第1206条第2款在借鉴了消费者权益保护法第19条的基础上,规定了生产者、销售者对因召回而产生的必要费用具有承担义务。商家作为销售者,在已知商品存在缺陷时应及时召回以免损害扩大,召回产品支出的费用应由销售者自己负担。本案中,商家不仅一再推脱责任,甚至要求王先生自担运费,显然是违反法律规定的。

首先无论是大宗货物还是小件商品,商家都应该考虑到网购运输和召回产品的成本,在销售前就应当做好充足准备自行购买运费险;其次,产品存在质量问题就可能存在商家验货工作疏漏的责任,即使没有该责任,作为买卖合同关系的直接主体,也应当保证产品的质量以及消费者使用产品时的安全,民法典对此作出明确规定不仅强化对消费者权益的保护,也是健全市场经济制度。因此在召回有质量问题的产品时，必要的支出不能要求消费者王先生承担，王先生可以在与商家协商后选择到付的邮寄方式，或是保留与商家协商的聊天记录以及邮寄单号、费用支出凭证，在产品寄出后以此作为证据要求商家支付快递费用。

关于案例二，根据最高人民法院、最高人民检察院《关于办理生产、销售伪劣商品刑事案件具体应用法律若干问题的解释》第 10 条的规定，实施生产、销售伪劣商品犯罪，同时构成侵犯知识产权、非法经营等其他犯罪的，依照处罚较重的规定定罪处罚。被告人销售假冒注册商标的口罩，如口罩系不合格产品，在同时构成销售假冒注册商标的商品罪和销售伪劣产品罪的情况下，应依照处罚较重的规定定罪处罚。本案销售金额达 24.9 万元，若以销售假冒注册商标的商品罪定罪，因销售金额在 5 万元以上不满 25 万元，依法应在 3 年以下有期徒刑或者拘役，并处或者单处罚金的幅度内量刑；若以销售伪劣产品罪定罪，因销售金额在 20 万元以上不满 50 万元，依法应在 2 年以上 7 年以下有期徒刑，并处销售金额 50% 以上 2 倍以下罚金的幅度内量刑。两罪比较，后罪处罚重于前罪，人民法院以销售伪劣产品罪定罪处罚，符合司法解释关于此类情形"择一重罪论处"的规定。

延伸阅读

关于王先生购买的集成灶质量问题到底是由于生产过程中造成还是销售者原因造成都影响生产者和销售者双方内部的责任追偿问题，根据民法典第 1203 条第 2 款规定："产品缺陷由生产者造成的，销售者赔偿后，有权向生产者追偿。因销售者的过错使产品存在缺陷的，生产者赔偿后，有权向销售者追偿。"也就是说，当消费者选择生产者或者销售者其中一方请求承担赔偿责任后，如果产品质量确不是因为自己一方造成的，在赔偿消费者后，都可以向造成产品质量问题的一方进行追偿。该条规定表面上是保障了无过错一方赔偿者的权益，但实际上立法者的本意还是站在了维护消费者的立场，因为无论面对消费者的赔偿主体是谁，消费者最先寻求赔偿的主体是谁，最后都能够根据法律的规定真正做到准确锁定问责主体来承担责任，从一定程度上避免了无过错一方担心责任无法被真正侵权者承担而拒绝赔偿消费者的情况。

产品侵权主体目前除了生产者和销售者，最常见的就是运输方和仓储方。近年来快递行业得益于电商销售模式而迅速发展，在双十一、春节等购物高峰期，运输货车出事故、快递员收装、运送包裹导致产品损坏等事件层出不穷，对此民法典第 1204 条规定:“因运输者、仓储者等第三人的过错使产品存在缺陷,造成他人损害的,产品的生产者、销售者赔偿后,有权向第三人追偿。”这不仅把可能造成产品侵权的主体罗列出来加以明确法律责任承担的问题,还起到了规范经济市场发展的作用,间接从保障交易市场安全环境的角度维护了消费者权益。法律在此的用意,是要在产品侵权行为发生时,既要有责任承担主体,又要有责任承担范围,对于无法列举出来的主体,用“等”“第三人”作为补充也是条文编纂的亮点。

对于生产者、销售者,因为假冒伪劣商品的产生与制度缺失密切相关,建立和完善信息披露制度、消费者维权制度、法律制度、政府监管制度、征信制度是治理假冒伪劣商品的重要制度安排。

对于消费者而言,首先是要有维权意识。我们不能因为产品价值较小或者维权比较“麻烦”就放弃维护自己的权益。要知道今天伪劣产品横行于世的一个原因就在于过去消费者对于类似的现象多数选择了沉默和纵容。而如果全社会能够树立起维权意识,那么才能使法律能够真正向不法商家“亮剑”。其次在于维权的方式,法律武器能够起到作用,但是相对于法律手段,消费者也可以先采取一些相对柔性的方式,例如与商家协商和前往消协投诉。在法律手段方面,主要可以采取侵权之诉或者违约之诉。需要注意的是,对于同一产品,消费者只能选择其中一种诉讼方式提出,不能既选择了侵权之诉,又提出了违约之诉。

专题七　民法中的挂靠、无偿搭乘交通事故责任和刑法中的交通肇事罪共犯

要点解析

近年来，随着我国道路运输的需求上升，许多个体经营者为了具有运输经营资质，获得更大的经济利益，经常挂靠在大型物流企业名下，形成挂靠关系。现实生活中，私人大货车车主将自己购置的车辆，挂靠在运输公司进行营运，按月向运输公司交纳挂靠管理费，遇到交通事故，责任如何承担？同时，助人为乐是善行义举，同事或朋友间“搭便车”的情况屡见不鲜。但若是途中不幸遭遇意外致被搭载一方发生损害，好意搭载一方是否能因为自己的“善举”而免除赔偿责任呢？

关联条文

民法典

第一千二百一十一条　【挂靠机动车交通事故责任】以挂靠形式从事道路运输经营活动的机动车，发生交通事故造成损害，属于该机动车一方责任的，由挂靠人和被挂靠人承担连带责任。

第一千二百一十七条　【好意同乘规则】非营运机动车发生交通事故造成无偿搭乘人损害，属于该机动车一方责任的，应当减轻其赔偿责任，但是机动车使用人有故意或者重大过失的除外。

刑　法

第一百三十三条　【交通肇事罪】违反交通运输管理法规，因而发生重大事故，致人重伤、死亡或者使公私财产遭受重大损失的，处三年以下有期徒刑或者拘役；交通运输肇事后逃逸或者有其他特别恶劣情节的，处三年以上七年以下有期徒刑；因逃逸致人死亡的，处七年以上有期徒刑。

条文要义

挂靠人对交通事故所致损害应承担责任,原因是其为挂靠车辆的实际所有权人,对挂靠车辆享有实际支配地位,并从机动车的运行中享有利益。我国机动车实行登记制度,根据公安部《机动车登记规定》的要求,《机动车登记证书》是机动车的所有权凭证,在一般情况下,《机动车登记证书》应为认定机动车所有人的有效证据,但在挂靠情形下,车辆由挂靠人出资购买,也由挂靠人占有使用,只是登记在被挂靠人名下。依据我国物权法第23、24条的规定,机动车物权的设立和转让,自交付时发生法律效力,登记只是对抗要件而非生效要件。故在挂靠情形下,机动车虽然登记在被挂靠人名下,但若已经交付挂靠人,挂靠人才是机动车的所有权人。理由有四:一是从受害人角度看,被挂靠人是法定的责任主体。被挂靠人是车辆的名义所有人,也是持有道路运输经营许可证的主体,挂靠只是挂靠人和被挂靠人之间的内部关系,受害人作为第三人对此无从知晓也不需要知晓。发生交通事故后,受害人要求被挂靠人承担责任符合民法上的外观主义原则。二是被挂靠人可对挂靠车辆的运行进行控制、支配,获取运行利益。首先,机动车运输是高度危险作业,因此,从事道路运输经营必须具备一定的条件,经行政许可才可进行。其次,被挂靠人可以通过对挂靠人的选择、管理、监督,对挂靠车辆的技术维护、检查和对各项管理制度的建立和健全来减少和防止交通事故的发生,这也属于支配机动车的一种表现形式。最后,被挂靠人通过挂靠车辆的运行获取利益,其获取的利益不限于管理费,也不限于经济方面的利益,如因接受挂靠而使单位规模扩大、市场占有比例提高、影响力增大等,均是其所获利益。所以,让其承担赔偿责任,符合侵权责任法第49条所确立的运行支配和运行利益的标准。三是被挂靠人就其违法行为承担连带责任,符合共同侵权的理论。四是被挂靠人承担连带责任,有利于保护受害人的权利,减少违法行为,保障公众安全,维护正常的运输经营市场秩序。

无偿搭乘,也称为“善意搭乘”“好意同乘”“搭便车”等。根据合同法规定,合同作为法律行为的一种,要约和承诺是订立合同的意思表示,承诺到达要约人时,合同成立。相对于有偿运输合同而言,无偿搭乘人不存在支付乘坐他人车辆费用的义务,无偿搭乘非营运车辆行为的实质,在于车辆保有人与搭乘人间成立了无偿运输合同,即当搭乘人提出免费搭乘的要约后,机动车保有人有权作出同意或拒绝的决定,其一旦同意免费搭乘并在搭乘人上车后,双方即缔结了无偿运输合同。我国合同法对无偿运输合同中搭乘致伤是否承担违约责任虽然没有作出明确规定,但并不意味着在此情形下车辆保有人无须承担责任,此种情形可以根据合同法第124条“本法分则或者其他法律没有明文规定的合同,适用本法总则的规定,并可以参照本法分则或者其他法律最相类似的规定”的精神,类推探寻其请求权基础。而合同法第302条规定,“承运人应当对运输过程中旅客的伤亡承担损害赔偿责任,但伤亡是旅客自身健康原因造成的或者承运人证明伤亡是旅客故意、重大过失造成的除外。前款规定适用于按照规定免票、持优待票或者经承运人许可搭乘的无票旅客。”该条第2款即是无偿搭乘非营运车辆的请求权基础。综上可知,无偿运输合同成立后,无偿搭乘人虽然无须支付运输费用,但机动车保有人仍须负有安全运输乘客到达目的地的义务,反之,须承担相应赔偿责任。

根据我国刑法第133条的规定可知,交通肇事罪,是指违反道路交通管理法规,发生重大交通事故,致人重伤、死亡或者使公私财产遭受重大损失,依法被追究刑事责任的犯罪行为。而一般的交通肇事行为则与之相反,是指没有发生致人重伤、死亡或者使公私财产遭受重大损失的后果。

最高人民法院《关于审理交通肇事刑事案件具体应用法律若干问题的解释》第5条规定,“因逃逸致人死亡”,是指行为人在交通肇事后为逃避法律追究而逃跑,致使被害人因得不到救助而死亡的情形。交通肇事后,单位主管人员、机动车辆所有人、承包人或者乘车人指使肇事人逃逸,致使被害人因得不到救助而死亡的,以交通肇事罪的共犯论处。这一规定,有助于有效打击非驾驶人员的指使逃逸行为。非驾驶人员指使逃逸行为具有严重的社会危害性。无论是交通肇事者,抑或单位主管人员、机动车辆所有人、承包人或者乘车人都有一种积极的作为义务,即救助伤者、保护肇事现场等;还有一种消极的不作为义务,即不能够在交通肇事后帮助肇事人,指使肇事人逃逸。因为,在交通肇事后立即抢救伤者是挽救伤者生命、健康、财产安全的最有利时机,如果在此时单位主管人员、机动车辆所有人、承包人或者乘车人不顾伤者的安危,指使肇事人员逃逸,无疑是对肇事人员的一种心理帮助,是对在肇事后已有“逃逸”想法的肇事人员的一种心理加强帮助,促使肇事人员加快逃离肇事现场,弃伤者的生命、健康、财产安全于不顾;另外,也是对在肇事后没有“逃逸”想法的肇事人员的一种提醒、心理暗示,促使本不想“逃逸”的肇事人员逃逸。因此,在道德层面来说,单位主管人员、机动车辆所有人、承包人或者乘车人其在交通肇事后指使逃逸的行为不仅与我国传统的道德伦理观念相悖,也与我国现今提倡的构建社会主义和谐社会的要求不符,更是对肇事人员的心理帮助,具有严重的社会危害性。

典型案例

案例一

挂靠车辆发生交通事故,赔偿责任如何承担?

2016年2月28日,张某驾驶重型半挂牵引车行至某路口处,与于某骑行的自行车相撞,造成于某当场死亡。经交警部门认定,张某持与准驾车型不符的机动车驾驶证(B2)驾驶重型半挂牵引车,通过有交通信号灯控制的交叉路口右转弯时,未让直行的车辆先行,承担事故全部责任,于某无责任。涉案车辆在保险公司处投保了机动车第三者责任强制保险(以下简称交强险)和商业第三者责任保险(以下简称商业三者险),但由于张某所持驾驶证与准驾车型不符,保险公司拒赔商业三者险。于某的母亲、丈夫和女儿作为原告将张某和车辆的登记车主甲公司、实际车主吴某以及保险公司起诉至法院。案件审理过程中,几方当事人各执一词:保险公司提出,由于张某所持驾驶证与准驾车型不符,违反了保险合同的免责条款,故不承担超出交强险部分的赔偿责任。车主吴某认为,保险公司并未就免责条款向投保人明确说明或提示投保人注意,违反了保险法第17条第2款的规定,保险公司的免责条款不具备生效条件,其应在商业三者险内履行赔偿责任;同时,自己与张某之间不存在劳务关系,张某仅为帮忙性质,吴某已尽到了审查义务,没有过错,不应承担赔偿责任。登记车主甲公司主张,公司与吴某之间签订了《融资租赁合同》,约定涉案车辆发生事故后责任承担的主体为吴某,根据侵权责任法第49条规定,公司作为出租人不承担第三人的人身损害和财产损失。

案例二

韩某诉太平洋保险公司仁怀支公司案

韩某与杨某亮等四人商议租车到湄潭参加婚礼。嗣后,杨某亮请罗某阳送其到湄潭，罗某阳因与杨某亮系朋友关系同意无偿帮忙。2013 年 9 月 20 日，罗某阳驾车送杨某亮到湄潭，并按其指示搭乘韩某等人，之前，李某端也临时随杨某亮乘车前往湄潭办事，导致车辆超载。同月 21 日，杨某亮一行从湄潭返回，途中撞到路边树木发生交通事故，造成韩某受伤。经交警部门认定，罗某阳承担本次事故的全部责任，韩某无责任。韩某等人均系无偿搭乘罗某阳驾驶的轿车。韩某受伤后被送往医院抢救并住院治疗，经鉴定达到伤残一级评定标准，护理依赖程度评定为完全护理依赖，且已完全丧失劳动能力。涉事轿车向太平洋保险公司仁怀支公司(以下简称太保仁怀公司)投保了交强险和机动车车上人员责任险。事后，韩某起诉至法院，请求判令由太保仁怀公司在保险限额内承担赔偿责任，并认定罗某阳与杨某亮、李某端等人的帮工关系成立，连带赔偿其残疾赔偿金、医疗费、后续治疗费等各项人身损失费。

解读评析

关于案例一，本案中原告所受的合理损失，首先应由保险公司在交强险责任险限额范围内赔偿；超出交强险理赔范围的部分，根据商业三者险保险合同的约定，保险公司不承担赔偿责任；张某作为实际侵权人，应当对超出交强险的部分承担赔偿责任；吴某作为实际车主，应当承担连带赔偿责任。

关于保险公司是否应在商业三者险范围内理赔的问题。张某持准驾不符的机动车驾驶证(B2)驾驶牵引车，属于违反法律、行政法规中禁止性规定的情形，根据相关规定，保险人对该类免责条款作出特别提示后，该免责条款即生效。同时，保险公司也已将此免责条款在保险投保单的“重要提示”栏下注明，已尽到提示义务。吴某、甲公司主张免责条款不生效，不应支持。关于吴某是否应承担赔偿责任的问题。即使吴某所述属实，吴某无论是作为实际车主，还是作为接受张某无偿劳务的一方，根据相关规定，都应就原告在本案中的损失承担连带责任。吴某要求免除己方赔偿责任，不应支持。关于甲公司是否应承担赔偿责任的问题。吴某和甲公司虽签订了《融资租赁合同》，约定涉案车辆发生事故后责任承担的主体为吴某，但涉案车辆为营运车辆，甲公司为其登记车主，在形式及实质上仍有监管的职责和义务，吴某与甲公司之间的约定仅能对内约束合同签订双方，不能对外对抗不知情的第三人。甲公司要求免除己方赔偿责任，不应支持。

关于案例二，本案不适用有关帮工的法律规范，而应适用一般侵权纠纷的法律规范,故罗某阳、杨某亮应各自承担相应的赔偿责任,基于无偿搭乘系互助行为,在罗某阳承担的责任范围内又减轻其赔偿责任。

一是无偿搭乘应依据过错责任确定赔偿责任人,但是,提供搭乘者没有故意或明显的重大过失时,可以适当减轻提供搭乘者的赔偿责任。本案中,交警部门已经认定罗某阳对此次交通事故的发生承担全部责任,故其应当承担相应的侵权赔偿责任。在机动车交通事故中,只有车内乘客有过错时,才应根据过错程度适当减轻机动车一方的赔偿责任,无偿提供车辆并运送到指定地点这一事实并不能够单独成为减轻机动车驾驶人赔偿责任的事由。这一制度安排,除了考虑到机动车作为高速运输工具所具有的高度危险外,也有促使机动车驾驶人最大限度地尽到谨慎、安全驾驶义务的考量。同时,由于罗某阳是基于朋友关系而善意提供车辆,并无偿运送韩某等人往返目的地,罗某阳在驾驶过程中也没有醉酒、飙车、明知机件故障而驾驶等明显的重大过失,为鼓励社会互助,维护善良风俗,可以在罗某阳所需承担的赔偿责任范围内适当减轻其赔偿责任。二是同行人员增加或提高事故风险,且该风险是导致损害后果的原因之一,同行人员也应承担相应的赔偿责任。就本案而言,罗某阳的操作不当是导致韩某受伤这一损害后果的直接原因,而杨某亮未明确拒绝李某端的搭车请求造成车辆超载则是导致损害后果的另一原因,两个原因的相互结合才致使损害后果达到如此严重的程度。故杨某亮在本次交通事故中也存在一定的过错,亦应承担相应的赔偿责任。

延伸阅读

民法典侵权责任篇第五章交通事故责任共修改了 6 条条文,新增 4 条条文,主要对各种交通事故造成损害的责任承担进行了明确。首先以挂靠形式从事道路运输的,由挂靠人和被挂靠人承担连带责任;未经允许驾驶他人机动车的,由驾驶人承担赔偿责任,所有人与管理人只承担过错责任;盗、抢机动车的,由盗、抢人与车辆驾驶人(盗、抢人与驾驶人不是同一人的)承担连带责任。对大家非常关注的非营运车辆与无偿搭车人损害的问题,即俗称"搭便车"问题,明确了"属于该机动车一方责任的,应当减轻其赔偿责任",体现了法律对保护受害者权益和鼓励助人为乐二者之间的平衡。新增条款明确了交通事故损害后的赔偿优先顺序:强制保险—商业保险—自行赔付。

我国法律目前并无明文规定何为"挂靠",那么应如何认定存在车辆挂靠关系？当发生交通事故时，挂靠人与被挂靠单位的责任应当如何分配？这些都是应当认真研究解决的问题。车辆挂靠，其本质是运输单位向不具备运输经营资格的主体非法租借运输经营资质，主要体现为以下几个特征：

(1)车辆存在名义车主和实际车主。挂靠车辆要从事交通运输业就必须登记在被挂靠单位名下，即被挂靠单位成为名义车主；但挂靠车辆实际由挂靠人出资购买，挂靠人是实际车主。(2)挂靠人掌握挂靠车辆的实际控制权，被挂靠单位不参与车辆的实际经营，挂靠人自担风险，不过被挂靠单位对挂靠车辆会进行一定程度的监督管理并提供一定的服务，如车辆审验、驾驶员年检等。(3)挂靠人向被挂靠单位缴纳管理费，被挂靠单位出借从事交通运输行业的运输经营资质，少数情况下存在无偿挂靠。机动车在高速运行的情况下具有高度危险性，正是如此，国家强化了运输行业的安全管理义务，只有经过严格审核并获得行政许可才可以从事相关行业。而车辆的挂靠，挂靠人在不具备运输业经营资格的情况下进行营运，妄图规避法律，明显违反行政法律法规，既埋下了安全隐患，又扰乱了运输市场的秩序。民法典明确了被挂靠人与挂靠人承担连带责任，既体现了国家对车辆违规挂靠行为的否定，同时也体现了对受害人合法利益的保护。

"无偿搭乘"中发生交通事故，要求驾驶人承担法律责任，并不是否定助人为乐的良好美德，而是要求驾驶人尽到合理注意义务，保障搭乘人的安全。在好意搭乘他人发生交通事故时，车辆驾驶人应承担与其过错相适应的侵权赔偿责任，但应根据案件具体情况，酌情减轻驾驶人对搭乘者的赔偿责任。"无偿搭乘"作为日常生活中经常出现的情形，此次民法典明文对其进行规定，是我国民法的又一大进步。作为提供无偿搭乘的驾驶员，虽然是在做好人好事，但也应当对"无偿搭乘人"的人身和财产安全负一定的谨慎义务，不要以为自己是在做好人好事就对搭乘人的人身和财产安全懈怠。正所谓"要做就做好，不要好心办坏事"。

在交通肇事犯罪中，交通肇事者由于违反交通运输管理法规，因而发生重大交通事故，导致被害人重伤、死亡或者公私财产遭受重大损失，由于交通肇事者的这一个先前行为所带来的救助义务，交通肇事者在交通肇事后应积极践行法律所规定的这一救助义务，采取措施，救助被害人。但是，如果交通肇事者"应为、能为而不为"，即在有能力履行而不履行救助被害人的情况下，而选择逃逸，则该逃逸行为就是一种消极的不作为。另外，根据我国《道路交通安全法》的相关规定，在发生交通肇事后，肇事者应当履行有关的法律义务。如立即停车、保护现场、抢救伤者和财产、听候处理等。同时，交通肇事后，指使人指使交通肇事者逃逸，也违背了刑法所规定的消极的不作为义务。因此,交通肇事后指使逃逸的行为实质上是一种违反刑法义务性规定的不作为行为,肇事者和指使人共同实施了逃逸的行为,共同违反了这一消极的不作为义务,有非难的可能性,刑法有必要对逃逸和指使逃逸的行为进行规范。

专题八　民法中医疗损害责任与刑法中的医疗事故罪

要点解析

医患关系极其微妙，如果医好了，大都千恩万谢、你好我好；但如果发生医疗事故，往往会反目成仇、纠纷不断。随着社会经济的发展及人民法律意识的提高，医疗纠纷逐渐成为社会公众的热门话题，反映在司法实践中，就是与医疗纠纷相关的案件已经成为人身损害赔偿案件中的热点和难点。以前由于相关法律、法规不完善，以及社会各方对医患纠纷的处理以及医疗损害赔偿问题在认识中理解上存在的分歧和困惑，致使医患双方的合法权益得不到切实、有效地保护，医患纠纷难以妥善处理，并易激化一定的社会矛盾。面对现状，只有加强对民法典、刑法及相关规定的学习和研究，才能既有效保护处于弱势地位的广大患者的合法权益，又合理规范医疗单位的治疗行为，维护医疗秩序，保障医疗安全，促进医疗卫生法律制度的完善。

关联条文

民法典

第一千二百一十八条　【医疗损害责任归责原则】患者在诊疗活动中受到损害，医疗机构或者其医务人员有过错的，由医疗机构承担赔偿责任。

第一千二百一十九条　【医务人员说明义务和患者的知情权】医务人员在诊疗活动中应当向患者说明病情和医疗措施。需要实施手术、特殊检查、特殊治疗的，医务人员应当及时向患者具体说明医疗风险、替代医疗方案等情况，并取得其明确同意；不能或者不宜向患者说明的，应当向患者的近亲属说明，并取得其明确同意。

医务人员未尽到前款义务,造成患者损害的,医疗机构应当承担赔偿责任。

第一千二百二十一条 【诊疗活动中医务人员过错的界定】医务人员在诊疗活动中未尽到与当时的医疗水平相应的诊疗义务,造成患者损害的,医疗机构应当承担赔偿责任。

第一千二百二十八条 【维护医疗机构及其医务人员合法权益】医疗机构及其医务人员的合法权益受法律保护。

干扰医疗秩序,妨碍医务人员工作、生活,侵害医务人员合法权益的,应当依法承担法律责任。

刑 法

第二百九十条第一款 【聚众扰乱社会秩序罪】聚众扰乱社会秩序,情节严重,致使工作、生产、营业和教学、科研、医疗无法进行,造成严重损失的,对首要分子,处三年以上七年以下有期徒刑;对其他积极参加的,处三年以下有期徒刑、拘役、管制或者剥夺政治权利。

第三百三十五条 【医疗事故罪】医务人员由于严重不负责任,造成就诊人死亡或者严重损害就诊人身体健康的,处三年以下有期徒刑或者拘役。

条文要义

医疗事故纠纷也称医疗纠纷,是医、患双方对医疗过程和医疗结果意见分歧的客观反映。医疗纠纷处理途径包括当事双方协商、第三方调解和法院诉讼,处理过程如果需要明确责任,则处理中还要另行医疗事故鉴定。在侵权责任法立法过程中,对医疗损害责任采用何种归责原则,争议较大,最终侵权责任法对医疗损害责任采用了过错责任原则,民法典侵权责任编继承了这一规定。现行法、行政法规、规章中规定了有关医务人员告知说明义务和患者知情权的内容,这些规定普遍为医疗机构的诊疗活动所遵循,并取得了很好实践效果,民法典借鉴、吸收了这些规定并略作修改完善。依照上述条文规定,医务人员的注意义务就是应当尽到与当时的医疗水平相应的诊疗义务,一般情况下医务人员可以尽到通过谨慎的作为或者不作为避免患者受到损害的义务。当前医患矛盾属于社会关注的焦点问题之一,近年来医疗纠纷明显增多。当前医患双方的极度不信任导致医患关系紧张,这种紧张状态又促使医疗纠纷不断升级。法律介入医疗活动的目的是实现医患双方权利的平衡和利益的协调,并非去解释或者解决本属于医学理论和医疗科学方面的问题。因此，在法律制度设计上，既要考虑患者作为医疗活动中弱势一方的利益保护，也要兼顾医学行业本身的特点，如医学科学的局限性、医疗行业的高风险。法律不仅仅为遭受医疗过错损害的患者提供保护，同样，对于医疗机构及医务人员的合法权益，法律也要保护，医疗行业的健康、有序发展是整个社会公益的需要，因此，民法典对医疗机构及其医务人员的合法权益的保护做了规范。近年来，医疗纠纷中，患者及其家属通过雇佣“医闹”向医院施加压力，借机闹事的现象成为舆论热点话题。这类活动经常采取毁坏财物、扰乱正常医疗秩序、殴打医务人员或者在医疗场所滞留等方式向医院索取高额赔偿。有些人看中其中“商机”，使“医闹”成为一类特殊的“职业”。《刑法修正案（九）》使“医闹”入刑，表明国家依靠法律打击“医闹”行为、保护医院和医务人员正当权益的决心，对于保障医患双方的合法权益，为患者创造良好的就医环境，推动预防和处理医患纠纷步入法治化、规范化轨道，必将产生促进作用。

根据上述规定，医疗事故罪是指医务人员由于严重不负责任，造成就诊人死亡或者严重损害就诊人身体健康的行为。本罪侵犯的客体是医疗单位的工作秩序，以及公民的生命健康权利。犯罪对象是生命健康安全正遭受病魔侵害的病人。本罪在客观方面表现为严重不负责任，造成就诊人死亡或者严重损害就诊人身体健康的行为。严重不负责任，是指在诊疗护理工作中违反规章制度和诊疗护理常规。医疗事故案件中常见的违反规章制度的情况有：错用药物、错治病人、错报输血、错报病情、擅离职守、交接班草率、当班失职等。诊疗护理常规，是指长期以来在诊疗护理实践中被公认的行之有效的操作习惯与惯例。各项诊疗操作和护理，均有一定的操作规程的要求，这些规程是为了保障操作稳准，避免失误而制定的，在诊疗操作和护理工作中必须遵照执行，否则就有可能导致医疗事故的发生。本罪主体为特殊主体，是达到刑事责任年龄并具有刑事责任能力的实施了违章医疗行为的医务人员。医务人员是指具有一定医学知识和医疗技能，取得行医资格，直接从事医疗护理工作的人员，包括医院医务人员及经批准的个体行医者。本罪在主观方面表现为过失，即行为人主观上对病人伤亡存在重大业务过失。在这里，本罪要求行为人主观上存在重大过失而不是一般过失，即从主观上过失程度之轻重来说，行为人主观上存在严重过失。

典型案例

案例一

妇产科医生李某雪的无罪判决，等38年①

2012年1月1日，产妇陈某在福建省长乐市医院顺产7小时后死亡。次日，长乐市公安局以涉嫌“医疗事故罪”对此立案。福建省、福州市两级医学会在未对产妇进行尸检的情况下，认为医方对病情认识不足，抢救措施不力，与患者的死亡存在因果关系，该案件被认定为一级甲等医疗事故。2013年1月，李某雪被吊销医师执业资格，开除党籍。当年9月，长乐市公安局以犯罪嫌疑人李某雪等三人涉嫌医疗事故罪，向长乐市人民检察院移送起诉。2017年12月4日，福州市仓山区人民法院作出一审判决，判处李某雪犯医疗事故罪，免予刑事处罚。一审宣判后，李某雪不服，提出上诉。2020年6月11日，福建省福州市中级人民法院对此案作出终审判决，宣判长乐市妇产科医生李某雪无罪！

案例二

李某军等人医闹案

2018年2月20日中午，被告人李某军之子李某因饮酒过量被送至江苏省灌云县某镇卫生院救治，后经救治无效死亡。当日下午，李某军和被告人李某团等人欲给卫生院施加压力，将李某尸体停放在该院观察室内。被告人李某司纠集庄邻、亲友等50余人至卫生院，滞留在观察室、输液室、大厅等处。当晚，李某司煽动庄邻等阻止公安人员执行公务。同月21日上午，被告人李某司、黄某青煽动他人推搡维持秩序的公安人员。被告人李某军、李某团、李某司等人为给卫生院和政府施加更大压力，纠集更多人至卫生院，伙同黄某青指使李某的同学用输液座椅堵住走道、拍摄视频在网络上发布。为造出更大声势和影响，李某团经与李某军商议，携带煤气罐、汽油等危险品至卫生院门诊楼。当晚，李某军再次让李某司

① 《妇产科医生李某雪的无罪判决，等了8年》，载 https://baijiahao.baidu.com/s?id=1669277057542838602&wfr=spider&for=pc，作者在引用时有删减。

纠集更多庄邻至卫生院,后公安人员要求李某军等人将煤气罐、汽油等危险品运走,李某司、黄某青煽动庄邻继续在卫生院闹事,拒不运走煤气罐、汽油等危险品。同月22日,被告人李某军、李某团、黄某青、李某司等人采取封堵卫生院门诊楼大门、输液室、观察室、过道,辱骂、冲撞、投掷汽油瓶、向自己身上浇汽油欲自焚等方式,阻碍公安人员正常执行公务。当日14时许,李某军、李某团、黄某昌青等人被公安人员强制带离现场,李某司乘机逃离,后主动投案。因本案致上述卫生院门诊楼部分门窗、玻璃、输液座椅、监控设备等物品被损坏,维修费用共计18 770元,重新购置输液座椅25张(价值共计24 830元)。

解读评析

关于案例一,认定医疗事故罪的关键是看本罪的客观表现。医疗事故罪的客观方面表现为行为人严重不负责任,由于违反各种规章制度或诊疗规范,造成就诊人死亡或者身体健康严重受损。具体来说,成立本罪在客观方面必须满足以下条件:一是实施了违反注意义务的行为。注意义务的来源即各种医疗规章制度。包括作为与不作为两种行为方式,作为的方式主要体现在诊疗护理的过程中违规作业,导致就诊人身体健康受损,而不作为的方式主要表现为不积极采取诊疗措施、不认真进行检查、不及时进行抢救等,致使就诊人死亡或者身体健康严重受损。二是违反医疗规章制度的行为,造成就诊人死亡或者身体健康严重损害的后果。三是违反医疗规章制度的行为与严重结果之间存在刑法上的因果关系。依据相当因果关系说,违反注意义务的行为与严重结果之间存在“相当性”主要包括以下几种情形:第一,采取了对遏制病情完全无效的医疗措施而导致病情发展引起就诊人伤残、死亡。第二,采取了对遏制病情起反作用的医疗措施从而加剧病情引起病人伤亡,如用反药等。第三,采取了对遏制病情虽然有效,但是效用不足的医疗措施而最终因病情发展引起病人伤残或死亡,如抢救农药中毒病人时使用的解毒剂数量不足致使病人死亡。第四,违章医疗行为本身直接破坏人体而直接引起伤亡或同原患伤病相互叠加共同导致病人伤亡,如手术时操作粗心误伤大血管等。第五,未采取任何救治措施而导致病情发展引起就诊人伤残、死亡。在上述五种情形中,前四种属于作为,最后一种属于不作为。医疗伤亡结果之出现大多数同违章医疗行为有关,又与病情本身有关,还与抢救措施的有限性有关,只有在上述五种情形下,相当地导致了严重结果的发生,才能认定因果关系的成立;当介入因素过于异常、抢救措施客观上有限等原因导致结果发生时,都不能将结果归责于行为人。当医疗措施客观上起到一定治疗作用或者至少没有起反作用时,违章医疗行为与病人伤亡间的关系易被忽视。这是特别值得引起注意的。本案先后经历七年,从认定有罪到认定无罪,恰恰是对上述关键问题的把握存在认识不一致的问题,教训深刻,值得反思。

关于案例二,患者医治无效死亡,悲痛者莫过于亲属。患者亲属如对医疗机构和医生的处置有分歧意见,应通过合法途径解决,而不是采取违规停尸、聚众围堵、损毁财物、妨害公务等行为对医疗机构和医务人员表达不满。这无助于解决问题,还会严重扰乱正常医疗秩序,影响其他患者的就诊权益。本案就是一起情节严重的在卫生院聚众扰序的典型案例。患者因饮酒过量经送卫生院救治无效死亡,患者亲属纠集多人连续三天在卫生院聚众闹事,严重扰乱正常医疗秩序。人民法院依法对被告人李某军、李某团分别判处有期徒刑 3 年,体现了对此类犯罪的严惩。

延伸阅读

救死扶伤是医生的职责使命,但医学不是万能的,医疗效果并不总能满足患者和家属的期待。患者和家属首先应当积极配合医院进行治疗,同时也要正确认识病情和治疗效果,不能简单因病情未好转便归咎于医院和医生。

面对众多的医患纠纷,某高校一名硕博连读医学生曾经提出过一段比较极端的言论,称要想彻底解决医患矛盾,唯一的办法是只有关闭所有的医院,取缔所有的医学院校才能从根本上解决医院和患者的矛盾,并且没有第二条解决之路!并劝诫医界同仁,不要为了各项指标放低入院或者手术门槛;不要收治自己力所不能及的病患;要在病患面前评论诊疗方案;对于经济条件较差的病患不要做出可能使其人财两空的诊疗计划;在宣布患者死亡之前请先评估家属的承受能力,预先叫好保安到场。大家保护好自己的同时也请保护好周围的同事,有矛盾时红脸白脸一起唱,家属一旦动手周围的人千万不要劝架,赶紧抄家伙一起上。从上述这段话中我们深切体会到了作为一名医学生对于自己未来医生职业生涯的悲观,他甚至就没想去拿起法律的武器保护自己,一个人之所以极端往往是因为他已经无路可走,至少他自己是这么认为的。

医学是复杂的生命科学,诊疗方案是医生基于医学知识作出的专业判断,患者对治疗效果要理性对待，不能仅因自认为治疗效果不佳就迁怒于医生甚至报复行凶。理性就医，遇矛盾加强沟通，是全社会积极倡导的正确就医理念，患者不能因对治疗或检查效果不满而动辄泄愤报复医务人员。应该看到医疗是有风险的，对于医疗风险，医方有义务避免和减少损害的发生，但当医疗不良结果出现后，尊重医学科学本身的规律和医师的专业行为是这个社会应有的理性，期待在今后的医患之争中医患双方能够换位思考，司法机关能够理性平衡，这就是医患之幸和社会之幸。

专题九　医务人员未尽说明义务引发的侵权责任与“医闹”

要点解析

近年来，社会上医患关系日益紧张，并逐渐成为影响社会和谐稳定的重要因素之一。随着网络信息技术的发展和各类自媒体的应运而生，个别医护人员因执业不精或医德败坏等信息的扩散给整个行业造成一些负面影响，很多患者及家属对医生和医院也产生了不信任和强烈的隔阂，将不理想的诊疗结果归咎于医生和医院的身上，通过采取一些毁坏财物、扰乱正常医疗秩序、殴打医务人员或在医疗场所滞留等方式向医院索取高额赔偿。另外，也有一些不法分子看中其中的“商机”，借机通过“医闹”的方式谋取钱财。《刑法修正案（九）》将刑法第290条聚众扰乱社会秩序罪条款增加“医疗”一项，使“医闹”行为正式“入刑”，对“医闹”行为的定罪量刑有了明确的法律依据。

关联条文

民法典

第一千二百一十九条　【医疗机构告知义务】医务人员在诊疗活动中应当向患者说明病情和医疗措施。需要实施手术、特殊检查、特殊治疗的，医务人员应当及时向患者具体说明医疗风险、替代医疗方案等情况，并取得其明确同意；不能或者不宜向患者说明的，应当向患者的近亲属说明，并取得其明确同意。医务人员未尽到前款义务，造成患者损害的，医疗机构应当承担赔偿责任。

第一千二百二十一条　【医务人员未尽相当诊疗义务的医疗机构替代责任】医务人员在诊疗活动中未尽到与当时的医疗水平相应的治疗义务，造成患者损害的，医疗机构应当承担赔偿责任。

刑　法

第二百三十四条　【故意伤害罪】故意伤害他人身体的，处三年以下有期徒刑、拘役或者管制。

犯前款罪，致人重伤的，处三年以上十年以下有期徒刑；致人死亡或者以特别残忍手段致人重伤造成严重残疾的，处十年以上有期徒刑、无期徒刑或者死刑。本法另有规定的，依照规定。

第二百三十八条第一款　【非法拘禁罪】非法拘禁他人或者以其他方法非法剥夺他人人身自由的，处三年以下有期徒刑、拘役、管制或者剥夺政治权利。具有殴打、侮辱情节的，从重处罚。

第二百四十六条　【侮辱罪；诽谤罪】以暴力或者其他方法公然侮辱他人或者捏造事实诽谤他人，情节严重的，处三年以下有期徒刑、拘役、管制或者剥夺政治权利。

前款罪，告诉的才处理，但是严重危害社会秩序和国家利益的除外。

通过信息网络实施第一款规定的行为，被害人向人民法院告诉，但提供证据确有困难的，人民法院可以要求公安机关提供协助。

第二百九十条第一款　【聚众扰乱社会秩序罪】聚众扰乱社会秩序，情节严重，致使工作、生产、营业和教学、科研、医疗无法进行，造成严重损失的，对首要分子，处三年以上七年以下有期徒刑；对其他积极参加的，处三年以下有期徒刑、拘役、管制或者剥夺政治权利。

第二百九十三条　【寻衅滋事罪】有下列寻衅滋事行为之一，破坏社会秩序的，处五年以下有期徒刑、拘役或者管制：

（一）随意殴打他人，情节恶劣的；

（二）追逐、拦截、辱骂、恐吓他人，情节恶劣的；

（三）强拿硬要或者任意损毁、占有公共财物、情节严重的；

（四）在公共场所起哄闹事，造成公共场所秩序严重混乱的。

纠集他人多次实施前款行为，严重破坏社会秩序的，处五年以上十年以下有期徒刑，可以交处罚金。

条文要义

医闹并不是一个法律概念，对于医闹的法律问题进行研究，首先是要对医闹概念进行鉴定。学界对于医闹的定义尚未统一，大多数学者认为医闹是指患者、患者亲属及受雇于患者方的群体或个人，以医疗纠纷等为借口，采取威胁、伤害医护人员人身安全、侮辱医护人员人格或现场滋事、扩大事态、制造负面影响等形式严重妨碍医疗秩序的行为。针对现阶段的医闹行为，根据程度、手段等方面的不同，医闹又分为硬性医闹和软性医闹。所谓硬性医闹，是指以殴打医护人员、损坏医院公共财产等行为，造成医护人员不同程度的人身损害或者医院公共财产的严重损失，肆意破坏医疗秩序的行为。软性医闹，是指那些没有对医院工作人员的人身造成伤害，也没有对医院公共财产造成损害，但是对医院的正常工作秩序造成破坏，间接造成医院财产损失，严重侵害医护人员身心健康的行为。例如在医院门口拉横条、设灵堂等形式阻碍医院的正常秩序，阻碍医护人员的正常通行等行为。

由于医疗机构及其医务人员的过错，在诊疗护理活动中受到损害的，医疗机构应当承担侵权损害赔偿责任。根据侵权责任法的规定，医疗损害责任适用过错责任归责原则，改变了审判实践中长期采取的过错推定的原则。在责任性质上，医疗损害责任是一种替代责任，由医疗机构对其医务人员给患者造成的损害承担赔偿责任。侵害患者知情同意权责任是指医疗机构的医务人员在诊疗活动中，应当向患者说明病情和医疗措施等情况而未予说明，或者在实施手术、特殊检查和特殊治疗时，应当向患者或其近亲属说明医疗风险、替代医疗方案等情况并取得其书面同意而未尽到义务的，医疗机构应当对由此给患者造成的损害承担赔偿责任。医疗产品责任是指医疗机构在诊疗过程中使用有缺陷的药品、消毒药剂、医疗器械等医疗产品，或者输入不合格的血液，因此造成患者人身损害的，医疗机构或者医疗产品的生产者、血液提供机构所应当承担的侵权损害赔偿责任。

典型案例

案例一

牛某英诉聊城市人民医院案

2007 年 3 月 16 日牛某英因“阵发性胸闷 4 年，加重伴胸痛 6 个月”去聊城市人民医院就诊，被诊断为“冠心病(不稳定型心绞痛)，高血压病(2 级)，高脂血症，右下肢静脉曲张”，并在该院进行冠状动脉造影检查并在右冠状动脉植入四个支架，2007 年 3 月 23 日牛某英出院，支出医疗费 89 941.90 元。2007 年 3 月 23 日至 2007 年 4 月 1 日，2007 年 4 月 17 日至 2007 年 5 月 15 日牛某英在聊城市人民医院继续治疗，分别支出医疗费 3232.4 元、5868.76 元。在第三次住院时聊城市人民医院给予常规扩冠、抗凝、抗血小板、降压治疗，仍有较明显症状，一般治疗效果不佳，建议赴上一级医院进一步治疗。2007 年 5 月 24 日至 2007 年 5 月 28 日牛某英在中国医学科学院阜外心血管病医院住院治疗，支出医疗费 7489.53 元。2008 年至 2013 年期间牛某英在聊城市人民医院第二分院慢性病门诊多次治疗，支出医疗费 21 550.3 元，其中医保统筹 18 549.4 元，自付 3000.9 元。2013 年 5 月 24 日至 2013 年 5 月 31 日在聊城市人民医院住院治疗，支出医疗费 7569.03 元，其中医保统筹支付 5956.94 元，自付 1612.09 元。

牛某英认为聊城市人民医院误诊，并擅自植入四个支架导致其长期病痛，无法正常生活。故将聊城市人民医院告上法庭，要求赔偿医疗费、交通费、伙食补助费、误工费、护理费、住宿费及聊城市人民医院违规收取费用总计 166 360.58 元。经法院委托，北京明正司法鉴定中心于 2011 年 5 月 25 日作出京正〔2011〕司鉴字第 008 号司法鉴定意见书，意见书中说明：(1) 聊城市人民医院光盘造影资料显示造影过程不完整，仅就其所见部分认为患者“右冠状动脉近中段夹层，远端狭窄 98%”依据不足。(2) 经审阅聊城市人民医院《病员家属或组织同意导管造影检查及治疗记录》，在造影前曾告知牛某英如有问题会在造影后告知再做决定，但是聊城人民医院在造影检查中决定植入支架特别是需要植入 4 枚支架时没有向患者家属告知，医方在告知上存在不足。(3) 该患者术后症状不缓解不排除动脉粥样硬化致心肌缺血、对支架的不适应及植物神经紊乱的可能，其中动脉粥样硬化致心肌缺血，植物神经紊乱为患者自身疾病，医方造影检查中决定植入 4 枚支架时没有向患者家属告知，影响了患者的知情选择权。

一审判决如下：(1) 限被告聊城市人民医院于本判决生效后 10 日内赔偿原告牛某英医疗费、住院伙食补助费、交通费、精神损害抚慰金共计 164 360.58 元；(2) 驳回原告牛某英的其他诉讼请求。案件受理费 4300 元，由原告牛某英承担 713 元，被告聊城市人民医院承担 3587 元。

后因聊城人民医院不服，提起上诉。在二审期间聊城市人民医院未能提供新的证据，最终二审判决驳回上诉，维持原判。

案例二

王某芬故意伤害案

王某芬2012年3月因头痛、左面部麻木到广西医科大学附属医院就诊，经诊断为鼻咽癌Ⅳ期，后一直在该院就诊。因其认为自己的鼻咽癌治疗时的主治医生覃某某在对其治疗过程中存在诸多懈怠和漠视而心怀不满，遂决定打击报复。2015年6月16日8时许，王某芬在南宁市西乡塘区大学路166号广西医科大学附属医院（西院）医技综合楼观光电梯处，看到覃某某进入大楼观光电梯后，王某芬在综合楼二楼将电梯截停，并使用事先准备好的汽油泼洒至覃某某胸、面部并引燃。后王某芬逃跑至地下室电话报警并在现场等候。经鉴定，覃某某全身多处火焰烧伤34% TBSA（浅Ⅱ度10%，深Ⅱ度13%，Ⅲ度11%）呼吸道烧伤，其损伤已构成重伤二级。

法院审理后认为，王某芬采用淋汽油焚烧的残忍手段对被害人实施伤害，手段恶劣、残忍，但其实施犯罪后打电话报警并在现场等候公安人员处理，如实供述自己的犯罪事实，可以认定具有自首情节，依法可以从轻或者减轻处罚，遂依法以故意伤害罪判处其有期徒刑8年，赔偿附带民事诉讼原告覃某某治疗费41.9万元。

解读评析

案例一：本案的争议焦点在于聊城市人民医院的诊疗行为是否存在过错，是否对牛某英的损害后果承担全部赔偿责任。

根据侵权责任法第55条规定："医务人员在诊疗活动中应当向患者说明病情和医疗措施。需要实施手术、特殊检查、特殊治疗的，医务人员应当及时向患者说明医疗风险、替代医疗方案等情况，并取得其书面同意；不宜向患者说明的，应当向患者的近亲属说明，并取得其书面同意。医务人员未尽到前款义务，造成患者损害的，医疗机构应当承担赔偿责任。"上述规定主要包括对患者的充分知情权及自我决定权的保护。充分知情权是指患者可以准确了解自己的病情状况、自身可以选择的治疗方案、导致的治疗效果、治疗所需的花费等。这可以使患者准确理解医疗信息，改变其与医疗机构信息不对称的状况。自我决定权是指患者在充分了解医疗机构的专家意见之后，选择是否治疗，若治疗，则以何种方式治疗等。牛某英在冠状动脉造影检查和治疗前，聊城市人民医院告知牛某英视造影检查结果再定，但其在造影检查中决定植入支架时没有向牛某英及其亲属告知，聊城市人民医院侵犯了牛某英的知情同意权，存在过错。而且聊城人民医院不能提供完整的造影资料，导致无法查清原告右冠状动脉近中段夹层原因。牛某英本来是想通过治疗缓解或者治愈自己的病情，但在经历了手术后并没有得到缓解，反而感到不舒服，证明医院的治疗手段具有一定的缺陷。从而证明聊城人民医院的治疗行为和牛某英的身体不适存在直接的因果关系，并且在治疗过程中并没有完全照顾患者的知情权，所以应该承担全部的赔偿责任。

案例二：在这个案例中，患者王某某对于医生就抱有怀疑和不信任，再加上医生对于患者的敷衍等多个方面导致了患者对于医生有了报复心理，从而导致恶性行为的发生。患者王某某应在治疗无果后通过合法合理的程序，去调查医生覃某某是否未按照正常的医疗手段进行治疗，只是凭着个人的猜想对主治医生妄加评判，从而产生报复心理，这是十分激进的。

在十二届全国人大常委会第十六次会议首次将“医闹”写入刑法，故意扰乱医疗单位秩序、严重侵害医护人员身心健康的行为，被明确规定为犯罪，“对首要分子处三年以上七年以下有期徒刑；对其他积极参加的，处三年以下有期徒刑、拘役、管制或者剥夺政治权利。”当医务人员时刻面临被打骂、被伤害的风险、没有人身保障，医务人员便不可能为患者提供优质的服务。所以，将“医闹”纳入刑罚范围，加大惩罚力度，既是维护医护人员正当权利的需要，也是维护正常医疗秩序的需要，而其最终维护的将是广大患者的利益。

王某某作为一名病人，应当了解和熟悉自己的病情，是否有治疗成功的可能，需要通过什么样的治疗手段，需要经过多久的治疗才可以痊愈，而不是通过自己的主观猜想而对医生妄加评判。而且王某某作为一个成年人，应当对自己的行为承担民事甚至刑事责任，应当用法律来约束自己，从而避免产生不好的后果。但是王某某却通过极其残忍的手段对覃某某进行报复，应该给予其严重的处理结果。

延伸阅读

医闹产生的原因有很多，但对于医生的不信任和对病人的治疗不公开化是造成医闹事件发生的重要原因，而且在目前医疗体制之下，医院为了达到更高利益而忽略医疗质量本身，无钱医治时，院方背离医德，用冷漠旁观来处理，导致患者得不到及时的治疗而死亡，引发公愤。并且现在的医院方大都采用“稳定高收益”“安全自保式”的救治理念。此外，患者常常对医院抱有过高期望，认为医院治好其病症是必然，一旦治疗失败便认为医疗人员在治疗过程中没有竭尽全力。然而实际情况为当前医疗水平是有限的，面对许多疾病医疗能力都不具备。因此，在病情发生变化时及时与医生沟通交流，掌握病情发展，做好相应的心理准备，正确对待治疗过程中存在的风险，政府及医疗机构也应该积极引导群众对医学的认识，理解医疗过程的不确定性和高风险。

而且相关部门不采取相应的行政措施和手段，在医闹事件发生后，一些人错误地认为这只是医患之间的事，政府部门侧重考虑社会影响、医院声誉、医闹威慑、个人前途等因素，只是想尽快平息风波，息事宁人，不以积极的态度和方法处理医患矛盾，从而草率做出赔偿决定，使得施暴者尝到了甜头，愈发变本加厉。据中国医师协会调查显示，当发生医闹事件时，公安机关出警保障医疗秩序的效果并不理想，甚至有的在一旁观看不予制止。这样的处理方式让医院孤立无援，医闹行为更加猖狂。

并且在医闹发生后，社会媒体在报道医疗纠纷事件中不遵守新闻媒体的基本职业道德，在未了解事件全部事实的情况下，片面追求新闻的轰动性，以夸张的标题吸引群众的眼球，用不全面的事实来激发群众的愤慨，欺骗了群众，蒙蔽了事实和真相。在事实上，媒体的不实报道从客观上激化了医疗矛盾。

首先，应当完善医疗纠纷处理法律和增加解决途径，医闹产生的部分原因是医生或者管理人员对于患者家属的敷衍，给患者家属的回答经常处于模棱两可，或者直接“踢皮球”，从而导致患者对于自身的病情没有确切的认识，在长期的治疗下达不到自己的理想效果，从而便认为是医生没有使用正确的治疗方法，只是想赚取他们的钱财，从而产生误解。所以医生在面对患者的问题时，应当面及时的解决，避免“踢皮球”的情况发生，从而避免患者对医生产生负面印象。或者建立完善的咨询前台，保证患者“售前”和“售后”服务。

其次，医疗机构要加强自身建设，做到“一切以病人为中心”，努力提高医务人员的业务能力。严格执行各项制度，规范医疗行为，避免医疗纠纷的发生。在医疗前后，耐心做好与患者的沟通。医闹现象发生时，要及时加以劝阻，制止事态的发展，避免严重的后果发生。如果事态十分严重，要及时报警，警务人员要采取严厉的措施制止这些暴力医闹行为。

最后,正确的引导媒体宣传。在突发事件面前,第一时间公布真相,让媒体公正、真实、客观地反映事件。加强对新闻媒体的管理力度,要求媒体在采访过程中,多向专业人士咨询,抓住事件发生的专业原因这个主要矛盾,而不是以浓厚的主观色彩吸引观众眼球。有关部门也要对不实报道加以澄清,对虚假编造的新闻记者严肃处理,多方一起努力构建和谐医患关系。

专题十　环境污染和生态破坏侵权行为的民事责任与刑事责任认定

要点解析

随着时代的发展和科技的进步，经济产值在迅猛增加的同时，生态环境问题已成为世界共同关注的议题。而中国人口众多，环境污染和生态破坏问题同样不容忽视。如水资源污染、土地资源流失、毁林开垦、滥砍滥伐、矿产资源过度开采、大气污染等问题突出。各类环境破坏案件越来越多地出现在公众视野中。为加强环境保护，维护生态安全，我国刑法及民法典均对环境污染侵权和犯罪行为及处罚予以明确规定。最近发布实施的《关于办理环境污染刑事案件适用法律若干问题的解释》对各类环境污染犯罪的定罪量刑做了具体、可操作性的规定。2018年12月，最高人民法院、最高人民检察院、公安部、司法部、生态环境部在北京联合召开座谈会，并于2019年2月20日发布《关于办理环境污染刑事案件有关问题座谈会纪要》，重拳出击惩治污染犯罪，共同维护我们的碧水、蓝天、净土。《刑法修正案（十一）》对污染环境罪的修改，加重了对污染环境罪的量刑处罚，有期徒刑不再限于最高7年，单一犯罪的刑期将最高达15年，数罪并罚的可能会更高。

关联条文

民法典

第一千二百二十九条　【污染环境、破坏生态无过错责任】因污染环境、破坏生态造成他人损害的，侵权人应当承担侵权责任。

第一千二百三十条　【污染环境、破坏生态抗辩事由的举证责任】因污染环境、破坏生态发生纠纷，行为人应当就法律规定的不承担责任或者减轻责任的情形及其行为与损害之间不存在因果关系承担举证责任。

第一千二百三十一条 【数人污染环境、破坏生态的最终责任分担规则】两个以上侵权人污染环境、破坏生态的，承担责任的大小，根据污染物的种类、浓度、排放量，破坏生态的方式、范围、程度，以及行为对损害后果所起的作用等因素确定。

第一千二百三十二条 【故意违规污染环境、破坏生态的惩罚性赔偿责任】侵权人违反法律规定故意污染环境、破坏生态造成严重后果的，被侵权人有权请求相应的惩罚性赔偿。

第一千二百三十三条 【因第三人过错污染环境、破坏生态的不真正连带责任】因第三人的过错污染环境、破坏生态的，被侵权人可以向侵权人请求赔偿，也可以向第三人请求赔偿。侵权人赔偿后，有权向第三人追偿。

第一千二百三十四条 【生态环境损害修复责任】违反国家规定造成生态环境损害，生态环境能够修复的，国家规定的机关或者法律规定的组织有权请求侵权人在合理期限内承担修复责任。侵权人在期限内未修复的，国家规定的机关或者法律规定的组织可以自行或者委托他人进行修复，所需费用由侵权人负担。

第一千二百三十五条 【生态环境损害赔偿责任和费用的范围】违反国家规定造成生态环境损害的，国家规定的机关或者法律规定的组织有权请求侵权人赔偿下列损失和费用：

（一）生态环境受到损害至修复完成期间服务功能丧失导致的损失；

（二）生态环境功能永久性损害造成的损失；

（三）生态环境损害调查、鉴定评估等费用；

（四）清除污染、修复生态环境费用；

（五）防止损害的发生和扩大所支出的合理费用。

刑 法

第三百三十八条 【污染环境罪】违反国家规定，排放、倾倒或者处置有放射性的废物、含传染病病原体的废物、有毒物质或者其他有害物质，严重污染环境的，处三年以下有期徒刑或者拘役，并处或者单处罚金；情节严重的，处三年以上七年以下有期徒刑，并处罚金。

有下列情形之一的，处七年以上有期徒刑，并处罚金：

（一）在饮用水水源保护区、自然保护地核心保护区等依法确定的重点保护区域排放、倾倒、处置有放射性的废物、含传染病病原体的废物、有毒物质，情节特别严重的；

（二）向国家确定的重要江河、湖泊水域排放、倾倒、处置有放射性的废物、含

传染病病原体的废物、有毒物质,情节特别严重的;

(三)致使大量永久基本农田基本功能丧失或者遭受永久性破坏的;

(四)致使多人重伤、严重疾病,或者致人严重残疾、死亡的。

有前款行为,同时构成其他犯罪的,依照处罚较重的规定定罪处罚。

第三百三十九条 【非法处置进口的固体废物罪】违反国家规定,将境外的固体废物进境倾倒、堆放、处置的,处五年以下有期徒刑或者拘役,并处罚金;造成重大环境污染事故,致使公私财产遭受重大损失或者严重危害人体健康的,处五年以上十年以下有期徒刑,并处罚金;后果特别严重的,处十年以上有期徒刑,并处罚金。

【擅自进口固体废物罪】未经国务院有关主管部门许可,擅自进口固体废物用作原料,造成重大环境污染事故,致使公私财产遭受重大损失或者严重危害人体健康的,处五年以下有期徒刑或者拘役,并处罚金;后果特别严重的,处五年以上十年以下有期徒刑,并处罚金。

以原料利用为名,进口不能用作原料的固体废物、液态废物和气态废物的,依照本法第一百五十二条第二款、第三款的规定定罪处罚。

第三百四十条 【非法捕捞水产品罪】违反保护水产资源法规,在禁渔区、禁渔期或者使用禁用的工具、方法捕捞水产品,情节严重的,处三年以下有期徒刑、拘役、管制或者罚金。

第三百四十一条 【非法猎捕、杀害珍贵、濒危野生动物罪;非法收购、运输、出售珍贵、濒危野生动物、珍贵、濒危野生动物制品罪】非法猎捕、杀害国家重点保护的珍贵、濒危野生动物的,或者非法收购、运输、出售国家重点保护的珍贵、濒危野生动物及其制品的,处五年以下有期徒刑或者拘役,并处罚金;情节严重的,处五年以上十年以下有期徒刑,并处罚金;情节特别严重的,处十年以上有期徒刑,并处罚金或者没收财产。

【非法狩猎罪】违反狩猎法规,在禁猎区、禁猎期或者使用禁用的工具、方法进行狩猎,破坏野生动物资源,情节严重的,处三年以下有期徒刑、拘役、管制或者罚金。

【非法猎捕、收购、运输、出售陆生野生动物罪】违反野生动物保护管理法规,以食用为目的非法猎捕、收购、运输、出售第一款规定以外的在野外环境自然生长繁殖的陆生野生动物,情节严重的,依照前款的规定处罚。

第三百四十二条 【非法占用农用地罪】违反土地管理法规,非法占用耕地、林地等农用地，改变被占用土地用途，数量较大，造成耕地、林地等农用地大量毁坏的，处五年以下有期徒刑或者拘役，并处或者单处罚金。

第三百四十三条　【非法采矿罪】违反矿产资源法的规定，未取得采矿许可证擅自采矿，擅自进入国家规划矿区、对国民经济具有重要价值的矿区和他人矿区范围采矿，或者擅自开采国家规定实行保护性开采的特定矿种，情节严重的，处三年以下有期徒刑、拘役或者管制，并处或者单处罚金；情节特别严重的，处三年以上七年以下有期徒刑，并处罚金。

【破坏性采矿罪】违反矿产资源法的规定，采取破坏性的开采方法开采矿产资源，造成矿产资源严重破坏的，处五年以下有期徒刑或者拘役，并处罚金。

第三百四十四条　【非法采伐、毁坏国家重点保护植物罪；非法收购、运输、加工、出售国家重点保护植物、国家重点保护植物制品罪】违反国家规定，非法采伐、毁坏珍贵树木或者国家重点保护的其他植物的，或者非法收购、运输、加工、出售珍贵树木或者国家重点保护的其他植物及其制品的，处三年以下有期徒刑、拘役或者管制，并处罚金；情节严重的，处三年以上七年以下有期徒刑，并处罚金。

第三百四十五条　【盗伐林木罪】盗伐森林或者其他林木，数量较大的，处三年以下有期徒刑、拘役或者管制，并处或者单处罚金；数量巨大的，处三年以上七年以下有期徒刑，并处罚金；数量特别巨大的，处七年以上有期徒刑，并处罚金。

【滥伐林木罪】违反森林法的规定，滥伐森林或者其他林木，数量较大的，处三年以下有期徒刑、拘役或者管制，并处或者单处罚金；数量巨大的，处三年以上七年以下有期徒刑，并处罚金。

【非法收购、运输盗伐、滥伐的林木罪】非法收购、运输明知是盗伐、滥伐的林木，情节严重的，处三年以下有期徒刑、拘役或者管制，并处或者单处罚金；情节特别严重的，处三年以上七年以下有期徒刑，并处罚金。

盗伐、滥伐国家级自然保护区内的森林或者其他林木的，从重处罚。

第三百四十六条　【单位犯破坏环境资源罪的处罚规定】单位犯本节第三百三十八条至第三百四十五条规定之罪的，对单位判处罚金，并对其直接负责的主管人员和其他直接责任人员，依照本节各该条的规定处罚。

条文要义

环境污染和生态破坏责任，是指侵权人因污染环境、破坏生态，造成他人财产损失和人身损害应当承担的赔偿责任。

2009年的侵权责任法中关于环境污染责任共4条,民法典侵权责任编由4条变为7条,对环境污染侵权责任做了进一步修改和完善。“生态破坏”正式入法,章名也相应调整为环境污染和生态破坏责任,污染者改称为侵权人,增加了惩罚性赔偿责任,生态环境修复责任和生态环境损害赔偿责任。体现了国家环境治理能力的现代化,是生态文明理念和绿色原则的贯彻,也彰显了国家保护生态环境的决心和力度。

民法典第1229条规定了无过错责任原则。环境侵权责任作为特殊的侵权责任之一,采用无过错责任原则,也就是说该责任的承担只考虑三个要素:污染或破坏行为、损害后果、因果关系,不问侵权人是否有过错。侵权人只可以根据法律规定的不承担责任或者减轻责任的情形作为抗辩事由,来免除或减轻责任。比如,受害人故意,行为和损害之间没有因果关系等。

民法典第1230条规定了抗辩事由的举证责任倒置的原则。环境污染侵权属于特殊侵权,采用因果关系推定原则。侵权人想免除责任就需要证明污染行为和损害结果之间不存在因果关系。最高人民法院颁布的《关于审理环境侵权责任纠纷案件适用法律若干问题的解释》(以下简称《环境侵权解释》)第7条规定:“侵权人举证证明下列情形之一的,人民法院应当认定其污染环境、破坏生态行为与损害之间不存在因果关系:(一)排放污染物、破坏生态的行为没有造成该损害可能的;(二)排放的可造成该损害的污染物未到达该损害发生地的;(三)该损害于排放污染物、破坏生态行为实施之前已发生的;(四)其他可以认定污染环境、破坏生态行为与损害之间不存在因果关系的情形。”法律规定将损害结果与侵权行为之间有无因果关系的举证责任由侵权人承担,对保护处于“诉讼低位”的受害方的合法权益,帮助其顺利实现损害请求权有利,但并不意味着被侵权人无须承担任何证明责任。《环境侵权解释》第6条规定:“被侵权人根据民法典第七编第七章的规定请求赔偿的,应当提供证明以下事实的证据材料:(一)侵权人排放了污染物或者破坏了生态;(二)被侵权人的损害;(三)侵权人排放的污染物或者其次生污染物、破坏生态行为与损害之间具有关联性。”也就是说,被侵权人也负有初步的证明责任。

民法典第1231条规定的是两个以上多个侵权主体,共同污染环境、破坏生态时的责任分担规则。该条款明确规定了当损害后果无法确定是哪种侵权行为造成时,根据原因力大小或比例来确定侵权人承担责任的大小。主要考量的因素是污染物种类、浓度、排放量以及排放的方式、范围、程度和作用力等。共同侵权人承担的是连带责任。《环境侵权解释》第2条规定,"两个以上侵权人共同实施污染环境、破坏生态行为造成损害,被侵权人根据民法典第一千一百六十条规定请求侵权人承担连带责任的,人民法院应予支持。"随着科学技术的发展及人类知识水平的提升,污染环境共同侵权的原因力比例划分也会越来越明确,"谁侵权大,谁赔偿多"的原则也逐步容易实现。

民法典第1232条规定了惩罚性赔偿责任。这是民法典侵权责任编新增内容,主要目的是增加违法成本,震慑侵权方不敢故意违法。惩罚性赔偿责任的适用规定很严格,必须同时具备违反法律规定,主观上是故意且造成了严重后果。民法典侵权责任编三审稿审议时,曾讨论过是否将"过失"造成严重损害后果,也适用惩罚性赔偿责任。最终,成文时没有增加"过失"的规定,体现了立法者的谨慎态度。赔偿的数额没有规定,在司法实践中,需要区分不同情节和损害的严重程度综合考量。

民法典第1233条规定了因第三人过错污染环境、破坏生态的不真正连带责任。因无意思联络的第三人过错导致环境污染、生态破坏的,被侵权人可以单独请求侵权人赔偿或第三人赔偿,也可以同时请求两者赔偿。侵权人赔偿后有追偿权,即责任的最终承担者是第三人。比如,村民A为了偷鱼,非法炸毁他人水库,导致大水冲毁B经营的化工厂废水处理池,导致C家的农作物大量死亡,农田污染。这里,A、B承担不真正连带责任,B赔偿完C的损失后,有权向A全额追偿。

民法典第1234条规定了生态环境损害的修复责任。该条款是民法典新增条款之一。环境修复是加害方承担责任的方式之一,须同时满足三个条件:有修复必要、请求的主体特定、修复有一定期限。根据本条规定,首先由污染、破坏者修复,如果在合理期限内未修复或者不能修复的,国家规定的机关或者法律规定的组织可以自行或者委托他人进行修复,但修复费用由侵权人承担。生态环境修复工作专业技术性强,一般情况下,除了像补种毁坏树木、种草恢复植被、投放鱼苗净化水源等较为简单的直接恢复外,多数情况下侵权人很难自行完成遭到严重破坏的生态环境,需有专业修复单位进行。

民法典第1235条规定了生态环境损害赔偿损失和费用的范围。该条款是民法典新增条款之一。主要明确规定了两项损失和三类费用。2017年8月国家出台《生态环境损害赔偿制度改革方案》,明确了适用环境损害赔偿的情形有以下三类:一是发生较大及以上突发环境事件的;二是在国家和省级主体功能区规划中划定的重点生态功能区、禁止开发区发生环境污染、生态破坏事件的;三是发生其他严重影响生态环境后果的。对于涉及人身伤害、个人和集体财产损失要求赔偿的,适用侵权责任法规定,涉及海洋生态环境损害赔偿的,适用《海洋环境保护法》的相关规定。2020 年 8 月 31 日,包括生态环境部、最高人民法院、最高人民检察院在内的 11 个部门联合印发《关于推进生态环境损害赔偿制度改革若干具体问题的意见》,从损害赔偿负责部门或机构、线索来源、索赔启动程序、损害调查、鉴定评估、赔偿磋商、与公益诉讼衔接、生态环境修复和效果评估、资金管理、公众参与、经费保障等 18 个方面进行了具体详细的规定,有很强的实践指导意义。

涉及破坏环境类刑事犯罪主要集中规定在刑法分则第六章妨害社会管理秩序罪第六节破坏环境资源保护罪中。随着国家环保工作措施不断强化,该节内容经过刑法修正案的多次修改,下面,按照分类简要分析。

1. 涉及废物污染类犯罪。第 338 条污染环境罪的构成,在《刑法修正案(八)》中,做了较大修改。删除了“向土地、水体、大气”的字样,将“其他危险废物”改为“其他有害物质”,扩大了污染物范围,将原来的“造成重大环境污染事故,致使公私财产遭受重大损失或者人身伤亡的严重后果”,修改为“严重污染环境”,降低了入罪门槛。如果污染导致三十人以上中毒、三人以上轻伤或者一人以上重伤的,即构成污染环境罪;致使一人以上死亡的,即应当认定为后果特别严重。此款的改动,直接体现了国家保护的重心由关注生命、健康、财产权益转向直接对环境的保护。2002 年《刑法修正案(四)》对第 339 条第 3 款增加了关于液态废物和气态废物的规定,以进一步明确《固体废物污染环境防治法》所提到的液态废物、气态废物适用本法的规定。如果进口的废物不能作为原料使用的,以走私废物罪定罪处罚。

2. 涉及水产品及野生动物保护类犯罪。主要涉及第 340 条的非法捕捞水产品罪、第 341 条的非法猎捕、杀害珍贵、濒危野生动物罪和非法收购、运输、出售珍贵、濒危野生动物、珍贵、濒危野生动物制品罪及非法狩猎罪四个罪名。如果实施本罪又同时触犯盗窃等其他罪名,或者使用非法手段,比如爆炸、投毒、滥设电网等危险方法捕捞水产品或猎捕野生动物危及公共安全,又构成危害公共安全类犯罪的,属于想象竞合,择一重罪处罚。

3. 涉及破坏土地资源类犯罪。2001 年《刑法修正案(二)》对刑法第 342 条增加了非法占用林地等农用地的规定，扩大了犯罪对象的范围，对于实践中出现的毁林开垦、乱占林地进行种植、养殖、修建娱乐设施、旅游开发项目等严重破坏森林资源的行为追究刑事责任提供了法律依据。最高人民法院2000年颁布的《关于审理破坏土地资源刑事案件具体应用法律若干问题的解释》对“数量较大”做了界定，指基本农田5亩以上或者其他农田10亩以上，明确规定非法占用农用地进行建窑、建厂、挖沙、采石等非农业建设行为，造成土地种植条件严重毁坏或污染的，以犯罪论处。最高人民法院2005年《关于审理破坏林地资源刑事案件具体应用法律若干问题的解释》和2012年的《关于审理破坏草原资源刑事案件具体应用法律若干问题的解释》对非法占用林地、草原，改变被占林地、草原的用途，造成严重毁坏和污染的，均应以本罪定罪处罚。

4. 涉及破坏矿产资源类犯罪。主要涉及罪名是非法采矿罪和破坏性采矿罪。2011年《刑法修正案（八）》对刑法第343条非法采矿罪的修改，主要是取消了“经责令停止开采后拒不停止开采”的规定，非法开采行为，只要情节严重即可构罪，加重结果是情节特别严重，将结果犯改为情节犯，进一步降低了入罪的门槛，强化了刑法对非法采矿行为的惩治力度。非法采矿行为和破坏性采矿行为本身构成犯罪，同时手段行为又造成其他重大伤亡事故或严重污染环境的，数罪并罚。

5. 涉及破坏森林资源类犯罪。2002年《刑法修正案（四）》对刑法第344条，增加了破坏国家重点保护的植被犯罪，将保护的范围由珍贵树木扩大到国家重点保护的其他植被。最高人民法院2000年《关于审理破坏森林资源刑事案件具体应用法律若干问题的解释》中明确了国家重点保护的其他植被是指列为《国家重点保护野生植物名录》的其他植物。同时，《刑法修正案（四）》增加了非法收购、运输、加工、出售国家重点保护植物、国家重点保护植物制品罪。这对于解决司法实践中，只对非法采伐、毁坏行为处罚，而对导致以上犯罪行为的直接诱因——非法收购、加工行为不加约束，不加打击，则无法从根本上遏制犯罪分子日益严重的采伐毁坏行为。《刑法修正案（四）》对刑法第345条非法收购、运输盗伐、滥伐的林木罪，取消了非法收购“在林区”和“以牟利为目的”的限制，同时，将非法运输行为入罪。避免了司法实践中，犯罪分子，暗中分工明确，共同逃避制裁的尴尬情况。

典型案例

案例一

北京市民郭某室内装修污染环境案

北京市民郭某住朝阳区某小区302室，张某居住于其楼上402室。2003年六七月间，郭某对其自家住房302室进行室内装修，其间使用装修涂料。同年7月28日至8月29日，张某感觉头疼头晕无力，随即前往医院就诊，被诊断为“有机溶剂接触反应”，于是，张某以郭某装修涂料挥发气体熏染，致使自己头晕头疼身体不适为由，将郭某告至朝阳区人民法院。一审法院审理认为，被告不能证明其装修涂料不存在对周围环境的影响，也不能证明张某所受损害系其他原因所致，应当向张某承担赔偿责任。郭某不服，以“自己装修使用的是绿色环保材料，没有证据证明装修过程中排放了大量有害气体，对周围环境造成了污染”为由，上诉至北京市第二中级人民法院。二审法院认为张某主张证据不足，撤销朝阳区人民法院(2004)朝民初字第14534号民事判决，驳回了张某的诉讼请求。

案例二

董某桥等19人污染环境案

2015年2月，董某桥将应由黄骅市津东化工有限公司处置的废碱液交由没有资质的被告人刘某生处置。后刘某生联系被告人刘某辉租用被告人李某钟停车场场地，挖设隐蔽排污管道，连接到河北省蠡县城市下水管网，用于排放废碱液。2015年2月至5月，董某桥雇佣被告人石某国等，将2816.84吨废碱液排放至挖设的排污管道，并经案涉暗道流入蠡县城市下水管网。同时，从2015年3月起，被告人高某义等明知被告人娄某无废盐酸处置资质，将回收的废盐酸交由娄某处置。张某、段某松等人又联系李某钟，商定在其停车场内经案涉暗道排放废盐酸。2015年5月16、17日，石某国等人经案涉暗道排放100余吨废碱液至城市下水管网。同月18日上午，张某等人将30余吨废盐酸排放至案涉暗道。下午13时许，停车场及周边下水道大量废水外溢，并产生大量硫化氢气体，致停车场西侧经营饭店的被害人李某被熏倒,经抢救无效死亡。经鉴定,本案废碱液与废盐酸结合会产生硫化氢,并以气体形式逸出;李某系硫化氢中毒死亡。河北省蠡县人民法院以污染环境罪判处董某桥等19人有期徒刑7年至2年不等,保定市中级人民法院对于刑事判决部分予以维持。

解读评析

关于案例一,本案涉及的焦点问题有三:一是该案案由定为环境污染侵权是否准确。近年来,室内装修材料不合格导致的民事案件越来越多,依照一般公众性理解,污染环境多指对公共环境造成的损害。但根据环境保护法的规定,环境不但包括生态环境,也包括生活环境,并没有将室内环境或特定的区域环境排除在外。该案属于室内装修引起的特定范围内(上、下楼、楼道)封闭环境的污染,如果致人损害,属于环境污染侵权。司法实践中,购买的家具造成室内环境污染的,也适用环境污染侵权。卖方主张适用产品质量法来约束具有明显减轻责任之嫌。近日,湖北樊城区人民法院宣判的因办公室装修造成的室内环境污染伤害案,判决赔偿受害人刘女士230余万元,系目前赔偿数额最大的室内环境污染伤害案。二是举证责任倒置原则下受害方到底负有哪些证明责任?环境污染侵权属于特殊侵权,因其因果关系证明的复杂性和困难性,适用无过错责任和举证责任倒置原则,也就是过错推定和因果关系推定。将证明自己没有侵权的责任转移到加害方身上。该案中无须受害方张某对郭某的主观过错和装修污染行为致其损害的因果关系举证证明,但受害方需要对郭某有污染行为、自己受损害的事实、污染行为与损害后果之间的初步关联性加以证明,《环境侵权解释》第6条规定也明确了原告起诉时应当证明的事实(前面已详述)。本案中,张某需要证明郭某装修时污染了环境、自己身体受到损害、并且损害可能是装修污染造成的。如果不能证明郭某在装修时使用的涂料释放了有害物质,存在污染行为,则按照"谁主张,谁举证"的原则,承担举证不能责任。二审法院以证据不足为由驳回其诉讼请求是正确的。三是一、二审法院适用法律主要分歧在哪里?一审法院将该案定为环境污染侵权后,认为郭某应当就装修涂料不存在污染和张某的损害不是其造成的加以证明,如果不能证明,就需要承担责任。这时对举证责任导致理解上的偏差,过多加重了郭某证明责任。根据相关法律规定,是否存在污染行为是受害人承担的举证责任。

关于案例二，该案入选最高人民法院首批环境污染十大经典案例，纳入联合国环境规划署数据库。在司法实践中，由于非法排放、倾倒或者处置危险废物，致人伤亡的案件屡有发生，但各地的处理结果却并不一致。本案最终以污染环境罪定罪处罚，但很多行为与结果与本案相近的案件却被判处投放危险物质罪。比如江苏盐城的胡某标、丁某生案中，两人在明知的情况下，将含有大量苯、酚类有毒物质的废水排放于五支河中，污染市区两自来水厂取水口，造成20多万人停水近三日、直接经济损失540余万元的严重后果，最终被以投放危险物质罪追究刑事责任。再比如，山东淄博的樊某东、王某华、蔡某污染环境案中，三被告将35吨硫酰氯倾倒于小清河中，硫酰氯遇到水反应生成毒气雾，后漂至邻村，导致村民韩某某急性呼吸循环衰竭死亡，上百村民呼吸系统受损。该案在诉讼过程中，曾有过投放危险物质罪、污染环境罪和以危险方法危害公共安全罪之争，但最终法院以污染环境罪判决。以上三种犯罪行为常常会有相同的行为和结果，区别在于行为人的主观心态、有毒有害物质的严重程度。2019年2月20日最高人民法院、最高人民检察院、公安部、司法部、生态环境部印发的《关于办理环境污染刑事案件有关问题座谈会纪要》，要求坚持环保司法制度，加大对环境污染犯罪的惩治力度，要正确理解和准确适用《关于办理环境污染刑事案件适用法律若干问题的解释》，会议认为，司法实践中对环境污染行为适用投放危险物质罪追究刑事责任时，要重点审查判断行为人的主观恶性、污染行为的恶劣程度、污染结果是否可逆、是否对公共安全造成现实、具体、明确的危险或危害等各方面因素。对于行为人明知其排放、倾倒、处置的污染物含有毒害性、放射性、传染病病原体等危险物质，放任其危害公共安全，造成重大人员伤亡、重大财产损失等严重后果的，以污染环境罪论处，明显不足以罚当其罪的，可以按照投放危险物质罪定罪处罚。实践中主要表现为在饮用水源地、水库、干渠、渔业水体等特殊保护区域排放毒害污染物。

延伸阅读

2012年修正的民事诉讼法首次规定了环境公益诉讼制度，2018年，最高人民法院、最高人民检察院联合发布了《关于检察公益诉讼案件适用法律若干问题的解释》，肯定了检察机关作为公益诉讼人的地位。近年来，各地检察机关积极发挥检察职能，在环境保护和生态文明建设方面发挥了重要作用。2018年12月7日至2019年7月，最高人民检察院、水利部共同领导部署了“携手清四乱，保护母亲河"专项活动,由沿黄河九个省(区)的检察机关、河长办、河务局等共同实施,依法集中整治黄河流域乱占、乱采、乱堆、乱建等"四乱"突出问题。通过建立"河长＋检察长"协作机制,联合排查治理,诉前发出检察建议1000多份,各地提起公益诉讼案件数件,有效改善了黄河流域生态面貌,提升了该流域的生态环境治理法治化水平。

专题十一　高空抛物坠物行为的民事责任与刑事责任认定

要点解析

近年来高空抛物坠物事件层出不穷，天降菜刀、平板电脑、烟灰缸、健身球、自行车甚至大狗无奇不有，严重损害人民群众人身、财产安全，极易引发社会矛盾纠纷。特别是在一些高楼林立，人口密度高的城市，甚至危及公共安全。高空抛物坠物行为往往既构成民事侵权又构成刑事犯罪，涉及民事法律和刑事法律的双重评价，需要准确界定其在民事和刑事上的内在逻辑，依法严格追究行为人的法律责任。《刑法修正案（十一）》将高空抛物行为作为一个独立罪名对该类行为进行严惩，将有效减少高空抛物坠物行为的发生，切实确保人民群众"头顶上的安全"。

关联条文

民法典

第一千二百五十四条　【高空抛物坠物责任】禁止从建筑物中抛掷物品。从建筑物中抛掷物品或者从建筑物上坠落的物品造成他人损害的，由侵权人依法承担侵权责任；经调查难以确定具体侵权人的，除能够证明自己不是侵权人的外，由可能加害的建筑物使用人给予补偿。可能加害的建筑物使用人补偿后，有权向侵权人追偿。

物业服务企业等建筑物管理人应当采取必要的安全保障措施防止前款规定情形的发生；未采取必要的安全保障措施的，应当依法承担未履行安全保障义务的侵权责任。

发生本条第一款规定的情形的，公安等机关应当依法及时调查，查清责任人。

刑 法

第一百一十四条 【放火罪;决水罪;爆炸罪;投放危险物质罪;以危险方法危害公共安全罪】放火、决水、爆炸以及投放毒害性、放射性、传染病病原体等物质或者以其他危险方法危害公共安全,尚未造成严重后果的,处三年以上十年以下有期徒刑。

第一百一十五条第一款 【放火罪;决水罪;爆炸罪;投放危险物质罪;以危险方法危害公共安全罪】放火、决水、爆炸以及投放毒害性、放射性、传染病病原体等物质或者以其他危险方法致人重伤、死亡或者使公私财产遭受重大损失的,处十年以上有期徒刑、无期徒刑或者死刑。

第一百三十四条第一款 【重大责任事故罪】在生产、作业中违反有关安全管理的规定,因而发生重大伤亡事故或者造成其他严重后果的,处三年以下有期徒刑或者拘役;情节特别恶劣的,处三年以上七年以下有期徒刑。

第二百三十二条 【故意杀人罪】故意杀人的,处死刑、无期徒刑或者十年以上有期徒刑;情节较轻的,处三年以上十年以下有期徒刑。

第二百三十三条 【过失致人死亡罪】过失致人死亡的,处三年以上七年以下有期徒刑;情节较轻的,处三年以下有期徒刑。本法另有规定的,依照规定。

第二百三十四条 【故意伤害罪】故意伤害他人身体的,处三年以下有期徒刑、拘役或者管制。

犯前款罪,致人重伤的,处三年以上十年以下有期徒刑;致人死亡或者以特别残忍手段致人重伤造成严重残疾的,处十年以上有期徒刑、无期徒刑或者死刑。本法另有规定的,依照规定。

第二百三十五条 【过失致人重伤罪】过失伤害他人致人重伤的,处三年以下有期徒刑或者拘役。本法另有规定的,依照规定。

第二百九十一条之二 从建筑物或者其他高空抛掷物品,情节严重的,处一年以下有期徒刑、拘役或者管制,并处或者单处罚金。

有前款行为,同时构成其他犯罪的,依照处罚较重的规定定罪处罚。

条文要义

高空抛物侵权行为,是指物品被人从建筑物中抛下,造成他人人身或者财产损失的行为。高空坠物侵权行为是指建筑物或者其他设施以及建筑物上的搁置物、悬挂物发生倒塌、脱落、坠落造成他人人身或者财产损失的行为。

1. 民法典第1254条共3款,明确规定了高空抛物、坠物侵权行为的民事责任。

第1款规定了四个方面的内容。一是不得建筑物中抛掷物品属于强制性义务,任何单位或者个人都不得从建筑物中抛掷物品,否则要追究抛掷行为人的侵权责任。二是建筑物抛掷物品或者坠落物品损害责任是过错责任,谁侵权谁有过错谁承担责任。侵权人就是抛掷物品的行为人,或者坠落物品的建筑物的所有人、管理人或者使用人。建筑物抛掷、坠落物品致人损害,能够证明自己不是侵权人的,不承担侵权责任。三是如果侵权人查不清,由可能加害的建筑物使用人给予补偿,除非能够证明自己不是侵权人的可以不做补偿。四是真正的侵权人查清后,做过补偿的建筑物使用人有权向侵权人追偿。

第2款规定了物业服务企业等作为建筑物管理人为防止高空抛物坠物发生应采取必要的安全保障措施的义务。所谓建筑物的管理人是指对于建筑物负有维护管理职责的民事主体,最典型的就是物业服务企业。此外,一些建筑物的所有权人自行负责建筑物管理维护的,则该所有权人就是建筑物的管理人。作为建筑物的管理人,其依据物业服务合同的约定或者法律法规的规定等,对建筑物负有维修、养护、管理和维护义务,建筑物的附属部分坠落,是其具有过失,致人损害承担责任理所当然。另外对于抛掷物品,以及属于业主的搁置、悬挂物品,建筑物管理人的义务是加强安全教育,采取安全措施,防止建筑物使用人实施违反法定义务的行为或者不谨慎行为发生高空抛物坠物损害他人合法权益。如果建筑物管理人在管理方面确有过失,高空抛物、坠物的损害责任就应由建筑物管理人承担。

第3款明确了高空抛物坠物损害案件发生后公安机关应当及时立案侦查的职责,该款系民法典新增加内容。过去实践中出现了大量加害人不明的高空抛物坠物损害案件,尤其是部分案件轻则致人伤害,重则致人死亡。由于侦查不及时不到位,查不清真正加害人就无法追究其刑事责任和民事责任而降格成了民事案件,只能由可能加害的建筑物使用人对受害人给予补偿,一定程度上放纵了犯罪。明确公安机关立案侦查的职责后,利用刑事侦查手段可以将绝大多数高空抛物坠物损害案件的加害人予以查清,通过追究刑事责任起到一定的警示效果。

2. 最高人民法院2019年10月21日发布的《关于依法妥善审理高空抛物、坠物案件的意见》(以下简称《意见》)第5条规定,"准确认定高空抛物犯罪。对于高空抛物行为,应当根据行为人的动机、抛物场所、抛掷物的情况以及造成的后果等因素,全面考量行为的社会危害程度,准确判断行为性质,正确适用罪名,准确裁量刑罚。故意从高空抛弃物品，尚未造成严重后果，但足以危害公共安全的，依照刑法第一百一十四条规定的以危险方法危害公共安全罪定罪处罚；致人重伤、死亡或者使公私财产遭受重大损失的，依照刑法第一百一十五条第一款的规定处罚。为伤害、杀害特定人员实施上述行为的，依照故意伤害罪、故意杀人罪定罪处罚。”第7条规定，“准确认定高空坠物犯罪。过失导致物品从高空坠落，致人死亡、重伤，符合刑法第二百三十三条、第二百三十五条规定的，依照过失致人死亡罪、过失致人重伤罪定罪处罚。在生产、作业中违反有关安全管理规定，从高空坠落物品，发生重大伤亡事故或者造成其他严重后果的，依照刑法第一百三十四条第一款的规定，以重大责任事故罪定罪处罚。”上述两条对高空抛物、坠物犯罪行为可能涉及的罪名进行了明确。高空抛物是指故意从高空抛弃物品的行为，主观恶性较大，所涉罪名包括以危险方法危害公共安全罪、故意伤害罪、故意杀人罪等。高空坠物是指过失导致物品从高空坠落的行为，主观心态为过失，所涉罪名包括过失致人死亡罪、过失致人重伤罪、重大责任事故罪。高空抛物、坠物行为在罪名的认定上，需要根据行为人的动机、抛坠物场所、抛坠物的特点以及造成的后果等因素，全面考量其社会危害程度。一般来讲，故意从高空抛掷物品，足以危害公共安全的，一般认定以危险方法危害公共安全罪；行为人有伤害、杀害特定人员的主观故意的一般认定故意伤害罪、故意杀人罪；过失导致物品从高空坠落，致人重伤、死亡的行为一般认定过失致人重伤罪、过失致人死亡罪；违反有关安全管理规定，在生产、作业中高空抛掷物品发生重大伤亡事故或者造成其他严重后果的一般认定重大责任事故罪。

就上述6个罪名的适用中，争议比较大的是以危险方法危害公共安全罪的适用问题，其余5个罪名争议不大不再详细分析。以危险方法危害公共安全罪的行为是指使用放火、爆炸、决水、投放危险物质以外的其他方法危害公共安全。这里的其他方法应当与放火、爆炸、决水、投放危险物质在危险程度上具有相当性。其有两个量刑幅度：一是3年以上10年以下有期徒刑，二是10年以上有期徒刑、无期徒刑或者死刑。“以危险方法危害公共安全罪”尚未造成严重后果的处基本刑，若造成致人重伤、死亡或者使公私财产遭受重大损失的实害后果的处升格刑。高空抛物案件认定构成以危险方法危害公共安全罪的关键是行为方式要与放火、决水、爆炸等方法具有相当性。即根据具体案情结合行为地点、被抛物属性、抛物高度等因素判断行为是否造成高度危险，且程度上足以危害到不特定多数人的公共安全。一般来讲要看是否抛物较多和楼下人员较为密集两个条件。

典型案例

案例一

四川遂宁高空坠落铁球致死案

2016年11月11日上午,四川遂宁李女士用婴儿车推着不满周岁的女儿回家路上途经遂宁油坊中街105号门面人行道时,突然一个铁球从天而降落在婴儿车内,砸中婴儿致其当场昏迷。该婴儿后经医院抢救无效于当晚8时不幸离世。因侵权人未能查明,李女士将涉案居民楼的所有住户起诉至法院,要求赔偿损失。2020年8月24日,遂宁市船山区人民法院经审理认为,该楼栋的所有业主包括底层门面的经营者,均有可能成为实施侵权行为的加害人,除家中确实无人居住的住户外,其他住户每户赔偿人民币3000元。

案例二

李某某以危险方法危害公共安全案

2017年5月18日,被告人李某某受老乡毛某某邀请,到李某某租住的房屋喝酒,该房屋客厅阳台外是重庆市某某学校操场。被告人李某某因心情不好,将1个空啤酒瓶丢到楼下,啤酒瓶掉到某某学校操场地上被砸碎,反弹至在操场锻炼的一名学生后背。几分钟后,李某某又将1个玻璃杯扔向某某学校操场。该玻璃杯砸中被害人叶某某(男,13岁)头部,致其头部严重受伤。

重庆市沙坪坝区人民法院经审理认为,被告人李某某无视国家法律,采取高空抛物的危险方法危害公共安全,致一人重伤二级,其行为侵犯社会公共安全,已构成以危险方法危害公共安全罪。鉴于被告人李某某到案后如实供述自己的犯罪事实,可以从轻处罚。法院判决被告人李某某犯以危险方法危害公共安全罪,判处有期徒刑十年。后被告人李某某上诉至重庆市第一中级人民法院。重庆市第一中级人民法院裁定驳回上诉,维持原判。

解读评析

案例一：本案的争议焦点主要有以下三个方面。一是关于本案可能加害人的范围问题。由于涉案小区属于开放式小区，通往楼顶的消防门未上锁，楼栋业主或外来人员均有可能通过1单元1号户型及4单元2号户型楼顶抛掷铁球，也可能通过前述户型2楼以上窗台抛掷铁球，尽管后者的可能性更大，但两者均不能完全排除。遂宁市船山区人民法院审理认为，对该小区业主及门面经营者对抛掷铁球的可能性大小不作区分，只区分可能性的有无。因此该楼栋的所有业主包括底层门面的经营者，均有可能成为实施侵权行为的加害人。除家中确实无人居住的不承担责任外，部分业主辩称房屋不临街、家里没有铁球、房屋距事发地点较远等意见法院未采纳。二是承担责任主体的确定问题。抛掷、坠落物品致人损害补偿责任人的确定必须要有依据，不能不加区分的均列为共同被告人。而且也要在动用侦查手段仍然查不清高空抛掷物品行为人的情况下，才可以适用“不明抛掷物、坠落物损害责任纠纷”过错推定原则，由可能造成损害的建筑物使用人给予补偿。案发后，公安机关进行了调查取证，但是侵权人一直未能查明。遂宁市船山区人民法院从保护受害者的角度出发，平衡各方利益，依法判处所有可能实施侵权行为的人分担损失，一定程度上抚慰了受害人亲属，同时也起到了警示、教育社会大众的作用和效果。三是受害人的损失赔偿数额问题。即使不能证明自己不是行为人的被告，承担的也是补偿责任，且是按份责任，而不是连带责任。原告主张的损失数额也不一定都是由建筑物使用人给予全部补偿。本案中原告主张损失为792 488.48元，遂宁市船山区人民法院综合考虑承担补偿的业主或房屋使用人数量，户均分摊的金额、赔偿能力等，最终酌情确定每户赔偿3000元。可能加害的建筑物使用人补偿后，待真正侵权人查明后有权向侵权人追偿。

案例二：本案的争议焦点主要是被告人的行为是否构成以危险方法危害公共安全罪。在本案中，被告人李某某高空抛物虽然仅击中两人，且仅致一人重伤，但被告人主观上明知从21楼的高层住宅往下抛物行为是一种极端危险的行为，且在第一次丢酒瓶时已看见楼下为学校操场，还有学生正在锻炼，其仍不计后果再次将玻璃杯扔向学校操场这一公共场所，放任危害后果的发生。尤其是考虑到高空抛扔酒瓶、玻璃杯均容易爆裂而使危害结果范围扩大，并且先后两次高空抛物，其侵害对象可能为多数且不特定，被告人对可能侵犯的对象和可能造成的结果无法具体预料也不可能实际控制，因此严重危及公共安全。这一行为与刑法所列明的放火、决水、爆炸、投放危险物质等犯罪行为相当，足以危及不特定多数人的生命健康和财产安全，并实际造成一人重伤的严重后果，应依法以以危险方法危害公共安全罪追究刑事责任。

综上，结合案例一、案例二来看，高空抛物坠物引发的案件在实践中处理起来较为复杂，一旦发生高空抛物坠物事件造成人身、财产损害的，公安机关应当第一时间调查取证确定责任人员，并结合物品掉落方式和行为人主观心态来判断主观故意，进而确定是抛物行为还是坠物行为。如果给受害者造成的损害或者行为人当时的主观心态、行为方式达不到相关犯罪的入刑标准，就不应认定为犯罪，建议受害者依据民法典侵权责任编的有关规定，通过民事途径寻求救济，追究行为人的民事侵权责任。如果符合犯罪的行为特征，就应当以刑事案件进行处理，并通过刑事附带民事诉讼解决侵权赔偿问题。

延伸阅读

日常生活中行走在路上随手扔一个坏掉的苹果，对很多人来说也许就是破坏环境卫生关乎个人素质的问题，后果没那么严重。但是如果从高处往下扔后果就不堪想象了。据网上数据分析，一枚30克的鸡蛋从4楼抛下就能在头上砸出一个肿包，从8楼抛下就能砸得人头破血流，从18楼抛下就可以砸破人的头骨，从25楼抛下则可致人当场死亡。高空抛物行为害人不浅，仅2016年至2018年这3年，全国法院审结的高空抛物坠物的民事案件有1200多件，这1200多件中有近三成因为高空抛物坠物导致人身损害；受理的刑事案件是31件，这31件里有五成多造成了被害人的死亡。实践中还有很多案件因为取证原因导致未能进入刑事诉讼程序。随着公安机关对高空抛物行为的介入侦查，绝大多数案件都是能够查清真正侵权人的。据《三联生活周刊》报道，2020年9月重庆九龙坡警方在一步行街试用了“高空抛物智能预警监测系统”，测试者随机挑选楼层扔下纸团，系统几十秒就可生成出抓拍图，并精准标出物体掉落轨迹并取证。因此，作为居住在高层房屋内的居民应时刻牢记高空抛物需担责的意识，管好自己及家人的行为，坚决杜绝“高空抛物”行为的发生。

山东临沂高空抛物案

2020年7月13日晚，家住临沂市河东区芝麻墩街道某小区7号楼2单元401室的被告人孙某在外与朋友聚餐并饮酒，酒后驾驶其电动自行车于当晚10时左右回到家中，母亲白某某因其饮酒与之发生争吵。为发泄情绪，孙某将放在客厅茶几上的菜刀通过客厅北侧窗户抛掷楼下，致邻居李某某停在楼下的乐驰轿车前挡风玻璃破碎。

临沂市经开区人民法院经审理认为，被告人孙某从居住的4楼楼房往外抛掷菜刀，其行为危及公共安全，构成高空抛物罪，应予依法惩处。另查明，2015年1月、10月，被告人孙某因吸毒分别被公安机关行政拘留5日、15日。鉴于被告人孙某到案后如实供述犯罪事实，依法可从轻处罚，已赔偿被砸车辆车主损失并取得谅解、积极缴纳罚金，可酌情从轻处罚。被告人孙某有两次行政处罚劣迹，在量刑时酌情从重处罚。综上，对被告人孙某从轻处罚并适用缓刑，法院判决被告人孙某有期徒刑6个月，缓刑1年，并处罚金人民币4000元。

专题十二　高度危险物致害的民事责任与刑事责任认定

要点解析

随着现代工业化和科学技术的快速发展，化工产品的使用越来越广泛，由于管理不善或操作不当而引发的痛心案例也越来越多。从鞭炮厂、油罐车爆炸，造成大量人员伤亡，到核泄漏、病毒传播等影响不特定人的人身安全引发民众恐慌，高度危险物致人损害的案例屡见报端。高度危险物的不可控制性和后果严重性导致对其占有、使用或处置行为往往既涉及民事侵权责任，又涉及刑事犯罪问题。2015 年 8 月 12 日天津滨海新区瑞海公司危险品仓库爆炸特大生产安全事故，导致 165 人遇难，8 人失踪，直接经济损失近 70 亿元，最终不仅仅是民事赔偿，还有几十人被追究刑事责任，正确把握高度危险物致害的刑事、民事责任承担问题对于办理各类案件具有很强的实践意义。

关联条文

民法典

第一千二百三十九条　【高度危险物致害无过错责任及抗辩事由】占有或者使用易燃、易爆、剧毒、高放射性、强腐蚀性、高致病性等高度危险物造成他人损害的，占有人或者使用人应当承担侵权责任；但是，能够证明损害是因受害人故意或者不可抗力造成的，不承担责任。被侵权人对损害的发生有重大过失的，可以减轻占有人或者使用人的责任。

第一千二百四十一条　【遗失、抛弃高度危险物致害的侵权责任】遗失、抛弃高度危险物造成他人损害的，由所有人承担侵权责任。所有人将高度危险物交由他人管理的，由管理人承担侵权责任；所有人有过错的，与管理人承担连带责任。

第一千二百四十二条 【非法占有高度危险物致害的侵权责任】非法占有高度危险物造成他人损害的,由非法占有人承担侵权责任。所有人、管理人不能证明对防止非法占有尽到高度注意义务的,与非法占有人承担连带责任。

刑 法

第一百一十四条 【放火罪;决水罪;爆炸罪;投放危险物质罪;以危险方法危害公共安全罪】放火、决水、爆炸以及投放毒害性、放射性、传染病病原体等物质或者以其他危险方法危害公共安全,尚未造成严重后果的,处三年以上十年以下有期徒刑。

第一百一十五条 【放火罪;决水罪;爆炸罪;投放危险物质罪;以危险方法危害公共安全罪】放火、决水、爆炸以及投放毒害性、放射性、传染病病原体等物质或者以其他危险方法致人重伤、死亡或者使公私财产遭受重大损失的,处十年以上有期徒刑、无期徒刑或者死刑。

【失火罪;过失决水罪;过失爆炸罪;过失投放危险物质罪;以危险方法危害公共安全罪】过失犯前款罪的,处三年以上七年以下有期徒刑;情节较轻的,处三年以下有期徒刑或者拘役。

第一百二十五条 【非法制造、买卖、运输、邮寄、储存枪支、弹药、爆炸物罪】非法制造、买卖、运输、邮寄、储存枪支、弹药、爆炸物的,处三年以上十年以下有期徒刑;情节严重的,处十年以上有期徒刑、无期徒刑或者死刑。

【非法制造、买卖、运输、储存危险物质罪】非法制造、买卖、运输、储存毒害性、放射性、传染病病原体等物质,危害公共安全的,依照前款的规定处罚。

单位犯前两款罪的,对单位判处罚金,并对直接负责的主管人员和其他直接责任人员,依照第一款的规定处罚。

第一百二十七条 【盗窃、抢夺枪支、弹药、爆炸物、危险物质罪】盗窃、抢夺枪支、弹药、爆炸物的,或者盗窃、抢夺毒害性、放射性、传染病病原体等物质,危害公共安全的,处三年以上十年以下有期徒刑;情节严重的,处十年以上有期徒刑、无期徒刑或者死刑。

【抢劫枪支、弹药、爆炸物、危险物质罪;盗窃、抢夺枪支、弹药、爆炸物、危险物质罪】抢劫枪支、弹药、爆炸物的,或者抢劫毒害性、放射性、传染病病原体等物质,危害公共安全的,或者盗窃、抢夺国家机关、军警人员、民兵的枪支、弹药、爆炸物的,处十年以上有期徒刑、无期徒刑或者死刑。

第一百三十条 【非法携带枪支、弹药、管制刀具、危险物品危及公共安全罪】

非法携带枪支、弹药、管制刀具或者爆炸性、易燃性、放射性、毒害性、腐蚀性物品，进入公共场所或者公共交通工具，危及公共安全，情节严重的，处三年以下有期徒刑、拘役或者管制。

第一百三十四条第一款 【重大责任事故罪】在生产、作业中违反有关安全管理的规定，因而发生重大伤亡事故或者造成其他严重后果的，处三年以下有期徒刑或者拘役；情节特别恶劣的，处三年以上七年以下有期徒刑。

第一百三十六条 【危险物品肇事罪】违反爆炸性、易燃性、放射性、毒害性、腐蚀性物品的管理规定，在生产、储存、运输、使用中发生重大事故，造成严重后果的，处三年以下有期徒刑或者拘役；后果特别严重的，处三年以上七年以下有期徒刑。

第二百三十三条 【过失致人死亡罪】过失致人死亡的，处三年以上七年以下有期徒刑；情节较轻的，处三年以下有期徒刑。本法另有规定的，依照规定。

第二百三十五条 【过失致人重伤罪】过失伤害他人致人重伤的，处三年以下有期徒刑或者拘役。本法另有规定的，依照规定。

条文要义

高度危险物侵权行为，是指占有或使用易燃、易爆、剧毒、高辐射性、强腐蚀性、高致病性等高度危险物造成他人损害的行为。

1. 民法典共3个条文来规定高度危险物致人损害责任。包括占有人、使用人、所有人、管理人以及非法占有人需要承担的责任。

（1）民法典第1239条第1款中的对高度危险物占有、使用包括一系列行为，比如：直接生产制造高度危险物，或者以高度危险物为原料加工生产其他商品的行为，利用、储存、运输行为。一般参照国家颁行的标准来认定什么是高度危险物。侵权责任法第72条规定了易燃、易爆、剧毒、放射性等高度危险物，民法典第1239条进一步限定并完善了高度危险物的范围。首先是将“放射性”修改为“高放射性”明确了只有具备高放射性的几类放射源才属于高度危险物，一般性微弱放射物质并不属于高度危险物。其次是将“等”字内又列举了强腐蚀性、高致病性两类高度危险物，将强酸、强碱等具备强腐蚀性危化品和传染性极强的病原微生物菌（毒）种或样本纳入高度危险物之列，既有效地约束此两类物品的占有、使用者必须尽到高度注意义务，也可以更好地指导司法实践，避免歧义，更有效地回应民众对生态环境问题和生物安全问题的关注。

(2)第1239条规定了高度危险物致害的归责原则和抗辩事由。高度危险物致害适用无过错责任,即行为人损害他人民事权益,无论行为人是否有过错,均应当承担侵权责任。免责事由:受害人故意或者不可抗力。减轻责任:受害人有重大过失。高度危险物致害的无过错责任原则建立的基础在于物品固有的高度危险性,即使相关责任人尽了合理注意义务,因目前的科学技术水平所限,也无法消除危险的存在,确保人身和财产安全无虞,所以使用无过错责任,排除了过错要件。如果损害是由于一方过错导致的,不是由于物品本身高度危险性导致的,则不应适用高度危险责任,应该使用过错责任。在实践中,比如,在节假娱乐、婚丧嫁娶时燃放爆竹,做饭烹饪时使用天然气等致害,农户因保管农药不善导致儿童误碰误饮中毒的案例,其实损害后果多数属于疏忽大意造成的,在实践中要严格区分,不能所有涉及易燃、易爆、剧毒物品的案例均适用高度危险无过错责任。

(3)第1241条后部规定了连带责任。所有人将高度危险物交由他人管理的,由管理人承担侵权责任;所有人有过错的,与管理人承担连带责任。在对外关系上,所有人与管理人承担连带责任,要求以所有人存在过错为前提,如果所有人证明自己没有过错,则由管理人独自承担连带责任。如果存在过错,则承担连带责任。也就是说,具有过错的所有人与管理人承担连带责任。受害人可以要求其任何一方承担侵权责任,也可以要求两者共同承担责任。从内部关系上讲,管理者和所有人可以根据各自的责任大小确定赔偿数额。第1242条也规定了管理人不能证明对防止非法占有尽到高度注意义务的,与非法占有人承担连带责任。本条推定所有人、管理人存在占有或管理上的疏忽,如果其不能证明自己已尽到高度注意义务的,也要承担连带责任。承担方式同上,不再详述。

2. 刑法中关于高度危险物犯罪的罪名,多涉及危害公共安全犯罪,其中,具体涉及的罪名主要有爆炸罪,投放危险物质罪,过失爆炸罪,过失投放危险物质罪,非法制造、买卖、运输、储存危险物质罪,盗窃、抢夺、抢劫爆炸物和危险物质罪,非法携带危险物品危及公共安全罪,危险物品肇事罪。如果高度危险物使用不当或管理不善,导致发生重大伤亡事故或造成其他严重后果的,会涉嫌重大责任事故罪,如果利用高度危险物作为工具,实施其他故意犯罪,如杀人、伤害等,则会构成故意杀人罪或故意伤害罪。

(1)投放危险物质罪是由投毒罪修订而来。2001年12月29日,《刑法修正案(三)》将“投毒”修改为“投放毒害性、放射性、传染性病原体等物质”,罪名也随之修改。但在总则中涉及放火、爆炸、投毒等行为的列举时,仍使用“投毒”一词,但应该包括投放毒害性、放射性、传染性病原体等物质。属于具体危险犯罪。实践中,如果非法处置具有毒害性、放射性等特性的有毒有害物质,可能会触犯投放危险物质罪和环境污染罪,要严格把握两者区别,从行为人主观上是否具有对不特定多数人的生命、健康造成侵害的故意,是否希望或放任这一结果的发生,其行为客观上是否足以危害公共安全来综合判断,不能只看犯罪危害后果,以避免重罪轻判或轻罪重判。当两者发生竞合时择一重罪处罚。2016 年 12 月 23 日,最高人民法院、最高人民检察院出台《关于办理环境污染刑事案件适用法律若干问题的解释》,第 8 条明确规定,违反国家规定,排放、倾倒、处置含有毒害性、放射性、传染病病原体等物质的污染物,同时构成污染环境罪、非法处置进口的固体废物罪、投放危险物质罪的,择一重罪处罚。

(2)认定非法制造、买卖、运输、邮寄、储存爆炸物或危险物质罪时需要注意:一是确因生产、生活所需,非法买卖爆炸物的行为的从轻减轻处罚问题。2009 年 11 月 16 日,最高人民法院颁布的《关于审理非法制造、买卖、运输枪支、弹药、爆炸物等刑事案件具体应用法律若干问题的解释》中规定,因筑路、建房、打井、整修宅基地和土地等正常生产、生活需要,或者因从事合法的生产经营活动而非法制造、买卖、运输、邮寄、储存爆炸物,数量达到入罪标准,没有造成严重社会危害,并确有悔改表现的,可依法免除或者从轻处罚;炸药的爆炸是在炸药卖出后的存储中发生,非法制造、买卖炸药的行为与爆炸的发生没有典型的直接因果关系的应从轻处罚。二是关于烟花爆竹的特殊规定。2012 年《关于依法加强对涉嫌犯罪的非法生产经营烟花爆竹行为刑事责任追究的通知》中规定,非法生产经营黑火药、烟火药的,构成本罪,非法买卖、储存的,不构成本罪。三是对于老鼠药毒鼠强的认定,最高人民法院、最高人民检察院 2003 年 9 月 4 日颁布的《关于办理非法制造、买卖、运输、储存毒鼠强等禁用剧毒化学品刑事案件具体应用法律若干问题的解释》,明确将毒鼠强、氟乙酰胺、氟乙酸钠,毒鼠硅等列入禁用剧毒化学品之列,危及公共安全的,构成本罪。

(3)盗窃、抢夺、抢劫爆炸物及危险物质构成犯罪,情形略有不同,盗窃、抢夺、抢劫爆炸物,不要求产生具体危险,只要具备一般生活常识,就知道爆炸物会带来公共危险;盗窃、抢夺、抢劫危险物质则需要根据具体情形,综合判断是否对公共安全造成危险。非法携带爆炸性、易燃性、放射性、毒害性、腐蚀性物品,进入公共场所或区域,危及公共安全,情节严重的,可能构成非法携带危险物品危及公共安全罪。

(4)构成危险物品肇事罪,一要违反爆炸性、易燃性、放射性、毒害性、腐蚀性物品的特殊管理规定,二要发生重大事故,造成严重后果。本罪属于过失犯罪。实践中,违反相关管理规定运输危险化学品,造成严重后果的,注意区分危险驾驶与本罪。

典型案例

案例一

内蒙古化工公司危化品处置不当发生爆炸致人死亡案

内蒙古自治区清水河县人常某花与贺某小共同经营一废旧品回收站,2013年10月,常某花回收到一个废弃的母液接收器,该母液接收器系内蒙古红旗化工的一个报废设备,由红旗化工的职工孙某等3人卖给了常某花。同年12月20日,不具备氧焊切割资质的贺某小在废品回收站中使用氧焊切割机切割回收的母液接收器时引发该设备爆炸,导致贺某小受重伤,后医治无效死亡。事故发生后,2014年3月17日,内蒙古公安厅物证鉴定中心出具检验鉴定报告,证明,现场提出的母液接收器内壁残留物中检出二硝基重氮酚(爆炸母药)成分,检出2,4-二硝基苯酚成分。2,4-二硝基苯酚是二硝基重氮酚经消爆处理后产生的。

案例二

古某明、方某华投放危险物质案

被告人古某明系广州古今科技发展有限公司法定代表人,与广州军区总医院合作建立激光医疗中心,在合作经营期间其与负责该中心的刘某利在内部管理、奖金发放等问题产生矛盾。古某明怀恨在心,伺机报复。2002年5月9日,古某明通过伪造准购证和介绍信,购买了一台铱射线工业探伤机,并于次日携带该探伤机到北京市中国原子能科学研究院反应堆工程设计研究所安装了铱放射源(源强为95居里)。5月11日,古某明伙同方某华将该机器安装在刘某利的办公室内的天花板上。为避免探伤机辐射伤害自己,古某明自购 X 光防护服一套。2002 年 5 月中旬至 7 月 19 日之间,古某明、方某华多次通过驱动探伤机施源器,将铱放射源输送到刘某利办公室天花板,直接对刘某利的身体进行照射,致使刘某利及在该中心工作的 70 多名医护人员受到辐射伤害。其中,刘某利重伤,轻伤 13 人,轻微伤 61 人。一审法院经审理认为,古某明构成投放危险物质罪,判处死刑缓期 2 年执行。一审宣判后,多名受害人不服,请求检察机关抗诉。检察机关以社会危险性极大,犯罪后果极其严重,应当判处死刑立即执行为由,提出抗诉。2005 年 3 月 27 日,二审法院裁定维持原判。

解读评析

案例一:本案主要围绕高度危险物的占有及处置不当引发的侵权责任,涉及的焦点问题有三个。焦点一:侵权主体是谁?根据侵权责任法的相关规定,高度危险物的所有人或者管理人对其占有的高度危险物储存或者处置时,应当严格按照有关安全生产标准进行,如果处置不当,导致高度危险物侵权致人损害的,占有人或管理人应当承担责任。该案中,红旗化工作为生产民用爆炸品的企业,对于具有危险性的废旧设备应当严格按照规定,依照国家标准和规范流程,进行统一的处置或销毁处理,避免因废旧设备流入社会,对他人造成危害。红旗化工管理不善,其内部职工对母液接收器处置时,虽然对接收器进行了消爆处理,但在爆炸后的母液接收器内壁残留物中依然能检出二硝基重氮酚(爆炸母药)。由于高度危险物致害责任属于严格责任,如果红旗化工不能证明此次爆炸不是由于母液接收器内的爆炸物引起的,根据侵权责任法的规定,侵权应该由高度危险物的所有人或使用人红旗化工承担。孙某等 3 名职工,属于红旗化工的内部职工,不是该母液接收器的所有人或使用人,不是侵权主体,不应该承担责任。焦点二:红旗化工将该母液接收器卖掉后,管理责任是否转移到购买者常某花身上。常某花属于一般废旧物品回收经营者,购买此废旧设备后,不知属于高度危险物,1 个月未进行处置,没有义务进行特殊处置,不是侵权主体,不承担责任。焦点三:使用人过错问题。在高度危险物致害责任中,受害人故意或不可抗力属于免责抗辩事由,受害人重大过失,属于减轻责任事由。本案中,贺某小没有相关资质,贸然切割,导致爆炸死亡,自身存在过失,可以减轻侵权人责任。法院判决中,减轻红旗化工 20% 责任符合法律规定。

案例二:该案有两个焦点问题:一是铱射线照射特定人的定性问题。故意伤害还是投放危险物质?现场检测到的192铱源是铱元素的放射性同位素,属于中毒组放射性核素,直接对人照射,会产生严重辐射危害。本案中古某明虽为泄愤报复刘某利个人,将探伤机安置于刘的办公室之上,连续时间长达2个多月,虽然针对的是被害人刘某利1人,但辐射范围却不仅限于此,相邻办公区域及其他楼层均有不同程度的热释光剂量,足以对不特定多数人的生命健康造成危险。古某明明知核辐射不顾其他医护人员和就诊病人的安危,希望和放任这一危害结果的发生,致使1人重伤,13人轻伤,61人轻微伤,其行为完全符合投放危险物质罪的犯罪构成。二是量刑方面。是否属于罪大恶极,需判处死刑立即执行。古某明犯罪行为虽未直接致人死亡,但后果极其严重。受害者中有怀孕的女性,大部分是未婚未孕者,且案发后部分被害人检查出染色体异常,生育能力受到破坏,下一代智障、畸形、血液病的概率增高。给他们带来的身体伤害、心理痛苦巨大。法院在判决时考虑到,核辐射损伤引起的致癌、致畸、基因突变等远后效应与辐射剂量和个体差异相关,有的人会出现,有的人不会出现,就现在医疗水平而言,无法做出准确判断。而且,随着科学技术的进步,医疗水平不断提高,因被辐射引起的白血病、癌症等也有治愈的可能。因该案的后果目前尚无法确切评价,法院采取谨慎态度,判处其死刑缓期2年执行,量刑留有余地,可以理解。

延伸阅读

2001年10月,上海的肖某灵将家中粉末状的食品干燥剂装入两个信封冒充炭疽菌杆,向有关机关投寄,引发公众恐慌,被以以危险方法危害公共安全罪追究刑事责任,最终被判处有期徒刑4年。“一石激起千层浪”,此事一出,在刑法学界引发激烈讨论,多数人认为,虚假的炭疽菌杆终归不是真的炭疽杆菌,公共安全上不存在真正的危险,依照以危险方法危害公共安全罪定罪处罚,违反罪刑法定原则,是对“其他危险方法”这一兜底条款肆意扩大解释。判决生效不久,2001年12月29日通过的《刑法修正案(三)》就增设了故意传播虚假恐怖信息罪和投放虚假危险物质罪两个罪名,对于涉及虚假的、容易引起公众恐慌的物质或行为予以立法上的明确。在两个罪名未正式入刑之前的大背景下,肖某灵案以寻衅滋事罪或破坏生产经营罪处罚或许更易于接受。[①] 2002 年的北京杨某栋公众场所锥子扎人制造恐怖气氛案的处理则是很好的例证。2002 年年初，北京地区一度流传艾滋病患者为报复社会，用携带艾滋病病毒血液的针管偷扎无辜群众，造成公众心理恐慌。在此期间，从外地到京打工的被告人杨某栋因其女友与之分手而产生怨恨心理。2002 年 2 月 10 日，杨某栋携带一把木柄铁锥在北京市朝阳区潘家园车站乘坐开往东大桥方向的 28 路公共汽车，乘车上人多拥挤之机，用铁锥刺伤与其前女友相像的女乘客杜某某的左腿根部，被杜某某及时发现指认，随后被车上的民警抓获。杨国栋在公共汽车上扎人事件发生并经传开后，不仅给被害人造成了较大的心理压力，影响了其正常的生活和工作，而且也被当作验证艾滋病患者扎针报复社会的例证，在社会上造成了恶劣的影响。检察机关以投放危险物质罪将该案诉至法院。法院经审查认为，在特定的背景下，用特定的工具，选取人员拥挤的特定场合——公共汽车作案，确实会引起公共秩序混乱，造成一定社会恐慌，但具体行为需具体分析，该案中对于被告人是否明知社会上存在“扎针”传播艾滋病无法证实，锥子“扎人”行为与“投放”行为有本质区别，“扎人”动机是失恋后报复面貌类似女友的女性，其犯罪行为更符合寻衅滋事罪“随意殴打他人”的类型，综合分析后，审判机关纠正了检察机关指控的罪名，以寻衅滋事罪定罪处罚。

① 陈兴良：《口袋罪的法教义学分析：以危险方法危害公共安全罪为例》，载《政治与法律》2013 年第 3 期。

专题十三　高度危险活动致害无过错责任及抗辩事由与雇佣童工从事危重劳动罪

要点解析

高度危险活动致害大致分为高空作业和高压活动。何为高空作业，根据国家标准局1983年颁布的《高处作业分级》规定，"凡在坠落高度基准面2米以上（含2米）有可能坠落的高处进行的作业，均称为高处作业。"高度危险作业是指从事高空、高压、易燃、易爆、剧毒、放射性、高速运输工具等对周围环境有高度危险的作业。高度危险作业是在活动过程中产生高度危险性的，因此只有采取一定的安全方法进行活动，才能够控制活动中产生的危险，减少损害发生的概率。高度危险活动区域，例如，生产制造高度危险物品的工厂、车辆飞驰行驶的高速公路、高危高压的高压电区域等。

关联条文

民法典

第一千二百四十条　【高度危险活动致害无过错责任及抗辩事由】从事高空、高压、地下挖掘活动或者使用高速轨道运输工具造成他人损害的，经营者应当承担侵权责任；但是，能够证明损害是因受害人故意或者不可抗力造成的，不承担责任。被侵权人对损害的发生有重大过失的，可以减轻经营者的责任。

刑　法

第二百四十四条之一　【雇用童工从事危重劳动罪】违反劳动管理法规，雇用未满十六周岁的未成年人从事超强度体力劳动的，或者从事高空、井下作业的，或者在爆炸性、易燃性、放射性、毒害性等危险环境下从事劳动；情节严重的，对直接责任人员，处三年以下有期徒刑或者拘役，并处罚金；情节特别严重的，处三年以上七年以下有期徒刑，并处罚金。

有前款行为，造成事故，又构成其他犯罪的，依照数罪并罚的规定处罚。

条文要义

高度危险活动致害责任中不可抗力并非指外力本身的不能预见、不能避免、不能克服，而是指外力对有关高度危险作业的影响在当时、当地的特定条件下无法预见、避免、克服（在确定不可抗力时应考虑高度危险作业计划进行时，行为人是否充分评估了危险可能性并采取充分风险防范措施，而不能简单根据不可抗力免责）。侵权行为的归责原则有三种，即过错责任原则、公平责任原则、无过错责任原则。

三者适用的领域分别是：过错责任原则适用于一般侵权行为，无过错责任原则适用于特殊侵权行为，公平责任原则适用于当事人均无过错但已经发生了损害后果的情形。我国民法通则第106条第3款规定，“没有过错，但法律规定应当承担民事责任的，应当承担民事责任。”该条确立了无过错责任原则，即在法律规定的情况下，不以过错的存在判断行为人应否承担民事责任的归责原则。无过错责任原则必须在法律规定的范围内适用，不能随意扩大或者缩小其适用范围。民法通则规定的典型的适用无过错责任的案件有：产品缺陷致人损害、高度危险作业致人损害、环境污染致人损害、饲养的动物致人损害等损害赔偿案件，以及《关于审理人身损害赔偿案件适用法律若干问题的解释》规定的雇员工伤的雇主责任、雇员侵权的雇主责任。无过错责任原则是指损害的发生既不是加害人的故意也不是受害人的故意和第三人的故意造成的，但法律规定由加害人承担民事责任的一种特殊归责原则；它是一种基于法定特殊侵权行为的归责原则，其目的在于保护受害人合法权益，有效弥补受害人因特殊侵权行为所造成的损失。

雇用童工从事危重劳动罪客观方面表现为违反劳动管理法规，雇用未满16周岁的未成年人从事超强度体力劳动，或者高空、井下作业，或者在爆炸性、易燃性、放射性、毒害性等危险环境下从事劳动、情节严重的行为。违反劳动管理法规，是指违反劳动法及其他劳动行政法规，这是本罪构成的前提条件。本罪在客观方面有以下三种具体表现形式：

（1）雇用童工从事“超强度体力劳动”，是指使童工从事国家禁止的《体力劳动强度分级》国家标准中第四级体力劳动强度的作业。

(2)雇用童工从事“高空、井下作业”,是指使童工从事国家禁止的《高处作业分级》国家标准中第二级以上的高处作业和矿山井下作业。

(3)雇用童工“在爆炸性、易燃性、放射性、毒害性等危险环境下”从事劳动,具体指使童工在具有爆炸性能、能够引起爆炸的各种用于爆破、杀伤的物质的环境下从事劳动;指使童工在具有各种极易引起燃烧的化学物品、液剂的环境下从事劳动;指使童工在具有含有放射性能的化学元素或者其他物质的环境下从事劳动,该物质对人体或牲畜能够造成严重损害;指使童工在具有含有能致人死亡的毒性的有机物或者无机物的环境下从事劳动。行为人只要具有雇佣童工从事上述三种形式的危重劳动中的一种即符合本罪的客观要件。

典型案例

案例一

程某辉钓鱼触电死亡案

2020年5月23日20时左右,程某辉到贵州省铜仁市碧江区河边钓鱼,在钓鱼过程中因钓鱼竿触碰到河面上方的高压线而被电击身亡。2020年5月28日,铜仁市碧江区坝黄镇中心卫生院居民死亡医学证明死者姓名程某辉,死亡原因:意外被高压线击中,死亡日期:2020年5月23日。事发电线对地的距离约为5.8米,树上有标志牌写有高压危险、严禁钓鱼的提示用语。该高压线的管理公司为贵州电网有限责任公司铜仁碧江供电局。根据侵权责任法第73条和《电力设施保护条例》第4条第2款的规定,死者程某辉家属认为铜仁碧江供电所应当对程某辉的死亡承担赔偿责任,事故发生后,死者家属与铜仁碧江供电所协商赔偿事宜,均遭拒绝,为维护死者合法权益,后起诉至人民法院。要求铜仁碧江供电所赔偿损失共计871 547元。

后经贵州省铜仁市碧江区人民法院判决,死者程某辉承担90%的责任,铜仁碧江供电所承担10%的责任。铜仁碧江供电所需赔偿死者家属84 657元。

案例二

陈某非法雇用童工案

2007年3月11日，陈某非法雇用童工李某某(1992年出生)到其公司工作，在明知该公司仓库存放易燃和具有危险性的甲苯或乙苯等溶剂的情况下，仍安排李某某进入仓库工作。李某某在无任何安全保护措施之下，抽取甲苯或乙苯等溶剂提供给印刷车间使用。同年4月15日下午2时许，李某某在上述仓库内抽取上述溶剂，因操作不慎导致溶剂发生燃烧并蔓延，造成李某某受伤。

经广东省汕头市劳动能力鉴定委员会鉴定：李某某的伤残等级为三级。该案民事部分，经汕头市龙湖区人民法院、汕头市中级人民法院审理，判决汕头市金泰华印务有限公司赔偿李某某共计人民币575 082.27元。至2013年12月16日，陈某已向被害人李某某支付全部上述赔偿款，李某某及其家属向陈某出具谅解书。

法院认为陈某作为企业负责人，违反劳动管理法规，雇用未满16周岁的未成年人在易燃性危险环境下从事劳动，致李某某三级伤残，其行为已触犯刑律，构成雇用童工从事危重劳动罪，属于情节特别严重。公诉机关指控被告人陈某犯雇用童工从事危重劳动罪的罪名成立。鉴于陈某是初犯，归案后如实供述自己的罪行，当庭自愿认罪，并已对李某某进行赔偿，取得李某某及其家属的谅解，主动向国家预缴罚金，有悔罪表现，符合法律规定的可以适用非监禁刑的条件，对其依法可以从轻处罚并宣告缓刑。

综上，法院根据陈某犯罪的事实、犯罪的性质、情节、认罪悔罪表现及其行为对社会的危害程度，依照刑法第244条之一第1款、第67条第3款、第72条第1款、第3款和第73条第2款、第3款的规定，判决陈某犯雇用童工从事危重劳动罪，判处有期徒刑3年，缓刑3年6个月，并处罚金人民币3000元。

解读评析

案例一：该案的争议点在于死者程某辉的触电死亡事故中，是否应该按照高度危险活动致害无过错责任来判决。

首先，死者程某辉死于高压触电，而该高压线的管理公司为铜仁碧江供电所。公民的生命权受法律保护，对公民人身权利造成损害的，应依法承担赔偿责任。

在这起案件中，死者程某辉是受电击死亡所以铜仁碧江供电所应该承担责任予以赔偿。法律依据有侵权责任法第73条“从事高空、高压、地下挖掘活动或者使用高速轨道运输工具造成他人损害的，经营者应当承担侵权责任，但能够证明损害是因受害人故意或者不可抗力造成的，不承担责任。被侵权人对损害的发生有过失的，可以减轻经营者的责任”和第76条“未经许可进入高度危险活动区域或者高度危险物存放区域受到损害，管理人已经采取安全措施并尽到警示义务的，可以减轻或者不承担责任。”（该两条现分别对应民法典第1240、1243条，除民法典第1240条对被侵权人对损害的发生有“过失”的改为“重大过失”可以减轻经营者的责任外，其他并无变化。）

而在本案中死者程某辉安全意识淡薄，作为具有完全民事行为的成年人选择在晚上视线不明的情况下，擅自在高压线下冒险垂钓，缺少自我保护意识和安全意识以致触电死亡，对擅自在高压线下钓鱼可能产生的后果缺少预见性，存在重大过失。中华人民共和国国家标准《66kV及以下架空电力线路设计规范（GB 50061－2010）》第12.0.7条规定：在交通困难地区，线路电压为3kV－10kV的导线与地面的最小距离为4.5米。而导致死者程某辉死亡的高压线为10kV，距离地面距离为5.8米，符合国家要求。并且也设置了“高压危险、严禁钓鱼”及“禁止在高压线路下钓鱼”的警示牌，所以死者程某辉本身具有重大过失，故被判决承担90%的责任。

案例二：在本案中陈某雇用未满16周岁未成年人，从事有经济收入的劳动触犯了雇用童工从事危重劳动罪。本罪客观方面表现为违反劳动管理法规，雇用未满16周岁的未成年人从事超强度体力劳动，或者高空、井下作业，或者在爆炸性、易燃性、放射性、毒害性等危险环境下从事劳动，情节严重的行为。违反劳动管理法规，是指违反劳动法及其他劳动行政法规，这是本罪构成的前提条件。本罪在客观方面有以下三种具体表现形式：

（1）雇用童工从事“超强度体力劳动”，是指使童工从事国家禁止的《体力劳动强度分级》国家标准中第四级体力劳动强度的作业。

（2）雇用童工从事“高空、井下作业”，是指使童工从事国家禁止的《高处作业分级》国家标准中第二级以上的高处作业和矿山井下作业。

（3）雇用童工“在爆炸性、易燃性、放射性、毒害性等危险环境下”从事劳动，具体指使童工在具有爆炸性能、能够引起爆炸的各种用于爆破、杀伤的物质的环境下从事劳动；指使童工在具有各种极易引起燃烧的化学物品、液剂的环境下从事劳动；指使童工在具有含有放射性能的化学元素或者其他物质的环境下从事劳动，该物质对人体或牲畜能够造成严重损害；指使童工在具有含有能致人死亡的毒性的有机物或者无机物的环境下从事劳动。行为人只要具有雇用童工从事上述三种形式的危重劳动中的一种即符合本罪的客观要件。按照法律规定，雇用童工从事危重劳动的行为，必须达到情节严重的程度才能构成犯罪。“情节严重”一般是指雇用多名童工或多次非法雇用童工或长时间非法雇用童工从事法律禁止的危重劳动；还指因从事法律禁止的危重劳动造成严重后果，影响未满 16 周岁未成年人的身心健康和正常发育等。

在本案中陈某雇用未满 16 岁的未成年，在爆炸性、易燃性等危险环境下进行作业，从而导致事故发生，符合雇用童工从事危重劳动罪，应当承受相应的刑事责任，但因认罪态度良好，故判处有期徒刑 3 年，缓刑 3 年 6 个月，并处罚金人民币 3000 元。

本案中犯罪嫌疑人李某，在没有任何资质的情况下私自购置小型加油机，非法设点为外来车辆加油的行为触犯了刚被写入刑法的危险作业罪。

2021 年 3 月 1 日起，危险作业罪正式施行。具体规定在刑法第 134 条之一：“在生产、作业中违反有关安全管理的规定，有下列情形之一，具有发生重大伤亡事故或者其他严重后果的现实危险的，处一年以下有期徒刑、拘役或者管制：（一）关闭、破坏直接关系生产安全的监控、报警、防护、救生设备、设施，或者篡改、隐瞒、销毁其相关数据、信息的；（二）因存在重大事故隐患被依法责令停产停业、停止施工、停止使用有关设备、设施、场所或者立即采取排除危险的整改措施，而拒不执行的；（三）涉及安全生产的事项未经依法批准或者许可，擅自从事矿山开采、金属冶炼、建筑施工，以及危险物品生产、经营、储存等高度危险的生产作业活动的。”

延伸阅读

2021 年 2 月 26 日，博兴警方在一次联合整治行动中，在一院落内发现一台小型加油机等加油设备，加油机北侧还发现一地下埋藏储油罐。办案民警通过进一步摸排走访，将犯罪嫌疑人李某抓获。经审讯，李某对 2020 年 12 月份以来，在没有任何资质的情况下私自购置小型加油机、铁罐等加油设备，并将铁罐埋于院子东边地下储存汽油，非法设点为外来车辆加油的犯罪事实供认不讳。3 月 4 日，李某因涉嫌危险作业罪被依法刑事拘留。

在我们的日常生活中不缺乏案件当中的事情发生,但却不能引起周围人的警醒,为了保护我们广大人民群众,创造安全的生活环境。国家制定了全面的法律条文来对从事高危活动的企业进行约束,但还是有部分人抱有侥幸心理。每个事故回想起来,显得都那么愚蠢,看似不该犯的错误却一再上演悲剧,这儿的源头就是因为自身不够重视安全问题,总是存在侥幸心理,习惯性违章,把事故的发生都想得太遥远,其实危险就在这其中随时爆发。“违章,麻痹,不负责任”三违行为就是野蛮行为,不树立牢固的安全意识,只图省事、快当、存侥幸心理,怕麻烦,这就是事故发生的必然。意外和明天你永远不知道哪个会先到来,但增强自己的安全意识,遵守法律法规,就会大大减少安全事故的发生,可以大大降低“意外”所带来的伤害。

自从家电下乡在国内各地实施后,应该大力宣传安全用电常识和加大触电防范工作的力度,应该立足于安全的本质问题,把控制触电伤亡事故作为以人为本、珍惜生命、保护大众财产安全的健康工作来抓。宣传电力安全的知识、分析触电事故的根本原因、对触电事故的反思,能够有效地减少或避免触电事故的发生。

专题十四　饲养动物致害的民事责任与过失致人死亡罪

要点解析

随着人民生活水平的日益提高和工作、生活压力的增大，越来越多的人愿意饲养宠物缓解工作和生活中的压力，但同时因动物致人损害而引起的侵权案件也日益增多。动物作为一种特殊主体，具有生命力和攻击性的同时也会缺乏理智，这就要求动物饲养人或者管理人在享受乐趣的同时承担较高的管理责任。当怠于行使这种管理责任时，饲养人或管理人就应当承担相应的民事甚至刑事上的法律责任。

关联条文

民法典

第一千二百四十五条　【饲养动物损害责任一般条款】饲养的动物造成他人损害的，动物饲养人或者管理人应当承担侵权责任；但是，能够证明损害是因被侵权人故意或者重大过失造成的，可以不承担或者减轻责任。

第一千二百四十六条　【未对动物采取安全措施的损害责任】违反管理规定，未对动物采取安全措施造成他人损害的，动物饲养人或者管理人应当承担侵权责任；但是，能够证明损害是因被侵权人故意造成的，可以减轻责任。

第一千二百四十七条　【禁止饲养的危险动物的损害责任】禁止饲养的烈性犬等危险动物造成他人损害的，动物饲养人或者管理人应当承担侵权责任。

刑　法

第十五条　【过失犯罪】应当预见自己的行为可能发生危害社会的结果，因为疏忽大意而没有预见，或者已经预见而轻信能够避免，以致发生这种结果的，是过失犯罪。

过失犯罪,法律有规定的才负刑事责任。

第二百三十三条 【过失致人死亡罪】过失致人死亡的,处三年以上七年以下有期徒刑;情节较轻的,处三年以下有期徒刑。本法另有规定的,依照规定。

条文要义

动物致人损害的民事责任,是指因动物造成他人人身、财产损害时,依法应承担的民事责任。我国民法典第1245条对动物致人损害的民事责任做了明文规定,这一规定确立了我国民法上因动物致人损害的民事责任制度,这对于促使动物的饲养人或管理人加强对动物的管束,保护受害人的利益,具有重要意义。在我国,动物致人损害民事责任中涉及的动物只限于饲养的动物。所谓饲养的动物,是指由人工喂养和管束的动物。人工喂养的前提条件是人们对动物的占有。动物造成他人损害的情形复杂多样,只有因动物的独立动作造成损害的,才能发生动物致人损害的民事责任。所谓动物的独立动作,是指动物基于其本身的危险,在不受外力强制或驱使下而实施的自身动作,如狂犬咬人、牲畜吃掉庄稼等。如果动物是在人的强制或驱使下损害他人权益,则不属于动物的独立动作,而是属于人的行为,如骑马践踏庄稼、唆使狗去咬人等。即使是处于野生动物自然保护区内的动物,由于人们只是为其生存和繁殖提供适宜的条件和环境,而并没有占有控制它们,因此,也不属于饲养的动物。根据民法典第1245条的规定,动物致人损害的民事责任的免责事由有两种情形,包括受害人的过错和第三人的过错。过错包括故意和过失。无论是受害人还是第三人,因故意造成损害的,应当绝对的免除动物饲养人或管理人的民事责任。如果受害人或第三人一方有过失,动物的饲养人或管理人亦有过错,则饲养人或管理人仍应承担民事责任。

我国刑法第15条对过失犯罪的定义作了规定,根据规定,构成过失犯罪,必须同时具备以下三个条件:第一,犯罪主体,是主观上有罪过的、达到法定年龄、具有刑事责任能力的、实施了犯罪行为、发生了犯罪结果的自然人或者单位。犯罪主体主观心态,可能是过失,也可能是故意。第二,犯罪行为。第三,犯罪结果,是犯罪主体实施的犯罪行为所发生的危害社会的犯罪结果。只有同时具备上述三个条件的行为,才可以构成过失犯罪,缺少其中任何一个条件的行为都不能构成过失犯罪。刑法第233条规定了过失致人死亡罪,该罪是指行为人因疏忽大意没有预见到或者已经预见到而轻信能够避免造成的他人死亡，剥夺他人生命权的行为。由于行为人已预见到自己的行为可能发生他人死亡的结果，进而产生了避免这种结果发生的责任，他却没有有效地防止他人死亡结果的发生，没有尽到自己应尽的责任。因此，行为人应对自己因主观上的过于自信所造成的危害结果负刑事责任。饲养动物致人损害是一种特殊的形式，特殊性在于它是一种间接侵权引发的直接责任，其加害行为是人的行为与动物的行为的复合。人的行为是指人对动物的占有、饲养或者管理；动物的行为是直接的加害行为。两种行为相结合，才能构成侵权行为。作为动物饲养或者管理人，有义务妥善管理饲养或管理的动物，应当预见不妥善管理可能造成的伤害别人身体健康或者造成财产损失的结果，后果严重的，应当以犯罪行为评价。

典型案例

案例一

欧某珍诉高某饲养动物损害责任纠纷案

2017 年 8 月 13 日 19 时 20 分 20 秒，原告欧某珍在丈夫陪同下徒步经台山市台城舜德路 2 号前面宽敞公共人行道时，即旭诚驾培信息咨询服务中心与聚鲜楼邻接处，遇趴在台阶上休息的由高某饲养的一只棕色“泰迪犬”；“泰迪犬”见欧某珍夫妻接近，站立起来向欧某珍方向走了两步（约 50 厘米），此时欧某珍与“泰迪犬”相距约 3 米；欧某珍见“泰迪犬”靠近，惊慌往其左侧避让时摔倒受伤。欧某珍受伤后即被送往台山市人民医院住院治疗，翌日转佛山市中医院住院治疗，共住院治疗 13 日，支出的住院医疗费为 50 328.41 元，在诊疗期间没有医嘱建议需加强营养辅助治疗。广东法维司法鉴定所于 2017 年 11 月 15 日接受欧某珍的委托，并于同月 16 日作出《司法鉴定意见书》对欧某珍的损伤鉴定意见为：欧某珍的损伤被评定为 9 级伤残，后续治疗费约需 12 000 元。产生的鉴定费为 3000 元。

广东省台山市人民法院一审判决认为，根据侵权责任法第 78 条“饲养的动物造成他人损害的，动物饲养人或者管理人应当承担侵权责任，但能够证明损害是因被侵权人故意或者重大过失造成的，可以不承担或者减轻责任”的规定，从被告高某提供的监控录像清晰显示，高某饲养的狗只是体形较小、性情温顺的棕色“泰迪犬”,本案高某未采取安全防范措施,致使饲养的“泰迪犬”肆意在公共场所活动,并在靠近欧某珍时令到欧某珍受惊吓倒地受伤,高某作为动物饲养人及管理人应承担相应责任;与此同时,该“泰迪犬”见欧某珍靠近时,在没有吠叫、没有向欧某珍攻击、仅向欧某珍移动约50厘米与欧某珍仍相距约3米的前提下,欧某珍由于过度惊慌,采取避让措施不当摔倒致自己受伤,其本身存在重大过失。考虑到欧某珍的重大过失,结合本案实际情况,欧某珍的损失,一审法院酌情以高某承担30%责任为宜。至于欧某珍的其他诉讼请求,没有事实和法律依据,法院不予支持。

一审宣判后欧某珍与高某均不服一审判决,向广东省江门市中级人民法院提起上诉。欧某珍上诉称高某在管理饲养动物未尽基本责任,应承担事故的全部责任,而非次要责任。高某辩称欧某珍发生摔倒与狗没有因果关系,本案没有证据证明欧某珍摔倒是因为宠物狗造成。

广东省江门市中级人民法院经二审,确认了一审查明的事实并认为,第一,虽然涉案犬只与人体不存在实际接触,但该伤害与犬只之间具备了引起与被引起的关系,故二者具备因果关系,动物饲养人或者管理人对此亦应当承担侵权责任。第二,高某主张欧某珍的摔倒可能系石头绊倒,或者被其他动物的攻击所致,但其并未提供相应证据证实其主张,亦未有证据证明欧某珍在受伤害过程中存有主动挑逗、投打、追赶等故意或者重大过失等情形。据此可认定,本案中欧某珍所涉的损失系高某未规范饲养动物导致,本案中亦无证据证明高某存在能减轻其责任的情形,故高某应对欧某珍的涉案损失承担全部赔偿责任。

案例二

周某犯过失致人死亡罪一案

遵义市红花岗区某小区后山的上山路段有一个“红井园”,园内有一个苗圃场,苗圃场内有一间空置房。2011年6月左右,被告人周某在该空置房旁边修建了五间简易犬舍,在犬舍的院坝外修建了围墙。周某将从外地购买的两只杜高犬(雄性、雌性各一只)饲养在该犬舍内。2013年5月20日左右,因雌性杜高犬处于发情期,周某便将两只杜高犬分开关养,其中,将雄性杜高犬关养在空置房内,将雌性杜高犬关养在简易犬舍中的第二间犬舍内。空置房与简易犬舍之间有一道围墙并开有一扇红色木门，关养雄性杜高犬的空置房的房门为木板门，关养雌性杜高犬的简易犬舍为铁栏杆门。空置房的木板门和简易犬舍的铁栏杆门，以及围墙的红色木门均年久失修、不牢固，且“红井园”的围墙有破损，周某未进行维修加固，且苗圃场内夜间无人看守。2013年5月26日晚，被告人周某到苗圃场给两只杜高犬喂食后，将关养雄性杜高犬的空置房木板门上的插销插上，将关养雌性杜高犬的简易犬舍的铁栏杆门的插销插上，用一根木棒和一根角钢顶住铁栏杆门，并将空置房与简易犬舍之间的红色木门掩上，后周某离开苗圃场。次日早上6时许，雄性杜高犬将空置房木板门的下端抓咬出一个洞后窜出，与从简易犬舍挣脱出来的雌性杜高犬一起穿过“红井园”的围墙窜至康海花园小区后山，将上山晨练的被害人陈某某咬伤倒地，并反复撕咬致其受伤后死亡。经法医学鉴定：陈某某系失血过量致呼吸循环衰竭死亡。当日上午7时50分许，周某接到两只杜高犬咬伤人的消息后立即赶到现场，并配合公安民警将二只杜高犬控制，后随民警到达公安机关，如实供述了以上犯罪事实。另认定，2013年5月12日下午6时许，被告人周某带着两只杜高犬在该后山遛狗的过程中，其中一只杜高犬将在后山散步的路人袁某国咬伤。经鉴定，袁某国右前臂及右膝盖部多处皮肤挫裂伤口。

一审法院以被告人周某犯过失致人死亡罪判处有期徒刑2年。宣判后，周某不服提出上诉，一是自己已尽到必要的注意义务，原判认定管理不善不当；二是被害人陈某某死亡前未得到及时救助，其被自己所饲养的杜高犬咬伤仅是死亡原因之一。针对以上上诉理由，二审法院审理认为，一是周某明知自己饲养的杜高犬系烈性犬，攻击力极强，有危害社会的可能而仅对犬舍及外围墙作简易处置，并未进行加固和采取有效地防范措施而导致案发。二是医务人员接警赶赴现场后因周某饲养的杜高犬凶猛而无法接近，故未能及时对陈某某实施救助。系周某赶赴现场后积极协助公安民警才将肇事杜高犬控制，关于周某所饲养的杜高犬咬伤陈某某并最终致其死亡的事实有多名目击证人等证据佐证。综上，因管理不善致其饲养的杜高犬咬伤被害人陈某某并致其死亡，其行为已构成过失致人死亡罪，裁定维持原判。

解读评析

案例一：本案的争议焦点是受害人欧某珍的受伤与高某所养的宠物狗之间有无因果关系，二审判决已经进行了认定。该判例对如何规范饲养动物、动物饲养人或者管理人的义务以及出现侵权损害后如何认定进行了司法确认。

一是各地都有明确规定,养狗需要办理养狗证。《广东省犬类管理规定》第4条规定“县以上城市(含县城镇、近郊)、工矿、港口、机场、游览区及其3公里以内的地区,经济开发区、各类有对外经济合作的乡镇政府所在地,均列为犬类禁养区。上述地区的机关单位、外国驻粤机构、外籍人士等,因特殊情况需要养犬者,须经当地公安部门批准,领取《犬类准养证》并对犬只进行免疫注射后方可圈(栓)养”。二是带狗外出一定要对其进行约束。即使狗未对人实施如“抓伤、扑倒、撕咬”等直接接触人体的动作,一般人在陌生犬只尤其是未被约束的犬只进入到在自身安全界线内的时候,本能就会产生恐惧的心理,在该心理的支配下为避让而发生摔倒或受伤情况,则应当认定该伤害与犬只之间有因果关系,动物饲养人或者管理人对此亦应当承担侵权责任。三是当损害发生后,如果有证据能够证明受害人在受伤害过程中存有主动挑逗、投打、追赶等故意或者重大过失等情形,动物饲养人或者管理人则可以不承担或者减轻责任。

案例二:被告人周某因饲养杜高犬管理不善而造成他人死亡、受伤的严重后果的行为被评价为过失致人死亡罪。关于本案的定性主要涉及两个焦点问题:一是被告人是否履行了注意义务,其行为是否构成过失犯罪?二是被告人行为构成疏忽大意的过失致人死亡罪还是过于自信的过失致人死亡罪?分析认为,本案中被告人周某的行为应构成过于自信的过失犯罪。理由如下:

首先,被告人作为一名具备完全刑事责任能力的成年人,为看护苗圃饲养两只杜高犬时间长达两年多,且案发前两周,在饲养人周某在场的情况下,其中一只杜高犬将路遇的行人咬伤。因此周某对该两只烈性犬的凶狠、攻击性等性情非常了解。其已经预见到杜高犬有随时发生危险后果的可能性。其次,被告人具有结果预见义务却没有避免危害结果的发生。一是仅将杜高犬围圈在简易犬舍内;二是空置房的木板门和简易犬舍的铁栏杆门,以及围墙的红色木门均年久失修、不牢固,且“红井园”的围墙有破损,周某未进行维修加固;三是苗圃场内夜间无人看守。最终导致发情期的杜高犬逃离出犬舍将被害人咬伤致死。综上,被告人具备注意能力,且在具有结果预见义务的前提下,没有实施有效行为避免危害结果的发生,故被告人的行为构成过于自信的过失致人死亡罪。

延伸阅读

饲养宠物，貌似非常私人的事，但屡屡发生的宠物致人伤亡事件正在时刻警醒我们。你眼中温顺乖巧的宠物，对他人而言，可能就是致命的危险。法律之所以对饲养宠物致人损害规定了非常严格的责任，正是考虑到了潜在的、难以完全控制的危险。据中央广播电视总台中国之声《新闻晚高峰》报道，8 月 18 日，一段视频在社交媒体传播，引发热议。事情发生在广东佛山的杏坛镇，视频中，一名白发老人在路边遛弯，忽然一只狂奔的大狗飞驰而过，老人被系狗的绳子绊倒，头部着地重重倒下。

18 日晚上，广东佛山通报：经调查，杏坛镇罗水村民罗某（女，12 岁）把另一村民罗某拴养在家门口的狗只牵出来玩，途径罗水市场时，狗只挣脱约束绳，在奔跑过程中狗绳意外将村民麦某（女，88 岁）绊倒，导致麦某受伤，经送医院救治无效死亡。专家提醒，对动物采取安全措施是动物饲养人或管理者的义务，要在选择饲养宠物，特别是一些危险动物时，加强自身法律责任意识。作为饲养人首先应符合下列条件——有合法身份证明、有完全民事行为能力、有固定住所且独户居住、住所在禁止养犬区域以外。如携犬出门时，应当对宠物系绳且不宜过长，应由成年人牵引且携带养犬登记证。不得携宠物进入市场、学校等公共场所。当发生饲养的宠物伤人时，及时协助受害人就医看病等。作为普通的社会大众，当遇到流浪宠物或者未采取安全防护措施的宠物时，尽量远离，更不要对宠物进行挑逗。尤其是作为儿童的监护人，更要保护好孩子，避免受到伤害；面对违规饲养宠物的情况，不能“以暴制暴”，不要在小区内投放“异烟肼”等有毒药物；针对流浪宠物，尽量避免定期或者长期投喂。可以将该流浪宠物的情况告知公安机关或城市管理综合执法组织。

专题十五　不动产设施倒塌、塌陷致害的民事责任与工程重大安全事故罪

要点解析

随着我国经济的迅速发展，越来越多的高层建筑出现在人们的视野中，而伴随着这些高层建筑出现的还有各种层出不穷的事故，如墙砖脱落致人损伤、悬挂物掉落损坏私人车辆等事故。还有前几年网上热议的因为建设施工过程中的水泥、钢筋不合格而导致房屋坍塌的事故。如何追究责任人、施工单位、建设单位等有关人员或者企业部门的责任成了急需解决的问题。

关联条文

民法典

第一千二百五十二条　【建筑物、构筑物或者其他设施倒塌、塌陷致害责任】建筑物、构筑物或者其他设施倒塌、塌陷造成他人损害的，由建设单位与施工单位承担连带责任，但是建设单位与施工单位能够证明不存在质量缺陷的除外。建设单位、施工单位赔偿后，有其他责任人的，有权向其他责任人追偿。

因所有人、管理人、使用人或者第三人的原因，建筑物、构筑物或者其他设施倒塌、塌陷造成他人损害的，由所有人、管理人、使用人或者第三人承担侵权责任。

第一千二百五十三条　【建筑物、构筑物或者其他设施及其搁置物、悬挂物脱落、坠落致害责任】建筑物、构筑物或者其他设施及其搁置物、悬挂物发生脱落、坠落造成他人损害，所有人、管理人或者使用人不能证明自己没有过错的，应当承担侵权责任。所有人、管理人或者使用人赔偿后，有其他责任人的，有权向其他责任人追偿。

刑　法

第一百三十七条　【工程重大安全事故罪】建设单位、设计单位、施工单位、工程监理单位违反国家规定，降低工程质量标准，造成重大安全事故的，对直接责任人员，处五年以下有期徒刑或者拘役，并处罚金；后果特别严重的，处五年以上十年以下有期徒刑，并处罚金。

条文要义

本条是对不动产及其搁置物、悬挂物脱落、坠落致害责任的规定。不动产及其搁置物、悬挂物脱落、坠落致害责任是指建筑物、构筑物或者其他设施及其搁置物、悬挂物因设置或保管不善而脱落、坠落等，造成他人人身或财产损害，不动产或者物件的所有人或管理人应当承担损害赔偿责任的物件损害责任。

不动产及其搁置物、悬挂物脱落、坠落致害责任的构成要件是：

(1)造成损害的物件是建筑物、构筑物或者其他设施及其搁置物、悬挂物。悬挂物是动产，依附在不动产上，搁置物都是人工搁置的；而悬挂物包括人工悬挂物和自然悬挂物，如建筑物上的冰柱、积雪属于自然悬挂物；

(2)不动产及其搁置物、悬挂物造成损害的方式是脱落、坠落等；

(3)脱落、坠落的不动产组成部分或者搁置物、悬挂物造成了他人的人身损害或者财产损害；

(4)不动产及其搁置物、悬挂物的所有人、管理人或者使用人存在管理过失。本责任实行过错推定原则，由不动产的所有人、管理人或者使用人举证证明自己没有过失，不能证明或者证明不足的，即确认存在过失。

不动产及其搁置物、悬挂物脱落、坠落致害责任的主体为所有人、管理人或者使用人。被侵权人可以选择所有人、管理人或者使用人承担赔偿责任。按照过错推定原则的要求，所有人、管理人或者使用人只要不能证明自己没有过错的，就应当承担侵权责任。

造成工程重大安全事故罪需要符合以下条件：

(1)造成死亡一人以上，或者重伤三人以上的；

(2)造成直接经济损失一百万元以上的；

(3)其他造成严重后果或者重大安全事故的情形。

并且根据刑法规定，如果因为不合规定，降低工程标准的原因造成工程重大安全事故罪需要直接责任人承担相应的刑事责任。

典型案例

案例一

因定人造物倒塌致损案

徐某玲与蒋某力、罗某勇、祁某伟、李某敏同在连云港市赣榆区秦山岛附近海域从事紫菜养殖。蒋某力、罗某勇、祁某伟、李某敏的养殖区域依次在徐某玲的东北方向，位于最东北方(上游)的为蒋某力的养殖区域，依次往西南方向分别是罗某勇、祁某伟和李某敏的养殖区域，李某敏养殖区域与徐某玲的养殖区域相接。2018年1月2日，徐某玲及蒋某力、罗某勇、祁某伟、李某敏接到海上有风的通知，其雇工均于当天回到岸上。据江苏省海洋环境监测预报中心发布的海洋环境预报:2018年1月2日，连云港沿岸海域浪高0.7－1.3米;1月3日，连云港沿岸海域浪高1.0－1.6米;1月4日，连云港沿岸海域浪高1.1－1.7米。据连云港市赣榆区气象局出具气象证明记载:2018年1月2日，赣榆区秦山岛附近海域极大风速为13.2米/秒(风力6级);2018年1月3日，赣榆区秦山岛附近海域极大风速为16.1米/秒(风力7级);2018年1月4日，赣榆区秦山岛附近海域极大风速为13.9米/秒(风力7级)。

2018年1月2日晚，罗某勇外甥徐某某电话告知蒋某力养殖框架的拉绳断了两根，罗某勇随后将了解到的情况告知蒋某力并询问情况，蒋某力称不知情。李某敏称，2018年1月2日晚，罗某勇的二儿子电话告知蒋某力养殖框架的拉绳断了两根。徐某玲称，2018年1月2日，其朋友王某某和徐某某在蒋某力的紫菜加工厂听蒋某力的雇工说，蒋某力养殖框架的拉绳断了两根。

徐某玲于2018年1月4日发现蒋某力、罗某勇、祁某伟、李某敏的紫菜养殖框架已经推至徐某玲养殖区，并造成徐某玲的十个紫菜养殖框架损毁。徐某玲及蒋某力、罗某勇、祁某伟、李某敏均确认每个紫菜养殖框架造价为人民币15万元。事故发生后，徐某玲自负费用对事故现场进行了打捞清理。打捞上岸的桩子中，被车床车过桩子的一端及上部已经被蛀蚀。案件调查过程中，蒋某力承认其使用的部分桩子是被车床车过的，徐某玲及罗某勇、祁某伟、李某敏均确认其使用的桩子为人工砍削制造。

一审判决根据《技术规范》确认紫菜养殖所搭建的养殖框架由桩架(即各方当事人在一审庭审中提及的方子或桩子)、框架和栽培网组成,在海区固定一个框架。据此,紫菜养殖框架应属于构筑物,即为了满足非居住功能的某种使用需求,人工建造的固定人造物。根据侵权责任法第86条规定,建筑物、构筑物或者其他设施倒塌造成他人损害的,由建设单位与施工单位承担连带责任。蒋某力作为其养殖海域内的紫菜养殖框架的建设施工者应承担由于养殖框架倒塌造成他人损害的赔偿责任。罗某勇、祁某伟、李某敏因蒋某力紫菜养殖框架的倒塌,依次冲击到了其养殖框架,最终导致徐某玲遭受损失,不应承担侵权的赔偿责任。因此,对于徐某玲对蒋某力、罗某勇、祁某伟、李某敏承担连带责任的请求一审法院不予支持。关于紫菜养殖框架的损失。根据法庭调查,各方当事人均确认,每个紫菜养殖框架造价为人民币15万元,徐某玲在涉案事故中共损失十个紫菜养殖框架,因此,徐某玲关于紫菜养殖框架的损失共计人民币150万元,一审法院予以支持

二审期间,蒋某力向本院提交以下新的证据材料:(1)连云港市气象局出具的气象证明及附表,用以证明本案损害发生时相关海域的真实风力较大,形成了自然灾害;(2)证人刘某的证言,用以证明涉案损害发生时,同一海域内其他紫菜养殖户由于受到大风影响遭受损害的普遍性;(3)证人刘某某的调查笔录,用以证明涉案损害发生时,同一海域内其他紫菜养殖户由于受到大风影响遭受损害的普遍性。

根据案情,二审最终判决一审判决处理并无不当,应予维持。

案例二

邓某林等犯工程重大安全事故罪案

2007年5月11日,建设单位新城公司与绵阳市东×建设有限公司(以下简称东×公司)签订了《“××湾”建设工程总承包协议》。2007年10月16日,东×公司以内部责任承包的形式将该项目包括联排6—8#别墅在内的第12合同段安排由被告人陶某施工建设。

2008年,“××湾”项目相继开工建设后,新城公司董事长邓某林找到陶某,要求将联排6—8#别墅之间的自然坡改建为外挡墙,并通过公司安排不具备设计

资质的王某制作该段外挡墙的设计图及施工图。2009 年 2 月 27 日,王某完成该外挡墙的设计图,并通过新城公司将设计图交给陶某。同年 4 月,被告人陶某即组织邓某林等人按此设计图进行外挡墙修建。在违法施工建设的过程中,负责工程监理的四川×代建设咨询监理有限公司的工作人员发现后,发出书面停止违法施工建设及纠正违建的通知,新城公司及被告人等均置之不理。该段违法建设的外挡墙施工完毕后,2009 年 10 月 28 日,建设单位新城公司完成了该段违建挡墙的土石方开挖的收方及工程价款核算。

业主王某某购买了××湾云岭 50—1 别墅并于 2011 年左右进行了装修,并在涉案外挡墙附近的空地上建造私家花园,修建了鱼池、木制凉亭等设施。

自 2010 年以来,绵阳高新区普明办事处及×北路×段社区居委会发现"××湾"外堡坎存在重大地质灾害隐患,并书面通知要求整改及采取安全防范措施,建设单位新城公司未采取任何有效措施。2014 年 7 月 10 日上午 7 时左右,××湾小区联排 6—8#别墅之间违法建设的外挡墙垮塌,垮塌泥石流造成位于外挡墙下方的绵阳高新区共计 15 处非成套住宅及放置下方的财物毁损。经鉴定,该幢楼房为 Du 级危房,建议撤除。经查,2014 年 7 月 10 日前后,在外挡墙垮塌事故发生的这一段时间,绵阳市有连续普降大雨的情况,案发当天降水量为 89.7mm。

在审理期间,被告人邓某林的辩护人受邓某林委托,就房屋受损群众的赔偿问题和房屋重建等事宜,多次与房屋受损群众、社区干部、高新区普明街道办事处工作人员等进行协商。但因赔偿金额有差距等原因,未能达成最终协议和支付赔偿款。

一审判决:(1)被告人邓某林犯工程重大安全事故罪,判处有期徒刑 4 年 10 个月,并处罚金人民币 10 万元;(2)被告人陶某犯工程重大安全事故罪,判处有期徒刑 1 年 6 个月,缓刑 2 年,并处罚金人民币 5 万元;(3)被告人王某犯工程重大安全事故罪,判处有期徒刑 1 年,缓刑 1 年 6 个月,并处罚金人民币 1 万元;(4)对被告单位绵阳高新区新城房地产开发有限公司不予处罚。

宣判后,被告人邓某林不服一审判决,提出上诉;绵阳高新技术产业开发区人民检察院提请绵阳市人民检察院抗诉,绵阳市人民检察院支持抗诉。

经二审判决:(1)维持绵阳高新技术产业开发区人民法院(2018)川 0792 刑初 108 号刑事判决第 2 项、第 3 项、第 4 项,即"二、被告人陶某犯工程重大安全事故罪,判处有期徒刑 1 年 6 个月,缓刑 2 年,并处罚金人民币 5 万元;三、被告人王某犯工程重大安全事故罪,判处有期徒刑 1 年,缓刑 1 年 6 个月,并处罚金人民币 1

万元;四、对被告单位绵阳高新区新城房地产开发有限公司不予处罚”;(2)撤销绵阳高新技术产业开发区人民法院(2018)川0792刑初108号刑事判决第1项,即“一、被告人邓某林犯工程重大安全事故罪,判处有期徒刑4年10个月,并处罚金人民币10万元”;(3)上诉人(原审被告人)邓某林犯工程重大安全事故罪,判处有期徒刑4年,并处罚金人民币10万元(刑期从判决执行之日起计算。判决执行以前先行羁押的,羁押1日折抵刑期1日,即从2018年1月24日起至2022年1月23日止。罚金限判决生效后10日内缴纳)。

解读评析

案例一:本案的争议焦点为:(1)蒋某力、罗某勇、祁某伟、李某敏是否侵权并承担何种责任;(2)事故责任方应赔偿的金额。

在本案中养殖区域位于秦山岛附近海域整体紫菜养殖区的中部,养殖紫菜的桩子均为实木,质量很大,惯性巨大。所以桩子拔起时,倾倒的方向在短距离内不会发生改变。结合蒋某力的桩子被蛀虫蛀蚀,强度降低及有人发现在2018年1月2日蒋某力养殖框架的拉绳断了两根的事实,可以认为是蒋某力养殖海域内的紫菜养殖框架先发生拔起、倾倒,随后依次冲击了罗某勇、祁某伟、李某敏和徐某玲的养殖区域,造成了罗某勇、祁某伟、李某敏的紫菜养殖框架拔出、倾倒,最终造成了徐某玲的损失。并且根据《技术规范》规定,养殖人员应每天巡查,及时修复损坏的网帘、框架等设施。蒋某力接到罗某勇的电话询问和通知后,并未在次日实际海况允许的情况下,对其养殖海域进行巡查。蒋某力存在过错。并且在涉案事故发生的时期内,养殖海域最大浪高不足1.7米,极大风速不超过7级,不构成不可抗力。

根据侵权责任法第86条规定,建筑物、构筑物或者其他设施倒塌造成他人损害的,由建设单位与施工单位承担连带责任。上述案例依据的法条现对应民法典的第1252条。修改后的第1252条较之原来条文,一是在第一款增加了“建设单位与施工单位能够证明不存在质量缺陷的”不需要承担连带责任的内容;二是将第二款中的“其他责任人”的主体明确为“所有人、管理人、使用人或者第三人”。具体到本案中,蒋某力作为其养殖海域内的紫菜养殖框架的建设施工者应承担由于养殖框架倒塌造成他人损害的赔偿责任。罗某勇、祁某伟、李某敏因蒋某力紫菜养殖框架的倒塌,依次冲击到了其养殖框架,最终导致徐某玲遭受损失,不应承担侵权的赔偿责任。

关于蒋某力是否可因自然灾害导致不可抗力而免责的问题。我国法律规定因不可抗力造成他人损害的可以免责。所谓不可抗力,指的是不能预见、不能避免、不能克服的客观情况。本案中,江苏省海洋环境监测预报中心已发布了海洋环境预报,预报涉事海域有大风,故显然不属于不能预见的情况。因此,蒋某力主张因自然灾害导致不可抗力而免责的理由无事实及法律依据,一审法院对此认定并无不当。

关于侵权责任认定的问题。根据侵权责任法第 85 条之规定,蒋某力未能证明其没有过错。而且蒋某力的桩子出现了虫蛀腐蚀现象。蒋某力若能及时巡查,并提前进行修补或加固,便可以避免或减少损害的发生。

案例二:本案的争议焦点在于邓某林对于涉案工程的责任问题。

在××湾涉案外挡墙工程建设中,在没有地勘报告、正规设计施工图的情况下,邓某林作为建设单位新城公司的董事长,将工程交给没有建设施工资质的陶某修建;王某在没有设计资质的情况下,接受新城公司的安排,违规设计外挡墙施工图纸;陶某作为建设工程的实际负责人,明知外挡墙工程没有进行地勘、无正规设计图纸,仍然接受建设单位的董事长邓某林的安排,违规修建外挡墙工程。在监理单位针对该工程无地勘、无设计资质等问题提出整改意见后,建设单位新城公司及各被告人仍继续建设。外挡墙建成后,由于在实际设计、施工过程中对边坡的处理以及施工工艺等存在先天缺陷,在连续大雨等诱因影响下,导致外挡墙地基湿软,承受力下降。从而导致别墅之间违法建设的外挡墙垮塌,造成绵阳高新区 15 处非成套住宅、成套住宅毁损。经鉴定,该幢楼房为 Du 级危房,建议撤除。外挡墙垮塌事故已造成直接经济损失 383.098 万元。邓某林作为新城公司涉案外挡墙违法建设的直接责任人,应对此次事故负主要责任;陶某是新城公司涉案外挡墙建设具体施工的直接责任人,王某作为涉案外挡墙设计图纸的直接责任人,该二人对此次事故负次要责任。所以根据刑法第 137 条规定:邓某林身为新城公司的法定代表人、堡坎工程违法建设的直接责任人,依法应当承担此次事故的主要责任。陶某、王某作为直接施工人员,违反国家规定,降低工程质量标准,造成重大安全事故,其行为危害了公共安全,均构成了工程重大安全事故罪。

延伸阅读

中国网事:是雨太大还是工程"渣"?[①]

2010年甘肃省舟曲刚建完的4座大坝被冲毁,调查称原因是洪水太大超过负荷!然后进一步调查才发现甘肃舟曲被冲毁的4道拦洪坝残体内部堆的是一些石块、沙砾,稍微用些力便可徒手抽出石块,属于典型的豆腐渣工程。该工程承包商陈某昌认为自己是"替罪羊",因为工程计划投资为900万元,但最终拿到手的却只有100万元。相差如此之多,除了豆腐渣他还能做什么?以此来看,"超过负荷"可能是灾难产生的原因之一,但绝不是唯一,甚至可能不是主要原因!重大安全事故责任的发生往往都是因为建筑材料的劣质而造成的,也就是我们经常说的豆腐渣工程。豆腐渣是没有黏性的,粉碎而且脆弱,用它来比喻一些劣质工程再合适不过。更有网友给一些出现安全隐患的楼房起了更加形象而又讽刺的代号,比如"楼脆脆""桥脆脆"等诸多"脆脆"。

"百年不遇"看似偶然,但"豆腐渣"工程的垮掉却是必然!所以我们国家要加强对工程质量的立法监督,打"老虎"还要打"苍蝇",坚决打击这种"豆腐渣工程"下的"苍蝇",提升人民群众的生活安全感和幸福感。

---

① 滕军伟、王自宸:《中国网事:是雨太大还是工程"渣"?》,载 http://news.sohu.com/20140524/n399988246.shtml。

专题十六　地下设施损坏、擅自移动行为的民事责任与刑事责任认定

要点解析

近年来，井盖盗窃事件，窨井吞人、伤人的事故，严重影响了人民群众生命财产安全，社会反响强烈。因施工人员擅自挪动窨井盖而导致的行人跌落致残等事件频出不穷，严重损害人民群众人身财产安全，极易引发社会矛盾、甚至危害公共安全，社会反应强烈。而窨井吞人事件的发生需要根据场景的不同和具体的情况来追究行为人的法律责任。2020年最高人民法院、最高人民检察院、公安部适时出台了《关于办理涉窨井盖相关刑事案件的指导意见》来对相关行为的定性进行了规范。

关联条文

民法典

第一千二百五十八条　【地下工作物损害责任】在公共场所或者道路上挖掘、修缮安装地下设施等造成他人损害，施工人不能证明已经设置明显标志和采取安全措施的，应当承担侵权责任。

窨井等地下设施造成他人损害，管理人不能证明尽到管理职责的，应当承担侵权责任。

刑　法

第一百一十四条　【放火罪；决水罪；爆炸罪；投放危险物质罪；以危险方法危害公共安全罪】放火、决水、爆炸以及投放毒害性、放射性、传染病病原体等物质或者以其他危险方法危害公共安全，尚未造成严重后果的，处三年以上十年以下有期徒刑。

第一百一十五条第一款 【放火罪;决水罪;爆炸罪;投放危险物质罪;以危险方法危害公共安全罪】放火、决水、爆炸以及投放毒害性、放射性、传染病病原体等物质或者以其他危险方法致人重伤、死亡或者使公私财产遭受重大损失的,处十年以上有期徒刑、无期徒刑或者死刑。

第一百三十四条第一款 【重大责任事故罪】在生产、作业中违反有关安全管理的规定,因而发生重大伤亡事故或者造成其他严重后果的,处三年以下有期徒刑或者拘役;情节特别恶劣的,处三年以上七年以下有期徒刑。

第二百三十二条 【故意杀人罪】故意杀人的,处死刑、无期徒刑或者十年以上有期徒刑;情节较轻的,处三年以上十年以下有期徒刑。

第二百三十三条 【过失致人死亡罪】过失致人死亡的,处三年以上七年以下有期徒刑;情节较轻的,处三年以下有期徒刑。本法另有规定的,依照规定。

第二百三十四条 【故意伤害罪】故意伤害他人身体的,处三年以下有期徒刑、拘役或者管制。

犯前款罪,致人重伤的,处三年以上十年以下有期徒刑;致人死亡或者以特别残忍手段致人重伤造成严重残疾的,处十年以上有期徒刑、无期徒刑或者死刑。本法另有规定的,依照规定。

第二百三十五条 【过失致人重伤罪】过失伤害他人致人重伤的,处三年以下有期徒刑或者拘役。本法另有规定的,依照规定。

条文要义

偷窃窨井盖致人损害的民事责任,是指因窨井盖的维修、偷窃造成他人人身、财产损害时,依法应承担的民事责任。我国民法典第1258条对在公共场所或者道路上挖掘、修缮安装地下设施等造成他人损害的,需要施工人员承担相应的民事责任;由于受害人的过错受到伤害的,视情况决定受害人需要承担相应的部分责任,由于第三人的过错造成损害的,第三人应当承担民事责任。地下施工致害责任的法律效力表现在,施工人没有设置明显标志和采取安全措施造成他人损害的,施工人应当承担侵权责任;地下设施致害责任的法律效力表现在,地下设施造成他人损害,管理人不能证明尽到管理职责的,应当承担侵权责任。这一规定确立了我国民法上因窨井盖移动致人损害的民事责任制度,这对于促使施工人员尽到自己的管理责任,保护受害人的利益,具有重要意义。而井盖施工安装应当按照有关规定设置安全警示，严格执行国家和地方有关的标准规范，选用符合国家或地方产品标准的井盖产品，并标明其使用性质及权属单位；城市道路扩改建时，各类井盖必须符合道路施工规范的要求，按标准拆改移井盖设施。

住房和城乡建设部《关于进一步加强城市窨井盖安全管理的通知》（建城〔2013〕68 号）中明确规定要落实井盖管理责任主体。即“按照‘谁所有，谁负责’的原则，认真落实井盖的维修、养护和管理责任。所有权人、管理人、使用人之间有约定管理责任的，由约定的责任人负责维修、养护管理。城市供水、排水、燃气、热力、房产（物业）、电力、电信、广播电视等井盖主管部门（管理单位）要按照各自职责，承担各自井盖的管理责任，落实井盖安全管理的各项管理制度。”如果是因为管理部门的监督和管理不力所造成的窨井盖毁坏未能及时维修和更换而导致的伤残事件的发生，应该由管理部门承担主要责任，如发生重大事故情节特别恶劣的，处 3 年以上 7 年以下有期徒刑。这条管理规定对窨井盖损坏而导致事故发生的罪名进行了明确划分。如果是盗窃窨井盖导致的伤残事件的发生或者主观恶性较大，所涉罪名包括以危险方法危害公共安全罪、故意伤害罪、故意杀人罪等。主观心态为过失，所涉行为包括过失致人死亡罪、过失致人重伤罪、重大责任事故罪等。在罪名的认定上需要根据行为人的动机，窨井盖丢失或损坏的场所是否处于人流密集等因素进行考量，判断其对社会的危害程度。以危险方法危害公共安全罪的行为是指使用放火、爆炸、决水、投放危险物质以外的其他方法危害公共安全。这里的其他方法应当与放火、爆炸、决水、投放危险物质在危险程度上具有相当性。其有两个量刑幅度，一是 3 年以上 10 年以下有期徒刑，二是 10 年以上有期徒刑、无期徒刑或者死刑。“以危险方法危害公共安全罪”尚未造成严重后果的处基本刑，若造成致人重伤、死亡或者使公私财产遭受重大损失的实害后果的处升格刑。根据具体案情结合行为地点、被偷盗的窨井盖的使用场所、窨井盖的类别等因素判断行为是否造成高度危险，且程度上是否足以危害到不特定多数人的公共安全，一般来讲就是要看窨井盖的使用地点和具体的损坏或丢失的原因。

典型案例

案例一

踩翻窨井盖致伤案

2011年2月15日，蔡先生在路边的绿化带内行走时，不慎踩翻置于绿化带内的窨井盖，导致身体多处受伤。经伤情鉴定，结论为因外力作用致外伤脾破裂，失血性休克等，行脾切除+自体脾大网膜移植术。经评定，为8级伤残。经华东政法大学司法鉴定中心劳动能力鉴定，结论为部分丧失劳动能力。蔡先生认为，事发地段属田园物业公司管理，存在安全隐患，存在不作为的过错。而莘峰公司系小区物业的建造方。肇事窨井盖属电信局所有。因此，三方应对其所受伤害承担赔偿责任。2011年年底，蔡先生将三方诉至上海市闵行区人民法院，要求连带赔偿各类损失37万余元。

田园公司与莘峰公司均主张，诱发事故的窨井盖由电信局所有并维护使用，故应当由电信局承担赔偿责任。

电信局辩称，对蔡先生所受伤害与窨井盖有否因果关系存有异议。事发窨井盖属电信局管理维护，但窨井盖在绿化带内，并不在人行道上。若蔡先生所述属实，则其因本身跑入绿化带内致伤害发生也存在过错。

法院认为目前无证据证明田园公司就蔡先生的伤害存在过错，故蔡先生要求田园公司承担赔偿责任之主张，无相应的法律依据。莘峰公司虽系小区的建设单位，但其已于2010年12月经验收将包括涉案窨井在内的所有设施进行了交付使用，在事故中无任何过错，亦不应承担责任。

据此，法院作出了中国电信股份有限公司上海莘闵电信局赔偿蔡先生医疗费、护理费、营养费、误工费、交通费、住院伙食补助费、被抚(扶)养人生活费、精神抚慰金和残疾赔偿金共计243 719.98元的一审判决。

案例二

姜某某过失致人死亡案

2017年5月，河北省隆化县居民、被告人姜某某因要抽走下水道污水而打开其家门口外的窨井盖，未设警示标志且未找人看管即返回家中。后其邻居刘某发现自家孩子房某某（2周岁）不见了，经多方查找在姜某某打开的窨井内发现了房某某，被打捞上来后，房某某经抢救无效死亡，经鉴定系溺死。姜某某认罪悔罪，并积极赔偿，取得了被害人家属的谅解。2018年1月，姜某某犯过失致人死亡罪，被判处有期徒刑3年，缓刑4年。

解读评析

案例一：本案的争议焦点是受害人蔡先生是因为他本人在绿化带内行走导致的受伤，并不是行走在人行道路上。蔡先生的行为是否合理？

首先，蔡先生是行走在绿化带里，并未行走在人行道上。其次，肇事窨井盖属电信局专有的通信设施设备，应由电信局承担养护和管理的责任。由于电信局未能提供证据证明其已尽到管理、养护职责，致蔡先生受伤，依规定应当承担侵权责任。

根据侵权责任法第91条第2款规定，窨井等地下设施造成他人损害，管理人不能证明尽到管理职责的，应当承担侵权责任（该条现对应民法典第1258条，内容并无修改）。侵权责任法第26条规定，被侵权人对损害的发生也有过错的，可以减轻侵权人的责任（该条现对应民法典第1173条，内容作了修改，将过错的类型由“发生损害”一种情形增加为“发生损害、扩大损害”两种）具体到本案中，因为无证据证明田园公司就蔡先生的伤害存在过错，故蔡先生要求田园公司承担赔偿责任之主张，无相应的法律依据。当然，涉案窨井盖处于小区绿化带内，并不在人行道路上，蔡先生擅自进入不属行走道路的绿化带内致其受伤，其自身也具有过错，也应承担一定的责任。由此，可相应减轻电信局的赔偿义务。

最高人民法院、最高人民检察院、公安部《关于办理涉窨井盖相关刑事案件的指导意见》第10条规定，“对窨井盖负有管理职责的其他公司、企业、事业单位的工作人员，严重不负责任，导致人员坠井等事故，致人重伤或者死亡，符合刑法第二百三十五条、第二百三十三条规定的，分别以过失致人重伤罪、过失致人死亡罪定罪处罚。”

案例二:本案的事实确凿,证据清晰。首先,被告人作为一名具备完全刑事责任能力的成年人,未能对自己随意移动窨井盖的行为所造成的后果有清晰的认识,被告人应有对于自己随意移动窨井盖的行为具有预见义务。其次,被告人随意移动自己家门口的窨井盖,并且没有对此设置警醒标记或者采取相应的安全措施,从而导致悲剧的发生。这起案件警醒我们盗窃、破坏人员密集往来的非机动车道、人行道以及车站、码头、公园、广场、学校、商业中心、厂区、社区、院落等生产生活、人员聚集场所的窨井盖,足以危害公共安全。致人重伤、死亡或者使公私财产遭受重大损失的,依照刑法第115条第1款的规定处罚。

综上,结合案例一、案例二来看,窨井盖的损坏和偷盗等行为造成的人民群众财产、公共财产和人民群众的个人健康都受到了损害,当有因为窨井盖被偷盗和窨井盖损坏维修不当导致人民群众受到伤害的事件发生时,应结合当时实际情况并结合受伤群众个人行为来判断。如果给受害者造成的损害或者行为人当时的主观心态、行为方式达不到相关犯罪的入刑标准,就不应认定为犯罪,建议受害者依据民法典侵权责任编的有关规定,通过民事途径寻求救济,追究行为人的民事侵权责任。如果符合犯罪的行为特征,就应当以刑事案件进行处理,并通过刑事附带民事诉讼解决侵权赔偿问题。

延伸阅读

窨井盖是重要的公共基础设施,近年来,因窨井盖缺失造成人员伤亡的事件时有发生,仅2017年至2019年媒体报道的窨井“吃人、伤人”事件就有70余件。然而,与窨井“伤人”形成鲜明对比的是,相关事件背后涉嫌的犯罪被追究刑事责任的少,对于盗窃、破坏窨井盖等犯罪,一些案件处罚过于宽缓,窨井管理部门的失职渎职等行为也未被追究。

窨井盖作为我们日常生活中随处存在的公共设施,如果被盗窃和破坏,会导致各种事故的发生,像机动车道上的窨井盖遭到破坏或者丢失,尤其是在夜间道路状况不良好的情况下就会导致严重的交通事故;非机动车道、人行道以及车站、码头、公园、广场、学校、商业中心、厂区、社区、院落等生产生活、人员聚集场所的窨井盖遭到破坏或丢失,足以危害公共安全,所以作为普通的社会大众,我们要加强自己的自我保护意识和提升自己的个人素养,如遇道路旁因施工或维修并未放置提醒标志的,应及时提醒和监督施工人员;如遇到窨井盖丢失、损坏等情况应及时告知公安机关或城市管理综合执法等政府部门进行处理。

为了依法惩治盗窃、破坏窨井盖以及相关管理部门失职、渎职等犯罪行为,维护公共安全和人民群众合法权益,对此最高人民法院、最高人民检察院、公安部联合制定了《关于办理涉窨井盖相关刑事案件的指导意见》,对盗窃、破坏窨井盖等刑事犯罪,符合立案条件的,公安机关应当依法及时立案侦查。检察机关要加强立案监督,依法及时批捕、起诉。人民法院要依法及时审判,作出裁判。在办案中发现的公职人员涉窨井盖职务犯罪线索,应当及时移送纪检监察机关依法处理。要加强公安机关、检察机关、人民法院与行政执法机关的沟通协调,完善涉窨井盖相关案件行政执法与刑事司法的衔接机制。对于办案中发现的倾向性问题和社会管理漏洞,要通过公安提示函、检察建议、司法建议等方式提出意见,努力做到办理一案,治理一片。要加强法治宣传,做好释法说理工作,有效预防涉窨井盖的各类违法犯罪行为,积极推进窨井盖问题的综合治理。

后　　记

2020 年 5 月 28 日，第十三届全国人民代表大会第三次会议审议通过民法典以后，最高人民检察院张军检察长多次强调要把实施民法典贯穿法律监督始终。民法典是“万法之基”“万法之母”，刑法是保障法、后盾法，检察机关如何立足刑事检察职能，将民法典的精神内涵、基本理念与价值追求融入刑事检察办案和法律监督全过程，使刑事检察工作既有锐度又有温度？这需要充分运用天理、国法、人情分析刑法和民法典的关系，需要检察官拿案例说话，以法条解析。2020 年 7 月，时任中国检察出版社刘志远总编辑（现任检察日报社党委书记、社长）联系山东省人民检察院，提出从引导提升办案能力、教育社会等角度编写《民法典与刑法关联实务对照分析》一书。

山东省人民检察院党组对本书的编写高度重视，陈勇检察长亲自担任主编，经过充分论证，认为东营市人民检察院在办理民刑关联的案件方面有较为丰富的实践经验，安排东营市人民检察院成立由张海霞、李慧泉、刘健、王艳彦、赵国栋、崔晓军、宋义杰、段国林、杨风华、张晓燕、孙丽超、田晶、王莎莎等十三名民事、刑事领域的检察官组成写作专班。专班在东营市检察院党组的正确领导下、在丁西超检察长的亲自率领下，历经十个月的撰写，完成本书稿。

感谢检察日报社刘志远社长、中国政法大学时方副教授在本书写作伊始，帮助我们确定撰写方向、开拓写作思路，不厌其烦地对每一个节点进行修改指正；感谢山东省人民检察院刑事、民事领域业务骨干从检察实践的角度指导我们如何选用案例和进行案例的分析；感谢石油大学田国兴教授，山东财经大学施锐利教授，山东省律协刑辩委员会主任、国浩律师（济南）事务所宋洪昌律师对本书的结构、法条引用、案例选择、语言描述等方面提供的意见和建议。

特别感谢北京大学的陈兴良教授，能够拨冗为本书作序。陈教授以其渊博的知识分析了本书从结构到内容的可取之处；也指出了本书在正当防卫、网络虚拟财产的保护等方面存在的不足之处,其敬业精神令人特别感动。

由于水平所限,有些解读观点或待商榷,错漏之处在所难免,恳请各位领导、专家、学者和司法同仁批评指正。

编写组

2021 年 4 月